Eckard Michels
GUILLAUME, DER SPION

Eckard Michels

GUILLAUME, DER SPION

Eine deutsch-deutsche Karriere

Ch. Links Verlag, Berlin

Die Deutsche Nationalbibliothek verzeichnet diese Publikation
in der Deutschen Nationalbibliografie;
detaillierte bibliografische Daten sind im Internet über
www.dnb.de abrufbar.

1. Auflage, Februar 2013
© Christoph Links Verlag GmbH
Schönhauser Allee 36, 10435 Berlin, Tel.: (030) 44 02 32-0
www.christoph-links-verlag.de; mail@christoph-links-verlag.de
Umschlaggestaltung unter Verwendung eines Fotos,
das Willy Brandt und Günter Guillaume bei einer
Betriebsversammlung der Braunschweigischen Kohlen-Bergwerke
im April 1974 in Helmstedt zeigt (ullstein bild / Rust)
Satz: Agentur Marina Siegemund, Berlin
Druck und Bindung: Druckerei F. Pustet, Regensburg

ISBN 978-3-86153-708-3

Inhalt

Einführung

Prolog	9
Geschichtswissenschaft und »intelligence history« in Deutschland	10
Quellen	13
Eine exemplarische Studie von DDR-Spionage und westdeutscher Abwehr	15

Lehrjahre eines »Kundschafters«

Anwerbungsmethoden des MfS	19
Herkunft und Jugend Günter Guillaumes	20
Zwischen Ost- und West-Berlin	23
Christel Boom	27
»Allmähliche Einbeziehung« in die Arbeit des MfS	29
Agentenausbildung	34
Der Auslandsnachrichtendienst der DDR	38
Spionage gegen die SPD	44
SED und SPD in den fünfziger Jahren	48
Vorbereitung der Übersiedlung in den Westen	51
Das Notaufnahmeverfahren	53
Entscheidung für Frankfurt	56
Warum Günter und Christel Guillaume Spione wurden	57

Aufstieg in der Frankfurter SPD

»Republikflucht« nach Frankfurt	61
Die »Hauptstadt des Wirtschaftswunders« und das »rote« Hessen	62
Hoffnungen der SED auf die SPD-Linke in Hessen	65
Aufbau einer Existenz während der »Legalisierungsphase«	68

Agentenführung durch Ost-Berlin	71
Eintritt in die Frankfurter SPD	73
Guillaume als Resident der HVA	77
Weichenstellungen für die weitere SPD-Karriere	81
Positionierung im Vorfeld und während der Großen Koalition	83
Wahlkämpfer für Georg Leber	89
SIRA	93
Nachlassender Spionageeifer des Ehepaares Guillaume	95

Im Kanzleramt

Vermittlung ins Palais Schaumburg	99
Sicherheitsüberprüfung	104
Sozialpolitische Ambitionen der neuen Regierung	109
Gewerkschaftsreferent	111
Erste Erfolge	114
Kolleginnen und Kollegen	116
Nachzug der Familie	118
Das Kanzleramt als Ziel der HVA	120
Ein neues Residentenehepaar für Guillaume	123
Übersiedlungs-IM nach dem Mauerbau und die »Aktion Anmeldung« des Verfassungsschutzes	125
Vom DDR-Spion zum Bundesbürger	128
Neuwahlen 1972	131
Aufstieg zum Parteireferenten Willy Brandts	133
Das Kanzlerbüro	137
Höhe- und Wendepunkt von Brandts Kanzlerschaft	141
Guillaumes Informationszugänge im und Berichterstattung aus dem Kanzlerbüro	146
Brandts ungeliebter Referent	151

Der Verdacht

Risiken des Westeinsatzes für DDR-Spione	155
Der Zufall führt den Verfassungsschutz auf die Spur	157
Fatale Entscheidungen in Verfassungsschutz und Kanzleramt	162
Beginn der Observationen	169
Brandt und Guillaume in Norwegen	171

Nachrichtendienstliche Ausbeute der Norwegenreise	177
Gefährdungsanalyse	181
Markus Wolf versichert sich höheren Ortes	183
Guillaume berichtet weiter	186
Genscher drängt auf eine Lösung	192
Guillaumes Wert als »Objektquelle« im Kanzleramt	196

Skandal im Westen, Verlegenheit im Osten

Verhaftung und Teilgeständnisse	201
Reaktionen in der Bundesrepublik	209
Das Ende von Brandts Kanzlerschaft	218
Ursachen und Wirkungen des Rücktritts	224
Folgen der Guillaume-Affäre für die Westspionage der HVA	228
Deutsch-deutsche Verstimmung	231
Krisenmanagement in Ost-Berlin	233
DDR-Interpretationen von Brandts Rücktritt	239
»Guillaume, der Spion«	245
Aufarbeitung der Affäre in Bonn	247

Verurteilung und »Freikämpfung«

Prozessvorbereitung durch die Bundesanwaltschaft	257
Haftalltag	259
Die HVA und ihre inhaftierten »Kundschafter«	265
Bemühungen Ost-Berlins um Pierre Guillaume	268
Der Fall Guillaume als Glaubwürdigkeitstest für Bonn und Ost-Berlin	270
Der Prozess	274
Das Urteil	280
HVA-Gefangenenbetreuung und Rückverwandlung in einen DDR-Bürger	284
Vergebliche Bemühungen der DDR um einen Agentenaustausch	287
Umdenken in Bonn und Begnadigung	295
Der Fall Guillaume und der »Basar der Spione«	301

Heimkehr in ein fremdes Land

Diskrete Rückkehr in die DDR	303
Der Lohn des Einsatzes und das Ende einer Ehe	303
MfS-Propaganda mittels »Kundschafterforen«	311
Zögerliche Öffentlichkeitsarbeit	316
Ernüchterung bei Christel Guillaume	327
Ausreise des Sohnes in die Bundesrepublik	328
Die Guillaume-Memoiren	330
Wendezeiten und letzte Jahre	338
Christel Boom als Rentnerin im vereinten Deutschland	345

Epilog: Der »menschliche Faktor«

»Human intelligence« des Ostblocks im Kalten Krieg	347
Historische Bedeutung des Falls Guillaume in nachrichtendienstlicher Hinsicht	351
Der unnötige Rücktritt	357

Anhang

Anmerkungen	359
Abkürzungsverzeichnis	391
Quellen- und Literaturverzeichnis	394
Abbildungsnachweis	409
Danksagung	410
Personenregister	411

Einführung

Prolog

Am 5. Dezember 1973 gegen 16 Uhr hatte Willy Brandt vorerst genug vom Regieren, genug vom Palais Schaumburg. »Ich gehe jetzt nach Hause, fühle mich nicht wohl«, verkündete er seinem Büroleiter Reinhard Wilke und wies ihn an, die für den Tag noch vorgesehenen Termine mit den Ministern Walter Scheel und Egon Bahr abzusagen. »Guillaume begleitet ihn auf den Venusberg. Er hat wieder einmal die Flucht ergriffen, vielleicht in die Krankheit, vielleicht nicht einmal das. Er soll gesagt haben (nach Guillaume): ›Ich kann dieses Scheiß-Haus nicht mehr sehen.‹«[1] In solchen schwierigen Momenten, in denen der Kanzler einen seiner depressiven Anfälle durchlitt, oder wenn er der sich vor ihm auftürmenden politischen Probleme nicht mehr Herr zu werden glaubte, fühlte sich der Parteireferent Günter Guillaume dem Regierungschef persönlich besonders nahe. Brandt hielt zwar nicht viel von Guillaume, bediente sich aber gern dessen Beflissenheit. Dabei wusste der Kanzler an jenem Dezembertag bereits seit einem halben Jahr, dass Guillaume im Verdacht stand, ein Agent der DDR zu sein. Guillaume wiederum hatte zu diesem Zeitpunkt längst seine ursprüngliche Identität als SED-Mitglied und DDR-Spion zugunsten einer bedingungslosen Loyalität und Fürsorglichkeit gegenüber dem Kanzler verdrängt.

Dies erlebte beispielsweise im Herbst 1973 Günter Grass, der bei den Bundestagswahlen von 1969 und 1972 eine der treibenden Kräfte in der »Sozialdemokratischen Wählerinitiative« gewesen war. Ein Jahr nach Brandts großem Wahlsieg vom November 1972 kritisierte Grass als enttäuschter Gefolgsmann im Fernsehmagazin »Panorama« den Führungsstil und den erlahmenden Reformwillen des Kanzlers, der zunehmend dem politischen Alltagsgeschäft entrückt sei. Einige Tage nach dem Fernsehauftritt sollte es im Palais Schaumburg zu einer Aussprache zwischen dem Schriftsteller und dem Kanzler kommen. »Ich saß noch im Vorzimmer und unterhielt mich mit seinem Referenten, weil Brandts

Termin mit dem indischen Botschafter länger dauerte. Da ging die Tür auf und Guillaume kam herein. Er sah mich, bekam einen roten Kopf und fauchte mich an: ›Wie kommen Sie dazu, unseren Bundeskanzler in *Panorama* derart zu kritisieren?‹«[2]

Günter Guillaume war in der ersten Hälfte der fünfziger Jahre vom Ministerium für Staatssicherheit (MfS) sorgfältig ausgewählt und geschult worden, um als sogenannter Übersiedlungs-IM (Inoffizieller Mitarbeiter) zusammen mit seiner Frau Christel in die Bundesrepublik eingeschleust zu werden und dort die SPD auszuspionieren. Dass der Agent sich bis in die unmittelbare Nähe des ersten sozialdemokratischen Bundeskanzlers vorarbeiten würde, hätten sich weder Guillaume noch seine geheimen Auftraggeber in Ost-Berlin in ihren kühnsten Träumen vorstellen können, als sich ihre Wege zwei Jahrzehnte zuvor im geteilten Berlin erstmals kreuzten.

Guillaume, der von 1972 bis 1974 als Referent für Willy Brandt arbeitete, personifiziert daher geradezu die erfolgreiche Spionage der DDR im Westen. Sein Name steht auch für die bislang einzige politische Affäre, über die ein Bundeskanzler gestürzt ist – und nicht irgendein Regierungschef: Brandt ist wegen seines Lebenswegs und seiner Politik wie wohl kein anderer deutscher Politiker der Nachkriegszeit ebenso verehrt wie angefeindet worden. Er hat kaum einen Deutschen gleichgültig gelassen, ob im Westen oder Osten. Guillaume wiederum war, wie die *Stuttgarter Zeitung* anlässlich des Prozesses gegen den Agenten und seine Frau schrieb, »kein Genie (…), kein Meisterspion à la James Bond, kein Mann, dessen Intellekt und Raffinesse niemand gewachsen war, sondern ein eher subalterner, etwas liebedienerischer Jawoll-Brüller, ein Mann, der als Volksschüler sein mangelndes Allgemeinwissen stets mit penetranter Kumpelhaftigkeit zu überbrücken suchte«.[3] Dass ausgerechnet ein Staatsmann vom Formate Brandts, der für so viele ein Hoffnungsträger gewesen war, über einen solchen Mitarbeiter und Spion stürzte, lässt seinen Rücktritt halb tragisch, halb banal erscheinen.

Geschichtswissenschaft und »intelligence history« in Deutschland

Die Guillaume-Affäre und die Umstände von Brandts Rücktritt haben seit 1974 großen Widerhall in der Öffentlichkeit hervorgerufen. Als beispielsweise der Exagent 1988 in der DDR seine Memoiren veröffentlichte, widmete *Der Spiegel* diesem Ereignis die Titelgeschichte.[4] Der Tod des vermeintlichen »Meisterspions« im April 1995 war vielen Medien eine Meldung mit einem Rückblick auf sein Leben und die gleichnamige Affäre wert. Die Ereignisse vom Frühjahr 1974 haben bereits die Literatur mit Gerhard Zwerenz' Roman »Die Quadriga des Mischa Wolf« (1975), das Theater mit Michael Frayns Stück »Demokratie« (2003) und den Filmemacher Oliver Storz zum Fernsehspiel »Im Schatten der Macht« (2003) inspiriert. In Letzterem verkörpert pikanterweise Matthias Brandt, der jüngste Sohn des Kanzlers, Guillaume.

Lediglich die Geschichtsschreibung hat dieses Interesse an der Person Guillaumes nur unzureichend bedient. Die existierenden Darstellungen beschränken sich auf die Umstände des Sturzes von Willy Brandt und streifen dabei mehr oder weniger kursorisch die Karriere des Agenten bis zu seiner Verhaftung am 24. April 1974.[5] Guillaumes Spionagetätigkeit wurde nie im Rahmen der Struktur und Arbeitsweise des Auslandsnachrichtendienstes der DDR, der zum MfS gehörenden Hauptverwaltung A (HVA) oder des Bonner Bundeskanzleramtes analysiert. Diese Versäumnisse haben bis heute nicht zuletzt eine nüchterne Einschätzung des tatsächlichen nachrichtendienstlichen Schadens für die Bundesrepublik oder des Informationsgewinns für die DDR durch den Kanzleramtsspion verhindert.

Die Geschichte der Nachrichtendienste, obwohl sie in der breiteren Öffentlichkeit auf ein starkes, zumeist auf einzelne, angebliche Meisterspione zentriertes Interesse trifft, besitzt in Deutschland im Gegensatz zu den angelsächsischen Ländern unter professionellen Historikern keine Lobby. Sie galt hierzulande lange als ein fast unseriöses Steckenpferd, das von vermeintlich wichtigeren Themen ablenke. Entsprechend ist »intelligence history« für ihre Betreiber in Deutschland weder karrierefördernd noch drittmittelträchtig. Dies ist umso erstaunlicher, als das geteilte Deutschland von 1945 bis 1989 das zentrale Austragungsfeld der Auseinandersetzung zwischen den beiden Machtblöcken war. Somit standen die west- wie ostdeutschen Nachrichtendienste gleichsam an vorderster Front des Kalten Krieges, um die militärische Schlagkraft, die wirtschaftliche und technologische Leistungsfähigkeit sowie die politischen Entscheidungen auf der anderen Seite des Eisernen Vorhangs für die eigene Regierung wie auch für die Verbündeten in Nato beziehungsweise Warschauer Pakt einzuschätzen.

Die bisherigen historiografischen Versäumnisse in der Aufarbeitung der Tätigkeit der deutschen Nachrichtendienste in der Ära des Kalten

Krieges wie auch einzelner spektakulärer Fälle und ihrer politischen Folgen sind zum Teil der mangelnden Zugänglichkeit der Primärquellen geschuldet. Denn Geheimdienste und Geschichtswissenschaft verhalten sich wie Feuer und Wasser zueinander: Spionageorganisationen geben sich notorisch verschlossen unter dem Vorwand des Quellenschutzes sowie der Geheimhaltung der Arbeitsmethoden und des Erkenntnisstandes über das Ausland; Historiker hingegen streben nach möglichst umfassender Offenlegung der Akten zwecks akkurater Aufarbeitung der Vergangenheit und Nachweisbarkeit der aufgestellten Behauptungen. Wenn der Historiker keinen Zugang zu den Primärquellen hat, sondern nur auf mehr oder weniger seriöse journalistische Darstellungen oder die oft nicht verlässlichen und wenig präzisen Aussagen der Zeitzeugen angewiesen ist, kann er den hohen methodischen Standards seines Berufsstandes nicht voll entsprechen. Das wiederum bringt die ganze Geheimdienstgeschichtsschreibung an sich innerhalb der historischen »Zunft« in Verruf. Doch diesem Problem sehen sich grundsätzlich auch die Historiker in den angelsächsischen Ländern gegenüber und lassen sich trotzdem nicht abschrecken. Eine weitere Ursache für die bisherige Abstinenz deutscher Historiker auf dem Feld der »intelligence history« ist in der politischen Kultur der Bundesrepublik zu suchen. Anders als in den angelsächsischen Ländern herrscht als Folge von NS-Diktatur und entfesseltem wie verlorenem Weltkrieg hierzulande nicht unbedingt ein günstiges Klima für die historische Forschung zu Fragen von Sicherheitspolitik, Militär, Krieg und Rüstung. Nachrichtendienste jedoch, sei es in Ost oder West, waren und sind unentbehrliche Informationslieferanten zu diesen von der deutschen Historikerzunft eher gemiedenen Politikfeldern.[6]

Die Vorbehalte deutscher Historiker gegen diese Themenfelder und damit auch gegen »intelligence history« sind zwar verständlich, aber gleichwohl bedauerlich. Wichtige Aspekte der deutschen Nachkriegsgeschichte, die zum historischen Verständnis unerlässlich sind, bleiben damit unbearbeitet. So herrscht zum Beispiel eine allgemeine weitgehende Unkenntnis über die Arbeitsweise der staatlichen bürokratischen Großorganisationen mit Tausenden von Mitarbeitern und großzügigen Budgets, zu denen sich die Nachrichtendienste vor allem seit der Frühphase des Kalten Krieges in Ost und West entwickelt haben. Entsprechend fällt es schwer, die Möglichkeiten und Grenzen der Spionageagenturen bis 1989 abzuschätzen, den jeweils anderen Teil Deutschlands zu unterwandern und die politischen Entscheidungen im Osten beziehungsweise Westen zu beeinflussen. Als Folge des überwiegenden Desinteresses an »intelligence history« hat es bislang an Versuchen gefehlt, einen einzelnen spektakulären Spionagefall wie etwa jenen Guillaumes nicht als bloße Skandalchronik zu schreiben, sondern in seiner langfristigen nachrichtendienstlichen und politischen Bedeutung historisch einzuordnen.

Quellen

Historiker, die sich mit der nachrichtendienstlichen Konkurrenz der beiden deutschen Staaten zwischen 1949 und 1989 beschäftigen, profitieren zumindest theoretisch davon, dass durch den Untergang der DDR die Unterlagen des MfS und der HVA relativ frei zugänglich sind. Diese an sich günstige, international wohl geradezu einmalige Situation erfährt aber ihre Einschränkung dadurch, dass die ostdeutsche Bürgerrechtsbewegung 1989/90 der HVA im Gegensatz zu allen anderen MfS-Abteilungen die Selbstabwicklung erlaubte. Die HVA nutzte diese Gelegenheit, um einen Großteil ihrer Akten zur Spionage im Westen und damit auch zum Fall Guillaume zu vernichten.[7] Dennoch reichen die erhaltenen Quellenbestände, um in den letzten Jahren einige grundlegende Werke zur DDR-Spionage im Westen hervorzubringen, wenn auch ohne expliziten Bezug auf den Fall Guillaume.[8] Der Offenheit der erhaltenen DDR-Unterlagen steht keine solche der westdeutschen nachrichtendienstlichen Quellen gegenüber, etwa der vom Bundesamt für Verfassungsschutz (BfV) verantworteten Spionageabwehr. Diese Akten sind vermutlich nicht in großem Umfang vernichtet worden, befinden sich aber dafür zum überwältigenden Teil noch nicht im Bundesarchiv, sondern in der Obhut der Dienste oder ihrer vorgesetzten Behörden, also Kanzleramt und Bundesinnenministerium (BMI). Bezeichnenderweise sind aus den mir auf Basis des 2000 in Kraft getretenen Informationsfreiheitsgesetzes erstmals zugänglich gemachten Verschlussakten des Kanzleramtes zum Fall Guillaume im Vorhinein nahezu alle Unterlagen, die vom Verfassungsschutz oder Bundesnachrichtendienst (BND) stammten, entfernt worden. Angesichts dieser Schwierigkeiten verwundert es nicht, dass es derzeit (fast) keine grundlegenden, quellengesättigten und wissenschaftlichen Standards entsprechenden Darstellungen zur Geschichte der westdeutschen Nachrichtendienste und ihrer Aktivitäten gibt.[9]

Die Quellenlage für das vorliegende Buch ist gleichwohl im Rahmen dessen, was Historikern bei der Bearbeitung nachrichtendienstlicher Themen normalerweise zur Verfügung steht, wegen der seinerzeitigen Prominenz des Falles Guillaume recht gut. Einige der wichtigsten für dieses Buch herangezogenen Unterlagen seien hier kurz vorgestellt. Allein die Abschlussberichte des parlamentarischen Untersuchungsausschusses von 1974/75 und der parallel arbeitenden Regierungskommission »Vorbeugender Geheimschutz« zum Fall Guillaume, beide als Bundestagsdrucksachen veröffentlicht,[10] sowie die dichte, investigative Berichterstattung der westdeutschen Medien über die Affäre liefern eine bei anderen Spionagefällen kaum vorhandene und relativ leicht zu erschließende Materialbasis. Die seit einigen Jahren für die Forschung zugängliche »Rosenholz-Kartei« über die im Westen eingesetzten Spione der HVA und die Datenbank »System der Informationsrecherche der HVA« (SIRA) im Berliner Archiv des Bundesbeauftragten für die Unterlagen des Staatssicherheitsdienstes der ehemaligen Deutschen Demokratischen Republik (BStU) geben wichtige Anhaltspunkte über die Anwerbung und Tätigkeit des Agentenehepaares Guillaume.[11] Zudem bieten die an der MfS-eigenen »Juristischen Hochschule« (JHS) in Potsdam seit den späten sechziger Jahren entstandenen, damals als geheim klassifizierten Doktorarbeiten von Stasi-Offizieren, die eher Berichte aus der »tschekistischen« Praxis denn theoretische und kritisch reflektierende akademische Qualifikationsarbeiten sind,[12] wichtige Einblicke in die Agentenführung. Sie befassen sich zwar nicht explizit mit dem Fall Guillaume, streifen ihn aber immer wieder unter verschiedenen Aspekten. Sie erlauben es, den einzelnen Spion in der Struktur, Arbeitsweise und dem Weltbild der HVA zu verorten. Die auf 98 Seiten protokollierten Äußerungen von Guillaumes Exfrau Christel, die ebenfalls bis April 1974 für die DDR spionierte, sich aber unmittelbar nach der »Wende« gegenüber den Journalisten Anne Worst und Arnold Seul wesentlich kritischer mit ihrer Tätigkeit für das MfS auseinandersetzte als ihr Exmann, spiegeln den Agentenalltag aus Sicht einer Betroffenen wider. Ihr etwa 400-seitiges, unveröffentlichtes Memoirenmanuskript (»Es begann am Potsdamer Platz«), das Mitte der achtziger Jahre entstanden ist, stellt, obwohl es vom MfS »betreut« wurde, ein Korrektiv zu den ebenfalls unter Stasi-Aufsicht verfassten und kurz vor dem Ende der DDR erschienenen Erinnerungen ihres Exmannes dar. Als entscheidend für die Bearbeitung der westdeutschen Seite von Guillaumes Karriere und der gleichnamigen Affäre erwies es sich unter anderem, dass ich

2011/12 als erster Historiker den Zugang zu den bislang noch nicht ans Bundesarchiv abgegebenen Verschlussakten des Bundeskanzleramtes zum Thema erhielt. Diese mehreren Tausend Seiten von zum Teil als »geheim« oder vereinzelt sogar »streng geheim« klassifizierten Dokumenten betreffen die Einstellung und Karriere des Referenten im Kanzleramt, seinen dortigen Zugang zu Verschlusssachen, seine Reisebegleitungen Brandts, die Arbeit des parlamentarischen Untersuchungsausschusses, die Ermittlungen der Bundesanwaltschaft 1974/75 gegen das Agentenehepaar, den Prozess, den Strafvollzug sowie die Verhandlungen um eine vorzeitige Entlassung der Guillaumes aus der Haft im Zuge eines Gefangenenaustausches mit der DDR. Schließlich sind die Unterlagen Willy Brandts und der Nachlass Reinhard Wilkes, des 2010 verstorbenen Leiters des sogenannten »Kanzlerbüros« im Palais Schaumburg und damit engsten Mitarbeiters Brandts und direkten Vorgesetzten Guillaumes, im Bonner Archiv der Sozialen Demokratie (AdsD) aufschlussreich: Aus ihnen wird die Arbeitsroutine des Kanzlerbüros, dem Guillaume von 1972 bis 1974 als Parteireferent Brandts angehörte, ebenso nachvollziehbar wie das Verhältnis zwischen dem Kanzler und dem »Kundschafter«, wie die Spione im Westeinsatz in der DDR bezeichnet wurden.

Eine exemplarische Studie von DDR-Spionage und westdeutscher Abwehr

Gestützt auf dieses Material ost- wie westdeutscher amtlicher Provenienz sowie die zahlreichen und verschiedenartigen erhaltenen »Ego-Dokumente«, also Memoiren, Briefe, Vorträge oder Interviews, des Ehepaares Guillaume und ihres Sohnes Pierre[13] bietet die berühmteste deutsche Spionageaffäre das Potenzial zu weit mehr als einer sensationsträchtigen Geschichte des Endes von Brandts Kanzlerschaft: Die Karriere des Ehepaares Guillaume liefert vielmehr den Stoff für eine exemplarische Fallstudie sowohl der Agentenführung der HVA als auch der westdeutschen Spionageabwehr und der strafrechtlichen Ahndung geheimdienstlicher Tätigkeit gegen die Bundesrepublik. Mehr noch: Mittels einer Biografie des Agentenehepaares lässt sich die deutsch-deutsche Systemkonkurrenz auf dem Gebiet der Nachrichtendienste erstmals als Erfahrungsgeschichte der Spione »von unten« schreiben. Denn die Biografie des Ehepaars Guillaume ist eine deutsch-deutsche Migrations-

und Mentalitätsgeschichte en miniature, wurde es doch wegen seiner Agentenkarriere zu doppelten Grenzgängern: 1956 kamen die Guillaumes im Auftrag der HVA nach Frankfurt am Main zwecks Infiltration und Ausspähung der dortigen SPD; 1981 nach Austausch gegen in der DDR einsitzende westdeutsche Häftlinge kehrten sie in den Staat zurück, für den sie spioniert hatten und dessen Zusammenbruch sie 1989/90 noch erlebten. Am Beispiel dieser heimlichen SED-Mitglieder und HVA-Agenten in der SPD lässt sich untersuchen, wie stark ursprüngliche ideologische und geheimdienstliche Bindungen noch in einem neuen Umfeld wirksam blieben. Anders gefragt: Inwiefern wurden solche Bindungen durch neue Eindrücke aus fast zwei Jahrzehnten des alltäglichen Lebens beim »Klassenfeind« verdrängt und als Folge dessen die Wirksamkeit der Agententätigkeit aus Sicht der Ost-Berliner Spionagezentrale unterminiert?

Meine exemplarische Studie ergänzt die bisherige Forschung zur Westspionage des MfS, die gleichsam den »menschlichen Faktor« und daraus resultierende Probleme der Agentenführung ausgeklammert hat, in wichtiger Hinsicht, indem sie den »Eigensinn« (Alf Lüdtke) von DDR-Kundschaftern angemessen berücksichtigt. Die Spionagetätigkeit der HVA wird also erstmals als Erfahrungsgeschichte der Betroffenen geschrieben und nicht nur als Geschichte der Intentionen der HVA, deren Spione scheinbar wie Marionetten nach dem Willen der Ost-Berliner Auftraggeber tanzten und die Bundesrepublik so vermeintlich erfolgreich unterwanderten.[14] Die Geheimdienstpraxis und ihre menschlichen Folgen erstehen vor dem Leser durch den biografischen Zugriff am Beispiel der Guillaumes konkret und plastisch.

Weil dieses Buch nicht wie sonstige Abhandlungen zum Thema mit der Verhaftung des Spionageehepaares und dem Rücktritt Brandts endet, wird erstmals der Umgang in beiden deutschen Staaten mit der Affäre dargestellt. Am konkreten Fall lassen sich die Betreuung von in westdeutschen Gefängnissen einsitzenden DDR-Spionen durch die HVA, die strafrechtliche Ahndung von Spionage durch die westdeutsche Justiz, die Verhandlungen zum Austausch von Agenten und die Begnadigungspraxis für Spione in der Bundesrepublik verdeutlichen. Sodann werden die Reintegrationsbemühungen des MfS für in die DDR zurückkehrende Kundschafter und der Einsatz des Ehepaars Guillaume für eine zunächst nur regime-interne Öffentlichkeitsarbeit im Kontext der deutsch-deutschen Beziehungen der achtziger Jahre aufgezeigt. Abschließend erfolgt ein Blick auf die Bemühungen der Kundschafter, ihrer Spionagetätigkeit auch nach dem Zusammenbruch der DDR noch einen Sinn zu geben und sich den neuen Verhältnissen anzupassen. Anhand der Behandlung dieser Themen macht mein Buch nicht zuletzt deutlich, welch langen Schatten der Fall Guillaume auf die deutsch-deutschen Beziehungen bis zum Ende der DDR geworfen und selbst im vereinten Deutschland noch Behörden wie Öffentlichkeit beschäftigt hat.

Lehrjahre eines »Kundschafters«

Anwerbungsmethoden des MfS

Das MfS veröffentlichte im Laufe seiner 40-jährigen Existenz keine Stellenausschreibungen; ebenso wenig waren Initiativbewerbungen von Personen willkommen, die sich zur geheimpolizeilichen oder nachrichtendienstlichen Tätigkeit berufen fühlten. Denn »Selbststeller« galten per se als verdächtig. Vielmehr suchte sich das MfS aus Gründen der Konspiration und der politisch-ideologischen Geschlossenheit, die es als unerlässlich für seine Effizienz als Geheimpolizei im Inneren und als Nachrichtendienst im Ausland ansah, sein Personal auf Basis von Empfehlungen vertrauenswürdiger Quellen. Solche Hinweise konnten sowohl von den eigenen Mitarbeitern kommen als auch von den Zuträgern in der SED, dem staatlichen Jugendverband FDJ oder der ostdeutschen Einheitsgewerkschaft, dem FDGB. War die Staatssicherheit auf einen möglichen IM oder auch Hauptamtlichen Mitarbeiter gestoßen, zog sie ohne dessen Wissen nähere Informationen über ihn ein. Galt die Person als politisch zuverlässig und verschwiegen? Besaß sie für das Ministerium wertvolle Kenntnisse und Fähigkeiten oder eine interessante berufliche oder gesellschaftliche Position, die sich zur Informationsbeschaffung ausnutzen ließen? Gab das familiäre wie gesellschaftliche Umfeld eine Gewähr dafür, dass die Person nicht ihrerseits vom politischen Gegner zur Infiltration der Staatssicherheit eingesetzt werden konnte? Fiel diese Vorprüfung aus Sicht des MfS positiv aus, sprach sie den Kandidaten direkt an. Dabei konnte es mehrere Treffen geben, bis sich die Staatssicherheit dem Umworbenen eindeutig zu erkennen gab. Für das Umfeld des Kandidaten waren die Anwerbungsversuche nicht ersichtlich. In einer Art Testphase mit Probeaufträgen für das MfS, etwa Erkundungen im Bekanntenkreis oder am Arbeitsplatz, sollte dann festgestellt werden, ob der Aspirant zur verdeckten Arbeit tatsächlich gewillt und geeignet war. Erst nach erfolgreicher Absolvierung der Probeaufträge wurde das »Arbeitsverhältnis« mit dem MfS durch eine Verpflichtung formalisiert und erhielt eine längerfristige Perspektive.[1]

So spielte es sich auch beim späteren Kanzleramtsspion Günter Guillaume ab: Nicht er bot sich ursprünglich der Staatssicherheit zur Mitarbeit an. Vielmehr kam diese nach vorheriger Überprüfung seiner Person auf ihn zu, denn Fähigkeiten, Charakterbild und politische Einstellung machten ihn aus Sicht des MfS interessant. »Man bewirbt sich nicht, sondern wird ausgewählt – aufgrund politischer Aktivität, einer bereits offenbarten Eignung und klar bewiesener Zuverlässigkeit«, antwortete Günter Guillaume entsprechend 1987 in einem Interview mit der FDJ-Zeitung *Junge Welt* auf die Frage, wie man Kundschafter, also Spion, für das MfS werde.[2]

Wer also war Günter Guillaume? Wie geriet er Anfang der fünfziger Jahre im geteilten Berlin ins Visier der Staatssicherheit? Was qualifizierte den Mann zum Spion, der durch seine Verhaftung im April 1974 und dem knapp zwei Wochen später erfolgenden Rücktritt Willy Brandts bis heute der bekannteste aller DDR-Kundschafter im Westen geblieben ist? Warum ließ er sich mit der Staatssicherheit ein?

Herkunft und Jugend Günter Guillaumes

Günter Karl Heinz Guillaume wurde am 1. Februar 1927 in Berlin geboren und wuchs in der Choriner Straße 81 des Arbeiterviertels Prenzlauer Berg auf. Sein Vater Karl Ernst, Jahrgang 1904, stammte aus einer Berliner Musikerfamilie hugenottischen Ursprungs. Er war Pianist und verdiente sein Geld in Kinos mit der musikalischen Untermalung von Stummfilmen und mit dem Aufspielen in den Hauptstadtlokalen. Günter Guillaumes Mutter, Johanna Olga Pauline, geborene Loebe, kam 1905 ebenfalls in Berlin auf die Welt und arbeitete als Friseurin, später als Postangestellte. Die Eltern heirateten im Oktober 1926. Der wenige Monate später geborene Sohn blieb ihr einziges Kind.[3] Die Guillaumes entstammten also dem kleinbürgerlich-proletarischen Berliner Milieu. Allerdings scheint es in der Kernfamilie keine Tradition des politischen Engagements in der Arbeiterbewegung gegeben zu haben, ganz im Gegenteil: Durch Aufkommen des Tonfilms seit Ende der zwanziger Jahre und die gleichzeitig einsetzende Weltwirtschaftskrise wurde es für den Vater immer schwieriger, die Familie mit seiner Musik zu ernähren. Diese Erfahrung machte ihn für rechtsradikales Gedankengut empfänglich. Er begrüßte die Machtübergabe an Hitler und trat am 16. März 1934 der NSDAP bei, als Mitglied Nr. 1497764. Wenige Wochen nach diesem

Schritt erfolgte die Aufnahme in die Reichskulturkammer,[4] im »Dritten Reich« Voraussetzung für die Tätigkeit als Musiker. Um darin Mitglied zu werden, musste man allerdings kein Parteibuch vorweisen. Das Datum der Aufnahme in die NSDAP lässt darauf schließen, dass Guillaume senior schon vorher Verbindungen zur Partei oder anderen nationalsozialistischen Formationen wie der Hitlerjugend (HJ) oder der Sturmabteilung (SA) unterhielt. Solche Kontakte erwiesen sich als notwendig, um den eigentlich seit Mai 1933 und bis 1937 geltenden generellen Aufnahmestopp für neue Parteimitglieder zu umgehen. Mit dieser Maßnahme wollte die NSDAP dem unkontrollierten Zustrom politischer Opportunisten, der sogenannten Märzgefallenen, vorbeugen, die massenhaft seit der Machtübernahme in die Partei drängten.[5] Dem Vater gelang es offenbar, den Anschein von bloßem politischen Opportunismus zu vermeiden und sich als genuiner Nationalsozialist zu präsentieren. Zudem erschien Karl Ernst Guillaume eine Parteikarriere langfristig aussichtsreicher als das Musikerdasein: Seit März 1937 und bis zu seiner Mobilisierung durch die Wehrmacht im April 1943 verdiente er sein Geld als Sachbearbeiter im Gaupersonalamt der NSDAP.[6] Diese Institution verwaltete die Mitgliederkartei der Staatspartei und steuerte ihre Personalpolitik für den Großraum Berlin. Ebenso wurden in der Behörde Gutachten über die politische Zuverlässigkeit von Bewerbern für den Öffentlichen Dienst, Künstlern und anderen Prominenten verfasst.

Günter Guillaume besuchte von 1933 bis 1941 die Volksschule. Er war ein intelligenter Junge und über Jahre hinweg Klassenbester, wie sich Jahrzehnte später ein ehemaliger Mitschüler gegenüber dem Nachrichtenmagazin *Der Spiegel* erinnerte.[7] Sein bescheidener sozialer Hintergrund und die Familientradition verhinderten allerdings, dass man ihn auf eine weiterführende Schule schickte. Stattdessen trat er nach dem Volksschulabschluss eine Ausbildung als Fotolaborant beim Berliner Atlantic Pressebilderdienst an.

Am 20. April 1944, Hitlers 55. Geburtstag, wurde Guillaume, gerade 17-jährig, in die NSDAP – Mitgliedsnummer 9709880 – aufgenommen.[8] Dieses symbolische Datum war für alle Parteibeitritte des Kalenderjahres 1944 im Vorhinein verfügt worden. Um die durch den Krieg gelichteten Reihen der älteren Parteimitglieder wieder aufzufüllen, senkte die Parteikanzlei im Januar 1944 zudem für den Jahrgang 1927 erstmals das Aufnahmealter in die NSDAP von 18 auf 17 Jahre. Guillaumes Alterskohorte sah sich wegen der hohen Kriegsverluste unter den älteren Par-

Guillaume als Wehrmachtsangehöriger Anfang 1945.

teigenossen besonderem Druck seitens der HJ ausgesetzt, der NSDAP beizutreten. Aufgrund der von oben verfügten intensiven Rekrutierungskampagne meldeten 1944 einige Abteilungen der Staatsjugend, in der fast alle Heranwachsenden quasi automatisch Mitglied waren, dass zwischen 45 und 60 Prozent der 1927 Geborenen in die Aufnahmelisten für die NSDAP eingeschrieben worden seien. Zu den bekanntesten Personen dieses Jahrgangs, die so, geradezu gedrängt, noch zu Nationalsozialisten der letzten Stunde mutierten, gehören etwa Hans-Dietrich Genscher, Horst Ehmke, Dieter Hildebrandt und Martin Walser. Sie traten entweder ebenfalls 1944 der NSADP bei, oder ihre Namen erschienen zumindest auf den von der HJ erstellten Aufnahmelisten. Bedenkt man den politischen Hintergrund von Guillaumes Vater und die jahrelange Sozialisation durch die HJ, ist es nicht unwahrscheinlich, dass der spätere Kanzleramtsspion bis in die letzten Kriegsmonate hinein ein überzeugter Jung-Nationalsozialist geblieben ist. So bekannte er beim Verhör durch das Bundeskriminalamt (BKA) im Frühjahr 1974, dass mit dem Ende des Dritten Reiches für ihn wie für unzählige andere Deutsche zunächst eine Welt zusammengebrochen sei.[9]

Am 6. Januar 1945 wurde Guillaume zur Wehrmacht eingezogen. Das Kriegsende erlebte er in Dänemark, anschließend kam er für sechs Wochen in britische Gefangenschaft. Nach seiner Entlassung verdingte

Guillaume sich für einige Monate als Landarbeiter in Schleswig-Holstein. Im Dezember 1945 kehrte er schließlich nach Berlin zurück. Der Prenzlauer Berg, in dem er aufgewachsen war, gehörte nun zum sowjetischen Sektor der ehemaligen Reichshauptstadt.[10]

Zwischen Ost- und West-Berlin

Zur Jahreswende 1945/46 stieg Guillaume als Juniorpartner in die Fotoagentur eines früheren Lehrlingskollegen aus dem Atlantic Pressebilderdienst, Hans-Dieter Sallein, ein. Der kümmerte sich vornehmlich um das Kaufmännische, Guillaume um das Fotografieren und Entwickeln. Im April 1947 zog das Unternehmen in die Westsektoren Berlins um, weil man sich dort bessere Verdienstmöglichkeiten erhoffte. Der junge Guillaume war, wie sein Kompagnon später gegenüber einem Journalisten aussagte, ein recht begabter Fotograf, obwohl er im Gegensatz zu Sallein nur eine Laborantenausbildung vorweisen konnte. Guillaume war pfiffig und rührig, kontaktfreudig und wirkte sympathisch. Bei Frauen hatte er regelrecht einen Schlag, was er zeit seines Lebens für allerlei Affären ausnutzen sollte. Guillaume begeisterte sich schnell für großartige Visionen, ob nun geschäftlicher oder politischer Natur – so träumten Sallein und Guillaume davon, Unterwasserfilme in der Südsee zu drehen. Allerdings mangelte es dem jungen Guillaume mit seinem Faible für das Leben eines Bohemiens an Fleiß und Zielstrebigkeit, um diese Ziele konsequent zu verfolgen.[11]

Als der Vater Ende 1947 aus der – wegen seiner Parteimitgliedschaft überdurchschnittlich langen – britischen Kriegsgefangenschaft zurückkehrte, zog Guillaume junior wieder nach Prenzlauer Berg. Bereits am 18. Januar 1948 beging der Vater jedoch durch einen Sprung aus der im dritten Stock gelegenen Wohnung in der Choriner Straße Selbstmord. Ein Grund für diese Verzweiflungstat war der Umstand, dass seine Frau während seiner langen Abwesenheit seit 1943 eine Liaison mit einem anderen Mann eingegangen war, den sie später heiratete. Guillaume zog nach diesem tragischen Ereignis alsbald wieder nach West-Berlin, zumal er mit dem neuen Lebensgefährten der Mutter nicht auskam. Das Verhältnis zu seiner Mutter, die 1977 in Ost-Berlin starb, blieb seit diesem tragischen Vorfall nach Guillaumes eigener Aussage »spröde«.[12]

Für viele junge Männer der in den zwanziger Jahren geborenen sogenannten HJ- und Flakhelfergeneration bildete das Kriegsende einen tiefen Einschnitt. Sie fühlten sich durch den Nationalsozialismus verraten. Sie hatten ihm in der HJ und durch den Kriegseinsatz zum Teil idealistisch bis zuletzt gedient, nur um 1945 den vollständigen Zusammenbruch des Regimes einschließlich der Flucht des »Führers« durch Selbstmord aus der Verantwortung zu erleben. Dies führte bei einem Teil von ihnen zu einem ausgesprochenen Widerwillen gegen jegliches weitere politische Engagement, was dieser Altersgruppe in den fünfziger Jahren in der Bundesrepublik die Bezeichnung »skeptische Generation« eintrug. Sie war glaubens- und illusionsloser, nüchterner und weniger pathetisch als die vorhergegangenen Jugendgenerationen.[13] Andere wiederum suchten mit dem gleichen politischen Idealismus, mit dem sie zunächst dem Nationalsozialismus gedient hatten, nach überzeugenden politischen Alternativen zur nun diskreditierten alten Weltanschauung. Damit wollten sie das entstandene ideologische Vakuum füllen und eine Art Wiedergutmachung leisten durch den Aufbau eines neuen Deutschland, sei es in der demokratisch-parlamentarischen Form im Westen oder in der sozialistischen Variante im Osten. Mit anderen Worten: Die einmal enttäuschten Idealisten waren bei Kriegsende alt genug, um zu erkennen, dass sie mit dem Nationalsozialismus den falschen Weg gewählt hatten, aber noch jung genug, um sich politisch umzuorientieren und unter anderen Vorzeichen erneut aktiv zu werden.[14]

Das wollten offenbar auch Sallein und Guillaume. Dessen erstes belegbares politisches Engagement nach Kriegsende, animiert durch das Vorbild Salleins, war der Eintritt in die von dem ehemaligen US-Bomberpiloten Garry Davis gegründete pazifistische »Weltbürgerbewegung«. Davis gab im Mai 1948 im Pariser US-Konsulat seinen amerikanischen Pass ab und deklarierte sich stattdessen zum »Weltbürger«. Er hoffte, damit eine Massenbewegung auszulösen, um so das Ende der nationalstaatlichen Mächterivalitäten und der daraus resultierenden militärischen Konflikte einzuläuten. Seine Initiative erhielt weltweite Publizität, als er und einige seiner Anhänger am 19. November 1948 die Vollversammlung der Vereinten Nationen, die zwischenzeitlich in Paris tagte, mit der Forderung nach einer Weltregierung sprengten. Anfang 1949 verzeichnete sein in Paris eingerichtetes Register der Weltbürger bereits 650 000 Mitglieder. Davis' Initiative stieß vor allem in Deutschland auf starke Resonanz. Hier bildeten sich mehrere Hundert lokale Weltbürgervereinigungen, mehr als in jedem anderen Land. Sallein, Guillaume und ein weiterer Aktivist namens Fred Kaltmann versuchten zur Jahreswende 1948/49, mitten in der Berlin-Blockade, von West-Berlin aus die

Bewegung in der geteilten Stadt zu lancieren. Sie stellten den Lizenzantrag für ihren Verein sowohl beim östlichen Magistrat als auch beim westlichen Senat, denn ihre Initiative sollte im Geiste Davis' gerade die sich abzeichnende Spaltung Berlins, Deutschlands und Europas in antagonistische Blöcke verhindern. Sie luden zu einer Pressekonferenz ein, für die sie als Zugpferd den populären Berliner Schauspieler Viktor de Kowa gewinnen konnten. So schafften sie es sogar in den *Spiegel*, der ihnen im Januar 1949 einen kurzen Artikel widmete, in dem es hieß, dass bereits eintausend Berliner eine weltbürgerliche Solidaritätserklärung abgegeben hätten.[15]

Der Drang, im Sinne des Weltfriedens und der Völkerverständigung politisch aktiv zu werden, führte Guillaume von der letztlich amorphen Weltbürgerbewegung in das im Frühjahr 1950 auf Geheiß der DDR gegründete »Groß-Berliner Komitee der Kämpfer für den Frieden«, das sich als regionale Sektion des im Mai 1949 gegründeten »Deutschen Komitees der Kämpfer für den Frieden« verstand. Letzteres änderte Ende 1950 seinen Namen in »Deutscher Friedensrat« und bestand bis zum Ende der DDR. Die Berliner Unterorganisation, die seit Ende 1950 als »Berliner Friedensrat« auftrat, wurde hingegen kurz nach dem Mauerbau aufgelöst. Die Friedenskomitees richteten sich einseitig gegen die Aufrüstung im Westen bei gleichzeitiger Betonung der friedlichen Intentionen der Sowjetunion und ihrer Verbündeten, die, im Gegensatz zu den »Spaltern« im Westen, weiter an der Idee der deutschen Einheit festhielten. Anfangs bestand die Hauptaufgabe der Berliner Organisation darin, Unterschriften für den sogenannten Stockholmer Appell vom März 1950 zu sammeln, der ein Verbot jeglicher Atomwaffen forderte. Weil zu diesem Zeitpunkt einzig die USA über einsatzfähige Nuklearwaffen verfügten, entsprach dieser Appell den östlichen Interessen und wurde demzufolge wie auch das Groß-Berliner Komitee als Ganzes in West-Berlin vornehmlich als »5. Kolonne Moskaus« wahrgenommen. Die West-Berliner Polizei behinderte entsprechend die Arbeit des Komitees. Es kam wiederholt zur Verhaftung von Aktivisten, und Mahnwachen wurden gewaltsam aufgelöst. Während das Groß-Berliner Komitee bis Ende 1950 im Osten mehr als 11 000 Mitglieder und 890 000 Unterschriften für den Stockholmer Appell vorweisen konnte, waren in West-Berlin nur 567 Personen organisiert und 121 000 Unterschriften gesammelt worden.[16]

Der von Sallein und Guillaume auch für Ost-Berlin gestellte Lizenzantrag für die Weltbürgerbewegung stellte vermutlich für das entstehende Groß-Berliner Komitee den Anknüpfungspunkt dar, um Guillaume zu kontaktieren. Mit seinem West-Berliner Wohnsitz war er ein idealer Adressat für die Verbreitung östlicher Positionen in der anderen Hälfte der geteilten Stadt. Am 19. März 1950 schrieb ein Mann namens Butzke an Guillaume, wohnhaft in der Droysenstraße 4 in Berlin-Charlottenburg, und bedankte sich für das gezeigte Interesse an der entstehenden Friedensbewegung. Man plane, bei den Behörden des Bezirks Charlottenburg einen Lizenzantrag für ein örtliches Komitee der Kämpfer für den Frieden zu stellen. Es sei kein Prominentenverein beabsichtigt, sondern eine Massenbewegung. Bei der Gründungsveranstaltung des Charlottenburger Bezirkskomitees am 2. Mai 1950 war Guillaume einer der zehn Aktivisten der ersten Stunde. Im Sommer 1950 arbeitete er bereits hauptamtlich beim Deutschen Komitee der Kämpfer für den Frieden, das in der Ost-Berliner Taubenstraße residierte. Zugleich fungierte er für den ersten »Groß-Berliner Delegiertenkongress«, der am 29. Oktober 1950 in Ost-Berlin stattfand, auf Listenplatz 4 als »parteiloser Angestellter« unter den 60 Abgeordneten des Bezirks Charlottenburg. Die Deputierten waren nicht etwa von den Bezirken in West und Ost gewählt, sondern gemäß dem Grundsatz des »demokratischen Zentralismus« vom Friedensrat in Abstimmung mit der SED nach einem Proporz ernannt worden, der ein möglichst repräsentatives Bild der friedenswilligen Berliner abgeben sollte mit einem besonderen Augenmerk auf Kriegsversehrte, -witwen und -waisen.[17] Guillaume trieb anfangs weniger ein Bekenntnis zur marxistisch-leninistischen Weltanschauung in die Arme des vom Osten gesteuerten Komitees als sein Pazifismus sowie der Drang nach Aktionismus und gesellschaftlicher Anerkennung. Anlässlich einer Sitzung der Charlottenburger Bezirksgruppe Ende November 1950 wurde Guillaume von einem anwesenden SED-Kader noch als politisch zwielichtig eingestuft.[18]

Gleichwohl engagierte sich Guillaume im Laufe des Jahres 1950 auch in anderen SED-nahen Massenorganisationen der noch jungen DDR: So wurde er im März 1950 Mitglied in der »Gesellschaft für Deutsch-Sowjetische Freundschaft« (DSF) und besuchte im selben Jahr eine Schulung der »Nationalen Front« (NF),[19] formal ein Zusammenschluss aller Parteien und Massenorganisationen der DDR mit dem Ziel, ein vereintes Deutschland herzustellen. Dieses sollte sich gemäß den Vorstellungen Moskaus und der SED im Idealfall sozialistisch wie die DDR ausrichten, zumindest aber neutral zwischen den Machtblöcken existieren; keineswegs aber, wie von Bundeskanzler Konrad Adenauer in Bonn angestrebt und von der Mehrheit der bundesrepublikanischen Bevölkerung befürwortet, im westlichen Bündnis integriert sein.[20] Im März 1951 fiel Guillaume bereits der Organisation Gehlen, der von den Amerikanern ins Leben gerufenen Vorläuferorganisation des BND, zwei Mal als Propagandist für den Osten auf.[21]

Im Herbst 1950 lernte Guillaume in der Ost-Berliner Zentrale des Groß-Berliner Komitees der Kämpfer für den Frieden, die im Columbushaus am Potsdamer Platz residierte, die dort arbeitende Sekretärin Christel Boom kennen.[22] Die Begegnung sollte im Leben beider eine entscheidende Weichenstellung nicht nur in persönlicher, sondern auch in beruflicher und geheimdienstlicher Hinsicht werden.

Christel Boom

Christel Boom kam am 6. Oktober 1927 im ostpreußischen Allenstein als Christel Ingeborg Margarete Meerrettig, uneheliches und einziges Kind der Landarbeiterin Erna Meerrettig, auf die Welt. Anfang der dreißiger Jahre gelang der 1905 geborenen Mutter ein bemerkenswerter gesellschaftlicher Aufstieg: Sie heiratete den um ein Vierteljahrhundert älteren Niederländer Tobias Boom, bei dem sie zunächst als Haushälterin gearbeitet hatte. Boom war technischer Direktor einer Tabakfabrik der Firma Loeser & Wolff im ostpreußischen Elbing und als solcher wohlsituiert. Er adoptierte Christel und tat sein Bestes, um sie zu einer kultivierten Tochter aus gutbürgerlichem Hause zu erziehen. Das Familienglück in der sächsischen Kleinstadt Leisnig, wohin die Familie inzwischen gezogen war, endete, als Boom im Mai 1940 mit dem Einmarsch der Wehrmacht in die Niederlande vorübergehend als feindlicher Ausländer in Nürnberg interniert wurde. Er kehrte einige Wochen später als physisch und psychisch gebrochener Mann nach Leisnig zurück und starb 1944 an den Spätfolgen seiner Haft. Mittlerweile, nach neunjähriger Schulzeit, hatte Christel Boom eine Ausbildung als medizinisch-technische Assistentin begonnen, die sie aber infolge des Kriegsendes nicht abschließen konnte. Christel Boom nahm nun anstelle der anvisierten Karriere im Gesundheitswesen Privatstunden im Schreibmaschineschreiben und in Stenografie. Weil es in ihrer Heimatstadt jedoch keine Stellen für Schreibkräfte gab, ging sie 1950 nach Ost-Berlin und fand dort zum 1. September Anstellung als Sekretärin in der Zentrale des Groß-Berliner Komitees der Kämpfer für den Frieden.[23]

Das Verhältnis zwischen Guillaume und Christel Boom, beide vaterlos und Einzelkinder, verfestigte sich rasch: Schon Ende November firmierte Christel Boom als Guillaumes Verlobte.[24] Am 12. Mai 1951 heirateten sie in Leisnig. Sie wohnten zunächst einige Monate in Berlin bei der Mutter Guillaumes in der Choriner Straße, bis ihnen im November 1951 eine Wohnung im brandenburgischen Lehnitz zugewiesen wurde. Erna Boom zog 1953 zu Tochter und Schwiegersohn nach.

Guillaume war der lebenslustigere und umgänglichere Teil des Paares, der seine Fähigkeiten gerne überschätzte. Seine Frau zeichnete sich durch einen eher zurückhaltenden Charakter und herben Charme aus. Es mangelte ihr zunächst an Selbstvertrauen und sie ließ sich anfangs von Guillaumes souveränem Auftreten blenden. Sie war aber die Person mit der stärkeren Selbstdisziplin und Zielstrebigkeit. Daher erweckte sie später im Westen den Eindruck, als dominiere sie die Ehe. Dies führte nach der Enttarnung des Spionagepaares zu Schlagzeilen wie »Bei denen hat die Frau die Hosen an«. »Kalt und unnahbar« sei Christel Guillaume gewesen, aber »sehr viel cleverer und intelligenter als ihr Mann«, der vor allem durch seine stets gute Laune aufgefallen sei, erinnerte sich nach der Verhaftung des Paares eine Frankfurter SPD-Genossin an die beiden.[25]

Schon bald nach der Heirat begann Guillaume, der ewige Schürzenjäger, seine Frau zu betrügen. Auch sonst hielt er mit der Wahrheit hinter dem Berg: So verheimlichte er ihr, dass er Mitglied der NSDAP gewesen war, was sie erst im Zuge der westdeutschen Presseberichterstattung nach der Enttarnung des Agentenehepaares erfahren sollte. Es empörte sie dann umso mehr, als sie sich wegen des Schicksals ihres Adoptivvaters als Opfer des Faschismus empfand. Auch über seine Westreisen im Auftrage der Staatssicherheit informierte ihr Mann sie erst nach mehreren Jahren, als er sie ebenfalls als IM gewinnen wollte.[26]

Durch Verlobung, kurz darauf folgender Heirat und der endgültigen Übersiedlung in den Osten festigte sich Guillaumes Identifikation mit der DDR. Am 1. Juli 1951 trat er eine Stelle im Ost-Berliner Verlag Volk und Wissen an, dem bis 1989 führenden Schul- und Lehrbuchverlag der DDR. Im Laufe seiner dortigen mehr als vierjährigen Tätigkeit durchlief er, wie sein erhaltenes Personalstammblatt zeigt,[27] Stationen als Fotograf, Bildredakteur und Ausbilder von Lehrlingen. Anfang 1953 fungierte er für vier Monate als Vorsitzender der FDGB-Abteilungsgewerkschaftsleitung, eine Untergliederung der Gesamt-Betriebsgewerkschaftsleitung bei größeren Unternehmen. Vor allem kristallisierte sich in jenen Jahren noch klarer sein politisches Engagement für die DDR jenseits der bloßen Friedenspropaganda heraus. Neben seiner FDGB-Tätigkeit wurde er laut Personalstammblatt im März 1953 Aufnahmekandidat der SED, das heißt, er trat eine zweijährige Probe- und ideologische Schulungszeit an, an deren Ende in der Regel die volle Parteimitgliedschaft winkte.

»Allmähliche Einbeziehung« in die Arbeit des MfS

Noch entscheidender für Guillaumes weiteres Leben war, dass in die Zeit der Tätigkeit für Volk und Wissen auch der Beginn seiner Agentenkarriere fiel. Der Auslandsgeheimdienst der DDR existierte in den ersten zwei Jahren nach seiner im Juli 1951 von den Sowjets initiierten Gründung zunächst unter dem Tarnnamen »Institut für Wirtschaftswissenschaftliche Forschung« (IWF) und unterstand direkt dem Politbüro. Im September 1953, nachdem es eine ähnliche Umstrukturierung beim sowjetischen Geheimdienst gegeben hatte, nach dessen Muster und mithilfe von sowjetischen Beratern das IWF aufgebaut worden war, beschloss das Politbüro, den Dienst in das Staatssekretariat für Staatssicherheit einzugliedern, wie das MfS von Sommer 1953 bis Herbst 1955 hieß. Dort firmierte der Auslandsnachrichtendienst, bereits seit Dezember 1952 von Markus Wolf geleitet, zunächst unter der Bezeichnung »Hauptabteilung XV«, ab Juni 1956 als »Hauptverwaltung A« (HVA). Sie wurde mit Personal vom MfS aufgestockt.[28]

Guillaume war dem IWF als Mitarbeiter im Verlag Volk und Wissen wegen seines gleichzeitigen Engagements für den FDGB und das Berliner Friedenskomitee aufgefallen. Der erste im IWF beziehungsweise der HVA von 1952 bis 1955 für die SPD zuständige Referatsleiter, Manfred Fellmuth, führte einen der Abteilungsleiter des Verlages namens Siegfried Eberlein als Informanten. Eberlein schlug Guillaume vermutlich dem IWF als für die »Westarbeit« geeigneten IM vor.[29] Im Laufe seiner Zeit im Verlag entwickelte sich für Guillaume die dortige Tätigkeit immer mehr zum Deckmantel seiner Agentenaktivitäten.

In seiner 1988 zunächst nur in der DDR, nach der Wende rasch auch in Westdeutschland veröffentlichten Autobiografie behauptete Guillaume, dass die HVA im Sommer 1954 auf ihn aufmerksam geworden sei. Mit anderen Mitgliedern des FDGB habe er damals versucht, von Berlin nach Bayern zu reisen, um den dortigen Arbeitern in der Metallindustrie in dem bislang erbittertsten und langwierigsten Streik in der

Geschichte der Bundesrepublik die Solidarität des Proletariats der DDR zu bekunden. Zugleich sollten die Streikenden im Sinne der deutschlandpolitischen Positionen der SED beeinflusst werden. Denn der FDGB war nur einer von mehreren propagandistischen »Transmissionsriemen«, mit denen die SED seit Ende der vierziger Jahre – letztlich vergeblich – versuchte, auf möglichst breiter Basis den Widerstand der Westdeutschen gegen die eingeleitete politische, wirtschaftliche und vor allem militärische Westintegration der Bundesrepublik zu organisieren. So erklärte die FDGB-Propaganda die ausbleibenden Lohnerhöhungen, welche die bayerischen Gewerkschaften im August 1954 in den Streik trieben, damit, dass die Bonner Eliten Geld lieber für die geplante Aufrüstung der Bundesrepublik im Rahmen des westlichen Bündnisses investierten als den Lebensstandard der Arbeiter zu erhöhen. Guillaume, so seine Selbstdarstellung, sei dem MfS dadurch positiv aufgefallen, dass er auf die Nachricht hin, westdeutsche Polizei werde den Zug an der Zonengrenze abfangen und nach ostdeutschen Agitatoren durchsuchen, nicht wie die meisten anderen FDGB-Delegationsmitglieder die Reise noch auf DDR-Seite abgebrochen habe. Er sei vielmehr trotz der Gefahr einer möglichen Verhaftung bis München weitergefahren.[30]

Die spärlichen Hinweise, die sich zu Guillaumes Karriere noch in den Akten im Archiv des BStU finden, belegen dagegen, dass er zum Zeitpunkt des Streiks schon seit etwa zwei Jahren als IM für IWF beziehungsweise HVA gearbeitet hatte. Anfang Oktober 1987 wurde Guillaumes Name in einem Tagesbefehl anlässlich des Jahrestages der Gründung der DDR von Stasi-Chef Erich Mielke unter denjenigen Mitarbeitern aufgeführt, die eine Ehrenurkunde für 35-jährige Zugehörigkeit zum MfS erhielten.[31] Dies lässt auf eine Kollaboration seit 1952 schließen, etwa in Form von Probeaufträgen.

Die F16-Karteikarte Guillaumes der sogenannten Rosenholz-Datei, ein Verzeichnis fast aller IM der HVA im Westeinsatz, das der großen Aktenvernichtung im Frühjahr 1990 durch den Zugriff des amerikanischen Geheimdienstes CIA entging, zeigt, dass das IWF bereits am 28. Februar 1953 einen Vorgang zu Guillaume anlegte. Er erhielt die Registraturnummer 939 und den Decknamen »Hansen«. Spätestens zu diesem Zeitpunkt wurde er als IM interessant. Die Karteikarte enthält zudem einen Verweis auf den Aktenvorgang MfS AP 1841/55 von 1952, in dem es um einen »Widerstandskreis der Jugend der Sowjetzone«, also einer dem Namen nach gegen die DDR agierenden Gruppe geht, mit der Guillaume möglicherweise als probehalber eingesetzter Spitzel in Verbindung gestanden hat. Dies entsprach der anfänglichen Ausrichtung des IWF, das sich zunächst mindestens ebenso für Vorgänge in der DDR wie im Westen interessierte. Zudem wurden spätere Agenten zuerst in der »Abwehrarbeit« auf dem Gebiet der DDR getestet, bevor man gedachte, sie in die Bundesrepublik zu schicken.[32]

Christel Guillaume meinte sich nach der Wende zu erinnern, dass sich ihr Ehemann an Stalins Todestag für das MfS verpflichtet habe, also am 5. März 1953.[33] Anlässlich der Verleihung der Ehrendoktorwürde an Guillaume im Jahre 1985 durch die MfS-eigene »Juristische Hochschule« in Potsdam hieß es in einer Kurzvita des Agenten, dass er von 1953 bis 1955 IM gewesen sei. Man habe ihn in diesen zwei Jahren als »Werber« eingesetzt und anschließend als »Hauptamtlichen Inoffiziellen Mitarbeiter« (HIM) übernommen.[34] Werber waren laut Definition des Auslandsnachrichtendienstes des MfS in einer Richtlinie vom Juni 1959 neben anderen Kategorien von IM (damals amtsintern auch noch als »GM«, Geheime Mitarbeiter, bezeichnet) wie dem »Tipper«, »Beobachter« »Ermittler« und »Instrukteur« »operativ ausgebildete und überprüfte Personen, die aufgrund ihrer persönlichen Fähigkeiten, Kenntnisse und Eigenschaften die Möglichkeit haben, bereits gründlich aufgeklärte Kandidaten außerhalb des Gebietes der DDR auf der Grundlage einer festgelegten Kombination in die operative Arbeit bis zur Anwerbung einzubeziehen«.[35] Mit anderen Worten: Guillaumes Hauptaufgabe bestand von 1953 bis 1955 darin, solche Personen im Westen zu kontaktieren, die bereits als potenziell geeignet und willig galten, für den östlichen Geheimdienst zu arbeiten, um deren endgültige Verpflichtung als IM vorzubereiten. Es ist nicht auszuschließen, dass Guillaume anfangs als Spitzel auch über das Verhalten seiner FDGB-Genossen bei den Westeinsätzen berichtete. Denn das MfS wollte alle in die Westarbeit eingespannten DDR-Organisationen unterwandern. Die Westkontakte waren zwar einerseits propagandistisch erwünscht, um der SED-Deutschlandpolitik möglichst breite Resonanz jenseits der Elbe zu verschaffen. Andererseits galten sie aber als politisch riskant, weil sie die Gefahr der ideologischen Kontamination durch den Gegner in sich bargen.[36]

Laut Rosenholz-F16-Karteikarte legte der Bearbeiter der HVA am 9. September 1954 einen neuen Vorgang zu Guillaume an, also einige Wochen nach dem Ende des Metallarbeiterstreiks. Die Fahrt nach Bayern im Sommer 1954 war ein letzter Test gewesen, um seine Eignung als zukünftiger Spion im Westen unter Beweis zu stellen. Denn anfangs war, wie Guillaume gegenüber den westdeutschen Ermittlungsbehörden 1974 nach seiner Verhaftung angab, noch keine Rede davon gewesen, dass er eines Tages als Agent in den Westen übersiedeln sollte. Diese Perspektive habe sich erst nach einiger Zeit ergeben. Dass im Spätsommer 1954 in der HVA die Planungen für eine längerfristige nachrichtendienstliche Tätigkeit Guillaumes im Westen Gestalt annahmen, kann man auch an Christel Guillaumes Rosenholz-F16-Karteikarte ablesen. Die HVA legte am 7. September 1954 erstmals einen Vorgang zu ihr an. Sie erhielt die Registriernummer 8213.[37]

Die HVA bevorzugte die Übersiedlung von Ehepaaren gegenüber der Einschleusung von Einzelagenten in die Bundesrepublik. Ehepaare schienen nach außen hin für die neue westdeutsche Umgebung solider, bürgerlicher und unverdächtiger als Einzelpersonen. Ferner bediente sich die HVA Ehepaaren, um das Risiko zu vermeiden, dass ein noch lediger IM sich im Westen verliebte und in den Gewissenskonflikt zwischen der Loyalität zur HVA und seiner nichtsahnenden neuen Partnerin geriet. Die Agententätigkeit ließ sich ohnehin beim Einsatz in der Bundesrepublik schwer vor einem Lebenspartner verbergen, da in der gemeinsamen Wohnung Funksprüche am Radio abgehört und entschlüsselt werden mussten. Außerdem diente sie als Fotolabor, um Dokumente zu vervielfältigen. Treffs mit anderen Agenten bedingten die häufige Abwesenheit von zu Hause, die bei nicht eingeweihten Lebenspartnern den Verdacht nährte, dass der andere eine Affäre habe. Zudem sollten die Frauen ihren Männern – in der männerdominierten HVA und erst recht in den patriarchalischen fünfziger Jahren war keine andere Aufteilung der Rollen vorstellbar – bei der Arbeit assistieren: etwa indem sie Material in den Osten brachten, sich mit MfS-Kurieren in Westdeutschland trafen oder die Anweisungen über den Agentenfunk aufnahmen. Ferner konnten sich Ehepartner gegenseitig in der neuen, ungewohnten Umgebung Halt geben und sich so vor der ideologischen »Aufweichung« durch den täglichen Kontakt mit dem »Klassenfeind« schützen. Sollten solche Tendenzen bei einem der beiden sichtbar werden, konnte der Partner dies rechtzeitig nach Ost-Berlin melden.[38]

Seit Anfang 1953 jedenfalls eröffnete sich für Guillaume bei der Staatssicherheit eine längerfristige, zunächst parallele berufliche Perspektive zu seiner Tätigkeit im Verlag. Dies wird auch daran deutlich, dass er zeitgleich zu seiner Verpflichtung für das MfS Kandidat zur Aufnahme in die SED wurde. Eine hauptamtliche Karriere im MfS war nur möglich, wenn man auch Mitglied in der SED war oder den Parteibeitritt unmittelbar nach der Anwerbung nachholte.[39]

Als Vertreter des FDGB oder als Repräsentant des Verlages getarnt, bereiste Guillaume im Auftrag der Staatssicherheit ab 1953 wiederholt West-Berlin und die Bundesrepublik, um Informationen zu sammeln oder neue IM zu gewinnen. Dabei arbeitete er eigentlich gar nicht im Vertrieb, so dass sich seine Kollegen im Verlag gelegentlich über seine Westreisen wunderten.[40] Verbürgt sind auf Basis der Ermittlungen der westdeutschen Behörden für 1954 Erkundungseinsätze bei der Berliner Außenministerkonferenz der Vier Mächte Anfang 1954, dem im Juli in West-Berlin stattfindenden SPD-Parteitag sowie der Frankfurter Buchmesse.[41] Seine Frau glaubte anfangs auch, dass er diese häufigen Einsätze im Westen im Auftrag des FDGB absolvierte.[42]

Das Personalstammblatt des Verlages weist drei Zeitspannen auf, in denen Guillaume nicht für Volk und Wissen arbeitete und entsprechend kein Gehalt bezog, ohne dass diese Fehlzeiten spezifiziert oder erklärt sind: Seine Tätigkeit ist für den Januar 1953, die sechs Monate zwischen 1. Juli und 31. Dezember 1953 und erneut vom 1. April 1954 bis zum offiziellen Ausscheiden aus dem Verlag zum 1. Oktober 1955 nicht belegt. Die Tatsache, dass die erste längere Fehlzeit bei Volk und Wissen der Januar 1953 war, kann ebenfalls als Indiz dafür gewertet werden, dass sich der Kontakt Guillaumes zum MfS spätestens zur Jahreswende 1952/53 verfestigt hatte. In diesen Zeiträumen der Abwesenheit aus dem Verlag absolvierte er nicht nur die Parteischulungen als Kandidat der SED, sondern auch die Probeeinsätze im Westen für das MfS und erhielt zugleich individuell eine Ausbildung des MfS in konspirativer Arbeit.

Guillaumes merkwürdiges Tätigkeitsmuster bei Volk und Wissen blieb den westlichen Nachrichtendiensten und Abwehrorganen im geteilten Berlin nicht verborgen. Dies verdeutlicht zum Beispiel eine Notiz vom 14. November 1955 des West-Berliner »Untersuchungsausschuss Freiheitlicher Juristen« (UFJ). Der UFJ, 1949 von der CIA ins Leben gerufen, um Unrechtshandlungen in der DDR zu dokumentieren, unterhielt eine umfangreiche Belasteten- und Beurteilungskartei von verdächtigen DDR-Bürgern. In dem besagten Hinweis des UFJ für den West-Berliner Polizeipräsidenten, basierend auf der Information eines als »MA« bezeichneten Gewährsmannes bei Volk und Wissen, hieß es über Guillaume: »Auffällig an diesem Mann war, daß er häufig unmotiviert nicht zum Dienst erschien. Als sich sein Abteilungsleiter aus Gründen der Aufrechterhaltung der Arbeitsdisziplin dafür zu interessieren begann, wurde ihm von der SED-Parteileitung bedeutet, sich nicht um

Dinge zu kümmern, die ihn nichts angingen. Schließlich kam G. auf einen längeren Lehrgang. Obwohl in solchen Fällen ziemlich schnell bekannt wird, auf welche Schulen Lehrgangsteilnehmer delegiert werden, wurde dieser Fall mit großer Geheimniskrämerei behandelt. MA weiß, daß G. schon vom Verlag häufig nach West-Berlin geschickt wurde, um dort Aufnahmen von Exmittierungen (Wohnungsräumungen, E. M.), Verhaftungen von Demonstrationsteilnehmern, Anbringen von kommunistischen Losungen usw. zu machen. In der letzten Zeit wurde G. häufig nach Westdeutschland geschickt. Vor etwa vier Wochen nun ist er aus dem Verlag völlig ausgeschieden, offenbar um ganz für die Westarbeit freigemacht zu werden.«[43]

Agentenausbildung

Am 30. September 1955 endete offiziell Guillaumes Arbeitsverhältnis bei Volk und Wissen, obwohl es im Personalstammblatt hieß, dass er dem Verlag weiterhin als freier Mitarbeiter verbunden bleiben werde. Die Tarnung als freier Mitarbeiter bis zu seiner »Flucht« ein halbes Jahr später war vor allem notwendig, um ein Alibi gegenüber der Sozialversicherung der DDR (und später hinsichtlich eventueller Versorgungsbezüge in der Bundesrepublik) zu haben.[44] Am 1. Oktober 1955, nunmehr nach zweijähriger Kandidatenzeit in der SED auch volles Parteimitglied, wurde er als HIM (damals auch noch als Hauptamtlicher Geheimer Mitarbeiter bezeichnet) von der HVA übernommen.[45] Im Gegensatz zum bisherigen Status als IM bedeutete dies, dass er keinen normalen Beruf mehr ausübte und gleichzeitig im Nebenerwerb für das MfS arbeitete. Stattdessen konnte ihn nun das MfS entsprechend den Bedürfnissen der HVA verdeckt, denn er blieb ja IM, dort einsetzen, wo sie es für notwendig hielt. Im Gegenzug bekam er ein festes monatliches Gehalt, einen militärischen Rang, Anspruch auf regelmäßige Beförderung sowie die Perspektive dauerhafter Anstellung durch das MfS – im Auslandseinsatz oder in der DDR. Er erwarb durch seine Tätigkeit für das MfS Versorgungsansprüche im Falle von Krankheit, partieller Berufsunfähigkeit oder Verrentung. Die Einsatzzeit in der Bundesrepublik würde dabei doppelt zählen. Diese Versorgungsgarantien schlossen auch die Familie ein, unabhängig davon, ob sie in den Westen mit übersiedelte oder im Osten blieb. Das MfS verpflichtete sich zudem, im Falle der Verhaftung des Agenten alle Maßnahmen zu seiner Freilassung einzuleiten – eine

Zusicherung, die auch die Guillaumes bei ihrer Ausreise in die Bundesrepublik erhielten.[46]

Guillaume wurde mit seinem Status als HIM ab 1955 sozusagen verbeamteter Spion, stand aber im Status unterhalb der Hauptamtlichen, »offiziellen« Mitarbeiter der HVA, die in der Zentrale in Berlin oder in den Außenstellen in den 14 Bezirksverwaltungen in Uniform ihren Dienst taten. Letztere besaßen kraft ihrer Ausbildung und Verantwortlichkeiten einen tieferen Einblick in die Funktionsweise der HVA und waren den HIM selbst bei formal gleichem militärischem Rang vorgesetzt.[47] Im Gegensatz zu den HIM hatten sie die HVA-eigene Schule in Belzig bei Berlin in einem mehrmonatigen Kurs durchlaufen. Der dortige Lehrplan umfasste die Themenfelder »Marxismus-Leninismus«, »Regimelehre«, also Vermittlung von Kenntnissen über das Leben in kapitalistischen Gesellschaften und deren Funktionsweise, sowie technisch-operative Ausbildung, das heißt die Einweisung in das Agentenhandwerk im engeren Sinne.[48] Für den Einsatz in der Bundesrepublik hingegen verwendete die HVA ausschließlich HIM oder bloße IM, weil diese ob ihrer begrenzteren Einsicht in das Gefüge und die Arbeitsweise des Nachrichtendienstes im Falle einer Verhaftung weniger sensible Informationen an die westdeutschen Behörden liefern konnten als die Hauptamtlichen. Letzteren waren jegliche Reisen in die Bundesrepublik untersagt, so dass »Treffs« zwischen Führungsoffizieren und West-IM stets in der DDR oder auf dem Territorium dritter Staaten, häufig im neutralen Österreich, stattfanden.[49]

Bei Guillaume als designiertem West-HIM erfolgte die Ausbildung individuell durch seine Führungsoffiziere in verdeckten Ost-Berliner Wohnungen der HVA. Sie beschränkte sich bei ihm wie bei anderen Übersiedlungs-IM auf »elementarste Regeln der Konspiration«.[50] Aus Gründen der Geheimhaltung traf er dabei nicht auf andere sich auf den Einsatz vorbereitende IM, so dass weder sie ihn noch er sie im Westen verraten konnte. Parallel zu Guillaume wurde beispielsweise im Herbst 1955 ein Redakteur des Verlags Volk und Wissen namens Werner Gruber von der HVA angeworben, in einer Ost-Berliner konspirativen Wohnung von seinem Führungsoffizier rudimentär ausgebildet und bereits im März 1956 in die Bundesrepublik geschickt, um zunächst in Hamburg, später in West-Berlin US-Einrichtungen auszuspionieren, ohne dass Gruber und Guillaume vom gemeinsamen Auftrag wussten.[51] Alle West-IM operierten in gänzlicher Unkenntnis darüber, wer außer ihnen noch in der Bundesrepublik im Dienste der HVA arbeitete. Die einzigen

Ansprechpartner der Ostagenten im Westen waren die direkten Vorgesetzten, also die sogenannten Residenten im »Operationsgebiet« und die Führungsoffiziere in der Zentrale. Neben der politischen Schulung und Einweisung in seine Aufträge im Westen erarbeitete Guillaume eine »Legende« zur Glättung seines Lebenslaufes. Aus diesem mussten vor allem alle Hinweise der politischen Betätigung für die DDR-Organe seit 1950 getilgt werden inklusive der Umstände, wie Guillaume seine Frau getroffen hatte. So hieß es jetzt, dass die beiden sich nicht etwa beim Groß-Berliner Komitee der Kämpfer für den Frieden kennengelernt hätten, sondern als Guillaume 1950 eine Reportage als freiberuflicher Fotograf gemacht habe. Im Gegensatz zu anderen Übersiedlungs-IM wie etwa dem erwähnten Gruber war bei den Guillaumes geplant, sie unter ihrem tatsächlichen Namen in den Westen zu schicken. Folglich waren für die Legendierung nur geringe Änderungen im Lebenslauf, aber keine gefälschten Personalpapiere erforderlich.[52]

Guillaume erlernte von seinem Führungsoffizier die praktischen Aspekte des Agentenhandwerks, etwa das Erkennen gegnerischer Observationen sowie das Abschütteln von Verfolgern. Im Zentrum stand vor allem die Einweisung des Agenten in die verdeckten und unauffälligen Kommunikationswege mit der Zentrale, derer sich damals östliche wie westliche Nachrichtendienste gleichermaßen bedienten: »Tote Briefkästen« (TBK), »Treffs«, »Zugbelegungen«, Geheimtinten, Deckadressen und -telefonnummern, »Container«, einseitiger Agentenfunk und fotografische Ablichtung und Verkleinerung von Dokumenten. TBK waren Verstecke an unauffälligen Stellen, etwa in Astlöchern von Bäumen oder Vertiefungen in Friedhofs- oder Parkmauern. In diesen konnten Agenten Nachrichten oder abgelichtete Dokumente für die Verbindungskuriere zur Zentrale hinterlegen beziehungsweise Anweisungen oder Agentenlohn entnehmen. Diese Methode hatte den Vorteil, dass sich Kuriere und Agenten nicht kennen mussten, was der besseren Geheimhaltung diente. Ferner erforderten TBK eine weniger minutiöse Planung der Material- oder Geldübergabe als »Treffs«, die persönlichen Begegnungen zweier Geheimdienstmitarbeiter. Auch diese Zusammenkünfte selbst wurden geübt: Beobachtung der Umgebung auf verdächtige Anzeichen im Vorfeld, gegenseitiges Erkennen der Partner, unauffälliges Verhalten während der Begegnung und sichere Übergabe des geheimdienstlichen Materials. Eine andere Variante stellte die »Zugbelegung« dar, das Deponieren von Nachrichten oder Dokumenten in den Interzonenzügen Richtung Osten in fest vereinbarten Verstecken, zumeist in den Toiletten. Bei Ankunft in Ost-Berlin entnahm ein MfS-Mitarbeiter das Material. Teil der Schulung war zudem die Einweisung in die Benutzung und das Sichtbarmachen von Geheimtinten, mit denen Nachrichten, die nur für den Agenten oder seinen Auftraggeber bestimmt waren, auf unverfänglichen Briefen oder Postkarten aufgetragen wurden. Man informierte die Agenten ferner über die Nutzung von Deckadressen und Decktelefonnummern. Über diese konnte der Agent Kontakt mit der Zentrale aufnehmen, ohne dass es für Außenstehende oder westliche Abwehrdienste ersichtlich war, dass es sich hierbei um getarnte Anschlüsse oder Objekte des MfS handelte, von welchen die eingehenden Informationen umgehend an die Führungsoffiziere in der HVA weitergeleitet wurden. So forderte zum Beispiel Guillaume, wenn er wichtiges Material hatte, häufig per vermeintlicher Urlaubspostkarte an eine solche Deckadresse einen Kurier an. Man machte die Agenten zudem mit der Nutzung sogenannter Container vertraut. Hierbei handelte es sich um umgebaute Alltagsgegenstände wie Aktentaschen, Zigarettenetuis, Deodorantdosen oder Füllfederhalter, die ein Geheimfach zum Transport von Dokumenten, Mikrofilmen, Geld, gefälschten Papieren oder Miniaturkameras enthielten. Unerlässlich war die Ausbildung im einseitigen Agentenfunk. Dieser stellte damals für alle Dienste die wichtigste Methode dar, mittels derer die Zentralen über handelsübliche Radiogeräte ihre Agenten per Kurzwelle instruieren, diese allerdings nicht zurücksenden konnten. Die Agenten erhielten in der Regel keine Funkgeräte, sondern waren angewiesen, ausschließlich über TBK oder Deckadressen ihrerseits Kontakt mit Ost-Berlin aufzunehmen. Abgesehen davon, dass Funkgeräte per se verdächtige und sperrige Utensilien darstellten, wäre die Gefahr zu groß gewesen, beim Senden von der westdeutschen Funkabwehr geortet zu werden. Zum Empfang der Instruktionen per einseitigem Agentenfunk musste der Spion eine bestimmte Frequenz auf der Radioskala einstellen, auf der stets zur gleichen Zeit am gleichen Wochentag die Zentrale Mitteilungen für ihn sendete, die in bestimmten festgelegten Intervallen wiederholt wurden. Eine Stimme las nach einem vierstelligen Zahlencode als Erkennungszeichen für den jeweiligen Agenten eine Reihe fünfstelliger Zahlenkombinationen vor. Mittels eines dem Agenten zuvor übergebenen Schlüssels konnten den Zahlen Buchstaben zugeordnet und so die Botschaft entziffert werden. Die Agenten erhielten zudem eine Einführung in das schnelle und leserliche Ablichten von Schriftstücken und in die Verkleinerung der Negative zu stecknadelkopfgroßen, sogenannten

Mikraten. Diese ließen sich leicht entweder per Kurier, mittels Zugbelegung oder zum Beispiel unter eine Briefmarke geklebt per Post in den Osten transportieren.[53]

Die HVA beruhigte die sich auf den Einsatz in der Bundesrepublik vorbereitenden Agenten, indem die Ausbilder behaupteten, dass die westdeutsche Spionageabwehr wegen innerer Konflikte und Abhängigkeit von den westalliierten Diensten sehr ineffektiv arbeite. Enttarnungen und Verhaftungen kämen daher in der Regel nur vor, wenn die Agenten unvorsichtig agierten. Skandale wie der im Juli 1954 erfolgte Übertritt des ersten Präsidenten des Kölner BfV, Otto John, in die DDR schienen diese Versicherung durchaus glaubhaft zu unterfüttern.

Für die westdeutsche Spionageabwehr war seit 1953 das 1950 gegründete, ursprünglich nur gegen links- wie rechtsextreme innere Gegner der Bundesrepublik gedachte BfV verantwortlich. Als 1951 wegen der von den Westalliierten gewährten partiellen Souveränität das politische Strafrecht in der Bundesrepublik wieder in Kraft trat, zu dem auch Delikte wie Spionage für eine fremde Macht und Landesverrat zählten, brauchte man in Bonn eine hierfür zuständige Abwehrbehörde. Als Verlegenheitslösung wies man diese Funktion dem Kölner Amt zu, obwohl das Gesetz über den Verfassungsschutz von 1950 die äußere Gefahrenabwehr überhaupt nicht als Aufgabe nannte. Erst ein neues Gesetz über den Verfassungsschutz von 1972 schuf schließlich die rechtliche Grundlage, nachdem das Amt bereits fast zwanzig Jahre in der Spionageabwehr tätig gewesen war.[54]

Der Auslandsnachrichtendienst der DDR

Die HVA, der Guillaume nun diente, war innerhalb des MfS bis 1956 unter der Bezeichnung Hauptabteilung XV auf die politische, wirtschaftliche, technisch-wissenschaftliche und militärische Spionage im nichtsozialistischen Ausland spezialisiert. Die Wirtschaftsspionage inklusive der Jagd nach technischen Neuerungen und wissenschaftlichen Erkenntnissen zur Erhöhung der Wettbewerbsfähigkeit des ostdeutschen Systems und zum Anschluss an den Weltmarkt erlangte vor allem in den siebziger und achtziger Jahren zunehmende Bedeutung. 1971 wurde dazu der sogenannte Sektor Wissenschaft und Technik (SWT) innerhalb der HVA gebildet, der allein drei operative und eine eigene Auswertungsabteilung umfasste. Der militärischen Informationsgewinnung hingegen widmete die HVA weniger Ressourcen, weil die Nationale Volksarmee (NVA) hierfür einen eigenen Nachrichtendienst besaß. Gegen Ende der DDR berichteten jeweils etwa vierzig Prozent der in der Bundesrepublik eingesetzten HVA-Quellen zu politischen Themen oder betrieben Wissenschafts- und Technikspionage. Lediglich 13 Prozent der IM spionierten in westdeutschen Militär- und Sicherheitsbehörden. Ungeachtet der Verteilung des IM-Netzes in der Bundesrepublik lag aber das Hauptinteresse der HVA in der »Aufklärung« der westlichen Militärpolitik und Rüstung, gefolgt von der allgemeinen Außenpolitik des Westens gegenüber dem Ostblock und der Informationssammlung über im Westen lebende Regimegegner.[55]

Die Bundesrepublik, HVA-intern als Operationsgebiet bezeichnet, beanspruchte bis 1989 bei weitem die größte Aufmerksamkeit. Denn aufgrund der gemeinsamen historischen, kulturellen und sprachlichen Wurzeln sowie der vielfältigen familiären Beziehungen über den Eisernen Vorhang hinweg herrschten aus Sicht eines Geheimdienstes optimale Bedingungen. Sie erleichterten es wesentlich, nachrichtendienstliche Kontakte zu knüpfen und unauffällig aufrechtzuerhalten. Diese günstige Ausgangslage galt natürlich auch umgekehrt für den BND. Dieser unternahm etwa achtzig Prozent aller westlichen Geheimdienstaktivitäten in der DDR inklusive jener gegen die sowjetischen Truppen dort, die wegen ihrer großen Zahl und modernen Ausrüstung die Speerspitze jeglichen östlichen Angriffs auf die Nato-Staaten darstellten. Die HVA, die ungefähr drei Viertel aller östlichen Spionageaktivitäten in der Bundesrepublik verantwortete, ließ vor allem den sowjetischen Nachrichtendienst KGB an ihren nachrichtendienstlichen Erkenntnissen regelmäßig teilhaben. Der BND wiederum gab seine Informationen an die anderen westlichen Dienste weiter und profitierte seinerseits von den Verbündeten. Außerdem stellte die Bundesrepublik von 1949 bis 1989 aus Sicht der DDR die bei weitem größte politische und wirtschaftliche Herausforderung im Kampf der unterschiedlichen Gesellschaftssysteme dar, nicht zuletzt, weil sie bis 1989 offiziell nie den Anspruch auf Wiedervereinigung der beiden Teile unter westlichen Vorzeichen aufgab. Folglich wollte man in Ost-Berlin gerade über die Intentionen, Leistungen, aber auch Schwächen Bonns besonders gut informiert sein, weil von dort aus angeblich kontinuierlich an der Destabilisierung der DDR gearbeitet wurde – ob in den Hochzeiten des Kalten Krieges oder, methodisch subtiler, in der Phase der Entspannung seit den späten sechziger Jahren. Zudem galt die Bundesrepublik in Ost-Berlin als engster und wichtigster Verbündeter der imperialistischen Vormacht USA in Europa. Daher hatte die Spionage in der Bundesrepublik auch das Ziel, den Warschauer Pakt rechtzeitig vor einem möglichen Überraschungsangriff der Nato zu warnen.[56]

Für die DDR besaß die Auslandsspionage in den ersten zwei Jahrzehnten ihrer Existenz noch aus einem anderen Grund einen besonders hohen Stellenwert: Wegen ihrer von der Bundesrepublik durch die Hallstein-Doktrin erfolgreich durchgesetzten diplomatischen Isolierung konnte sie bis zur Unterzeichnung des Grundlagenvertrages im Jahre 1972 im Westen keine diplomatischen und konsularischen Vertretungen unterhalten, die eine regelmäßige Berichterstattung über die Vorgänge jenseits des Eisernen Vorhangs erlaubt hätten. Mit dem Aufbau eines Netzes von Auslandsvertretungen im westlichen Ausland ab 1973, die über völkerrechtlich geschützte Kommunikationsmöglichkeiten mit Ost-Berlin verfügten, nahm die Bedeutung der HVA für die politische Informationsbeschaffung erheblich ab.

Der Historiker Georg Herbstritt schätzt, dass für den gesamten Zeitraum von 1949 bis 1989 etwa 6000 Agenten der HVA in der Bundesrepublik spionierten und nochmals ungefähr die gleiche Zahl von den anderen Abteilungen des MfS, zum Beispiel der Hauptabteilung II für Spionageabwehr, oder dem Nachrichtendienst der NVA geführt worden sind. Damit lag die Dichte von IM des MfS im Westen um etwa das Zweihundertfache niedriger als die IM-Dichte in der DDR zur Bespitzelung der eigenen Bevölkerung. Gleichwohl stellte laut Herbstritt diese Zahl von West-IM eine historisch wohl einmalige nachrichtendienstliche Unterwanderung eines anderen Landes in Friedenszeiten dar. Vergleichbar war sie, so müsste man wohl auf Basis der jüngsten Forschungen von Armin Wagner und Matthias Uhl hinzufügen, höchstens mit der Ausspähung der DDR durch den BND.[57]

Die »Aufklärung« erfolgte mittels aus der DDR eingeschleuster Kundschafter oder angeworbener Bundesbürger, die aus ideologischen, finanziellen oder anderen Gründen bereit waren, für die DDR Spionage zu betreiben. Gelegentlich geschah dies auch aus Liebe, indem etwa eingeschleuste HVA-Agenten mit Sekretärinnen, die in obersten Bundesbehörden arbeiteten, eine Beziehung eingingen. Geltungssucht oder Frustration über mangelndes Fortkommen im Beruf sowie fehlende Anerkennung durch Vorgesetzte verleiteten manchen Bundesbürger ebenfalls, für die HVA zu arbeiten. In den meisten Fällen war es jedoch ein Bündel von Motiven, das sie dazu brachte, sich von eingeschleusten

DDR-Agenten nachrichtendienstlich »abschöpfen« zu lassen. Erpressung hingegen spielte nur in ganz wenigen Fällen eine Rolle, weil man sich in der HVA wenig Illusionen über den nachrichtendienstlichen Ertrag einer erzwungenen Mitarbeit machte. Manchmal, bei starken antikommunistischen Vorbehalten, wurden Bundesbürger auch unter »fremder Flagge« geworben. Dabei gab der HVA-Agent vor, nicht etwa für die DDR, sondern für einen westlichen Dienst zu arbeiten. Bis zum Mauerbau 1961 waren etwa die Hälfte der im Westen operierenden IM von der HVA entsandte DDR-Bürger, die andere Hälfte angeworbene Bundesbürger. Nach dem Mauerbau, der das Einschleusen von Agenten für die HVA erheblich erschwerte, verließ sich das MfS eher auf angeworbene Bundesbürger. Die technische Aufklärung durch Abhören des Funkverkehrs oder Anzapfen von Telefonleitungen im Ausland erledigten andere Abteilungen des MfS, die nicht zur HVA gehörten, vor allem die für Funkaufklärung zuständige Hauptabteilung III.[58]

Die Kundschafter, die vom Territorium der Bundesrepublik die Quellen verdeckt betreuten, wurden von der HVA »Residenten« genannt. Sie waren dafür verantwortlich, dass die gesammelten Informationen von in der Regel zwei bis sechs Quellen die Ost-Berliner Zentrale sicher erreichten; sie leiteten umgekehrt Anfragen der Zentrale und auch den Agentenlohn an die Quellen weiter. Es war Grundsatz der HVA, dass ihre Quellen aus Sicherheitsgründen möglichst weder in die DDR reisen noch direkten Kontakt mit Ost-Berlin halten sollten, sondern dass alle Kommunikation über die Residenten zu laufen hatte.[59] Guillaume etwa ging 1956 zunächst als Resident in die Bundesrepublik, um dort SPD-Mitglieder abzuschöpfen. Als er durch seine Karriere in der SPD seit Mitte der sechziger Jahre selbst zur »Objektquelle« wurde, entband ihn die HVA von der Residentenaufgabe. Sie beauftragte stattdessen einen anderen eingeschleusten Residenten damit, Guillaume zu betreuen und so die Verbindung zwischen Quelle und Ost-Berlin mit möglichst geringer Gefährdung für Guillaume sicherzustellen.

Das IWF und die HVA leitete von September 1952 bis November 1986 Markus Wolf, der nur dem Minister für Staatssicherheit direkt unterstellt war. Die HVA entwickelte sich im Laufe der Zeit zu einer der größten Diensteinheiten innerhalb des MfS. 1955 gab es in der HVA etwa 430 Hauptamtliche Mitarbeiter bei einer Gesamtpersonalstärke des MfS von rund 17000 Hauptamtlichen. Bis 1989 wuchs die HVA auf etwa 4800 Personen an: etwa 3300 Hauptamtliche, knapp 800 HIM und 700 sogenannte Offiziere im besonderen Einsatz (OibE). Dazu kamen etwa

1500 Bundesbürger als IM, die im Westen für die HVA operierten, und etwa 13 000 IM in der DDR, die für die HVA arbeiteten. Das MfS insgesamt umfasste am Ende der DDR etwa 91 000 Hauptamtliche und 189 000 IM.[60] Im Verhältnis zu ihrer Größe und internationalen Bedeutung leistete sich die DDR mit der HVA einen Auslandsnachrichtendienst, der weit überproportional ausgestattet war und mehr Mitarbeiter zählte als etwa die vergleichbaren Dienste Großbritanniens und Frankreichs. Die hervorgehobene Stellung der HVA unterstrich die Bezeichnung »Hauptverwaltung« ab 1956 im Vergleich zu den sonstigen Großgliederungen des MfS, die seitdem als »Hauptabteilungen« firmierten. Der seit 1956 gebräuchliche und bis zur Auflösung 1990 geführte Name »Hauptverwaltung A«, oft fälschlicherweise als »Hauptverwaltung Aufklärung« sprachlich aufgelöst, resultierte aus der Entstehungszeit 1956/57, als es im MfS neben den operativen Hauptabteilungen eine »Hauptverwaltung B« gab, die viele der zentralen Dienste des MfS vereinigte. Die HVA verfügte seit 1952 über ihre eigene Fortbildungsstätte in Belzig bei Berlin, nach außen als »Zentralschule der Gesellschaft für Sport und Technik Etkar André« getarnt.

Der kosmopolitische, intellektuell-großbürgerliche Hintergrund von Markus Wolf, Sohn des in der Weimarer Republik erfolgreichen Arztes und Schriftstellers Friedrich Wolf, der 1933 mit seiner Familie ins sowjetische Exil gegangen war, kontrastierte mit dem eher kleinbürgerlich-proletarischen Hintergrund praktisch aller anderen hohen MfS-Kader. Nicht zuletzt die Aura ihres Chefs führte dazu, dass die HVA sich innerhalb des MfS als elitäre Sonderorganisation gab. Der hauptamtliche wie inoffizielle Mitarbeiterstab der HVA war im Durchschnitt wesentlich besser qualifiziert als der Rest der »Tschekisten«, wie sich die MfS-Mitarbeiter in Anlehnung an die sowjetische Geheimpolizei der Revolutions- und Bürgerkriegszeit selbst gern bezeichneten. Das höhere Bildungsniveau und gewandtere Auftreten der HVA-Mitarbeiter bedingte sich vor allem dadurch, dass man Kontakte zu westlichen Eliten, die zur Informationsgewinnung gebraucht wurden, etablieren und pflegen musste. Diese Aufgabenstellung stand naturgemäß in einem gewissen Spannungsverhältnis zu den restlichen MfS-Abteilungen, deren Pflicht auch darin bestand, Westkontakte von DDR-Bürgern zu unterbinden. Die vermeintliche Sonderstellung der HVA innerhalb des MfS, die angeblich wenig mit dem schmutzigen Alltagsgeschäft des übrigen Ministeriums zu tun hatte, wurde von ihren ehemaligen Mitarbeitern insbesondere ab 1989/90 kultiviert. Damit wollten sie sich von den stärker diskreditierten anderen Abteilungen absetzen, die MfS-intern als »Abwehrlinien« bezeichnet wurden und die interne politische Repression besorgt hatten. Dennoch war die HVA stets integrativer Bestandteil des MfS. Sie wurde von diesem finanziert und hing von dessen zentralen Diensten ab wie der Abteilung »Kader und Schulung« (Personalwesen), dem »Zentralen Medizinischen Dienst« oder dem »Operativ-Technischen Sektor«, der beispielsweise Personalpapiere fälschte oder Miniaturkameras und Abhörtechnik herstellte. Die HVA unterlag den generellen Richtlinien des MfS, und es kam regelmäßig zu Versetzungen von HVA-Kadern in andere MfS-Abteilungen oder umgekehrt. Bis 1989 sahen sich die Hauptamtlichen Mitarbeiter der HVA ebenso als »tschekistische« Geheimpolizisten an wie der Rest des MfS. Zudem assistierte die HVA von Anfang an den »Abwehrlinien«, etwa indem sie Informationen über politische Flüchtlinge aus der DDR auf dem Gebiet der Bundesrepublik weitergab oder westliche Fluchthilfeorganisationen »aufklärte«. Ohnehin basierten im Selbstverständnis des SED-Regimes jegliche politische Opposition wie auch die Fluchtversuche von DDR-Bürgern gen Westen letztlich auf einer Manipulation und Einmischung »imperialistischer« Kräfte von außen. Folglich war die »Arbeit in und nach dem Operationsgebiet«, wie die Spionagetätigkeit in bestem Stasi-Deutsch umschrieben wurde, letztlich nur eine ins Vorfeld verlagerte Abwehrtätigkeit gegen die innere Destabilisierung der DDR. Daher beteiligten sich fast alle Abteilungen des MfS, und nicht nur die HVA, mehr oder weniger an der Westarbeit, was MfS-intern als Konzept der »Einheit von Abwehr und Aufklärung« firmierte.[61]

1966 bildete die HVA die neue Abteilung X, verantwortlich für »Desinformation und Zersetzung« des Gegners. Zu ihren sogenannten aktiven Maßnahmen zählten etwa die Beeinflussung und Fehlinformation der westdeutschen Medien sowie die Diskreditierung oder Bestechung Bonner Politiker.[62] Seit den frühen Sechzigern entwickelte sich die Hilfe beim Aufbau von Nachrichtendiensten in einigen jungen afrikanischen Staaten zu einem weiteren Tätigkeitsfeld der HVA. Allerdings überwog stets bei weitem die Informationsbeschaffung als Hauptaufgabe der HVA gegenüber den anderen Aktivitäten.

Als Guillaume hauptamtlich in den Dienst des MfS trat, standen die Zeichen bei der HVA auf personelle Expansion. Unter der Ägide des Chefs der Staatssicherheit Ernst Wollweber, der seinen Vorgänger Wilhelm Zaisser infolge des Versagens des MfS bei der Verhinderung des Volksaufstandes vom 17. Juni 1953 ablöste, verschrieb sich die Staatssicherheit verstärkt der Westarbeit. Laut Interpretation der SED und damit des MfS ging der Aufstand vom 17. Juni nicht auf ein internes Versagen des Regimes, sondern auf finstere Machenschaften feindlicher Kräfte aus dem Westen zurück. Es sollte daher alles getan werden, um die aggressiven Kräfte im Westen zu schwächen und die entspannungswilligen zu stärken. Die Sicherheitskommission des Zentralkomitees (ZK) der SED bewilligte im Sommer 1954 der HVA daher 100 neue hauptamtliche Mitarbeiter, von denen 75 Prozent im Westen operieren sollten. Es ist wahrscheinlich, dass die Guillaumes letztlich ihren Westauftrag dieser sogenannten Aktion 100 verdankten, für welche die HVA bevorzugt junge, kinderlose Ehepaare zwischen 25 und 30 Jahren auswählte. Laut den Erinnerungen von Werner Großmann, dem letzten Leiter der HVA, wurden aber tatsächlich nur etwa 15 Agentenehepaare zwischen 1954 und 1956 im Rahmen der »Aktion 100« ins Bundesgebiet übergesiedelt. In der nur kurzen Amtszeit Wollwebers, der bereits im Herbst 1957 von Erich Mielke abgelöst wurde, galt im MfS die »Aufklärung« im Westen sogar vorübergehend als wichtigere Aufgabe als die Verfolgung innenpolitischer Gegner. Unter diesen Vorzeichen erlebte die vormalige Abteilung XV des MfS ihre zumindest symbolische Aufwertung zur »Hauptverwaltung A«. Als Folge des Aufstands in Ungarn im Herbst 1956 und nach dem Dienstantritt Mielkes als Minister wurde die Hauptaufgabe des MfS wieder in der inneren Repression gesehen und der HVA ein Teil ihrer bislang kultivierten Eigenständigkeit genommen. Trotzdem erfuhr auch die HVA in den folgenden Jahren weiterhin einen kontinuierlichen personellen Ausbau.[63]

Spionage gegen die SPD

Durch seine kleinbürgerlich-proletarische Abstammung, das Fehlen kirchlicher Bindungen und seinen Werdegang als Volksschüler, Lehrling, Angestellter und Gewerkschaftsfunktionär besaß Guillaume den entsprechenden Stallgeruch für die Spionage im Umfeld der westdeutschen SPD, einer Partei, die sich in den fünfziger Jahren noch im Wesentlichen als marxistische Arbeiterpartei definierte und in der sich Guillaume in vertrautem Milieu bewegen konnte. Guillaume wurde daher von der HVA-Abteilung II, »Parteien und politische Organisationen in der Bundesrepublik«, geführt, während die Abteilung I die obersten Bundesbehörden »betreute«. Andere Abteilungen der HVA waren für das Ausland oder – wie der SWT – für die Industriespionage zuständig.[64] Die Abteilung II zeichnete für die Informationsgewinnung über die und aus den politischen Parteien der Bundesrepublik sowie für die westdeutschen Kirchen, Gewerkschaften oder Vertriebenenverbände verantwortlich. Die Abteilung gliederte sich in mehrere Referate entsprechend den politischen Strömungen in der Bundesrepublik, wobei das Referat 4 die SPD betreute. Dieses führte stets die meisten und wertvollsten Objektquellen, weil sich die SPD und die ihr nahestehenden Gewerkschaften für die Ausspähung aus dem Osten generell als anfälliger erwiesen als die anderen Parteien oder gesellschaftlichen Gruppen. 1960 wurden von der Abteilung II insgesamt 779 Vorgänge betreut, also Personen, die für eine Zusammenarbeit in Frage kommen könnten oder bereits angeworben waren. Die tatsächliche Zahl der Objektquellen der Abteilung im Westen hingegen dürfte nicht höher als fünfzig gewesen sein. 1960 waren in der Abteilung II etwa zwei Dutzend Hauptamtliche Mitarbeiter tätig.[65]

Guillaumes ideologischer Ziehvater in der HVA war Paul Laufer, der im Februar 1955 von der Parteikontrollkommission der SED offiziell in das MfS wechselte. Er hatte bereits zuvor verdeckt das IWF beziehungsweise die HVA bei der Spionage gegen die SPD beraten und sich der gegen sie eingesetzten Kundschafter angenommen. Die SED wollte mit nachrichtendienstlichen Mitteln den Kampf gegen das in Bonn ansässige »Ost-Büro« der SPD intensivieren, das den Widerstand der sozialdemokratischen Genossen in der DDR organisierte und Informationen von jenseits der Elbe sammelte. In den fünfziger Jahren war für die SED das »Ost-Büro« die gefährlichste in der DDR tätige westdeutsche Organisation. Laufer diente seit Februar 1955 als Major und stellvertretender Leiter der Abteilung II und war ihr ausgewiesener SPD-Experte. Er war 1921 der SPD beigetreten, hatte sich aber in den folgenden Jahren innerlich der KPD zugewandt. Auf deren Geheiß blieb er jedoch weiter offiziell Sozialdemokrat, um die SPD von innen für die KPD auszuspionieren. 1936 verurteilte ihn der Volksgerichtshof als Regimegegner zu drei Jahren Gefängnis. Während des Krieges arbeitete er in einem Berliner Rüstungsbetrieb, bis die Wehrmacht ihn 1944 in das Strafbataillon 999 für politisch Unzuverlässige einzog und nach Jugoslawien zum Einsatz schickte. Schon kurze Zeit später lief er zu Titos Partisanen über. Nach Berlin kehrte er im Oktober 1945 zurück und wurde hier auf Weisung der KPD erneut in der SPD aktiv, um der anvisierten Vereinigung der beiden Parteien zur SED unter den Sozialdemokraten den Weg zu ebnen.

Bei der Zentralen Parteikontrollkommission der SED überwachte er anschließend die Säuberung der Einheitspartei von widerständigen Sozialdemokraten. Aufgrund dieses biografischen Hintergrunds war es selbstverständlich, dass er sich in der HVA besonders um jene Agenten kümmerte, die auf die SPD angesetzt waren. Dabei war seine Stärke, wie es in seinen Kaderbeurteilungen in den fünfziger und sechziger Jahren durchaus kritisch hieß, die politisch-ideologische Erziehung der Agenten, weniger die Planung der konkreten Einsätze oder die Anwendung neuester operativer Techniken. Diesen verschloss er sich unter dem Hinweis auf seine Erfahrungen in der nachrichtendienstlichen Arbeit vor 1945. Er wurde in Guillaumes Autobiografie, die in den achtziger Jahren in enger Abstimmung mit dem MfS entstand, besonders prominent als prägende Person herausgestellt, weil Laufer eine Kontinuität der Auseinandersetzung mit dem Imperialismus vor wie nach 1945 symbolisieren sollte. Laufer und damit das MfS führten nach dieser Lesart einen Kampf gegen feindliche Kräfte, dessen Wurzeln bis in die Weimarer Republik zurückreichten. So gab Laufer den nachrichtendienstlichen Aktivitäten der HVA und den nachwachsenden Generationen von Tschekisten wie etwa Guillaume eine Art historische Legitimität. Tatsächlich jedoch blieb Laufer ein Außenseiter in der HVA, weil er ein Quereinsteiger war, ohne formale nachrichtendienstliche Ausbildung. Entsprechend gab es für ihn trotz seines lupenreinen kommunistischen Stammbaums und seines legendären Rufes als SPD-Unterwanderer in der HVA bis zu seiner Pensionierung 1968 kein berufliches Vorankommen.[66] Bei aller politisch intendierten Stilisierung in Guillaumes Memoiren mag Laufer, der wie Guillaumes Vater dem Jahrgang 1904 angehörte, tatsächlich eine Art Vaterersatz für den späteren Kanzleramtsspion dargestellt haben. Somit spielte Laufer möglicherweise eine wichtige Rolle für Guillaumes Bindung an das MfS während der Vorbereitung seiner Übersiedlung in die Bundesrepublik und der ersten Jahre dort. Ingrid Kerz-Rühling und Thomas Plänkers erstellten anhand von Interviews mit ehemaligen IM ein psychoanalytisches Profil dieser: Das Fehlen des Gefühls von Sicherheit und Zuwendung in der Jugend, insbesondere bei jüngeren Männern, förderte die Bereitschaft, sich einem Führungsoffizier in einer Art Ersatz für die fehlende Eltern-Kind-Beziehung anzuvertrauen und sich so für das MfS instrumentalisieren zu lassen.[67] Diese Konstellation traf auch auf Guillaume zu.

Das Referat 4 in der Abteilung II leitete seit Herbst 1955 der 1927 geborene Kurt Gailat, der sich in der HVA im Laufe der sechziger und siebziger Jahre zum SPD-Spezialisten in der Nachfolge Laufers mauserte und am längsten überhaupt innerhalb des MfS mit dem Fall Guillaumes betraut sein sollte. Gailat, der 1951 ins MfS eingetreten war, promovierte im Herbst 1969, passend zum sozialliberalen Machtwechsel in Bonn, an der MfS-eigenen Hochschule in Potsdam mit einer Arbeit über die Möglichkeiten eines von der HVA geförderten Aufbaus einer linken, gegen die Parteiführung gerichteten »Plattform« in der SPD.[68] Er avancierte in den achtziger Jahren zum Oberst und Leiter der Abteilung II. Führungsoffizier Guillaumes im engeren Sinne war, wie aus der Rosenholz-Datei hervorgeht, von 1955 bis 1962 Erich Boldt. Dieser, glaubt man seinen Beurteilungen, stellte so ziemlich das Gegenteil von Laufer dar. Er interessierte sich für die technisch-operativen Details seines Berufs und bemühte sich, diese an die auszubildenden Agenten weiterzugeben. Boldt fehlte aber das tiefere politische Verständnis für seine Tätigkeit. Es mangelte ihm an Selbstbewusstsein, was seinen Umgang mit Menschen erschwerte und ihn letztlich als engste Kontaktperson für Agenten im Westen untauglich machte. 1962 wurde er daher von der Agentenführung entbunden und in die Bildstelle der HVA versetzt.[69]

Nur die direkten Führungsoffiziere, deren Referats- und manchmal Abteilungsleiter, bei Spitzenquellen wie später Guillaume auch noch Markus Wolf, kannten die wahre Identität der West-IM, egal ob sie als Resident oder Quelle arbeiteten. Für den Rest der HVA, etwa die zentrale Auswertungsabteilung, oder die finanziellen und medizinischen Dienste des MfS, aber auch für Nachbarreferate in derselben HVA-Abteilung, ja selbst Führungsoffiziere, die das gleiche Büro teilten, aber unterschiedliche Quellen bearbeiteten, existierten die IM nur unter ihren Decknamen oder als Registriernummer. Dies diente dem Schutz der Kundschafter im Westen, denn je weniger Personen um deren wahre Identität wussten, desto geringer war die Gefahr der »Dekonspiration«, wie es im MfS-Jargon hieß. Ein solches begrenztes Wissen um die West-IM auf weniger als ein Dutzend Personen in der Zentrale – selbst wenn sich die Spione manchmal Jahrzehnte im Einsatz befanden – war nicht nur im Interesse der HVA, welche die Quellen möglichst lange im Westen unerkannt führen wollte, sondern wirkte auch auf die Kundschafter im Westeinsatz beruhigend.

Für die zentrale Auswertungsabteilung der HVA für politische Spionage,[70] die Abteilung VII, besaß diese Anonymisierung einen weiteren Vorteil: Die von den Beschaffungsreferaten in den operativen Abteilungen eingehenden Informationen wurden einzig auf ihre innere Kohärenz und Glaubwürdigkeit im Abgleich mit Informationen aus anderen Quellen bewertet, ohne dass sich die Auswerter im Gegensatz zu den Führungsoffizieren von der Position des Spions im Westen oder seiner Persönlichkeit beeinflussen lassen konnten. Das Prinzip der strikten Trennung von agentenführenden Arbeitseinheiten wie etwa das SPD-Referat der HVA-Abteilung II, das für die Informationsbeschaffung zuständig war, und der auswertenden Einheit, die für die politische Führung Lageeinschätzungen erstellte, war kein Spezifikum der HVA. Es kennzeichnet beispielsweise noch heute die Arbeit von BND und BfV. Die Auswertung ähnelt eher einer wissenschaftlichen Recherche. Dabei stellen die Informationen der Agenten aus dem Ausland neben der Presselektüre, dem Literaturstudium und den Berichten der Auslandsmissionen nur ein Element dar, das zum Gesamtbild beiträgt. Das Ergebnis sind nüchterne, neutral abgefasste Lageeinschätzungen, die allein schon aus Gründen des Quellenschutzes jeglichen Bezug zum individuellen Agenten vermeiden.[71]

SED und SPD in den fünfziger Jahren

Der SPD kam aus Sicht der SED und damit auch der HVA, die sich als Dienstleister für die Einheitspartei verstand, in der politischen Landschaft der Bundesrepublik in den fünfziger Jahren (und darüber hinaus) die bei weitem größte Bedeutung zu, denn sie galt als potenzieller Bündnispartner bei der Realisierung der deutschlandpolitischen Pläne Ost-Berlins. Die herausgehobene Stellung der SPD zeigte sich schon dadurch, dass Fragen, die sie und westdeutsche Gewerkschaften betrafen, von der »Kommission für gesamtdeutsche Fragen« (ab 1960 »Westkommission«) beim ZK der SED bearbeitet wurden. Die Kommission sammelte die Erkenntnisse der HVA und anderer Quellen wie etwa der SED-Reisekader und der Auswertung der westdeutschen Presse und bereitete anhand dieser Informationen die Vorlagen für das Politbüro zur Formulierung von dessen Deutschlandpolitik vor. Die anderen Parteien in der Bundesrepublik hingegen bearbeitete der nachgeordnete »Nationalrat« der NF der Blockparteien, die wortgetreu den Vorgaben der SED folgten.[72] Es war besonders wichtig, über die Strömungen gerade in der SPD möglichst detailliert informiert zu sein, um einen Ansatzpunkt für die von der SED immer wieder propagierte »Einheit der Arbeiterklasse« in Ost- und Westdeutschland zu haben. Dabei konzentrierte man sich nach der vollständigen Marginalisierung der westdeutschen KPD bei den ersten Bundestagswahlen (und dem Verbot dieser Partei 1956 durch das Bundesverfassungsgericht) auf die SPD. Die Sozialdemokraten standen seit 1949 in Opposition zur regierenden CDU und den wesentlichen Weichenstellungen, die Adenauers Partei seit Gründung der Bundesrepublik vorgenommen hatte: Die CDU setzte die kapitalistische Wirtschaftsordnung durch. Vor allem aber führte sie die Bundesrepublik in das westliche Bündnis, betrieb seit 1955 die militärische Aufrüstung und versuchte sogar, die Bundeswehr mit taktischen Nuklearwaffen auszustatten. Die CDU verschloss sich zudem jeglichem Verhandlungsangebot aus dem Osten, der vielmehr durch eine »Politik der Stärke« in die Knie gezwungen werden sollte. Für die CDU war die Wiedervereinigung Deutschlands nach westlichem Muster eine unerlässliche Vorleistung der Sowjetunion für eine Entspannung in Europa. Dagegen gab es für die SED in den fünfziger Jahren einige Anknüpfungspunkte mit der SPD: Beide Parteien definierten sich als marxistische Arbeiterparteien und hatten ihren Ursprung in der SPD Wilhelm Liebknechts und August Bebels. Die SPD bekämpfte bis 1960 ebenfalls Adenauers Politik der Westintegration und Aufrüstung aus dem Glauben heraus, dass beides nur die Spaltung Deutschlands vertiefe. Sie setzte sich stattdessen für blockübergreifende kollektive Sicherheitssysteme und Abrüstung in Europa ein und befürwortete immer wieder Verhandlungen zur Lösung der deutschen Frage gemäß ihrem der CDU/CSU entgegengesetzten Credo, dass Ost-West-Entspannung unerlässliche Voraussetzung für die Wiedervereinigung sei. So schlug die SPD, etwa mit ihrem »Deutschland-Plan« vom März 1959, die Schaffung einer Konföderation der beiden deutschen Staaten als ersten Schritt zu einer Wiedervereinigung vor. Aufgrund der gemeinsamen historischen wie ideologischen Wurzeln blieb es für die HVA bis 1989 einfacher, unter SPD-Mitgliedern Quellen zu werben als unter Angehörigen der CDU/CSU oder FDP. SPD-Mitglieder verdingten sich eher aus ideellen Gründen für die HVA, bei Unions- und FDP-Angehörigen standen häufiger finanzielle Motive im Vordergrund.[73]

Allerdings gab es starke beiderseitige Vorbehalte, die zum Teil historisch begründet, zum Teil der damaligen politischen Situation in Deutschland geschuldet waren und die gegen ein Zusammengehen von Kommunisten und Sozialdemokraten sprachen. Die SPD hatte nicht vergessen, dass die Kommunisten auf Geheiß Stalins Ende der zwanziger und Anfang der dreißiger Jahre die Sozialdemokraten noch stärker als die wachsende Gefahr durch die Nationalsozialisten bekämpft und damit zum Untergang der Weimarer Republik wesentlich beigetragen hatten. Die SPD als eine dem Parlamentarismus und Mehrheitsentscheidungen verpflichtete Partei verurteilte zudem die undemokratische Art und Weise, mit der die leninistische Kaderpartei SED den Sozialismus in der DDR eingeführt und sich zur allein herrschenden Partei aufgeschwungen hatte. Die SED wiederum verzieh der SPD nicht, dass sie im Ersten Weltkrieg die Politik der kaiserlichen Regierung unterstützt, in der Revolution 1918/19 ein Bündnis mit den alten Eliten gegen die linksrevolutionären Aufstandsbewegungen geschlossen und sich im Westen 1945/46 unter dem Einfluss Kurt Schumachers gegen eine Vereinigung der beiden Arbeiterparteien gestellt hatte. Zudem stand die SPD der CDU in der Verurteilung der politischen Verhältnisse in der DDR in nichts nach und förderte durch ihr »Ost-Büro« den dortigen Widerstand gegen die SED.

Die SED und damit auch das MfS versuchten, diesen Widerspruch zwischen einer gewünschten, aus den gemeinsamen Wurzeln resultierenden, gleichsam natürlichen Allianz mit der Arbeiterpartei SPD und der de facto SED-feindlichen Politik der Sozialdemokratie mit der Theorie der »fehlgeleiteten Klassengenossen« zu erklären: Eine eigentlich politisch korrekt eingestellte, sprich »klassenbewusste« und »patriotische« Arbeiterschaft in Westdeutschland werde lediglich von einer »imperialistischen«, den Klassenstandpunkt verratenden Parteileitung unter Erich Ollenhauer, Fritz Erler, Herbert Wehner und anderen fehlgeleitet. Gelänge es hingegen, entweder der SPD-Basis ihre Irreführung zu verdeutlichen oder die in Opposition zur Politik des Parteivorstandes stehenden Kräfte in der SPD auf der unteren Funktionärsebene als »linke Plattform« zu sammeln, so das Kalkül Ost-Berlins, könnte vielleicht doch noch die gesamtdeutsche Einheit der Arbeiterklasse hergestellt werden, um ein einziges Deutschland nach Muster der DDR zu schaffen. In der Phase nachlassender Ost-West-Spannungen im Gefolge des XX. Parteitages der Kommunistischen Partei der Sowjetunion (KPdSU) im Februar 1956, auf dem Moskau die Devise der »friedlichen Koexistenz« der beiden Machtblöcke ausgab, beurteilte die SED die SPD-Parteiführung für etwa drei Jahre etwas milder. Denn laut der neuen Moskauer und damit vorerst verbindlichen Interpretation existierten im Westen durchaus verständigungsbereite Kräfte, zu denen der Kontakt gesucht werden sollte, was einmal mehr auf die SPD verwies. Entsprechend gab sich jetzt die SED vorübergehend der Hoffnung hin, die westdeutsche Sozialdemokratie in ihrer Gänze als Bündnispartner zu gewinnen, ohne Parteiführung und Basis auseinanderdividieren zu müssen.[74]

Vorbereitung der Übersiedlung in den Westen

Bereits seit Spätsommer 1954, also einige Zeit vor seinem offiziellen Ausscheiden aus Volk und Wissen und der Übernahme als HIM, war von der HVA Guillaumes längerfristige Übersiedlung als Agent in den Westen geplant und mit ihm abgesprochen worden. Der Auftrag für den Westeinsatz lautete nach Guillaumes eigener Aussage »Integration in und Aufklärung der SPD«, also Eindringen in die und Ausspionieren der Sozialdemokratie. Hierzu wurde er im Zuge seiner Anstellung als HIM auch zum OibE ernannt, ursprünglich vermutlich im Rang eines Leutnants. Bis zu seiner Verhaftung im April 1974 arbeitete sich Guillaume zum Hauptmann hoch.[75]

Christel Guillaume, fleißig und zielstrebig, hatte seit 1950 Karriere in Ost-Berlin gemacht. Sie war von ihrem Sekretärinnenposten beim Friedenskomitee im Sommer 1952 zunächst auf eine Stelle als Sachbearbeiterin in der Pressestelle des Sonderstabs Berlin des »Nationalen Aufbauwerkes« gewechselt, der unter anderem den Bau der sozialistischen Renommiermeile Stalinallee betreute. Als ihr Mann und die HVA begannen, die Übersiedlung in die Bundesrepublik vorzubereiten, betreute sie als Hilfsreferentin im DDR-Kultusministerium Preisausschreiben für Kinder- und Jugendbücher. Vermutlich im Herbst 1954 klärte ihr Mann sie in Anwesenheit von Laufer und Gailat über den wahren Hintergrund seiner bisherigen Westtätigkeit auf. Er fragte sie zugleich, ob sie bereit sei, mit in die Bundesrepublik überzusiedeln, um ihm dort als Kundschafter zu assistieren. Wie seine diversen Affären vermuten lassen, die er schon bald nach der Hochzeit eingegangen war, wollte Guillaume seine Frau nicht unbedingt aus Liebe an seiner Seite wissen. Er schloss sich vielmehr der Sicht seiner Vorgesetzten an, dass für westliche Abwehrdienste ein Ehepaar weniger verdächtig wirke als ein einzelner jüngerer männlicher Flüchtling. Zudem konnte nur mit dem Einverständnis von Christel Guillaume zur Übersiedlung auch die Schwiegermutter zu einem solchen Schritt bewogen werden. Erna Boom spielte, wie noch zu zeigen sein wird, in der Kalkulation der HVA eine wichtige Rolle, um die ganze Operation noch besser zu tarnen.

Für die Ehefrau kam die Eröffnung völlig überraschend. Gleichwohl sagte sie ihrem Mann und seinen Vorgesetzten zu. Laut HVA-Unterlagen verpflichtete sie sich am 16. Oktober 1955 selbst als IM und erhielt von der HVA den Decknamen »Heinze«. Allerdings fand sie es merkwürdig, dass nun ihr Mann zugleich ihr dienstlicher Vorgesetzter war. »Residenten und ihre Ehepartner müssen den Kampfauftrag in den Mittelpunkt ihres Lebens stellen. Persönliche Interessen in beruflicher, gesellschaftlicher und familiärer Hinsicht sind dem operativen Auftrag völlig unterzuordnen; das bedeutet auch auf den natürlichen Kinderwunsch zu verzichten bzw. diesen lange zurückzustellen«,[76] hieß es entsprechend später in einem Schulungsdokument der HVA. Da nur ideologisch gefestigte Personen Mitarbeiter des MfS werden sollten, trug man ihr im Mai 1956 die Kandidatur als SED-Mitglied an. 1958 erhielt sie die Vollmitgliedschaft in der Staatspartei. Nachrichtendienstlich ausgebildet hingegen wurde Christel Guillaume lediglich in der Handhabung von TBK, dem Verhalten bei Treffs, dem Erkennen von Observationen und im einseitigen Agentenfunk, wobei sie in der Bundesrepublik nur die gesendeten Zahlenkolonnen im Falle der Abwesenheit ihres Mannes notieren durfte. Den Schlüssel zu ihrer Entzifferung hingegen besaß einzig ihr »Vorgesetzter«. Aufgrund dieser nur rudimentären Ausbildung durch die HVA konnte sie bis zur »Flucht« ihre hauptberufliche Tätigkeit in Ost-Berlin fortführen.[77]

Für die HVA erschienen die Guillaumes als »Übersiedlungs-IM« nicht zuletzt deshalb vielversprechend, weil Erna Boom durch ihre Heirat in den dreißiger Jahren zur Niederländerin geworden war. Damit konnte die ganze Familie unauffällig in die Bundesrepublik gehen, ohne die Maschen des westdeutschen Notaufnahmeverfahrens passieren zu müssen. Der Einsatz der Adoptiv-Niederländerin zur besseren Abdeckung der Übersiedlung war sicherlich einer der Gründe, aus denen die Guillaumes im Gegensatz zu vielen anderen IM unter ihrem tatsächlichen Namen in den Westen wechseln sollten.[78] Laufer, der im Auftreten wie Aussehen dem verstorbenen Ehemann Erna Booms ähnelte und im gleichen Alter war wie sie, gelang es, im Herbst 1955 diese ebenfalls für den Übersiedlungsplan zu gewinnen. Er appellierte wie bei Christel Guillaume an ihren Antifaschismus unter Hinweis auf das Schicksal ihres Mannes. Zudem wurde sie mit dem Argument geködert, dass ihre Rente in der Bundesrepublik höher ausfallen würde als in der DDR. Dazu hatte Guillaume ein Auskunftsschreiben der Bundesversicherungsanstalt für Angestellte besorgt, aus dem hervorging, dass ihr im Westen anstelle der DDR-Einheitsrente eine Alterssicherung zustehen würde, die auf den relativ hohen Einkünften ihres verstorbenen Mannes basierte. Dabei verschwiegen alle Beteiligten der Witwe jedoch, dass die »Flucht« in den Westen im Auftrag der Staatssicherheit geschah. Erna Boom unterzeichnete im Gegensatz zum Ehepaar keine Verpflichtungserklärung als IM, auch existierte zu ihr keine Rosenholz-Karteikarte. Sie erfuhr offiziell erst 1974 durch die Verhaftung von Tochter und Schwiegersohn davon, dass sie seit 1956 ihren Teil zur Abdeckung einer geheimdienstlichen Operation der Staatssicherheit gegen die Bundesrepublik beigetragen hatte. Sie mochte dies seit 1955/56 geahnt haben, doch wollte sie besser nicht so genau wissen, in wessen Auftrag und mit welcher Aufgabenstellung die Familie in den Westen ging. Die westdeutschen Ermittlungsbehörden stellten denn auch Anfang 1976 das Verfahren gegen Erna Boom wegen Verdachts auf geheimdienstliche Tätigkeit mangels Beweisen ein.[79]

Das Notaufnahmeverfahren

Das Notaufnahmeverfahren (NAV), basierend auf dem im August 1950 vom Bundestag erlassenen Notaufnahmegesetz (NAG), das die HVA mithilfe Erna Booms aushebeln wollte, entstand ursprünglich, um der großen Zahl von Flüchtlingen aus der DDR Herr zu werden gemäß der von der Bonner Regierung ausgegebenen Devise »Das Boot ist voll«. Es sollte Ostdeutsche möglichst von der Flucht in den Westen abhalten, weil zu diesem Zeitpunkt das »Wirtschaftswunder« mit seinem Hunger nach Arbeitskräften noch nicht absehbar war, sondern Hunderttausende von Ostflüchtlingen zunächst die Not in Westdeutschland weiter verschärften. Zugleich wollte Bonn eine zu starke Abwanderung aus dem Osten vermeiden, weil sie die Ansprüche auf die Gebiete östlich der Elbe als deutsches Kernsiedlungsgebiet im Falle von Friedensverhandlungen hätte unterminieren können. Schließlich diente das NAV zugleich als Filter der bundesdeutschen wie westalliierten Geheimdienste, um Ostagenten und kommunistische Agitatoren unter der großen Zahl von Flüchtlingen zu identifizieren, unschädlich zu machen oder vielleicht sogar als Doppelagenten »umzudrehen«. Ursprünglich stellte das NAV also eher ein Instrument der Abschreckung denn ein Mittel der effizienten Flüchtlingseingliederung dar. Es wurden Notaufnahmelager im West-Berliner Stadtteil Marienfelde, in Uelzen in Niedersachsen und im hessischen Gießen als obligatorische Durchgangsstationen eingerichtet. Hier fand die Überprüfung der Motive der Flüchtlinge durch Fragebogen und Anhörungen vor einem Ausschuss statt. Dabei musste der Antragsteller politische Verfolgung, familiäre Bande oder das Vorhandensein einer ausreichenden wirtschaftlichen Basis im Westen nachweisen, um anerkannt zu werden. Im Falle der Gewährung einer Aufenthaltsgenehmigung erfolgte aus den Notaufnahmelagern heraus die Zuweisung in ein bestimmtes Bundesland gemäß einer zwischen den Ländern vereinbarten Quote.

Mitte der fünfziger Jahre jedoch, als die HVA die Übersiedlung der Guillaumes plante, hatte das NAV seine ursprünglich intendierte, aber nie wirklich entfaltete abschreckende Wirkung verloren, weil kaum noch Ablehnungen von Anträgen ausgesprochen wurden. Zum einen zeichnete sich jetzt bereits ein Arbeitskräftemangel in der Bundesrepublik ab, so dass sich die Bundesländer geradezu um die Zuweisung von Flüchtlingen rissen. Zum anderen schien eine Wiedervereinigung seit der endgültigen Eingliederung der beiden deutschen Staaten in die jeweiligen Machtblöcke 1955 ferner denn je zu sein. Man wollte daher keinem Flüchtling zumuten, in die DDR zurückkehren zu müssen, die auf unabsehbare Zeit kommunistisch bleiben würde. Schließlich hatte es aus humanitären Erwägungen ohnehin nie Abschiebungen abgelehnter Flüchtlinge in den Osten gegeben, so dass man sich die Nichtanerkennungen eigentlich ersparen konnte. Der einzige Nachteil, der den im NAV Abgelehnten erwuchs – 1950/51 waren es noch etwa sechzig Prozent der Antragsteller, in der zweiten Hälfte der fünfziger Jahre weniger als fünf Prozent –, bestand darin, dass sie keine Sozialleistungen erhielten, um ihnen die Integration im Westen zu erleichtern.[80]

Jährlich verließen von 1950 bis zum Mauerbau 1961 jährlich mindestens 145 000 (1950) und höchstens 331 000 (1953) Personen die DDR in Richtung Westen, insgesamt etwa 2,7 Millionen Menschen. Sie stellten ein starkes demografisches Problem und einen erheblichen wirtschaftlichen Aderlass für die DDR dar, weil zumeist die Jüngeren gingen. Seit 1954 begann Ost-Berlin daher wegen des spürbar werdenden Arbeitskräftemangels, diese Wanderungsbewegung als »Republikflucht« aktiv zu bekämpfen. Aus Sicht der HVA jedoch stellte der Menschenstrom bis zum Bau der Mauer 1961 in erster Linie eine Chance dar, relativ unbemerkt ihre Kundschafter in großer Zahl in den Westen zu schleusen. Doch gab es unter diesen eine Ausfallrate von etwa fünfzig Prozent, und zwar nicht nur wegen der westlichen Spionageabwehr. Viele der angeworbenen IM nutzten einfach die Chance, um – von der DDR staatlich alimentiert – in den Westen überzusiedeln und dann den Kontakt zur HVA abzubrechen.[81]

Laut BfV konnten zwischen August 1951 und Juli 1959 insgesamt 16 910 Ostagenten in der Bundesrepublik enttarnt werden. 1959 schätzte der Verfassungsschutz, dass etwa 16 000 Agenten östlicher Dienste in der Bundesrepublik und West-Berlin tätig seien, davon achtzig Prozent für das MfS.[82] Allerdings waren diese, wohl wesentlich zu hoch gegriffenen, Zahlen, vergleicht man sie mit den Schätzungen von Herbstritt, nicht unbedingt Ausdruck tatsächlicher östlicher geheimdienstlicher Unterwanderung und Bedrohung. Sie spiegelten ebenso die antikommunistische Hysterie und die damit einhergehende strenge Anwendung des umfangreichen, 1951 geschaffenen westdeutschen politischen Strafrechts wider. Demnach konnte jegliche Sympathie für linke Ideologien oder Zustimmung zu Aspekten der Politik des Ostblocks leicht als Agententätigkeit ausgelegt werden. Allein zwischen 1953 und 1958 gab es etwa 40 000 Ermittlungen wegen Hoch- oder Landesverrats und Staatsgefährdung, in der weitaus größeren Zahl gegen vermeintliche oder tatsächliche kommunistische als gegen rechtsextremistische Umtriebe. Zu diesen Straftatbeständen gehörten schon die Einfuhr oder Verteilung von Propagandabroschüren aus der DDR oder ein Abonnement des *Neuen Deutschland* (ND).[83] Angesichts dieser angeblichen östlichen Bedrohung musste sich jeder Flüchtling laut NAG in den Notaufnahmelagern einer Sicherheitsüberprüfung unterziehen. Um diese zu umgehen, schickte die HVA zunächst Erna Boom in den Westen, weil sie als Niederländerin nicht verpflichtet war, das NAV zu durchlaufen, sondern ihren Wohnort in der Bundesrepublik frei wählen konnte. Zudem durfte sie als Ausländerin ihren ganzen Hausrat ungehindert aus der DDR ausführen. Tochter und Schwiegersohn würden im Zuge der Familienzusammenführung unauffällig folgen und müssten dann nur nachträglich schriftlich eine Aufenthaltsgenehmigung beantragen, ohne Verdacht zu erregen. Die Guillaumes zählten damit zu den etwa zehn bis fünfzehn Prozent der Flüchtlinge aus der DDR, die Mitte der fünfziger Jahre nach Schätzung der Bundesbehörden das NAV nicht durchliefen, sondern sich einfach irgendwo niederließen, ohne öffentliche Hilfe gemäß NAG in Anspruch zu nehmen, aber auch ohne dessen Restriktionen unterworfen zu sein.[84] Zudem hätte selbst bei einer Anerkennung der Guillaumes im NAV nach erfolgreicher Sicherheitsüberprüfung aus Sicht des MfS der Nachteil bestanden, dass ihnen dann ein Bundesland zur Niederlassung zugewiesen worden wäre, welches möglicherweise nicht dem anvisierten geografischen Schwerpunkt der Agententätigkeit entsprochen hätte.

Entscheidung für Frankfurt

Anders als in späteren Jahrzehnten, als sich die Übersiedlung von HVA-Residenten wegen des Mauerbaus und der verbesserten westdeutschen Abwehr wesentlich schwieriger gestaltete und somit das Risiko einer solchen Aktion nur eingegangen wurde, wenn es bereits eine vielversprechenden Westquelle gab, warb man Bundesbürger in den fünfziger Jahren noch relativ willkürlich an, gemäß dem Motto: Irgendetwas Interessantes wird man schon von ihnen erfahren. Entsprechend reisten viele Residenten nicht mit dem Auftrag in den Westen, dort eine oder mehrere vorher identifizierte Quellen zu betreuen, sondern um im Operationsgebiet das nachrichtendienstliche Netz auszuwerfen und zu sehen, welche Informanten sich darin verfingen.[85]

Der Einsatz der Guillaumes im Westen war von Anfang an, wie Guillaume in seinen Memoiren schrieb, von der HVA auf einen unbestimmten, längeren Zeitraum angelegt.[86] Die Wahl des künftigen Wohnorts blieb der Familie Guillaume-Boom selbst überlassen. Guillaume unternahm daher im Jahre 1955 Erkundungsreisen nach Heidelberg, Frankfurt und ins Ruhrgebiet. Ausschlaggebend für den letztlichen Zielort Frankfurt war laut Christel Guillaume und Kurt Gailat zum einen, dass Großstädte mit der ihnen eigenen Anonymität Zugewanderten und damit auch übergesiedelten HVA-Agenten eine bessere und unauffälligere Eingliederung ermöglichten. Zum anderen bestanden dort bessere Chancen, in nachrichtendienstlicher Hinsicht interessante Kontakte zu knüpfen. Außerdem besaß Erna Boom im Raum Frankfurt Verwandtschaft.[87] Dies machte nicht nur für sie den Ortswechsel attraktiver, sondern ließ den Wegzug der Familie aus der DDR für die westdeutschen Behörden noch plausibler erscheinen.

Warum Günter und Christel Guillaume Spione wurden

Die sich von 1952 bis 1955 hinziehende Anwerbung und allmähliche Einbindung Guillaumes in die Arbeit der HVA entsprach bereits den Regeln, die drei Tschekisten zwei Jahrzehnte später in ihrer Doktorarbeit für die MfS-Hochschule als empfehlenswerte Praxis der Rekrutierung von Agenten niederlegten: Die künftigen Kundschafter sollten nur langsam und schrittweise aus ihrem normalen Arbeitsumfeld in der DDR gelöst werden und parallel zu ihrem ausgeübten Beruf erste Probeaufträge zunächst in der DDR, sodann im Westen erledigen. Die Art, auf die der mögliche Agent seine aus den Reisen resultierende Abwesenheit vom Arbeitsplatz rechtfertige und dort weiterhin Normalität vorspiegele, würde Aufschluss über seine Befähigung als IM geben. Erst nach dieser Testphase sollte dem IM die Perspektive der längerfristigen Übersiedlung in den Westen eröffnet werden.[88]

Was qualifizierte Guillaume für eine Tätigkeit bei der Staatssicherheit, insbesondere für den Einsatz bei der HVA als Spion? Ursprünglich empfahl ihn nicht so sehr sein ideologisches Bekenntnis, denn er war kein ostdeutscher Kommunist der ersten Stunde. Vielmehr begann er sich erst langsam mit der Ideologie der SED zu identifizieren. Er zögerte recht lange, bevor er sich, gefördert durch seine Eheschließung im Frühjahr 1951, schließlich zu einer Lebensperspektive in Ost- und nicht West-Berlin entschied. Guillaume stand damit im Gegensatz zu den meisten Hauptamtlichen Mitarbeitern der Staatssicherheit aus seiner Generation. Seine etwa gleichaltrigen Führungsoffiziere und Vorgesetzten in der HVA seit den fünfziger Jahren, Erich Boldt, Kurt Gailat, Lothar Ruderich und Walter Weichert, hatten sich alle frühzeitig in der FDJ- und/oder SED engagiert oder waren in der sowjetischen Kriegsgefangenschaft ideologisch geschult worden.[89] Das Fehlen eines solchen Hintergrunds sowie seine West-Berliner Zeit zwischen 1947 und 1951 ließen Guillaume Anfang der fünfziger Jahre als ungeeignet erscheinen für eine hauptamtliche Tätigkeit in der Zentrale, sie qualifizierten ihn lediglich für den nachgeordneten Status eines HIM im »Außendienst«. Die NS-Vergangenheit wurde von der Staatssicherheit bei Personen, die wie Guillaume bei Kriegsende noch nicht volljährig gewesen waren, als verzeihliche Jugendsünde vergeben. Anders sah es bei 1945 bereits erwachsenen Personen wie seinem Vater aus, bei denen beispielsweise eine NSDAP-Mitgliedschaft ein eindeutiges Ausschlusskriterium darstellte.[90] Für Guillaume sprach aus Sicht der HVA, die Mitte der fünfziger Jahre im Rahmen der »Aktion 100« ohnehin eine größere Zahl von Übersiedlungskandidaten suchte, seine soziale Herkunft aus dem kleinbürgerlich-proletarischen, kirchenfernen Milieu, das zur herrschenden Klasse in der DDR stilisiert wurde und auch als favorisierter sozialer Hintergrund für MfS-Mitarbeiter galt. Ein weiterer Vorteil war das gänzliche Fehlen von Westverwandtschaft. Dies minderte die Gefahr, bei einem Westeinsatz letztlich die familiären Bindungen über den Auftrag zu stellen oder gar den Kontakt zum MfS wegen »Verwestlichung« abzubrechen. Seine Berliner Herkunft stellte zugleich eine gute Tarnung für den Westeinsatz dar, denn niemand konnte wegen der geteilten Stadt sofort auf eine Ost-Biografie schließen, zumal Guillaume einen Teil der Nachkriegszeit ohnehin in den Westsektoren verlebt hatte. Unter charakterlichen Gesichtspunkten sprachen für ihn seine Umgänglichkeit, die vertrauenswürdige Erscheinung sowie sein selbstbewusstes Auftreten – Eigenschaften, die für das Anknüpfen nachrichtendienstlicher Kontakte nützlich waren. Zugleich war Guillaume, abgesehen von dem ungewöhnlichen Familiennamen, der ihm letztlich mit zum Verhängnis werden sollte, eine unspektakuläre Erscheinung. Er wies keine herausragenden Charaktereigenschaften, Fähigkeiten oder exzentrischen Vorlieben auf. Das MfS konnte also davon ausgehen, dass er im Westen eine weitgehend unbeachtete Existenz führen würde. Die HVA, wie alle Nachrichtendienste eine in hohem Maße bürokratische Organisation, wollte keine Bonds, sondern Biedermänner zum unauffälligen und langfristigen Ausspionieren der Bundesrepublik. Folglich waren »bieder«, »grau« und »unauffällig« häufig verwendete Attribute der westdeutschen Presse nach Guillaumes Verhaftung 1974. In fachlicher Hinsicht empfahlen ihn seine Fähigkeiten als Fotograf und Fotolaborant wegen der Bedeutung der Dokumentenablichtung und der Herstellung von Mikraten für die Informationsübermittlung an die Zentrale in Ost-Berlin.

Für Guillaume wiederum, der das Vakuum füllen wollte, das der Zusammenbruch des Dritten Reiches bei ihm hinterlassen hatte, bot das Engagement für die Staatssicherheit einen sicheren ideologischen Hafen. Denn neben der Ausbildung in den technischen Finessen des Agentenberufs komplettierte das MfS die weltanschauliche Schulung, die Guillaume parallel auch als Aufnahmekandidat der SED erhielt. Mehr noch, für ihn, der seinen Vater durch Krieg, Gefangenschaft und anschließenden Selbstmord seit seinem 16. Lebensjahr kaum mehr erlebt und sich von seiner Mutter entfremdet hatte, der weder Geschwister und noch keinen Nachwuchs hatte, entwickelte sich die verschworene, nach außen hin abgeschottete Gemeinschaft der HVA zu einer Ersatzfamilie. Dabei wurde insbesondere sein Mentor in IWF und HVA, der erfahrene KPD- und SED-Kader Paul Laufer, für Guillaume zu einer Art Ersatzvater.[91] Weil sich die Staatssicherheit elitär und geheimnisvoll gab, empfand Guillaume es als Auszeichnung, dass sie ihn, einen Mann aus bescheidenen Verhältnissen und ohne abgeschlossene Berufsausbildung, der in der Wehrmacht nur einfacher Soldat gewesen war, zum Offizier machte, um in der »Avantgarde der Avantgarde« des Sozialismus, als welche sich die Tschekisten sahen, seinen Teil zur angeblichen Verteidigung des Sozialismus zu leisten. Der Einsatz als Ostagent an wechselnden Orten im Westen mit verschiedenen Aufträgen entsprach zudem seinem eher sprunghaften, für kontinuierliche Schreibtischarbeit kaum empfänglichen Charakter.

Was bewog Christel Guillaume dazu, in die Übersiedlung gen Westen einzuwilligen? Sie besaß entsprechend den Zeitumständen eine traditionelle Auffassung vom Verhältnis der Geschlechter zueinander, wonach die Frau sich den beruflichen Wünschen und Entwicklungsperspektiven des Mannes unterzuordnen hatte. Ihrem Mann gestand sie zu diesem Zeitpunkt noch den mit dem größeren politischen Verstand und den besseren beruflichen Perspektiven versehenen Part in der Ehe zu. Diese Auffassung wurde von Gailat und Laufer nach Kräften gefördert, welche die ganz besonderen Fähigkeiten ihres Mannes hervorhoben, die unbedingt in den Dienst des Sozialismus zu stellen seien. Sie konnte der ideologischen Bearbeitung vor allem durch den politisch erfahrenen Laufer wenig entgegensetzen. Er appellierte an ihren Antifaschismus unter Hinweis auf das Schicksal ihres Adoptivvaters. Die Tschekisten verwiesen auf die angeblich vom Westen ausgehenden konterrevolutionären Machenschaften wie den 17. Juni 1953 sowie auf die drohende Rückkehr ehemaliger NS-Eliten an die politischen Schaltstellen in der Bundesrepublik, die eine erneute Kriegsgefahr heraufbeschwöre und der man sich durch Engagement für das MfS entgegenstellen müsse.[92] Christel Guillaume war zwar zu diesem Zeitpunkt nach eigenem Bekunden noch keine politisch interessierte Person.[93] Doch führte ihre bisherige Arbeit für die diversen DDR-Institutionen zu einer Identifikation mit diesem deutschen Staat und seinen ideologischen Prämissen. Nicht zuletzt hatte das Land der jungen Frau trotz ihrer rudimentären Ausbildung innerhalb von nur fünf Jahren einen beachtlichen beruflichen Aufstieg ermöglicht – von der Schreibkraft zur Hilfsreferentin in einem Ministerium.

Christel und Günter Guillaume zählten zur Aufbaugeneration der DDR. Vor allem die zwischen 1925 und 1929 Geborenen entwickelten sich seit den fünfziger Jahren und bis zum Ende der DDR zur loyalsten Kohorte des Regimes. Personen dieser Jahrgänge traten überdurchschnittlich häufig in die SED oder die Blockparteien ein und mieden zugleich stärker als andere Altersgruppen die Kirchen. Sie stellten bis zum Ende der DDR das Gros der mittleren und höheren Funktionärsschicht. Ausschlaggebend für dieses Engagement der Jahrgänge, zu denen die 1927 geborenen Guillaumes gehörten, war das Versprechen des Regimes, nach der Katastrophe des Nationalsozialismus einen radikalen Neuanfang zu wagen. Zudem war diese Generation im Vergleich zu ihren Eltern, die die neuen Verhältnisse in Ostdeutschland oft strikt ablehnten, weitaus weniger stark von der Zeit vor 1945 geprägt. Die langsame Verbesserung der Lebensverhältnisse nach den entbehrungsreichen Kriegs- und Besatzungsjahren und das Gefühl des Stolzes auf die eigene Aufbauleistung unter im Vergleich zum Westen widrigen Umständen verstärkten ebenfalls die Identifikation mit der DDR. Auch beruflich war die DDR für viele attraktiv. Das System gab sich egalitär und förderte bewusst Personen aus bislang benachteiligten Bevölkerungsschichten – nicht zuletzt für Karrieren im MfS –, die wie die Guillaumes in den frühen fünfziger Jahren am Anfang ihres Berufslebens standen. Die politische und wirtschaftliche Stagnation, die den Erfahrungshintergrund späterer DDR-Generationen bildete und die sich in zunehmender Frustration niederschlug, hatten die Guillaumes in ihrer Jugend so nicht erlebt. Sie erfuhren die Gründerjahre der DDR vielmehr – wie ein nicht unerheblicher Teil der ostdeutschen Bevölkerung ihrer Altersgruppe und Herkunft – als eine Art Aufbruch zu neuen Ufern, getragen von der Hoffnung, dass politische Unterdrückung und wirtschaftliche Engpässe nur Erscheinungen vorübergehender Natur seien oder lediglich Folge westlicher Pressionen.[94] Die Identifikation mit der frühen DDR war einer der wesentlichen Gründe dafür, dass sich Christel und Günter Guillaume Mitte der fünfziger Jahre bereit erklärten, für die HVA zu arbeiten. Diese gab vor, das große gesellschaftliche Experiment, von dem das Ehepaar bislang profitiert hatte, gegen die vermeintlichen Bedrohungen »reaktionärer« und »revanchistischer« Kräfte aus dem Westen zu verteidigen.

Aufstieg in der Frankfurter SPD

»Republikflucht« nach Frankfurt

Anfang Mai 1956 fuhr der Möbelwagen in der Florastraße 6 im brandenburgischen Lehnitz vor. Zur Tarnung hatten die Guillaumes Verwandten, Freunden und Arbeitskollegen gegenüber kein Wort von der »Republikflucht« erwähnt, geschweige denn, dass diese im Auftrag des MfS erfolgte. Vielmehr gaben sie in Absprache mit der HVA einen Umzug aus beruflichen Gründen nach Leipzig vor. Dort, im Zentrum der DDR-Buchproduktion, habe Günter Guillaume eine neue Stelle in einem Verlag angenommen. Um das Alibi auch für die DDR-Behörden perfekt zu machen, meldete sich die Familie mithilfe des MfS polizeilich nach Leipzig um. Die HVA unterhielt dort in der ersten Zeit eine fingierte Postadresse für die Guillaumes. Tatsächlich jedoch nahm der Umzugswagen mit Erna Boom an Bord, die als Niederländerin ihre Ausreise mitsamt Haushalt förmlich bei den Ostbehörden beantragt hatte und die ihr als Ausländerin nicht verwehrt werden konnte, Kurs in Richtung Frankfurt am Main. Das junge Ehepaar hingegen »flüchtete« auf dem damals üblichen Weg über die noch offene Sektorengrenze von Ost- nach West-Berlin. Es nahm in Tempelhof ein Flugzeug nach Frankfurt, wo es am 13. Mai eintraf. Die Guillaumes waren damit zwei von etwa 25 000 Ostdeutschen, die allein im Mai 1956 der DDR den Rücken kehrten. Erna Boom hatte mithilfe eines finanziellen Vorschusses in Höhe von 10 000 DM des MfS – eingezahlt auf ein West-Berliner Konto – bereits im Vorhinein eine Wohnung im relativ zentral gelegenen Frankfurter Nordend in der Finkenhofstraße 29 angemietet. Dort vereinigte sich die Familie wieder.[1]

In Frankfurt hatte die HVA für ihren Kundschafter, dessen Auftrag »Integration in und Aufklärung der SPD« lautete, das Feld in nachrichtendienstlicher Hinsicht schon gut bestellt. Man hatte Guillaume mehrere potenzielle nachrichtendienstliche Quellen aus dem Umfeld der dortigen SPD genannt, an die er herantreten sollte. Einige kannte er möglicherweise schon von seinen Reisen als »Werber« nach West-

Ankunft von Christel und Günter Guillaume (Mitte) aus West-Berlin kommend in Frankfurt am 13. Mai 1956.

deutschland in den Jahren 1953 bis 1955. Ein Funkspruch der HVA vom 23. Juli 1956, also gerade zwei Monate nach Eintreffen in Frankfurt, forderte von Guillaume bereits einen Bericht über die Zusammenarbeit mit einem »V.« an, der Kurs auf eine Staatsfunktion nehmen solle.[2]

Die »Hauptstadt des Wirtschaftswunders« und das »rote« Hessen

Franfurt am Main befand sich ein Jahrzehnt nach Kriegsende stark im Aufschwung. Die Stadt profitierte von einer riskanten, aber letztlich erfolgreichen kommunalen Kreditaufnahmepolitik zur Finanzierung des Wiederaufbaus. Ferner erwies es sich für sie als Glücksfall, dass sich dort auf Befehl der amerikanischen und britischen Besatzungsmacht diverse oberste Verwaltungsgremien der 1947 geschaffenen Bizone ansiedelt hatten, die zum Kern der 1949 gegründeten Bundesrepublik werden sollte, darunter die »Bank deutscher Länder«, Vorläufer der Bundesbank, die Zentrale der Bahn und der Bundesrechnungshof. Andere Banken, Interessenverbände und Unternehmen folgten. Außerdem kam der Stadt zugute, dass die Amerikaner sie zum wichtigsten Luftdrehkreuz ihrer Besatzungszone erkoren hatten, womit der Grundstein für den Aufstieg Frankfurts zum größten Flughafen der Bundesrepublik gelegt worden war. Der rasche wirtschaftliche Aufschwung, der vor allem durch den expandierenden Dienstleistungssektor getragen wurde, führte zum Zuzug vieler Arbeitssuchender aus allen Teilen Deutschlands. Frankfurt zählte schon 1951 mehr Einwohner als vor dem Krieg. Hier war Mitte der fünfziger Jahre in relativen Zahlen das stärkste Bevölkerungswachstum aller westdeutschen Großstädte zu verzeichnen.[3] Die Frankfurter Goldgräberstimmung und Zuwanderung erleichterten es auch den Guillaumes, sich hier rasch und unauffällig eine Existenz aufzubauen. Wie Günter Guillaume in einem Vortrag 1982 vor HVA-Kadern ausführte, erwiesen sich die anfänglichen Bedenken der Übersiedler, ob sie sich in der Bundesrepublik einleben würden, bald als unbegründet.[4]

Für einen Kundschafter, der die SPD ausspionieren sollte, war Frankfurt ein ideales Ziel. Im 1946 gegründeten Bundesland Hessen, dessen wichtigste Metropole Frankfurt ist, regierte seitdem die SPD. Sie betrieb unter dem von 1951 bis 1968 amtierenden populären Ministerpräsidenten Georg August Zinn eine erfolgreiche Wirtschafts-, Infrastruktur- und Bildungspolitik. Diese bescherte dem Land höhere Wachstumsraten und eine fairere Verteilung des Wohlstands als im Bundesdurchschnitt. Es gelang der SPD dank dieser Politik innerhalb weniger Jahre, nicht nur ihre traditionelle Arbeiterklientel in den Städten, sondern auch Mitarbeiter im Öffentlichen Dienst, den bäuerlichen Mittelstand sowie die Flüchtlinge und Vertriebenen für sich zu gewinnen. Die bis 1987 regierende SPD entwickelte sich daher bereits in den fünfziger Jahren zur hessischen Staatspartei schlechthin. Hessen wurde damit in den fünfziger und sechziger Jahren als einziger durchgehend von der SPD regierter Flächenstaat zum sozialdemokratischen Gegenmodell auf Landesebene zur CDU-dominierten Bundespolitik. Die Kehrseite dieser Jahrzehnte währenden Herrschaft auch in vielen Kommunen wie etwa Frankfurt, wo die SPD seit 1956 und die ganzen sechziger Jahre hindurch mit absoluten Mehrheiten regierte, war ein gewisser Ämternepotismus. Im »roten« Hessen ging im Bereich des Öffentlichen Dienstes ohne SPD-Parteibuch bald kaum noch etwas.[5]

Interessanter noch aus Sicht der DDR war der Umstand, dass es in Hessen eine schon auf die Weimarer Republik zurückgehende Tradition relativ starker linker Opposition innerhalb der SPD gab. Sie konzentrierte sich im eher urban-industriell geprägten, überwiegend protestantischen SPD-Bezirk Hessen-Süd, zu dem Frankfurt zählte. Er war mit etwa 50 000 Mitgliedern nach Hamburg, Hannover-Braunschweig und Westfalen-West der mitgliederstärkste der insgesamt 20 SPD-Bezirke, in die sich das Bundesgebiet gliederte. Der eher ländlich-kleinstädtisch geprägte SPD-Bezirk Hessen-Nord mit Kassel als Zentrum und 20 000 Mitgliedern gab sich konservativer und damit eher auf Linie des Bonner Parteivorstandes. Die linke Fraktion in Hessen-Süd besaß ihre Hochburgen in den Unterbezirken Frankfurt, Hanau und Offenbach. Frankfurt mit etwa 10 000 Parteimitgliedern war Ende der fünfziger Jahre der bei weitem größte Unterbezirk in ganz Hessen und wurde bundesweit in seiner personellen Stärke nur noch von den Unterbezirken Hannover-Stadt und Dortmund übertroffen.

Die linke Fraktion im Bezirk Hessen-Süd wandte sich noch deutlicher als die Bundespartei gegen die Westintegration der Bundesrepublik und die damit verbundene Aufrüstung. Sie propagierte eine einseitige Friedens- und Abrüstungspolitik in der Hoffnung, dass diese seitens des Ostens mit gleichen Gesten und schließlich der Wiedervereinigung Deutschlands honoriert werde. So sprach sich der Unterbezirk Frankfurt 1956, wie man bei der »Kommission für gesamtdeutsche Arbeit« des ZK der SED hoffnungsvoll registrierte, gegen die Mitarbeit der SPD im Bundestag an den Wehrgesetzen aus.[6] Die Bundespartei hingegen verweigerte sich nicht grundsätzlich, um wenigstens die Wiederbewaffnung Westdeutschlands und die Gestaltung der Wehrpflicht mit steuern zu können. Auch die von der SPD 1958 bundesweit lancierte Kampagne »Kampf dem Atomtod«, eine außerparlamentarische Massenbewegung gegen die geplante Ausrüstung der Bundeswehr mit taktischen Atomwaffen, nahm nicht zufälligerweise in Frankfurt ihren Ausgang. SPD-Bürgermeister duldeten in einigen Gemeinden des Bundeslands 1958 sogar die vom Bundesverfassungsgericht untersagten Referenden zu diesem Thema.

In der zweiten Hälfte der fünfziger Jahre kam aus dem Bezirk Hessen-Süd zudem starker innerparteilicher Widerstand gegen die sich nach den Niederlagen bei den Bundestagswahlen von 1953 und 1957 abzeichnende, auf den Stuttgarter Parteitag vom Herbst 1958 vorbereitete und schließlich mit dem Bad Godesberger Parteitag vom November 1959 offiziell vollzogene programmatische Wende der SPD. Von nun an definierte sich die SPD offiziell nicht mehr als marxistische Arbeiterpartei, die von einer historisch bedingten Entwicklung vom Kapitalismus zum Sozialismus ausging. Sie gab sich jetzt als klassenübergreifende, die Marktwirtschaft bejahende und die Planwirtschaft und Vergesellschaftung von Großbetrieben ablehnende Volkspartei gemäß der Devise »Wettbewerb so weit wie möglich, Planung so weit wie nötig«. Laut den südhessischen Linken, und im Gegensatz zu den pragmatisch gesinnten Nordhessen sowie dem Landesvorsitzenden und Ministerpräsidenten Georg August Zinn, sollte sich die SPD jedoch weiterhin als klare Vertreterin der Lohn- und Gehaltsempfänger in eindeutiger Abgrenzung zur CDU präsentieren und weiter auf die Vergesellschaftung von Schlüsselindustrien setzen. Der Marxismus sei nicht etwa über Bord zu werfen, sondern lediglich zeitgemäßer zu interpretieren. Aus Sicht vor allem der südhessischen SPD war ein so radikaler Schwenk, wie er in Godesberg geplant war, schlichtweg unnötig, weil man sich in Hessen auch ohne programmatische Wende seit Anfang der fünfziger Jahre zu einer Volkspartei entwickelt hatte. Der Widerstand stieß durchaus auf Resonanz auch jenseits des eigenen Bezirks, denn das Godesberger Programm von 1958/59 wurde vom Parteivorstand im Hinblick auf neue Wählerschichten eher durchgedrückt als von der zumeist traditionell orientierten Parteibasis wirklich begrüßt. Doch letztlich, als es zum Schwur kam, fügten sich die 23 Delegierten des Bezirks Hessen-Süd bis auf einen der Parteidisziplin und votierten für das neue Programm, das sie zuvor so vehement bekämpft hatten. Insgesamt stimmten von den in Godesberg versammelten 340 Parteifunktionären am Ende nur 16 dagegen.[7]

Hoffnungen der SED auf die SPD-Linke in Hessen

Vor allem ab Mitte 1959 widmete sich die SED dem SPD-Bezirk Hessen-Süd wieder verstärkt. Nach knapp dreijährigem Zwischenspiel im Gefolge des XX. Parteitages der KPdSU vom Februar 1956, in dem die Gesamtpartei SPD inklusive ihrer Führung positiver beurteilt worden war, kehrte die SED wieder zur altbewährten Taktik zurück, die »verräterische« Bonner SPD-Parteiführung um Erich Ollenhauer, Fritz Erler, Herbert Wehner und Willy Brandt von der eigentlich »anständigen« Basis zu trennen. Enttäuscht zeigte sich Ost-Berlin darüber, dass die SPD-Führung schon Ende 1958 im Zeichen des sowjetischen Berlin-Ultimatums und damit erneut höchster Ost-West-Spannungen wieder Abstand von der »Kampf dem Atomtod«-Kampagne nahm. Ferner betrachtete die SED das Godesberger Programm als »ideologischen« Verrat. Schließlich, und das stellte das entscheidende Moment dar, wurde mit der faktischen Rücknahme des erst im März 1959 von der sozialdemokratischen Parteiführung lancierten »Deutschland-Planes« deutlich, dass die SPD von einer eigenständigen, andere Akzente als die CDU/CSU setzenden Wiedervereinigungspolitik Abstand genommen hatte. Sie bewegte sich vielmehr auf die außenpolitischen Positionen der Bundesregierung zu. Der Prozess fand seinen Abschluss mit einer Rede Herbert Wehners am 30. Juni 1960 im Bundestag, in der er ein Bekenntnis seiner Partei zur Westintegration der Bundesrepublik ablegte. Die SPD schwenkte damit auf den Kurs der »Gemeinsamkeitspolitik« in der Außen- und Deutschlandpolitik mit der CDU/CSU ein. Das sollte Koalitionswillen und Regierungsfähigkeit signalisieren, gemäß dem Motto: »Wir sind nicht die große Alternative zur CDU, sondern die bessere Partei«.[8]

Hessen-Süd, und hier insbesondere die Unterbezirke Frankfurt und Offenbach könnten, so die illusorische Hoffnung in der Ost-Berliner Führung, sich zu oppositionellen Zentren – sogenannten linken Plattformen – innerhalb der SPD entwickeln, die sich den deutschlandpolitischen Positionen der SED anschließen und so vielleicht eine Wende in der Gesamtpartei herbeiführen würden. Noch 1969 verwies Gailat in seiner MfS-Doktorarbeit auf das Potenzial in Hessen-Süd und hierbei insbesondere im Unterbezirk Frankfurt mit seinen links eingestellten Jungsozialisten (Jusos) und Gewerkschaftern: »Die von den fortschrittlichen Kräften gewünschte Programmdiskussion in der SPD (zwecks Rücknahme des Godesberger Programms, E. M.) bietet unserer politisch-operativen Arbeit mit dem Modell (der Plattformen, E. M.) ein echtes Feld für politisch-aktive Einflußnahme.« Diese Schlussfolgerung basierte nicht zuletzt auf den Berichten der Guillaumes aus der hessischen Metropole. Denn die an der MfS-Hochschule entstandenen Doktorarbeiten waren keine Elaborate auf Basis des Studiums wissenschaftlicher Literatur, sondern akademisch verbrämte und ideologisch auf Linie gebrachte Erfahrungsberichte aus der Praxis der »Tschekisten«, wie sich die MfS-Mitarbeiter selbst bezeichneten.[9]

Zwischen den Führungen von SPD und SED gab es bis zum Frühjahr 1966, als erstmals auf höchster Ebene über einen letztlich fehlgeschlagenen Redneraustausch verhandelt wurde, keine offiziellen Kontakte. Der SPD-Vorstand wollte sich nicht mit einer Partei einlassen, welche die Unterdrückung der sozialdemokratischen Genossen im Osten Deutschlands verantwortete. Unterhalb der Parteiführung hingegen existierten durchaus Verbindungen zwischen Kommunisten und Sozialdemokraten, oftmals befördert durch gemeinsam erlittene Verfolgung in der NS-Diktatur: SED-Reisekader besuchten in den fünfziger und sechziger Jahren regelmäßig als Beobachter die SPD-Parteitage auf allen Ebenen, pflegten Kontakte zu einzelnen Funktionären und luden Tausende von SPD- und Gewerkschaftsmitgliedern zu Ferien und Schulungswochen in die DDR ein. In einer nach Bundesländern gegliederten Aufstellung der »Kommission für gesamtdeutsche Arbeit« des ZK der SED vom September 1956 über »feste Verbindungen« zu SPD-Funktionären stand Hessen an zweiter Stelle. Von den bundesweit insgesamt 206 »ansprechbaren« Sozialdemokraten lebten 108 in Bayern, gefolgt von 35 in Hessen. Dort zeigten sich zwei Betriebsräte, acht Bürgermeister, acht Gewerkschaftsfunktionäre, fünf Ortsvereinsvorsitzende, fünf Jugendfunktionäre und immerhin einer der beiden hessischen Bezirksvorsitzenden (vermutlich Willi Birkelbach, der Vorsitzende von Hessen-Süd) zu gelegentlichen Gesprächen mit Reisekadern der SED bereit.[10] Im Januar 1960 wollte der SPD-Parteivorstand diese informellen Kontakte der unteren Parteiebenen zur SED unterbinden, weil sich insbesondere die Jusos und der parteieigene Sozialistische Deutsche Studentenbund (SDS) den östlichen Annäherungsversuchen gegenüber zu anfällig zeigten. Allerdings kamen die Kontakte nie gänzlich zum Erliegen, bedurften nun aber zumindest theoretisch der Genehmigung durch den zuständigen Bezirk.[11]

Diese SED-Aktivitäten zeigen, dass die HVA mit ihren Kundschaftern keineswegs das Monopol der Informationsbeschaffung über die internen Vorgänge in der SPD besaß. Selbst ohne die nachrichtendienstliche Unterwanderung war man in Ost-Berlin durch die Reisekader gut über die Zustände in der SPD informiert. Allerdings wurden diese auf legale oder illegale Weise erworbenen Erkenntnisse, die immer wieder deutlich machten, dass die SED sowohl vor als auch nach dem Mauerbau selbst in der »verwandten« SPD auf allen Ebenen kaum auf wirkliche Kooperationsbereitschaft stieß, zumeist von der Parteiführung zweckoptimistisch umgedeutet: Die angestrebte Einheit der Arbeiterklasse unter Führung der SED hielt Ost-Berlin für möglich, weil man den Einfluss linksoppositioneller Kräfte in der westdeutschen Arbeiterbewegung überschätzte und sich im Einklang mit den Gesetzmäßigkeiten der Geschichte wähnte. HVA-Kundschafter konnten vermutlich selten etwas wirklich Neues zum Kenntnisstand beitragen, sondern lediglich das ohnehin aus der Presse und durch die halboffiziellen Kontakte zwischen den beiden Parteien Ermittelte bestätigen. Zudem beschränkten sich viele HVA-Spione darauf, ihre Auftraggeber mit Informationen abzuspeisen, welche die Kundschafter einfach aus der westdeutschen Presse entnommen hatten, da dies bequem und ungefährlich war. Gleichwohl erwies sich die HVA-Aktivität als wichtig für die SED, weil die Einheitspartei ihre Politikauffassung auf den Westen anwendete: Presse- und Meinungsfreiheit von SPD-Mitgliedern sowie die Gestaltungsfreiräume in einer Partei, die nicht den autoritären »demokratischen Zentralismus« à la SED lebte, betrachtete man in Ost-Berlin nur als besonders raffinierte Verschleierung zentral gesteuerter imperialistischer Politik. Hinter deren Maske könne man nur mithilfe konspirativer Mittel blicken, wozu man eben Kundschafter brauche.[12]

Aufbau einer Existenz während der »Legalisierungsphase«

Am 13. September 1956 beantragte Guillaume für sich und seine Frau schriftlich die Genehmigung zum Aufenthalt in der Bundesrepublik unter Berufung auf das NAG. Als Begründung für den Niederlassungswunsch im Westen gab er an, dass das Ehepaar die Hoffnung auf eine baldige Wiedervereinigung aufgegeben habe. Eine bürgerliche Existenz sei jedoch in der »Sowjetzone« unmöglich. Das Leben dort stehe vielmehr im Gegensatz zur im Elternhaus genossenen Erziehung, die getragen gewesen sei von »freiheitlichen, humanistischen Idealen«. Vorausgegangen war bereits am 3. Juli ein Schreiben Erna Booms an den Notaufnahmeausschuss in Gießen zur Unterstützung des Antrags, weil sie sich nichts sehnlicher wünsche als die Vereinigung der Familie im Westen. Der Brief Booms ohne den beiliegenden Antrag Guillaumes, der erst zweieinhalb Monate später in Gießen eintraf, stellte einen Testballon dar, um festzustellen, ob sich in Gießen bereits Verdachtsmomente gegen die Übersiedler ergeben hätten. Wäre dies der Fall gewesen, hätten sich die Gießener Behörden vermutlich umgehend bei Erna Boom in Frankfurt gemeldet. Nach zweieinhalb Monaten hingegen konnten die Guillaumes annehmen, dass nichts gegen sie vorlag.

Diese Vorsichtsmaßnahme erwies sich als sinnvoll, wenn man bedenkt, dass es einen Bericht des UFJ vom November 1955 in West-Berlin gab, der Guillaume der geheimdienstlichen Tätigkeit verdächtigt und eine Übersiedlung in den Westen vermutet hatte. Ende Juli 1956 erhielt der UFJ von einem Gewährsmann im Osten die Bestätigung, dass

Guillaume inzwischen in den Westen geflüchtet sei. Im August meldete der UFJ seine Erkenntnisse dem West-Berliner Polizeipräsidenten. Dort wollte man den Fall eigentlich weiterverfolgen, doch brauchte man dafür zunächst die genauen Personalien des Gesuchten, die der UFJ nicht liefern konnte. So wurde der Fall nicht dem BfV gemeldet, und eine Nachfrage bei den Notaufnahmelagern unterblieb. Die West-Berliner Polizei legte Ende 1956 den Vorgang ohne weitere Nachforschungen zu den Akten. Der Gießener Notaufnahmeausschuss beschloss, da ihm keine Verdachtsmomente bekannt waren, am 3. Dezember 1956 aufgrund der schriftlichen Unterlagen ohne Anhörung der Antragsteller, dem Ehepaar gemäß §1 des NAG den ständigen Aufenthalt in der Bundesrepublik zu gewähren. Es sei zwar keine besondere politische Zwangslage zum Wechsel in die Bundesrepublik erkennbar, doch hätte das Ehepaar nachweisen können, dass es sich in Frankfurt inzwischen eine tragfähige Existenz aufgebaut habe und über ausreichend Wohnraum verfüge.[13] Damit waren die Kundschafter zur eigenen wie auch zur Erleichterung der HVA, die in Funksprüchen wiederholt nach dem Stand des behördlichen Genehmigungsverfahrens fragte,[14] in der Bundesrepublik legalisiert.

Schon vor der förmlichen Niederlassungsgenehmigung durch den Notaufnahmeausschuss in Gießen hatte die Familie begonnen, sich in Frankfurt eine Existenz aufzubauen. Erna Boom gründete Anfang Juli 1956 mithilfe des in West-Berlin eingezahlten MfS-Vorschusses in der Dreieichstraße 16 im belebten Stadtteil Sachsenhausen eine Kaffeestube, in der sie außerdem Spirituosen, Süß- und Tabakwaren verkaufte. Paul Laufer hatte Guillaume zu einer solchen Existenzgründung geraten, weil ein Tabakladen mit Ausschank eine Informationsbörse und ein unauffälliger Treffpunkt mit Abgesandten der HVA sei.[15] Das Ehepaar beantragte zudem im August einen Gewerbeschein zur Eröffnung eines Schreibbüros inklusive fotografischer Vervielfältigungen in seiner Wohnung in der Finkenhofstraße. Von November 1956 bis Ende Mai 1957 verdingte sich Günter Guillaume zunächst als kaufmännischer Angestellter für ein Baubüro und anschließend im Vertrieb eines Schulbuchverlags. Es galt, erst einmal eine gewisse Zeit in Frankfurt zu arbeiten, sich mit der Umgebung vertraut zu machen und zunächst keine großen Risiken einzugehen oder als Neuling ein auffälliges Verhalten an den Tag zu legen.

Die HVA verlangte von ihren Agenten, nach dem Eintreffen im Westen während der »Legalisierungsphase« zunächst eine unscheinbare

Erna Boom vor ihrer Kaffeestube in Frankfurt Ende der fünfziger Jahre.

Existenz zu führen, am besten sogar einen beruflichen Einstieg unterhalb ihres eigentlichen Ausbildungsniveaus zu suchen. Sie sollten sich langsam hocharbeiten, also gerade keine zu starken Ambitionen zeigen. Ferner sollten die Kundschafter nicht frühzeitig den Öffentlichen Dienst anstreben oder politischen Parteien beitreten, sondern zunächst in der Privatwirtschaft tätig sein, ebenfalls um keine unnötige Aufmerksamkeit auf sich zu lenken. Diese Direktiven erklären den anfangs etwas gewundenen Berufsweg des Ehepaares in Frankfurt.[16]

Nach etwa einem Jahr in Frankfurt, ohne dass es Anzeichen des Misstrauens seitens der westdeutschen Behörden gegeben hatte, schien der Zeitpunkt für Guillaume gekommen, seine Residententätigkeit intensiver zu betreiben. Im Sommer 1957 übernahm er daher den Laden von der Schwiegermutter. Die Kaffeestube war eine unauffällige Anlaufstelle für Kuriere aus dem Osten, um – gleichsam über den Tresen gereicht – Mikrate und Ähnliches an Abgesandte der HVA zu übergeben. Ferner konnte Guillaume nach Bedarf seinen Arbeitsplatz verlassen, um sich mit Kurieren und Instrukteuren aus Ost-Berlin oder seinen westdeutschen Quellen zu treffen, ohne jemandem dafür Rechenschaft schuldig zu sein.[17]

Korrekturen

»Guillaume, der Spion. Eine deutsch-deutsche Karriere«.

S. 70: Bildunterschrift: Die Abgebildete ist Christel Guillaume, nicht ihre Mutter Erna Boom.

S. 283: Auf dem Foto links ist Hansjörg Herdegen, der Anwalt von Christel Guillaume, zu sehen und nicht Karl-Heinz Rother, der erste Anwalt von Günter Guillaume.

S. 394: Die am Anfang der Seite aufgelisteten unveröffentlichten Quellen Nr. 1 und 2 sowie 4 und 5 gehören nicht zum Besitz des Autors, sondern sind Eigentum bzw. Miteigentum von Pierre Boom. Arbeitskopien davon standen dem Autor Eckard Michels zeitweilig zur Verfügung. Er dankt Pierre Boom für die Genehmigung zur Verwendung dieser Texte für die vorliegende Arbeit.

Das Ehepaar Guillaume mit Sohn Pierre 1957.

Ein weiterer Anlass für die Übernahme des Ladens lag im Familiären: Christel Guillaume wurde kurz nach der Ankunft in Frankfurt trotz eigentlich gegenteiliger Empfehlungen der HVA schwanger. Die Vorgesetzten in der DDR zeigten sich zwar nicht begeistert über diesen Umstand, fügten sich aber ohne viel Aufhebens in das Unvermeidliche, zumal sich Günter Guillaume durchaus auf den Nachwuchs zu freuen schien.[18] Seine Ehefrau gebar am 8. April 1957 einen Sohn, der den Namen Pierre erhielt. Erna Boom kümmerte sich nun um das Enkelkind, weil Christel Guillaume im Herbst 1957 eine Stelle als Sekretärin beim Wirtschaftsdienst-Verlag antrat.

Agentenführung durch Ost-Berlin

Die HVA gratulierte über den einseitigen Agentenfunk – natürlich verschlüsselt – zum »zweiten Mann«. Diese persönliche Note war durchaus üblich, um die Moral der Kundschafter im Operationsgebiet aufrechtzuerhalten. So sendeten die Führungsoffiziere ebenfalls regelmäßig Geburtstags- und Weihnachtswünsche sowie Grüße zum Internationalen Frauentag, was einigen Kundschaftern, wie etwa später auch den Guillaumes, zum Verhängnis wurde.[19] Aus Sicht der HVA waren solche Funksprüche aber Bestandteil einer Agentenführung, die das Verhältnis zu den Kundschaftern nicht als eines zwischen Vorgesetzten und Untergebenen, sondern möglichst als eine von persönlichem Vertrauen gekennzeichnete, auf Jahre, wenn nicht Jahrzehnte angelegte, geradezu familiäre Beziehung inszenierte. Führungsoffiziere sollten bei Ehe- und anderen Problemen der Kundschafter helfend eingreifen. Die HVA wusste um die schwierige Situation der West-IM als »Einzelkämpfer«, die sich keiner Person wirklich offenbaren konnten, nie öffentlich eine Belobigung seitens ihres »Arbeitgebers« für ihre nachrichtendienstliche Betätigung erfuhren und in ständiger Angst vor der Enttarnung mit entsprechenden strafrechtlichen Folgen lebten.[20] Die persönlich gehaltenen Funksprüche der HVA an die Kundschafter stellten also lediglich eine der Gesten dar, um die IM möglichst eng während des Westeinsatzes an sich zu binden.

Weil ein solches Vertrauensverhältnis zwischen Führungsoffizier und Agent so wichtig war für den dauerhaften und erfolgreichen Westeinsatz, aber eine gewisse Zeit erforderte, um überhaupt entstehen zu können, wechselte die HVA die Führungsoffiziere nach Möglichkeit nicht aus. Jeder Personalwechsel verunsicherte die West-IM und bedeutete, dass nun eine Person mehr um ihre geheime und illegale Tätigkeit im Westen wusste.[21] Die Guillaumes hatten in dieser Hinsicht Pech, weil ihr erster Führungsoffizier Boldt nach sechs Jahren im September 1962 wegen mangelnder Eignung aus der Abteilung II der HVA ausschied. Ihr zweiter Führungsoffizier, Leutnant Lothar Ruderich, konnte nach einem schweren Verkehrsunfall seine Aufgabe nicht mehr wahrnehmen. Ihn ersetzte daher im Januar 1966 Hauptmann Walter Weichert. Dieser betreute die Guillaumes bis Mitte der achtziger Jahre.[22] Der Grundsatz möglichst ununterbrochener Führung der Kundschafter durch dieselben Offiziere lässt sich besonders an Guillaumes Wechsel 1970 ins Kanzleramt verdeutlichen. Damit gelangte er ins Machtzentrum der Bundesrepublik und hätte theoretisch nun von der Abteilung I der HVA, welche die Agenten in den obersten Staatsorganen der Bundesrepublik führte, übernommen werden müssen. Wegen der seit Jahren etablierten engen Beziehungen zu Gailat und Weichert betreute ihn jedoch bis zum Ende weiterhin die Abteilung II.[23]

Eintritt in die Frankfurter SPD

Im Frühjahr 1957 gab die HVA grünes Licht für die Eheleute Guillaume, der SPD beizutreten. Dabei sah der ursprüngliche Plan keine Parteikarriere des Ehepaars vor. Vielmehr sollte Guillaume unter dem Deckmantel der gemeinsamen Parteigenossenschaft unauffälliger Kontakte zu den von ihm als Resident betreuten Quellen in der SPD pflegen können. Die Guillaumes warteten den Sommer 1957 ab. Der Bundestagswahlkampf für die im September anstehende Abstimmung bot eine unauffällige Möglichkeit, denn die SPD warb wie die anderen Parteien in diesen Wochen besonders intensiv nicht nur um Wähler, sondern auch um neue Mitglieder. Am 12. September, drei Tage vor der Bundestagswahl, die mit 50,2 Prozent der abgegebenen Stimmen zu einem Triumph für Adenauers CDU werden sollte, traten sie in ihren Ortsverein Frankfurt-Nordend der SPD bei. Sie zählten damit zu den etwa 40 000 neuen Mitgliedern, welche die SPD im Jahre 1957 werben konnte, die aber kaum ausreichten, um die Abgänge auszugleichen.[24]

In der HVA rechnete keiner damit, dass das Ehepaar eine nennenswerte Parteikarriere machen würde, geschweige denn, dass seine Laufbahn Guillaume eines Tages an die Seite des Bonner Regierungschefs tragen würde. Zudem stand Ende der fünfziger Jahre für Günter Guillaume die Residententätigkeit, also die Führung der »Quellen« innerhalb der SPD, im Vordergrund, wofür ein möglichst unauffälliges Profil ebenfalls von Vorteil war.[25] Doch die HVA hatte den Ehrgeiz des Ehepaares unterschätzt, das allerdings selbst keine Strategie zu seinem systematischen Fortkommen besaß,[26] sondern lediglich die sich ihnen bietenden, häufig zufälligen Gelegenheiten der folgenden Jahre konsequent ausnutzte. Die Guillaumes suchten die berufliche und politische Herausforderung im Westen allerdings nicht in erster Linie wegen des Kundschafterauftrags, sondern um ihrer selbst willen. Jede erfolgreich genommene Hürde stachelte ihren Ehrgeiz weiter an. Dabei schien Christel Guillaume ursprünglich die ambitioniertere und aktivere der beiden gewesen zu sein, die ihren Mann regelrecht zu einer Parteikarriere drängte und bei politischen Diskussionen wesentlich engagierter auftrat als ihr Mann.[27]

Die Guillaumes gerierten sich von Anfang an in der Frankfurter SPD – in Einklang mit ihren Direktiven aus der HVA – als »rechte« Sozialdemokraten, ja geradezu als Kommunistenfresser. Sosehr die DDR für ihre Deutschlandpolitik auf die Linksopposition in der SPD setzte, so sehr war doch zugleich der HVA deutlich, dass der Weg in die bundesrepublikanischen Machtzentren für einen als Sozialdemokraten getarnten Spion angesichts der Machtverhältnisse an der Parteispitze, wenn überhaupt, eher auf einem rechten Ticket erfolgen würde. Die HVA riet all ihren West-IM, zu linksradikalen Gruppierungen in der Bundesrepublik (inklusive den Genossen der seit 1956 verbotenen KPD) peinlichst Abstand zu halten, um nicht dem Verfassungsschutz aufzufallen. »Gerade diese Einstellung als eines harten Rechten war der beste Schutz für mich, denn ein Mann, der sich stets rechts gibt, kann doch unmöglich für den Osten arbeiten«, gab Günter Guillaume 1974 beim Verhör durch das BKA entsprechend zu Protokoll.[28] Die selbst gewählte Rolle als rechte Sozialdemokraten in Frankfurt wie später in Bonn bedeutete zugleich, dass die Eheleute keinerlei Einfluss auf das politische Geschehen innerhalb der SPD im Sinne der DDR-Positionen nehmen konnten, sondern bloße Beobachter blieben, die ihre Eindrücke nach Ost-Berlin weitermeldeten. Dies entsprach der Grundausrichtung der HVA, die stärker an zuverlässigen, dauerhaft positionierten Nachrichtenagenten als an kurzlebigen Einflussagenten interessiert war.[29] Hinzu kam, dass einige der führenden Sozialdemokraten in Frankfurt – wie etwa der Geschäftsführer des Unterbezirks von 1958 bis 1963, Gerhard Weck, der Kassenwart des Bezirks Hessen-Süd, Horst Auschill, und der von 1964 bis zu seinem Tode 1970 amtierende Frankfurter Oberbürgermeister Willi Brundert – ebenfalls DDR-Biografien hatten. Diese sahen allerdings ganz anders aus als jene der Guillaumes: Sie waren als Sozialdemokraten aus der DDR geflüchtet, nachdem sie dort Ende der vierziger oder Anfang der fünfziger Jahre lange unter härtesten Bedingungen wegen ihres politischen Bekenntnisses inhaftiert gewesen und zu überzeugten Antikommunisten geworden waren. Wollte man sich mit diesen einflussreichen lokalen Funktionären gut stellen, war eine zu weit nach links ausgerichtete Einstellung ebenfalls nicht empfehlenswert. Das Ehepaar Guillaume spielte die Rolle der rechten Sozialdemokraten in Frankfurt so perfekt, dass die dortigen Genossen 1974 auf die Nachricht von der Verhaftung der Guillaumes als DDR-Spione mit gänzlichem Unglauben reagierten.[30]

Das Ehepaar mit seiner rechten, dem Bonner Parteivorstand treuen Haltung stand vor allem ab den sechziger Jahren im Widerspruch zur dominierenden Strömung im Unterbezirk Frankfurt.[31] Dieser verdankte seine starke Linkstendenz neben den aus der Weimarer Republik herrührenden »altlinken«, proletarischen Traditionen der Frankfurter Universität mit dem renommierten Institut für Sozialforschung, an dem Theodor W. Adorno, Max Horkheimer und Jürgen Habermas lehrten. Das Institut, 1949/50 wiedergegründet, propagierte seit den zwanziger Jahren einen erneuerten Marxismus im Gewand der »Kritischen Theorie«. Seitdem wirkte Frankfurt in der ganzen Bundesrepublik wie ein Magnet auf junge Linke mit einem intellektuellen Habitus, obwohl oder vielleicht gerade weil die Stadt mit ihren Banken zugleich die westdeutsche kapitalistische Metropole schlechthin verkörperte. Die Stadt wurde in der zweiten Hälfte der sechziger Jahre noch vor West-Berlin zur Hochburg der Studentenbewegung. Der SDS, 1961 wegen Kritik am Godesberger Programm und seiner DDR-freundlichen Haltung aus der SPD ausgeschlossen, hatte als Avantgarde der Studentenbewegung nicht zufällig sein Hauptquartier in Frankfurt.

In der zweiten Hälfte der sechziger Jahre trat also ein altersbedingter und lebensweltlicher Aspekt hinzu, der die Guillaumes von den linken, jüngeren, durch die Studentenbewegung radikalisierten und neu in die Partei eingetretenen Genossen trennte, die den Unterbezirk Frankfurt zu dominieren begannen: Diese neuen Parteimitglieder, die vor allem in den Universitätsstädten wie etwa Frankfurt oder auch München alsbald die Ortsgruppen der SPD prägen sollten, wiesen zumeist einen bürgerlichen Familienhintergrund auf und waren im Gegensatz zu den traditionellen, kleinbürgerlichen oder proletarischen SPD-Kadern, zu denen in gewisser Weise auch die Guillaumes zählten, akademisch vorgebildet. Für die Neuen war die SPD nicht ein Milieu, in welches man gleichsam hineingeboren wurde und das man lebte. Die Partei erschien vielmehr als ein politisches Instrument, das man mittels endloser, manchmal nächtelanger, die berufstätigen älteren Genossen zermürbender Theoriedebatten, Geschäftsordnungstricks und numerischer Überlegenheit in den entscheidenden Gremien so umzuformen trachtete, dass es der Durchsetzung der eigenen gesellschaftlichen Utopien diente.[32] Das Kundschafterehepaar war schlichtweg zu alt, zu arriviert und durch die Erziehung im Dritten Reich, die HVA-Tätigkeit und SED-Mitgliedschaft zu sehr in straff organisierten, quasimilitärischen Strukturen sozialisiert worden, um sich mit der antiautoritären und theorielastigen, von den Studenten getragenen Revolte, die nun in die SPD schwappte, identifizieren zu können. »Guillaume verabscheute Theoriediskussionen, ging auf die Linken los. Die ihm das verunsicherten, was der altgediente Genosse für unerlässlich hielt. Die Autorität des Vorsitzenden, das hierarchische Gefüge des Apparates«, schrieb die *Stern*-Journalistin

Wibke Bruhns, die Guillaume in den frühen Siebzigern in Bonn erlebte.[33]

Guillaume entwickelte, vor allem aufgrund der negativen Erfahrungen als hauptamtlicher SPD-Parteifunktionär mit den Jusos im Frankfurter Unterbezirk in der zweiten Hälfte der sechziger Jahre, eine regelrechte Abneigung gegen Akademiker. Nachdem sein Sohn im Sommer 1975 in die DDR übergesiedelt war, begrüßte es Guillaume in einem Brief an seine Frau, dass Pierre sich dort für eine Berufsausbildung und nicht etwa ein Studium zu interessieren schien: »Der einseitige Umgang mit Schülern und Studenten bereitete mir schon Sorge. Ich befürchte, daß auch die Akademiker in der neuen Gesellschaft (also der DDR, E. M.) nicht alle die besten Menschen sind.« Guillaume erging sich in Bonn gelegentlich in wahren Hasstiraden gegenüber den Jusos. Dieses Verhalten war nach Eindruck seines Vorgesetzten im Kanzleramt, Reinhard Wilke, weit mehr als bloße Schauspielerei zur Tarnung seiner Agententätigkeit. Vielmehr zeugte es von einem zutiefst konservativen und autoritär geprägten Charakter, der durch die Mitgliedschaft in der SPD nur eine pseudolinke Tünche erhalten habe.[34] Überspitzt formuliert war Guillaume im Herzen schon in den sechziger Jahren in erster Linie ein ultrarechter Sozialdemokrat und erst in zweiter Linie ein HVA-Agent.

Christel Guillaume gelang es als Erster, eine Position jenseits der bloßen Parteimitgliedschaft in der SPD zu erlangen und damit unvorhergesehenerweise Objektquelle zu werden. Nach ihrem Parteibeitritt engagierte sie sich in der »Arbeitsgemeinschaft Sozialdemokratischer Frauen« des Unterbezirks und fiel bald der Frauenreferentin des Bezirks Hessen-Süd, Ruth Weinmann, auf, weil sie »jung war und gegen die Alten auftrat«.[35] Weinmann bot der jungen Mutter an, als Sekretärin ins Frankfurter SPD-Bezirksbüro in das Referat »Frauen, Lehrer, Eltern, Flüchtlinge und Vertriebene« zu wechseln. Zum 1. Januar 1959 wurde Christel Guillaume damit Angestellte der SPD. Wegen ihrer guten Arbeit stieg sie bald darauf zur Sekretärin des Bezirksvorsitzenden Willi Birkelbach auf. Mochte auch Bonn den Bezirk Hessen-Süd als undiszipliniert ansehen, so war Birkelbach doch wie alle Bezirksvorsitzenden eine einflussreiche Person in der Sozialdemokratie. Er übte seit 1949 ein Bundestagsmandat aus, saß von 1954 bis 1958 im Parteivorstand und war seit 1956 Vorsitzender der sozialistischen Fraktion im Europaparlament. Es gingen zwar keine Geheimdokumente über Christel Guillaumes Schreibtisch bei Birkelbach, dafür aber sehr viele Informationen über die internen Vorgänge der SPD. Neben ihrer Tätigkeit als Sekretärin für die SPD engagierte sie sich weiterhin in der Arbeitsgemeinschaft Sozialdemokratischer Frauen und dem SPD-Ortsverein Frankfurt-Nordend. Außerdem musste sie abends gelegentlich in ihrer Wohnung für ihren »Vorgesetzten« den Agentenfunk aufnehmen, für ihn als Kurier nach Ost-Berlin reisen oder TBK belegen und entleeren. Ihr Mann hingegen wurde von den SPD-Genossen in den ersten Jahren nur als Randerscheinung wahrgenommen, als Anhängsel der effizienten, mit einer raschen Auffassungsgabe versehenen und hart arbeitenden Ehefrau.[36]

Guillaume als Resident der HVA

Günter Guillaume betreute als Resident ab 1956/57 neben seiner Frau, die ja als Sekretärin bei der SPD zur Objektquelle geworden war, zwei weitere Quellen innerhalb der hessischen SPD, die in seinen Memoiren als »Fritz« und »Max« firmieren[37] und deren Identitäten nie geklärt werden konnten. Laut Guillaume fühlten sich die beiden Sozialdemokraten den Kommunisten aus der Zeit des Widerstands gegen die Nationalsozialisten verbunden. Sie hätten daher weder die Spaltung der Arbeiterbewegung noch Deutschlands akzeptiert und wollten der SED durch ihre Informationen helfen, den richtigen Ansatzpunkt im Umgang mit der SPD zu finden, um Deutschland aus der unnatürlichen Situation der Teilung herauszuführen. In den erhaltenen Funksprüchen der HVA aus der Zeit zwischen Juni 1956 und Januar 1959 an Guillaume, die vom BfV entschlüsselt wurden und daher in den westdeutschen Akten erhalten geblieben sind, taucht bis Frühjahr 1957 der bereits erwähnte »V.« als Kontaktperson Guillaumes auf, die ihm schon in Ost-Berlin von seinen Vorgesetzten als kooperationswillig empfohlen worden war. So verlangte ein Funkspruch vom 29. Oktober 1956 »Berichte aus Club u. a. über Widerspiegelung der Provokation gegen Ungarn. Befinden von V. in diesem Zusammenhang«. Zu Deutsch: Guillaume sollte über die Reaktionen in der Frankfurter SPD auf den Ungarnaufstand und V.s Einschätzung der Situation berichten. Am 11. Mai 1957 hieß es: »Regelmäßige Arbeit mit V. und Jungen (Jusos, E.M.) dringend nötig, besonders Nato-Tagung, Atomfragen, Haltung des Club, Pläne gegen DDR.« Seit Anfang 1957 entwickelte sich jedoch »Fritz«, in den Funksprüchen zumeist als »F.« abgekürzt, aus Sicht Ost-Berlins zur wesentlich wichtigeren Quelle, denn seitdem drehen sich die erhaltenen Anfragen der HVA fast nur noch um die Einschätzungen von Fritz bezüglich der internen Vorgänge in der SPD. Laut Guillaumes Memoiren bekleidete »Fritz« selbst damals keinen hohen Posten mehr in der SPD, verfügte aber noch über beste persönliche Verbindungen und gab sich nach außen ebenfalls als »rechter« Sozialdemokrat. Diese Quelle war im Gegensatz zu V. anscheinend von Guillaume erst nach dessen Ankunft im Westen kontaktiert worden. So erwähnte die Laudatio auf Guillaume bei der Verleihung der Ehrendoktorwürde 1985 durch die MfS-Hochschule in Potsdam eine »Spitzenquelle« innerhalb der SPD, die der Kundschafter selbst angeworben habe.[38] »Fritz« war, wie die Funksprüche zeigen, im Gegensatz zu V. ein renommierter Sozialdemokrat, der nicht nur Einblick in die hessische SPD hatte, sondern auch in die Vorgänge in der Bundestagsfraktion und im Parteivorstand, die in den Funksprüchen als »erste Mannschaft« und »Clubvorstand« firmieren. »Fritz« besaß offensichtlich Zugang zu den damals wichtigsten Sozialdemokraten Fritz Erler und Erich Ollenhauer, denn in den Funksprüchen wurde wiederholt nach »E.« und »O« gefragt. So hieß es am 7. Dezember 1957: »Haben seit Dora (d. h. einer Sendung Guillaumes in den Osten, E. M.) noch keine Nachricht von Dir. F. soll versuchen von E. Einzelheiten über Nato-Tagung zu erfahren. SPD Teilnahme evtl. O. und E. Wenn erforderlich kommt J. (ein Instrukteur oder Kurier aus Ost-Berlin, E. M.) sofort.«

Die entschlüsselten Funksprüche der Jahre 1956 bis 1959 offenbaren zudem, dass zum Kontakthalten mit der Zentrale in Ost-Berlin das volle nachrichtendienstliche Repertoire genutzt wurde; von TBK, die in den Funksprüchen mit Frauennamen wie »Berta« bezeichnet wurden, über »Zugbelegungen«, als »Päckchen« umschrieben, bis zu Sendungen an Ost-Berliner Deckadressen mit Mikraten oder Briefen in Geheimtinte, als »Jungen« beziehungsweise »Mädchen« tituliert. Daneben kam es zu gelegentlichen Reisen von Günter oder Christel (wenig phantasievoll als »Chr« oder »C« in den Funksprüchen bezeichnet) Guillaume nach Ost-Berlin oder Treffs mit Instrukteuren und Kurieren im Frankfurter Raum. Es gab auch Kritik, weil Guillaume, der in den Funksprüchen manchmal »Georg« hieß, nicht so akkurat und verlässlich arbeitete wie von seinem Führungsoffizier »E« (Erich Boldt) erwartet. »So unzureichend Du berichtest, so unzureichend hältst Du die Gesamtverabredungen des letzten Treffs. Denk an die pol. Lage«, funkte Boldt beispielsweise am 21. Dezember 1957. Meist enthielten die Funksprüche konkrete Anfragen über die Reaktionen in der Führungsriege der SPD zu bestimmten Großereignissen vor allem der internationalen Politik und der deutsch-deutschen Beziehungen mit einem besonderen Schwerpunkt auf Militär- und Rüstungsfragen. Von weiterem Interesse waren die Entscheidungsprozesse innerhalb der Partei sowie Hinweise auf mögliche Fraktionsbildung und Dissidenz in der SPD. Manchmal kommentierte Ost-Berlin die Qualität des erhaltenen Nachrichtenmaterials oder übermittelte Tipps, wie Guillaume sicherstellen könne, dass die Informationen tatsächlich leserlich in der Zentrale eingingen.

Die Überlieferung der Funksprüche an Guillaume in den Unterlagen des BfV bricht Anfang 1959 ab. Dem BfV war Ende 1958 die Entschlüsselung des HVA-Funkcodes gelungen, jedoch hatte es schon vorher die älteren Funksprüche per Tonband aufgenommen. Daher konnten sie noch nachträglich lesbar gemacht werden. Die HVA scheint sich aber innerhalb weniger Wochen bewusst geworden zu sein, dass der »Feind« plötzlich mithörte, und führte deshalb im Frühjahr 1959 ein neues Verschlüsselungssystem ein. Das alte hatte schon zur Übermittlung von Instruktionen der KPD-Führung im Moskauer Exil an die verfolgten und widerständigen Kommunisten in NS-Deutschland gedient. Das BfV jedoch glaubte, dass der Wechsel des Verschlüsselungssystems des östlichen Gegners als reine Routinevorsichtsmaßnahme erfolgte, und bildete sich daher bis zum Guillaume-Prozess 1975, als die Funksprüche als Beweis der Anklage offengelegt wurden, ein, dass die HVA nichts von diesem Coup gewusst habe. Überdies gelang es dem BfV nicht, das neue System zu dechiffrieren, bei dem jeder HVA-Agent nun einen individuellen Schlüssel für jeden einzelnen Funkspruch erhielt. Gleichwohl führten die in den fünfziger Jahren entzifferten Funksprüche in Verbindung mit anderen Indizien – oftmals Jahre später – zur Verurteilung von 87 HVA-Kundschaftern durch westdeutsche Gerichte. Im Falle Guillaume wusste das BfV seit 1959 vorerst nur, dass es im Frankfurter Raum einen Agenten gab, dessen Name vermutlich mit G anfing und der offenbar wichtige Informationen von einer hoch angesiedelten Quelle in der dortigen SPD erhielt. Das BfV, das in den fünfziger Jahren auf Anweisung der Bundesregierung die SPD nicht an seinen nachrichtendienstlichen Erkenntnissen zur östlichen Unterwanderung hatte teilhaben lassen, etablierte schließlich im Herbst 1960 einen Kontakt zum Sicherheitsbeauftragten im Parteivorstand der SPD, Herbert Wehner. Weil die SPD seit ihrem offenen Bekenntnis zur Westintegration mit der Wehner-Rede vom Juni 1960 nicht mehr von der CDU als staatsgefährdende Partei angesehen wurde, erhielt sie nun regelmäßig von den Verfassungsschützern Informationen über kommunistische Infiltrationsversuche der Partei und der Gewerkschaften. So erfuhr Wehner auch 1961 von dem noch nicht identifizierten Spion »G.« in den Reihen der Frankfurter SPD. Doch die anschließenden parteiinternen Sicherheitsüberprüfungen konnten das Rätsel nicht lösen.[39]

Neben seiner Tätigkeit als Resident und Ladenbesitzer engagierten sich Guillaume und seine Frau im SPD-Ortsverein Frankfurt-Nordend. 1961 gelang es ihm, dort zum stellvertretenden Vorsitzenden aufzusteigen. Ferner begann er, Fotoaufträge für die Pressestelle des Bezirksbüros zur Illustration der monatlichen Frankfurter Parteipostille *Der Sozialdemokrat* zu übernehmen. Guillaume, ein guter Bildreporter, kam durch diese von seiner Frau vermittelte Tätigkeit in näheren Kontakt zu den führenden Sozialdemokraten im Unterbezirk Frankfurt. Die Aufträge waren schließlich so lukrativ und zeitaufwendig, dass die Familie die Kaffeestube im Mai 1963 aufgab.[40]

Etwa zur gleichen Zeit kriselte es in der Ehe, die von Anfang an wegen der Untreue Guillaumes und der Abneigung der Schwiegermutter gegen ihn unter keinem guten Stern gestanden hatte.[41] Neben seinen zahlreichen Affären in Frankfurt erboste die Ehefrau sein rücksichtsloser Umgang mit der Haushaltskasse, die bislang vor allem durch ihre Vollzeittätigkeit gefüllt worden war. Dass Guillaume ein monatliches Salär vom MfS als HIM und Resident erhielt, half dagegen wenig. Sein Lohn wurde auf ein Ost-Berliner Konto in – im Vergleich zur Westwährung recht wertlosen – DDR-Mark eingezahlt; zudem hätten regelmäßige Einkünfte in DDR-Mark in Frankfurt Verdacht erregt. Außerdem störte es Christel Guillaume, dass sie seit Jahren als Objektquelle interessante Informationen über die SPD dank ihrer Tätigkeit bei Birkelbach lieferte, aber immer noch ihrem Mann als Vorgesetztem zu gehorchen hatte. All dies bewog sie, sich bei Gailat und Laufer zu beschweren. Dieser Schritt war durchaus konsequent. Denn die HVA sah sich auch als eine Art Feuerwehr bei Krisen in Kundschafterehen, weil Trennungen ein Sicherheitsrisiko darstellten.[42] Es kam 1963 oder 1964, die Angaben der Teilnehmer sind unpräzise, zu einem Treffen zwischen Christel Guillaume, Laufer und Gailat in Dresden, in dem sie andeutete, dass sie entweder die Führungsrolle im Kundschafterduo übernehmen oder aussteigen wolle. In einer langen Nachtsitzung brachten Laufer und Gailat sie jedoch unter Drohungen dazu, weiterhin das bestehende Arrangement zu akzeptieren und die Ehe zumindest nach außen hin fortzuführen. Es wurde ihr anscheinend bedeutet, dass der einzige Weg des Ausstiegs aus der Agententätigkeit die Offenbarung gegenüber den westdeutschen Behörden mit allen unabsehbaren Folgen für sie und ihre Familie sei. Laut Christel Guillaume wurde es »eigentlich eine Nacht der Erpressung«.[43]

Weichenstellungen für die weitere SPD-Karriere

Das Jahr 1964 erwies sich in der Karriere des Kundschafterehepaares als Wendepunkt. Birkelbach stieg im Mai 1964 zum Leiter der hessischen Staatskanzlei in Wiesbaden auf und somit zum wichtigsten Mitarbeiter des Ministerpräsidenten Zinn. Im November holte er Christel Guillaume als eine von zwei für ihn arbeitenden Sekretärinnen in die Staatskanzlei nach. Er schwärmte noch beim Prozess gegen das Agentenpaar im Jahre 1975 als Zeuge von den Fähigkeiten der Frau: Sie habe außerordentlich rasch gearbeitet, sei belastbar, zuverlässig und gut vernetzt gewesen und habe sich durch große Menschenkenntnis ausgezeichnet. Daher habe er gelegentlich ihren Ratschlag in politischen Dingen eingeholt. Kurzum, sie habe weit mehr geleistet, als man von einer Sekretärin erwarten könne. Über ihren Tisch in Wiesbaden gingen nun, wie ebenfalls beim Prozess deutlich wurde, militärische Geheimdokumente etwa über Nato-Manöver in Hessen, Planungen zur Zivilverteidigung und Verhandlungen der hessischen Regierung mit den Amerikanern über die im Land stationierten US-Truppen, Kabinettsvorlagen und wichtige Personalentscheidungen auf Landesebene.[44]

Im selben Jahr zahlte sich auch das Engagement ihres Ehemannes im Ortsverein Nordend wie als Hoffotograf des Frankfurter Parteilebens aus: Weck schlug ihn überraschenderweise zu seinem Nachfolger als hauptamtlicher Geschäftsführer des Unterbezirks Frankfurt vor. Das kam überraschend, denn Guillaume hatte eigentlich noch keinen Rückhalt in der Frankfurter SPD. Weck selbst wechselte auf die Position des Fraktionsgeschäftsführers der SPD in der Frankfurter Stadtverordnetenversammlung. Guillaume willigte ohne Rücksprache mit seinen Ost-Berliner Vorgesetzten ein. Weck sah in Guillaume als »Zonenflüchtling« einen Schicksalsgefährten, und beide galten als »rechte« Sozialdemokraten in einem weitgehend »linken« Unterbezirk. Mit dem Antritt dieses gut dotierten Postens am 1. März 1964 wurde Guillaume einer von etwa 350 hauptamtlichen Geschäftsführern, die sich die SPD auf Ebene der Bezirke, Unterbezirke und Kreisgeschäftsstellen Mitte der sechziger Jahre bundesweit leistete. Ausgestattet mit Dienstwagen, Sekretärin und weiteren Mitarbeitern, mutierte nun Günter Guillaume gleichfalls zur Objektquelle. Als Geschäftsführer musste er vor allem organisatorische und kommunikative Aufgaben erledigen, also Kontakt zu den Ortsvereinen, kommunalen und anderen staatlichen Stellen, Verbänden und der Presse halten. Ferner hatte er Tagesordnungen für die Parteiversammlungen des Unterbezirks zu erstellen, bei diesen das Protokoll zu führen und zu überprüfen, dass die gefassten Beschlüsse und Resolutionen umgesetzt oder an die Parteizentrale in Bonn weitergeleitet wurden. Gleichwohl hatte seine Frau als Mitarbeiterin Birkelbachs in der Staatskanzlei noch für einige Jahre Zugang zu den potenziell interessanteren Informationen für die HVA als ihr Mann, dessen Erkenntnisse sich im Wesentlichen auf Frankfurter Parteiinterna beschränkten.[45]

Es war in gewisser Weise typisch für die in den sechziger Jahren noch stark männerdominierte, männerbündlerisch agierende und traditionellen Frauenbildern anhängende SPD, dass der Posten des Geschäftsführers nicht etwa Christel Guillaume, die schon wesentlich länger hauptamtlich für den Bezirk arbeitete, sondern ihrem Mann angeboten wurde. Dabei wies er weder formal höhere Qualifikationen noch eine steilere Parteikarriere als seine Frau auf. Die SPD-Genossen in Frankfurt waren sich zudem weitgehend darin einig, dass Christel Guillaume die intelligentere und aktivere, wenn auch nicht unbedingt umgänglichere Hälfte des Ehepaares darstellte.[46] Immerhin rückte die Ehefrau etwa zur gleichen Zeit in den Vorstand des Unterbezirks Frankfurt auf.

Christel Guillaume bemerkte bei ihrem Mann seit Antritt der Geschäftsführerstelle eine Wandlung. Bisher hatte er einen bohemienartigen Lebensstil gepflegt und das mühsam verdiente Geld seiner Frau mit vollen Händen ausgegeben, so dass für die Familie manch finanziell prekäre Situation entstanden war. Mit der neuen Verantwortlichkeit hingegen entwickelte er sich trotz des nun erheblich angewachsenen Familieneinkommens zum Geizhals. Vor allem stürzte er sich geradezu fanatisch in seine neue Arbeit.[47] Diese weckte bei ihm offenbar Ambitionen auf eine Parteikarriere um ihrer selbst willen und nicht unbedingt nur, um für die HVA besser positioniert zu sein. Zwar waren seine 1988 in der DDR veröffentlichten und für die westdeutsche Ausgabe von 1990 nur geringfügig veränderten Memoiren so verfasst, dass sie als primäre Triebkraft seiner Karriere in der Bundesrepublik die Kundschaftertätigkeit für die DDR als das vermeintlich bessere Deutschland in den Vordergrund stellten. Doch was konnte man anderes von einem Buch erwarten, das für den ostdeutschen Markt geschrieben und im Entstehungsprozess intensiv vom MfS betreut worden war? Folglich kann es nur bedingt Einblick in die wahren Motive und Empfindungen Guillaumes während seiner Zeit in der Bundesrepublik bis 1974 geben.

Guillaumes Fähigkeiten und Charakteristika, die ihn später auch im Kanzleramt auszeichnen sollten, traten schon bei seiner Tätigkeit als Geschäftsführer für die SPD in Frankfurt deutlich hervor: Er erwies sich als vorzüglicher Organisator, passte sich chamäleonartig an seine Umwelt an, mied Konfrontationen, zeigte sich stets einsatzbereit und war sich für keine Aufgabe zu fein, ohne dafür anscheinend besonders honoriert werden zu wollen. Kurzum, er schien einerseits ganz der Sache verschrieben zu sein, wollte aber andererseits – durchaus im Einklang mit den HVA-Direktiven – nicht besonders auffallen. Er war in Frankfurt wie später in Bonn ein zuverlässig arbeitendes Zahn-, aber kein Schwungrad im Getriebe. Er fiel durch unermüdlichen Eifer, nicht aber Einfallsreichtum auf – ein unentbehrliches Faktotum, allgemein akzeptiert und benutzt, aber ob seiner Biederkeit und Liebedienerei von wenigen wirklich ernst genommen. Im Bundestagsuntersuchungsausschuss zur Guillaume-Affäre sagten 1974 die Zeugen aus der Personalabteilung des Kanzleramtes aus, dass er sich durch Kontaktfähigkeit, Organisationstalent, Zuverlässigkeit, intelligente Gesprächsführung und Fleiß hervorgetan habe. Er war, wie sich ein Mitgenosse aus Frankfurter Tagen 1975 erinnerte, dabei »eine relativ problemfrei strukturierte Frohnatur, hat immer einen Witz gewußt und konnte ganze Runden allein unterhalten«.[48]

Positionierung im Vorfeld und während der Großen Koalition

Durch die neue Verantwortlichkeit als Geschäftsführer des SPD-Unterbezirks, der Mitte der sechziger Jahre auf etwa 12 000 Mitglieder in 40 Ortsvereinen angewachsen war, geriet Guillaume allein schon aus Zeitgründen in Konflikt mit seiner Residentenrolle. Bei einem Treff Ende 1964 in Ost-Berlin überlegten Guillaume, Laufer und Markus Wolf, der hier zum ersten und einzigen Mal Guillaume während dessen aktiver Kundschaftertätigkeit traf, wie die neu entstandene Situation zum Besten für die HVA ausgenutzt werden könnte. Wolf rechnete zu diesem Zeitpunkt bereits damit, dass über kurz oder lang die SPD in Bonn Regierungsverantwortung übernehmen werde.[49] Diese Prognose erforderte keine seherischen Fähigkeiten oder Zugang zu nachrichtendienstlichen Informationen, denn es war ein offenes Geheimnis, dass insbesondere der stellvertretende Partei- und Fraktionsvorsitzende Herbert Wehner auf eine Große Koalition zusteuerte. Auch Teile der CDU/CSU wollten sich am liebsten von der FDP als unzuverlässigem Regierungspartner trennen. Bereits die Bestätigung von Heinrich Lübkes zweiter Amtszeit im Juli 1964 als Bundespräsident gegen den von der FDP ins Rennen geschickten Kandidaten Ewald Bucher erfolgte mit den Stimmen der beiden größten Parteien und ließ sich als deutliches Indiz für den Willen zur Zusammenarbeit werten.

Sosehr die SED seit der außenpolitischen Grundsatzrede Wehners im Juni 1960 im Bundestag über den »Verrat« der SPD schäumte, weil sie damit als Träger einer zur CDU alternativen Außen- und Deutschlandpolitik ausfiel,[50] so verlockend erschien doch die Perspektive einer Großen Koalition aus Sicht der HVA, welche die Kundschafter in der SPD möglichst zentral als Quellen platzieren wollte. Zudem stand im Herbst 1965 die nächste Bundestagswahl an, die bereits einen Machtwechsel in Bonn mit sich bringen konnte. Vor diesem politischen Hintergrund wurde auf Wolfs Anregung hin vereinbart, dass sich Guillaume ab jetzt an einen bedeutenden SPD-Politiker im Unterbezirk Frankfurt heranarbeiten sollte, der Aussicht besaß, im Falle eines Regierungsantritts der SPD in Bonn mit einem Ministeramt bedacht zu werden. Dieser würde im Idealfall Guillaume als Gehilfen mit nach Bonn nehmen und so der HVA Zugang zu Staatsgeheimnissen verschaffen. Laufer entband Guillaume zugleich von seiner Aufgabe als Resident.[51] Ein neuer HVA-Agent betreute nun das Kundschafterehepaar, zumal für beide aufgrund ihrer Positionen in der SPD Reisen in die DDR von den Führungsoffizieren als nicht zu verantwortendes Sicherheitsrisiko eingestuft wurden.

Guillaume entschied sich, sein Augenmerk auf den 1920 geborenen Frankfurter SPD-Genossen Georg Leber zu richten. Er stand ebenfalls dem rechten Flügel der Sozialdemokratie nahe und hatte es daher in der Mainmetropole innerhalb der Partei nicht leicht. Der gelernte Maurer, seit 1957 für den Wahlkreis Frankfurt I im Bundestag und Mitglied des Fraktionsvorstands, brachte als langjähriger Vorsitzender der Gewerkschaft Bau-Steine-Erden eine starke Hausmacht in die Bundespartei ein. Außerdem war Leber als bekennender Katholik für den Fall einer Großen Koalition in Bonn auch für die damals noch rheinisch-katholisch geprägten Christdemokraten als Kabinettsmitglied akzeptabel, zumal sich seine Gewerkschaft als kooperativ gegenüber den Arbeitgebern verhielt. Später wurde er daher sogar in CDU wie SPD kurzzeitig als möglicher Nachfolger Lübkes im Präsidentenamt gehandelt.[52]

Guillaume selbst kandidierte zur Bundestagswahl 1965 mit einem allerdings aussichtslosen 80. Platz auf der hessischen Landesliste für ein Bundestagsmandat. Der Wahlsieg, der die Kombination Leber-Guillaume nach Bonn hätte tragen können, blieb jedoch aus. Der relativ junge und charismatische Kanzlerkandidat, Berlins Regierender Bürgermeister Willy Brandt, bescherte der SPD zwar bei der Bundestagswahl im September 1965 wie schon 1961 einen weiteren Stimmenzuwachs. Doch es gab nach wie vor einen deutlichen Rückstand zur CDU/CSU, die vom Ansehen Ludwig Erhards, des populären Kanzlers und »Vaters des Wirtschaftswunders«, und einer noch stabilen Konjunktur profitierte. Die SPD litt unter anderem darunter, dass sie infolge der Gemeinsamkeitspolitik für viele Wähler kaum von der CDU/CSU zu unterscheiden war und diese daher lieber gleich das seit langem regierungserfahrene »Original« wählten.[53] In Bonn blieb es vorerst bei der CDU/CSU-FDP-Koalition.

Diese zerbrach allerdings im Oktober 1966 an der Frage der Haushaltskonsolidierung angesichts der ersten spürbaren Rezession seit 1949. Am 1. Dezember 1966 kam es zu der von manchen Auguren schon lange prognostizierten Großen Koalition unter CDU-Kanzler Kurt Georg Kiesinger sowie Willy Brandt als Vizekanzler und Außenminister. Auf Brandts Aufforderung hin, der gern einen gewichtigen, aber nicht zu radikalen Gewerkschaftsvertreter in die Regierung aufgenommen wissen wollte,[54] übernahm Leber in Bonn das Verkehrsressort. Guillaume hatte sich allerdings noch nicht bei Leber und der SPD so verdient gemacht, dass ein Wechsel in die Hauptstadt innerhalb der Partei zu rechtfertigen gewesen wäre. Wie Christel Guillaume in ihrer unveröffentlichten Autobiografie schrieb, kam die Große Koalition schlichtweg zu früh für das Kundschafterehepaar, um den Absprung nach Bonn im Kielwasser Lebers zu schaffen. Immerhin standen sich die Ehepaare Guillaume und Leber nunmehr so nahe, dass der SPD-Politiker den Guillaumes anbot, den Sommerurlaub in einem der gewerkschaftseigenen Ferienwohnheime an der französischen Côte d'Azur zu verbringen.[55]

Gemäß seiner Karriereplanung als Kundschafter wie auch als ambitionierter Parteifunktionär musste sich Guillaume bedingungslos für die Große Koalition in die Bresche werfen, die in der Parteibasis, insbesondere im Bezirk Hessen-Süd, überwiegend auf Ablehnung traf. So wurden die Frankfurter Bundestagsabgeordneten Leber und Hans

Matthöfer bei einer Parteiversammlung in Frankfurt im Dezember 1966 dafür ausgebuht, dass sie im Bundestag entgegen dem ausdrücklichen Wunsch des Unterbezirks für die Bildung der Großen Koalition gestimmt hatten. Lediglich die Frankfurter Bundestagsabgeordnete Brigitte Freyh war dem Appell der Basis gefolgt und hatte mit »Nein« gestimmt.[56] Viele der SPD-Mitglieder glaubten, dass man in den zurückliegenden Jahren im Zeichen der von der Parteiführung um Brandt, Wehner und Erler seit 1960 durchgedrückten Gemeinsamkeitspolitik bereits zu sehr auf die CDU/CSU zugegangen sei und nunmehr in dem Regierungsbündnis gänzlich seine Seele verkaufe. Auf einer Arbeitskonferenz in Bonn, zahlreichen Gebietskonferenzen im Herbst 1967 und schließlich dem wegen der allgemeinen Unzufriedenheit vorgezogenen Parteitag in Nürnberg im Frühjahr 1968 versuchte der Parteivorstand der zunehmenden Kritik seitens der Basis den Wind aus den Segeln zu nehmen: Die Große Koalition sei ein notwendiges Arrangement mit der CDU/CSU auf Zeit, um die drängenden wirtschaftlichen Probleme und die geplanten konstitutionellen Änderungen wie etwa die Notstandsverfassung zu bewältigen. Zugleich sei sie im Hinblick auf den nächsten Urnengang eine Chance, um breiten Wählerschichten zu beweisen, dass die SPD auch auf den Feldern der Wirtschafts- und Außenpolitik in Bonn regierungsfähig sei.[57]

Naturgemäß bedeutete die Große Koalition für die SED einen herben Rückschlag. Sie geißelte sie entsprechend als endgültige Kapitulation der SPD vor der CDU/CSU und deren »Chauvinismus« und »Revanchismus«. Einige Jahre zuvor hatte man in Ost-Berlin wegen Egon Bahrs und Willy Brandts Appell für eine neue Ostpolitik unter dem Slogan »Wandel durch Annäherung« noch geglaubt, hoffnungsvolle Zeichen für eine Neuorientierung bei der SPD auszumachen, die in einer Anerkennung der DDR durch Bonn münden könnte. Noch einige Monate vor dem Antritt der Regierung Kiesinger-Brandt war erstmals auf höchster Parteiebene über einen Redneraustausch zwischen SED und SPD verhandelt worden. Und nun trug Brandt als Außenminister die Hallstein-Doktrin mit, welche der DDR-Propaganda als »Alleinvertretungsanmaßung« Bonns galt. Die Große Koalition setzte damit, was die Ostpolitik betraf, die Diplomatie der Regierung Erhard fort. Sie zielte darauf ab, die DDR durch eine diplomatische Offensive in den Ostblockstaaten innerhalb ihres eigenen Paktsystems zu isolieren statt sie anzuerkennen. Das führte erst recht zu einer ideologischen Verhärtung Ost-Berlins. Die DDR verkündete im April 1967 mit Rückendeckung Moskaus die sogenannte

Ulbricht-Doktrin, eine Art Hallstein-Doktrin mit umgekehrten Vorzeichen. Diese besagte, dass diplomatische Fortschritte Bonns in Osteuropa in Zukunft nur um den Preis der Anerkennung der DDR zu haben seien. Vorher werde kein Ostblockstaat mehr, wie noch im Januar 1967 im Falle Rumäniens geschehen, diplomatische Beziehungen zur Bundesrepublik aufnehmen. Zugleich erließ die DDR 1967 ein eigenes Staatsbürgerschaftsgesetz und gab sich ein Jahr später eine neue Verfassung, aus der sie die gesamtdeutschen Bezüge der ersten Verfassung von 1949 weitgehend tilgte. Diese Initiativen verdeutlichten, dass für die SED das Projekt einer Wiedervereinigung selbst unter sozialistischen Vorzeichen, an dem man seit 1955 – dem Jahr des Eintritts der Bundesrepublik in die Nato und der DDR in den Warschauer Pakt – theoretisch festgehalten hatte, nun endgültig zu den Akten gelegt worden war.[58]

Unter den führenden Frankfurter Linken in der SPD wie Rudi Arndt und Walter Möller, aber auch in der liberalen westdeutschen Presse mehrten sich zur gleichen Zeit die Stimmen, dass man die DDR endlich anerkennen solle. Dazu war die SPD-Führung in Bonn wegen der notwendigen Rücksichtnahme auf den Regierungspartner, aber auch wegen innerer Uneinigkeit in dieser Frage (noch) nicht bereit. Um nicht aus der Kundschafterrolle zu fallen, trat Guillaume ebenfalls der Auffassung von der Notwendigkeit der Anerkennung der DDR mancher seiner Frankfurter Parteigenossen vehement entgegen.[59]

In Hinblick auf die nächste Bundestagswahl im Herbst 1969 heckte das Ehepaar Guillaume einen Plan aus, wie es sich für Leber unentbehrlich machen und dadurch nach Bonn gelangen könnte. Guillaume mochte dazu umso mehr von seinem Führungsoffizier gedrängt worden sein, als Mielke sich im Februar 1967 auf einer MfS-internen Konferenz über die Ergebnisse der HVA-Arbeit kritisch geäußert hatte: Sie liefere zwar viele Informationen, die aber oft zu subjektiv gefärbt oder wertlos seien. Man brauche aus dem Westen mehr Originaldokumente und Fakten und solle verstärkt mit Kundschaftern in die Bonner Entscheidungszentren eindringen. Zudem sei es jetzt, da die SPD an der Regierung beteiligt sei, besonders wichtig, über die Intentionen der führenden Sozialdemokraten informiert zu sein. Deren sogenannte neue Ostpolitik sei nur die Verschleierung der gegen die DDR gerichteten »politisch-ideologischen Diversion«, sprich der systematischen Unterwanderung des SED-Regimes zum Zweck seines Sturzes. Im Übrigen riskierten laut Mielke die West-IM wenig. In der Bundesrepublik gebe es (im Gegensatz zur DDR) keine Todesstrafe, sondern im Falle der Enttarnung gelte es höchsten, »ein bißchen Gefängnis« abzusitzen, bis das MfS die Inhaftierten mittels Agentenaustausch heraushole.[60]

Zum 1. September 1967 zog die Familie Guillaume-Boom vom Nordend in die Ferdinand-Hofmann-Straße 16 im südwestlichen Stadtteil Sindlingen, in dem Leber wohnte und der zu dessen Bundestagswahlkreis gehörte. Dabei brachte der Umzug für die Familie erhebliche Nachteile mit sich; es dürfte also der Ehemann, vom Ehrgeiz als SPD-Funktionär wie HVA-Agent gleichermaßen angespornt, die treibende Kraft bei diesem Ortswechsel gewesen sein. Der Sohn musste dafür die Schule wechseln, und die tägliche Fahrt zur Arbeit nach Wiesbaden dauerte nun für die Ehefrau wesentlich länger als vom alten Wohnort aus. Im Bekanntenkreis rechtfertigte das Ehepaar den Wegzug aus dem zentralen Nordend damit, dass man ein »richtiges« Haus im Grünen mit Garten der bisherigen Wohnung in einem Block vorziehe. Der Plan bestand darin, dass Guillaume sich so, weil er »zufällig« im selben Stadtteil lebte, bei den nächsten Wahlen als gleichsam natürlicher Kampagnenleiter für Leber empfehlen konnte. Ansatzpunkt für dieses Kalkül war die in der SPD gehandhabte Praxis, dass die hauptamtlichen Parteisekretäre in den Wahlkreisen, in denen sie lebten, in der Regel auch den Wahlkampf für die jeweiligen Bundestagsabgeordneten organisierten. Verliefe diese Kampagne für Leber gut, vermutete das Ehepaar, sei der SPD-Politiker seinem Wahlkampfmanager verpflichtet und würde ihn vielleicht nach Bonn mitnehmen. In dem Wahlkreis hingegen, in welchem die Guillaumes bisher gelebt hatten, vertrat Hans Matthöfer, der spätere Forschungs- und Finanzminister unter Helmut Schmidt, die SPD. Er galt damals wegen seiner Nähe zur Industriegewerkschaft Metall, die sich radikaler als Lebers auf Kooperation mit den Arbeitgebern setzende Bau-Steine-Erden gebärdete, (noch) als links – daher identifizierte paradoxerweise Gailat in seiner Doktorarbeit von 1969 Matthöfer als einen jener Frankfurter Sozialdemokraten, mit dem man eine linke, der DDR gewogene Plattform innerhalb der Partei aufbauen könne. Guillaume hätte folglich ob seiner selbst gewählten Position als Rechter in der Frankfurter SPD weder glaubwürdig den Wahlkampfmanager für Matthöfer geben können noch hätte sich wohl der Kandidat, der Guillaume einmal als »Urbild des engstirnigen Sozialdemokraten« bezeichnete, seiner bedient. Zudem erschien es als unwahrscheinlich, dass ein linker Sozialdemokrat, der Willy Brandt vor allem in den Debatten über die Notstandsgesetze mehrmals im Bundestag negativ aufgefallen war, ein Ministeramt in Bonn erlangen würde.[61]

Zum 1. Mai 1968, wiederum durch Protektion Wecks, übernahm Guillaume von diesem die Position des Geschäftsführers der Frankfurter SPD-Stadtratsfraktion, während Weck zum Fraktionsführer aufrückte. Die Aufgaben Guillaumes ähnelten denjenigen seiner vorherigen Funktion, nur dass sie jetzt die SPD-Fraktion im Stadtparlament und nicht mehr die Gesamtheit der Genossen im Unterbezirk betrafen. Im Oktober des Jahres errang Guillaume bei der Kommunalwahl, bei der einmal mehr die absolute Mehrheit der SPD in der Mainmetropole – wenn auch mit leichten Verlusten – bestätigt wurde, über einen sicheren Listenplatz zugleich ein Mandat im Stadtparlament. »In den Fraktionssitzungen, Pressekonferenzen, Delegiertentagungen und Stadtverordnetenversammlungen trat er mit bescheidener Zurückhaltung auf, wobei er nie den Eindruck erweckte, er ziehe als Geschäftsführer die Fäden im Hintergrund. Er war einfach da, hatte alle Zahlen und Unterlagen zur Hand, wenn sie gebraucht wurden, und wer ihn bei seiner Arbeit beobachten konnte, hatte stets einen aktiven, mit Energie geladenen Mann vor sich, der aber bei aller Emsigkeit zuallererst Vertrauen um sich verbreitete«, erinnerte sich 1974 ein ehemaliger Frankfurter Lokalreporter an den neuen Fraktionsgeschäftsführer.[62]

Ende 1968 bahnte sich für Christel Guillaume ein Arbeitsplatzwechsel an. Als Zinn im Herbst 1968 einen Schlaganfall erlitt und damit als Ministerpräsident dauerhaft ausfiel, endete Birkelbachs Zeit als Chef der Wiesbadener Staatskanzlei. Er übernahm auf eigenen Wunsch im Frühjahr 1969 die Leitung des Landespersonalamtes, das auch als Aus- und Fortbildungsstätte für Hessens Öffentlichen Dienst fungierte. Christel Guillaume folgte ihm zum 1. September 1969 als Sekretärin. Ihr Wert als Objektquelle minderte sich dadurch für die HVA erheblich. Ihr Mann dagegen schien unaufhaltsam Karriere in der SPD zu machen und ließ sich ob seiner vielfältigen Verpflichtungen sowie der wachsenden Entfremdung zwischen den Eheleuten kaum noch zu Hause blicken.[63]

Wahlkämpfer für Georg Leber

Die HVA war laut Markus Wolf durch ihre Quellen in der FDP wie auch in der SPD 1969 gut auf den sich anbahnenden Machtwechsel in der Bundesrepublik vorbereitet, der mit den Bundestagswahlen im September kommen könnte. Als Vorbote zeichnete sich im März 1969 die Wahl des SPD-Politikers Gustav Heinemann zum Bundespräsidenten durch die Stimmen von SPD und FDP ab. Die HVA konnte sich ausrechnen, dass dieser Machtwechsel einige ihrer in der SPD sitzenden Kundschafter in die Bonner Machtzentren tragen würde. Zwar brächte ein solcher Wechsel zugleich den Verlust einiger zentral platzierter CDU-Quellen im Staatsapparat mit sich. Doch weil die SPD traditionell stärker für die HVA-Infiltration anfällig war als die bürgerlichen Parteien und sich das politische Klima in der Bundesrepublik in der zweiten Hälfte der sechziger Jahre ohnehin merklich nach links verändert hatte, würden die Gewinne die Verluste vermutlich mehr als ausgleichen. Diese Hoffnung auf die Platzierung von IM der SPD in wichtigen Positionen des Bonner Regierungsapparats bezog sich allerdings in der HVA eher auf jene, die im Westen angeworben worden waren als auf Übersiedlungsagenten wie Guillaume. Denn es erschien fraglich, ob Letztere wegen ihrer Ostvergangenheit die strengen Sicherheitsüberprüfungen überstehen könnten, die es bei jeder Einstellung in eine oberste Bundesbehörde zu überwinden galt.[64]

Ungeachtet dieser Bedenken stürzte sich Guillaume für den Abgeordneten Leber im Wahlkreis 140/Frankfurt I bedingungslos in den Bundestagswahlkampf 1969. Im Vorfeld galt es für Leber zunächst, sich in seinem Wahlkreis gegen den linken Konkurrenten innerhalb der SPD durchzusetzen, den Juso-Führer Karsten Voigt. Erst wenn dies gelänge, könnte Leber, der bereits den prestigeträchtigen ersten Platz auf der hessischen Landesliste einnahm und dessen Einzug in den Bundestag folglich ohnehin gesichert war, im Wahlkreis 140 auch als Direktkandidat der SPD antreten. Wie es sich zeigen sollte, stach der volkstümliche, lebenserfahrene Leber relativ problemlos den um 20 Jahre jüngeren, intellektuellen Voigt in der Gunst der SPD-Genossen aus. Dieser avancierte dafür im Dezember 1969 zum Bundesvorsitzenden der Jusos.

Leber förderte als Aufsteiger aus einfachen Verhältnissen gern seinesgleichen. Er hatte Guillaume bereits vor der Wahl angedeutet, dass sein Einsatz als Wahlmanager mit einem Wechsel nach Bonn belohnt werden könnte. Es sei nicht unwahrscheinlich, dass sein derzeitiger Pressereferent im Verkehrsministerium, Horst Seefeld, nach der nächsten Wahl für die SPD in den Bundestag einziehen werde und dadurch eine Vakanz in seinem Ministerium entstünde. Guillaume wiederum hatte seinem potenziellen Förderer angedeutet, dass sich für ihn als rechten Sozialdemokraten und hauptamtlichen Funktionär die Situation in der immer weiter nach links driftenden Frankfurter SPD zunehmend schwieriger gestalte.[65] Die Machtübernahme durch die Jusos schritt scheinbar unaufhaltsam voran. Dies zeigte sich an den jährlichen Parteitagen des Unterbezirks, auf denen die rechten oder gemäßigten Sozialdemokraten seit 1968 schrittweise aus dem Vorstand abgewählt wurden. Im Frühjahr 1969 war als einzige Vertreterin dieser Linie nur noch Christel Guillaume übriggeblieben, die aber beim nächsten Delegiertentreffen im Februar 1970 ebenfalls weichen musste. Die Jusos versuchten im gleichen Atemzug, die Stadtverordnetenfraktion der SPD, die bislang noch von Rechten wie Weck und Guillaume oder Altlinken wie Möller und Brundert geprägt wurde und die seit Jahren im Frankfurter Rathaus eine Große Koalition mit der CDU bildete, einer Art imperativem Mandat zu unterwerfen. Die Abgeordneten sollten nicht mehr dem eigenen Gewissen oder den in ihrer großen Mehrheit noch traditionell ausgerichteten SPD-Wählern, sondern dem mehr und mehr von den Jusos unterwanderten Parteiapparat verantwortlich sein.[66] Es war also auch angesichts dieser parteiinternen Entwicklung in Frankfurt höchste Zeit für die Guillaumes, sich nach einer neuen Wirkstätte innerhalb der SPD umzusehen.

Bei der Bundestagswahl am 28. September 1969 fuhr Leber nicht zuletzt dank des unermüdlichen Einsatzes von Guillaume ein Ergebnis ein, das als persönlicher Erfolg der beiden gewertet werden konnte: Die Zahl der Erststimmen für den Direktkandidaten der SPD im Wahlkreis 140 lag noch um einige Tausend höher als die der Zweitstimmen, und die CDU landete weit abgeschlagen auf dem zweiten Platz. Allerdings war Lebers Ergebnis auch nicht außergewöhnlich für hessische Verhältnisse, denn in allen drei Frankfurter Wahlkreisen erhielt die SPD mehr als fünfzig Prozent der abgegebenen Stimmen und in jedem von ihnen war der Kandidat bei den Erststimmen noch erfolgreicher als die Partei mit den Zweitstimmen.[67]

Im Gesamtergebnis erwies sich die Bundestagswahl mit 42,7 Prozent der abgegebenen Stimmen keineswegs als ein Triumph für die SPD, obwohl sie im Vergleich zu 1965 fast 3 Prozent an Stimmen hinzugewonnen hatte. Mit 46,1 Prozent Stimmenanteil verlor die CDU/CSU nur 1,5 Prozent im Vergleich zur letzten Wahl. Als fatal für die Christdemokraten erwies sich jedoch das gute Abschneiden der erst fünf Jahre zuvor gegründeten NPD, die mit 4,3 Prozent der Stimmen zumeist aus dem bürgerlichen Lager beinahe den Einzug in den Bundestag geschafft hätte. Dadurch fehlte der CDU/CSU die nötige Stimmenzahl, um eine – wenn auch nur dünne – rechnerische Mehrheit von FDP und SPD im neuen Bundestag zu verhindern.

Aufgrund günstiger Hochrechnungen wähnte sich Kiesinger in der Wahlnacht zunächst als Sieger und wartete auf eine Offerte der FDP zur Zusammenarbeit. Willy Brandt jedoch ergriff zur Überraschung der anderen SPD-Parteigranden noch in derselben Nacht ungewöhnlich beherzt die Initiative und bot der FDP seinerseits eine Koalition an. Brandt, im Gegensatz zu Wehner und Helmut Schmidt, den anderen beiden entscheidenden Personen in der sozialdemokratischen »Führungstroika« seit 1967, war stets eher ein Befürworter einer sozialliberalen denn einer Großen Koalition gewesen. Dies rührte daher, dass er in Berlin über Jahre hinweg einvernehmlich zusammen mit den Liberalen regiert hatte. Zudem war, im Unterschied zu Wehner, sein Verhältnis zu Kiesinger in den vergangenen drei Jahren nicht das beste gewesen, so dass ihn die Perspektive weiterer Jahre als Vizekanzler neben dem CDU-Mann schreckte. Die FDP musste wegen ihrer seit 1968 unter dem neuen Parteivorsitzenden Walter Scheel vollzogenen linksliberalen Wende starke Verluste unter ihrer traditionellen nationalliberalen Klientel hinnehmen. Mit 5,8 Prozent der Stimmen fuhr sie ihr bislang schlechtestes Ergebnis bei einer Bundestagswahl ein. Unter Scheel jedoch glaubte die FDP, insbesondere auf dem Gebiet der Außenpolitik vorerst mehr Gemeinsamkeiten mit den Sozialdemokraten als mit der CDU zu haben, und willigte daher in Brandts Angebot ein. Die Koalitionsverhandlungen zwischen SPD und FDP kamen bereits am 3. Oktober zum erfolgreichen Abschluss, nicht zuletzt weil den Liberalen trotz ihrer Schwäche mit Walter Scheel, Hans-Dietrich Genscher und Josef Ertl großzügig die Außen-, Innen- und Landwirtschaftsressorts überlassen wurden.

Als am 21. Oktober 1969 der Bundestag mit lediglich drei Stimmen Mehrheit Willy Brandt zum Kanzler wählte, wurde nicht nur seit 39 Jahren zum ersten Mal wieder ein Sozialdemokrat in Deutschland Regierungschef. Mit diesem Machtwechsel bestand die Bundesrepublik vielmehr endgültig ihre demokratische Bewährungsprobe. Es setzte sich zugleich das Bonner Personalkarussell in Bewegung. Es müssten, so hieß es in einer Aufzeichnung für Willy Brandt unmittelbar nach der Wahl, unverzüglich an strategisch wichtigen Positionen des Regierungsapparates personelle Veränderungen vorgenommen werden: zum einen um zu garantieren, dass die Ressorts bei der neuen Politik voll mitzögen; zum anderen, »um die in 20 Jahren CDU-Herrschaft geknüpften Kommunikationsstränge zwischen Regierungsapparat und CDU zu zerstören. Danach wird es die CDU als Opposition schwer haben. Unterbleibe dies, hätten wir es mit einer bestens informierten Opposition zu tun, was angesichts der knappen Mehrheit bald gefährlich werden könnte.« Guillaume war allerdings von der HVA angehalten worden, nicht auf eine Versetzung nach Bonn zu drängen, sondern die Dinge auf sich zukommen zu lassen.[68] Guillaume sah in Absprache mit der HVA aus Sicherheitserwägungen während der heißen Phase des Wahlkampfes und der Konstituierungsperiode der sozialliberalen Koalition für fast ein halbes Jahr von der Berichterstattung nach Ost-Berlin ab. Dies lässt sich anhand der überlieferten Datensätze der 1969 vom MfS eingerichteten elektronischen Datenbank SIRA rekonstruieren, die seitdem die wichtigsten eingehenden Berichte und Informationen der Kundschafter verzeichnete. Für Ende Juli und Ende August 1969 führt sie jeweils eine Meldung unter Guillaumes Decknamen »Hansen« beziehungsweise seiner Registriernummer 19142/60 auf. Die erste befasst sich mit Kontakten Frankfurter SPD-Genossen und Gewerkschafter zu den sozialistischen Staaten, die zweite mit Lebers Einschätzung zur inneren Lage der SPD. Der nächste Eintrag in SIRA, der sich Guillaume zuordnen lässt, ist auf Anfang März 1970 datiert, als der Kundschafter bereits im Bonner Kanzleramt saß.[69]

SIRA

SIRA ist heute die wichtigste Informationsquelle, die noch Aufschluss über die Tätigkeit einzelner West-IM der HVA für die Jahre 1969 bis 1989 geben kann. Bei der großen, unbeaufsichtigten Akten- und Datenvernichtung der HVA 1989/90, die ihr ermöglicht wurde, weil sie es verstand, sich der Bürgerrechtsbewegung der DDR als normaler Nachrichtendienst zu verkaufen, der nichts mit der inneren Repression zu tun gehabt, sondern wie jeder andere westliche Nachrichtendienst gewirkt habe, ging sie sehr gründlich vor. Sie wollte damit nicht zuletzt ihre Westquellen vor der Strafverfolgung durch die bundesrepublikanischen Behörden schützen. Allerdings konnte die HVA nicht ahnen, dass in der Wendezeit einer ihrer Mitarbeiter der CIA die sogenannten Rosenholz-Dateien (möglicherweise gegen Geld) aushändigen würde, die 1993 von den USA in die Bundesrepublik zurückkehrten und die seit 2003, nachdem sie hier zunächst von den Strafverfolgungsbehörden ausgewertet worden waren, der historischen Forschung zur Verfügung stehen. Zudem übersahen die Abwickler der HVA, dass Magnetbänder mit Sicherungskopien der SIRA-Datenbank Ende der achtziger Jahre in einem NVA-Depot zwischengelagert worden waren. Nach der zufälligen Entdeckung der Datenträger konnten sie Ende der neunziger Jahre von Spezialisten des BStU wieder lesbar gemacht werden. In der Kombination aus Rosenholz-F16-Personen-Karteikarten, welche die Klarnamen der West-IM sowie ihre Decknamen und Registriernummern aufführen, und SIRA, in der Agenten nur mit Registriernummer und Decknamen erscheinen, kann der Historiker nun zuordnen, wie viele Informationen zu welchen Themen und in welchem Zeitraum jeder Kundschafter ab 1969 geliefert hat. Das Ehepaar Guillaume erhielt wie alle anderen IM in der Westarbeit Ende der fünfziger Jahre neue Registriernummern von der HVA. Seitdem firmierten sie als 19142/60 für Günter und 11964/60 für Christel Guillaume. Die Berichte, zu denen laut SIRA Günter Guillaume alias 19142/60, oft in Kombination mit anderen Westquellen, beigetragen hat – insgesamt 45 für den Zeitraum von Juli 1969 bis April 1974 –, sind in der Teildatenbank (TDB) 12 des Systems zu finden. Diese TDB verwaltete Informationen zu den Themenkreisen der politischen, militärischen und wirtschaftlichen Spionage. Andere TDB sammelten Auskünfte zur Wissenschafts- und Technologiespionage oder Hinweise über das bundesdeutsche Grenzüberwachungs- und Einwohnermeldesystem zwecks sicherer Einschleusung von HVA-Agenten. Allerdings wurden in SIRA nur solche Informationen und Dokumente aus dem Westen eingetragen, die zumindest einen gewissen Wert hatten. Die Leiter der operativen Abteilungen der HVA entschieden letztlich, welche Informationen ihrer Spione an die Auswertungsabteilung weitergegeben werden sollten und damit ab 1969 Eingang in SIRA fanden. Somit ist es möglich, dass Günter oder auch Christel Guillaume mehr Informationen geliefert haben, die aber so uninteressant erschienen, dass sie gar nicht erst in SIRA registriert worden sind. Zudem verzeichneten die Mitarbeiter der Auswertungsabteilung der HVA in SIRA nur schlagwortartig die Thematik der von den Agenten gelieferten Informationen und Originaldokumente mit einem neutralen Arbeitstitel. Die Berichte oder Dokumente an sich sind nicht mehr erhalten. SIRA funktioniert also heutzutage wie ein Bibliothekskatalog, aus dem man lediglich die Titel und Autoren von Büchern ersehen, die verzeichneten Werke aber nicht zur Lektüre ausleihen kann. Ein Großteil der in SIRA aufgeführten Daten sind sogenannte Eingangsinformationen, also das, was die operativen an die auswertenden Abteilungen weitergereicht haben. Ein kleinerer Teil sind sogenannte Ausgangsinformationen – Analysen, die von der Auswertungsabteilung der HVA über Wolf und Mielke, die sich die letzte Entscheidung vorbehielten, der SED-Führung übermittelt wurden. Letztere sind im Gegensatz zu den Eingangsinformationen teilweise vollständig erhalten. Die Auswerter der HVA vergaben in SIRA auch Noten für die verzeichneten Eingangsinformationen, die teilweise rekonstruiert werden konnten. Der Aussage- beziehungsweise Neuigkeitsgehalt der Nachrichten wurde mittels einer Skala von I (sehr wertvoll) bis V (wertlos) beurteilt.[70]

Nachlassender Spionageeifer des Ehepaares Guillaume

Die Rosenholz-Karteikarten F22 der Vorgangsdatei der HVA verzeichnen die Anzahl und Laufzeit der von den Führungsoffizieren zu den einzelnen West-IM angelegten Aktenbände und ihre Abgabe ins Archiv des MfS, in dem sie leider 1989/90 vernichtet wurden. Aus den F22-Karteikarten wird deutlich, dass zumindest bis Mitte der sechziger Jahre Günter (»Hansen«) und Christel (»Heinze«) Guillaume sich in etwa der gleichen intensiven Betreuung durch die HVA erfreuten, das heißt als ähnlich wertvolle und ergiebige Quellen gewertet wurden. Bis zum Frühjahr 1966 waren 16 Bände zu »Hansen« angelegt worden und dieselbe Zahl zu »Heinze«. Danach scheint die Intensität des Kontaktes zwischen HVA und »Heinze« beziehungsweise »Hansen« nachgelassen zu haben, denn für den Zeitraum von 1966 bis 1970 legte Führungsoffizier Weichert zu Christel Guillaume keinen weiteren Aktenband an, für ihren Mann lediglich zwei neue.[71]

Man kann angesichts der dürren Quellenlage letztlich nur spekulieren, warum das so war, obwohl sie als Sekretärin in der Wiesbadener Staatskanzlei, er als Geschäftsführer des SPD-Unterbezirks und später der Frankfurter Rathausfraktion eigentlich erst seit 1964 aus Sicht der HVA wirklich nachrichtendienstlich ergiebige Positionen bekleideten. Bei Christel Guillaume mochte eine Rolle gespielt haben, dass sie, je länger sie für Birkelbach arbeitete, dessen Vertrauen und die Förderung, welche sie von ihm erhielt, nicht missbrauchen wollte. Sie weigerte sich beispielsweise, ihrer Darstellung nach, einen Seifen- oder Wachsabdruck von Birkelbachs Wohnungsschlüssel anzufertigen und nach Ost-Berlin zu expedieren. Die Tschekisten planten, dort einen Zweitschlüssel herzustellen, um unbemerkt in das Haus des Politikers eindringen und zum Beispiel Abhörmikrofone installieren zu können.[72] Oder sollten die Kundschafter sich, gerade weil sie nun relativ exponierte Stellungen einnahmen, weniger gefährden und auf die Übermittlung ganz wesentlicher Informationen beschränken? In einem Vortrag vor HVA-Kadern im Frühjahr 1982 erwähnte Guillaume en passant, dass es, seit er begonnen habe, sich an Leber heranzuarbeiten, nur noch wenig Berichtenswertes aus Frankfurt gegeben habe. Zudem sei er von seinen Führungsoffizieren angehalten worden, nunmehr besondere Vorsicht walten zu lassen, um nicht den anvisierten Wechsel nach Bonn im Kielwasser seines einflussreichen Förderers zu gefährden.[73] Oder schreckten »Heinze« und »Hansen« davor zurück, ihre unverhofft interessanten und finanziell einträglichen Stellen zu riskieren, so dass sie für die HVA nur noch »Dienst nach Vorschrift« leisteten? Fühlten sich die beiden nach inzwischen mehr als zehn Jahren im Westen in erster Linie als Bundesbürger und treue SPD-Parteigenossen, die ihre Verpflichtung für das MfS nur noch als lästiges Relikt aus der Vergangenheit betrachteten? Hierfür gibt es durchaus andere Beispiele, sogar aus dem Agentenstall Paul Laufers: Dieser hatte in den fünfziger Jahren einen Kundschafter mit dem Decknamen »Freddy«, der seit seiner Jugend überzeugter Kommunist gewesen war, nach West-Berlin geschickt mit dem Auftrag, sich dort an Willy Brandt heranzuarbeiten. Im Laufe seiner Jahre in West-Berlin entwickelte er sich jedoch mehr und mehr zum überzeugten SPD-Mitglied, das die Weiterleitung von Informationen an seinen ursprünglichen Arbeitgeber schließlich verweigerte. Ein 1955 vom MfS in den Westen eingeschleuster Physiker bekannte 1993 vor Gericht, dass er sich im Laufe der Jahrzehnte des Lebens im Westen als Bundesbürger empfunden habe, obwohl er gleichzeitig dem MfS weiter Informationen lieferte.[74]

Eingeschleuste vormalige DDR-Bürger, die den Kontrast des Lebens zwischen Ost- und Westdeutschland aus eigener Anschauung kannten, waren wahrscheinlich anfälliger für das Verdrängen des ursprünglichen Kundschafterauftrags als gebürtige Westdeutsche. Die BND-Mitarbeiterin Gabriele Gast zum Beispiel, die 1968 angeworben wurde, gab sich, wovon noch ihre Autobiografie zeugt,[75] ideologisch motiviert größeren Illusionen über das tatsächliche Leben in der DDR und das Funktionieren des dortigen Systems hin. Kundschafter wie sie kannten das tägliche Leben in der DDR nicht und hingen daher einem idealisierten Bild des vermeintlich besseren Deutschlands östlich der Elbe an. Sie bekamen die

DDR allenfalls gefiltert vorgeführt bei gelegentlichen Besuchen als privilegierte Gäste der HVA, die von den Führungsoffizieren zuvorkommend betreut wurden. Zumindest Christel Guillaume gestand nach der Wende ein, dass bei ihr im Laufe der Jahre ein Prozess der Identifikation mit der Bundesrepublik eingesetzt habe und sie sich sehr wohl hätte vorstellen können, im Westen ihren Lebensabend zu verbringen, wenn sie nicht enttarnt und inhaftiert worden wäre: »Ich habe mich in dieser Bundesrepublik wohl gefühlt, habe mich integriert, hab' gelebt wie jeder andere, und bei mir war nicht zu jeder Sekunde, Minute oder Stunde oder was nur im Hinterkopf, was ich für dieses MfS tue (...). Anders hätte ich nicht leben können, anders hätte ich auch nicht überzeugend Bundesbürgerin sein können.« Sie führte noch weitere Gründe an, die den nachlassenden Eifer des Kundschafterehepaares nach einigen Jahren erklären könnten. Beide wussten, je länger sie im nachrichtendienstlichen Geschäft waren, dass sie nur einzelne Stimmen im Chor der Agenten waren, nur kleine Puzzleteile für das Gesamtbild lieferten. Es lohnte sich daher nicht, für zweitrangige Informationen die westdeutsche bürgerliche Existenz zu riskieren. »Wie gesagt«, erinnerte sich Christel Guillaume, »selbst als Kundschafter draußen hat man ja nach und nach mitgekriegt, das ist alles Papier, das kriegen sie (die HVA, E. M.) von vier, fünf, sechs anderen Stellen auch.« Seitens der Führungsoffiziere erhielten die Spione laut Christel Guillaume zudem selten Lob für das Geleistete oder überhaupt eine Reaktion auf das Gelieferte. Man habe allenfalls an vermehrten Nachfragen ermessen können, dass man offenbar gelegentlich relativ interessante Informationen weiterleitete.[76] Auch dieser Umstand dürfte auf Dauer eher demotivierend gewirkt haben. Dass Christel Guillaume zudem nach wie vor ihrem Mann in der HVA-Hierarchie unterstellt blieb, von dem sie sich im gleichen Zeitraum immer mehr entfremdete, dämpfte zumindest bei ihr zusätzlich den nachrichtendienstlichen Eifer.

Oder hatte die nachlassende Intensität der Kontakte in der zweiten Hälfte der sechziger Jahre etwas damit zu tun, dass es im Frühjahr 1966 einen erneuten Wechsel des Führungsoffiziers von Ruderich zu Weichert gab, der die beiden Kundschafter verunsicherte?[77] Zudem zog sich im Herbst 1964 Paul Laufer, der Ziehvater der beiden Agenten, zu dem insbesondere Günter Guillaume eine enge Beziehung aufgebaut hatte, aus gesundheitlichen Gründen aus der operativen Arbeit zurück. Er ging Ende 1968 in den Ruhestand und verstarb bereits im Juni 1969.[78] Bedenkt man, für wie wichtig die HVA in der Agentenführung die geradezu persönliche und langfristige Bindung der West-IM an ihre Führungsoffiziere in Ost-Berlin für die nachrichtendienstliche Tätigkeit erachtete, so könnten diese beiden Personalwechsel in der Zentrale nachteilige Folgen für die Bereitschaft des Ehepaares gezeitigt haben, weiterhin eng mit Ost-Berlin zusammenzuarbeiten.

Im Kanzleramt

Vermittlung ins Palais Schaumburg

Leber, im ersten Kabinett Brandt erneut Verkehrsminister und nun auch verantwortlich für das Post- und Fernmeldewesen, hätte Guillaume grundsätzlich gern in seinem Verkehrsressort als Pressereferent untergebracht. Denn Horst Seefeld, der den Posten bislang bekleidete, errang im Herbst 1969 in seinem baden-württembergischen Wahlkreis ein Bundestagsmandat. Allerdings sprach sich, wie Guillaume nach seiner Verhaftung gegenüber dem BKA aussagte, der Staatssekretär des Verkehrsministeriums gegen ihn als Nachfolger aus, weil er nicht die nötigen formalen Voraussetzungen für den höheren Verwaltungsdienst erfüllte. Dafür wurden er und die HVA überraschenderweise mehr als entschädigt, denn Leber vermittelte den SPD-Genossen an das Bundeskanzleramt. Leber empfahl seinem Wahlkampfmanager, sich an den dort neu eingestellten Herbert Ehrenberg zu wenden. Von 1964 bis 1968 hatte Ehrenberg unter Leber in der Gewerkschaftszentrale von Bau-Steine-Erden in Frankfurt als Abteilungsleiter gearbeitet, und er kannte Guillaume in seiner Funktion als Geschäftsführer des SPD-Unterbezirks. Ehrenberg war im Zuge des Machtwechsels im Herbst 1969 zum Leiter der Abteilung III »Wirtschaft, Finanzen und Sozialpolitik« im Kanzleramt aufgerückt. Guillaume ließ durchblicken, dass er sich eine Tätigkeit wünsche, bei der er die Kontakte zu den gesellschaftlichen Verbänden pflegen könnte. Der neue Abteilungsleiter wiederum suchte einen Mann, der – wie er 1975 beim Guillaume-Prozess kundtat – in der Lage sei, mit den Gewerkschaften praktisch zu reden, »ohne akademischen Schnick-Schnack und Allüren«. Ehrenberg schlug daher dem neuen Kanzleramtschef Horst Ehmke umgehend die Einstellung Guillaumes in seiner Abteilung vor und arrangierte für den 11. November ein Vorstellungsgespräch. »Die Vorstellung beim Kanzleramtschef in Bonn ging ruck, zuck ohne große Förmlichkeiten vonstatten, ganz in dem Stil, der während der ersten Monate für die neue Regierung typisch war«, hieß es hierzu in Guillaumes Memoiren. Er erhielt die Zusage, am 1. Januar 1970 in der Regierungszentrale als »Referent für Verbindungen zu Gewerkschaften und Parteien« in der Vergütungsgruppe IIa des Bundesangestelltentarifs (BAT) anfangen zu können. Diese Stelle war im Herbst 1969 neu eingerichtet worden.[1]

Leber verwies Guillaume in erster Linie deshalb an seinen Gewerkschafts- und Parteigenossen im Kanzleramt, weil dieses mit dem Machtantritt der sozialliberalen Koalition zu einer effektiveren, personell erheblich aufgestockten Regierungszentrale ausgebaut werden sollte. Dies entsprach Brandts Ankündigung in seiner Regierungserklärung vom 28. Oktober 1969, dass gesellschaftliche Reformen nur Hand in Hand mit einer Modernisierung des Regierungsapparates bewerkstelligt werden könnten. Bislang hatte das Kanzleramt mit etwa 240 Beamten, Angestellten und Arbeitern über weniger Mitarbeiter verfügt als selbst das kleinste Fachressort. Schon seit Erhards Zeiten war das Kanzleramt kaum noch in der Lage gewesen, eine Planungs-, Koordinierungs- und Leitungsfunktion für eine reibungslose, die immer komplexer werdenden Probleme einer modernen Industriegesellschaft antizipierende Regierungstätigkeit wahrzunehmen und sich gegen die Ressortegoismen der Fachministerien durchzusetzen. Schon in rein technischer und architektonischer Hinsicht war das Palais Schaumburg, eine großbürgerliche Stadtvilla aus der Mitte des 19. Jahrhunderts, die in einem großen, zum Rheinufer führenden Park liegt und seit 1949 als Bundeskanzleramt diente, kaum mehr für ein zeitgemäßes Regieren gerüstet, als Brandt dort im Herbst 1969 einzog: Die Telefonleitungen waren veraltet, es mangelte an moderner elektronischer Datenverarbeitung und Einrichtungen zum Simultandolmetschen, desgleichen an abhörsicheren Besprechungszimmern und ausreichend großen Konferenzräumen. Daher war schon zu Zeiten der Großen Koalition der Bau eines neuen Kanzleramtes geplant worden, der aber erst mit Antritt der sozialliberalen Koalition ernsthaft angegangen wurde.

Diese technischen, organisatorischen und personellen Unzulänglichkeiten im Palais Schaumburg wollte der ambitionierte, durchsetzungsfähige und scharfsinnige Ehmke als neuer Kanzleramtschef und Minister für besondere Aufgaben beheben. Getragen von dem Glauben an die wissenschaftliche Planbarkeit politischer Prozesse, strebte er an, das Kanzleramt zum unbestrittenen Zentrum der Regierungstätigkeit aufzuwerten. Gemäß seinem Credo »Politik ist Elektronik plus Management, der Rest läßt sich auf kleinen Zetteln erledigen« hielt ab Herbst 1969 die elektronische Datenverarbeitung zur Erfassung aller Reform-

Willy Brandt zieht nach dem Sieg bei den Bundestagswahlen im Oktober 1969 ins Palais Schaumburg ein. Rechts neben ihm der neue Kanzleramtschef Horst Ehmke, ganz rechts im Bild der neue Staatssekretär Egon Bahr.

vorhaben in den Fachministerien Einzug im Palais Schaumburg. Eine Neuerung stellte ebenso die Bildung informeller, referatsübergreifender Arbeitsgruppen dar, die sich – für die älteren Beamten durchaus befremdlich – dem »Brainstorming« hingaben. Auch die Evaluierung von Arbeitsabläufen durch externe Unternehmensberater sollte das Kanzleramt effizienter machen. Es fand zudem eine Reorganisation und Aufgabenerweiterung der Behörde statt, die mit einem erheblichen Ausbau des Mitarbeiterstabes auf etwa 400 Personen einherging. Sie verteilten sich nun auf fünf statt vorher drei Abteilungen: Die Abteilung I regelte den inneren Dienst der Behörde und befasste sich mit Fragen der inneren Sicherheit, des Zivilschutzes und der Rechtspolitik. Sie führte außerdem die Aufsicht über den BND. Die Abteilung II zeichnete für die Außen-, Deutschland- und Verteidigungspolitik verantwortlich. Ehrenbergs Abteilung III war unter anderem für Fragen des Bundeshaushaltes, der Europäischen Wirtschaftsgemeinschaft (EWG), der Landwirtschafts-, Industrie- und Strukturpolitik sowie für die Gestaltung des Arbeitsmarktes zuständig. Anfang 1970 bildete man zudem eine eigene Abteilung für die Innenpolitik. Diese Neugründung war Ausdruck des Reformeifers der neuen Regierung bei der Bildungs-, Frauen-,

Familien-, Gesundheits-, Umwelt-, Städtebau- und Verkehrspolitik sowie der angepeilten Neuordnung des Bund-Länder-Verhältnisses. Zwar wird die Kanzlerschaft Willy Brandts in ihrer ersten Legislaturperiode hauptsächlich mit den Erfolgen in der Ostpolitik verbunden. Bereits 1971 zirkulierte das böse Wort vom »Teilkanzler«, der zwar große Dinge in der Außenpolitik vollbringe, die Innenpolitik hingegen schleifen lasse. Gleichwohl startete er seine Regierung 1969 zuallererst mit dem Anspruch, ein Kanzler der inneren Reformen zu sein.[2] Die neue Abteilung für Innenpolitik im Kanzleramt erhielt die Ordnungsnummer III, so dass Ehrenbergs Anfang 1970 in der internen Zählung auf Platz IV rutschte. Schließlich entstand noch eine Planungs- und Grundsatzabteilung (Abteilung V), die neben der Abteilung III die meisten der neu eingestellten Personen auf Basis befristeter Arbeitsverträge absorbierte. Vor allem die Abteilung V spiegelte den Anspruch des Kanzleramtes und Ehmkes wider, zukünftig eine stärkere Koordinierung der und Aufsicht über die Tätigkeit der Fachministerien auszuüben.[3]

Dieser erhebliche personelle Ausbau des Kanzleramtes 1969/70 und der Umstand, dass man einen verdienten Sozialdemokraten versorgen musste, erklären, warum Guillaume so erstaunlich schnell und angesichts seines Werdeganges unvermutet Anstellung im Kanzleramt fand. Dabei war dort in den ersten Wochen und Monaten nach der Regierungsübernahme alles so im Fluss, dass es noch gar kein klares Stellenprofil für Guillaume gab. Die Einstellungszusage vom November bezog sich vorerst auf eine Tätigkeit als Referent für Verbindungen zu Gewerkschaften und Parteien in Ehrenbergs Abteilung. Der Geschäftsverteilungsplan der Behörde vom Februar 1970 führte ihn schließlich als Referent für Verbindungen zu Gewerkschaften und Arbeitgeberverbänden.[4]

Guillaume konnte nur den Besuch der Volksschule und eine nicht abgeschlossene Lehre vorweisen. Dieser Bildungshintergrund qualifizierte ihn formal lediglich für eine Pförtner- oder Bürobotentätigkeit in der untersten, sogenannten einfachen Laufbahn des Öffentlichen Dienstes und hatte schon die Übernahme ins Verkehrsressort verhindert. Eingestellt wurde er aber im Kanzleramt als Hilfsreferent in der untersten Vergütungsstufe eines Angestellten des höheren Dienstes, der bis heute Hochschulabsolventen vorbehalten ist. Es gab jedoch eine Klausel, die besagte, dass ein fehlender Hochschulabschluss durch gleichwertige Tätigkeiten und Erfahrungen aufgewogen werden könne. Dennoch rief die geplante Einstellung Guillaumes umgehend den Personalrat des Kanzleramtes auf den Plan, der am 10. Dezember Einspruch erhob. Der Personalrat repräsentierte noch die zwei Jahrzehnte während unangefochtene CDU-Herrschaft in der Behörde. Er sah die von Ehmke veranlasste Einstellungsflut neben der – allerdings eher restriktiv gehandhabten – Pensionierung einiger höherer politischer Beamter aus der CDU-Ära wie etwa Ehrenbergs Vorgänger als Versuch einer personalpolitischen, auf Dauer angelegten Machtübernahme der Behörde durch die SPD an. Die Einstellungspolitik der neuen Regierung schien zugleich die traditionellen Qualifikationsanforderungen für die Arbeit in den obersten Bundesbehörden und die angebliche parteipolitische Neutralität des Berufsbeamtentums zu unterminieren. Dabei ragte Guillaume nur als ein besonders krasser Fall heraus.[5] Ehmke und Ehrenberg setzten sich jedoch über die Einwände des Personalrates hinweg. Sie argumentierten, dass für die von Guillaume wahrzunehmende Verbindungsarbeit zu den Gewerkschaften Lebenserfahrung, kommunikative Fähigkeiten und politisches Gespür mehr zählten als eine formale Qualifikation. Mithin sei also der SPD-Genosse für die ihn erwartende Aufgabe wesentlich geeigneter als ein junger, unerfahrener Hochschulabsolvent. Im Übrigen, so Ehmke spitz in seiner Zurückweisung des Einspruchs, sei die Einstellung Guillaumes ein gutes Beispiel für die schon von der Großen Koalition versprochene Öffnung des Öffentlichen Dienstes und insgesamt zu fördernde höhere soziale Mobilität in der Bundesrepublik.[6]

Zwar waren Ehmkes und Ehrenbergs Argumente bezüglich Guillaumes Qualifikation nicht ganz von der Hand zu weisen. Zumindest für den Umgang mit den Gewerkschaften besaß er die richtige proletarische Herkunft und den notwendigen hemdsärmligen Habitus. Gleichwohl haftete der Einstellung Guillaumes im Kanzleramt der Geschmack des Nepotismus an, denn in seiner bisherigen Laufbahn hatte er sich weder mit Fragen der Sozialpolitik befasst, noch Verhandlungen mit Gewerkschaften oder Arbeitgeberverbänden geführt. Er war in den Referaten von Ehrenbergs Abteilung IV als Einziger kein Berufsbeamter, sondern hatte als Verwaltungsangestellter den Quereinstieg in den Öffentlichen Dienst geschafft. Auch die Tatsache, dass er mit einer eher unklar definierten Verbindungsfunktion zu gesellschaftlichen Gruppen betraut wurde, statt inhaltliche Arbeit in einem der Fachgebiete der Abteilung zu leisten, zeigt, dass es im Fall Guillaume vor allem darum ging, einen Genossen als Belohnung für seinen Einsatz so zu versorgen, dass er auch bei mangelnder Eignung nicht zu viel Schaden anrichten konnte. Der Vorsitzende des Personalrates im Kanzleramt, Klaus Seemann, prägte im Bundestagsuntersuchungsausschuss im Sommer 1974 denn auch das Bonmot, bei Guillaume habe man nicht einen Mann für einen Posten, sondern einen Posten für einen Mann gesucht.[7]

Sicherheitsüberprüfung

Beinahe jedoch hätte sich der Einspruch des Personalrates erübrigt, denn im Laufe des Monats Dezember ergaben sich auch in anderer Hinsicht Zweifel an der Eignung des Kandidaten. Seit die Bundesrepublik 1955 der Nato beigetreten war, musste sie sich auch deren Sicherheits- und Geheimhaltungsrichtlinien unterwerfen, die für alle Mitgliedsstaaten verbindlich waren. Dies bedeutete zum Beispiel, dass in sensiblen Bereichen – und das Kanzleramt galt als solcher – nun routinemäßig alle neu einzustellenden Mitarbeiter einer vorherigen Sicherheitsüberprüfung unterzogen werden mussten. Dafür zeichnete das BfV verantwortlich, das hierfür 1956 zusätzlich zur 1953 eingerichteten Abteilung IV »Spionageabwehr« die Abteilung V »Vorbeugender Geheimschutz« erhielt. Sie zog Erkundigungen über Bewerber für sensible Bereiche des Öffentlichen Dienstes ein, gab Empfehlungen für Einstellungen und zur Zugangsberechtigung von Behördenmitarbeitern zu Unterlagen mit Geheimhaltungsstufe. Außerdem beriet diese Abteilung Behörden in technischen Fragen, also etwa dem Betreiben abhörsicherer Telefonleitungen. Allerdings stellten die Einschätzungen der Abteilung V des BfV nur Empfehlungen dar, über welche sich Behördenleiter wie Ehmke als Chef des Kanzleramts hinwegsetzen konnten.[8] Den Ermittlungen des BfV, die sich in der Regel als langwierig erwiesen, war in eiligen Fällen wie bei Guillaume, der innerhalb von sechs Wochen eingestellt werden sollte, eine eigene Sicherheitsüberprüfung des Kanzleramts vorgeschaltet: Dessen Sicherheitsbeauftragter kontaktierte hierzu den BND in Pullach, der bis Mitte der fünfziger Jahre als Organisation Gehlen in Konkurrenz zum BfV auch auf dem Feld der Spionageabwehr tätig gewesen war. Ferner schrieb er die Sicherungsgruppe Bonn des BKA an, die wiederum bei den Polizeibehörden jener Städte nachfragte, in denen der Bewerber bislang gelebt hatte. Schließlich bat das Kanzleramt um Auskünfte aus der umfangreichen geheimdienstlichen Kartei des BfV. Da es sich bei Guillaume zudem um einen Flüchtling aus der DDR handelte, wurden von Bonn zusätzlich noch die Akten des Notaufnahmeverfahrens aus Gießen angefordert.[9]

Der West-Berliner Polizeipräsident meldete daraufhin am 10. Dezember Verdachtsmomente, basierend auf den Informationen des UFJ von 1955/56. Der BND besaß ebenfalls eine sogenannte Karteinotierung über Guillaume, laut der er im April 1954 im Auftrag des Verlags Volk und Wissen den Westen bereist habe, um Verlage und Druckereien »östlich zu infiltrieren«. Zwei Karteinotierungen der Organisation Gehlen aus dem Frühjahr 1951, nach denen sich Guillaume in West-Berlin als Propagandist für die DSF betätigt habe, sowie eine weitere vom April 1954, welche die Verdachtsmomente noch verstärkt hätten, wurden in Pullach hingegen übersehen. 1969 gab es dort noch keine zentrale Datenbank, die alle Informationen zusammenführte. Das BfV konnte keine negativen Informationen über Guillaume beisteuern. Diesem selbst unterlief ein Fehler, als er seine Bewerbungsunterlagen zur Einstellung im Kanzleramt in der zweiten Novemberhälfte in Frankfurt ausfüllte: Sein Lebenslauf wies leichte Abweichungen auf zu jenem, den er 1956 für das Notaufnahmeverfahren angefertigt hatte. Denn Guillaume musste seine hauptamtliche Tätigkeit für das Groß-Berliner Komitee der Kämpfer für den Frieden zwischen 1950 und 1951 verheimlichen, die ihn, anders als die Arbeit bei Volk und Wissen, sofort aus Sicht der westdeutschen Behörden verdächtig gemacht hätte. Die Ersatzvita, die er sich hierfür ausgedacht hatte, eine freiberufliche Tätigkeit als Fotograf in diesem Zeitraum, wich aber in den Einzelheiten in beiden Lebensläufen voneinander ab. Widersprüche in seinen Angaben gab es zudem über das Ende seiner Tätigkeit bei Volk und Wissen. Einmal wollte er im Oktober 1955 aufgehört haben, um die Flucht in den Westen vorzubereiten, ein anderes Mal gab er an, bis April 1956 für den Verlag noch freiberuflich tätig gewesen zu sein. Es ist erstaunlich, wie nachlässig Guillaume als von der HVA ausgebildeter IM mit seiner Legende über seine Tätigkeit in der DDR umging, deren Freiheit von Widersprüchen eigentlich zu den Elementarregeln erfolgreicher konspirativer Arbeit im Westen gehörte. Dieses Versehen rührte daher, dass die Schulung der Agenten Mitte der fünfziger Jahre angesichts der großen Zahl von Ostflüchtlingen und der sich dadurch ergebenden Chancen für die HVA noch nicht so intensiv und professionalisiert war wie nach dem Mauerbau. Zudem hatte der mehr als zehnjährige unbehelligte Aufenthalt im Westen Guillaume in dieser Hinsicht offenbar nachlässig gemacht. Allerdings fielen die Ungereimtheiten dem Beamten im Personalreferat des Kanzleramtes nicht auf, falls er die Angaben Guillaumes von 1969 mit jenen von 1956 überhaupt verglich.[10]

Als die Informationen des Berliner Polizeipräsidenten und des BND zu Guillaume im Kanzleramt eintrafen, setzte sich dieses umgehend mit Pullach in Verbindung. Der BND verbürgte sich für die Zuverlässigkeit seiner Quelle, die über Guillaumes Westreisen informiert hatte. Sie sei im Verlag Volk und Wissen zur gleichen Zeit wie Guillaume als Redakteur tätig gewesen und habe als zuverlässig und idealistisch motiviert gegolten, nicht zuletzt weil sie in der Wehrmacht als Fahnenjunker gedient habe. Der Präsident des BND, Generalleutnant Gerhard Wessel, ebenfalls ein »alter Kamerad« aus der Wehrmacht, riet Ehmke angesichts der Indizien zu großer Vorsicht. Allerdings sei die Karteinotierung von 1954 noch kein hinreichender Grund, Guillaume nicht einzustellen. Dieser müsste nochmals ins Kanzleramt einbestellt und einer detaillierten Befragung unterzogen werden. Egon Bahr, der neue Staatssekretär im Kanzleramt, riet Ehmke ebenfalls zur Vorsicht: »M. E. sollten Sie mit G. sprechen. Selbst wenn Sie einen positiven Eindruck haben, bleibt ein gewisses Sicherheitsrisiko, gerade hier.«[11]

Ehmke lud Guillaume für den 7. Januar 1970 zu einem weiteren Gespräch nach Bonn vor, an dem auch Ehrenberg und der Sicherheitsbeauftragte des Kanzleramtes teilnahmen. Guillaume, der nicht wusste, was ihn erwartete, wurde in dem etwa zweistündigen Gespräch mit den Informationen von UFJ und BND zu seiner Person, die auf eine verdächtige Tätigkeit für die DDR Mitte der fünfziger Jahre hinwiesen, konfrontiert und um Stellungnahme gebeten. Ferner befragte man ihn zu den Gründen seiner Übersiedlung 1956 und seiner freiberuflichen Tätigkeit in Frankfurt bis 1963. Guillaume behielt in dem Gespräch einen kühlen Kopf und leugnete jegliche nachrichtendienstliche Tätigkeit. Seine Westreisen erklärte er damit, dass er und seine Frau schon bald nach der Eheschließung die Flucht in Erwägung gezogen hätten und er deshalb Verwandte der Schwiegermutter in Westdeutschland aufgesucht habe. Er bekannte sich, wie schon in seinen Bewerbungsunterlagen, zu seiner FDGB-Tätigkeit bei Volk und Wissen. Wegen dieser sei auf ihn immer mehr Druck ausgeübt worden, in die SED einzutreten, was seinen Wunsch zum Wechsel in die Bundesrepublik nur verstärkt habe. Sein ruhiges, selbstsicheres Auftreten trotz dieser plötzlichen Eröffnungen bestärkten Ehrenberg und Ehmke in ihrer Ansicht, dass die Verdachtsmomente unbegründet seien. Zugleich wirkten Guillaumes Antworten auf Ehmke so normal und simpel, dass sie nicht den Eindruck einer durchdachten Verteidigungsstrategie eines Profiagenten erweckten. Ehmke gab Guillaume die »Hausaufgabe« mit, nochmals schriftlich

Egon Bahrs handschriftliche Notiz in der Sicherheitsakte Guillaumes von Ende Dezember 1969 für Ehmke, in welcher er vor einer Einstellung des Bewerbers warnt.

detailliert seinen Lebensweg seit 1945 zu schildern. Nach dem Gespräch suchte Ehmke ferner Rückversicherung bei Leber und bat diesen um eine schriftliche Stellungnahme. Leber hatte bereits bei Brandt nachgefragt, warum die Einstellung Guillaumes im Kanzleramt noch nicht vollzogen sei, und kam daher am 22. Januar Ehmkes Bitte nach. In seinem Schreiben lobte Leber die Geschicklichkeit, Erfahrung, Intelligenz, Zuverlässigkeit und Vertrauenswürdigkeit des Aspiranten sowie dessen »verantwortungsbewußtes Geradestehen für die freiheitliche Lebensart und die Demokratie«.[12]

Christel Guillaume hatte bereits im Vorfeld Zweifel geäußert, ob nicht mit dem Wechsel nach Bonn das Risiko der Enttarnung zu groß sein werde.[13] Doch Guillaume blieb nun nur die Flucht nach vorn, denn ein Rückzieher hätte jetzt erst recht den Verdacht im Kanzleramt erweckt, dass mit dem stramm rechten Frankfurter Genossen etwas nicht stimme. Am 12. Januar 1970 traf Guillaumes Lebensbeschreibung in Bonn ein. Er räumte ein, als Vorsitzender der Abteilungsgewerkschaftsleitung des FDGB bei Volk und Wissen zu propagandistischen »Solidaritätseinsätzen« in West-Berlin gezwungen worden zu sein. So habe er im westlichen Spandau von Zeit zu Zeit in Obdachlosensiedlungen kommunistisches Werbematerial und Lebensmittelpäckchen verteilen müssen. Gerade seine angeblich fehlende SED-Mitgliedschaft habe viele seiner ebenfalls parteilosen Kollegen bei Volk und Wissen bewogen, Guillaume zu ihrem FDGB-Vertreter zu wählen. Am 13. Januar übergab das Kanzleramt alle Unterlagen, also die schriftlichen Äußerungen Guillaumes, das Protokoll des Gesprächs vom 7. Januar sowie die Informationen des BND und des Berliner Polizeipräsidenten, der Abteilung »Geheimschutz« des BfV zwecks weiterer Nachforschungen und Einschätzung des Falles. Zugleich sollte das BfV darüber entscheiden, ob Guillaume im Falle einer Einstellung im Kanzleramt zum Umgang mit Unterlagen bis zur Sicherheitsstufe »Verschlußsache – vertraulich« befugt werden könne. Die Abteilung »Geheimschutz« schrieb nun das Landesamt für Verfassungsschutz in Berlin sowie das dortige Gesamtdeutsche Institut an, in dem im Juli 1969 der UFJ aufgegangen war, ob diese weitere Informationen über Guillaumes Tätigkeit bis 1956 besäßen. Beide Institutionen konnten aber nichts Neues beisteuern. Zugleich überprüfte der »Geheimschutz« anhand seiner Unterlagen, ob etwas Verdächtiges zum Verlag Volk und Wissen vorlag, kam aber zum Schluss, dass es sich dabei tatsächlich nur um einen Lehrbuchverlag handle. Der Verfassungsschutz befragte außerdem vier von Guillaume angegebene Referenzpersonen aus Frankfurt. Sie hielten eine östliche Agententätigkeit Guillaumes für vollkommen ausgeschlossen. Vielmehr hätten er und seine Frau sich durch eine ausgesprochen antikommunistische Haltung ausgezeichnet, von welcher das politisch streitbare Ehepaar auch unter Alkoholeinfluss keinen Deut abgewichen sei. Die Suche nach weiteren Zeitzeugen, die Guillaume aus seiner Ost-Berliner Zeit kannten, förderte lediglich eine ehemalige Nachbarin aus der Choriner Straße zutage, die nichts Relevantes über den Bewerber zu berichten wusste. Schließlich begutachteten die Beamten des BfV die Notaufnahmeunterlagen, wobei auch ihnen die widersprüchlichen Angaben in den verschiedenen Lebensläufen Guillaumes entgingen. Gedrängt von Ehmke, teilte das BfV nicht einmal zwei Wochen später, am 26. Januar 1970, Bonn mit, dass aus seiner Sicht keine Bedenken gegen die Einstellung Guillaumes im Kanzleramt bestünden. Die Ermittlungen hätten keine neuen Verdachtsmomente gegen ihn ergeben. Nach Erkenntnissen des BfV gehörte es damals tatsächlich zu den Pflichten von FDGB-Mitgliedern, an Propagandaeinsätzen in West-Berlin teilzunehmen. Guillaume könne also Zugang zu Verschlusssachen bis zur Stufe »geheim« gewährt werden.[14] Ehmke, der ohnehin nie an Guillaumes Zuverlässigkeit gezweifelt hatte und vielmehr meinte, dass Ostflüchtlinge nicht aufgrund ihrer Herkunft unter einen Generalverdacht gestellt werden sollten, gab sofort grünes Licht für die seiner Ansicht nach längst überfällige Einstellung. Am 28. Januar unterzeichnete Guillaume in Bonn seinen »auf unbestimmte Zeit« vereinbarten Arbeitsvertrag gemäß BAT II a, der rückwirkend ab 1. Januar 1970 galt. Noch am selben Tag trat er seinen Dienst im Referat 4 von Ehrenbergs Abteilung an.[15] Guillaume bezog eine kleine Wohnung in der Schillerstraße 5, während die Familie vorerst in Frankfurt blieb.

Das Referat 4/IV beziehungsweise 4/III nach der alten Zählung des Kanzleramtes, in dem Guillaume Ende Januar seine Arbeit aufnahm, bestand neben dem Referatsleiter und Guillaume aus zwei weiteren Personen. Die Arbeitseinheit zeichnete für Fragen der Renten-, Kranken-, Arbeitslosen- und Unfallversicherung, für die Vermögens- und Arbeitsmarktpolitik, den Wehrersatzdienst sowie die Reform der betrieblichen Mitbestimmung verantwortlich. Für diese Politikfelder stand das Referat mit den dafür ausschlaggebenden gesellschaftlichen Interessengruppen und öffentlichen Organen, also den Gewerkschaften, den Arbeitgeberverbänden, der Bundesanstalt für Arbeit, der Bundesknappschaft sowie dem Kabinettsausschuss für Soziales und Gesundheit in Verbindung. Guillaumes neue Arbeitsstelle sollte im Vorfeld von Gesetzgebungsverfahren in Zusammenarbeit mit dem zuständigen Fachressort von Bundesarbeits- und Sozialminister Walter Arendt die Standpunkte der Interessengruppen eruieren, Widerstände ausräumen oder tragfähige Kompromisse herbeiführen.[16]

Sozialpolitische Ambitionen der neuen Regierung

Willy Brandts Regierungserklärung vom 28. Oktober 1969 war ein Aufruf zur Modernisierung und Demokratisierung der Gesellschaft in allen Bereichen, der die damalige Aufbruchstimmung, Machbarkeitseuphorie und die gefüllten öffentlichen Kassen widerspiegelte. Einen Kernbereich der Reformpolitik bildete der Ausbau des Systems der sozialen Sicherung und der Wirtschaftsdemokratie, um die schwächeren Bevölkerungsschichten an der Wohlstandsentwicklung teilhaben zu lassen. So stellte Brandt die Erarbeitung eines Arbeits- und Sozialgesetzbuches, die Verbesserung der betrieblichen Mitbestimmung und die Erhöhung der Kriegsopferrenten in Aussicht. Zudem nannte er in der Grundsatzerklärung ausdrücklich die Gewerkschaften, die ohnehin die SPD als ihre Partei ansahen, als wichtige Kooperationspartner der Regierung bei der Umsetzung der Reformvorhaben. Umgekehrt hegten auch die Arbeitnehmerorganisationen hohe Erwartungen an die neue Regierung.[17]

Der Tätigkeitsbereich des Referates 4/IV, in dem Guillaume seine Arbeit aufnahm, und die dabei einzubeziehenden Verhandlungspartner waren nicht zentral für die Sicherheitsbelange der Bundesrepublik. Die Sozialpolitik stand weit weniger im Fokus der Öffentlichkeit als etwa der Streit der Parteien über die neue Ostpolitik, die bereits zur Jahreswende 1969/70 vor allem von Bahr mit Verve in Angriff genommen wurde. Gleichwohl repräsentierte das Politikfeld des Referates 4/IV Kernelemente des sozialdemokratischen Selbstverständnisses als gewerkschaftsnahe Partei der Arbeitnehmer. Dies zeigte sich etwa daran, dass der bisherige Referatsleiter als einer von nur drei im Bundeskanzleramt mit dem Machtwechsel im Herbst 1969 ausgetauscht worden war. Die Gewerkschaften erwarteten seit 1969 nicht nur Retuschen am bestehenden Wirtschafts- und Sozialsystem, sondern wirksame Reformen zur Erhöhung oder Umverteilung von Einkommen, eine Verbesserung der sozialen Sicherung für Arbeitnehmer sowie die Stärkung der Gewerkschaftsmacht und der betrieblichen Mitbestimmung. Dabei überschätzten sie tendenziell die Möglichkeiten der Regierung, während sie die finanzpolitischen Restriktionen und die Widerstände des unternehmerfreundlichen Koalitionspartners FDP unterschätzten. Es galt also für die neue Regierung, die hochgespannten Erwartungen der Gewerkschaften mit den tatsächlich existierenden Handlungsspielräumen in Einklang zu bringen, wobei das Referat 4/IV des Kanzleramtes eine wichtige Scharnierfunktion erfüllte.[18] Insofern ergab die im Herbst 1969 für Guillaume neu geschaffene Stelle als Verbindungsreferent zu den Gewerkschaften im sozialdemokratischen Selbstverständnis und angesichts der an die neue Regierung von organisierter Arbeitnehmerseite herangetragenen Erwartungen Sinn.

Schon im Herbst 1970 legte die Regierung den Entwurf eines neuen Betriebsverfassungsgesetzes vor, das die Rechte der Arbeitnehmer und Gewerkschaften im Vergleich zum Gesetz von 1952 erheblich stärkte. Im

April 1972 widmete *Der Spiegel* schließlich seine Titelgeschichte den sozialpolitischen Errungenschaften der Regierung Brandt, also dem im Januar in Kraft getretenen Betriebsverfassungsgesetz, der Verbesserung des Krankenschutzes sowie der Erhöhung der Kriegsopferrenten. Die Regierung habe, so das Magazin, auf diesen Gebieten wesentlich mehr vorzuweisen als auf anderen Feldern der Innenpolitik wie etwa den angekündigten Bildungsreformen oder der Änderung von § 218 des Strafgesetzbuches (StGB) zum Schwangerschaftsabbruch. Zudem seien die sozialpolitischen Initiativen weniger strittig als etwa die Ostpolitik. Sie würden daher sicherlich jene sein, mit denen die sozialliberale Koalition am erfolgreichsten im nächsten Bundestagswahlkampf für sich werben könne.[19]

Gewerkschaftsreferent

Guillaume begann gleich nach seiner Arbeitsaufnahme im Kanzleramt eine umfangreiche Reisetätigkeit, um Gespräche mit dem Deutschen Gewerkschaftsbund (DGB) und den Hauptvorständen der Einzelgewerkschaften zu führen sowie Betriebsrätekonferenzen und Gewerkschaftskongresse zu besuchen. Er war dort ein gern gesehener Gast, weil sich in seiner Gegenwart und Position die Wertschätzung der neuen Regierung für die Gewerkschaften ausdrückte. Zuweilen fungierte er als persönlicher Emissär des Bundeskanzlers, um bei wichtigen Jubiläen der Gewerkschaften oder runden Geburtstagen von deren Vorsitzenden die Grüße des Regierungschefs auszurichten. Er organisierte Besuche von Gewerkschaftsvertretern beim Bundeskanzler und legte in Abstimmung mit seinen Vorgesetzten die dabei anzusprechenden Themen fest. Gelegentlich begleitete Guillaume den Bundeskanzler, sofern dieser Gewerkschaftszentralen und -kongresse oder Industriebetriebe besuchte. Entgegen seiner Stellenbeschreibung scheint Guillaume keine Kontakte zu den Arbeitgeberverbänden unterhalten zu haben. Für 1970 sind insgesamt 39 Belege von Dienstreisen erhalten, davon zehn Kanzlerbegleitungen. In den beiden Folgejahren reiste Guillaume wesentlich weniger, weil nun seine Familie nach Bonn nachgezogen war. Sein ständiges Unterwegssein entsprach seinem rastlosen, kontaktfreudigen Charakter, der den konkreten Umgang mit Menschen der systematischen und abstrakten Arbeit am Schreibtisch vorzog. »Das einsame Herumbrüten lag mir weniger«, bekannte er in seinen Memoiren.[20]

Guillaume und Brandt waren sich erstmals im September 1961 kurz begegnet, als der Kanzlerkandidat der SPD im Zuge seines Bundestagswahlkampfes eine Kundgebung im Frankfurter Nordend abhielt. Die erste Kanzlerbegleitung Guillaumes mit der Gelegenheit zu einem kurzen Gespräch zwischen ihm und Willy Brandt fand bereits am 24. Februar 1970 statt, als Brandt den Vorstand der Deutschen Angestellten-Gewerkschaft in Hamburg besuchte. Am Vortag hatte Guillaume »den Herrn Bundeskanzler« außerhalb des üblichen Geschäftsganges und seines eigentlichen Arbeitsfeldes in einer Vorlage über den unaufhaltsamen Vormarsch der Jusos im SPD-Bezirk Hessen-Süd, insbesondere in Frankfurt, aufmerksam gemacht. Dort hatten einige Tage zuvor die Jusos die Abwahl von Christel Guillaume aus dem Vorstand des Unterbezirks bewerkstelligt. Man müsse daher, so der Referent, bei dem im Mai anstehenden Bundesparteitag mit einer verstärkten Juso-Fraktion rechnen, die der Parteiführung das Leben schwer machen könnte.[21]

Brandt war ein angenehmer Chef. Er pflegte, anders als sein Vorgänger Kiesinger, keinen autoritären und pompösen, sondern einen konsensualen und unprätentiösen Führungsstil. Er war geduldig und besaß ein ruhiges, allerdings Stimmungsschwankungen unterworfenes Temperament. Er konnte zuhören und ermutigte seine Mitarbeiter zum unabhängigen Denken. Wutausbrüche gegenüber Mitarbeitern kamen selten vor. Er ging mit ihnen im Allgemeinen freundlich um, ohne sich mit ihnen gemein zu machen. Obwohl in seinem engsten Mitarbeiterkreis das Du – Brandt und Guillaume blieben allerdings bis zuletzt beim Sie – gepflegt wurde, besaß der Kanzler doch, wie Ehmke schrieb, eine Art »antiautoritäre Autorität«: Brandt war demnach auf natürliche Art Chef, ohne sich auf die üblichen Insignien der Macht stützen zu müssen. Allerdings blieb er im persönlichen Umgang distanziert, und es war für seine Umgebung schwer zu ergründen, was er wirklich dachte. Er vermittelte seinen Untergebenen das Gefühl, dass er sie unbedingt brauche, ohne sich jedoch seinerseits groß für sie zu interessieren.[22]

Während der Reise nach Hamburg sprachen der Kanzler und der Referent nebenbei über den für den März 1970 geplanten Besuch Brandts in der DDR, dem ersten deutsch-deutschen Gipfeltreffen überhaupt, bei dem der Bundeskanzler voraussichtlich mit dem ostdeutschen Ministerpräsidenten Willi Stoph verhandeln würde. Es ist wahrscheinlich, dass Guillaume die von Brandt in diesem Gespräch geäußerten Ansichten über die DDR und die Entwicklung der deutsch-deutschen Beziehungen umgehend nach Ost-Berlin meldete. Denn die SIRA-Datenbank der HVA verzeichnete am 2. März 1970 den Eingang eines Berichts, der aus zwei Quellen, darunter »Hansen«, gespeist war. Er trug den neutralen Titel »Die Vorbereitungen der möglichen Verhandlungen zwischen der Bundesrepublik und der DDR«. Diese Meldung enthielt die erste Information, die Guillaume laut SIRA aus dem Kanzleramt weiterleitete. Der Eindruck des ersten Gesprächs mit dem Kanzler im Vorfeld des geplanten Gipfeltreffens muss Guillaume, obwohl er gerade mühsam die Sicherheitsüberprüfung überstanden und die HVA ihn zur Vorsicht gemahnt hatte, so wichtig erschienen sein, dass er das Risiko einer Kontaktaufnahme mit Ost-Berlin trotz seines gänzlich neuen Umfeldes einging, in dem er möglicherweise unter besonderer Beobachtung stand.[23]

Im März 1970 ergriff Guillaume eine Initiative gänzlich außerhalb seines eigentlichen Verantwortungsbereichs. Diese zeigt, wie schon die Vorlage bezüglich des wachsenden Juso-Einflusses in Hessen, dass Guillaume sich trotz seiner untergeordneten Stellung im Kanzleramt möglichst direkt an den Regierungschef heranarbeiten und sich ihm empfehlen wollte. Es war, soweit rekonstruierbar, das einzige Mal während seiner Zeit im Kanzleramt, dass er nicht nur als bloßer Nachrichtenübermittler gen Osten wirkte, sondern die hohe Politik im Sinne der DDR manipulierte: Sechs Tage vor Brandts Reise in die DDR schrieb Guillaume am 13. März einen Vermerk an Ehmke, nach dem sich die beiden Regierungen am Vortag auf Erfurt als Ort des Gipfeltreffens geeinigt hatten. »In dem 20 km von Erfurt entfernten ehemaligen KZ Buchenwald ist am 28. August 1944 der SPD-Vorsitzende Rudolf Breitscheid umgebracht worden. Es würde meiner Ansicht nach besonders im Ostblock sehr beachtet und positiv aufgenommen werden, wenn der Bundeskanzler dort am Mahnmal Buchenwald einen Kranz niederlegen würde.« Für Guillaume als ehemaligen DDR-Bürger besaß die Gedenkstätte, die in der ostdeutschen Erinnerungskultur an Widerstand und Verfolgung im Nationalsozialismus seit 1945 die zentrale Rolle einnahm, eine wesentlich höhere Bedeutung als für seine überwiegend westdeutschen Kollegen im Kanzleramt. Diese Idee, von Ehmke an Brandt weitergeleitet, gefiel dem Bundeskanzler als vom NS-Regime Verfolgtem, der einen Sinn für symbolträchtige Gesten besaß. Mit dem Besuch der Gedenkstätte konnte Brandt deutlich machen, dass die Bundesrepublik im Gewand der neuen Regierung sich mehr denn je von der NS-Vergangenheit distanziere, dessen Opfer und Widerstandskämpfer würdige und somit die Pflege des Antifaschismus keineswegs der alleinige Erbhof der DDR sei. Am 16. März übermittelte Bonn daher den Vorschlag nach Ost-Berlin, und am nächsten Tag gab die DDR-Regierung ihr Einverständnis zur Fahrt nach Buchenwald. Der DDR war im Vorhinein von Moskau bedeutet worden, dass das erste deutsch-deutsche Gipfeltreffen keine wesentlichen Ergebnisse zeitigen dürfe, weil die UdSSR selbst den ersten Vertrag mit der neuen Bundesregierung aushandeln wollte. Erst danach könnten die Satelliten ernsthafte diplomatische Initiativen ergreifen. So hoffte Ost-Berlin, wenigstens im Symbolischen zu punkten.

Die DDR nutzte den Buchenwald-Abstecher, indem sie Brandt mit offizieller Eskorte von Erfurt dorthin geleitete und ihm in der Gedenkstätte einen großen Empfang mit militärischen Ehren bereitete. Das war aus Sicht der Bundesregierung eigentlich nicht vorgesehen, da die DDR-Reise als protokollarisch niedrig eingestufter Arbeitsbesuch geplant war, um jeden Anschein einer vorzeitigen diplomatischen Aufwertung der DDR zu vermeiden. Ost-Berlin gelang es nun aber mit dieser Inszenierung in Buchenwald, den Besuch des Bundeskanzlers gleichsam durch die Hintertür zu einem Staatsbesuch aufzuwerten. Sie feierte das Ereignis entsprechend in ihrer Presse, während ein Teil der bundesdeutschen Medien kritisierte, dass Brandt in die protokollarische Falle Ost-Berlins getappt sei.[24]

Es ist aber unwahrscheinlich, dass Guillaume die Folgen dieses Buchenwald-Besuchs übersehen konnte, geschweige denn, dass er über die von der DDR-Führung intendierte Inszenierung informiert war und in ihrem Auftrag handelte. Die Initiative entsprang zum einen Guillaumes Eigeninteresse, die Aufmerksamkeit seiner Vorgesetzten in West wie Ost in positiver Weise auf sich zu ziehen, zum anderen der schieren Eitelkeit, einmal selbst am Rad der Geschichte drehen zu können, indem er die beiden deutschen Regierungen an diesem symbolträchtigen Ort zusammenbrachte.

Erste Erfolge

Der Referent hinterließ alsbald mit seinem Organisationstalent und seiner unermüdlichen Einsatzbereitschaft einen positiven Eindruck im Kanzleramt und bei seinen auswärtigen Gesprächspartnern. So findet sich in Guillaumes Personalakte eine Belobigung Ehmkes für den Einsatz des Referenten beim Bundesparteitag der SPD in Saarbrücken im

Mai 1970, bei dem er half, ein dortiges Sonderbüro für den Regierungschef und Parteivorsitzenden einzurichten. Im Oktober 1970 dankte der Vorsitzende des DGB, Heinz Oskar Vetter, Guillaume für die »vorzügliche Organisation« des Empfangs beim Bundeskanzler.[25]

Falls überhaupt anfängliche Skepsis bei Ehmke gegenüber dem neuen Referenten hinsichtlich seiner Vertrauenswürdigkeit bestanden hatte, verflüchtigte sie sich bald. Am 24. Juli 1970 wurde Guillaume im Rahmen einer Umorganisation im Kanzleramt aus der Abteilung IV herausgelöst und der neu eingerichteten zentralen »Verbindungsstelle« zugewiesen, die direkt Ehmke unterstand und zugleich als Pressereferat fungierte. Die neue »Verbindungsstelle« umfasste vier Personen, von denen drei die Presse- und Öffentlichkeitsarbeit inklusive der Betreuung von Besuchergruppen erledigten. Guillaume übernahm den nun erheblich erweiterten Verantwortungsbereich der »Verbindungen zu Parlament, Parteien, Kirchen, Verbänden, vor allem den Gewerkschaften und Arbeitgeberverbänden«. Angesichts dieses zumindest formal wesentlich größeren Aufgabenspektrums stufte ihn das Kanzleramt mit Wirkung zum 1. Januar 1971 in die höhere Tarifgruppe BAT I b ein, was dem Aufstieg vom Hilfsreferenten zum Referenten entsprach. In seiner täglichen Arbeit konzentrierte sich Guillaume jedoch bis zu seinem erneuten Stellenwechsel im Herbst 1972 im Kanzleramt weiterhin vornehmlich auf die Verbindung zu den Gewerkschaften. Es ging dabei, wie aus den Aussagen eines DGB-Vorstandsreferenten beim Guillaume-Prozess 1975 deutlich wurde, zum Beispiel um die Abstimmung von Reden der Gewerkschaftsvorsitzenden mit jenen des Bundeskanzlers für die Feiern zum 1. Mai und anderen wichtigen Anlässen, das SPD-Engagement bei Betriebsratswahlen, den möglichen Einfluss der westdeutschen Kommunisten bei diesen sowie die Kontakte des DGB zum FDGB.[26] Anfang August 1970 äußerte das BfV keine Bedenken, Guillaume auch den Zugang zu Material der höchsten Vertraulichkeitsstufe »streng geheim« einzuräumen, nachdem das Kanzleramt dies im Juli beantragt hatte.[27]

Allerdings zeitigten die Höherstufungen in der Zugangsberechtigung zu Verschlussmaterial in der alltäglichen Büropraxis kaum Auswirkungen, denn sowohl die Abteilung IV als auch das neue Verbindungsbüro unter Ehmke waren selten mit derartigem Material befasst. In seinen insgesamt 51 Monaten im Kanzleramt nahm Guillaume nur ganze zwei Mal Einsicht in Dokumente außerhalb seiner unmittelbaren Tätigkeit, die von der Geheimregistratur als »Verschlußsache – vertraulich« eingestuft worden waren, einmal im Mai 1971 und abermals im Januar 1972. Im ersten Fall handelte es sich um einen Bericht des BfV über eine rechtsradikale Organisation, im zweiten um Informationen über einen dubiosen Journalisten, der zunächst über Ehmke und dann über Guillaume versucht hatte, interne Informationen aus dem Kanzleramt zu erhalten.[28] Dagegen versuchte Guillaume nie, sich Einblick in höher klassifizierte Unterlagen der Stufen »geheim« oder »streng geheim« zu verschaffen. Er war sich sehr wohl bewusst, dass ein Interesse an solchem Material, das außerhalb seines eigentlichen Verantwortungsbereiches und jenseits seiner recht niedrigen Dienststellung lag, ihn lediglich verdächtig machen würde.

Kolleginnen und Kollegen

Der Leiter des Personalreferats im Kanzleramt beschrieb Guillaume bei den Anhörungen des Bundestagsuntersuchungsausschusses im Sommer 1974 als einen Menschen von außergewöhnlicher Kontaktfreudigkeit, der die Fähigkeit besaß, auf Anhieb Vertrauen zu erwecken. Guillaume, begünstigt durch die anfängliche Trennung von der Familie, nutzte diese Eigenschaften in vielfältiger Weise: So stürzte er sich in amouröse Abenteuer mit den Sekretärinnen des Kanzleramtes, wobei ihn wohl eher seine Libido als seine Neugier als Kundschafter trieb. Kurz vor seinem Tod erklärte er die Affären damit, dass er schon in seiner Jugend ein Frauenheld gewesen sei. Der gelegentliche Blick in Unterlagen, die über den Schreibtisch seiner »Eroberungen« gingen, stellte höchstens eine erfreuliche Nebenerscheinung dar.[29] Obwohl er weder ein Beau war noch über besonderes Charisma verfügte, hob ihn doch seine hemdsärmlige, unprätentiöse und joviale Art für die Sekretärinnen, aber auch die anderen Angestellten der unteren Laufbahnen, seien es Fahrer, Sicherheitsbeamte, Fernmeldespezialisten des BND, Sachbearbeiter oder Registraturkräfte, positiv vom Dünkel der hohen Beamtenschaft im Kanzleramt ab. »G. fiel durch seine gerade, freundliche, fast kumpelhafte Art auf«, erinnerte sich ein BND-Beamter an den ersten Kontakt zu ihm auf dem Saarbrücker Parteitag der SPD 1970. Zugleich strahlte Guillaume aufgrund seiner Dienststellung die Aura der Wichtigkeit aus. Unter den Frauen, mit denen er anbandelte, befand sich anfangs die Vorzimmerdame Ehrenbergs. Später ging er ein längeres Verhältnis mit Marie-Luise Müller ein, die zunächst eine der beiden Sekretärinnen war, die für Bahr,

Förderer Guillaumes aus Frankfurter Zeiten: Bundesminister Georg Leber (links) und SPD-Bundesgeschäftsführer Holger Börner (rechts), hier auf dem SPD-Parteitag 1976 in Dortmund.

den Architekten der Ostpolitik, arbeitete. Im Frühjahr 1973 wurde sie Sekretärin von Staatssekretär Günter Gaus, dem designierten ersten Leiter der Ständigen Vertretung (StäV) der Bundesrepublik in Ost-Berlin, der sich im Kanzleramt auf seine Aufgabe vorbereitete und der Müller eigentlich mitnehmen sollte. Ihr Name tauchte im Zusammenhang mit den Ermittlungen gegen Guillaume im Frühjahr 1974 wiederholt in der Presse auf, und das BKA verhörte sie. Vor allem *Bild* tat sich unrühmlich hervor, indem das Boulevardblatt Fotos von Müller abdruckte und der Frau ohne Beweise Komplizenschaft bei der Spionage unterstellte: »Wo der Kanzlerspion fehlte, war seine Geliebte: Marie-Luise M. bei der Unterzeichnung des Grundlagenvertrages in Ost-Berlin. Vorn ihr Chef, Minister Bahr«. Aus Scham über ihre Intimbekanntschaft mit dem Kanzleramtsspion und dem Verdacht, dass sie diesem Dienstgeheimnisse anvertraut habe, beging die 28-Jährige einige Monate später Selbstmord.[30]

Unter den gleichrangigen und höhergestellten verbeamteten Kollegen hingegen hatte Guillaume weniger Erfolg. Von ihnen wurde er trotz seiner nicht zu bestreitenden Effizienz »ob seines ungewöhnlichen Lebenslaufes als bloßer untergeordneter Parteifunktionär der SPD eher wie ein seltenes Tier in einer Menagerie als ein ernstzunehmender öffentlicher Bediensteter des höheren Dienstes angesehen«. Sosehr er auch versuchte, sich bei den Kollegen auf oftmals plumpe, kumpelhafte Art anzubiedern, blieben er und seine Ehefrau doch als Parvenüs in der Bonner Ministerialbürokratie sozial isoliert, wie sich Guillaume 1971 auf dem Sommerfest des Kanzleramts beim Vorsitzenden des Personalrates beklagte. Später, im Kanzlerbüro, versuchte er zum Beispiel, die Kollegen der höheren Beamtenschaft durch kleine Geschenke zu Ostern oder Weihnachten zu gewinnen, was diese jedoch nur als peinlich empfanden. Umso mehr Rückhalt fand Guillaume in dem von rechten Sozialdemokraten dominierten Erich-Ollenhauer-Haus, der »Baracke« genannten SPD-Parteizentrale in Bonn. Einen Fürsprecher gewann er vor allem in dem seit 1972 amtierenden Bundesgeschäftsführer Holger Börner, der wiederum zuvor als Staatssekretär in Lebers Ministerium gedient hatte. Die »Baracke« betrachtete gerade die angebliche parteipolitische Neutralität der höheren Berufsbeamten kritisch. Man unterstellte den Beamten in Jahrzehnten herangezüchtete CDU-Sympathie und überkommenen Standesdünkel einer sich bis in die siebziger Jahre noch hauptsächlich aus dem Bildungsbürgertum rekrutierenden Elite. In der »Baracke« war man daher froh, mit Guillaume jemanden in der Regierungszentrale zu wissen, der ideologisch wie von seiner Herkunft her ein wahrer Sozialdemokrat zu sein schien.[31]

Nachzug der Familie

Im Januar 1971 erhielt Christel Guillaume durch Vermittlung von Birkelbach eine Stelle in Bonn als Besucherbetreuerin in der hessischen Landesvertretung. Die Familie inklusive Erna Boom bezog daraufhin Anfang Februar 1971 in der Ubierstraße 107 in Bad Godesberg eine aus Bundesmitteln finanzierte Vierzimmerwohnung. Der nachrichtendienstliche Wert von Christel Guillaumes neuer Tätigkeit war nach ihrer eigenen Aussage gering,[32] so dass sie für die HVA als Objektquelle endgültig ausfiel. Möglicherweise wählte sie den Ausstieg aus der Agententätigkeit unter dem Vorwand, dass es nichts aus der Landesvertretung zu berichten gebe. Jedenfalls legte ihr Führungsoffizier Weichert zu ihr bis 1974 keinen neuen Aktenband mehr an, wie aus ihrer F22-Karteikarte der Rosenholz-Datei hervorgeht. Auch SIRA verzeichnete von seiner Inbetriebnahme 1969 bis zur Verhaftung der Guillaumes im April

1974 keine Informationen, die auf »Heinze« beziehungsweise die Registriernummer 11694/60 zurückzuführen waren.[33]

Die Ehe der Guillaumes war zum Zeitpunkt des Umzugs der Familie nach Bonn schon hoffnungslos zerrüttet. Dass die beiden überhaupt noch nach außen hin den Schein einer Ehe aufrechterhielten, lag in ihrer besonderen Situation als Kundschafter begründet, von der selbst der heranwachsende Sohn nichts ahnte. Einzig der Ehepartner wusste um die wahre Identität des anderen und stellte noch eine gewisse Stütze im Doppelleben dar, dem man sich in Grenzen anvertrauen konnte. Allerdings weihte Guillaume seine Frau nicht in die Ergebnisse seiner Kundschaftertätigkeit im Kanzleramt ein. Sie traf sich zwar gelegentlich mit den Residenten, um Material zu übergeben, wusste aber nicht, worum es inhaltlich ging.[34] So war es nicht verwunderlich, dass die Ehe sofort nach der Rückkehr der beiden in die DDR im Jahre 1981 zerbrach. Nun, da der bisherige Druck des konspirativen Lebens abfiel, gab es nichts mehr, das sie zusammenhielt. Christel Guillaume sprach aus Frustration über die Ehe und dem durch das Doppelleben als Agentin und Ehefrau eines Agenten, der nun sogar im Zentrum der Macht agierte, verursachten Stress dem Alkohol zu. Wie sie in ihrer unveröffentlichten Autobiografie schrieb, war sie seit dem Wechsel ihres Mannes ins Kanzleramt nie mehr unbeschwert und froh, wertete sie die mühsam überstandene Sicherheitsüberprüfung doch als schlechtes Omen. Dabei war die Tatsache, dass sie nun den Schlüssel zum Weinkeller der Landesvertretung verwahrte und oft bis spätabends bei geselligen Zusammenkünften von Parlamentariern und anderen Gästen anwesend sein und ausschenken musste, einer abstinenten Lebensführung ebenfalls nicht gerade förderlich. Auch Günter Guillaume war – sei es wegen der Belastungen des Agentendaseins, sei es aus jahrelangem Trinken als Teil des politischen Geschäfts – gewohnt, größere Mengen Alkohol zu konsumieren, doch fiel es bei ihm weniger auf. Gleichwohl war sein einziges aktenkundiges Vergehen vor der Enttarnung als Spion eine Verurteilung durch das Amtsgericht Bonn wegen fahrlässiger Trunkenheit am Steuer im Juni 1972, die zu einem viermonatigen Führerscheinentzug und einer Geldstrafe von 2000 DM, etwa sechzig Prozent seines Monatsgehalts, führte. Überdurchschnittlich hoher Alkoholkonsum war im Übrigen unter den IM nicht nur der HVA, sondern im MfS insgesamt weit verbreitet. Mit ihm versuchten die IM den ständigen Zwang zur Verstellung sowie die aus konspirativen Gründen fehlende Anerkennung für ihre Tätigkeit zu bewältigen.[35]

Das Kanzleramt als Ziel der HVA

Als der Machtwechsel in Bonn anstand, war die HVA zwar, was die Infiltration der Bonner Ministerien anging, insgesamt gut aufgestellt. Im Auswärtigen Amt (AA) beispielsweise gab es schon seit einem Jahrzehnt durchgängig HVA-Agenten, seit 1957 beziehungsweise 1960 die Diplomaten Klaus Kurt von Raussendorff und Hagen Blau sowie ebenfalls seit 1960 die Fremdsprachensekretärin Helge Berger alias IM »Komtess«, die unter »fremder Flagge« von der HVA angeworben worden war und bis zu ihrer Verhaftung 1976 glaubte, dass sie für den britischen Geheimdienst gearbeitet habe. Allein, es fehlte noch eine Quelle im Kanzleramt. Für die HVA und ihre Abteilung II fiel der neue Referent im Kanzleramt im Herbst 1969 daher gleichsam vom nachrichtendienstlichen Himmel. »Die Erlangung einer Spitzenposition in unmittelbarer Nähe des damaligen Bundeskanzlers (war) ein nicht geplanter Erfolg«, so Gailat, 1969 stellvertretender Leiter der Abteilung II, rückblickend im Jahre 2007.[36] Unter dem Siegel der absoluten Verschwiegenheit wurde Werner Großmann, Leiter der für die »Betreuung« der obersten Bundesbehörden zuständigen Abteilung I der HVA, von Markus Wolf Ende 1969 informiert, dass man nun völlig unerwartet einen Agenten direkt im Kanzleramt habe. Dieser werde jedoch weiterhin von der Abteilung II geführt. Guillaume war seit der Verhaftung des Oberregierungsrates Erich Helbig[37] im Jahre 1963, der acht Jahre für die DDR spioniert hatte, der erste Kundschafter, den die HVA auf Referentenebene wieder im Kanzleramt besaß. In der Spätphase der Ära Adenauer war es der HVA zudem gelungen, zwei Sekretärinnen aus dem Kanzleramt für die Zusammenarbeit zu gewinnen, doch beendeten beide Frauen rasch wieder die Verbindung zum MfS: In einem Fall erkrankte der auf die Sekretärin mit dem HVA-Decknamen »Gudrun« angesetzte IM schwer und musste in die DDR zurückgezogen werden, wo er alsbald starb. Im zweiten Fall zog das MfS aus anderen Gründen den IM ab, der die Sekretärin mit dem HVA-Decknamen »Schneider«, die vom Bundesministerium der Finanzen ins Kanzleramt gewechselt war, angeworben hatte. Wie ihre Kollegin verweigerte diese Quelle ebenfalls die Fortführung der nachrichtendienstlichen Tätigkeit mit dem vom MfS entsendeten Ersatz-Residenten.[38]

Als Verbindungsreferent zu den Gewerkschaften war Guillaume vorerst nicht sonderlich interessant für die HVA. Dies wird aus einer nach der Verhaftung Guillaumes angefertigten MfS-Doktorarbeit deutlich, welche die Möglichkeiten eines Eindringens der HVA in das Kanzleramt und die dadurch zu erhoffenden Erkenntnisse auf Basis bisheriger Erfahrungen des MfS untersuchte. Laut dieser Dissertation sollten durch das Einschleusen von IM oder das Anwerben dort tätiger Mitarbeiter vor allem die Abteilung I wegen ihres Fokus auf die innere Sicherheit, Geheimdienste und Zivilschutz, die Abteilung II wegen der Themen Ost- und Deutschlandpolitik sowie die Abteilung V wegen der Grundsatzplanung und des Einsatzes moderner Datenverarbeitung anvisiert werden.[39] Doch immerhin hatte man mit Guillaume wieder einen Fuß im Kanzleramt. Vielleicht würde der Kundschafter ja noch eine Karriere in der Regierungszentrale machen, welche die Nützlichkeit dieser Objektquelle erheblich vergrößern könnte.

Eine Quelle im Kanzleramt konnte 1969/70 für die DDR besonders wertvoll sein, um sich ein deutlicheres Bild von der Ostpolitik der neuen Regierung zu machen. Tatsächlich befassten sich viele der von der HVA seit 1969 erstellten Analysen für die SED-Führung mit Bonns Ostpolitik. Mielke, Wolf und Teile des Politbüros inklusive Honecker vermuteten bis zum Sommer 1970, dass es sich um die gleiche, nur geschickter verhüllte Politik der vorangegangenen CDU-Kanzler handele, die die Existenzberechtigung der DDR und die 1945 gezogenen Grenzen nach wie vor negierte. Anders die sowjetische Interpretation: In Moskau war man der Ansicht, dass es sich beim von der sozialliberalen Koalition verfolgten Kurs tatsächlich um etwas qualitativ Neues handle. Der Kreml glaubte, genauso wie der bereits politisch angeschlagene SED-Generalsekretär Walter Ulbricht, dass man Bonn einen Vertrauensvorschuss entgegenbringen und auf die ostpolitischen Offerten der Regierung eingehen könne. Diese Bereitschaft entsprang in Moskau vor allem dem Bedürfnis nach Entspannung in Europa angesichts der Konfrontation mit China im Fernen Osten, die sich 1969 sogar in Grenzgefechten entladen hatte. Der eigenwillige und zu Alleingängen innerhalb des Ostblocks neigende Ulbricht wiederum erkannte deutlich die mangelnde Wettbewerbsfähigkeit der DDR-Wirtschaft im Kampf der beiden Gesellschaftssysteme und wollte das westdeutsche ökonomische Potenzial zur Modernisierung der ostdeutschen Wirtschaft nutzen.[40] Laut Guillaumes Memoiren jedenfalls war er im Vorfeld seines Wechsels nach Bonn von der HVA beauftragt worden, auszuloten, inwiefern die neue Regierung tatsächlich bereit sein würde, neue Wege in der Ostpolitik einzuschlagen. Außerdem sollte er Ost-Berlin über jene Themenfelder informieren, über die sich die beiden deutschen Staaten verständigen könnten. Initiativen wie die Auflösung des »Ost-Büros« der SPD und die Legalisierung der DKP als Nachfolgerin der 1956 verbotenen KPD 1968/69, Brandts biografischer Hintergrund als NS-Gegner und seine Ansätze für eine neue Ostpolitik seit dem Mauerbau ließen aus Sicht Ost-Berlins auf eine gewisse Entspannungswilligkeit schließen. Gleichzeitig irritierte die Tschekisten aber das weitere Festhalten der SPD an der Idee der Wiedervereinigung.[41]

Theoretisch war Guillaume für die Beantwortung dieser Fragen über die Intentionen der neuen Ostpolitik im Kanzleramt gut platziert. Zum einen war auf Bonner Seite das Kanzleramt und nicht das Auswärtige Amt federführend in den deutsch-deutschen Beziehungen. Zum anderen holte Brandt Bahr, der zuvor den Planungsstab im Auswärtigen Amt geleitet hatte, ins Palais Schaumburg und überließ ihm als gleichsam persönlichem Gesandten des Bundeskanzlers die Kompetenzen bei der Ostpolitik unter weitgehender Umgehung des Auswärtigen Amtes. Praktisch jedoch war Guillaume sowohl durch seine untergeordnete Dienststellung als Referent wie auch durch seinen Arbeitsauftrag als Verbindungsmann zu den Gewerkschaften zu weit entfernt vom sensiblen Feld der Ost- und Deutschlandpolitik. In dieser Hinsicht war vor allem die seit 1966 in der Handelsvertretung des Auswärtigen Amtes in Warschau arbeitende Helge Berger wesentlich wichtiger als Guillaume. Sie besaß in Warschau Zugang zu den Geheimunterlagen des Missionschefs, die Aufschluss über die Avancen der neuen Regierung gegenüber Moskau und Warschau gaben. Markus Wolf schrieb in seinen Memoiren, dass während der heißen Phase der Ostpolitik – also der Verhandlungen über den im August 1970 geschlossenen Moskauer Vertrag, des im Dezember 1970 unterschriebenen Warschauer Vertrags, des im September 1971 vereinbarten Viermächteabkommens über West-Berlin und schließlich des im November 1972 paraphierten Grundlagenvertrags zwischen den beiden deutschen Staaten – die HVA und damit die DDR-Führung recht gut über die westdeutschen Positionen und Initiativen informiert gewesen seien. Diese Informationen habe jedoch nicht Guillaume geliefert, sondern sie stammten von diversen anderen Quellen im Bonner Regierungsapparat. Lediglich im Vorfeld des Erfurter Treffens habe Guillaume einen (von Wolf allerdings nicht spezifizierten) Beitrag leisten können.[42]

Erschwerend für die optimale Ausnutzung der Objektquelle »Hansen« kam hinzu, dass es nach der mühsam durchgestandenen Sicherheitsüberprüfung ratsam war, den Agenten vorerst nicht zu sehr zu exponieren. »Der Günter hat die Sache (die Sicherheitsüberprüfung, E. M.) zwar gut überstanden, aber trotzdem war das natürlich für uns eine gewisse Bremse, möchte ich mal sagen. Und um eine solche Position nicht zu gefährden, sollte er keine überflüssigen Aktivitäten unternehmen. Denn wir mußten ja damit rechnen, daß eine solche Sache noch weiter recherchiert wird. Schon deshalb war das Halten einer solchen Position wichtiger als diese womöglich aufzugeben und damit überhaupt erst Aufmerksamkeit zu erregen. Wir haben also die Verbindung, wie man so sagt, ›konserviert‹. Das heißt, wir haben sie für eine ganze Zeit eingestellt, bis wir den Eindruck hatten, daß diese Sache überstanden ist«, so Gailat im Jahre 2003.[43] Ohnehin galt bei der HVA die Devise, dass sich Agenten in einem neuen beruflichen Umfeld erst einmal einen Vertrauensvorschuss erarbeiten sollten, anstatt sogleich aufzufallen oder unnötige Risiken einzugehen. Dies spricht ebenfalls dagegen, dass Guillaume die Initiative zum Buchenwald-Besuch ursprünglich von seinen Führungsoffizieren eingeflüstert worden ist. Gailats Darstellung wird durch SIRA gestützt: Abgesehen von dem am 2. März 1970 verzeichneten Informationseingang Guillaumes in SIRA im Vorfeld des Erfurt-Treffens, das dem Kundschafter als so wichtig erschien, dass er die sich selbst beziehungsweise seitens der HVA auferlegte Berichtspause durchbrach, dokumentiert die Datenbank erst am 6. November 1970 die nächste Meldung. Zum Bericht »Fragen der Regelung von Bankangelegenheiten zwischen der DDR und der BRD« steuerten »Hansen« und ein weiterer West-IM Informationen bei.[44]

Im Herbst 1970 schien angesichts der Guillaume vom Kanzleramt eingeräumten Vertrauensbeweise wie der Höherstufungen im Umgang mit Verschlusssachen aus Sicht der HVA die Situation so weit gefestigt, dass sie sich entschloss, für ihn ein Residentenpaar zu entsenden, um einen kontinuierlichen Informationsfluss zu gewährleisten.

Ein neues Residentenehepaar für Guillaume

Wolfgang und Anita Rausch, in Guillaumes Memoiren als »Arno« und »Nora« firmierend, heirateten im September 1967 in der DDR. Infolge des Mauerbaus durchliefen sie in der DDR wie andere Übersiedlungs-IM eine wesentlich intensivere Schulung durch die HVA als die ältere Generation der im Westen operierenden Ostagenten aus der Zeit vor 1961, zu der die Guillaumes gehörten. Die HVA ließ sich die Vorbereitung eines Residenten auf den Westeinsatz in den sechziger und siebziger Jahren etwa 150 000 DM kosten. »Die Entwicklung von Residenten vollzieht sich über einen langen Zeitraum. Hierbei wird sich der Aufwand von Zeit, Kraft und finanziellen Mitteln erhöhen, da (a) immer mehr Kader zum Einsatz kommen, die aufgrund ihres bisherigen Entwicklungsweges den Imperialismus nicht mehr aus eigenem Erleben kennen, nicht mit dessen gesellschaftlichen Normen vertraut sind und über geringe Regimekenntnisse verfügen; (b) die verstärkten Abwehrmaßnahmen des Feindes die Übersiedlungstätigkeit des MfS erschweren«, hieß es entsprechend in einer MfS-Anleitung zur Ausbildung von Übersiedlungs-IM vom Oktober 1974.[45] Die Rauschs wie auch andere Übersiedlungs-IM kamen zudem nicht als angeblich politische Flüchtlinge direkt aus der DDR in die Bundesrepublik, sondern reisten getrennt über das westliche Ausland und getarnt als westdeutsche Rückwanderer in die »Heimat«. Wolfgang Rausch, Jahrgang 1940, 1966 vom MfS als IM angeworben, war kaufmännischer Angestellter und in der DDR zuletzt FDJ-Sekretär. Er siedelte im November 1968 unter dem Namen »Franz Tondera« als HIM, aus Westeuropa – vermutlich Großbritannien – kommend, nach München über. Seine Frau alias »Sieglinde Fichte« zog nach einem Medizinstudium in der DDR Ende 1969 über das westliche Ausland nach Ulm. In der Bundesrepublik beantragten die Rauschs neue Personalpapiere für ihre Falschnamen, deren wahre Träger entweder noch im Ausland lebten oder dort bereits verstorben waren. Die Rauschs inszenierten für das neue westdeutsche Umfeld ihr angebliches Kennenlernen während eines Skiurlaubs und heirateten im Februar 1970 in Ulm nochmals. Sie lebten fortan als »Franz« und »Sieglinde Tondera« in der Bundesrepublik. Im Juli 1970, nachdem die »Legalisierungsphase« in der Bundesrepublik erfolgreich abgeschlossen war, zog das Ehepaar auf Anweisung des MfS nach Erftstadt bei Köln, um von hier als Residenten Günter Guillaume betreuen zu können.[46]

Im Herbst 1970 erhielten sie den Befehl, Kontakt zu Guillaume aufzunehmen. Dabei überlegte die HVA anfangs, ob man nicht aus Sicherheitsgründen auf persönliche Treffs zwischen Residenten und Objektquelle verzichtete und diese vielmehr lediglich durch TBK miteinander kommunizieren sollten. Letztlich entwickelte sich eine recht gute Arbeitsbeziehung; die persönlichen Zusammenkünfte ließen sich dabei überzeugend als gemeinsame Unternehmungen zweier Paare tarnen. Eine solche gedeihliche Zusammenarbeit zwischen Resident und Quelle sei, wie Wolfgang Rausch und Günter Guillaume vor HVA-Kadern später bei einem gemeinsamen Auftritt betonten, in der Kundschafterpraxis durchaus nicht selbstverständlich. Guillaume übergab seine Informationen entweder in Form eines mündlichen Berichts, der von Wolfgang Rausch dann zu einer Synthese verarbeitet wurde, oder als besprochene Tonbänder und abgelichtete Dokumente.[47]

Als Folge dieser nun etablierten Verbindung verzeichnet die SIRA-Datenbank der HVA ab 6. November 1970 für die nächsten 14 Monate wieder regelmäßig eingehende Berichte, zu denen entweder »Hansen« alleine beitrug oder er zusammen mit anderen Kundschaftern: noch im November über die »Internationale Arbeitsorganisation (International Labour Organisation) in Genf«, im Januar 1971 über »Reaktionen führender Funktionäre des SPD-Parteivorstandes«, im Februar über »Äußerungen der USA zu Fragen der europäischen Sicherheit«, im März über die »Arbeit des Bundeskabinetts« und die »Situation in der SPD-Baracke in Bonn nach den Beschlüssen der SPD-Spitzengremien vom 26. 2. 1971«, im Juni über »Differenzen zwischen dem DGB und der Amerikagewerkschaft AFL«, im September über die »Lage der IG Metall in Vorbereitung des Gewerkschaftstages«, im Januar 1972 schließlich »Material über Stellung und Forderungen des DGB zur Bundestagswahl«.[48] Danach setzte erneut eine Berichtspause von elf Monaten ein. Der erste Bericht laut SIRA, zu dem Guillaume wieder etwas beisteuerte, datierte von Ende November 1972 und befasste sich mit Aspekten der rumänischen Innen- und Außenpolitik. Es zeigt sich also an SIRA, dass die laut Guillaumes Memoiren von der HVA in ihn gesetzten Erwartungen, er könne aus dem Bonner Machtzentrum Informationen über die Ostpolitik der neuen Regierung liefern, sich nicht erfüllten.

Übersiedlungs-IM nach dem Mauerbau und die »Aktion Anmeldung« des Verfassungsschutzes

Seit Mitte der sechziger Jahre hatte die HVA eine scheinbar sichere Methode entwickelt, IM in die Bundesrepublik einzuschleusen: Dabei sollten Ehepaare im Alter von 25 bis 35 Jahren – ausgestattet mit unterschiedlichen Namen und gefälschten Pässen – getrennt über das westliche Ausland in die BRD einreisen. Nach vorgeblichen Jahren in der Ferne, versehen mit Papieren westdeutscher Auslandsvertretungen, sollten sie nach Ankunft in der Bundesrepublik »richtige« Personalausweise auf die falschen Namen beantragen und ein Kennenlernen sowie eine zweite Hochzeit inszenieren. Diese Vorgehensweise hatte die HVA auch bei den Rauschs/»Tonderas« angewandt. Die HVA stellte dazu umfangreiche Recherchen im Ausland an, um geeignete entweder noch lebende oder bereits verstorbene Auslandsdeutsche ausfindig zu machen, in deren Identitäten die Übersiedlungs-IM schlüpfen konnten. Manchmal verwendete die HVA auch die Identitäten von in die DDR übersiedelten Bundesbürgern. Diese Methode wurde jedoch bald allzu routinemäßig angewandt. Das Übersiedlungsmuster fiel daher dem BfV auf, so dass es seit den späten sechziger Jahren in einer Art Rasterfahndung durch Recherchen bei westdeutschen Einwohnermeldeämtern nach Personen wie den »Tonderas« suchte, auf welche die genannten Merkmale zutrafen. Ein weiteres Indiz, das auf Übersiedlungs-IM der HVA hindeutete, war das Kuriosum, dass die vermeintlichen Rückkehrer sich in der Bundesrepublik nie dort wieder zuerst anmeldeten und Personalausweise beantragten, von wo aus sie angeblich vor Jahren ins westliche Ausland aufgebrochen waren, sondern sich stets einen anderen Ort suchten. Dies war aus Sicht der HVA logisch und notwendig, denn ihre Agenten mit den geliehenen Identitäten mussten die Herkunftsorte der wahren Namensträger unbedingt meiden. Zu groß war ansonsten das Risiko für die IM, dort einer Person zu begegnen, die den tatsächlichen Namensträger gekannt hatte. Die fingierten zweiten Eheschließungen im Westen fielen auf, weil meist keine Freunde oder Verwandten von beiden Seiten erschienen (diese lebten ja in der DDR und wussten nichts vom Doppelleben des Paares), sondern sie stets eine intime Zeremonie vor dem Standesbeamten blieben. Anhand der Recherchen des BfV auf Basis dieser Merkmale in den Einwohnermeldeämtern und Auswertung der Erkenntnisse mithilfe der nun systematisch eingesetzten elektronischen Datenverarbeitung konnten seit Anfang der siebziger Jahre regelmäßig HVA-Agenten identifiziert und verhaftet werden. Bereits 1972 erkannte die HVA, dass der Verfassungsschutz dabei war, die seit Mitte der sechziger Jahre gehandhabte Einschleusung durch die »Doppelgänger-Kombination« aufzudecken. Die Zahl neuer Übersiedlungs-IM wurde daher drastisch reduziert und ein Teil der aktiven zurückgerufen. Die langjährige, systematisch angelegte und aufwendige »Aktion Anmeldung« des BfV kulminierte schließlich im Juni 1976 in der schlagartigen Verhaftung von 48 West-IM, die eine fluchtartige Absetzbewegung von weiteren 37, teils noch gar nicht enttarnten Kundschaftern in die DDR zur Folge hatte. Sicherheitshalber zog die HVA außerdem etwa einhundert IM aus dem Operationsgebiet ab, die auf die gleiche Art eingeschleust worden waren. Die Aktion Anmeldung wurde zum größten Erfolg der westdeutschen Spionageabwehr gegen die HVA überhaupt. Bisher waren die Verhaftungen auf Basis der Ergebnisse der Aktion Anmeldung vom BfV vorsichtig dosiert worden in der Hoffnung, die HVA werde nicht merken, dass man ihrer Einschleusungsmethode auf die Schliche gekommen war. Richard Meier, der im September 1975 den über Guillaume gestürzten Verfassungsschutzpräsidenten Günther Nollau ersetzte, entschied jedoch, dass das BfV nach der für den Dienst blamablen Guillaume-Affäre dringend einen spektakulären Erfolg brauche, um das Ansehen der Spionageabwehr in der bundesdeutschen Öffentlichkeit wiederaufzurichten. Der große Schlag vom Frühsommer 1976 hatte aber auch zur Folge, dass sich nun die HVA endgültig des zu großen Schematismus, dem sie sich in der bisherigen Einschleusung von West-IM hingegeben hatte, bewusst wurde und entsprechend ihre Vorgehensweise änderte.[49]

Das Ehepaar Rausch/»Tondera« passte genau in das Fahndungsraster des BfV. Es meldete sich, wie das BfV später rekonstruieren konnte, schon im April 1972 wieder aus Erftstadt ab. Die »Tonderas« gaben an, nach London umzuziehen, kehrten tatsächlich jedoch nach Ost-Berlin zurück. Die Ursache für diesen raschen Rückzug aus dem Operationsgebiet lag womöglich, wie das BfV später vermutete, in dem Verfolgungsdruck durch die angelaufene Aktion Anmeldung. Denn im ersten Halbjahr 1972 wurden nicht nur die Rauschs/»Tonderas«, sondern eine Vielzahl auf gleiche Weise eingeschleuste Übersiedlungs-IM von der HVA aus der Bundesrepublik plötzlich abgezogen. Ferner erachtete die HVA das Material, das Guillaume bislang aus dem Kanzleramt geliefert hatte und das sich vornehmlich mit Gewerkschaftsfragen beschäftigte, schlichtweg als zu wertlos, um dafür ein Residentenehepaar zu riskieren. Christel Guillaume hierzu nach der Wende: »Sagen wir mal Gewerkschaftsinformationen usw., da braucht der Kundschafter, der politisch eingesetzt ist, meinetwegen in den Parteien, nicht weiter sich bemühen.« Für die letztgenannte Interpretation spricht zudem, dass die »Tonderas« den Kontakt zu Guillaume wiederaufnahmen, als er zur Jahreswende 1972/73 in die sensiblere Position im Kanzlerbüro als Referent Brandts aufstieg. Der Rückzug seines Residenten erklärt auch, warum Guillaume für den Rest des Jahres 1972 fast keine Informationen mehr lieferte. Nach einer fast einjährigen Pause reisten die »Tonderas«, weil dies sicherer erschien, ab Anfang 1973 regelmäßig unter falscher Westidentität von Ost- nach West-Berlin. Dort wechselten sie nochmals ihre westdeutschen Papiere und begaben sich dann ins Bundesgebiet, um sich hier mit den Guillaumes zu treffen. Mit den Ostverträgen war die Einreise von Bundesbürgern und West-Berlinern nach Ost-Berlin wesentlich vereinfacht worden und nahm daher zahlenmäßig erheblich zu. Als Nebeneffekt erleichterte die neue Reisefreiheit der HVA die Schleusungsoperation von Agenten in der geteilten Stadt.[50]

Vom DDR-Spion zum Bundesbürger

Spätestens mit dem Wechsel ins Kanzleramt setzte bei Guillaume ein endgültiger Emanzipationsprozess von seinen nominellen Vorgesetzten in der HVA ein. Er war nun so wichtig geworden, dass er keinen Befehlen mehr zu folgen hatte, sondern weitgehend selbst den Grad der Zusammenarbeit mit der HVA bestimmen konnte – entsprechend seiner Einschätzung, was er für das MfS für wichtig hielt und was er überhaupt an dieses weiterzuleiten gedachte. Laut Christel Guillaume war man desto autonomer, je höher man als Kundschafter aufstieg, und musste nicht mehr Anweisungen und Anfragen der Residenten entgegennehmen, sondern konnte selbst über den Informationsfluss entscheiden. Auch ihr Mann, nach seiner Rückkehr in die DDR ein vom MfS gefeierter Held, verkündete in einem Vortrag vor HVA-Kadern im Frühjahr 1982, dass der Kundschafter sich nicht an Aufträge der Führungsoffiziere gebunden fühlen, sondern das Beste aus seinem Material machen solle. Entsprechend behandelte Guillaume das neue Residentenehepaar eher wie Untergebene oder bloße Kuriere für die Zentrale. Treffen mit den Führungsoffizieren hingegen fanden nicht mehr statt, weil Guillaume und seine Frau angesichts der exponierten Stellung des Kanzleramtsreferenten aus Sicherheitsgründen nicht mehr in die DDR reisen sollten, während für die Hauptamtlichen des MfS wiederum das Bundesgebiet tabu war.[51]

Nun, da Günter Guillaume im Machtzentrum der Bundesrepublik angelangt war und unter dem charismatischen Kanzler Willy Brandt für gutes Geld arbeitete, gewann der Sozialdemokrat in Guillaume endgültig die Oberhand über den HVA-Agenten. Entsprechend hieß es in einer MfS-Doktorarbeit von 1972, dass die IM der beständigen Gefahr ausgesetzt seien, sich von der innen- wie außenpolitischen Reformrhetorik der sozialliberalen Koalition blenden zu lassen. In der Betreuungsarbeit der Führungsoffiziere stelle daher die Zerschlagung des »sozialdemokratischen Reformglaubens und -denkens« unter den IM eine der wesentlichen Aufgaben dar.[52] In Guillaumes vom MfS redigierten Memoiren war diese Wandlung natürlich mehr als zurückhaltend formuliert, und der richtige »Klassenstandpunkt« behält beim Kundschafter letztlich die Oberhand: »Es gab schon ein gewisses Maß an Identifikation. Seit eineinhalb Jahrzehnten war ich Mitglied der SPD, die meiste Zeit engagiert als Funktionär. Wenn ich dazu auch eine klassenmäßig orientierte Distanz hielt, eine kritische Distanz zu meinem eigenen Tun, so waren die Erfahrungen als Parteimanager doch nicht ohne Spuren geblieben.« Aber gegen Ende des Buches musste Guillaume natürlich im Interesse seines Arbeitgebers jegliche Doppelidentität leugnen: »Manchmal, wenn ich mich morgens zum Weg ins Kanzleramt rüstete und vor dem Rasierspiegel stand, glaubte ich, da ein zweites Ich zu sehen, aber dann grinste ich mich an und sagte laut und triumphierend: ›Wenn Ihr wüsstet.‹ Insofern habe ich immer nur ein Gesicht gehabt: Hier bin ich, und da ist der Gegner! Es war der Auftrag, der mich vor der Persönlichkeitsspaltung schützte, es war der Auftrag im Interesse der besten Sache der Welt, der alles zusammenhielt.«[53] Hermann Schreiber, ein *Spiegel*-Redakteur, der sich oft im Kanzlertross befand, daher Guillaume persönlich kannte und bei der Arbeit beobachten konnte, schrieb schon 1975 anlässlich des Prozesses gegen den Referenten: »Wer Günter Guillaume damals erlebt hat (…), muß immerhin für möglich halten, daß dessen Engagement für Willy Brandt und für die SPD mehr war als nur ein nacktes Täuschungsmanöver: nämlich Ausdruck einer zweiten Loyalität, die vielleicht stärker war als die erste – als die Bindung des Agenten an seine Auftraggeber.«[54] Während seiner Haftzeit erörterte Guillaume anfänglich in seinen regelmäßigen Briefen an seine Frau die westdeutsche Politik und insbesondere die Perspektiven der SPD in Hessen, die er anhand intensiver Zeitungslektüre detailliert verfolgte. Er nannte die SPD, um deren Zukunft er sich Sorgen machte, noch nach einem knappen Jahr in Haft »diese große deutsche Arbeiterpartei«.[55] Dies war ein deutliches Indiz dafür, dass ihm seine ursprünglich nur angenommene zweite Identität als SPD-Genosse und -Funktionär in Fleisch und Blut übergegangen war und es einige Zeit dauerte, diese wieder abzuschütteln. Nach seiner Rückkehr in die DDR im Jahre 1981 geriet Guillaume zuweilen so ins Schwärmen über seine Zeit an der Seite Willy Brandts, wie sich der ehemalige HVA-Oberstleutnant Günter Bohnsack erinnerte, dass sich die Hauptamtlichen des MfS manchmal fragten, ob sie einen verdienten Kundschafter heimgeholt oder sich nicht doch eher einen bis in die Wolle gefärbten SPD-Funktionär importiert hätten.[56]

Zudem: Was konnte die HVA Guillaume während seiner aktiven Zeit bieten außer einem monatlichen Salär in weitgehend wertloser Ostwährung, eingezahlt auf ein Konto in Ost-Berlin, zu dem er schon aus Gründen der Konspiration keinen Zugang hatte? Auch Orden und Beförderungen hatten einen zweifelhaften Wert, weil man sie weder im Osten, geschweige denn im Westen stolz der Öffentlichkeit präsentieren konnte. Solche Insignien der Anerkennung – so erhielt der Kanzleramtsreferent 1970 die Auszeichnung »verdienter Mitarbeiter des MfS«[57] und wurde Anfang der siebziger Jahre zum Hauptmann befördert – verwahrte vielmehr die HVA treuhänderisch in ihren Tresoren. Hier lagerten sie für den Tag X, an dem die Kundschafter in ihre angebliche ideologische Heimat zurückkehren würden.

Nach mehr als fünfzehn Jahren im Westen und einer erstaunlichen Karriere als sozialer Aufsteiger mit einem Sohn, der inzwischen auf ein Godesberger Gymnasium ging – ein Lebensweg also, der kaum besser im selbsternannten »Arbeiter-und-Bauern-Staat« hätte verlaufen können –, motivierte den Kundschafter nicht mehr die Überzeugung, dass die DDR das bessere Deutschland repräsentiere oder die SED der SPD als Partei vorzuziehen sei. Als wesentlicher für die Fortführung der nachrichtendienstlichen Tätigkeit erwies sich bei Guillaume zum einen die Illusion, damit seinen Teil zur hohen Politik beitragen zu können. Vor allem aber wollte er die Kontakte zwischen beiden deutschen Staaten vertiefen. Wenn er die Informationen nach Ost-Berlin so dosierte, dass sie dort ein möglichst positives Bild von der Regierungspraxis und den Intentionen der SPD hinterließen, konnte er vielleicht seinen kleinen Beitrag dazu leisten, dass das MfS und die SED ihre Vorurteile gegenüber der SPD abbauten. Somit mochte die SED-Führung eher geneigt sein, auf die Offerten der Regierung Brandt einzugehen, was der SPD, die nun Guillaumes wahre politische Heimat geworden war, den Machterhalt erleichterte. Wie Markus Wolf in seinen Memoiren schrieb, halfen Guillaumes Berichte der DDR-Führung, Brandts Entspannungsinitiativen ernst zu nehmen.[58] Man kann die Behauptung als nachträgliche Rechtfertigung des HVA-Chefs für seine Spionagetätigkeit verwerfen, der sich tatsächlich 1969/70 mit einer Umwertung der SPD schwertat und wie sein Chef Mielke erst auf Druck aus Moskau hin auf die neue Linie einschwenkte.[59] Das bedeutet aber nicht, dass Guillaume nicht die

Intention verfolgte, seine Vorgesetzten positiv auf Brandt und die SPD einzustimmen. Ob seine Berichte aber die tiefsitzenden Vorbehalte der »Tschekisten« gegen den »Sozialdemokratismus« ausräumen konnten, steht auf einem anderen Blatt. Noch Mitte der achtziger Jahre beispielsweise, als bei einer Politbürositzung über die Zusammenarbeit von SED und der inzwischen oppositionellen SPD bei Abrüstungsinitiativen beraten wurde, ermahnte Mielke die anderen Spitzengenossen: »Vergeßt ja nicht, Sozialdemokraten bleiben Sozialdemokraten!«[60]

Ein weiterer Grund für die Fortführung von Guillaumes Berichterstattung war die – wie man heute anhand anderer Fallstudien weiß[61] – unbegründete, damals aber verständliche Angst, dass die HVA ihn jederzeit im Westen auffliegen lassen könnte, wenn er die weitere Zusammenarbeit nun, da er scheinbar so nahe an den wichtigsten Informationsquellen saß, gänzlich verweigern würde. Die HVA drohte gelegentlich ihren IM im Westen, dass man sie in der Hand habe, wenn sie den Kontakt abbrechen wollten. Sie ließ aber diesen Ankündigungen in der Regel keine Taten folgen, was die Betroffenen natürlich nicht ahnen konnten. Schließlich waren die gelegentlichen Berichte an die HVA für Guillaume eine Kompensation dafür, dass er trotz aller Anstrengungen im Kanzleramt nicht als gleichwertig akzeptiert wurde. »Er wußte, daß die Kollegen bei ihm politische Kreativität vermißten, litt an seiner intellektuellen Unzulänglichkeit«, schrieb die *Stern*-Journalistin Wibke Bruhns, die Guillaume als häufige Begleiterin im Tross des Kanzlers gut kannte und das beste Kurzporträt des Kundschafters geliefert hat.[62] Seine Spionagetätigkeit bereitete ihm in Anbetracht seiner dünkelhaften Kollegenschaft aus der Ministerialbürokratie eine Art heimliche Genugtuung gemäß dem Motto »Wenn ihr wüßtet, was für ein zweites Leben ich noch führe«. Die gefühlte oder tatsächliche Zurücksetzung an der Arbeitsstelle stellte für viele IM, ob im Westen oder im Osten tätig, ein wichtiges Motiv für die Zusammenarbeit mit dem MfS dar.[63]

Neuwahlen 1972

Oppositionsführer Rainer Barzel, ermutigt durch den Sieg der CDU bei der Landtagswahl in Baden-Württemberg, sah im April 1972 die Gelegenheit gekommen, Brandt durch ein konstruktives Misstrauensvotum zu stürzen. Damit erhoffte die CDU nicht zuletzt, die anstehende Ratifizierung der Ostverträge verhindern und stattdessen Nachverhandlungen erwirken zu können. Aus Protest gegen die Ostpolitik der sozialliberalen Koalition, die sie als Ausverkauf (west)deutscher Interessen an den Ostblock werteten, hatten in den vorangegangenen Monaten mehrere SPD- und FDP-Abgeordnete die Seiten gewechselt, so dass die seit 1969 ohnehin knappe Mehrheit Brandts im Bundestag rasch zusammenschmolz. Als es am 27. April 1972 im Bundestag zur Abstimmung kam und selbst in der SPD inklusive Brandt eigentlich jeder die Niederlage erwartete – denn rein rechnerisch besaß Barzel die Mehrheit –, geschah ein Wunder: Zum Sturz fehlten plötzlich zwei Stimmen. Zwei Unions-Abgeordnete hatte sich, wie sich später herausstellte, von der HVA kaufen lassen. Zudem hatte der parlamentarische Geschäftsführer der SPD, Karl Wienand, dem CSU-Abgeordneten Julius Steiner Geld geboten, so dass dieser vermutlich doppelt kassierte. In der Abteilung II der HVA waren im April »Brandtschutzwochen« ausgerufen worden. Die Referate, die die CDU beziehungsweise SPD bearbeiteten, sollten alles unternehmen, um die Opposition zu schwächen und dem SPD-Kanzler die Macht zu erhalten. Dabei war es vor allem Moskau respektive der Generalsekretär der KPdSU, Leonid Breschnew, der den Kanzler seit dessen Besuch auf der Krim im September 1971 auch persönlich schätzte, der auf eine Unterstützung Brandts drängte und dazu die SED und HVA einspannte. Ost-Berlin, wo vor einem Jahr Erich Honecker Ulbricht abgelöst hatte, war in der Beurteilung Brandts wesentlich zurückhaltender, konnte aber dem »großen Bruder« diesen Gefallen schlecht verwehren. Einzig Brandt schien eine Ratifizierung der 1970 geschlossenen Verträge mit Moskau und Warschau im Bundestag zu garantieren. Auch der Abschluss des Grundlagenvertrags mit der DDR und eine Intensivierung der Wirtschaftsbeziehungen, an der in maßloser Überschätzung des westdeutschen Potenzials vor allem Moskau interessiert war, glaubte man, seien nur mit Brandt machbar. Die Vertragswerke würden dem Ostblock die 1945 gezogenen Grenzen sichern und die DDR endgültig aus der internationalen Isolation befreien. Abgesehen von der Bestechung der Unions-Parlamentarier tat die DDR im Vorfeld des Misstrauensvotums auch sonst ihr Möglichstes, um die Situation der Regierung Brandt durch kleine diplomatische Zugeständnisse auf dem Feld der Deutschlandpolitik zu erleichtern. So wurde der Verkehrsvertrag zwischen den beiden deutschen Staaten, der die Details des Zugangs nach West-Berlin regelte, am Vorabend des Misstrauensvotums paraphiert. Zu Ostern 1972 war es zudem den West-Berlinern erstmals seit 1966 wieder erlaubt, den Osten der Stadt zu besuchen.[64]

Brandt überlebte also das Misstrauensvotum vom 27. April, doch herrschte nun im Bundestag ein Patt zwischen Regierung und Opposition, was die am nächsten Tag anstehende Abstimmung über den Haushalt verdeutlichte. Die Verträge mit Warschau und Moskau passierten am 17. Mai den Bundestag, weil ein Großteil der CDU/CSU-Abgeordneten sich bei der Abstimmung enthielt, wissend, dass es im Grunde genommen zu diesen Vereinbarungen, die vor allem auch von den westlichen Verbündeten der Bundesrepublik befürwortet wurden, keine außenpolitische Alternative gab. Die SPD/FDP-Koalition einigte sich am 24. Juni auf Neuwahlen für den Herbst, denn sie glaubte, dass der Abschluss der Ostverträge ebenso wie die im Sommer 1972 anstehenden Olympischen Spiele in München ein für sie positives Wahlklima schaffen würden. Am 20. September stellte Brandt daher im Bundestag die Vertrauensfrage und erhielt, weil sich die Kabinettsmitglieder von SPD und FDP wie verabredet der Stimmen enthielten, nicht die notwendige Mehrheit. Dies lieferte den verfassungsrechtlichen Vorwand dafür, den Bundestag auflösen zu können und für den 19. November 1972 Neuwahlen anzusetzen. Die DDR gab dem Kanzler im Wahlkampf auf Drängen Moskaus nochmals Schützenhilfe, indem sie sich bei den Verhandlungen zum Grundlagenvertrag nach monatelangem Stillstand plötzlich flexibler zeigte. So konnte der Vertrag noch am 8. November von den Unterhändlern Bahr und DDR-Staatssekretär Michael Kohl in Bonn paraphiert werden.

Aufstieg zum Parteireferenten Willy Brandts

Die vorgezogenen Bundestagswahlen bescherten Guillaume unverhofft einen weiteren Aufstieg im Kanzleramt. Peter Reuschenbach, ein rechter Sozialdemokrat wie Guillaume, der mit diesem das Interesse an Gewerkschaftsfragen teilte, war im Kanzlerbüro, dem persönlichen Arbeitsstab Brandts in der Regierungszentrale, der Referent für die »Verbindungen zu Partei und Fraktion, soweit den Bundeskanzler als Parteivorsitzender und Bundestagsabgeordneter betreffend«. Er besaß aber den Ehrgeiz, bei den anstehenden Bundestagswahlen ein Mandat für seine Heimatstadt Essen zu erringen. Seine Vorgesetzten, die Reuschenbach für ein genuin politisches Talent hielten, kamen ihm entgegen, indem sie ihn für die Phase des Wahlkampfes freistellten. Als seinen Vertreter schlug Reuschenbach Guillaume vor, der, stets einsatzbereit, ab

September 1972 daher zusätzlich zu seiner Arbeit in Ehmkes Verbindungsstelle Reuschenbachs Verantwortlichkeiten übernahm, zumal er in seiner bisherigen Position ohnehin die Verbindung des Kanzleramtes zur SPD gewährleistet hatte.[65] Im anstehenden Bundestagswahlkampf bedeute dies vor allem, dass Guillaume als Kampagnenmanager für den Kanzler fungierte. Er verabredete Termine mit der Presse, legte teilweise die Route der Wahlkampfreise fest, organisierte für jeden Halt Treffen mit den örtlichen Honoratioren und Parteifunktionären und kümmerte sich um Material für Reden. Zudem hatte er generell dafür zu sorgen, dass es dem Kanzler in seinem Sonderzug, mit dem er für etwa sechs Wochen unter dem Motto »Willy wählen« durch die Lande reiste und dabei 25 000 Kilometer zurücklegte, an nichts fehlte und er trotz der enormen physischen Anstrengungen – im Tagesschnitt absolvierte Brandt fünf bis acht Auftritte in ebenso vielen Orten – bei guter Laune blieb.[66] Dabei hielt der Sonderzug, ursprünglich für Hermann Göring gebaut, aber seit 1949 von allen Bundeskanzlern benutzt, per Fernschreiben Verbindung zum Kanzleramt, damit die Regierungsgeschäfte nicht liegen blieben. Wie Guillaume in seinen Memoiren behauptete, boten diese Wochen an der Seite Brandts im Sonderzug erstmals die Chance für ihn, wirklich Einblick in geheime Vorgänge zu nehmen.[67] Allein, SIRA verzeichnet für den gesamten Zeitraum des Wahlkampfes, ja bis Anfang Februar 1973, als wieder ein regelmäßiger Nachrichtenfluss einsetzte, außer der bereits erwähnten Meldung von Ende November über Aspekte der rumänischen Innen- und Außenpolitik keine Informationen, die von Registriernummer 19142/60 stammten.

Mehrere Faktoren erklären die Tatsache, dass diese unverhoffte Kanzlernähe als Referent für Parteiangelegenheiten sich nicht sofort nachrichtendienstlich niederschlug: Zum einen beherzigte Guillaume die alte HVA-Regel, in einer neuen Position besondere Vorsicht walten zu lassen und sich erst einmal unauffällig einzuarbeiten. Zum anderen waren die Wochen des Wahlkampfes eine äußerst intensive Phase ohne Privatsphäre, so dass eine Nachrichtenübermittlung schon unter zeitlichen wie praktischen Gesichtspunkten kaum möglich gewesen wäre. Wie hätte ein HVA-Resident oder -Kurier an den Kanzler-Sonderzug herankommen oder Guillaume ungestört Mikrate herstellen sollen?

Guillaume bewährte sich während des Bundestagswahlkampfes 1972 so gut, dass er sich als Reuschenbachs Nachfolger empfahl, zumal es an einer geeigneten Alternative fehlte. Reuschenbach erreichte sein Ziel und zog Anfang Dezember für den Wahlkreis Essen II in den 7. Deut-

Wahlkampf 1972: Sitzung der »Sozialdemokratischen Wählerinitiative« mit (von rechts nach links) Friedhelm Drautzburg, Günter Guillaume, Willy Brandt und Günter Grass (ganz links).

schen Bundestag ein. Er verwendete sich bei Brandt für Guillaume als neuen, dauerhaften Parteireferenten und nahm daher beim Prozess gegen den Agenten 1975 einen Großteil der Verantwortung dafür auf sich, dass der Spion so nahe an den Kanzler herankommen konnte.[68]

Ehmke war über den dauerhaften Wechsel Guillaumes auf Reuschenbachs Position im Kanzlerbüro nicht glücklich. Der Kanzleramtschef hatte im Laufe der zweieinhalb Jahre seit der Einstellung Guillaumes feststellen müssen, dass dieser dazu tendierte, sich in Dinge hineinzudrängen, die ihn nichts angingen. Guillaume tat so, als sei es seit 1969/70 das natürliche Recht der SPD-Parteisoldaten im Kanzleramt, den »Bürokraten« das Zepter aus der Hand zu nehmen. So ergriff er sehr zum Ärger von Ehmke die Initiative, im Kanzleramt eine SPD-nahe Betriebsgruppe der Gewerkschaft Öffentliche Dienste, Transport und Verkehr (ÖTV) für die Mitarbeiter zu gründen. Diese sollte den bislang noch CDU-dominierten Personalrat erobern. Ehmke befürchtete jedoch, dass eine solche Gründung nur zu der Regierung abträglichen Gerüchten über eine parteipolitische Unterwanderung des Amtes führen werde. Allerdings galt Ehmke, seit Neuwahlen angesetzt worden waren, als ein Kanzleramtschef auf Abruf. Leber hingegen, der seit Juli 1972 in der

Nachfolge Helmut Schmidts das Bundesverteidigungsministerium (BMVg) leitete und daher noch wesentlich an Bedeutung im innersten Machtzirkel gewonnen hatte, unterstützte Guillaumes Wechsel in Reuschenbachs verantwortungsvollere Position. Für Guillaume sprach sich ferner Börner aus, der ebenfalls aus dem Frankfurter Bau-Steine-Erden-Stall Lebers gekommen war und 1972 den gegen Guillaume eingestellten Hans-Jürgen Wischnewski als Bundesgeschäftsführer der SPD ablöste. »Günter Guillaume hat mich davon informiert, daß Du ihn mit den Aufgaben betrauen willst, für die früher Peter Reuschenbach verantwortlich war. Ich möchte Dich zu dieser Entscheidung beglückwünschen, denn ich weiß, daß Günter Guillaume ein sehr zuverlässiger Genosse ist, der sich große Mühe geben wird, Dein Vertrauen nicht zu enttäuschen«, schrieb Börner am 23. November 1972 an den »lieben Willy«.[69]

Brandt wusste zwar, dass es 1970 bei der Einstellung Guillaumes Probleme gegeben hatte. Jedoch hielt er die damaligen Vorbehalte für die üblichen Verdachtsmomente gegen Flüchtlinge aus dem Osten, die ihm aus seiner Zeit als Regierender Bürgermeister West-Berlins wohlbekannt waren und die sich meist als unbegründet erwiesen hatten. In seinen Erinnerungen schrieb Brandt über die Personalentscheidung: »Mir selbst war Guillaume nicht sonderlich sympathisch, wurde es auch nicht, als er seine organisatorischen Aufgaben zur Zufriedenheit löste. Im Herbst 1972 hatte ich Bedenken, ihn aufrücken zu lassen, nicht weil ich einen Verdacht gehegt hätte, sondern weil ich ihn für beschränkt hielt. Die Mischung aus Servilität und Kumpelhaftigkeit ging mir auf die Nerven, doch machte ich daraus kein Aufheben. Daß er vor allem den Terminkalender korrekt und zuverlässig überwachte, war wichtiger.« Ob diese Abneigung Brandts gegen Guillaume bereits zum Zeitpunkt des Bundestagswahlkampfes bestand, wie das Zitat von 1989 suggeriert, oder sie sich erst im Laufe der folgenden Monate herausschälte, ist nachträglich schwer zu entscheiden. Sollte es sie bereits im Sommer und Herbst 1972 gegeben haben, so würde dies die These von Brandts Sohn Lars stützen, dass der Bundeskanzler insgesamt erstaunlich wenig Sorgfalt auf die Auswahl seiner engsten Mitarbeiter verwendete. Er verließ sich auf die ihm gemachten Vorschläge. Grund für diese generelle personalpolitische Nachlässigkeit war laut Lars Brandt schlichtweg ein gewisses Desinteresse seines Vaters für andere Menschen.[70] Guillaume stellte selbst im Kanzlerbüro nicht den einzigen engen Mitarbeiter dar, den sich Brandt nicht etwa persönlich ausgesucht hatte, sondern der ihm von jemand anderem empfohlen worden war. Auch der Leiter des Kanzlerbüros und damit Guillaumes direkter Vorgesetzter, Ministerialdirigent Reinhard Wilke, übernahm nicht etwa als persönlicher Favorit Brandts diese wichtige Position. Vielmehr holte Ehmke, dem Wilke während dessen Zeit als Staatssekretär und kurzzeitiger Amtschef im Bundesjustizministerium (BMJ) als persönlicher Referent gedient hatte, den Beamten im Mai 1970 ins Kanzleramt und setzte ihn in Brandts Vorzimmer.

Ehmke, noch als Chef des Kanzleramtes, teilte am 30. November 1972 dem Kanzlerbüro offiziell Guillaume als Ersatz für Reuschenbach zu. Zum 1. Januar 1973 stufte das Kanzleramt Guillaume wegen seiner nunmehr nochmals gestiegenen Verantwortlichkeit in die nächsthöhere Tarifgruppe BAT I a ein mit einem Bruttogehalt von 4495 DM, vergleichbar dem eines Regierungsdirektors in der Beamtenlaufbahn. Guillaume stand damit eine Gehaltsstufe über dem Oberregierungsrat Helbig, der bis 1963 für die HVA im Kanzleramt spioniert hatte.[71]

Das Kanzlerbüro

Im Kanzlerbüro mit seinen vielfältigen Aufgabenstellungen herrschte für alle Mitarbeiter eine enorme Arbeitsbelastung. Es umfasste 25 Personen, davon zehn auf Referentenebene. Wilke als Büroleiter – und nicht Guillaume, wie in den Medien später zumeist kolportiert wurde – stellte den eigentlichen persönlichen Referenten Brandts und daher dessen engsten Mitarbeiter im politischen Alltagsgeschäft dar. Neben der Tätigkeit Guillaumes, also die Verbindung des Kanzlers zu seiner Partei zu gewährleisten, für die ihm ein Sachbearbeiter und eine Sekretärin zustanden, erfüllte Wilkes Büro eine Reihe eminent wichtiger Funktionen für die Regierungsarbeit: Der Arbeitsstab bereitete alle wesentlichen Unterlagen für den Kanzler aus den Ministerien auf und entschied, was dem Regierungschef tatsächlich vorgelegt wurde beziehungsweise leitete dessen Anweisungen und Kommentare zu den Vorlagen an die jeweiligen Adressaten im Regierungsapparat weiter. Das Kanzlerbüro forderte von den Fachreferaten des Amtes Ausarbeitungen an, damit Brandt bei seinen innen- wie außenpolitischen Verhandlungen eine sachkundige Gesprächsgrundlage besaß. Dabei zeichnete Wilke für alle Fragen der Innenpolitik verantwortlich. Sein Stellvertreter, der Vortragende Legationsrat Wolf-Dietrich Schilling, der schon im Auswärtigen Amt seit 1967 als persönlicher Referent Brandts gearbeitet und mit diesem 1969 ins Kanzleramt gewechselt hatte, betreute die Außenpolitik. Dies schloss in Zusammenarbeit mit dem entsprechenden Referenten im Erich-Ollenhauer-Haus auch die Kontakte zu den sozialistischen Parteien im Ausland ein. Das Kanzlerbüro koordinierte ferner den Terminkalender des Regierungschefs und entschied, wer als Besuch vorgelassen wurde. Es organisierte die Reisen des Kanzlers im In- und Ausland und stellte dabei die Verbindung zur Zentrale sicher. Handelte es sich um Reisen als Regierungschef, so zeichneten Wilke oder Schilling verantwortlich. War Brandt dagegen als Parteichef unterwegs, wurde Guillaume aktiv. Das Kanzlerbüro bearbeitete zudem die eingehende persönliche Post für den Bundeskanzler und befasste sich mit Petitionen und Eingaben an ihn. Daneben gab es noch die »Schreibstube«, welche die Reden, Interviews und sonstigen mündlichen wie schriftlichen Beiträge für den Kanzler in Absprache mit ihm und den Fachreferaten im Amt verfasste. Hierfür engagierte Brandt auf Basis eines Honorarvertrags Anfang 1973 den Journalisten Klaus Harpprecht: »So bezog ich (…) ein geräumiges Zimmer unterm Dach des Palais Schaumburg, mit Blick auf den schönen Park mit seinen alten Bäumen. Im Nebenzimmer zur Rechten hatte sich Günter Guillaume eingerichtet (…). Ein blasser, wohl organisierter Funktionär, den Willy Brandt nicht sonderlich schätzte, weil er ihn für ungebildet und beengt hielt; überdies ging ihm seine Neigung zu einem berlinerischen Kumpelton auf die Nerven. Zu mir hielt Guillaume Distanz. Manchmal erschien er für einige Minuten, um Termine mit mir abzusprechen. Wenn die Fragen beantwortet waren, verschwand er, ohne ein längeres Gespräch zu suchen, an dem auch ich nicht interessiert war.«[72]

Schon in räumlicher Hinsicht war der Parteireferent im Vergleich zu Wilke und Schilling deutlich weiter vom Kanzler entfernt. Während die Büros der Beamten direkt an das Vorzimmer Brandts mit dessen beiden persönlichen Sekretärinnen grenzten, saß Guillaume eine Etage höher in einer Dachmansarde. Verschlusssachen gingen normalerweise, wie Reuschenbach 1975 im Guillaume-Prozess aussagte, nicht über den Tisch des Parteireferenten, sondern wurden von Wilke oder Schilling bearbeitet. Sofern sich jedoch ein Referent für einen Gegenstand interessierte, den einer seiner Kollegen bearbeitete, habe man sich gegenseitig nicht den Einblick verweigert. Allerdings traf diese Feststellung lediglich auf die Ära Reuschenbach zu. Denn Wilke, Schilling wie auch Brandt sahen in Guillaume zwar einen engagierten und dem Kanzler loyal, ja

Das Palais Schaumburg von der Parkseite gesehen. Das Erkerfenster im ersten Stock gehörte zum Arbeitszimmer des Kanzlers. Das Fenster ganz links unter dem Dach gehörte zu Guillaumes Büro als Parteireferent, das er von 1972 bis 1974 nutzte.

geradezu fürsorglich ergebenen Mitarbeiter. Allerdings erhielten sie schnell den Eindruck, dass es sich bei ihm um ein politisches Leichtgewicht handelte, das nicht zum Abfassen wichtiger Reden und Dokumente geeignet und dessen Meinung daher nicht gefragt war. Guillaume, so Wilke 1975 beim Prozess, sei nicht in der Lage gewesen, die Wünsche und Vorstellungen des Bundeskanzlers akkurat in Schriftform darzulegen. Vielmehr hätten die Vorlagen des Referenten stets der Abänderung bedurft. Insofern konnte Guillaume die an sich durchaus ausbaufähige Position des Parteireferenten nicht in dem Maße zur Mitgestaltung der Politik nutzen, wie es sein politisch wesentlich begabterer Vorgänger Reuschenbach getan hatte, der es schließlich noch zum Oberbürgermeister von Essen brachte. Dieser Unterschied fiel selbst den Personenschützern Brandts auf. Ulrich Bauhaus, langjähriger Führer des Kanzlerbegleitkommandos des BKA, sagte beim Guillaume-Prozess aus, dass Brandt Guillaume aus Notwendigkeit akzeptierte, Letzterer aber nie den Platz Reuschenbachs habe einnehmen können. Als politischer Diskussionspartner habe Guillaume für Brandt keine Rolle gespielt. Er habe vielmehr Schilling noch vor Wilke bevorzugt. Aus der Sicht des BKA-Beamten, der Guillaume sozial näher stand als Wilke oder Schilling, hatte die Haltung Letzterer auch etwas mit einer Art Standesdünkel und Neid ob des schnellen Aufstiegs von Guillaume zu tun: »Die Vollakademiker waren mit der Existenz eines Nichtakademikers in der nächsten Umgebung Brandts nicht einverstanden«, so Bauhaus' Eindruck. Die Personenschützer zollten Guillaume durchaus Respekt ob seines großen Organisationstalents und seiner steten Einsatzbereitschaft. Guillaume sei immer »auf dem Damm gewesen, auch wenn wir erst gegen Morgen ins Bett gekommen waren«. Dass Wilke und Schilling als promovierte Juristen stellvertretend für die höhere Ministerialbürokratie nicht viel von dem Emporkömmling Guillaume hielten, wurde an ihren Zeugenaussagen im Prozess von 1975 deutlich. Hierzu ein SPD-Beobachter des Düsseldorfer Strafverfahrens: »Bei den Zuhörern mußte der Eindruck entstehen, daß bei Wilke und Schilling auch eine gehörige Portion Beamtendünkel mitspielte, als sie den Außenseiter Guillaume zu einem Boten, zu einem Kofferträger, zu einem Mann, der zwar eines oder mehrere Autos pünktlich zur Verfügung stellen konnte, zur Erledigung ›anspruchsvoller‹ Aufgaben jedoch nicht im Stande war, degradierten.«[73]

Die Arbeitsroutine Guillaumes als Parteireferent des Kanzlers hielt für die HVA zumeist wenig Interessantes bereit, wie zwei im Willy-Brandt-Archiv erhaltene Handakten Guillaumes zeigen: Es galt etwa, Wünsche der untergeordneten Parteiformationen und Gewerkschaftsgliederungen nach Kanzlerbesuchen zu bearbeiten und mit dem Terminkalender des Regierungschefs abzugleichen. Guillaume musste zudem entscheiden, welche direkt an den Bundeskanzler gerichteten Eingaben und Resolutionen unterer Parteigliederungen – 1973 etwa zu Themen wie dem Militärputsch in Chile – Brandt erreichten. Ging der Kanzler als Parteichef auf Reisen, musste Guillaume dessen Route und Zwischenstopps auf Basis der Wünsche und Vorschläge der lokalen SPD-Gliederungen zusammenstellen. Daneben hatte Guillaume im Auftrag Brandts Grußworte für Kreisdelegiertenversammlungen oder Geburtstagsglückwünsche für verdiente Parteiveteranen zu verfassen. Insofern traf die Aussage eines Pressereferenten des Kanzleramtes beim Guillaume-Prozess zu, dass eine Position in der Regierungszentrale nicht per se interessante Aufgaben beinhalte oder Einblicke in sicherheitsrelevante Angelegenheiten gewähre: »Der ganze Apparat arbeitet ja dem Kanzler zu, und die Tätigkeit setzt sich aus tausenderlei Kleinigkeiten zusammen.«[74]

Höhe- und Wendepunkt von Brandts Kanzlerschaft

Das Ergebnis der Bundestagswahl vom 19. November 1972 war ein persönlicher Triumph für Willy Brandt. Mit 45,8 Prozent der abgegebenen Stimmen bei einer Rekordwahlbeteiligung von 91,1 Prozent überflügelte die SPD erstmals seit 1949 die CDU/CSU als stärkste Partei. Neben der Popularität Brandts als Person insbesondere in der jüngeren Generation, die 1972 erstmals ab 18 und nicht wie bisher ab 21 Jahren wählen durfte, war es vor allem die von ihm verkörperte Ostpolitik und nicht, wie vom *Spiegel* noch im April prognostiziert, die Sozialpolitik, welche sich als das programmatische Zugpferd für die SPD erwies.

Der Wahlsieg bescherte der SPD/FDP-Koalition eine solide Mehrheit von 46 Stimmen im neuen Bundestag. Brandt als Bundeskanzler hatte damit den Scheitelpunkt seiner Karriere erreicht – von nun an ging es bergab. Es begann damit, dass er unmittelbar nach dem Wahlsieg ins Krankenhaus musste, um sich an den Stimmbändern operieren zu lassen, die er beim Wahlkampf zu sehr beansprucht hatte. Die Angst, dass es sich um Kehlkopfkrebs handeln könne, belastete ihn. Die Einschränkung des Nikotin- und Alkoholgenusses auf Anraten der Ärzte verbes-

Wahlsieg 1972 (von links nach rechts): Brandt, Scheel, Ehmke und Bahr am Abend des 19. November 1972 im Kanzlerbungalow bei einer Presseerklärung. Zwischen Brandt und Scheel im Hintergrund mit getönter Brille Guillaume.

serte seine Stimmung in den folgenden Monaten auch nicht. »Sicher haben Sie inzwischen alles gut überstanden. Durch die Auskunft über den Vormittagsbesuch beruhigt, wünsche ich Ihnen herzlichst gute Genesung und ein wenig Entspannung. Das Fernsehprogramm wird heute nicht viel dazu beisteuern; deshalb – abseits von polit. Bildung – anliegend einen unterhaltsamen Lesevorschlag. Nochmals, beste Genesungswünsche – Ihr Günter Guillaume«, schrieb der Kundschafter am 26. November in Referenten-Blau an Brandt. Dieser quittierte den Gruß in Kanzler-Grün mit »herzlichen Dank!«.[75]

Brandt fiel durch den Krankenhausaufenthalt bei den Koalitionsverhandlungen weitgehend aus, die von Schmidt und Wehner geführt wurden. Resultat war, dass die FDP trotz des eindrucksvollen Erfolges der SPD, der vor allem Brandt zu verdanken war, erheblich verstärkt in der neuen Regierung vertreten war und die Zusammenstellung des Kabinetts nicht unbedingt Brandts Wünschen entsprach. Neben dem Innenministerium unter Genscher, dem Auswärtigen Amt unter Scheel und dem Landwirtschaftsressort unter Ertl erhielt die FDP mit Wirtschaftsminister Hans Friderichs noch ein viertes wichtiges Ressort und zusätzlich das Bundespresseamt, in dem Rüdiger von Wechmar den Brandt-Vertrauten Conrad Ahlers ersetzte. Zudem hatte Brandt schon vor der Wahl seinen wichtigsten Parteigenossen zusagen müssen, dass Ehmke in der neuen Regierung nicht mehr Kanzleramtschef sein werde. Brandt verlor dadurch im Dezember 1972 einen effizienten, zutiefst loyalen und durchsetzungsfähigen Kanzleramtschef, der sich allerdings durch sein oft undiplomatisches Auftreten und übergroßes Selbstbewusstsein unbeliebt gemacht hatte. Insbesondere Helmut Schmidt, von Juli bis November 1972 in Nachfolge des zurückgetretenen Karl Schiller »Superminister« für Wirtschaft und Finanzen, der sich selbst als designierten Nachfolger Brandts sah, betrachtete den ambitionierten Ehmke, von einigen Kabinettskollegen ironisch »Überminister« oder »Unterkanzler« tituliert, als Konkurrenz. Schmidt hatte den Kanzler vor die Alternative »ich oder er« gestellt. Ehmke wurde daraufhin bei der Kabinettsneubildung mit dem vergrößerten Ressort »Forschung und Technologie, Post- und Fernmeldewesen« abgefunden. An seiner Stelle übernahm Horst Grabert das Palais Schaumburg, der früher die Berliner Senatskanzlei geleitet hatte und zwischenzeitlich zum Berliner Senator für Bundesangelegenheiten aufgerückt war. Er war ein loyaler, versierter Verwaltungsfachmann, aber ohne Rückhalt in der SPD und ohne Durchsetzungsvermögen. »Hatte Horst Ehmke bis dahin vielleicht zuviel Wirbel

GÜNTER GUILLAUME 53 Bonn-Bad Godesberg, den 26.11.72
Ubierstraße 107
Telefon Privat 02229 – 5 55 84
Büro 02221 – 10 52 64

[handschriftliche Notiz]

Notiz von Guillaume an Brandt vom 26. November 1972, in welcher er dem Kanzler gute Besserung nach dessen Stimmbänderoperation wünscht. Brandt quittiert mit »herzlichen Dank!«.

im Amt entfaltet, brachte es Horst Grabert zum Einschlafen«, hieß es in Guillaumes Memoiren. Während Ehmke das Kanzleramt straff und notfalls konfrontativ geführt hatte für einen Kanzler, der sich für Fragen der Behördenorganisation nicht interessierte und Personalkonflikten nach Möglichkeit aus dem Weg ging, zerfiel die Regierungszentrale unter der mangelnden Autorität Graberts in mehrere Fraktionen. Als neuer Parlamentarischer Staatssekretär und Stellvertreter Graberts kam Karl Ravens, der Katharina Focke ersetzte. Bahr, der sich eigentlich als Ehmkes natürlicher Nachfolger auffasste, aber als »Aktenchaot« und daher als ungeeignet galt, eine große Behörde zu führen, wurde lediglich zum Minister für besondere Aufgaben im Kanzleramt aufgewertet. Grabert, anders als Ehmke, führte in seiner neuen Funktion nur den traditionellen Titel des Staatssekretärs, was die Autoritätsverhältnisse zwischen Bahr und Grabert zusätzlich verkomplizierte. Mit Gaus kam im April 1973 ein weiterer Staatssekretär ins Palais Schaumburg, der sich dort in seine anstehende Ost-Berliner Mission einarbeiten sollte. Es mangelte Brandt zwar ab Dezember 1972 im Palais Schaumburg nicht an Talenten, die für ihn arbeiteten, doch wirkten sie nicht als Mannschaft, sondern gegeneinander. Folglich fehlte in den letzten, krisenhaften 16 Monaten seiner Kanzlerschaft das effektive Regierungsinstrument, das Brandts eigene Führungsdefizite – seine Anfälle von leichten Depressionen mit der einhergehenden Tendenz zur Abschottung von der Umwelt, die Scheu vor Personalkonflikten und die Unfähigkeit, energisch durchzugreifen – hätte auffangen können. Mit der Planungseuphorie der Ära Ehmke, der alle Fäden der Reformtätigkeit beim Kanzleramt zusammenführen wollte, war es nun ebenfalls zu Ende. Die Abteilung V verantwortete nicht mehr die Gesamtplanung der Regierungspolitik, sondern fungierte nur noch als Beratungsstab in ausgewählten Politikfeldern. Die Fachressorts hatten ihre Eigenständigkeit, die selbst Ehmke nie wirklich hatte beschneiden können, erfolgreich verteidigt.[76]

Die Bevölkerung der DDR, die Willy Brandt schon gleich nach seinem Amtsantritt 1969 als ihren Hoffnungsträger adoptiert und trotz der Vorsichtsmaßnahmen des Regimes im März 1970 spontan in Erfurt gefeiert hatte, weil sie glaubte, dass er Bewegung in die deutsch-deutschen Beziehungen bringen und damit das Los der Ostdeutschen erleichtern werde, begrüßte einhellig den Wahlausgang vom November 1972. Dies wird aus den internen Stimmungsberichten des MfS zur Jahreswende 1972/73 deutlich: Es gebe, so die Paraphrasierungen der Tschekisten von Volkes Stimme, »Illusionen und Erwartungen« unter der Bevölkerung im Hinblick auf die weitere Entwicklung der deutsch-deutschen Beziehungen. Sie reichten von weiteren menschlichen Erleichterungen bis hin zur »baldigen Wiedervereinigung Deutschlands«. In vielen Gesprächen tauche eine Überbewertung der SPD und besonders Brandts auf, die bis zu einer »Glorifizierung seiner Person« reiche. Die Ostdeutschen würden Dankbarkeit gegenüber Brandt empfinden, weil er schon so viel für sie erreicht habe, und er werde nach Auffassung vieler DDR-Bürger als »deutscher Friedenskanzler« und »Autorität von Weltmaßstab« in die Geschichte eingehen. Angesichts dieser Stimmungslage hatte die DDR-Führung kein Interesse daran, dass Brandt zur Unterzeichnung des Grundlagenvertrages, die für den 21. Dezember 1972 in Ost-Berlin angesetzt war, in die »Hauptstadt der DDR« kam. Zu groß war die Furcht, dass sich Szenen wie seinerzeit in Erfurt wiederholen könnten, als die Menge »Willy, Willy« skandiert und dabei eindeutig nicht den SED-Politiker Willi Stoph gemeint hatte.[77]

Entgegen den Hoffnungen der Ostdeutschen verhärteten sich die deutsch-deutschen Beziehungen auf offizieller Ebene nach der Wiederwahl Brandts und der – letztlich durch Bahr erfolgten – Unterzeichnung des Grundlagenvertrages, der am 21. Juni 1973 in Kraft trat. Die SED-Führung hatte ihr Etappenziel, die Sicherung der Kanzlerschaft Brandts, die vor allem Moskau wichtig war, sowie die internationale Anerkennung inklusive der Aufnahme in die Vereinten Nationen als Folge der Aufhebung des Boykotts durch die Bundesrepublik erreicht. Doch nun standen die Vorzeichen wieder auf verstärkter Abgrenzung: Die durch Transitabkommen, Verkehrs- und Grundlagenvertrag jetzt intensiveren menschlichen Begegnungen zwischen Ost und West sah die SED als potenzielle Gefährdung ihrer Herrschaft an. Zwar gab sich das Regime nach außen hin zuversichtlich, dass es eng mit den eigenen »werktätigen Massen« verbunden und damit jegliche westliche Aufweichungstaktik zum Scheitern verurteilt sei. Tatsächlich aber war Ost-Berlin angesichts der politischen und wirtschaftlichen Sogwirkung des bundesrepublikanischen Gegenmodells nicht vom Rückhalt in der eigenen Bevölkerung überzeugt. Außerdem unterstellten SED und HVA der SPD-geführten Regierung in Bonn nicht zu Unrecht, dass diese seit 1969 nur mit subtileren Mitteln als die CDU-Kanzler zuvor ebenfalls die Wiederherstellung der deutschen Einheit unter westlichen Vorzeichen anstrebe. Das Regime reagierte daher mit einem erheblichen Ausbau des MfS, um die vermehrten Kontakte besser überwachen und eindämmen zu können. Zudem, eher als abschreckende Maßnahme denn als Einnahmequelle gedacht, verdoppelte die DDR-Führung im November 1973 den Mindestsatz umzutauschender DM für Einreisen aus dem Westen in die DDR, der nun erstmals auch für Rentner galt. Die Grenze wurde durch Minen und Selbstschussapparate auf östlicher Seite verstärkt. Die Familienzusammenführung stockte zeitweilig. 1974 vollzog die DDR schließlich einen symbolischen finalen Trennungsstrich zur Bundesrepublik, indem sie aus der neuen Verfassung alle Bezüge zur deutschen Nation tilgte. Erst in der zweiten Hälfte der siebziger Jahre wich diese Verunsicherung durch die Ostverträge einer etwas größeren Gelassenheit seitens der SED-Führung.[78]

Guillaumes Informationszugänge im und Berichterstattung aus dem Kanzlerbüro

Guillaumes Berichterstattung aus dem Kanzleramt an die Staatssicherheit verschob sich entsprechend seiner neuen Position in der Regierungszentrale: Hatten bis 1972 Gewerkschaftsthemen im Vordergrund gestanden, so informierte er nun seinen Führungsoffizier mithilfe des Kurierehepaars Rausch vor allem über die Vorgänge im Führungszirkel der SPD. Laut SIRA war der Zeitraum von Februar 1973 bis April 1974 mit 30 Meldungen, die entweder allein auf Guillaume zurückgingen oder zu denen er als eine von mehreren Quellen beitrug, die bei weitem aktivste Phase des Kanzleramtsspions. 21 der registrierten Meldungen befassten sich mit SPD-Interna. Bei den Sozialdemokraten spielte Brandt in seiner Mehrfachfunktion als Parteivorsitzender und Bundestagsabgeordneter, aber auch als populärer Regierungschef und große Integrationsfigur der SPD eine herausragende Rolle. Wie sich auf dem Parteitag in Hannover im April 1973 zeigte, war einzig Brandt unter den führenden SPD-Politikern in der Lage, die verschiedenen Flügel und Generationen in der Partei zusammenzuhalten und die überschießenden Erwartungen der jungen Linken der 68er-Generation nach dem Wahlsieg vom November 1972 zu zügeln. Als Parteireferent Brandts hatte Guillaume Einblick in die Unterlagen der Bundestagsfraktions-, der Präsidiums- und Parteivorstandssitzungen sowie der Klausurtagungen der SPD-Führung, die oft in der Tagungsstätte der Friedrich-Ebert-Stiftung in Bad Münstereifel stattfanden. Allerdings wurden die persönlichen Referenten von den eigentlichen Verhandlungen zwischen den SPD-Spitzen gemäß einer Verfügung Börners seit März 1973 aus Platzgründen ausgeschlossen. Die Aufzeichnungen dieser Sitzungen fasste Börner zudem als Ergebnisprotokolle ab, aus denen die einzelnen Positionen nicht mehr erkennbar waren, und sie enthielten ohnehin keine großen Geheimnisse. Das Gleiche galt für die Sitzungen des SPD-Fraktionsvorstandes. Die Fotos, die Guillaume an der Seite Brandts und zwischen den anderen SPD-Spitzen zeigen, entstanden stets vor oder nach den Treffen der »Troika«.[79]

Guillaume ging für Brandt in der »Baracke« ein und aus, denn der Vorsitzende hatte dort als persönliche Mitarbeiterin nur seine langjährige Sekretärin Dorothea Wernicke. Die zwei Mal im Monat stattfindenden Abteilungsleiterbesprechungen, an denen der Referent häufig teilnahm, stellten laut Einschätzung des Bundesgeschäftsführers Börner beim Guillaume-Prozess 1975 die wichtigste Informationsquelle über die Vorgänge in der Partei dar. Hier referierte Börner die Beschlüsse des Vorstands, die dann von den Vorstandsabteilungen umgesetzt wurden. Dabei ging es 1973/74 unter anderem um die Abschirmung der SPD gegen kommunistische Unterwanderungsversuche sowie das Verhältnis zu den Jusos. Guillaumes Tisch passierten ferner sämtliche Einschätzungen des Bundesgeschäftsführers an den Parteivorsitzenden über den inneren Zustand der SPD, Vorschläge zur Bewältigung anstehender politischer Fragen und zu Personalentscheidungen sowie Brandts Reaktionen auf die Vorlagen Börners.[80] Guillaume gab diese Interna zumindest teilweise an das MfS weiter: So finden sich in SIRA folgende Meldungen über Vorgänge in der SPD-Führung, bei denen nur »Hansen« als Quelle oder als eine von zwei Quellen genannt wird: »Materialien der SPD-Päsidiumssitzung: Zusammenfassung über die Sitzungen am 30.1. und 6.2.1973« (7. März 1973), »Sitzung des Parteivorstandes der SPD am 16.2.1973« (5. März 1973), »Einige Probleme der Vorbereitung des SPD-Parteitages durch den SPD-Vorstand« (27. Februar 1973), »Überlegungen der SPD-Führung zur Fortsetzung der Öffentlichkeitsarbeit nach den Bundestagswahlen« (16. März 1973), »Entwurf vom 6.4.1973 der Parteitagsrede von Willy Brandt in Hannover« (19. April 1973) sowie »Beratung der SPD-Spitzengremien am 30. und 31.3.1974 in Bad Münstereifel« (9. April 1974). Andere Meldungen in SIRA hingegen, zu denen »Hansen« etwas beisteuerte, sind banaler Art und hätten auch den westdeutschen Medien oder der Parteipresse leicht entnommen werden können: »Statistik über Mitglieder-Neuzugänge bei der SPD im Jahre 1972« (20. März 1973) oder »Infas-Analyse (ein Meinungsforschungsinstitut, E.M.) der Situation der Parteien im Frühjahr 1973«

(19. April 1973). Ferner gibt es in SIRA Berichte, zu denen »Hansen« als eine von manchmal bis zu einem Dutzend Quellen etwas beisteuerte, so dass sein individueller Beitrag nicht mehr rekonstruierbar ist: »Einschätzungen zum Verlauf und den Ergebnissen des SPD-Parteitages« (4. Mai 1973), »Konzeptionelle Vorstellungen für die Strategie der SPD-Führung bis 1976 auf innenpolitischem Gebiet« (18. Mai 1973), »Die innere Lage und politischen Aktivitäten der Jungsozialisten« (14. September 1973) oder »Die weiteren Auseinandersetzungen in den Führungsgremien im Zusammenhang mit den Äußerungen Wehners zur Ostpolitik der Bundesregierung« (18. Oktober 1973).[81]

Für die Vorgänge in der SPD-Führung besaß die Abteilung II der HVA neben Guillaume weitere sehr ergiebige Quellen in Bonn, was die Rolle des Kanzleramtsreferenten als Informationsbeschaffer für das MfS ohnehin relativierte. Der 1979 zum BND übergelaufene HVA-Oberleutnant Werner Stiller äußerte nach der Verhaftung Guillaumes gegenüber einem HVA-Kameraden, der als Auswerter in der Abteilung VII die Synthesen zur SPD erstellte, dass Guillaume doch sicherlich nicht der einzige wichtige Agent in der Bonner SPD gewesen sei. Daraufhin bestätigte dieser Stiller, ohne nähere Angaben zu machen, dass die wichtigste Objektquelle in der SPD nach wie vor arbeite. Diese kannte der Auswerter gemäß den Prinzipien der HVA allerdings nur als Decknamen und Registriernummer.[82] Nach 1989 stellte sich heraus, dass etwa Fraktionsgeschäftsführer Karl Wienand Anfang der siebziger Jahre für längere Zeit auf der Gehaltsliste der HVA stand, ebenso ein Referent im Bundesvorstand der SPD unter dem Decknamen IM »Bob«. Der Vorsitzende des SPD-Unterbezirks Bonn von 1967 bis 1986, Rudolf Maerker, ein Vertrauter sowohl Brandts als auch Wehners, berichtete der HVA sogar durchgängig von 1968 bis zu seinem Tode 1987 über Interna aus der SPD-Führung.[83]

Entsprechend seiner Rolle als Parteireferent war die Regierungstätigkeit im Kanzleramt für Guillaume weitgehend tabu. Er nahm aufgrund seines untergeordneten Ranges weder an Kabinettssitzungen teil, noch befand er sich im Verteiler der Kabinettsunterlagen. Seine Versuche, sich gelegentlich in die tägliche »Kleine Lage« im Kanzleramt hineinzudrängen, in welcher der Chef des Kanzleramtes, die Abteilungsleiter und der Leiter des Kanzlerbüros oder dessen Vertreter Schilling alle anstehenden aktuellen Fragen diskutierten, wurden meist abgewehrt mit dem Hinweis auf die mangelnde Zuständigkeit und Seniorität Guillaumes. Die wöchentliche »Große Lage« des Kanzleramtschefs mit den Staatssekretären von BMVg, Bundesministerium des Innern (BMI), AA und den Präsidenten der Geheimdienste war für den Referenten ohnehin tabu.[84] SIRA verzeichnet entsprechend nur zwei Informationen aus der Regierungstätigkeit, zu denen Guillaume etwas beitragen konnte: »Die Haltung führender Westdeutscher und Nato-Kreise zur Frage der Reform der Wehrstruktur« vom 5. April 1973, basierend auf »Hansen« und einer weiteren Quelle, sowie »Orientierung der Bundesregierung für den Osthandel« vom 15. Mai 1973, eine Meldung, die allein auf »Hansen« als Objektquelle beruhte.

Wilke notierte im Frühjahr 1973 in seinem Tagebuch über Guillaume: »Bei aller Wertschätzung seines direkten, selbstbewußten Auftretens muß ich mehr auf ihn aufpassen. Er drängt sich mit genossenhafter Attitüde in den Vordergrund, ohne das Format dafür zu haben. Brandt sagt zu einer seiner Vorlagen abschätzig: ›Das ist typisch von einem Parteisekretär‹.« Guillaume missachtete also zunehmend die Grundregeln der HVA für Kundschafter, sich möglichst nicht in den Vordergrund zu drängen, und legte nach etwa zwei Jahren im Kanzleramt ein eher auffälliges Gebaren an den Tag. Dabei hatte die HVA, so Markus Wolf, Guillaume gerade empfohlen, im Kanzleramt keineswegs übertriebenen Ehrgeiz an den Tag zu legen. Dass der Referent sich in Bereiche drängte, die eigentlich jenseits seiner Verantwortlichkeit lagen, resultierte daraus, dass er sich immer wichtiger vorkam, nun, da er zumindest äußerlich zur engsten Entourage des Kanzlers gehörte. Guillaume glaubte, darin vom Bundesgeschäftsführer Börner bestärkt, besser im Sinne Brandts zu handeln als die höheren Beamten. Wilke beispielsweise war nur nominelles SPD-Mitglied, Schilling besaß gar kein Parteibuch. Guillaumes vielfältige Aktivitäten wie etwa die Gründung einer ÖTV-Betriebsgruppe und der Wunsch, überall dabei sein zu wollen, zeugen nicht von einem hyperaktiven Kundschafter, der alle Vorsichtsmaßregeln der HVA in den Wind schlug. Sie sind Ausweis eines entfesselten SPD-Funktionärs, dem sein schnelles Avancement zu Kopf gestiegen war und der sich selbst überschätzte.[85]

Seit Anfang 1973 war Guillaume entsprechend seinem Stellenprofil ein häufiger Begleiter Brandts auf dessen Reisen als Parteichef. Insgesamt war er 1973 etwa neun Wochen bei zwölf Inlands- und zwei privaten Auslandsreisen des Bundeskanzlers dabei.[86] Den Löwenanteil machte der vierwöchige Urlaub des Kanzlers im Juli in Norwegen aus. Diese intensive Reisetätigkeit Brandts mit Guillaume ergab sich auch daraus, dass sich die SPD-Parteizentrale in Zusammenarbeit mit dem Kanzleramt im Sommer 1973 das Format der Informationsreisen des Bundeskanzlers durch die Bundesrepublik einfallen ließ, unter dem Motto »Der Kanzler informiert sich bei den Bürgern«. Es gab zwischen Ende Juni 1973 und April 1974 vier solcher jeweils zwei- bis fünftägigen Exkursionen, bei denen Brandt Betriebe oder soziale und medizinische Einrichtungen besichtigte und Guillaume einmal mehr seine organisatorischen Fähigkeiten voll zum Tragen bringen konnte. Diese Reisen wurden von Brandts engerer Entourage ab Herbst 1973 als probates Mittel angesehen, um den Kanzler von seinen Depressionen zu befreien und dem für ihn immer schwieriger werdenden Bonner Politikalltag mit wachsender auch innerparteilicher Kritik zumindest kurzzeitig zu entziehen. Brandt als in der Bevölkerung immer noch populärer Regierungschef sollte durch den Kontakt mit dem Wahlvolk wieder Kraft tanken. In den vier Monaten des Jahres 1974 bis zu seiner Verhaftung war Guillaume noch fünf Mal mit dem Kanzler für insgesamt zehn Tage unterwegs, letztmalig vom 4. bis zum 9. April auf Informations- und zugleich Wahlkampftour in Niedersachsen für die anstehenden Landtagswahlen. »Er konnte hervorragend organisieren. Er hatte die Termine des Kanzlers im Kopf und war deshalb für die Journalisten unentbehrlich. Wir waren alle nett zu ihm. Wen er mochte (mich zum Beispiel), setzte er gern noch auf die Liste derer, die Brandt bei Informationsreisen begleiten konnten. Er hatte häufig noch einen Platz frei im Kanzlerzug«, so Wibke Bruhns, damals für den *Stern* tätig. War Brandt hingegen nicht als Parteichef auf Reisen oder befand er sich als Regierungschef im Ausland, sah Guillaume den Kanzler manchmal wochenlang nicht. Der Parteireferent konnte nicht einfach ins Arbeitszimmer des Kanzlers platzen, sondern musste wie jeder Mitarbeiter der Regierungszentrale um einen Termin bitten. So gab es beispielsweise von Mitte Januar bis Ende Juni 1973 in Bonn nur fünf Unterredungen des Kanzlers mit Guillaume oder Besprechungen Brandts mit anderen Personen, zu denen der Referent hinzugezogen wurde.[87]

Nur auf den Reisen mit dem Kanzler hatte Guillaume potenziell Zugang zu allen gerade bearbeiteten Regierungsdokumenten selbst der Kategorien »geheim« oder »streng geheim«. Denn dann musste er, sofern nicht Wilke oder Schilling mitreisten, als einziger Vertreter des Kanzlerbüros Brandt die wichtigsten Fernschreiben aus der Zentrale vorlegen und die Anweisungen des Regierungschefs an das Palais Schaumburg weiterleiten. Die Fernschreiben waren dann als »Zur Unterrichtung des Bundeskanzlers – über Herrn Guillaume« gekennzeichnet und wurden entsprechend von den Fernmeldespezialisten des BND nach der Entschlüsselung dem Referenten überreicht. Ein Großteil dieser dem Kanzler nachgesandten Unterlagen bestand jedoch aus Presseauswertungen des Bundespresseamtes (BPA). Besonders wichtige Unterlagen wurden dem reisenden Kanzler stets per Kurier persönlich nachgeschickt, jedoch in der Regel vom mitreisenden Referenten in Empfang genommen.[88]

Brandts ungeliebter Referent

Guillaume glaubte, eine Art Privatsekretär Brandts zu sein, der selbstherrlich die Reisen seines Chefs organisieren könne. Lars Brandt, damals ein junger Soziologiestudent, über die erste Begegnung: »Jovial lächelnd reichte der Mann mir die Hand und nannte seinen Namen. Über schlichtere Ausstrahlung konnte man nicht verfügen als der neue Mitarbeiter in jenem Gefolge, das V. (Vater, E.M.) morgens abholte und abends heimgeleitete. Die bodenständige Biederkeit, die er vor sich hertrug, vielleicht suggerierte sie ja Verläßlichkeit. Mir fiel eher auf, wie ungebildet dieser Mann auch im Vergleich zu Beamten um V. herum war, von denen der eine auch schon mal Robert Walser las oder der andere Chopin spielte (...). ›Er ist ein Holzkopf, mit dem ich mich nicht unterhalten kann‹, bestätigte V., als ich ihn darauf ansprach. Aber er tat wieder so, als sei es nicht seine Angelegenheit. Daß er entscheiden konnte, ob er ihn um sich haben wollte oder nicht, es eigentlich auch mußte, ignorierte er.« Brandt hielt zwar nichts von Guillaume, bediente sich aber gleichwohl gern dessen Effizienz und der freiwilligen Sonderdienste. Dies geschah auch deshalb, weil Brandt schon seit seiner Zeit als Regierender Bürgermeister von Berlin dem Alltag entrückt war: Er trug weder eine Uhr noch ein Portemonnaie bei sich, im Vertrauen darauf, dass dienstbare Geister ihm schon aushelfen würden. Und Guillaume, dem Kanzler treu ergeben, war sich für keine Handreichung zu schade. So trug er auch alsbald den Aktenkoffer des Regierungschefs, eine Aufgabe, für die bislang die Personenschützer zuständig gewesen waren. Diese zeigten sich dankbar dafür, dass der Referent ihnen die lästige Pflicht abnahm, zumal sie so beide Hände frei hatten, falls es zu einer brenzligen Situation für den Kanzler kommen sollte.[89]

Guillaume sah in dem 13 Jahre älteren Brandt eine Art Ersatzvater, so wie er sich in den fünfziger und sechziger Jahren dem 1969 verstorbenen Paul Laufer unterworfen hatte. »Günter Guillaumes Verhältnis zu Willy Brandt war auf eine strapaziöse Art servil. Wer den Referenten über seinen Chef aushorchen wollte, erlebte den Hofhund, der um sich biß, wo gar nicht angegriffen wurde. ›Den Alten bei Laune halten‹ war Guillaumes stetes Bemühen, er sammelte Zustimmung für seinen Herren, wo immer er sie besorgen konnte. Die Zustimmung Willy Brandts erhielt er nicht (...). Er (Brandt, E. M.) ertrug ihn, aber hielt sich ihn, soweit es ging, vom Leib«, schrieb Wibke Bruhns über das Verhältnis der beiden Männer.[90]

Letztlich ist es im Rückblick schwer zu entscheiden, warum Guillaume Brandt so treu diente: Waren es Verehrung und persönliche Loyalität, oder wollte der Referent einfach nahe an der Macht sein, sei es aus persönlicher Eitelkeit und Karrierestreben oder aus der Neugier des Kundschafters heraus? Später, in der Haft, äußerte sich Guillaume in den Briefen an seine Frau eher abfällig über Brandt: Schon das Misstrauensvotum vom April 1972 habe Brandt nicht gewonnen, weil er der bessere Regierungschef gewesen sei, sondern weil es der CDU/CSU an Fraktionsdisziplin gefehlt habe. Schmidt sei als Kanzler vorzuziehen, da der Hamburger vor allem in Zeiten der Not führen könne und glaubwürdiger sei. An anderer Stelle schrieb Guillaume vom »scheinheilige(n) W. B.«. »Dieser Mollusk wird sich erneut verkriechen, wenn für ihn die Stunde der Wahrheit kommt.« Allerdings sind die Äußerungen von 1974/75 in den zeitlichen Kontext zu stellen und spiegeln nicht notwendigerweise Guillaumes Einstellung zu Brandt in den Jahren als Kanzleramtsreferent wider. Denn als Guillaume die Gefängnisbriefe an seine Frau verfasste, hatte sich Brandt in der Öffentlichkeit bereits wiederholt despektierlich über seinen ehemaligen Mitarbeiter geäußert. Guillaume nahm es Brandt paradoxerweise auch übel, dass dieser die Enttarnung seines Referenten zum Anlass für seinen Rücktritt genommen hatte, anstatt verbissen um seine Kanzlerschaft zu kämpfen.[91]

Den Kanzler als Person auszuspionieren war für den Agenten tabu. Zudem war Brandt bekannt als großer Schweiger: »Der Mann kann stundenlang durch den Wald laufen, ohne ein Wort zu sagen«, vertraute Guillaume Wibke Bruhns an. Der Politiker konnte zwar als Redner die Massen begeistern, im persönlichen Umgang aber blieb er eher distanziert. Dies galt umso mehr für Personen wie Guillaume, die Brandt, der das geistig anregende Gespräch suchte und sich dafür gern mit Denkern und Künstlern umgab, frühzeitig als Funktionär mit beschränktem politischen Horizont abqualifiziert hatte. Guillaume in seinem ausgeprägten Antiintellektualismus schrieb dazu in seinen Memoiren:»Eine glänzende Geistreichelei fand häufig mehr Beifall als ein solider, aber bieder vorgebrachter Gedanke.«[92] Brandt wird also Guillaume kaum in seine politischen Gedanken und Pläne eingeweiht oder Optionen mit ihm diskutiert haben, geschweige denn dessen Einflüsterungen zugänglich gewesen sein, falls Guillaume überhaupt eine andere Agenda besaß als die konstante Warnung vor den Jusos. SIRA jedenfalls verzeichnet für 1973 und 1974 keine Berichte über die Person Brandts, abgesehen vom Entwurf der Hannoveraner Parteitagsrede, den »Hansen« lieferte. Dieser wurde aber erst acht Tage, nachdem Brandt am 11. April 1973 die Rede gehalten hatte, in SIRA eingespeist, also zu einem Zeitpunkt, da man ihren Inhalt längst der Presse entnehmen konnte.

Brandts Abneigung gegen Guillaume wuchs, je länger er ihn ertragen musste. Doch des Kanzlers Scheu vor unangenehmen personalpolitischem Entscheidungen und sein Hang zur Tatenlosigkeit seit dem Wahlsieg vom November 1972 hinderten ihn daran, energisch auf die Versetzung Guillaumes zu drängen. Die generelle Zurückhaltung des Kanzlers im Umgang mit anderen Menschen und sein in der Regel freundlicher Ton gegenüber Mitarbeitern bewirkten zudem, dass Guillaume die wachsenden Vorbehalte seines Chefs ihm gegenüber nicht bemerkte. Während die Umgebung diese Entwicklung durchaus wahrnahm, fehlten Guillaume laut Schilling schlichtweg die Sensoren dafür, dass der Kanzler wenig von ihm hielt und ihn zu meiden versuchte. Für Samstag, den 26. Mai 1973 findet sich in Brandts persönlichem Terminkalender der Eintrag »19 Uhr 30 Guillaume Ubierstraße 107«, allerdings mit einem anderen Stift, also vermutlich nachträglich, in Klammern gesetzt. Offenbar hatte der Referent den Kanzler zum Abendessen zu sich nach Hause eingeladen. Doch war Brandt nicht Willens, diese Offerte anzunehmen. Vielmehr unternahm er parallel Anstrengungen, Guillaume wieder loszuwerden. Am 25. Mai 1973 bestellte der Kanzler Grabert in sein Arbeitszimmer, um einige aktuelle Fragen zu besprechen. Am Schluss der Unterredung trug Brandt Grabert auf, eine andere Verwendung für Guillaume zu suchen: »Diese Herumwieselei und sein unterwürfiges Gehabe gehen mir auf die Nerven. Ich brauche da einen soliden Mann«, sollen laut Grabert, für den dieser Auftrag ganz unerwartet kam, Brandts Worte gewesen sein. Grabert fand zu Beginn der nächsten Woche nach einigen Telefonaten eine Stelle für Guillaume im Verkehrsministerium, die sogar in Bezug auf die Gehaltsstufe wie eine Beförderung aussehen würde, und ging dann für einige Tage in den

Urlaub. Als er am 4. Juni wieder ins Kanzleramt zurückkam und am Abend jenes Tages bei seiner nächsten Besprechung mit dem Bundeskanzler diesen über die Möglichkeit unterrichtete, Guillaume rasch ins Verkehrsministerium wegloben zu können, hatte sich die Situation bereits grundlegend verändert.[93]

Der Verdacht

Risiken des Westeinsatzes für DDR-Spione

Die HVA bestach, wie Richard Meier, der ehemalige Präsident des BfV, 1992 schrieb, nicht durch herausragende Einzelagenten, sondern durch das systematische Vorgehen eines gut geölten bürokratischen Apparates. Dieser verwendete große Sorgfalt auf die gründliche Ausbildung seiner IM und plante und handelte in langfristigen Perspektiven denkend, anstatt auf schnelle Ergebnisse aus zu sein, welche die Agenten gefährden könnten. Gleichwohl entwickelten häufig HVA-Agenten, wie bei den vielen Spionageprozessen vor dem OLG Düsseldorf deutlich wurde, ob ihrer im Westen illegalen Tätigkeit regelrechte Verfolgungspsychosen, selbst wenn objektiv für sie keine Gefahr bestand. Sie neigten zu geradezu krankhaftem Misstrauen ihrer westdeutschen Umwelt gegenüber oder reagierten beim kleinsten Anlass panisch, so dass sie mühsam wieder von ihren Führungsoffizieren bei Treffs psychologisch aufgerichtet werden mussten. Diese Einschätzung teilte ein HVA-Offizier in einer MfS-Doktorarbeit von 1978: »Die Belastungen der Übersiedlungs-IM im Operationsgebiet resultieren nicht nur aus außergewöhnlichen Situationen, aus besonders gefährlichen Aufträgen und anderen Höhepunkten der operativen Arbeit. Allein die ›normale‹ Existenz im Operationsgebiet stellt an alle IM hohe Anforderungen durch die Erfordernis der ständigen Wachsamkeit.« Die Arbeit spricht ebenso von Verfolgungspsychosen und manchmal panischen Reaktionen der Kundschafter schon bei geringen Problemen im Kontakt mit westdeutschen Behörden. Die West-IM betrachteten vor allem das Verbindungswesen als Achillesferse ihrer konspirativen Tätigkeit, wie eine andere MfS-Doktorarbeit von 1970 auf Basis von Befragungen der Kundschafter herausfand: Sie fürchteten, dass Kuriere und Instrukteure auf dem Weg zwischen Ost-Berlin und ihnen abgefangen werden und dadurch die westdeutsche Spionageabwehr auf ihre Spur führen könnten. Ferner hatten die Kundschafter Angst vor »Maulwürfen« in der Zentrale, die ihre Identität verraten könnten. Ihr eigenes Fehlverhalten hingegen sahen sie kaum als Ursache für eine potenzielle »Dekonspiration« an.[1] Die HVA konterte diese Befürchtungen, indem sie behauptete, normalerweise führe nur die eigene Unachtsamkeit der Agenten zu ihrer Enttarnung. Würde man hingegen die Regeln beachten, so sei das Risiko minimal. Dies wiederum war eine Einschätzung, welche die westdeutschen Spionageabwehrspezialisten im Wesentlichen teilten.[2]

Eingeschleuste IM machten sich manchmal dadurch verdächtig, dass sie sich als westdeutsche Geschäftsleute ausgaben und in guten Hotels abstiegen, aber mit Trinkgeldern geizten, keine Taxis benutzten und frugale Mahlzeiten einnahmen, um die wertvollen Devisen für andere Zwecke aufzusparen. Andere fielen durch ungehemmten Kaufrausch, vereinzelt sogar Ladendiebstahl auf. Günter und Christel Guillaume jedoch verhielten sich, soweit es sich rekonstruieren lässt, bis 1973 als Agenten, denen seit der Übersiedlung in die Bundesrepublik kaum Fehler unterlaufen waren. Eine Ausnahme bildeten die Diskrepanzen, die sich aus den verschiedenen Versionen von Guillaumes Lebensläufen ergaben, die er 1956 beziehungsweise 1969/70 für die westdeutschen Behörden angefertigt hatte. Diese waren aber vorerst unbeachtet durchgegangen.

Nicht gefeit jedoch waren die HVA und ihre vorsichtigsten Kundschafter vor dem berühmten »Kommissar Zufall«. Dieser half dem BfV weitaus am häufigsten bei der Enttarnung von Übersiedlungs-IM. Es konnte ein harmloser Verkehrsunfall eines IM sein, bei dem sich anlässlich der routinemäßigen Personalienüberprüfung durch die Polizei herausstellte, dass die tatsächliche Person, deren Identität sich der IM bediente, inzwischen innerhalb der Bundesrepublik umgezogen war, was die HVA aber nicht registriert hatte, und daher der Personalausweis des IM noch die alte Adresse trug. Oder ein IM geriet in eine Personenkontrolle, und es ergab sich dabei, dass der wahre Namensträger mittlerweile von den westdeutschen Behörden wegen einer Straftat oder Verletzung der Unterhaltspflicht gesucht wurde, dies aber der HVA entgangen war. Ohne diese Zufallsfunde glich die Fahndung nach DDR-Agenten in der Bundesrepublik der sprichwörtlichen Suche nach der Stecknadel im Heuhaufen angesichts des professionellen Vorgehens der HVA und ihrer gut geschulten Agenten im Westen.[3]

Die Gefahr der zufälligen Enttarnung nahm seit Anfang der siebziger Jahre im Übrigen zu. Der Linksterrorismus der »Rote Armee Fraktion« (RAF) und anderer Gruppierungen führte zu wesentlich verschärften und häufigeren Personenkontrollen in der Bundesrepublik als bislang.

Im Zuge dessen wurde auch das BKA deutlich ausgebaut, das seine Mitarbeiterzahl zwischen 1969 und 1974 mehr als verdoppelte. Es schuf unter seinem neuen Chef Horst Herold die Grundlagen einer mit modernsten Mitteln betriebenen Rasterfahndung und konnte fortan rasch Personendaten abfragen und überprüfen. Diese der Terrorismusgefahr geschuldete Modernisierung des Polizeiapparates führte dazu, dass sich als zufälliger Nebeneffekt mehr Kundschafter im westdeutschen Fahndungsnetz verfingen. Die HVA-Schule in Belzig ging in einer Studie in den siebziger Jahren bereits pessimistisch davon aus, dass der so geschaffene computergestützte Überwachungsstaat im Westen alsbald jegliche »Aufklärung« im Operationsgebiet unmöglich machen werde.[4]

Der Zufall führt den Verfassungsschutz auf die Spur

»Kommissar Zufall« und die anfangs falschen Schlussfolgerungen eines ambitionierten und hartnäckigen Beamten des BfV in der Abteilung IV »Spionageabwehr«, nicht etwa ein Fehlverhalten als Agenten, wurde schließlich den Guillaumes zum Verhängnis. Am Anfang der Enttarnung[5] stand der »Fall Gersdorf«. Der ursprünglich aus Frankfurt am Main stammende Pressefotograf Gersdorf wurde vom BfV der Spionage verdächtigt. Guillaume, den Gersdorf anknüpfend an die gemeinsame Frankfurter Vergangenheit 1971 um einen Versorgungsposten in der Bonner Regierungsmaschinerie angegangen hatte, galt als sein Duzfreund. Folglich stellte im Mai 1972 der Regierungsoberamtsrat Heinrich Schoregge der Abteilung IV des BfV zu Guillaume Recherchen im »Nachrichtendienstlichen Informationssystem« (NADIS) an, der amtseigenen Datenbank. Das System führte nicht nur Personen auf, die der Spionage verdächtigt wurden. Es speicherte ebenso deren Kontakte zu Menschen, die Referenzen gegeben oder als Zeugen in Prozessen ausgesagt hatten. Ferner führte es schlichtweg Personen auf, die für die DDR-Spionage interessant sein könnten oder, was durchaus häufig vorkam, die von der HVA hinsichtlich einer möglichen Zusammenarbeit vergeblich kontaktiert worden waren und dies dem Verfassungsschutz gemeldet hatten. So reagierte der neue Bundesinnenminister Genscher 1970 verärgert, als er als oberster Dienstherr des BfV in Köln NADIS vorgeführt bekam und bei der Eingabe seines Namens feststellen musste, dass auch er dort registriert war, weil er vor Jahren von den DDR-Behörden als interessante Zielperson erfasst worden war.[6] Aus

NADIS ergab sich, dass Guillaume bereits im Herbst 1965 bei Ermittlungen der Staatsanwaltschaft in Frankfurt gegen das Ehepaar Harri und Ingeborg Sieberg, das schließlich im Mai 1966 wegen Spionage für die DDR 15 beziehungsweise sechs Monate Gefängnis erhielt, als Zeuge vernommen worden war. Guillaume hatte der Frau, die wie ihr Mann SPD-Mitglied war, eine Anstellung als Sekretärin beim Unterbezirk Frankfurt verschafft, ohne dass man um die gemeinsame HVA-Tätigkeit wusste. Die Siebergs flogen auf, nachdem die Ehefrau versehentlich den Anzug ihres Mannes in die Reinigung gebracht hatte, in den Mikrofilme mit Dokumentenaufnahmen für das MfS eingenäht waren. Die Reinigungsfirma entdeckte diese und alarmierte die Polizei.[7]

Am 22. September 1972 kam es in West-Berlin zur Verhaftung des Gewerkschaftsfunktionärs Wilhelm Gronau – der für die HVA seit 1955 den Vorstand des DGB in Düsseldorf ausspioniert hatte –, als er sich mit seinem Instrukteur aus Ost-Berlin namens Klaus Kuhnert traf. Gronau hatte ein besprochenes Tonband und zwei Minoxfilme mit Dokumenten des DGB-Vorstandes bei sich, Kuhnert 3600 DM, die er Gronau übergeben sollte. Kuhnert führte außerdem einen Zettel bei sich, auf dem er sich leichtsinnigerweise den Namen Guillaume notiert hatte. Dieser war als Gedächtnisstütze gedacht, um Gronau davor zu warnen, engen Kontakt zu Guillaume zu suchen. Der sei angeblich ein politisch gefährlicher rechter SPD-Mann mit Kontakten zur westdeutschen Spionageabwehr. Hintergrund dieser Warnung war, dass Gronau seinem HVA-Führungsoffizier, der ebenfalls in der Abteilung II saß, vorgeschlagen hatte, Guillaume als IM anzuwerben. Die HVA wollte eine solche Initiative verhindern, denn ansonsten hätten beide entdeckt, dass sie für die gleiche »Firma« arbeiteten. Gemäß der strikten Isolation, in der die West-IM nach dem Willen der HVA operierten, sollten weder Gronau noch Guillaume wissen, dass der jeweils andere sich im Nebenberuf als Spion betätigte. Die HVA richtete aus Gründen der besseren Geheimhaltung beziehungsweise Schadensbegrenzung im Falle von Verhaftungen und zur Kontrolle ihrer Kundschafter diese stets nur vertikal auf ihre Residenten im Operationsgebiet und Führungsoffiziere in Ost-Berlin aus. Sie wünschte keine horizontalen Querverbindungen unter den Kundschaftern. Folglich gab es auch keine großen, untereinander vernetzten Agentenringe, sondern nur »Einzelkämpfer«.[8] Am 12. Februar 1973 wurde Guillaume zum Fall Gronau/Kuhnert von der Staatsanwaltschaft als Zeuge vernommen, konnte aber die Kontakte aufgrund des gemeinsamen Arbeitsgebietes Gewerkschaften schlüssig erklären. Gronau wurde schon im September 1973 aus der Untersuchungshaft heraus im Zuge eines Agentenaustausches in die DDR entlassen.

Angesichts des seltenen Namens Guillaume ging Schoregge davon aus, dass in alle drei Fälle – Gersdorf, Sieberg und Gronau – dieselbe Person verwickelt gewesen war. Er hielt es für unwahrscheinlich, dass dies reiner Zufall sein konnte, obwohl es tatsächlich so war. Vielmehr vermutete er, dass Guillaume selbst für die HVA arbeitete und möglicherweise als Resident die drei Quellen betreut hatte. Am 27. Februar 1973 ergab sich in der Kantine des BfV ein zufälliges Gespräch Schoregges mit seinem Kollegen Heinrich Bergmann von jenem Referat, das sich mit den HVA-Funksprüchen befasste. Schoregge erwähnte den seltenen Namen Guillaume, den er in Verbindung mit drei Spionagefällen aus dem Umfeld von SPD und DGB, einem davon in Frankfurt, gerade bearbeitete. Daraufhin erinnerte sich Bergmann an den Fall eines noch nicht identifizierten Mannes, der zwischen 1956 und 1959 als »G.« oder »Georg« im Raum Frankfurt als Resident von der HVA angefunkt worden war und der die SPD ausspionieren sollte. Als Bergmann und Schoregge nun die Funksprüche mit ihrem Wissensstand über Guillaume abglichen, ergaben sich wichtige Indizien, dass »G.« oder »Georg« höchstwahrscheinlich Guillaume sein musste: Die Gratulationsfunksprüche der HVA zu den Geburtstagen passten auf die Lebensdaten von Guillaume und seiner Frau Christel, die zudem in den Funksprüchen gelegentlich als »Chr.« bezeichnet wurde. Den Glückwunsch des Führungsoffiziers zum »zweiten Mann« vom April 1957, also zur Geburt von Guillaumes Sohn Pierre, deuteten die Beamten hingegen vorerst so, dass Guillaume Verstärkung für seine Agententätigkeit angeworben habe. Derart alarmiert, förderten nun weitere Recherchen im BfV zu Guillaume die Unterlagen der Abteilung V aus der Sicherheitsüberprüfung von 1969/70 zutage mit den damals bereits aufgetauchten Verdachtsmomenten. Die Beamten forderten außerdem die Notaufnahmeakte Guillaumes von 1956 an. Sie verglichen die dortigen Angaben im Lebenslauf mit jenen von 1969/70 und deckten die Widersprüche in den verschiedenen Versionen auf, was ihren Verdacht zusätzlich erhärtete. Für Schoregge und Bergmann stand nun aufgrund dieser Indizien aus verschiedenen Quellen fest, dass sie bei Guillaume auf einen Spion gestoßen waren. Weil dieser Mann mittlerweile im Kanzleramt arbeitete, schien dringender Handlungsbedarf geboten. Allerdings wussten sie zu diesem Zeitpunkt noch nicht, dass Guillaume inzwischen zum Referenten im Kanzlerbüro aufgestiegen war und damit in unmittelbarer Nähe

Brandts arbeitete. Basierend auf einem alten Telefonverzeichnis des Kanzleramtes, gingen sie davon aus, dass Guillaume noch die Position eines Verbindungsreferenten zu den Gewerkschaften bekleidete. Nicht etwa neue Erkenntnisse der Spionageabwehr standen also am Anfang vom Ende des Kundschafterehepaares. Den Auslöser bildete vielmehr die durch einen anfangs sogar falschen Verdacht angestoßene, erstmalige systematische Zusammenführung aller zu Guillaume seit den frühen fünfziger Jahren in Westdeutschland vorliegenden Informationen. Als entscheidend erwies sich zudem, dass diese Erkenntnisse nunmehr erstmals gründlich durch Spezialisten der Spionageabwehr analysiert wurden, die sich gut mit der Rekrutierung, Einschleusung und Agentenführung der HVA auskannten.

Schoregge und Bergmann fertigten ein auf den 11. Mai 1973 datiertes 19-seitiges Memorandum an, in dem sie alle Verdachtsmomente auflisteten: »Nach dem Ergebnis der Auswertung ist mit ziemlicher Sicherheit anzunehmen, daß die Eheleute Günter und Christel Guillaume eingeschleuste Mitarbeiter der HVA sind.« Die Verfasser schlugen vor, die Guillaumes ab Anfang Juni 1973 zu observieren und sogenannte G-10-Maßnahmen einzuleiten, also deren Telefonate abzuhören und die Post des Paares zu überwachen, um gerichtsverwertbare Beweise gegen sie zu sammeln. Bislang ließ sich nur vermuten, dass die Guillaumes mit der HVA in Kontakt standen, es konnte jedoch nicht bewiesen werden, dass sie tatsächlich Informationen weitergeleitet hatten. Voreiliges exekutives Handeln, also eine Hausdurchsuchung oder Vernehmung, so hieß es in dem Memorandum, sei zu diesem Zeitpunkt nicht ratsam. Vermutlich sei Guillaume aufgrund der Fälle Gersdorf/Sieberg/ Gronau äußerst vorsichtig geworden und habe wahrscheinlich alle Beweismittel, die auf eine nachrichtendienstliche Tätigkeit hindeuteten, bereits vernichtet. Das Memorandum von Schoregge und Bergmann ging an ihren unmittelbaren Vorgesetzten Hans Watschounek, der es, mit einer ausführlichen befürwortenden Stellungnahme versehen, an den Leiter der Abteilung IV, Albrecht Rausch, weiterreichte. Am 25. Mai landeten die Schriftstücke auf dem Tisch des Präsidenten des BfV, Günther Nollau. Während Schoregges und Bergmanns Ausarbeitung über Guillaume im BfV hochgereicht wurde, erschien am 20. Mai zufälligerweise in der *Bild* in der Reihe »Die heimlichen Herrscher Bonns« ein kurzes Porträt über Willy Brandts Parteireferenten Günter Guillaume. Doch ging man im BfV weiterhin davon aus, dass Guillaume Verbindungsreferent zu den Gewerkschaften sei.[9]

Am 28. Mai beriet Nollau mit dem Vizepräsidenten des BfV, Hans Bardenhewer, sowie mit Rausch und Watschounek den Fall. Bei der Besprechung stimmten alle den Schlussfolgerungen des Memorandums und den vorgeschlagenen Maßnahmen zu. Man wollte die Guillaumes observieren, ohne dass es zu Änderungen in ihrem Arbeitsumfeld kommen sollte, weil dies das Ehepaar nur alarmieren und zur Änderung ihres Verhaltens animieren würde. Die Observation würde bei Christel Guillaume ansetzen. Zum einen ging aus den entschlüsselten Funksprüchen hervor, dass sie bereits in den fünfziger Jahren gelegentlich als Kurierin fungiert hatte. Zudem vermutete man, dass Günter Guillaume angesichts der Ereignisse der letzten Zeit Kontakte zu HVA-Kurieren oder Residenten scheute und lieber seine Frau vorschickte. Durch die zeitraubende Tätigkeit im Kanzleramt würde er ohnehin nicht viel Gelegenheit haben, sich mit Abgesandten der HVA zu treffen.[10]

Der Entschluss, durch eine Observation Erkenntnisse über die Guillaumes zu sammeln, die ausreichen würden, um Staatsanwaltschaft und Polizei einzuschalten und eine Verhaftung erwirken zu können, kam auch deshalb zustande, weil das BfV nur ungern die entschlüsselten Funksprüche als Beweismittel in ein mögliches Strafverfahren einbringen wollte. Denn dies hätte der HVA deutlich gemacht, dass ihr Funkverkehr über Jahre hinweg vom Gegner abgehört worden war und dieser daher bessere Kenntnisse über die Operationen der HVA und ihre Agenten besaß, als man in Ost-Berlin annahm.[11] Im Jahre 1965 zog es das BfV in einem Fall sogar vor, ein Ermittlungsverfahren gegen einen spionageverdächtigen Journalisten lieber mangels Beweisen einstellen zu lassen, als der Staatsanwaltschaft die ihn belastenden Funksprüche auszuhändigen und damit zu riskieren, dass der Entschlüsselungscoup der Verfassungsschützer öffentlich wurde. Obwohl die Koinzidenz von Entschlüsselung der Funksprüche Ende 1958 durch das BfV und Wechsel des Funkcodes durch die HVA Anfang 1959 der Kölner Spionageabwehr eigentlich hätte nahelegen müssen, dass Ost-Berlin das vorübergehende Mithören seitens des Gegners rasch erkannt hatte, bildete sich das BfV noch Anfang der siebziger Jahre ein, in dieser Beziehung einen Wissensvorsprung und damit taktischen Vorteil gegenüber der HVA zu besitzen. Diese letztlich auf einer falschen Prämisse basierende taktische Erwägung des BfV, dem angeblich unwissenden Gegner nicht zu zeigen, dass man seinen Funkcode Ende der fünfziger Jahre geknackt hatte, bewirkte nicht zuletzt, dass Guillaume trotz Verdachtsmomenten unbehelligt über Monate weiter im Kanzleramt arbeiten konnte. Noch in dem im November 1974 als Bundestagsdrucksache veröffentlichten Bericht der von Bundesinnenminister Genscher initiierten Kommission »Vorbeugender Geheimschutz« sowie im Abschlussbericht des Untersuchungsausschusses des Deutschen Bundestages zum Fall Guillaume vom Februar 1975, ebenfalls als Bundestagsdrucksache der Allgemeinheit damals sofort zugänglich, wird nur vage von weiteren, durch technische Verfahren erzielten Erkenntnissen gesprochen, die zusätzlich zu den Verbindungen in den Fällen Gersdorf/Gronau/Sieberg und den Verdachtsmomenten aus der Sicherheitsüberprüfung von 1969/70 aufgetaucht seien. Bis 1975 waren die entschlüsselten Funksprüche zwar in mehr als achtzig Fällen erfolgreich zur Identifizierung von HVA-Agenten eingesetzt worden. Bei den Gerichtsverfahren erwies sich die Beweislage aufgrund anderer Indizien jedoch stets als so günstig, dass man auf die Erkenntnisse der Funkaufklärung des BfV verzichten konnte.[12] Erst beim Guillaume-Prozess im Herbst 1975 führte angesichts der relativ dünnen Beweislage der Bundesanwaltschaft kein Weg mehr daran vorbei, die Funksprüche in das Gerichtsverfahren einzubringen, wollte man eine Verurteilung des Ehepaares sicherstellen.

Ermittlungen in Spionagefällen waren, wie das Beispiel der Funksprüche zeigt, für die westdeutschen Behörden stets ein Balanceakt. Einerseits mussten sie genügend gerichtstaugliche Beweise in einem öffentlichen, rechtsstaatlichen Verfahren liefern, um die Verurteilung von Agenten zu gewährleisten. Andererseits wollte das BfV nicht dem Gegner östlich der Elbe zu viele Hinweise darauf geben, wie die eigene Spionageabwehr arbeitete und was man über die HVA tatsächlich wusste.[13]

Fatale Entscheidungen in Verfassungsschutz und Kanzleramt

Bei der Besprechung am 28. Mai im BfV unter Leitung Nollaus kam man darin überein, dass angesichts der möglichen Brisanz des Falles Innenminister Genscher als oberster Dienstherr der Behörde unbedingt informiert werden müsse. Eine weitere Notwendigkeit, Genscher einzuschalten ergab sich daraus, dass G-10-Maßnahmen – deren Name daher rührt, dass sie einen Eingriff in das in Artikel 10 des Grundgesetzes verbürgte Post- und Fernmeldegeheimnis darstellen – zwar nicht einer richterlichen, aber bei Spionagefällen einer Genehmigung des Bundesinnenministers bedürfen. Dieser wiederum muss sie beim G-10-Ausschuss des Bundestages absegnen lassen. Nollau ersuchte noch am selben Tag telefonisch um einen Termin bei Genscher. Die Präsidenten von BfV wie BKA hatten aufgrund der Bedeutung ihrer Behörden für die innere Sicherheit der Bundesrepublik eine Art Immediatsvortragsrecht beim Bundesinnenminister, von dem sie aber nur sparsam Gebrauch machten. Folglich wusste Genscher, dass es sich bei Nollaus Terminwunsch um eine äußerst wichtige Angelegenheit handeln musste. Am Dienstag, dem 29. Mai 1973 um 10 Uhr morgens, saß Nollau im Amtszimmer Genschers. Zugegen war außerdem dessen Büroleiter Klaus Kinkel. Nollau informierte Genscher über den Verdacht gegen Guillaume, »einen engen Mitarbeiter Brandts«, wie es in Kinkels Vermerk über das Gespräch hieß, ohne näher die Funktion Guillaumes im Kanzleramt zu benennen. Der Präsident des BfV zählte gegenüber seinem Dienstherrn laut Kinkels Notiz nicht alle Indizien auf, die seine Mitarbeiter zusammengetragen hatten, sondern erwähnte nur die Funksprüche und die Ungereimtheiten in Guillaumes Lebenslauf vor der Flucht in den Westen. Genscher erhielt somit den Eindruck, dass es sich lediglich um einen relativ vagen Verdacht handelte. »Von Nollaus Mitteilungen war ich im höchsten Sinne elektrisiert – nicht wegen der Wucht der Verdachtsmomente, sondern wegen der Nähe Guillaumes zum Bundeskanzler«, so Genscher. Der Minister stimmte den vorgeschlagenen Maßnahmen, also Observation und Überwachung von Post und Telefon des Ehepaars, zu, bestand aber darauf, dass Brandt über diesen Fall unbedingt informiert werden müsse und ebenfalls seine Zustimmung zum Vorgehen geben solle, denn eine Observation Guillaumes bedeutete möglicherweise zugleich eine Beobachtung des Regierungschefs. Nollau hingegen hätte unverständlicherweise Brandt wie auch das Kanzleramt zunächst lieber im Unklaren über den Verdacht und die vom BfV geplanten Maßnahmen gelassen. Seine Begründung hierfür gegenüber Genscher war, dass man mit den Observationen erst einmal nur die Frau des Referenten anvisierte.[14]

An jenem Dienstag war ohnehin von 13.15 bis 15.30 Uhr ein Koalitionsgespräch im Kanzlerbungalow anberaumt. Am Ende des Treffens bat Genscher Brandt noch um eine Unterredung unter vier Augen, die im Arbeitszimmer des Bundeskanzlers stattfand. Genscher fragte Brandt zunächst, ob der Bundeskanzler in seinem Amt einen Mitarbeiter mit einem französisch klingenden Namen habe. Brandt erwähnte sofort seinen Parteireferenten Guillaume, woraufhin Genscher ihm von dem Verdacht des BfV gegen diesen erzählte und sich nach der genaueren Funktion Guillaumes erkundigte. Brandt erklärte, dass der Referent an der Grenzlinie zwischen Regierungs- und Parteitätigkeit arbeite, was der Innenminister in etwa mit den Worten »dann kommt er ja an Regierungssachen nicht heran« quittierte. Gleichwohl bat er den Kanzler, einer Observation zuzustimmen. Zugleich solle gemäß dem Vorschlag des BfV nichts an Guillaumes Arbeitsroutine im Kanzleramt verändert werden, damit der Referent keinen Verdacht schöpfe. Brandt solle zudem keinem im Kanzleramt mitteilen, dass einer der Mitarbeiter unter Spionageverdacht stehe. Der Regierungschef hielt die Beschuldigung gegen Guillaume zwar für abwegig, erklärte sich aber dennoch mit der Vorgehensweise des BfV einverstanden. Er informierte zudem Genscher darüber, dass Guillaume bei seinem für den ganzen Juli geplanten Erholungsurlaub in Norwegen, dem Heimatland von Brandts Frau Rut, als Verbindungsmann des Kanzlerbüros zum Palais Schaumburg eingeteilt sei, und fragte, ob die Regelung ebenso für diesen besonderen Fall gelte. Genscher versprach, deswegen nochmals mit Nollau Rücksprache zu halten. Am 30. Mai rief Genscher Nollau an und informierte ihn darüber, dass Brandt allem zugestimmt habe, fragte aber den Chef des BfV, ob der Grundsatz, nichts an Guillaumes Arbeitsalltag und Aufgaben zu ändern, ebenso für die Norwegenreise gelte. Nollau bestätigte, dass Guillaume wie geplant nach Skandinavien mitreisen könne. Spätestens zu diesem Zeitpunkt musste dem Präsidenten des BfV deutlich werden, dass Guillaume nicht mehr als Referent für Verbindungen zu den Gewerkschaften arbeitete, sondern im Kanzlerbüro eine wesentlich sensiblere Position bekleidete. Dies änderte aber trotzdem nichts an der einmal beschlossenen Vorgehensweise seitens der Verfassungsschützer. Noch am selben Tag rief der Innenminister Brandt an und bestätigte ihm, dass es bei der bereits getroffenen Urlaubsregelung für Norwegen bleiben solle. Nollau allerdings unterließ es, seine Abteilung Spionageabwehr zu benachrichtigen, die somit nichts von der Reise des Agenten mit dem Kanzler wusste, geschweige denn irgendwelche Planungen für eine Observation in Norwegen anstellen konnte.[15] Nollaus Verhalten im Fall Guillaume wies eine merkwürdige Diskrepanz auf: Er versuchte gleich zu Beginn des Verdachtes gegen den Kanzleramtsreferenten, sich bei seinem Vorgesetzten abzusichern. In der Folgezeit aber ließ er die Zügel in der Ermittlungsarbeit seiner Behörde gegen das Ehepaar Guillaume schleifen.

Noch am 30. Mai informierte Brandt unter dem Siegel der Verschwiegenheit Wilke über den Verdacht gegen Guillaume. Wilke hatte inzwischen wie sein Chef eine persönliche Aversion gegen Guillaume entwickelt. Im Juli 1974 gab er der Kommission »Vorbeugender Geheimschutz« der Bundesregierung seine Reaktion zu Protokoll: »Ich habe mir nach der Mitteilung des Bundeskanzlers natürlich angefangen, Gedanken über Günter Guillaume zu machen. Dabei habe ich den Verdacht für absolut unglaubwürdig gehalten, zumal ich dieses Maß an Verstellung Guillaume nach seinem ganzen Zuschnitt nicht zugetraut habe. Er war einerseits geistig nicht übermäßig beweglich, andererseits gab er sich als absolut loyaler Mann des Kanzlers, der geradezu fürsorglich war. Ich habe weisungsgemäß auch nichts an dem Einsatz von Guillaume geändert. Irgendwelche Anweisungen ins Haus zu geben war nicht meine Sache.« Wilke machte den Bundeskanzler ebenfalls darauf aufmerksam, dass Guillaume für Norwegen eingeteilt sei. Wilke selbst hatte schon seit längerem Urlaub eingereicht für diesen Zeitraum, um endlich einmal mit seiner Familie verreisen zu können, und Schilling als sein Vertreter musste die Stellung im Bundeskanzleramt halten. Wilke dazu im Juli 1974: »Ich habe, als ich meinen Urlaub antrat, von mir aus keine Notwendigkeit gesehen, Vorsorge dagegen zu treffen, dass Guillaume in Norwegen Geheimsachen erhielt. Ich bin davon ausgegangen, daß der Kanzler umgeben war von Angehörigen des BND und der Sicherungsgruppe (des BKA, E.M.) und bin davon ausgegangen, daß die Sicherheitsbehörden auch den Urlaub des Kanzlers unter ihrer Kontrolle behalten. Deshalb habe ich Schilling, entsprechend der Weisung niemandem etwas zu sagen, nicht unterrichtet. Ich habe auch dem Kanzler nicht vorgeschlagen, ihn seinerseits zu unterrichten.«[16]

Am Montag, dem 4. Juni, als Grabert nach seinem Kurzurlaub Brandt vorschlug, Guillaume ins Verkehrsministerium wegzuloben, informierte der Bundeskanzler diesen ebenfalls über die neue Situation. Auch gegenüber Grabert äußerte er, dass er nicht an eine Agententätigkeit Guillaumes glaube. Weil das BfV keine Veränderung des Arbeitsumfeldes von Guillaume wünsche, um ihn gleichsam unter Idealbedingungen zu observieren, könne der Referent vorerst nicht auf einen anderen Posten abgeschoben werden.[17] Grabert fragte daraufhin beim BfV nochmals nach, ob Guillaume tatsächlich mit nach Norwegen reisen solle, was ihm erneut bestätigt wurde. Bis zu Beginn des Jahres 1974 wusste im Kanzleramt außer Brandt, Grabert und Wilke niemand vom Verdacht gegen Guilllaume. Zudem war Grabert und Wilke, die dem Kanzler jeweils Verschwiegenheit versprochen hatten, nicht klar, dass der andere über den Sachverhalt Bescheid wusste. Dies erschwerte jeglichen koordinierten Versuch, den Referenten von sensiblem Material im Kanzleramt fernzuhalten.

Nollau kontaktierte zudem am 4. Juni den Fraktionsvorsitzenden und Sicherheitsbeauftragen im Parteivorstand der SPD, Herbert Wehner, wegen des Verdachtsfalles. Jede der im Bundestag vertretenen Parteien wurde seit Ende der fünfziger Jahre durch spezielle, von diesen ausgewählte Beamte »je nach Sachlage« streng vertraulich über die Erkenntnisse der Verfassungsschützer zur Unterwanderung der Parteien durch Extremisten oder Ostagenten unterrichtet. Für die SPD hatte seit 1960 Nollau, zunächst als seinerzeitiger Abteilungsleiter im BfV für die Bekämpfung des Linksradikalismus, diese Verbindungsfunktion wahrgenommen.[18] Für ihn machte sich die Aufgabe bezahlt, denn er, wie Wehner gebürtiger Dresdner, verdankte seinen im Mai 1972 angetretenen Posten als Präsident des BfV nicht zuletzt der Protektion des einflussreichen Fraktionsvorsitzenden. Wehner war erst am 3. Juni von seiner ersten Reise in die DDR zurückgekehrt. Bei dieser Exkursion, die mit ausdrücklicher Billigung Brandts erfolgte, traf er sich mit Honecker, den er aus seiner Zeit als Kommunist im Widerstand gegen das NS-Regime kannte. Wehner vereinbarte die Etablierung eines vertraulichen Kanals mit dem Generalsekretär, vorbei an Gaus und Bahr im Kanzleramt, aber auch unter Ausschluss des MfS. Als Emissär sollte der Ost-Berliner Anwalt Wolfgang Vogel dienen. Dieser Kanal war zunächst für die rasche Lösung humanitärer Fälle gedacht, also für Häftlingsfreikäufe und Familienzusammenführungen. Später aber sollte er die – nach Ansicht Wehners wegen des Beharrens Bahrs auf den direkten Draht mit Moskau unnötig festgefahrenen – deutsch-deutschen Beziehungen auch auf anderen Gebieten entkrampfen.[19]

Nollau setzte Wehner am 4. Juni in Kenntnis, dass der Mann in der Frankfurter SPD, nach dem man bereits vergeblich aufgrund der Funksprüche Anfang der sechziger Jahre gefahndet hatte, vermutlich identifiziert sei. Sein Gang zu Wehner entsprach zwar einerseits der im Verfassungsschutz seit längerem gehandhabten Praxis gegenüber den Bundestagsparteien, erstaunt aber insofern, als Nollau ursprünglich nicht einmal den Kanzler selbst beziehungsweise das Kanzleramt über den Verdachtsfall informieren wollte. Wehner sah merkwürdigerweise ebenfalls keine Notwendigkeit, den Agenten aus dem unmittelbaren Umfeld Brandts zu entfernen.[20]

Aufgrund des Wunsches des BfV, Guillaume zwecks besserer Überführung als Spion möglichst ungehindert arbeiten zu lassen, ergriffen also weder Brandt noch Grabert oder Wilke Initiativen, durch die man Guillaumes Informationszugang im Kanzleramt konsequent beschneiden oder wenigstens seine Reisebegleitung nach Norwergen hätte verhindern können. Alle drei gingen davon aus, dass die Verfassungsschützer den Fall fest in der Hand hätten. Das BfV und dessen Präsident Nollau hingegen schienen ganz auf die richtige taktische Vorgehensweise fixiert zu sein, den Spion und seine Kontaktleute aus dem Osten auf frischer Tat zu ertappen. Dabei musste Nollau als guter Kenner der Arbeitsmethoden der HVA wissen, dass außer der möglichen Überführung Guillaumes die geheimdienstliche Ausbeute einer solchen Aktion gering sein würde angesichts der strengen Isolation, in der die West-IM in der Bundesrepublik arbeiteten. Im Idealfall könnte man allenfalls noch den Residenten, einen Instrukteur oder Kurier festnehmen, keinesfalls aber einen großen Agentenring zerschlagen, wie nach der Verhaftung Guillaumes in der Presse als Motiv für das zögerliche Vorgehen des BfV spekuliert wurde. Nollau war es letztlich gleichgültig, dass es sich bei Guillaume nicht um irgendeinen Mitarbeiter in der Regierungszentrale, sondern immerhin um einen Referenten des Kanzlers handelte. Für ihn und anfangs auch Genscher stellte die Entlarvung Guillaumes ein rein technisches Problem der Spionageabwehr dar, während sie die möglichen politischen Implikationen dieser Vorgehensweise für die Stellung und das Ansehen des Bundeskanzlers ausklammerten. Nollau verteidigte sich später damit, dass die Kontrolle von Guillaumes Zugang zu geheimem Material im Kanzleramt nicht Aufgabe des BfV gewesen sei, sondern Graberts.[21] Dabei stand seine eigene Weisung, nichts an Guillaumes Arbeitsumfeld zu ändern, gerade solchen Maßnahmen entgegen. Zudem hatte Nollau ursprünglich sogar empfohlen, dass keiner im Kanzleramt, notfalls jedoch nur der Brandt über den Verdacht gegen Guillaume informiert werden solle. Nollau konnte aber kaum erwarten, dass sich der Bundeskanzler persönlich Gedanken machen würde, wie der tägliche Informationsfluss in der Regierungszentrale so zu gestalten sei, dass Guillaume vom Zugang zu sensiblem Material ausgeschlossen blieb. Der Regierungschef der Bundesrepublik wurde also vom BfV unter Duldung des vorgesetzten Innenministers, der sich darauf zurückzog, dass operative Details von den Fachorganen zu erledigen seien, als Köder zum Fang eines Agenten benutzt. Dies geschah ungeachtet des möglichen nachrichtendienstlichen Vorteils der Gegenseite und des politischen Schadens für die Stellung des Bundeskanzlers, der noch bis zur, zeitlich nicht absehbaren, Überführung des Spions ent-

Bundesinnenminister Hans-Dietrich Genscher (links), zugleich Dienstherr des Verfassungsschutzes, und Kanzleramtschef Horst Grabert (rechts) im Februar 1974 bei einer Plenarsitzung des Bundesrates.

stehen konnte. Brandt und Grabert, die kraft ihrer Amtsautorität mit einem Federstrich dieses absurde Arrangement hätten platzen lassen können, ließen sich unverständlicherweise auf die Ratschläge Nollaus und Genschers ein. Mehr noch: Um dem BfV einen durchaus fraglichen – denn er zweifelte ja stark an Guillaumes Schuld – Fahndungserfolg zu ermöglichen, willigte Brandt sogar ein, die Anwesenheit des ihm eigentlich kaum mehr erträglichen Referenten in seiner engsten Umgebung weiter zu dulden anstatt der vorbereiteten Versetzung ins Verkehrsministerium zuzustimmen. Dies war ein deutliches Indiz für die Passivität, die von Brandt nach dem Wahlsieg vom November 1972 Besitz ergriffen hatte. Grabert wiederum war kaum der Mann, der diese Zögerlichkeit des Kanzlers durch eine energische Initiative wettgemacht hätte. »Ich Rindvieh hätte mich auf diesen Rat eines anderen Rindviehs nie einlassen dürfen«, schrieb Brandt denn auch in seinen kurz nach dem Rücktritt entstandenen, aber erst nach seinem Tod veröffentlichten »Notizen zum Fall G.«. Es bleibt offen, ob Brandt mit dem »anderen Rindvieh« Genscher oder Nollau meinte.[22]

Beginn der Observationen

Das BfV begann seine Observation Christel Guillaumes wie geplant in der ersten Juniwoche. Das Wissen um den Verdacht gegen Guillaume blieb bis Anfang 1974 auf den Kanzler, Wilke, Grabert, Genscher, Kinkel, Wehner sowie, laut Nollau, ungefähr acht bis zehn Mitarbeiter im BfV und dessen Observationsteams, weitere etwa zwanzig bis dreißig Personen, beschränkt. Letztere waren aber nicht über die genauen Hintergründe des Falls ins Bild gesetzt.[23] Die ursprünglich vom BfV anvisierte Überwachung von Post und Telefon des Ehepaares, die ebenfalls von Genscher am 29. Mai genehmigt worden war, unterblieb hingegen. Laut Aussage des BfV-Abteilungsleiters Rausch im Guillaume-Prozess 1975 habe Nollau der Spionageabwehr angedeutet, dass man im Fall Guillaume »nicht gleich alle Register ziehen« und alle Ressourcen des Hauses mobilisieren müsse. Entsprechend erhielt der Vorgang im BfV nicht höchste Priorität. Außerdem, so Nollau gegenüber seinem Abteilungsleiter, werde das Kanzleramt dafür sorgen, dass Guillaume fortan keinen Zugang zu sensiblen Informationen habe.[24] Der Grund dafür, sich letztlich nicht der bereits vom Minister genehmigten »G-10-Maßnahmen« zu bedienen, mag darin gelegen haben, dass diese den Kreis der Personen, die um den Verdacht gegen die Guillaumes gewusst hätten, noch um Post- und Fernmeldespezialisten sowie das für G-10-Maßnahmen zuständige parlamentarische Kontrollgremium, das aus wenigen Bundestagsabgeordneten besteht, erweitert hätte. Nollau jedoch wollte den Zirkel der Mitwisser so eng wie möglich ziehen, ursprünglich ja nicht einmal den Kanzler informieren.

Observationen galten, wie der 1985 zur HVA übergelaufene Gruppenleiter im BfV und Spionageabwehrspezialist Hansjoachim Tiedge in seiner »Lebensbeichte« schrieb, bei den Verfassungsschützern als eine Art Allheilmittel nach dem Motto »Erst einmal observieren, es wird schon etwas dabei herauskommen«. Zugleich stellten sie, abgesehen davon, dass sie eigentlich einen schweren staatlichen Eingriff in die Privatsphäre der Betroffenen waren, eine personalintensive und kostspielige Maßnahme dar: Für eine effektive und zugleich unauffällige Observation brauchte man sechs bis acht Personen, die in drei oder vier Teams mit verschiedenen PKWs arbeiteten und sich abwechselten. Weil es sich beim BfV um eine Behörde handelte, mussten diesen verbeamteten Beobachtern gegebenenfalls Trennungsgeld, Spesen und Nacht- oder Wochenendzuschlag gezahlt werden. Nicht nur aus Kostengründen und

Personalmangel oder wegen angestauter Überstunden – insgesamt gab es für die Abteilung IV etwa einhundert verbeamtete Beschatter, die natürlich nicht nur für den Fall Guillaume gebraucht wurden – konnte eine Überwachung nicht lückenlos über Wochen, geschweige denn Monate durchgeführt werden, sondern immer nur punktuell. Es bestand zudem die Gefahr, dass ständig beschattete Personen, zumal, wenn sie wie HVA-Agenten eine nachrichtendienstliche Schulung durchlaufen hatten, bemerkten, dass man sie verfolgte. In den mehr als zehn Monaten zwischen Anfang Juni 1973 und der Verhaftung Guillaumes am 24. April 1974 wurde das Kundschafterehepaar nur an etwa einhundert Tagen während ihrer Freizeit observiert, wovon das BfV etwa drei Viertel der Zeit auf Christel Guillaume verwendete. Die Spionageabwehr, so Rausch 1975 beim Guillaume-Prozess, hätte schließlich auch noch andere Fälle bearbeiten müssen. Zudem starteten die Beschatter unter denkbar ungünstigen Bedingungen. Weil weder die Personalabteilung im Kanzleramt noch die hessische Landesvertretung informiert waren, wusste das BfV zum Beispiel nicht, wann die Guillaumes Urlaub hatten, zu welchen Zeiten sie arbeiteten oder ob Dienstreisen anstanden. Sie kannten anfangs weder Guillaumes Autokennzeichen, noch hatten sie brauchbare Fotos vom Ehepaar. Die Beamten mussten den Guillaumes stets auf gut Glück an der Wohnung in der Ubierstraße auflauern.[25]

Das einzig Verdächtige, das die BfV-Beamten bei Christel Guillaume nach einigen Tagen der Observation wahrzunehmen glaubten, waren ihre wiederholten Besuche bei dem in Bonn lebenden Ehepaar Förster. Horst Förster war einer ihrer Kollegen in der hessischen Landesvertretung. War Förster der für die Guillaumes zuständige HVA-Resident? Dieser Theorie hingen die Beobachter des BfV an, weil in den Funksprüchen aus den fünfziger Jahren regelmäßig ein »F« oder »Fritz« auftauchte. Beides konnte, so folgerten die Verfassungsschützer messerscharf, auch für F wie Förster stehen. Zudem waren die Försters wie die Guillaumes 1956 aus der DDR geflohen. Vorsorglich wurde das Ehepaar am 24. April 1974 ebenfalls verhaftet. Es stellte sich aber heraus, dass sein einziges Vergehen darin bestanden hatte, Christel Guillaume regelmäßig Französischunterricht erteilt zu haben. Mangels Beweisen ließ man die Försters nach 48 Stunden wieder frei.[26]

Anfang Juli 1973 waren die Guillaumes plötzlich verschwunden. Die Beamten des BfV erklärten es damit, dass Ferienzeit herrschte und das Ehepaar vermutlich in den Urlaub gefahren sei. Dass die Guillaumes stattdessen den Bundeskanzler auf dessen Urlaub in Norwegen begleiteten, konnten die Beschatter aufgrund des schlechten Informationsflusses innerhalb des BfV und der fehlenden Kommunikation mit dem Kanzleramt nicht ahnen. Erst als Nollau am 6. Juli zufällig von Genscher erfuhr, dass Brandt nun tatsächlich nach Norwegen abgereist sei, wies er seine Leute an, vorerst zu pausieren. So verbrachten die Guillaumes vorerst vier unbeschattete Wochen.

Brandt und Guillaume in Norwegen

Der Bundeskanzler reiste mit kleinem Gefolge vom 2. bis zum 29. Juli 1973 in den Sommerurlaub nach Norwegen. Das Land war ihm während seiner Zeit im Exil ab 1933 zur zweiten Heimat geworden. Er beherrschte die Sprache fließend in Wort und Schrift und hatte zeitweilig die norwegische Staatsbürgerschaft besessen. Das Ziel sollte die von Seen und Wäldern umgebene Ansiedelung Vangsasen nahe der Kleinstadt Hamar sein, in der Rut Brandt geboren worden war. In Vangsasen, etwa hundert Kilometer nördlich von Oslo und 13 Kilometer von Hamar entfernt, besaßen die Brandts seit Anfang der sechziger Jahre ein Ferienhaus. Bereits 1970 und 1972 hatte der Kanzler dort seinen Sommerurlaub verbracht. Neben Rut und dem elfjährigen jüngsten Sohn Matthias begleiteten den Kanzler diesmal drei Personenschützer der Sicherungsgruppe Bonn des BKA sowie zwei Beamte des BND, die für die Fernschreibverbindung zum Kanzleramt verantwortlich zeichneten. Die norwegische Regierung stellte einen Polizisten zum Schutz des berühmten Gastes ab.

Günter und Christel Guillaume reisten mit ihrem Sohn Pierre im Privatauto an. Das Kundschafterehepaar hatte die vier Wochen in Norwegen, die vermutlich vorerst den Karrierehöhepunkt der bislang aus Sicht der HVA eher enttäuschenden Objektquelle Guillaume darstellen würden, gut vorbereitet. Während es sich für Guillaume in Norwegen im doppelten Sinne um eine Dienstreise für seine beiden Arbeitgeber handelte, nahm Christel Guillaume unbezahlten Urlaub von der hessischen Landesvertretung, um ihren Mann bei seinen »Aufgaben« zu unterstützen. Dass Guillaume mit Familie anreiste, war allerdings nicht ungewöhnlich, denn auch Schilling und Wilke hatten ihre Familien in der Vergangenheit mitgenommen, wenn sie den Kanzler auf seinen Sommerurlauben begleiteten. Zudem hatten die Guillaumes im Sommer 1972 keinen gemeinsamen Familienurlaub verbracht, weil der Referent voll damit beschäftigt gewesen war, sich als Vertretung Reuschenbachs einzuarbeiten.«Guillaume sprach nicht viel; sie führte das Wort. Sie hatte ein energisches Gesicht, wirkte vielleicht ein wenig hart. Er war rund und ruhig. Mit seinem kurzgeschnittenen Haar sah er jünger aus als sie. Pierre war ein blonder, langhaariger Junge von 16 Jahren mit einem offenen, freundlichen Gesicht«, beschrieb Rut Brandt die Familie Guillaume, von der sie bisher nur den Referenten gekannt hatte. Christel Guillaume wiederum erlebte erstmals persönlich Willy Brandt und war sofort von seiner charmanten, unprätentiösen Art eingenommen. Ihrem Ehemann hingegen fiel auf, dass Brandt sich ihm gegenüber noch schweigsamer als sonst verhielt. »Er war nicht mehr so unbefangen wie sonst auf Reisen, aber ich schob das auf die Familie. Manchmal können Familien eine Belastung sein.« Auch Wibke Bruhns, die für ein Kanzlerinterview angereist war, bemerkte, dass Brandt in Norwegen noch deutlicher als sonst in der Bonner Routine auf Distanz zu seinem Referenten bedacht war.[27]

Die Familie Guillaume wurde in einem Haus etwa zweihundert Meter entfernt von jenem der Brandts untergebracht. Die BND- und BKA-Beamten, die natürlich nichts von dem Verdacht gegen Guillaume wussten, wohnten in einer nahegelegenen Jugendherberge, in der sich auch der Fernschreiber befand. Einmal reiste ein Kurier aus Bonn an, um dem Kanzler im Auftrag Bahrs wichtige Unterlagen direkt zu unterbreiten. Scheel kam kurz vorbei, um sich mit dem Kanzler vor dem anstehenden Washington-Besuch des Außenministers zu besprechen. Auch der US-Botschafter aus Oslo machte seine Aufwartung, wobei er Brandt einen persönlichen Brief von Präsident Richard Nixon überbrachte.[28] Ansonsten bildete der von den BND-Beamten bediente Fernschreiber die Verbindung zur politischen Außenwelt. Guillaume fungierte nach der Dechiffrierung der Schreiben durch die BND-Beamten als Bote zwischen Jugendherberge und Kanzler. Christel Guillaume als gelernte Sekretärin erbot sich, Brandts handschriftliche Ausarbeitungen in diesen Wochen mit der Schreibmaschine abzutippen, wobei niemand kontrollieren konnte, wie viele Durchschläge dabei entstanden. Guillaume hatte auch eine umfangreiche Film- und Fotoausrüstung mit in den Urlaub genommen, die zwar den jungen Matthias Brandt beeindruckte, aber in der Sommerfrische ansonsten keinen Verdacht erregte. »Die Zusammenarbeit innerhalb des gesamten Teams und speziell mit Herrn Guillaume war wieder sehr gut. Hinsichtlich der Funktion von Frau Guillaume ergaben sich anfänglich Unklarheiten, da uns nicht bekannt war, daß Frau G. im Bedarfsfalle als Schreibkraft für den Herrn Bundeskanzler arbeiten sollte. In diesem Zusammenhang vertrat sie die Auffassung, sich auch um die Fernschreiben kümmern zu müssen. Diese anfänglichen Diskrepanzen konnten jedoch sehr bald durch ein klärendes Gespräch mit allen Beteiligten ausgeräumt werden, so daß sich Frau G. dann von der Fernschreibstelle fernhielt«, hieß es im abschließenden Einsatzbericht der BND-Beamten für Hamar.[29]

Guillaume nahm vom 3. bis zum 28. Juli, wie das Bundeskanzleramt später anhand der Quittungsbücher für den Fernschreibverkehr feststellte, insgesamt 49 Fernschreiben von den BND-Beamten entgegen. Sieben besaßen die dritthöchste Geheimhaltungsstufe »Verschlußsache – vertraulich« und elf die zweithöchste Stufe »geheim«. Die Fernschreiben waren von Schilling an »Herrn Guillaume z. Zt. Hamar« adressiert mit der Bitte um Weiterleitung an den Bundeskanzler. Neun Fernschreiben mit Anweisungen Brandts setzte Guillaume von Hamar aus an Schilling ins Kanzleramt ab, davon zwei der Kategorie »geheim«, der Rest als »Verschlußsache – nur für den Dienstgebrauch«. Verglichen mit den 15 Fernschreiben, die für den Zeitraum von Anfang März 1973 bis Mitte Februar 1974 nach derselben Aufstellung des Kanzleramts während anderer Reisen des Bundeskanzlers durch Guillaumes Hände gingen, davon zwei der Stufe »geheim«, waren die vier Wochen in Norwegen von einer ganz anderen nachrichtendienstlichen Qualität für den Kundschafter: »Wir waren in Hamar in eine Situation geschleudert, die unsere Sternstunde darstellte. Es gab Tage, da nahm der Informationsaustausch mit den Zentren der Weltpolitik ein solches Ausmaß an, daß ich von der Tragweite der sich daraus ergebenden Möglichkeiten für die eigene Informationstätigkeit wie berauscht war«, hieß es später großspurig in den Memoiren Guillaumes.[30] Allerdings ist dieser Gemütszustand eher als Indiz dafür zu werten, wie wenig Interessantes und Berichtenswertes er sonst in seiner Arbeitsroutine im Kanzleramt oder als Reisebegleiter Brandts zu Gesicht bekam.

Das interessanteste und brisanteste Thema dieser Wochen, in denen in Deutschland selbst weitgehend politische Sommerpause herrschte, waren die Spannungen in den transatlantischen Beziehungen, die schon seit mehreren Monaten anhielten. Das verdeutlichten Berichte der Botschaften in Washington, London und Paris. Auch Scheel als Außen- und Leber als Verteidigungsminister, die im Juli beide in der US-Hauptstadt Gespräche mit ihren amerikanischen Amtskollegen führten, mussten sich mit diesem Problem auseinandersetzen. Nicht zuletzt der persönliche Brief Nixons an Brandt spiegelte die Verstimmungen wider. Brandt

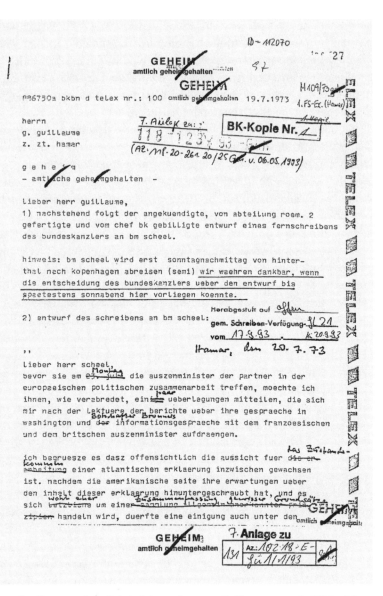

Fernschreiben aus dem Palais Schaumburg an Guillaume zwecks Weiterleitung an Willy Brandt während seines Norwegenurlaubes im Juli 1973. Dieser vom Kanzleramt gesendete Entwurf eines Briefes an Außenminister Walter Scheel enthält handschriftliche Korrekturen Brandts. Die Deklassifizierung des Dokuments von 1993 erfolgte im Zusammenhang mit der Anklage gegen Markus Wolf wegen Landesverrats gegen die Bundesrepublik.

antwortete in »geheim« klassifizierten Briefen sowohl Scheel als auch Nixon.[31] Hintergrund dieser Ungereimtheiten war eine Initiative des US-Sicherheitsberaters und designierten Außenministers Henry Kissinger, der in einer Rede am 23. April 1973 das »Jahr Europas«, eingebettet in den Entwurf einer neuen »Atlantik-Charta«, ausgerufen hatte, ohne die wichtigsten Partner jenseits des Atlantiks, also Frankreich, die Bundesrepublik und Großbritannien, vorher zu konsultieren. In dieser Rede hatte er die weltpolitische Verantwortung der USA unterstrichen, den Europäern hingegen nur regionale Interessen zugesprochen. Die neue Charta sollte nach dem Willen Washingtons diesen Rangunterschied zwischen der Weltmacht USA und ihren europäischen Verbündeten mit vermeintlich begrenztem Einfluss festschreiben. Denn Washington sah die zunehmende europäische Integration skeptisch, die zu Beginn des Jahres 1973 mit dem Beitritt Großbritanniens, Dänemarks und Irlands zur Europäischen Wirtschaftsgemeinschaft (EWG) an Fahrt aufzunehmen schien. Die USA wollten nicht mit einem geschlossenen Block europäischer Staaten, welche die Integration als Selbstzweck sahen, verhandeln, sondern mit einer losen Föderation, die wiederum eingebettet war in die größere, aus 15 Staaten bestehende Nato. Die von Kissinger proklamierte neue »Atlantik-Charta« stellte also einen kaum verhüllten Versuch dar, die EWG der neun Länder als potenzielles eigenständiges politisches Machtzentrum auf der Weltbühne durch Einbeziehung weiterer Nato-Mitglieder zu verwässern, um so besser den Führungsanspruch der USA im westlichen Lager und als dessen einzige Weltmacht aufrechterhalten zu können. Diese Vorgehensweise rief vor allem in der französischen Regierung, die eine stärkere europäische Integration nicht zuletzt deswegen förderte, um eine größere Unabhängigkeit von den USA zu gewinnen und sich als Führungsmacht in Europa zu etablieren, auf hartnäckigen Widerstand. Die Regierung Brandt-Scheel gebärdete sich zwar als loyaler Verbündeter der USA. Doch für Bonn stellte die europäische Einigung ebenfalls einen Eigenwert dar. Daher zeigte sich die Regierung sowohl von der Art, auf die Kissinger die Initiative eingefädelt hatte, als auch von ihrem Gehalt her wenig angetan. Das von Kissinger verkündete »Jahr Europas« degenerierte schnell in ein Jahr der transatlantischen Missverständnisse. Bonn befand sich einmal mehr in einem unangenehmen Spagat zwischen der tradierten Bündnistreue zu den USA als wichtigster Schutzmacht vor der sowjetischen Bedrohung einerseits und den beinahe ebenso bedeutsamen wie engen deutsch-französischen Beziehungen andererseits, ohne die es keinen Fortschritt beim Projekt der europäischen Integration geben würde.[32] Parallel zu den Verstimmungen über die neue Atlantik-Charta herrschten auf Bonner Seite, wie das Schreiben Lebers über seine Gespräche in Washington an Brandt zeigte, Befürchtungen, dass ein von den USA mit der UdSSR anvisiertes Gewaltverzichtabkommen zu einer Abkoppelung der amerikanischen Sicherheitsinteressen von jenen der Bundesrepublik führen könnte. Leber gab aber Entwarnung: »Die Gespräche haben für mich klargestellt, daß die Nato-Strategie der Abschreckung und der flexiblen Reaktion einschließlich der Vorneverteidigung durch das amerikanisch-sowjetische Abkommen weder beeinträchtigt noch ihre weitere Notwendigkeit in Frage gestellt wird. Die Handlungsfähigkeit der Vereinigten Staaten und der westlichen Allianzpartner, im Konfliktfall alle zweckmäßig und geeignet erscheinenden Maßnahmen zu treffen, wird nicht beeinträchtigt.«[33]

Guillaume besaß anhand der zwischen Hamar und dem Kanzleramt gewechselten Fernschreiben also ausnahmsweise einmal Einblick in diplomatische und militärische Verhandlungen auf höchster Ebene, die Aufschluss über die Spannungen im westlichen Bündnis gaben. Allerdings waren die groben Konturen dieses Konfliktes auch dem damals aufmerksamen Zeitungsleser vertraut. Die Briefe Brandts, Nixons und Scheels ergingen sich zudem in recht allgemeinen Erörterungen, wie die aufgetretenen Missverständnisse und Spannungen wieder aus der Welt zu räumen seien.

Die Fernschreiben zwischen Hamar und Bonn, die sich mit diesen transatlantischen Verwerfungen befassten, lieferten nach der Verhaftung Guillaumes der Bundesanwaltschaft Gelegenheit, den Anklagepunkt des Landesverrates in besonders schwerem Fall gegen das Ehepaar Guillaume zu konstruieren. Im Urteil des OLG Düsseldorf vom Dezember 1975 spielten sechs ausgewählte Hamar-Dokumente außenpolitischer und strategischer Natur eine zentrale Rolle für die Verurteilung wegen dieses Deliktes mit einer entsprechend hohen Strafe. So hieß es in der Urteilsbegründung des OLG: »Die Fernschreiben gewährten einen unbedingt zuverlässigen Einblick in die Meinungsverschiedenheiten, die während der Verhandlungen über die Atlantische Erklärung zwischen den USA und ihren europäischen Nato-Partnern hervortraten. Sie ließen erkennen, wie weit gestreckt und umfassend die Vorschläge der USA waren und mit welchem Mißtrauen und welcher Skepsis sie von Frankreich, Großbritannien und der Bundesrepublik aufgenommen wurden. Sie zeigten, wie wenig einig die Staaten in ihren Vorstellungen über Inhalt und die Ziele einer solchen Erklärung über das bei ihrer Erörterung einzuschlagende Verfahren waren (…). Insgesamt gesehen vermittelten die Schreiben das Bild zerstrittener und in grundsätzlichen Fragen uneiniger Bündnispartner, deren gegenseitiges Vertrauen bis auf ein Minimum geschwunden war. Damit zeigten die Fernschreiben Risse im Verteidigungsbündnis auf, die die Festigkeit der Bündnissolidarität der Vertragspartner in Frage stellten (…). Diese sich aus den Fernschreiben ergebenen Erkenntnisse mußten vor der Sowjetunion als der Führungsmacht des Warschauer Paktes geheimgehalten werden, um die Gefahr eines schweren Nachteils für die äußere Sicherheit der Bundesrepublik abzuwenden. Ihre Kenntnisse konnten in den Augen der Sowjetunion die Abschreckungskraft der Nato mindern.« Die Guillaumes hätten, so hieß es weiter, der UdSSR Ansatzpunkte für gezielte Maßnahmen zur Destabilisierung des westlichen Bündnisses geliefert.[34]

Laut seiner Autobiografie überreichte Guillaume Kopien der geheimen Hamar-Dokumente einem Kurier der HVA bei der Rückreise der Familie auf einem Zwischenstopp in Schweden, während Sohn und Ehefrau im Hotel einem Tanzvergnügen beiwohnten. Diese Darstellung entsprang jedoch der puren Fantasie, um Guillaumes Memoiren noch ein bisschen mehr den Hauch eines Agententhrillers zu geben, wie Guillaume später seinem Sohn anvertraute.[35]

Nachrichtendienstliche Ausbeute der Norwegenreise

Als Willy Brandt am 30. Juli 1973 erholt und gut gebräunt aus Norwegen ins Kanzleramt zurückkehrte, beschwerte er sich einmal mehr bei Wilke über seinen Referenten, den er jetzt sogar vier Wochen lang in seiner unmittelbaren Nähe hatte ertragen müssen: Guillaume sei kein Gesprächspartner, weil er weder Ideen habe noch Fingerspitzengefühl besitze. Brandt wollte ihn nur zu gerne ablösen. Gleichwohl hielt er sich, ebenso wie Grabert und Wilke, in den nächsten Monaten weiterhin sklavisch an die vom BfV ausgegebenen Verhaltensmaßregeln. Grabert fragte, angetrieben von dem ungeduldig werdenden Bundeskanzler, zwischen September 1973 und Februar 1974 über Genscher drei Mal beim BfV an, ob sich neue Erkenntnisse ergeben hätten. Die festgefahrene Situation musste endlich gelöst werden, um den Kanzler auf die eine oder andere Weise, also durch Wegloben oder Verhaftung, von seinem ungeliebten Referenten zu befreien. Grabert wurde jedoch stets von

Nollau beschieden, dass sich das Kanzleramt gedulden müsse, weil es noch nicht genügend neue Erkenntnisse gebe, die ein Vorgehen gegen Guillaume erlaubten. Je länger sich diese Situation hinzog, ohne dass das BfV offensichtlich fündig wurde, desto mehr schwand bei Brandt wie Wilke der Glaube, dass die Vorwürfe gegen Guillaume je auch nur die geringste Berechtigung gehabt hätten.[36]

Als das Ehepaar Guillaume Anfang August aus Norwegen zurückkehrte, nahmen die Verfassungsschützer, die schließlich in der zweiten Juliwoche von Nollau darüber informiert worden waren, dass das Ehepaar den ganzen Juli über in Norwegen weilen würde, wieder punktuell ihre Observationen der Ehefrau des Referenten auf. Zufälligerweise stand auf ihrem Dienstplan auch für den 13. August die Beschattung Christel Guillaumes. Am Nachmittag dieses Tages traf sie sich mit der aus Ost-Berlin angereisten Anita Rausch im Gartenlokal »Casselsruhe« auf dem Bonner Venusberg, um Günter Guillaumes Hamar-Ausbeute – vermutlich entweder als Diktat auf Tonband oder als mit einer speziell präparierten Beaulieu-Super-8-Kamera abgelichtete Dokumente – der Kurierin zu übergeben. Was dann geschah, schilderte Anita Rausch in dem 1982 produzierten MfS-internen Schulungsfilm »Auftrag erfüllt«, einer Verherrlichung des Einsatzes der Guillaumes im Westen: »Da bemerkte ich, wie am Nachbartisch einer der drei Herren einen Aktenkoffer auf den Tisch stellte und in etwas ungewöhnlicher Weise am Griff manipulierte. Das fiel mir auf, und bei näherem Hinsehen bemerkte ich an der Stirnseite dieser Tasche ein Loch, und mich durchfuhr ein wahnsinniger Schreck. Ich sagte lachend, denn so war unsere Unterhaltung, zu Christel: Du, jetzt lach' mal weiter und guck' Dich nicht um, ich glaube, die haben uns eben photographiert. Nach einer Weile sagte sie lachend zu mir: Du hast recht.« Die Frauen erkannten, dass sie observiert wurden, und verließen daraufhin unauffällig, aber doch zügig das Lokal. Als sie in Christel Guillaumes Auto stiegen, bemerken sie, dass ihnen ein beigefarbener Opel mit den drei Männern folgte. Im Auto übergab Christel Guillaume noch rasch Anita Rausch das nachrichtendienstliche Material aus Hamar, bevor sie die Kurierin am Bahnhof in Bad Godesberg absetzte. Die BfV-Beamten folgten Anita Rausch, der es jedoch durch häufigen Wechsel der Verkehrsmittel in geradezu lehrbuchmäßiger Manier gelang, die Verfolger auf dem Weg nach Köln abzuschütteln. Dort nahm sie den Zug nach West-Berlin und erreichte schließlich am 14. August unbehelligt Ost-Berlin.[37] Dennoch warf sie vorsichtshalber auf dem Weg nach Köln die Dokumente aus Hamar weg.

Nach einer Version landeten die Staatsgeheimnisse in einem Gully, nach einer anderen im Rhein.[38] Es gehörte zu den Grundsätzen der HVA-Agentenausbildung, besser Nachrichtenmaterial zu vernichten, als sich der Gefahr auszusetzen, mit diesem verhaftet zu werden und der westdeutschen Spionageabwehr dadurch Aufschluss über die HVA-Quellen zu geben. Den BfV-Beamten wiederum diente das Verhalten der beiden Frauen, vor allem die Art und Weise, wie Anita Rausch ihnen entkam, als Indiz dafür, dass sie höchstwahrscheinlich Zeuge eines konspirativen Treffs zwischen Christel Guillaume und einer Agentin der HVA geworden waren.[39]

Kurzum, es blieb bei einer rein theoretischen »Sternstunde« für den Kundschafter Günter Guillaume, denn die HVA erreichten (vorerst) keine Informationen über Willy Brandts norwegische Ferienkorrespondenz. Offiziell jedoch drang von dieser Panne bis 1989 nichts an die ost- wie westdeutsche Öffentlichkeit. So räumte Anita Rausch zwar im MfS-Schulungsfilm noch ein, dass es sehr nervenaufreibend wäre, wenn man bemerke, Ziel einer gegnerischen Observation und Verfolgung zu sein. Dass sie die Hamar-Dokumente beseitigte, erwähnte sie aber wohlweislich nicht. Die HVA konnte kein Interesse daran haben, einzugestehen, dass ihr berühmtester Agent große Teile seiner Haft für Informationen abgesessen hatte, deren nachrichtendienstliche Auswertung schlichtweg nicht erfolgen konnte. Entsprechend segnete das MfS Guillaumes Version von der angeblichen Übergabe der Dokumente in Schweden in den Memoiren ab. Guillaume hielt in der Öffentlichkeit bis an sein Lebensende an der Legende fest, dass Hamar sein größter Coup gewesen sei. Vielleicht wollte er sich an diese Version klammern, die ihm immerhin mehrere zusätzliche Jahre westdeutscher Haft eingebracht hatte. Zudem passte es nicht zur Selbststilisierung als HVA-Spitzenquelle – die er nach der Wende mehr denn je pflegte, nicht zuletzt um sich den westdeutschen Medien als begehrter Interviewpartner mit entsprechendem Honorar zu empfehlen –, dass er in Hamar vergeblich spioniert hatte. Noch in seinem letzten Interview für den *Focus* im Jahre 1994, ein halbes Jahr vor seinem Tod, unter dem reißerischen Titel »Über mich lief alles« reagierte Guillaume auf die Frage, ob er wisse, ob die Norwegen-Dokumente tatsächlich in Ost-Berlin angekommen seien, ausweichend und mit einem Seitenhieb auf Wolf: »Jetzt fragen Sie mich etwas, was mich in den letzten Jahren sehr beschäftigt hat. Ich weiß es nicht und habe es nie erfahren. Später haben einige behauptet, sie seien nicht angekommen, um sich zu verteidigen, aber es fehlen Zeugen: Markus Wolf war während meiner Norwegenreise im Urlaub. Sein Stellvertreter, General Fruck, ist tot; und auch der Kleinste in der Reihe, ein Major,[40] der das verpackte Informationsmaterial angenommen hat, lebt nicht mehr.« Tatsächlich erfuhren aber Christel und Günter Guillaume schon im September 1973 durch einen HVA-Kurier, dass zwar Anita Rausch der Verhaftung entgangen, jedoch ohne die Dokumente in Ost-Berlin angekommen war.[41]

Die 1973 nicht in die DDR gelangten Hamar-Dokumente zeitigten gleichwohl ein weiteres juristisches Nachspiel. 1993, beim ersten Prozess gegen Markus Wolf, der ebenfalls vor dem OLG Düsseldorf stattfand, bildeten sie erneut einen wichtige Stütze für die Anklage gegen den ehemaligen HVA-Chef wegen Landesverrats.[42] Sie wurden im ersten, vom Bundesgerichtshof (BGH) 1995 kassierten Urteil gegen Wolf als Beweismaterial für den Tatbestand des Landesverrats abermals ausführlich gewürdigt. Erst hier, durch den Angeklagten Wolf (und einige Jahre später in seinen Memoiren), erfuhr die Öffentlichkeit, dass diese Dokumente nie ihren Bestimmungsort erreicht hatten. Was auf den ersten Blick wie eine Verteidigungsstrategie aussehen mag, wird heute durch SIRA bestätigt, das 1993 noch nicht für westdeutsche Spionageprozesse zur Verfügung stand. Die Datenbank verzeichnete weder für den August 1973 noch später von der Quelle »Hansen« eingegangene Berichte zu den Themen, die Willy Brandt in seinem Sommerurlaub in Norwegen beschäftigt hatten. Doch 1993 wollte das Gericht in seinem Urteil Wolfs Aussage nicht glauben. Es bediente sich dabei einer scheinbaren Autorität, die 18 Jahre nach dem eigenen Prozess nochmals einen großen Auftritt vor dem OLG Düsseldorf hatte und ihren Rang als »Spitzenquelle« herausstellte, selbst wenn dies bedeutete, dass sie damit ihrem ehemaligen HVA-Chef in den Rücken fiel: »Der Zeuge Guillaume hat auf eine entsprechende Frage glaubhaft erklärt, nach seiner Rückkehr in die DDR sei ihm von keiner Seite bedeutet worden, das Material aus Hamar sei bei der HVA nicht angekommen.« Vielmehr, so Guillaume vor dem OLG, sei das Material so wichtig gewesen, dass es die HVA an die DDR-Führung und den KGB weitergeleitet habe. Guillaume hielt 1993 auch an seiner Version aus den Memoiren fest, dass die Dokumente bei einem Zwischenstopp in Schweden einem HVA-Kurier übergeben worden seien. Christel Guillaume unterstützte als weitere Zeugin vor dem OLG die Version ihres Exmannes von der Dokumentenübergabe in Schweden. Bei ihrem eigenen Prozess 1975 vor dem OLG hatte der vom BfV beobachtete und fotografierte Treff mit Anita Rausch im Gartenlokal »Casselsruhe« für die Bundesanwaltschaft eine wichtige Rolle gespielt, um ihr Landesverrat und Beihilfe zum Verrat von Dienstgeheimnissen nachzuweisen. Sie hingegen hatte im Verhör durch das BKA behauptet, dass sie sich an jenem 13. August lediglich mit einer Freundin getroffen habe – eine Version, die sich ebenfalls in Guillaumes Memoiren findet. Offensichtlich wollte Christel Guillaume sich durch die Aussage 1993 nicht in Widerspruch zu ihrer Version von 1974/75 bringen.[43]

Anlässlich des Prozesses gegen Markus Wolf zirkulierte im Sommer 1993 in der Presse mit Berufung auf einen nicht genannten HVA-Offizier das Gerücht, dass die Hamar-Dokumente 1975 mit zweijähriger Verspätung doch nach Ost-Berlin gelangt seien. Die vom Kanzleramt seinerzeit für den Guillaume-Prozess zur Verfügung gestellten sechs Dokumente seien, so die Vermutung, entweder von einem der Verteidiger der Guillaumes, von einem IM in der Bundesanwaltschaft oder im Düsseldorfer OLG gen Osten geleitet worden. Ein Indiz für die Richtigkeit der These vom verspäteten Geheimnisverrat ist die Tatsache, dass die Bundesanwaltschaft dem Bundeskanzleramt im Mai 1993 peinlicherweise eingestehen musste, dass die Kopien der sechs 1975 für die Anklage gegen Guillaume zur Verfügung gestellten Dokumente, die nun gegen Wolf eingesetzt werden sollten, nicht mehr in den Akten zum Guillaume-Verfahren auffindbar seien. Das Kanzleramt wurde daher ersucht, nochmals Ablichtungen der Telegramme zur Verfügung zu stellen.[44] Womöglich sind die Hamar-Dokumente in SIRA 1975 unter der Registriernummer und dem Decknamen eines anderen Kundschafters als Guillaume tatsächlich verzeichnet worden.

Gefährdungsanalyse

In Ost-Berlin wollte man zunächst Anita Rausch nicht glauben, dass sie beinahe in eine Falle des BfV getappt sei. Ebenso wenig nahm anfangs Guillaume, der von dem Verdacht gegen ihn bislang nicht zuletzt wegen des unveränderten Verhaltens seiner Vorgesetzten im Kanzleramt nichts ahnte, seiner Frau ab, dass sie Ziel einer Observation geworden sei.[45] Schließlich kamen HVA und der Referent im Kanzleramt doch überein, dass es sich nicht um Einbildungen zweier hysterischer Frauen gehandelt habe. Eine Erklärung für die Observation hatte das Ehepaar allerdings ebenfalls schnell zur Hand und übermittelte diese nach Ost-Berlin, wo man sich dieser Interpretation mangels besseren Wissens anschloss: Die Überwachung stellte vermutlich eine Routinemaßnahme der Abteilung Geheimschutz des BfV zur Überprüfung von Christel Guillaume dar. Denn sie beabsichtigte einen Arbeitsplatzwechsel in Bonn von der Landesvertretung ins BMVg. In der »Arbeitsgruppe Sicherheit« der HVA, einem kleinen Stab, der in solchen Fällen mit der Gefährdungsanalyse und den daraus abzuleitenden Gegenmaßnahmen betraut wurde, glaubte man sogar, dass die Observation vom BfV bewusst so plump eingefädelt worden sei, um die beiden Frauen zu provozieren und zu sehen, ob sie verdächtige Reaktionen zeigen würden. Es war damals herrschende Lehre in der HVA, dass Agenten Observationen in der Regel nur erkannten, wenn der Gegner dies bewusst intendierte, um sie zu unüberlegten Taten zu verleiten.[46]

Christel Guillaume hatte sich kurz vor der Abreise nach Norwegen, ermutigt durch den neuen Staatssekretär Lebers, ebenfalls ein Frankfurter Sozialdemokrat, dem sie auf einem Empfang in der hessischen Landesvertretung begegnet war, um einen Sekretärinnenposten auf der Hardthöhe beworben. Unklar ist, ob diese berufliche Umorientierung dadurch motiviert war, dass der ambitionierten und fähigen Frau die Arbeit als Gästebetreuerin der Landesvertretung, die im Vergleich zur Tätigkeit in Wiesbaden an der Seite Birkelbachs einen Rückschritt bedeutet hatte, zu wenig Herausforderungen bot. Oder war inzwischen wieder ihr Ehrgeiz erwacht, mit dem Ehemann als erfolgreiche Kundschafterin gleichzuziehen und nicht gänzlich im Schatten dessen zu stehen, der sich aufgrund seiner Nähe zum Kanzler so wichtig vorkam? Auf jeden Fall musste sie bei einem Wechsel ins BMVg, zumal dies unter der Protektion Lebers geschehen sollte und somit eine potenziell interessante Stelle mit sich bringen würde, damit rechnen, seitens der HVA wieder größeren Pressionen ausgesetzt zu sein, ihren Teil zur Informationsbeschaffung beizutragen. Andererseits: Sollte sie auf einen Karrieresprung in Bonn nur verzichten, weil sie HVA-Agentin war? Vermutlich um die Zusammenarbeit mit Christel Guillaume für den Fall ihres Wechsels auf die Hardthöhe wieder zu intensivieren, war ein Treff zwischen ihr, Weichert und Gailat in Dresden für das Frühjahr 1974 angesetzt worden, zu dem auch Markus Wolf kommen sollte. Zugleich hatte die HVA als Köder für die Frau eine konspirative Urlaubsreise in den seit 1945 polnischen Teil Ostpreußens in Aussicht gestellt, wo sie geboren worden war und ihre frühe Kindheit verbracht hatte.[47]

Weder das Ehepaar Guillaume noch die HVA glaubten im Spätsommer 1973, dass der Zwischenfall vom 13. August oder die folgenden

Observationen, die sie – nunmehr sensibilisiert – erkannten, aus einem Verdacht des BfV gegen den Kanzleramtsreferenten herrührten. Das Ehepaar identifizierte die Beschatter nicht zuletzt deshalb wiederholt, weil das BfV aus Personalmangel wie Engpässen beim Fuhrpark stets dieselben Beamten und Autos einsetzte. Wenn es tatsächlich Vorbehalte gegen den Referenten gäbe, so das Kalkül des Ehepaares und der »Arbeitsgruppe Sicherheit«, dann würde man Guillaume sicherlich nicht in der Nähe Brandts belassen, geschweige denn, dass man ihn auch noch vier Wochen lang als rechte Hand des Kanzlers mit in den Urlaub nach Norwegen geschickt hätte. Außerdem würde der Verfassungsschutz, so die Annahme der HVA, dann nicht so plump observieren. Solche geheimdienstlichen Fahrlässigkeiten überstiegen einfach die Vorstellungskraft der Tschekisten. Gailat hierzu: »Dadurch, daß sie sich falsch verhielten, den Günter mitgenommen haben nach Hamar und so weiter, ist bei uns natürlich nicht der Gedanke aufgekommen, daß es da irgendwelche Vorbehalte ihm gegenüber gibt. Denn bis dahin war ja bei uns nur bekannt die Sache mit Ehmke.« Gleichwohl zeugte die Erklärung der Guillaumes, dass die Observationen lediglich im Zusammenhang mit dem geplanten Wechsel der Ehefrau ins BMVg stünden, von einer erstaunlichen Kaltblütigkeit oder zumindest dem Gefühl der Unverwundbarkeit nach mittlerweile über 15-jähriger unbehelligter Arbeit als Kundschafter im Westen. Denn anders als die Guillaumes, so eine MfS-Doktorarbeit, reagierten viele IM, sobald sie einer Observation gewahr wurden, panisch und glaubten, dies sei die unmittelbare Vorstufe zur Verhaftung auf Basis überwältigender Beweise gegen sie.[48]

Markus Wolf versichert sich höheren Ortes

Die HVA befand sich in einer schwierigen Situation: Gemäß den Wünschen Moskaus blieb es ein wichtiges Ziel der Außenpolitik des Warschauer Pakts, Willy Brandt als Garant der Ostpolitik und Entspannung möglichst die Macht zu erhalten. Ein plötzlicher, voreiliger Abzug seines engen Mitarbeiters in die DDR durch die HVA hingegen könnte sich zu einem politischen Skandal mit unabsehbaren Folgen für die Kanzlerschaft Brandts ausweiten, wenn die westdeutsche Seite womöglich erst durch die Flucht Guillaumes erkennen würde, dass bereits seit drei Jahren ein Ostspion in ihrer Regierungszentrale gearbeitet hatte. Diese Erwägung sprach aus Sicht der HVA ebenfalls dafür, die Situation besser vorerst auszusitzen und sich der eher beruhigenden Interpretation der Guillaumes über den Grund der Observation anzuschließen. Die Abteilung II der HVA reagierte in Absprache mit der »Arbeitsgruppe Sicherheit« im Spätsommer 1973 also wie 1969/70, als bei Guillaumes Sicherheitsüberprüfung Zweifel am Kandidaten aufgekommen waren: Sie zog das Ehepaar nicht etwa ab, sondern riet ihm, vorübergehend den Kontakt nach Ost-Berlin abzubrechen, mögliche Beweismittel zu vernichten und abzuwarten. Anita und Wolfgang Rausch stellten vorerst ihre Reisen ins Bundesgebiet ein. Diese Anweisungen galten in der HVA als Stufe 1 eines dreigliedrigen Alarmplanes für West-IM, deren Position gefährdet schien. Stufe 2 hätte das vorübergehende Untertauchen, etwa als Urlaubsreise getarnt, bedeutet. Die dritte Stufe bildete den vollständigen und dauerhaften Abzug eines Kundschafters aus der Bundesrepublik.[49]

Wolf informierte im Spätsommer 1973 vorsichtshalber Mielke über den IM im Kanzleramt und die geplante vorübergehende Stilllegung der Objektquelle, bis Klarheit herrschte, ob diese tatsächlich gefährdet sei. Der Minister für Staatssicherheit war üblicherweise nicht in operative Details der HVA eingeweiht, geschweige denn, dass er ihre Quellen kannte. Auch in diesem Fall dürfte Wolf Mielke nur von der Existenz einer Quelle im Kanzleramt nahe am Regierungschef informiert haben, ohne den Namen des Kundschafters zu nennen. Doch die möglichen politischen Implikationen einer Enttarnung Guillaumes schienen es Wolf geraten sein zu lassen, sich höheren Ortes rückzuversichern. »Als wir das Signal bekamen, es fänden wahrscheinlich Observationen statt, da wurde das sofort an Mielke gemeldet, mit all unseren Überlegungen und Festlegungen, und auch wie wir die Lage einschätzten, wie wir mit den Verbindungen umgehen und so weiter. Jeder mögliche oder nötige Schritt war mit ihm abgestimmt. Er hatte auch keine abweichende Meinung dazu. Und daher stellte er sich vor uns, als Guillaume auffiog.«[50]

Mielke behielt das Wissen um den Spion im Kanzleramt bis zu dessen Verhaftung im April 1974 für sich. Gailat, von Pierre Boom und Gerhard Haase-Hindenberg befragt, wer was über Guillaume in der DDR-Führung vor dessen Verhaftung gewusst habe, glaubte, dass zwar Mielke informiert gewesen sei, Honecker jedoch nicht. »Das ist normal. Den Regierungschef interessiert kaum eine Quelle, sondern die Nachricht als solche. Er verläßt sich auf den Apparat, daß das echt ist.« Auch Honeckers Biograf Norbert Pötzl geht vom Nichtwissen des Generalsekretärs aus, basierend auf seiner Befragung von Honeckers früherem

Intimus Egon Krenz Ende der neunziger Jahre. Gerhard Behnke, in den frühen siebziger Jahren in der Nachfolge Gailats Leiter des SPD-Referats in der Abteilung II, hierzu: »Selbst die Leute, die die Information verarbeitet haben, haben ja nicht gewußt, wer dahintersteckt.«[51]

Das Unwissen Honeckers und anderer hoher SED-Kader bis zum April 1974 über die Existenz Guillaumes als Spion an der Seite Brandts ergibt sich logisch aus der Arbeitsweise moderner Nachrichtendienste mit ihrer strikten Trennung von Informationsbeschaffung und -auswertung. Die Analysen, die letztlich auf Basis der Lieferungen der Objektquellen für die Parteiführung von der auswertenden Abteilung VII der HVA erstellt wurden, und die zum Teil noch als Ausgangsinformationen in den Akten des BStU erhalten sind, waren so formuliert, dass keiner der Leser im Politbüro oder an anderer hoher Stelle nachvollziehen konnte, woher die Mitteilungen stammten. Eine der wenigen Ausgangsinformationen für die Parteiführung, die laut SIRA allein auf Erkenntnissen von »Hansen« beziehungsweise 19142/60 basierte, begann nicht etwa mit den Worten »Unser Mann im Kanzleramt berichtet« oder »Ein enger Mitarbeiter Willy Brandts teilt uns mit«. Es wurde vielmehr aus Gründen des Quellenschutzes wie immer eine generalisierende Formel verwendet, in diesem Fall: »Aus gut informierten Kreisen des SPD-Vorstandes werden, gestützt auf interne Äußerungen Brandts, folgende Einzelheiten (…) bekannt.« Ähnlich arbeitete und arbeitet heute auch der BND. Die Auswerter mussten und müssen die Informationen, die den Dienst verlassen, in eigene, neutrale Worte fassen, die keine Rückschlüsse auf die Identität oder Positionierung der Quelle erlauben.[52]

Insofern entsprach Honeckers Beteuerung gegenüber Brandt im September 1985 bei dessen erstem Besuch in der DDR seit seinem Rücktritt als Bundeskanzler, dass er über Guillaume nichts gewusst habe, und die Honecker nach der Wende wiederholte, der Wahrheit. Ob jedoch Honecker, wie er außerdem bei beiden Gelegenheiten behauptete, die Entfernung des Spions aus der Nähe des Kanzlers veranlasst hätte, wenn er rechtzeitig darüber informiert worden wäre, steht auf einem anderen Blatt.[53] Mehr noch: Welcher Regierungschef hätte nicht gerne einen Spion des eigenen Dienstes in möglichst zentraler Stelle beim Gegner positioniert, denn als solche fassten sich letztlich Nato und Warschauer Pakt trotz aller Entspannungsbeteuerungen seit den sechziger Jahren weiterhin auf? Hier zeigte sich Egon Bahr in seinen Erinnerungen als ehrlicher. Einer seiner ersten Gedanken bei der Verhaftung Guillaumes sei gewesen: Hoffentlich hat unser Geheimdienst ebenfalls einen solchen Mann in der DDR-Spitze.[54] Ganz abgesehen davon wäre es durchaus fraglich gewesen, ob Guillaume überhaupt einem solchen Befehl aus Ost-Berlin gefolgt wäre, der das Ende seiner vielversprechenden Westkarriere bedeutet hätte.

Guillaume berichtet weiter

Laut SIRA hörte der Informationsfluss zwischen den Guillaumes und der HVA trotz der verabredeten vorübergehenden Stilllegung der Quelle nicht vollständig auf. SIRA deckt sich hier mit Markus Wolfs ansonsten nicht immer zuverlässigen Memoiren, laut derer die Berichterstattung auf Wunsch der Guillaumes schon im Herbst 1973 wiederaufgenommen worden sei.[55] Für die zweite Jahreshälfte 1973 registrierte SIRA noch vier Berichte über Interna aus der SPD, zu denen »Hansen« etwas beitrug: am 14. September, am 18. Oktober sowie am 22. und 30. November. Diese Berichte setzten sich jedoch aus Informationen von einem halben bis einem Dutzend Kundschaftern zusammen. Guillaume steuerte vermutlich nur solches Material bei, das er relativ gefahrlos erhalten hatte.[56] Eventuell verwendeten die Auswerter der Abteilung VII für die vier Berichte teilweise älteres Material von »Hansen«, das sie mit neueren Erkenntnissen anderer Quellen kombinierten.

Der Grund dafür, dass Guillaume trotz des Ratschlags der HVA, die Berichterstattung vorerst ruhen zu lassen, im Herbst immer noch Informationen nach Ost-Berlin weiterleitete, lag in der zunehmend schwierigeren innenpolitischen und innerparteilichen Stellung Brandts seit dem Sommer 1973. Ein Tiefpunkt war mit Wehners Kritik am Kanzler während der Moskaureise des Fraktionsvorsitzenden erreicht, die er zusammen mit vier weiteren herausgehobenen Bundestagsabgeordneten vom 24. September bis zum 1. Oktober unternahm. Wehner beklagte vor den mitgereisten deutschen Pressevertretern, dass der derzeitigen Regierung ein Kopf fehle, und warf Brandt vor, er »bade gerne lau«. Diese Vorwürfe resultierten vor allem daraus, dass der Fraktionsführer glaubte, die Bundesregierung erschwere mit Plänen wie der seit Sommer 1973 ventilierten Idee eines Umweltbundesamtes in Berlin unnötig die Normalisierung der deutsch-deutschen Beziehungen, denn Ost-Berlin wollte nicht, dass der Bund im Westteil der Stadt präsent sei. Solche Initiativen könnten nach Auffassung des Fraktionsvorsitzenden sogar den gesamten Ost-West-Entspannungsprozess gefährden. Um dies zu vermeiden, hatte Wehner vorsichtshalber seit dem Frühsommer den direkten Draht zu Honecker über den Anwalt Vogel eingerichtet. Dieser war nicht etwa dazu gedacht, an Brandt vorbei deutsch-deutsche Geheimdiplomatie zu betreiben, sondern gerade dem Kanzler einen schnelleren Zugang zu Honecker zu verschaffen. Die Verbindung über Vogel zu Honecker sollte ein Gegenstück zu Bahrs vertraulichen Kanälen nach Moskau darstellen, die über den KGB zu Breschnew liefen. Bahr hatte seit 1969 stets den direkten Kontakt mit Moskau für alle Fragen der Ost- und Deutschlandpolitik bevorzugt. Wehner hingegen wollte zumindest die deutsch-deutschen Fragen zuallererst mit der SED-Führung abklären. Beide Vorgehensweisen ähnelten sich insofern, als dass das in FDP-Hand befindliche AA bei dieser Art von Diplomatie weitgehend ausgeklammert blieb. Allerdings machte Wehner in Moskau zugleich seinen sowjetischen Gesprächspartnern deutlich, dass es in der Bundesrepublik derzeit für die sozialliberale Koalition keine Alternative zu Brandt als Kanzler gebe, denn einzig dieser verfüge über großen Rückhalt in der Bevölkerung.[57]

Brandt verzichtete trotz dieser unerhörten Attacke Wehners, die entgegen allen Konventionen zudem noch vom Ausland aus geritten worden war, darauf, seinen Fraktionsführer zur Rechenschaft zu ziehen. Diesem wurde vielmehr vom Parteivorstand nach der Rückkehr aus Moskau mit einer knappen Mehrheit von elf zu zehn Stimmen das Vertrauen ausgesprochen. Seine Kritik an der Richtung, welche die Ostpolitik vor allem durch Bahrs Initiativen in den letzten Monaten genommen hatte, erschien gerechtfertigt. Das Votum stellte zugleich ein deutliches Indiz für den Autoritätsverlust des Kanzlers und Parteivorsitzenden dar. Brandt flüchtete sich angesichts der sich auftürmenden Probleme in eine seiner Herbstdepressionen. Das Titelbild des *Spiegels* vom 10. Dezember 1973, pünktlich zu Brandts anstehendem 60. Geburtstag am 18. Dezember, zeigte den Kopf des Kanzlers und Friedensnobelpreisträgers von 1971, der zwar noch über den Wolken des politischen Alltagsgeschäfts schwebte, zugleich aber schon Risse aufwies. In dem dazugehörigen Artikel »Das Monument bröckelt – Kanzler in der Krise« hieß es, Willy Brandt sei im fünften Jahr seiner Kanzlerschaft an die Grenzen seiner Führungskraft geraten. Die Ostpolitik stagniere. Das Programm der inneren Reformen komme kaum voran. In der Partei habe die integrierende Kraft des Vorsitzenden nachgelassen. In der Regierung lasse der Kanzler nach dem Geschmack vieler Genossen der

FDP zu viel Freiheit, und der Gedanke an seinen Sturz sei nicht mehr tabu.

Guillaume hoffte im Herbst 1973, Ost-Berlin könne aufgrund seiner Informationen über die Schwierigkeiten Brandts dem Kanzler so weit deutschlandpolitisch entgegenkommen, dass sich dessen Situation wieder stabilisierte, zumindest aber Schritte unterlassen, welche die Lage Brandts noch prekärer machen würden. Dies geschah durchaus in Guillaumes Eigeninteresse. Ein Kanzlerwechsel in Bonn, für den bereits seit längerem Helmut Schmidt in den Startlöchern wartete, der sich seit dem Wahlsieg vom November 1972 als einer der stärksten SPD-internen Kritiker Brandts gebärdete, würde sicherlich das Ende von Guillaumes Position als Parteireferent im Kanzlerbüro bedeuten. Denn jeder Kanzler, jeder Minister besetzt normalerweise sein Büro nur mit persönlichen Vertrauten. Guillaume handelte aber zugleich im Interesse Ost-Berlins, das vor allem auf Wunsch Moskaus hin vorerst am Machterhalt Brandts interessiert sein musste.

Keinesfalls wollte Guillaume aus dem engsten Kreis um Brandt, dem er geradezu hündisch ergeben war, entfernt werden. Dies zeichnete sich deutlich anlässlich Brandts Urlaubsreise im kleinen Kreis nach La Croix Valmer in der Nähe von Saint-Tropez vom 27. Oktober bis zum 5. November 1973 ab. Hier, in der Villa des französischen Verlegers Claude Gallimard, wollte der Kanzler mit seinem Redenschreiber Harpprecht ein Buchprojekt angehen. Doch war der Ausflug zugleich eine willkommene, feuchtfröhliche Flucht aus dem für Brandt zunehmend beklemmenderen Bonner Politikalltag. Schilling begleitete Brandt als Vertreter des Kanzlerbüros. Guillaume erbot sich aber, Urlaub zu nehmen und auf eigene Kosten mitzureisen unter dem Vorwand, dass er sich in Südfrankreich gut auskenne, so dass Brandt ihn schließlich mitnahm. Die Initiative war für Guillaume zugleich ein Testballon, inwieweit man ihm im Kanzleramt noch Vertrauen entgegenbrachte. Vor Ort erwies sich der Referent einmal mehr als guter Organisator und serviler Untergebener, der sich für nichts zu schade war, weder für Einkaufen noch Kaffeekochen oder Chauffeurdienste. Die Entourage des Kanzlers machte sich wegen Guillaumes Mangel an Esprit und Umgangsformen lustig über den Referenten, wie das Tagebuch von Harpprecht zeigt: »Am Montag abend (dem 29. Oktober 1973, F. M.) aßen wir gut und lange in Saint-Tropez. Zogen hernach noch eine halbe Stunde durch die Gassen, in denen kaum eine Menschenseele zu sehen war. Wir störten ohne Zweifel die Nachtruhe durch unser Lachen, an dem vor allem der dicke und biedere Guillaume schuld war. Er verwechselte den fetten Admiral Sube, der auf einem Denkmal thront, konsequent und aus unerfindlichen Gründen mit dem General von Steuben. Ich erklärte das für nicht übermäßig geistvoll, da Steuben erstens für Militär, zweitens für Preußen, drittens für Deutschtum im Ausland stehe. Danach war von Brigitte Bardot, der Quasi-Ehrenbürgerin von Saint-Tropez, die Rede. Guillaume hatte einen halben Satz nicht genau verstanden und bemerkte noch, ›aber die hat doch schon zu‹. Das ist nur aus der Situation in der ganzen Komik zu begreifen. Hernach hockten wir noch im Gallimard-Haus. An diesem Abend wurde ein bisschen viel getrunken.« »Bei diesem Einsatz machte Guillaume einen müden und inaktiven Eindruck (war des öfteren angetrunken)«, so die Erinnerung eines der begleitenden BND-Männer. Der Referent erwähnte sogar gegenüber den Beamten die Observationen und versuchte herauszufinden, ob sie womöglich von dem Streit zwischen den Fernmeldespezialisten und Christel Guillaume über die Aushändigung der Fernschreiben in Hamar herrührten. Dass Guillaumes Nerven angesichts der Observationen in Bonn in den vergangenen Wochen doch blank lagen, wurde an einem kleinen Zwischenfall auf dieser Reise deutlich: Er fiel eines Nachts angetrunken auf sein Bett und war im Begriff einzuschlafen. Dabei rutschte ihm sein Terminkalender aus der Jackentasche. Ein mitreisender Personenschützer des Kanzlers, mit dem er ein Hotelzimmer teilte, hob diesen auf und schob ihn wieder Guillaume zu. Dieser wachte dabei kurz auf und murmelte in etwa die Worte »Ihr Schweine, mich kriegt ihr doch nicht«. Die Bemerkung ergab für den BKA-Beamten damals keinen Sinn. Er erinnerte sich jedoch an den Zwischenfall nach der Verhaftung Guillaumes und berichtete Brandt davon.[58]

Brandt machte weiterhin gute Miene zum bösen Spiel. Anlässlich seines 60. Geburtstags am 18. Dezember 1973 war das Ehepaar Guillaume mit anderen Mitarbeitern und Parteifreunden zum Empfang in der Dienstvilla des Kanzlers auf dem Venusberg eingeladen. Die Guillaumes glaubten wahrzunehmen, dass man sie bei dieser Veranstaltung mied. Der Eindruck rührte aber aus der eigenen Verunsicherung angesichts der Observation, denn von dem Verdacht gegen das Ehepaar wusste nach wie vor der Großteil der Entourage des Kanzlers nichts. Weihnachten 1973 beschenkte Brandt seinen Parteireferenten wie andere Mitarbeiter großzügig: Guillaume erhielt ein kombiniertes Radio- und Tonbandgerät der Marke BASF, das er später dazu nutzte, seine Gefängniszelle zu beschallen. Am 27. Dezember 1973 schrieb Guillaume:

»Herr Bundeskanzler, lieber Willy Brandt, gern hätte ich heute früh Ihnen und Ihrer Familie am Zug gute Fahrt in die Ferien gewünscht, aber eine Halsentzündung hat mich erwischt. Schon am Heiligen Abend hatte ich Schüttelfrost und Fieber. Heute geht es mir schon wieder besser, aber Christel ließ mich so früh nicht aus dem Haus. Bis diese Zeilen Sie in Bayern erreichen, stehen wir an der Schwelle des Jahres 74. Berliner sagen kurz: ›Rutsch gut rein‹. Ich wünsche Ihnen Gesundheit, Glück und Erfolge an dem Platz, an den sie 69 mutig getreten sind und den 72 der Wählerwille festigte. Ich glaube, daß sie noch ein Jahrzehnt an diesem Platz arbeiten werden – ausgestattet mit dem Vertrauen der Schwachen, die an die Kraft ihrer Wählerstimme glauben und diese millionenfach an Ihren Namen binden. Sie, Chef, sind noch immer zugleich Gegenwart und Zukunft. Vielleicht haben Sie Lust, das anliegende Buch in den Ruhetagen – die ich Ihnen herzlich wünsche – zu lesen. Viel Spaß dabei. Herzliche Grüße und gute Wünsche zum Jahreswechsel auch für Ihre Familie.«[59]

Zur Jahreswende 1973/74 stellte das BfV wegen mangelnder Ergebnisse die Observation des Ehepaares ein. Außer den regelmäßigen Besuchen Christel Guillaumes bei den Försters und dem einmaligen vom BfV beobachteten Treff mit Anita Rausch, der nach Ansicht des Observationsteams konspirative Züge aufwies, hatten sich keine weiteren Verdachtsmomente ergeben, um das Ehepaar zu überführen.[60] Der HVA wie Guillaume erschien die Lage wieder so sicher, dass Anita und Wolfgang Rausch Anfang 1974 erneut ihre Kurierdienste aufnahmen. Mehr noch, die HVA plante, sie dauerhaft als Residenten, mit neuen Identitäten versehen, in West-Berlin anzusiedeln, damit sie von hier aus unverdächtiger ins Rheinland reisen könnten. SIRA registrierte wieder regelmäßig Meldungen, die allein oder teilweise von »Hansen« stammten und die auf eine abermals erhöhte Risikobereitschaft des Kundschafters hindeuteten: am 7. Februar nur von »Hansen« (»Voraussichtliche personelle Veränderungen im Zusammenhang mit der Wahl des BRD-Präsidenten«), am 23. März von mehreren Quellen (»Aktuelle Vorgänge in der SPD-Führung«), am 2. April von mehreren Quellen (»Auskunft über die Lage in der SPD«). Am 7. April traf sich Guillaume laut seinen Memoiren letztmalig mit Wolfgang Rausch im Rheinland.[61] Diese Behauptung wird durch SIRA bestätigt: Hier finden sich am 8. und 9. April zwei nur von »Hansen« stammende Meldungen: »Unternehmen, die im Gesprächskreis ›Wirtschaft und Politik‹ die SPD-Regierung unterstützen«, außerdem, basierend auf Guillaumes letzter Begleitung Brandts

GÜNTER GUILLAUME 53 Bonn-Bad Godesberg, den 27.12.73
Ubierstraße 107
Telefon Privat 02221 - 35 55 84
Büro 02221 – 10 32 64

Original an Herrn Schefnick 13/12.74

Herrn Bundeskanzler,

lieber Willy Brandt,

gern hätte ich heute früh Ihnen und Ihrer Familie am Zug eine gute Fahrt in die Ferien gewünscht, aber eine Halsentzündung hat mich erwischt. Schon am Heiligen Abend hatte ich Schüttelfrost und Fieber. Heute geht es mir schon wieder besser, aber Christel ließ mich so früh nicht aus dem Haus.

Bis diese Zeilen Sie in Bayern erreichen, stehen wir an der Schwelle des Jahres 74. Berliner sagen kurz : " Rutsch' gut rein ". Ich wünsche Ihnen Gesundheit, Glück und Erfolge an dem Platz, an den Sie 69 mutig getreten sind und den 72 der Wählerwille festigte.

Ich glaube, daß Sie noch ein Jahrzehnt an diesem Platz arbeiten werden - ausgestattet mit dem Vertrauen der Schwachen, die an die Kraft ihrer Wählerstimme glauben und diese millionenfach an Ihren Namen binden. Sie, Chef, sind noch immer zugleich Gegenwart und Zukunft.

Vielleicht haben Sie Lust, das anl. Buch in den Ruhetagen - die ich Ihnen sehr herzlich wünsche - zu lesen. Viel Spaß dabei.

Herzliche Grüße - und gute Wünsche zum Jahreswechsel auch für Ihre Familie -

Ihr Günter Guillaume

Guillaumes Brief an Brandt zum Jahreswechsel 1973/74.

nach Bad Münstereifel,»Beratung der SPD-Spitzengremien am 30. und 31.3.1974 in Bad Münstereifel«. Am 24. April 1974, dem Tag der Verhaftung des Ehepaares Guillaume in Bonn, meldete sich Anita Rausch nichtsahnend unter einer neuen Identität, die ihr eine andere HVA-Agentin durch Manipulation im Einwohnermeldeamt Stuttgart besorgt hatte, angeblich als von dort zuziehend in West-Berlin mit Wohnsitz in der Bouchéstraße 65 an. Sie beantragte einen West-Berliner Personalausweis auf ihren neuen Falschnamen Ursula Behr.[62]

Genscher drängt auf eine Lösung

Genscher, vom Kanzleramt unter Druck gesetzt, wollte die festgefahrene Situation im Fall Guillaume endlich beenden, denn man konnte unmöglich den Bundeskanzler weiterhin in der Ungewissheit belassen, ob sein Referent ein Ostagent sei oder nicht. Der Innenminister setzte Nollau daher am 1. Februar 1974 eine Frist: Entweder treibe das BfV den Fall innerhalb eines Monats so weit voran, dass man ihn endlich an die Bundesanwaltschaft übergeben könne, oder er werde aus Mangel an Beweisen eingestellt, so dass Guillaumes Versetzung aus dem Kanzleramt nichts mehr im Wege stehe. Pünktlich am 1. März 1974 meldete sich Nollau wieder bei Genscher. Er konnte zwar nicht mit substanziell neuen Erkenntnissen aufwarten, machte aber trotzdem den Vorschlag, nun den Fall der Bundesanwaltschaft in Karlsruhe zu übergeben, sofern der Bundeskanzler einverstanden sei. Genscher entschied daraufhin, dass Nollau Brandt persönlich Vortrag halten solle. Es gelang dem Innenminister, noch für denselben Tag um 21 Uhr, zu einem Zeitpunkt, an dem Guillaume sicher nicht mehr im Palais Schaumburg weilte, für ihn und seinen Adlatus einen Termin bei Brandt zu vereinbaren. Weil die Observationen keine wesentlichen Ergebnisse gezeitigt hatten, referierte Nollau dem Kanzler die Funksprüche. Seine Beweisführung litt aber darunter, dass er den Funkspruch mit der Gratulation zum »zweiten Mann« falsch deutete: Im April 1957 sei dem Ehepaar Guillaume ein zweiter Sohn geboren worden, folglich müsse das Ehepaar Guillaume mit seinen angeblich zwei Kindern identisch mit dem damals von der HVA angefunkten Frankfurter Residenten sein. Daraufhin entgegnete Brandt irritiert, er wisse aus persönlicher Anschauung, dass sein Referent nur einen Sohn habe. Dem Bundeskanzler schien dieser Fauxpas Nollaus nur ein weiteres Indiz dafür zu sein, dass das BfV offenbar von Anfang an eine falsche Fährte verfolgt hatte. Weil aber auch Genscher das von Nollau vorgeschlagene Vorgehen befürwortete, gab Brandt sein Plazet, den Fall an die Bundesanwaltschaft weiterzuleiten, und sei es nur, um endlich seinen lästigen Referenten loszuwerden.[63]

Im Kanzleramt erwarteten Brandt, Wilke, Grabert und einige weitere mittlerweile eingeweihte Beamte wie etwa Schilling, dass der Zugriff auf Guillaume jeden Moment erfolgen müsse. Doch es vergingen weitere Wochen des Wartens, die Brandt und Wilke nochmals in der Ansicht bestärkten, dass der Verdacht gegen Guillaume unbegründet sei. Am 7. März übergab das BfV die bisherigen Erkenntnisse und Indizien zum Fall Guillaume der Bundesanwaltschaft in Karlsruhe, die für Staatsschutzdelikte wie nachrichtendienstliche Betätigung für eine fremde Macht oder Landesverrat zuständig ist. Karlsruhe hielt den Fall für zu wenig fundiert, um einen Haftbefehl gegen das Ehepaar Guillaume beim BGH zu erwirken. In der Bundesanwaltschaft wusste man zwar aus langjähriger Erfahrung, wie zuverlässig die entschlüsselten Funksprüche zur Identifizierung von Ostspionen in der Regel waren. Sie stellten aber isoliert betrachtet noch keinen Beweis dar, dass den Instruktionen aus Ost-Berlin tatsächlich ein Geheimnisverrat gefolgt war. Gerichtstauglich konnte man nicht belegen, dass diese Funksprüche an eine klar zu identifizierende Person gerichtet waren, diese sie überhaupt empfangen und sodann den Instruktionen Folge geleistet hatte. Die vorgelegten Verdachtsmomente reichten im März 1974 im Fall Guillaume höchstens dafür aus, eine Hausdurchsuchung in der Ubierstraße und eine Vernehmung des Ehepaares durch die Abteilung Staatsschutz des BKA anzuordnen, in der Hoffnung, dass diese Maßnahmen weitere Beweise erbringen würden, um ein Strafverfahren eröffnen zu können. BKA, Bundesanwaltschaft und BfV kamen am 26. März in einer Besprechung überein, Ende März oder Anfang April zuzuschlagen. In die »Operation Tango« des BKA sollten nicht nur das Ehepaar Guillaume, sondern auch das Ehepaar Förster einbezogen werden, eventuell noch drei weitere Ehepaare, mit denen die Guillaumes Umgang pflegten. Doch erfuhren die Behörden im letzten Moment vom Kanzleramt, dass Guillaume am 2. April für den Zeitraum vom 11. bis zum 23. April Urlaub beantragt hatte, den er laut eingereichter Unterlagen wie so oft im Gewerkschaftsferienheim von Bau-Steine-Erden im südfranzösischen Sainte-Maxime verbringen wollte. Das BfV vermutete, dass diese Reise dem Referenten zu einem Treff mit einem HVA-Abgesandten auf dem vermeintlich sicheren ausländischen Boden dienen werde. Es wurde daher beschlossen, den Zugriff bis zur Rückkehr Guillaumes nach Bonn zu verschieben in der Hoffnung, zwischenzeitlich durch dessen Beschattung während seiner Reise weitere Beweise sammeln zu können. Nollau rief seinen französischen Amtskollegen und guten Bekannten, den Chef der »Direction de la Surveillance du Territoire« in Paris an und entsandte einen Verfassungsschutzbeamten, um das Vorgehen zu koordinieren, ohne aber den Franzosen die Brisanz des Falles mitzuteilen. Das BfV folgte Guillaume, der diesmal über Ostern ohne seine Familie reiste, bis zur Grenze. Danach übernahmen die französischen Kollegen die Überwachung. Die Observation erfolgte wiederum so dilettantisch, dass Guillaume sie erkannte. Ihm wurde nun endgültig bewusst, dass sie nicht mehr Teil einer Routineüberprüfung seiner Frau war, sondern ihm als Spionageverdächtigem galt. Derart vorgewarnt und entsprechend vorsichtig agierend, brachte Guillaumes Frankreichaufenthalt den Ermittlern keine neuen Erkenntnisse. Er traf dort zwar diverse Personen, doch war von ihnen nach Auffassung der Franzosen keine verdächtig. Die HVA hatte ursprünglich einen Treff Guillaumes mit Gailat in Genf geplant, zu dem der stellvertretende Leiter der Abteilung II der HVA mit einem Diplomatenpass anreisen sollte, doch wurde diese Reise im letzten Moment abgesagt. Vermutlich warnte Guillaume unterwegs über eine der verdeckten Telefonnummern die HVA, dass wieder observiert werde. Dafür meldete sich Guillaume, offenbar verunsichert darüber, wie er sich nun verhalten solle, aus seinem Frankreichaufenthalt überraschenderweise telefonisch bei Wibke Bruhns. Er lud sie ein, nach Südfrankreich zu kommen. Möglicherweise wollte er ihr eine Art Lebensbeichte in die Feder diktieren.»Ich konnte mit dem Gespräch nichts anfangen, erstens sowieso – unser Verhältnis war nicht so, daß man aus dem Urlaub telefoniert. Ich war höflich, freundlich, schließlich brauchte ich den Mann noch. Was er mir erzählte, war für mich allerdings unverständlich. Es machte erst Sinn, als ich nach seiner Festnahme begriff, wer er war. Günter Guillaume wollte weg. Weg von der Doppelexistenz, weg von seiner Frau, weg von der Belastung, die auf ihn zukam. Das alles hat er nicht gesagt. Trotzdem war es ein Aussteiger-Gespräch.«[64]

Als man bei BfV und Bundesanwaltschaft erkannte, dass auch die Frankreichreise des Referenten keine neuen Verdachtsmomente liefern würde, beantragte die Bundesanwaltschaft beim Ermittlungsrichter des BGH wegen des Verdachts auf geheimdienstliche Betätigung für die DDR einen Hausdurchsuchungsbefehl und eine Vernehmung des Ehepaares für den 24. April 1974, dem laut Urlaubsantrag ersten Arbeitstag

Guillaumes im Kanzleramt nach seiner Rückkehr aus Frankreich. Das gleiche Vorgehen wurde für die Försters und ein West-Berliner Zahnarztehepaar beschlossen, mit dem die Guillaumes wiederholt in Holland ihre Ferien verbracht hatten. Man konnte, wie Genscher in seinen Memoiren schrieb, angesichts der nach wie vor dünnen Beweislage nur hoffen, dass Durchsuchung und Vernehmung neue Erkenntnisse bringen würden. Ansonsten sähe die ganze Angelegenheit wie eine Intrige der Sicherheitsdienste gegen den Bundeskanzler aus. Selbst wenn es sich erweisen sollte, dass Guillaume kein Spion der DDR war, enthielt die ganze Affäre bereits jetzt erhebliche politische Sprengkraft, wenn öffentlich würde, dass man einen Spionageverdächtigen mehr als zehn Monate lang unbehelligt in unmittelbarer Nähe des Kanzlers belassen hatte. Auf Anweisung Graberts bereitete Wilke schon einmal eine Presseerklärung für den Fall einer Verhaftung Guillaumes vor, in der dessen Verantwortlichkeit als Parteireferent innerhalb des Kanzlerbüros erläutert werden sollte. Sowohl Wilke als auch Schilling, der den Entwurf gegenlas, übersahen in der Fassung, nach der der Referent nicht mit Geheimsachen betraut sei, den Norwegenurlaub des Kanzlers mit Guillaume als Reisebegleitung.[65]

Guillaume hatte seit den Observationen vom Sommer 1973 einen Fluchtplan mit der HVA verabredet, falls ihm die Spionageabwehr auf die Schliche kommen sollte. Bei akuter Gefährdung würde er sich nach Salzburg durchschlagen, um dort an der auf dem Hauptplatz gelegenen Pestsäule einen HVA-Vertreter zu treffen, der ihn sicher über die Tschechoslowakei in die DDR bringen würde. Der Referent weihte jedoch seine Frau nicht in diesen Evakuierungsplan ein. Vermutlich zog er nie ernsthaft in Erwägung, sich in die DDR abzusetzen, denn er sah sich und seine Familie inzwischen als Bundesbürger an. Zudem hätte eine solche Flucht die Kanzlerschaft Brandts gefährdet. Er schrieb in seinen Memoiren, dass er trotz der offensichtlich ihm geltenden Observation während seiner Frankreichreise beschloss, nach Bonn zurückzukehren, weil er seine Familie nicht im Stich lassen wollte. Er musste zudem annehmen, dass jeder Fluchtversuch im Ausland angesichts der Observation ohnehin zum Scheitern verurteilt sei und nur zusätzliche Verdachtsmomente gegen ihn schaffen würde.[66]

Am Abend des 23. April, einem Dienstag, kehrte Guillaume in die Ubierstraße zurück. Christel Guillaume über diese letzten Stunden in Freiheit: »Wir haben noch lange zusammengesessen. Und ich habe ihn dann natürlich gefragt, ob er nicht noch hätte die Kurve kriegen können.

Aber in dem Augenblick wäre nichts mehr zu machen gewesen und
außerdem haben wir beide gehofft, daß nicht am nächsten Morgen die
Sache losgehen würde.«[67]

Guillaumes Wert als »Objektquelle« im Kanzleramt

Bis zur Verhaftung im April 1974 stellte die Objektquelle »Hansen« aus
Sicht der HVA eher eine Enttäuschung dar, gemessen an ihrer auf den
ersten Blick zentralen Position im westdeutschen Regierungsapparat.
Schon anhand der F22-Rosenholz-Vorgangskarteikarte wird deutlich,
dass sich die Aktivität Guillaumes und sein Kontakt zur HVA in den
Jahren 1970 bis 1974 in Grenzen hielten, denn sein Führungsoffizier
Weichert legte für den Kanzleramtsreferenten in diesem Zeitraum nur
vier Aktenbände an.[68]

Die relativ geringe Bedeutung Guillaumes als Spion lag zum einen
daran, dass er nur etwas mehr als vier Jahre im Kanzleramt wirkte, während andere Objektquellen, die zum Beispiel in Ministerien angesiedelt
waren, manchmal über zwei Jahrzehnte hinweg berichteten. Von diesen
viereinviertel Jahren war Guillaume von der HVA aus Sicherheitserwägungen ein Großteil des Jahres 1970 infolge der Sicherheitsüberprüfung
bei der Einstellung ins Kanzleramt »stillgelegt«. Das Gleiche galt für die
zweite Hälfte des Jahres 1973 wegen der seit August jenes Jahres vom
Ehepaar wahrgenommenen Observationen. Im Jahre 1972 lieferte Guillaume laut SIRA ebenfalls fast keine Informationen, was zum einen an
der Einarbeitung in die neue Stelle als Parteireferent Willy Brandts inmitten der Hektik des Wahlkampfes lag, zum anderen am Abzug der
Rauschs als betreuende Residenten im April aus dem Rheinland. Die
Rückkehr des auf Guillaume angesetzten Residentenpaares in die DDR
im Frühjahr 1972 resultierte nicht zuletzt daher, dass die bislang vom
Kanzleramtsspion gelieferten Informationen zu Gewerkschaftsfragen
aus Sicht der HVA uninteressant gewesen waren. Folglich beschränkte
sich Guillaumes aktive Berichtszeit aus dem Kanzleramt laut SIRA auf
die Zeiträume November 1970 bis Januar 1972, Februar 1973 bis Juni
1973 und Februar 1974 bis April 1974, also auf 23 seiner insgesamt 51
Monate währenden Bonner Referententätigkeit vom 28. Januar 1970 bis
zum 23. April 1974.

Guillaume wurde während seiner Zeit im Kanzleramt zwei Mal umgesetzt, zunächst im Sommer 1970 von der Abteilung IV in Ehmkes

Verbindungsstelle, sodann von dort ab Herbst 1972 in das Kanzlerbüro, was einem durchgängigen Informationsfluss nach Ost-Berlin abträglich war. Die arbeitsteilige Organisation selbst eines so kleinen Stabes wie des Kanzlerbüros sowie die geringe Meinung Brandts und Wilkes von Intellekt und politischem Gespür Guillaumes schränkten zusätzlich die Zugangsmöglichkeiten des Spions zu sensiblen Informationen ein, selbst als er im Herbst 1972 so nahe an den Regierungschef heranrückte. Zudem muss in Betracht gezogen werden, dass sich Guillaume wie auch seine Frau bereits seit den sechziger Jahren mehr und mehr als Westdeutsche und SPD-Genossen denn DDR-Bürger und HVA-Agenten fühlten. Folglich dosierte der Referent die Weitergabe von Interna aus der SPD und dem Kanzleramt so, dass sie seiner neuen politischen Heimat und dem Kanzler nicht zum Schaden gereichten, sondern in sein Konzept einer deutsch-deutschen Annäherung passten. Dieses sah sowohl die Stabilisierung der DDR als auch der Regierung Brandt vor. Ein der Bundesregierung abträglicher Geheimnisverrat, der zum Sturz Brandts hätte führen können, war schließlich nicht in Guillaumes Interesse. Weil er nicht verbeamtet war und keine formale Qualifikation für den höheren Dienst besaß, sondern allein über die Parteischiene den Einstieg ins Kanzleramt geschafft hatte und er sowie seine Frau ihre berufliche wie familiäre Zukunft in der Bundesrepublik sahen, stand und fiel seine Position in Bonn mit jener Brandts und seinen Protegés wie Leber oder Börner. Die späteren vollmundigen Bekundungen in seinen Memoiren, dass er eine Spitzenquelle mit Einblick in die geheimsten Vorgänge des Kanzleramts gewesen sei, die er umgehend nach Ost-Berlin weiterberichtet habe, weil er stets und in erster Linie der DDR und dem MfS als Schild und Schwert der Partei dienen wollte, sollten nicht zu ernst genommen werden. Diese Behauptungen waren dem Versuch der nachträglichen Sinngebung und Rationalisierung eines in der Bundesrepublik gescheiterten und daher auf die DDR zurückgeworfenen Lebens und der wenig subtilen Federführung durch seine MfS-Ghostwriter geschuldet.

Anhand von SIRA lässt sich Guillaumes Wert aus Sicht der HVA dank der Forschungen von Stefan Konopatzky, Georg Herbstritt und Helmut Müller-Enbergs empirisch und vergleichend zu anderen angeblichen oder tatsächlichen »Spitzenquellen« der HVA einschätzen. Die 414 von 1969 bis 1989 laut SIRA aktiven IM der Abteilung II der HVA lieferten in ihrer Berichtszeit durchschnittlich 36 Informationen. Mit 45 in SIRA registrierten Meldungen zwischen Juli 1969 und April 1974, die alleinig von »Hansen« stammten oder zu denen er als einer von mehreren IM beigetragen hatte, davon 24 Eingangs- und 21 Ausgangsinformationen, also Berichten, die an die Parteiführung weitergereicht wurden, lag der Kanzleramtsreferent quantitativ etwa im Durchschnitt der von der Abteilung II betreuten Quellen. Dem standen im selben Zeitraum allein 162 Eingänge von Rudolf Maerker gegenüber, dem langjährigen Vorsitzenden des SPD-Unterbezirks Bonn, der in den Jahren 1969 bis 1986 insgesamt 1700 Informationen lieferte. Wilhelm Gronau, der für das Gewerkschaftsreferat der Abteilung II den DGB-Vorstand ausspionierte, übersandte vom Sommer 1969 bis zu seiner Verhaftung im September 1972 allein 182 Informationen. Weil die Auswerter der Abteilung VII der HVA zudem in SIRA die Meldungen der Kundschafter nach ihrem Erkenntnisgewinn benoteten, lässt sich der Wert der Quelle »Hansen« aus Sicht der HVA und im Vergleich zu anderen noch besser einschätzen. Für den Zeitraum 1969 bis 1974 verzeichnet SIRA für Maerker 25 Eingänge, welche die Note II erhielten, und einen der Bestnote I. Zu den 45 Berichten Guillaumes sind 19 Beurteilungen erhalten: Fünf galten als »wertvoll« (Note II), 14 als durchschnittlich (Note III). Maerker und Guillaume aber waren nachrichtendienstliche Leichtgewichte etwa gegenüber dem von 1969 bis 1989 aus dem AA berichtenden, von der Abteilung I betreuten IM »Martin«, der zu 1450 Meldungen beitrug. Von diesen wurden 277 für Ausgangsinformationen an die Parteiführung verwendet. 96 erhielten die Bestnote »sehr wertvoll« und 357 die zweitbeste Beurteilung »wertvoll«.

Aus Sicht der HVA waren ohnehin die Informationen, die IM der Abteilung II aus den bundesdeutschen Parteien lieferten, zumeist weniger bedeutend im Vergleich mit denen jener Objektquellen, die entweder in wichtigen Ministerien wie dem AA, dem BMVg sowie dem BMI saßen oder die für Bundeswehr, BND, Rüstungsindustrie oder in der Kernforschung und den Entwicklungsabteilungen großer Unternehmen tätig waren.[69] Von den 21 Ausgangsinformationen, also jenen Synthesen, die von den Auswertern der HVA auf Basis der Meldungen der Objektquellen aus dem Westen nach Überprüfung und gelegentlichem Redigieren durch Wolf und Mielke tatsächlich an das Politbüro gingen, basierten laut SIRA nur wenige allein auf Guillaumes Spionagetätigkeit: Am 7. Februar 1974 beispielsweise verzeichnete das System einen nur auf Guillaumes Informationen beruhenden Bericht mit dem Titel »Voraussichtliche personelle Veränderungen im Zusammenhang mit der Wahl des BRD-Präsidenten«. Darin werden die sich abzeichnende Wahl

Scheels zum Bundespräsidenten in der Nachfolge Heinemanns und die dadurch im Kabinett notwendigen Veränderungen, also die Übernahme des AA und des FDP-Parteivorsitzes durch Genscher sowie die Ernennung Werner Maihofers zum Innenminister, erläutert. Diese vermuteten personellen Veränderungen in der politischen Spitze der Bundesrepublik waren zu jenem Zeitpunkt aber ein offenes Geheimnis in der Bundesrepublik, weil Außenminister Scheel seinen Wechsel ins Amt des Staatsoberhauptes langfristig eingefädelt hatte und nur Genscher als sein Nachfolger in Frage kam. Gerade in der entscheidenden Phase der Ostpolitik der neuen Bonner Regierung von Ende 1969 bis Herbst 1972, welche die besondere Aufmerksamkeit der SED-Führung und damit auch der HVA erregte, konnte Guillaume wegen seiner Beschäftigung im Kanzleramt mit Gewerkschaftsfragen, die sich auch in seinem SIRA-Profil widerspiegelte, nichts für seine Auftraggeber wirklich Interessantes berichten. Nach der Enttarnung Guillaumes beklagte sich Wolf HVA-intern über den geringen Wert von Guillaumes Informationen, die man zumeist alsbald in der Zeitung hätte nachlesen können, wie die beiden ehemaligen HVA-Offiziere Peter Richter und Klaus Rösler 1992 in ihrem »Insider-Report« berichteten.[70]

Insofern lag die Bedeutung Guillaumes für die HVA vermutlich tatsächlich in erster Linie, wie Wolf in seinen Memoiren schrieb, darin, dass er eine Art Feuermelder in der Bonner Regierungszentrale darstellte, sollte es zu einer ernsthaften Verschärfung in den Ost-West-Beziehungen oder innenpolitischen Spannungen in der Bundesrepublik kommen.[71] Erste Anzeichen ungewöhnlicher Aktivitäten im Palais Schaumburg, etwa Aktenvernichtungen, die Evakuierung von Personal und Unterlagen oder erhöhte Sicherheitsvorkehrungen für den Kanzler, die auf einen Spannungsfall hätten hindeuten können, wären Guillaume sicher nicht entgangen. Auf einem anderen Blatt steht jedoch, ob er diese weitergemeldet oder überhaupt in einer solchen Situation Gelegenheit dazu gehabt hätte und inwiefern für das Erkennen solcher Verschärfungen der Situation überhaupt ein Kundschafter im Kanzleramt als Sensor notwendig gewesen wäre angesichts der weitverbreiteten Durchdringung des Bonner Regierungsapparates und der Parteien mit HVA-Agenten. Guillaume wäre auch für diesen Fall nur eine Stimme im Chor der Kundschafter gewesen, nur ein Stein im Mosaik, das die Auswerter der Abteilung VII der HVA aus den vielen Objektquellen im Westen zusammensetzten, um ihre Beurteilungen zur Situation in der Bundesrepublik der SED-Führung abzuliefern.

Die Enttäuschung Wolfs über den Ertrag Guillaumes lässt sich an einer vom HVA-Chef 1974 gleich nach der Verhaftung des Kanzleramtsreferenten in Auftrag gegebenen und im Dezember 1974 verteidigten Doktorarbeit an der MfS-Hochschule in Potsdam ablesen. Die Dissertation sollte die Chancen des Eindringens in die Bonner Regierungszentrale und den möglichen Erkenntnisgewinn für die HVA analysieren. Die Autoren, die HVA-Obristen Rudolf Genschow und Otto Wendel, empfahlen, dass man zukünftig eher auf das Anwerben bereits im Amt befindlicher Westdeutscher setzen solle. Es gebe keine Garantie dafür, dass eingeschleuste Agenten tatsächlich eine interessante Position im Kanzleramt erlangen würden. Zudem seien oftmals Sekretärinnen und Registraturkräfte wegen ihres breiten Zuganges zu schriftlichen Unterlagen als Quelle ergiebiger als formal in der Hierarchie höher angesiedelte Referenten, die aber nur Zugriff auf einen kleineren Ausschnitt des Tätigkeitsfeldes ihrer Behörde hätten.[72] Im historischen Kontext des Jahres 1974 stellte dieses von Wolf initiierte tschekistische Forschungsprojekt indirekt auch das Eingeständnis dar, dass der politische Schaden durch die Festnahme Guillaumes in keinem Verhältnis zum Erkenntnisgewinn der HVA gestanden hatte.

Skandal im Westen, Verlegenheit im Osten

Verhaftung und Teilgeständnisse

Am Mittwoch, dem 24. April 1974 klingelte es gegen 6.30 Uhr morgens bei den Guillaumes. Als Günter Guillaume die Tür öffnete, drängte ein halbes Dutzend BKA-Beamte in den Wohnungsflur, einen Durchsuchungsbefehl vorweisend. Der Kanzleramtsreferent beging in diesem Moment den vielleicht größten Fehler seiner gesamten Agentenkarriere, denn er rief vernehmlich nach eigener Erinnerung: »Ich bin Bürger der DDR und ihr Offizier, bitte respektieren Sie das!« Die BKA-Beamten hingegen glaubten den Satz »Ich bin Hauptmann der NVA« gehört zu haben.[1] War es die Anspannung der letzten Wochen und Monate, die nun von ihm abfiel und sich in diesem Bekenntnis äußerte?

In seinen Memoiren versuchte Guillaume später, seine Reaktion zu rationalisieren und im Sinne der DDR beziehungsweise der HVA zu idealisieren. Zugleich wollte er sich damit gegen die Kritik seiner HVA-Vorgesetzten rechtfertigen. Diese sahen das Eingeständnis Guillaumes als schweren Fehler an, der die »Freikämpfung« des Ehepaares aus westdeutscher Haft erheblich erschwert, wenn nicht gar um Jahre verzögert habe.[2] Laut Guillaume sollte sein Bekenntnis, Offizier der DDR zu sein, ein Zeichen für seinen bislang nichtsahnenden Sohn sein, dass sein Vater nicht etwa ein rechter Sozialdemokrat, Kommunistenfresser und DDR-Hasser sei, mit dem sich der den Jusos zuneigende Pierre seit einiger Zeit heftige Debatten geliefert hatte. Der Vater sei vielmehr ein »Progressiver«, der stets links von seinem Sohn gestanden habe. Der Sohn sollte daher nicht etwa beschämt auf die Verhaftung reagieren, sondern eher stolz auf sie sein, denn der Vater sei ein politischer Idealist, der auf der richtigen Seite stehe.[3] Dass Guillaumes Rechtfertigungsdruck gegenüber seinen HVA-Vorgesetzten schon vor dem Austausch 1981 bestand und er daher bereits in der Haft dieses Argumentationsmuster zur Erklärung seines Eingeständnisses am Morgen des 24. April entwickelte, wird an einer MfS-Doktorarbeit von 1978 deutlich. Diese wertete das Verhalten Guillaumes zwar als Fehler, zeigte aber Verständnis dafür, dass er gegenüber seinem Sohn nicht mehr seine »wahre« Identität verheimlichen wollte.[4]

Diese Selbstdarstellung Guillaumes verliert an Glaubwürdigkeit, wenn man ihr die Erinnerung seines Sohnes an jenen Morgen gegenüberstellt. Pierre gab zwei Wochen nach dem Vorfall dem Magazin *Stern* gegen ein Honorar von 3000 DM ein Interview. Der Gymnasiast schlief zum Zeitpunkt, als die Beamten in die Wohnung eindrangen, noch in seinem Zimmer, denn es waren Osterferien. Er hörte also zunächst gar nichts. Guillaume kam in Pierres Zimmer, bevor er abgeführt wurde. Er gab seinem Sohn 200 DM mit den Worten, die Polizisten hätten behauptet, er sei Offizier der NVA. Dies stimme aber nicht. Der Sohn solle sich vielmehr keine Sorgen machen, denn es werde alles gut.[5] Der durchaus verständliche und menschlich naheliegende Wunsch, den Sohn zu beruhigen, und nicht etwa die Aufklärung über den wahren Sachverhalt und das Schmieden eines ideologischen Bandes bestimmte also das Verhalten des Vaters an jenem Morgen, als sich seine erste Aufregung wieder gelegt hatte.

Ferner wollte Guillaume laut seinen Memoiren durch dieses Bekenntnis, von dem er glaubte, dass es spätestens am nächsten Tag in den Medien berichtet werden würde, die sich auf dem Weg in die Bundesrepublik befindlichen Rauschs warnen, damit sie nicht in eine Falle der westdeutschen Spionageabwehr liefen. Andere Erklärungen als diese, die den Agenten als Herrn der Situation darstellen und verherrlichen, sofern die Reaktion des Referenten in diesem Moment überhaupt einem rationalen Kalkül folgen konnte, sind allerdings glaubhafter: Durch das Eingeständnis, DDR-Bürger zu sein, konnte Guillaume von Anfang an auf konsularischen Beistand aus Ost-Berlin hoffen, das wenige Tage später endlich seine StäV in Bonn eröffnen sollte. Ein weiteres, durchaus plausibles Motiv für Guillaumes Verhalten lieferte Gailat: Guillaume als Kundschafter wurde von Paul Laufer geprägt. Dieser hatte im Einklang mit den Direktiven der HVA in den fünfziger Jahren gepredigt, dass man sich bei der Verhaftung als DDR-Agent zu erkennen geben solle. Damals erschien der international geächteten und von der Bundesrepublik boykottierten DDR ein solches Bekennertum ihrer Agenten wichtig, um zu zeigen, dass der zweite deutsche Staat Männer und Frauen besaß, die aus Überzeugung für ihn eintraten. Diese für die einzelnen Agenten jedoch fatale Anweisung war in den sechziger Jahren bereits dahingehend abgeändert worden, dass die Agenten im Falle ihrer Verhaftung außer ihrem Namen nichts mehr angeben sollten.[6] So vermerkte das BfV in seinen Jahresberichten Anfang der siebziger Jahre, dass festgenommene Agenten im Gegensatz zu früher kaum noch bereit seien, auszusagen, was die fortlaufende Aktualisierung des Kenntnisstandes des BfV über die Tätigkeit der HVA im Bundesgebiet sehr erschwere. Nur bei einer erdrückenden Beweislage wären die Festgenommenen manchmal zu Auskünften bereit, um ihre Situation im Strafprozess durch Mitarbeit bei der Aufklärung zu verbessern.[7] Die veränderte Anweisung der HVA bezüglich des Verhaltens bei einer Festnahme war entweder Guillaume nicht mitgeteilt worden, oder er ignorierte sie, weil für ihn der 1969 verstorbene Laufer nach wie vor die unangefochtene Autorität für den Verhaltenskodex eines Kundschafters darstellte.

Mit der Operation Tango gelang es dem BKA, die Guillaumes zu überrumpeln. Denn mit seinem Eingeständnis, er sei Offizier der DDR, lieferte Guillaume den Ermittlern einen ersten wichtigen Hinweis darauf, dass sie offenbar eine richtige Fährte verfolgt hatten. Genscher und Nollau nahmen dieses Eingeständnis Guillaumes folglich zunächst einmal eher erleichtert auf.[8] Kriminalhauptkommissar Nikolaus Federau, Einsatzleiter der Operation Tango, erinnerte sich später, dass Guillaume an jenem Morgen sehr erregt gewesen sei, viel geredet habe und immer wieder auf seiner DDR-Offiziersehre herumgeritten sei. Die Frau des Referenten hingegen verhielt sich ruhig. Guillaume glaubte offenbar am 24. April, dass die Situation des Ehepaares in juristischer Hinsicht schwieriger sei, als sie sich tatsächlich darstellte, denn bislang hatten die Ermittler außer einigen Indizien nichts in der Hand. Das Ehepaar wurde folglich an jenem Morgen nicht verhaftet, sondern nur zur getrennten Vernehmung in die Bad Godesberger Dienststelle des BKA gebracht. Doch Guillaume wie auch seine Frau erwiesen sich gegenüber den BKA-Beamten der Abteilung Staatsschutz im Laufe des Tages als recht auskunftswillig. Guillaume gab am 24. April schließlich dem Ermittlungsrichter des BGH eine Art Geständnis zu Protokoll: »Wie ich in meiner Vernehmung durch Beamte bei der Sicherungsgruppe bereits zum Ausdruck gebracht habe, bin ich Offizier des MfS in Ost-Berlin. In dieser Eigenschaft bin ich im Jahre 1956 in die BRD eingereist. Über den Dienstrang, den ich als Offizier bekleidet habe, möchte ich mich nicht äußern. Über die Einzelheiten meiner Tätigkeit für das MfS, insbesondere die mir gestellten Aufgaben und die im Rahmen der Auftragstellung entwickelte Tätigkeit, möchte ich mich nicht äußern. Ich habe die Absicht, diese Haltung auch in Zukunft zu bewahren. Ich fühle mich an meinen in der DDR abgegebenen Eid gebunden.« Daraufhin erließ der Ermittlungsrichter noch am 24. April einen Haftbefehl gegen Guillaume wegen des Verdachts auf nachrichtendienstliche Tätigkeit für eine fremde Macht gemäß § 99 StGB, für Christel Guillaume am 25. April. Der Antrag des Ermittlungsrichters für die Einweisung in die Untersuchungshaft in die Justizvollzugsanstalt (JVA) Köln-Ossendorf bat die Justizbehörden von Nordrhein-Westfalen (NRW), das Ehepaar wegen besonderer Flucht- und Verdunklungsgefahr in Einzelhaft zu halten und jeglichen Kontakt zu Mitgefangenen, etwa beim Hofgang, auszuschließen.[9] In der JVA saß auch das RAF-Mitglied Jan-Carl Raspe ein.

Das Ehepaar sah sich erst zur Gerichtsverhandlung im Sommer 1975 wieder, denn man trennte es während der Ermittlungen strikt voneinander. Sie durften sich in der Zeit der Untersuchungshaft zunächst einmal im Monat, später wöchentlich einen von einem BGH-Richter zensierten Brief schreiben. In seinem ersten Brief vom 26. April 1974 bat Guillaume seine Frau um Verzeihung dafür, dass sie durch ihn in eine solche Situation geraten sei. Er gab sich aber in der Korrespondenz der folgenden Wochen zuversichtlich, dass sie bald wieder zusammen die Freiheit genießen könnten, gewürzt mit einer Prise Selbstkritik über sein Verhalten als Ehemann in der Vergangenheit: »Ich bleibe weiter in Sorge um Dich. Sicher wirst Du antworten, daß das ein wenig spät ist – nach 23 Jahren praktiziertem Egoismus. Aber wenn wir zwei 70 werden sollten, dann liegen noch weitere 23 Ehejahre vor uns. Und jedes jetzt gestohlene Jahr werden wir auf die 70 drauflegen.« Inwiefern hier tatsächlich Verantwortungs- und Schuldgefühle gegenüber seiner Frau eine Rolle spielten oder ob diese Zeilen taktisch motiviert waren, um Christel Guillaume von möglicherweise belastenden Aussagen abzuhalten, muss offen bleiben. In einem anderen Brief ermutigte er seine Frau, auch angesichts von »Quatsch und Tratsch über mich in den Zeitungen« standhaft zu bleiben.[10] Denn Christel Guillaume erfuhr durch die Presse von den diversen Affären ihres Mannes mit den Sekretärinnen des Kanzleramtes und von seiner bislang vor ihr verheimlichten NSDAP-Mitgliedschaft. In den Zeitungen stand allerdings ebenso Unschmeichelhaftes über sie selbst. Sie wurde als streng, humorlos und bevormundend geschildert. Hinter vorgehaltener Hand sei sie von den Frankfurter SPD-Genossen als »Geier-Christel« bezeichnet worden.[11]

Nachdem gegen Guillaume am 24. April Haftbefehl erlassen worden war, bat er, nochmals in die Wohnung zurückkehren zu dürfen, um sich Kleidung für die offensichtlich längere Abwesenheit holen zu können.

In der Ubierstraße versuchte er, einen Zettel in einem seiner dort noch befindlichen Portemonnaies zu zerreißen, was von den begleitenden Beamten des BKA verhindert wurde. Auf diesem Stück Papier hatte Guillaume eine dem Verfassungsschutz aus anderen Fällen bekannte Ost-Berliner Deckadresse,»Loewe, Lincolnstraße 63«, sowie die Telefonnummer für eine konspirative Wohnung der HVA in Ost-Berlin notiert. Die Hausdurchsuchung am 24. April ergab weitere Indizien, die den Verdacht der Agententätigkeit erhärteten: eine Beaulieu-Filmkamera mit Stativ sowie Beleuchtungshilfen zum Filmen in der Wohnung. Diese Super-8-Kameras waren seit den späten sechziger Jahren häufig von HVA-Agenten eingesetzt worden für das rasche Ablichten großer Mengen von Schriftstücken. Daher hatte man sie schon wiederholt bei Spionageverdächtigen in der Bundesrepublik sichergestellt. Für die Kameras lieferte die HVA speziell präparierte Filmkassetten. In diesen befand sich zur Tarnung am Anfang und Ende jeweils ein Streifen handelsüblicher Filme, während der Mittelteil aus einem Spezialfilm für das besonders leserliche Ablichten von Schriftstücken bestand. Vier solche Filmkassetten stellten die Ermittler bei Guillaume sicher. Ebenso beschlagnahmte das BKA ein Radio, bei dem man auf der Empfangsskala leicht jene Frequenz einstellen konnte, auf der in Bonn die Anweisungen des Agentenfunks der HVA abhörbar waren.[12]

Im Laufe des 24. April verhaftete das BKA auch Erna Boom, allerdings ließ man sie am nächsten Tag mangels Beweisen wieder frei. In der von den BKA-Beamten auf den Kopf gestellten Wohnung blieb der völlig konsternierte 17-jährige Sohn Pierre zurück. Er hielt die gegen seine Eltern erhobenen Anschuldigungen der Spionage für die DDR, die ihm von den BKA-Beamten mitgeteilt wurden, zunächst für absurd. Er musste jedoch aufgrund der in den nächsten Tagen in der Presse und in Regierungsverlautbarungen auftauchenden Beweise über das Vorleben seiner Eltern einsehen, dass sie wohl tatsächlich Ostagenten waren.[13]

Das Büro Guillaumes im Kanzleramt wurde in den folgenden Tagen ebenfalls von BKA und Verfassungsschutz durchsucht. Man fand Unterlagen über SPD-Interna sowie organisatorische Aspekte der Kanzlerreisen, darunter auch Zeichnungen Guillaumes, wie der Salonwagen des Kanzlers so umzugestalten sei, dass er für den Regierungschef und seine Mitarbeiter mehr Komfort und ein besseres Arbeiten ermöglichen würde. Der Verfassungsschutz sah diese Skizzen als mögliches Indiz dafür an, dass Guillaume vielleicht plante, im Waggon heimlich Abhörtechnik zu installieren. Die Spionagespezialisten empfahlen auch, zu

**Der Ermittlungsrichter
des Bundesgerichtshofs**

Geschäfts-Nr. 4 BJs 44/74   Bad Godesberg, 25. 4. 1974

(Ort und Tag)

Ersuchen
um Aufnahme zum Vollzug der Untersuchungshaft
Bezeichnung der zuständigen Vollzugsanstalt

An d~~as~~ die Justizvollzugsanstalt Köln

I.
Zum Vollzug der Untersuchungshaft ist aufzunehmen

Familienname und Vorname: Christel G u i l l a u m e
(bei Frauen auch Mädchenname)   geb. Boom
Beruf: Sekretärin
Zeit und Ort der Geburt: 6. Oktober 1927 in Alleinstein
Ständiger Wohnort und feste Wohnung:

Ort des letzten Aufenthalts in der Freiheit: Bad Godesberg, Ubierstr. 107
(bei Fehlen von ständigem Wohnort und fester Wohnung)

Staatsangehörigkeit: deutsch
D i e Beschuldigte ist heute   Uhr   Minuten von mir wegen
Verdachts geheimdienstlicher Tätigkeit
auf Grund ~~Haftbefehls des~~ Haftbefehls ~~des geschäftsmäßigen~~ Ermittlungsrichters
~~in~~ Untersuchungshaft genommen worden. des Bundesgerichtshofs

Haftgrund: Fluchtverdacht / Verdunklungsgefahr.

II.
Anordnungen für den Vollzug

1. Für den Verhafteten soll die durch die Untersuchungshaftvollzugsordnung allgemein getroffene Regelung gelten, soweit nicht in diesem Aufnahmeersuchen oder später besondere Verfügungen getroffen werden.

Eingeliefert am 25.4.74   13:50 Uhr

Best.-Nr. 284   Frauengefängnis Köln
Ersuchen um Aufnahme zum Vollzug der Untersuchungshaft
(Anl. z. Nr. 15 Abs. 1 UVollzO)

Einweisung von Christel Guillaume in die Untersuchungshaft am 25. April 1974 wegen besonderer Flucht- und Verdunkelungsgefahr. Die Gefangene soll in strikter Isolation von anderen Gefangenen gehalten werden.

2. Nicht beschwerende Anordnungen über den Verkehr mit der Außenwelt (Erteilung der Besuchserlaubnis und Anordnungen der Beförderung von Briefen nach Durchsicht) sowie über ....

   werden bis auf weiteres dem zuständigen Staatsanwalt / Amtsanwalt überlassen.
3. Die Überwachung der Besuche wird dem vom Anstaltsleiter bestimmten Anstaltsbeamten übertragen.
4. Folgende Beteiligte an der Strafsache – Mitbeschuldigte – bereits Verurteilte – Zeugen – befinden sich dort in Haft: ....

   Der Beschuldigte ist von diesen getrennt zu halten.
5. Unterbringung in gemeinsamer Haft ist nicht zulässig.
6. Die Teilnahme an gemeinsamen Veranstaltungen, am gemeinschaftlichen Gottesdienst wird nicht genehmigt.
7. Gefahr für a) Selbstmord? ....
   b) Selbstbeschädigung? ....
   c) Gewalttätigkeit? ....
   Besondere Fluchtgefahr? ja
   Besondere Verdunklungsgefahr? ja
   Der Verhaftete darf die Haar- und Barttracht – aus erkennungsdienstlichen Gründen – nicht ändern.
   Es wird angeordnet: Mit Rücksicht auf den Gegenstand des Verfahrens ist der Beschuldigte von anderen Gefangenen und von der Außenwelt streng ge-
8. Sonstige besondere Anordnungen: trennt zu halten. Die Beamten
   – Arbeit in Gemeinschaft gestattet: ja / nein
                                      x   des Bundeskriminalamts
   Abt. Staatsschutz sind berechtigt, den Beschuldigten jederzeit zu sprechen und ihn/sie zwecks Durchführung von Ermittlungshandlungen auszuführen.

Besondere Bemerkungen

1. Von der Verhaftung ist / wird benachrichtigt: ....

2. a) Seelische oder geistige Abartigkeiten? ....
   b) Gleichgeschlechtliche Neigungen? ....
   c) Krankheiten (insbesondere ansteckende)? ....
3. a) Bisher bekannte Vorstrafen: ....
   b) Überhaft auf Grund Haftbefehls des .... gerichts vom ....
      Geschäfts-Nr. ....
   c) Weitere anhängige Strafverfahren: ....
4. Sonstige Hinweise: ....

(Buddenberg)
Richter am Bundesgerichtshof

Anlage: 1 Abschrift des Haftbefehls

überprüfen, inwiefern Guillaume Einfluss auf den Bau des neuen Kanzleramtes (das erst 1976 bezogen wurde) hätte nehmen können. Eine technische Untersuchung des Büros und der Fernsprechanlage ergab, dass Guillaume weder das Telefon, noch den Stromverteilerkreis manipuliert hatte, um mittels kleiner Sender Unterhaltungen in anderen Räumen oder auf anderen Leitungen des Kanzleramtes abzuhören. Diese Untersuchungen und Erwägungen zeigen, dass die westdeutschen Staatsschützer zunächst davon ausgingen, Guillaume sei möglicherweise ein Meisterspion mit vielseitigen technischen Fähigkeiten gewesen, der systematisch und vorausschauend seinen verräterischen Tätigkeiten nachgegangen sei. Peinlich für den Verfassungsschutz war, dass man in Guillaumes Büro auch Aktenordner der Behörde mit Berichten über die Aktivitäten vor allem der DKP, aber auch anderer linksextremer Organisationen fand, die Aufschluss über die Identität der BfV-Informanten gaben. Ein geheim tagender Unterausschuss des Parlamentarischen Vertrauensmännergremiums zur Überwachung der Nachrichtendienste versuchte später vergeblich zu klären, wie diese Unterlagen in Guillaumes Büro gelangen konnten. Es stellte sich zwar heraus, dass Guillaume diese größtenteils schon von Reuschenbach geerbt hatte, als er dessen Büro übernahm. Gleichwohl blieb die Frage offen, wie es möglich war, dass solche an sich geheimen Berichte überhaupt an einen Parteireferenten im Kanzleramt gerieten.[14]

Die Auskunftswilligkeit vor allem von Günter Guillaume, in geringerem Maße auch seiner Frau, gegenüber den Vernehmungsbeamten hielt noch einige Tage an. Die anfängliche Redseligkeit stellte für das Paar einen Akt der Befreiung und der Gewissenserleichterung dar. Auch wenn die BKA-Beamten eigentlich die falschen Personen waren, denen sie sich eröffneten, konnten sie doch auf diese Weise die vielen Jahre des konspirativen Daseins aufarbeiten. Ein wenig Wichtigtuerei und das Heischen nach Anerkennung bei den Vernehmungsbeamten, die Profis in der Verfolgung von Spionen waren, mag auch eine Rolle gespielt haben, möglicherweise ebenso die Hoffnung, durch Kooperation mit den Behörden glimpflich davonzukommen. Laut Federaus Aussage beim Guillaume-Prozess spielten sich die Vernehmungen in einer freundlichen, korrekten Atmosphäre ab, »beinahe wie unter Kollegen«. Guillaume gab teils während der Vernehmungen, teils außerhalb des Protokolls zu, dass er 1953 vom MfS als IM geworben und 1955 Hauptamtlicher Mitarbeiter geworden sei. Er habe entsprechend seiner Verpflichtung alles in der Bundesrepublik getan, um den Auftrag »Integration in und Aufklärung der SPD« zu erfüllen. Alle wichtigen Erkenntnisse habe er nach Ost-Berlin gemeldet, hauptsächlich globale, umfassende Beurteilungen. Angaben im Einzelnen über die operative Praxis der HVA oder Details über seine in die DDR gelieferten Informationen verweigerte er aber mit dem Hinweis, dass es nicht seine Aufgabe sei, den Ermittlungsbehörden ihre Arbeit zu erleichtern. Christel Guillaume gestand, sie habe spätestens im Jahre 1957 erkannt, dass ihr Mann für die DDR Informationen beschaffte. Sie habe gelegentlich in seinem Auftrag bei konspirativen Treffs Päckchen an Kuriere aus dem Osten übergeben. Später habe sie an ihren Mann einzelne Unterlagen aus ihrem Arbeitsbereich in Frankfurt weitergeleitet. Als das Ehepaar anhand der Medienberichterstattung erkannte, dass durch die von ihnen ausgelöste Affäre Brandts Kanzlerschaft zunehmend ins Wanken geriet, was weder in ihrem eigenen Interesse noch in jenem der DDR war, ließ der Kooperationswillen gegenüber dem BKA nach. Guillaume teilte nach einigen Tagen den Vernehmungsbeamten mit, dass er den Bundeskanzler zu sprechen wünsche, um ihm persönlich zu versichern, dass er nichts Belastendes über ihn aussagen werde. Dieses Ansinnen wurde gar nicht erst an Brandt weitergeleitet. Als dieser schließlich zurücktrat, gab Guillaume noch eine kurze Erklärung ab, dass seine Verhaftung offenbar von Personen oder politischen Gruppierungen in der Bundesrepublik dazu missbraucht worden sei, den Sturz Brandts herbeizuführen. Daher werde er vorerst nichts mehr aussagen. Er wollte nicht als der Mann in Erinnerung bleiben, der Brandt geschadet habe. Das Ehepaar widerrief nun seine Geständnisse.[15]

Reaktionen in der Bundesrepublik

Willy Brandt befand sich am Vormittag des 24. April auf dem Rückflug aus Kairo. Er war fünf Tage in Algerien und Ägypten auf Regierungsbesuch gewesen und dort, ein halbes Jahr nach dem Jom-Kippur-Krieg, als Vermittler im Nahostkonflikt umworben worden. Im Gegensatz zu seiner zunehmend prekärer werdenden innenpolitischen Position galt der Friedensnobelpreisträger im Ausland immer noch als hoch angesehener Staatsmann. Entsprechend aufgeräumt war seine Stimmung auf dem Rückflug. Als die Kanzlermaschine gegen 13 Uhr auf dem Flughafen in Köln landete, erwartete ihn eine ungewöhnlich hochkarätige Empfangsdelegation. Am unteren Ende der Gangway standen Genscher und

Grabert, um ihm mitzuteilen, dass man Guillaume am Morgen verhaftet habe und dieser bereits geständig sei. »Er zeigte den Gleichmut, den ich oft in schwierigen Situationen bei ihm beobachtet und auch bewundert habe. Rückschlüsse darauf, wie sehr ihn etwas bewegte, konnte man bei Willy Brandt nur schwer ziehen«, so Genscher in seinen Erinnerungen. Brandt beging nach eigener Einschätzung nun einen schweren Fehler. »Die Vernunft hätte geboten, daß ich mich nach meiner Rückkehr aus Nordafrika auf den akuten Spionagefall konzentrierte, alle Fakten auf den Tisch bringen ließe, alle nicht zwingenden Termine absagte. Stattdessen ging alles seinen gewohnten Gang.« Dies beinhaltete am 24. April die Teilnahme an der Fragestunde im Bundestag und anschließend eine Fraktionssitzung. Am Nachmittag stand die Gratulation zu Kiesingers 70. Geburtstag im Haus der Konrad-Adenauer-Stiftung an sowie am frühen Abend ein Koalitionsgespräch. Dazwischen kam es zu kurzen, aber unergiebigen Erörterungen zum Fall Guillaume mit Börner, Grabert, Bahr und Wehner, der sich bedeckt hielt. Genscher hatte am Morgen bereits den Vorsitzenden der CDU-Bundestagsfraktion, Karl Carstens, über die Verhaftung Guillaumes informiert. Allerdings hoffte die Regierung, die Nachricht wenigstens ein paar Tage vor der Öffentlichkeit geheim halten zu können, um ohne Aufsehen die Ermittlungen führen und vielleicht weitere Ostagenten verhaften zu können. Diese Hoffnung erwies sich im kleinen Politikkosmos Bonns als trügerisch. Schon bald schwirrte die Hauptstadt von Gerüchten über die Festnahme eines Mitarbeiters im Kanzleramt wegen des Verdachts auf Spionage für die DDR.[16]

Am Morgen des 25. April brachte der Rundfunk erste Meldungen über den Spionagefall. Brandt, der am Vormittag die Hannover-Messe eröffnete, wurde dort bereits von Journalisten zu der Sensationsmeldung bestürmt. In der Bundestagsfraktion der SPD herrschte an diesem und den folgenden Tagen große Niedergeschlagenheit angesichts der ersten Enthüllungen und der Gerüchte über das Ausmaß des Verrates, aber zunächst auch schierer Unglauben, dass ausgerechnet der rechtslastige und zuverlässige Parteisoldat Günter Guillaume ein Ostspion sein sollte. Nachdem er aus Hannover zurückgekehrt war, bereitete sich der Regierungschef auf die für den 26. April im Bundestag anstehende Lesung des § 218 StGB zum Schwangerschaftsabbruch vor, anstatt sich wegen der von der Opposition ebenfalls für diesen Tag anberaumten Fragestunde im Bundestag zum Spionagefall in diese Materie zu vertiefen.[17]

Auch auf deutsch-deutscher Ebene ging an jenem Tag noch alles seinen vereinbarten Gang der Normalisierung: Am Vormittag des 25. April traf nichtsahnend das Vorkommando der DDR-Diplomaten in Bonn ein, das am 2. Mai offiziell die StäV eröffnen sollte. Es erfuhr nach seiner Ankunft aus dem westdeutschen Rundfunk von der Affäre. In der Delegation befand sich auch Gerhard Behnke, zeitweilig Referatsleiter für die SPD in der Abteilung II der HVA, der nun aber als erster Botschaftssekretär und getarnter OibE des MfS einreiste. Er wurde der erste »legale«, aus der Auslandsvertretung heraus operierende Resident der HVA in der Bundesrepublik.[18] Am selben Tag unterzeichneten Vertreter der beiden Regierungen außerdem ein Gesundheitsabkommen und eine Vereinbarung über den zwischenstaatlichen Transfer von Unterhaltszahlungen und Sparguthaben.

Im Kanzleramt versuchte man derweil fieberhaft den möglichen Schaden, den Guillaume angerichtet haben könnte, abzuschätzen. Das Kanzlerbüro erstellte eine Liste von Guillaumes Kanzlerbegleitungen und überprüfte, welche geheimen Fernschreiben dabei durch die Hände des Referenten gegangen waren. Als Schilling im Zuge dessen begriff, was er alles im Juli 1973 über Guillaume an Brandt nach Norwegen geschickt hatte, glaubte der Beamte, dass der Bundeskanzler die Affäre politisch nicht werde durchstehen können.[19]

Am Freitag, dem 26. April begann die Spionageaffäre, die Schlagzeilen der westdeutschen Presse zu beherrschen – lediglich *Bild* hatte schon am Tag zuvor eine kurze Meldung gebracht. Am Vormittag stellte sich die Regierung in der Fragestunde im Bundestag der Opposition. Carstens betonte zwar, dass niemand über den Fall Guillaume Genugtuung empfinden könne. Gleichwohl war das Vorkommnis eine willkommene Möglichkeit für die Opposition, die ohnehin angeschlagene Regierung, die gerade erst im März schwere Verluste bei den Bürgerschaftswahlen in Hamburg hingenommen und ihre dortige absolute Mehrheit verloren hatte, in Hinblick auf die für den Juni angesetzten Landtagswahlen in Niedersachsen zu attackieren. Neben dem durchaus berechtigten Vorwurf der Ämterpatronage – war doch Guillaume einzig wegen seiner SPD-Mitgliedschaft im Kanzleramt eingestellt worden – bediente die CDU mit dem Fall Guillaume vor allem das alte, schon auf das Kaiserreich zurückgehende Vorurteil, dass die SPD eine angeblich unzuverlässige Partei sei. Ihr könne man Staatsgeschäfte und -geheimnisse nicht anvertrauen, weil sie die Ideologie über das nationale Interesse stelle. Im Hinblick auf die Niedersachsen-Wahl würde die Bundes-

Willy Brandts Notizen für die Fragestunde im Bundestag zum Fall Guillaume am 26. April 1974.

W.B.

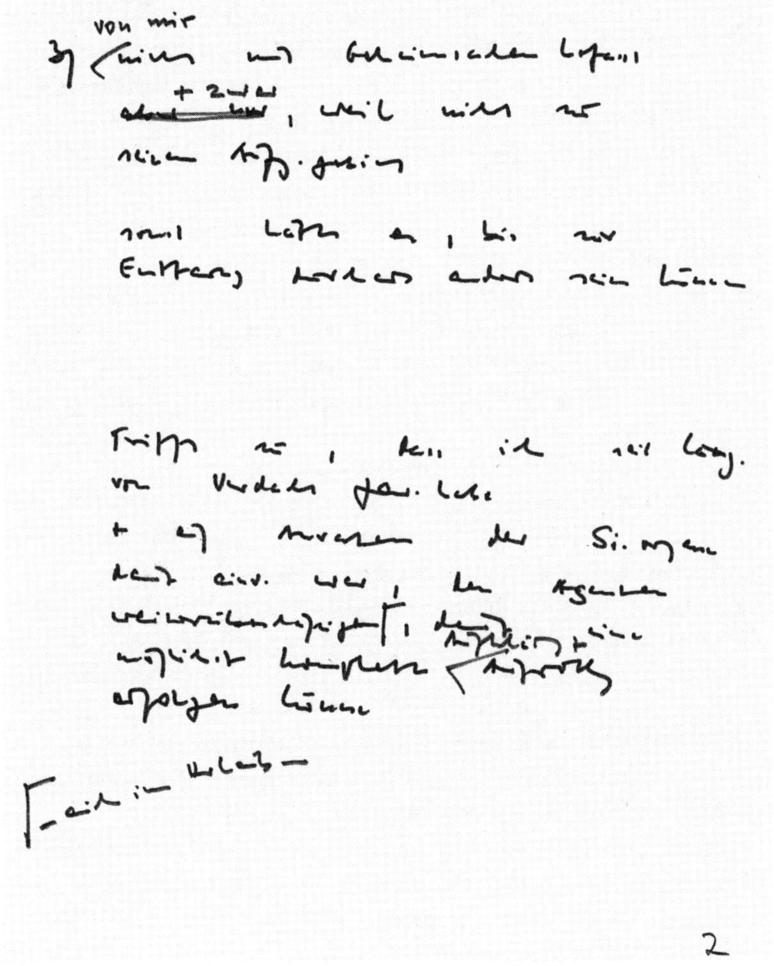
von mir
, weil nicht zu
bis zur
Entlarvung
anders sein können
Si.organe
Agenten
erfolgen können
2

regierung nun nicht mehr mit den Fortschritten in der Normalisierung der Beziehungen zur DDR punkten können, die sich zum Beispiel in der Arbeitsaufnahme der StäV und im Abschluss diverser Folgeabkommen zum Grundlagenvertrag etwa auf dem Gebiet des Sports und der Gesundheit äußern sollten. Angesichts des Spionageskandals erschienen diese Schritte jetzt eher wie ein Ausverkauf westdeutscher Interessen an ein Regime, das seine grundsätzliche Gegnerschaft zur Bundesrepublik und seine Bereitschaft, diese mit illegalen Mitteln zu bekämpfen, trotz aller Entspannungsrhetorik nicht abgelegt hatte. Außerdem rügte die Opposition in jener ersten Aussprache im Bundestag die angeblich laxe Austauschpraxis für Agenten, die seit 1969 Einzug gehalten habe. Somit gebe es keine wirksame Abschreckung für Ostspione mehr. Die Politik der Regierung werde wohl vielmehr dazu führen, dass Guillaume bald wieder in der DDR sei. Opposition wie Regierung waren in diesem Moment allerdings noch voll des Lobes für die Ermittlungsbehörden, die angeblich effizient und geräuschlos den »Agentenring«, so Genscher, überführt hätten. Als Letzter in der aktuellen Stunde des 26. April sprach Brandt, der seine kurze Intervention mit den Worten einleitete: »Es gibt Zeitabschnitte, da möchte man meinen, daß einem nichts erspart bleibe«. Er bezeichnete Guillaume als besonders geschickten und durchtriebenen Agenten und sprach von seiner »tiefen menschlichen Enttäuschung«. Auch durch Guillaume habe der SED-Staat seine Feindschaft gegenüber dem SPD-Vorsitzenden hervorgehoben. Guillaume, so Brandt, sei jedoch zu keiner Zeit mit Geheimakten betraut gewesen, weil dies nicht zu seinen Aufgaben gehörte. Brandt gab zu, dass er schon vor längerer Zeit über den Verdacht gegen Guillaume informiert worden sei, aber auf ausdrückliches Anraten der Sicherheitsorgane den Agenten weiterbeschäftigt habe, um ihn besser überführen zu können.[20]

In der folgenden Woche begann die Guillaume-Affäre der Regierung zu entgleiten. Immer mehr Informationen, die zunächst bei den Stellungnahmen der Regierung zurückgehalten oder wegen der anfänglich oberflächlichen Behandlung durch Brandt und Wilke übersehen worden waren, drangen an die Öffentlichkeit. Sie mussten nun aber wie eine versuchte Vertuschung besonders schwerwiegender Verfehlungen wirken: Zum einen ging es um die schon bei der Einstellung des Spions im Kanzleramt 1969/70 vorgebrachten Sicherheitsbedenken auf Grundlage der Erkenntnisse über Guillaume aus den fünfziger Jahren, die damals von Ehmke beiseitegewischt worden waren. Zum anderen empörte die Öffentlichkeit der Zugang Guillaumes zu geheimen Dokumenten während der Norwegenreise des Kanzlers im Juli 1973, obwohl der Referent zu diesem Zeitpunkt schon ins Visier des Verfassungsschutzes geraten war. Die Bundesregierung befand sich eine Woche nach der Verhaftung Guillaumes in einer Falle, aus der es kein Entrinnen gab. Eine relativ offene Informationspolitik, für die man sich zu diesem Zeitpunkt entschied, bezeugte nur die Leichtsinnigkeit bei der Einstellung Guillaumes und vor allem das dilettantische Vorgehen von Verfassungsschutz und Kanzleramt zwischen Mai 1973 und April 1974. Eine weitere Geheimhaltung hingegen hätte in einer Öffentlichkeit, die bereits durch erste Informationen angefüttert war, nur den Verdacht erweckt, dass die Regierung noch weitere Leichen im Keller habe, und den Spekulationen deshalb freieren Lauf gelassen. »Es ist nicht zu leugnen, daß die Sache G. in den letzten 48 Stunden außer Kontrolle geraten zu sein scheint. Jedenfalls ist dies der Eindruck, den hier alle in Bonn haben, die nicht unmittelbar beteiligt sind. Dieser Eindruck vergrößert den Schaden, der durch die neuen Enthüllungen und durch die Unklarheiten und Ungenauigkeiten der bisherigen amtlichen Erklärungen, abgesehen von der Sache selbst, schon unnötig groß geworden ist. Man kann nicht darüber hinwegsehen, daß sich eine Vertrauenskrise zwischen Bevölkerung und Regierung, aber auch innerhalb der Partei und der Bundestagsfraktion und auch zwischen den Regierungsparteien entwickelt. Es sieht so aus, daß die Regierung den Fortgang der Dinge nicht in der Hand hat und plötzlich auf jede Initiative verzichtet. Auch die öffentliche Behandlung des Falles ist nach meiner Ansicht unzureichend«, schrieb am 2. Mai der SPD-Bundestagsabgeordnete und vormalige Regierungssprecher Conrad Ahlers an Willy Brandt. Anfang Mai kursierten bereits die absurdesten Gerüchte und Mutmaßungen in der Öffentlichkeit, die selbst seriöse und in der Regel sehr gut informierte Presseorgane wie *Der Spiegel* kolportierten: So sei der Verfassungsschutz schon vor längerer Zeit vom französischen Geheimdienst über Guillaumes wahre Identität als Ostagent informiert worden, habe aber nicht reagiert. Guillaume sei ferner wegen seiner NS-Vergangenheit vom MfS zur Mitarbeit erpresst worden. Sein erster Führungsoffizier sei zudem Hans Fruck gewesen, nunmehr stellvertretender Leiter der HVA. Der Verlag Volk und Wissen, von dem aus Guillaumes Karriere als Ostagent ihren Ausgang genommen hatte, wurde in den folgenden Wochen von der Presse zu einer Institution umgedeutet, die vom MfS mehr oder weniger einzig zur Abdeckung ihrer geheimdienstlichen Aktivitäten unterhalten werde und Lehrbücher gleichsam nur zur Tarnung produziere.[21]

Die Sensationsgier der Presse und ihrer Leser nach einer Spionageaffäre sowie der Wunsch der Opposition und ihr nahestehender Presseorgane wie *Die Welt* und *Bild*, dieses Thema zum eigenen Gewinn politisch auszunutzen, taten ein Übriges, um den Skandal hochzukochen und als weit gravierender erscheinen zu lassen denn notwendig. Zudem war die Affäre noch gewürzt durch die Liaison Guillaumes mit der Sekretärin von Bahr und Gaus, also Schlüsselfiguren der Bonner Ostpolitik. Für den mit geheimdienstlichen Methoden wie auch der extrem arbeitsteiligen Organisation von Behörden inklusive der Nachrichtendienste nicht vertrauten Leser oder Journalisten, der überdies seine Kenntnisse vielleicht im Interesse einer möglichst reißerischen Geschichte ausblendete, musste oder sollte sich der Fall Guillaume folgendermaßen darstellen: Es sei dem Meisterspion gelungen, sich, einem in Ost-Berlin zuvor ausgeheckten Masterplan folgend, seit 1956 systematisch bis ins Kanzleramt vorzuarbeiten.[22] Von dort habe er quasi direkt die geheimsten Informationen an das Politbüro weitergeleitet. So schrieb *Bild* am 26. April: »Günter Guillaume war praktisch der Schatten des Kanzlers. Er saß häufiger im Kanzler-Mercedes als jedes Regierungsmitglied. Er hörte mit, wenn Willy Brandt mit wichtigen Leuten über das Autotelefon sprach. Wenn der Kanzler zu Nixon und Breschnjew fuhr, wenn er von Kissinger oder Tito zurück nach Bonn kam – Günter Guillaume wußte bald, wie Brandt die Lage einschätzte. Wenn Egon Bahr in geheimer Runde laut dachte, wie er ›DDR‹-Unterhändler Kohl etwas abringen wollte – Günter Guillaume funkte es wahrscheinlich seinen Chefs am selben Abend noch nach Ost-Berlin.« Ähnlich reißerisch gab sich die ansonsten in Anbetracht der kurzen Zeit, die zur Verfügung stand, vorzüglich recherchierte Titelgeschichte des *Spiegel* vom 29. April. Gemäß dieser war der Fall Guillaume die größte Spionageaffäre in der Geschichte der Bundesrepublik. Erstmals, so fälschlicherweise das Magazin, sei es der DDR gelungen, einen Spion im Kanzleramt unterzubringen: »Günter Guillaume hörte alles, sah alles, war immer dabei. Die DDR war über die Gedanken des Kanzlers, über die Interna der Bundesregierung und der SPD rascher und umfassender unterrichtet als die Mehrzahl der Bonner Minister und Spitzen-Sozialdemokraten.« Das Magazin *Quick* sattelte in einem großen Bericht vom 2. Mai (»Der Spion der stets beim Kanzler saß – und was er verraten hat«) noch drauf, wie so oft in jenen Tagen unter Berufung auf einen namentlich nicht genannten »führenden Beamten der deutschen Abwehr«: Man müsse davon ausgehen, dass Guillaume zwischen 1970 und 1974 Kenntnis von allen geheimen Vorgängen des Kanzleramtes hatte oder haben konnte: Dazu seien die geheimen Kabinettsprotokolle, die Fernschreiben des AA, die Analysen des BND und anderer Geheimdienste sowie die Berichte der Nato zu zählen.

Jede Wendung im Leben des Agentenehepaares, jede Verhaltensweise wurde von den Medien im Rückblick unter Ausblendung des Faktors Zufall oder der Tatsache, dass die Guillaumes nicht nur angeblich stets einsatzbereite Meisterspione, sondern zugleich ganz normale Menschen mit normalen Bedürfnissen und Nöten waren, einseitig gedeutet: Die Guillaumes hätten einzig nach dem Vorsatz gehandelt, ein Optimum an Informationen nach Ost-Berlin liefern zu können. Nach dieser Lesart ging der Referent nicht etwa Amouren mit den Sekretärinnen des Kanzleramtes ein, weil er ein frustrierter Ehemann und unverbesserlicher Schürzenjäger war, sondern weil er so besser an Geheimunterlagen herankam. Seine Frau saß angeblich nicht bis tief in die Nacht in der hessischen Landesvertretung, weil dies nun einmal zu ihren Aufgaben als Gästebetreuerin gehörte, sondern weil sie zu später Stunde, wenn der Alkohol die Zungen der hochrangigen Politiktouristen löste, so die wichtigsten Interna aus der SPD erfuhr.

Dass Kanzlernähe nicht unbedingt privilegierten Zugang zu allen geheimen Vorgängen in der Regierung bedeutete oder dass das Kanzleramt und in diesem das Kanzlerbüro nicht per se für die HVA die interessantesten Details vor allem über die westdeutschen Geheimdienste, die Bundeswehr, das westliche Bündnis oder Spitzentechnologien verwahrte, sondern diese eher bei BND, BfV, dem Bundesamt für Wehrtechnik und Beschaffung oder bei Großunternehmen zu finden waren, blieb in der öffentlichen Diskussion in der Bundesrepublik vollkommen ausgeblendet. Es wäre vermutlich auch nicht geglaubt, sondern als Vertuschungsversuch der Bundesregierung abgetan worden. Der Umstand, dass der Verfassungsschutz aus Sicherheitserwägungen für seine weitere Tätigkeit zu keinem Zeitpunkt Einblick in die Arbeitsweise seiner Spionageabwehr gab, noch seine Kenntnisse über die HVA ausbreitete, welche die Rolle Guillaumes relativiert hätten, vereinfachte die Situation ebenfalls nicht. Im BfV und im BND herrschte die Auffassung vor, dass Nachrichtendienste und Öffentlichkeitsarbeit per se ein Widerspruch seien.[23]

Seit dem 25. April war die Guillaume-Affäre für einige Wochen das beherrschende Thema in der Bundesrepublik. Sie führte zu einem erheblichen Verlust an Ansehen für die SPD und die Regierungsinstitutionen. Zudem hinterfragten nun Teile der Öffentlichkeit Sinn und Zweck der bisherigen Ostpolitik mehr denn je. Das Meinungsforschungsinstitut Wickert in Tübingen registrierte in einer Blitzumfrage Ende April für die SPD ein »Vertrauenstief wie nie zuvor«. Während Ende März noch 39 Prozent der Wahlberechtigten bei der Bundestagswahl für die SPD votiert hätten, waren es nun nur noch 30 Prozent. Die CDU verbesserte sich von 49 auf 54 Prozent und paradoxerweise die FDP trotz ihres Innenministers Genscher von 10 auf 14 Prozent.[24] Bei einer Meinungsumfrage des Allensbach-Instituts von Ende April/Anfang Mai 1974, also noch vor dem Rücktritt Brandts, hatten 96 Prozent der Befragten von der Guillaume-Affäre gehört. 51 Prozent glaubten, dass der Bundesrepublik durch den Spion großer Schaden entstanden sei, 22 Prozent etwas Schaden. 15 Prozent hielten die Sache für nicht so schlimm, der Rest zeigte sich unentschieden. CDU- und FDP-Anhänger schätzten dabei die Folgen für die Bundesrepublik als wesentlich schlimmer ein denn SPD-Wähler. Nur 12 Prozent der Befragten glaubten, dass die Regierung über den Fall wahrheitsgemäß unterrichte, 63 Prozent meinten, dass sie einiges verschleiere. 11 Prozent unterstellten sogar, dass sie überwiegend die Unwahrheit sage. Wiederum war die Skepsis von CDU- und FDP-Wählern gegenüber der Aufklärungstätigkeit der Regierung erheblich größer als die von SPD-Parteigängern. 59 Prozent aller Befragten sprachen sich angesichts der Enthüllungen über Guillaume dafür aus, dass die mit der DDR geschlossenen Verträge überprüft und schärfere Bedingungen für die DDR eingebaut werden sollten. Lediglich 22 Prozent waren für ein Weiterführen der Verhandlungen wie bisher. 16 Prozent wollten die Verhandlungen gänzlich abbrechen. Auch bei dieser Frage gaben sich SPD-Anhänger moderater als CDU- und FDP-Wähler. Gleichwohl waren genauso viele SPD-Wähler (45 Prozent) für eine Überprüfung der Verträge wie für eine Fortführung der bisherigen Politik.[25]

Das Ende von Brandts Kanzlerschaft

Willy Brandt war ohnehin wegen der seit 1973 anschwellenden Kritik an seiner Amtsführung zermürbt. Zudem war er in den letzten Apriltagen noch angeschlagen durch Magen-Darm-Probleme, die er aus Ägypten mitgebracht hatte, und eine schmerzhafte Zahnbehandlung. Er erwähnte erstmals in der Nacht vom 29. auf den 30. April in einem Gespräch mit Ehmke und Grabert die Bereitschaft, die Verantwortung für den Fall

Guillaume zu tragen und daraus die politischen Konsequenzen zu ziehen. Helmut Schmidt müsse dann das Ruder übernehmen. Doch blieb dies für den Moment ein bloßes Gedankenspiel und in seinem Umkreis überwogen noch die Stimmen, dass man die Sache aussitzen könne.[26] Erst als das BKA auch noch das Privatleben des Kanzlers während der Ermittlungen unter die Lupe nahm und Details ab dem 30. April an ihn, die SPD-Führung, die Bundesanwaltschaft sowie den Innen- und Justizminister durchsickerten, fühlte Brandt sich bloßgestellt und erwog ab den ersten Maitagen ernsthaft den Rücktritt.

Das BKA wollte ursprünglich durch Befragungen von Brandts Personenschützern ermitteln, zu welchen Informationen Guillaume auf den Reisen des Kanzlers Zugang hatte und ob die Beamten unterwegs Auffälliges im Verhalten des Referenten wahrgenommen hätten. Denn der Agent sollte nicht nur der geheimdienstlichen Betätigung für eine fremde Macht, sondern auch des schwereren Vergehens des Landesverrats überführt werden. Es war Kanzleramt wie Ermittlungsbehörden schnell klar geworden, dass die neuralgischen Punkte des Geheimnisverrates für Guillaume sich nicht etwa während der Büroroutine in Bonn ergeben hatten, sondern bei den Dienstreisen mit Brandt, wenn der Referent als einziger Vertreter des Kanzlerbüros die Verbindung zum Palais Schaumburg aufrechterhielt. Die Personenschützer erinnerten sich aber in den Befragungen über diese Reisen in erster Linie daran, dass in Brandts, ehemals Görings, Salonwagen, mit dem der Kanzler durch die Lande fuhr, und in seinen Hotelzimmern angeblich häufig Frauen ein und aus gegangen und gelegentlich auch über Nacht geblieben seien. Guillaume habe dabei in Nachfolge eines zuvor dafür zuständigen Personenschützers dem Kanzler vermeintlich Journalistinnen, Stewardessen, gelegentlich auch Prostituierte »zugeführt« und dies gegenüber dem Begleitkommando mit Worten wie der Chef sei »spitz« und brauche wieder eine Frau gerechtfertigt. Bei diesen Behauptungen handelte es sich um fantastische Ausschmückungen der Personenschützer, die sich entweder wichtigtun wollten oder sich von den vernehmenden Kollegen der Abteilung Staatsschutz des BKA unter Druck gesetzt fühlten, irgendetwas berichten zu müssen. So entschuldigte sich der Leiter des Kanzlerbegleitkommandos, Ulrich Bauhaus, später bei Brandt: Ihm und seinen Kollegen sei vom Bundesanwalt Ernst Träger bei den Verhören Beugehaft angedroht worden, sollten sie nicht aussagen. Die Auskünfte hätten anfangs nur als »Aufklärungshilfe« gegolten, so dass sich Bauhaus hintergangen fühlte, als sie in einem Vermerk der Bundesanwaltschaft doch aktenkundig gemacht wurden. Die Ergebnisse der Befragungen hielt BKA-Chef Horst Herold in einem als »streng geheim« klassifizierten Bericht vom 30. April für Genscher fest. Herold deutete die Informationen dahingehend, dass der verhaftete Referent erpresserisches Wissen über den Kanzler besitze. Das Dokument überbrachte Kinkel als persönlicher Emissär Genschers per Hubschrauber am 1. Mai Brandt, als sich dieser zur zentralen Maikundgebung des DGB in Hamburg aufhielt. Er versuchte die Enthüllungen und Unterstellungen, von denen er bereits am Vortag andeutungsweise durch Justizminister Gerhard Jahn gehört hatte, anfangs noch mit einem gewissen Humor zu nehmen. Doch überkam ihn schnell die Empörung darüber, dass sich BKA, Innenminister, Bundesanwaltschaft und Justizminister anscheinend mehr für die Aussagen der Sicherheitsbeamten über sein angeblich ausschweifendes Liebesleben interessierten als für die Überführung Guillaumes. Gegenüber Helmut Schmidt äußerte Brandt bereits im Laufe des 3. Mai, dass die Kanzlerschaft auf ihn schon sehr bald zukommen könne. Am Abend desselben Tages besprach sich Brandt mit Bahr und Gaus auf dem Venusberg. Sie erörterten Möglichkeiten eines Personalrevirements, um die Guillaume-Affäre durch Absetzung der Hauptverantwortlichen zu entschärfen und so Brandts Kanzlerschaft zu retten: Genscher sollte als Innenminister abgelöst, Grabert durch Bahr ersetzt werden und Ehmke als Forschungs- und Postminister zurücktreten. Natürlich müsse auch Nollau gehen. Allerdings hatten Bahr und Gaus den Eindruck, dass es sich für Brandt nur noch um bloße Gedankenspielereien handelte. Tatsächlich hatte er wohl vor allem wegen der Enthüllungen über sein Privatleben, die über kurz oder lang auch an die breitere Öffentlichkeit dringen konnten, innerlich bereits aufgegeben.[27]

Nochmals spielte Nollau eine fatale Rolle in der Guillaume-Affäre. Herold informierte ihn am 3. Mai über die »pikanten Details« aus den Vernehmungen von Brandts Leibwächtern. Herold und Nollau glaubten, dass die Position des Kanzlers nun unhaltbar geworden sei, denn entweder werde Guillaume spätestens beim Prozess die Frauengeschichten auftischen, oder er habe sie längst nach Ost-Berlin gemeldet und damit die Bundesregierung erpressbar gemacht. Jemand müsse daher Brandt zum Rücktritt drängen. »Herold und ich können das nicht. Da muß jemand mit politischer und moralischer Autorität her: Herbert Wehner. Als ich Herold vorschlage, Wehner zu unterrichten, sagt er: ›Das hatte ich von Ihnen erwartet‹.« Nollau weihte noch am selben Nachmittag Wehner in die Erkenntnisse des BKA über Brandts Frauenaffären und

Guillaumes angebliche Rolle dabei ein. Wehner sei ob dieser Informationen »erschüttert« gewesen. »Er sinkt förmlich in sich zusammen und stößt hervor: ›Das bricht uns das Rückgrat.‹« Wehner benachrichtigte nach Nollaus Besuch sofort Börner und kündigte dem Bundesgeschäftsführer an, dass er bei dem für den nächsten Tag anberaumten Treffen der SPD-Spitze in Bad Münstereifel Brandt auf die Vorgänge ansprechen werde.[28]

Die Vermutung, dass Guillaume über das Privatleben Brandts nach Ost-Berlin berichtet habe, lässt sich weder durch SIRA, noch durch seine eigenen Aussagen gegenüber dem BKA sowie seine Auslassungen nach der Wende bestätigen. Bei den Verhören des BKA spielte er sich zwar als politischer Intimus Brandts, nicht aber als Schnüffler in dessen Privatleben auf, wie sich die Beamten gegenüber Hermann Schreiber fast dreißig Jahre später erinnerten. Zudem versuchte Guillaume eher, wie er jedenfalls in seinem letzten Interview 1994 behauptete, dem Kanzler die Frauen vom Leib zu halten. Er habe 1974 bei den Vernehmungen längst nicht alles ausgeplaudert, was er über das Privatleben Brandts mitbekam. Auf die Frage, ob er in gewisser Weise bis zuletzt dem Kanzler treu gewesen sei, antwortete er: »Ich wäre es gerne gewesen. Ich habe mich bemüht, aber ich konnte ja nichts für seinen Schutz tun außer zu schweigen.« Zudem war der Referent selbst alles andere als ein Ausbund ehelicher Treue. Folglich dürfte er sich kaum an den gelegentlich vom Kanzler ergriffenen Chancen, die sich ohnehin eher aus weiblichen Avancen gegenüber dem charismatischen Politiker denn aus aktivem Werbens seitens des eher zurückhaltenden Brandts ergaben, gestört oder sie als berichtenswert empfunden haben. In seinem letzten Interview verkündete Guillaume vielmehr großspurig, dass sich der Kanzler und er in ihrem Frauengeschmack unterschieden hätten, so dass er nicht einmal von den vom Kanzler zurückgewiesenen weiblichen Fans hätte profitieren können.[29] Auch aus reinem Selbsterhaltungstrieb kam es für Guillaume nicht in Frage, Einzelheiten über das Privatleben Brandts an die HVA zu melden. Denn hätte man dort von diesen Details tatsächlich Gebrauch gemacht, um etwa den Bundeskanzler zu diskreditieren, so hätte die Spur automatisch zur engsten Entourage Brandts und damit auch zu Guillaume geführt.

Dem puritanischen Wehner, dessen Verhältnis zum Kanzler spätestens seit dem Besuch des Fraktionsvorsitzenden in Moskau im Herbst 1973 schwer belastet war, erschienen die ihm von Nollau zugetragenen Enthüllungen über die angeblichen amourösen Eskapaden des Kanzlers auf seinen Reisen nur ein weiterer Beweis dafür, dass Brandt ein Regierungschef auf Abruf sei. Bei Letzterem festigte sich der Entschluss zum Rücktritt, der schon seit ein paar Tagen in ihm gereift war, während der schon länger anberaumten Klausurtagung von SPD-Führung und Gewerkschaftsspitzen in Bad Münstereifel am Wochenende des 4. und 5. Mai. Am Abend des 4. Mai kam es zu einem etwa einstündigen Gespräch Brandts mit Wehner unter vier Augen. Der Fraktionsvorsitzende kritisierte, basierend auf Nollaus Informationen, den Parteivorsitzenden wegen seiner »Damenbekanntschaften« und schloss sich Nollaus Befürchtungen der Erpressbarkeit an. Wehner sagte Brandt lediglich zu, dass er jede Entscheidung unterstützen werde, die dieser treffe. Er machte also keinerlei Anstalten, den Regierungschef zur Fortführung seiner Kanzlerschaft zu ermutigen oder sich für diesen besonders in die Bresche zu werfen. Daraufhin verkündete Brandt am Nachmittag des nächsten Tages der versammelten SPD-Führung um Wehner, Schmidt, Börner, Karl Ravens und Alfred Nau, dass er als Regierungschef zurücktreten werde. Schmidt, der sich eigentlich für den besseren Regierungschef hielt und daher schon seit längerem dieses Amt anstrebte, wollte nicht unter diesen Umständen Brandt beerben. Möglicherweise ergriff ihn auch eine Art Panik, als die lang herbeigesehnte Kanzlerschaft nun tatsächlich bevorzustehen schien, jedenfalls schrie er Brandt an: »Wegen dieser Lappalien kann ein Bundeskanzler sein Amt nicht aufgeben.« Allerdings waren seine Interventionen gegen den Rücktritt ebenso vergeblich wie jene von Börner, Ravens und Nau. Lediglich Wehner hielt sich in dieser Runde bedeckt, indem er nur wiederholte, er werde jede Entscheidung Brandts mittragen. Einstimmigkeit herrschte dahingehend, dass Brandt auf jeden Fall Parteivorsitzender bleiben solle. Nach der Rückkehr in sein Haus auf dem Venusberg am Abend des 5. Mai setzte Brandt ein auf den nächsten Tag vordatiertes handschriftliches Schreiben an Bundespräsident Heinemann auf: »Ich übernehme die politische Verantwortung für Fahrlässigkeiten im Zusammenhang mit der Agentenaffäre Guillaume und erkläre meinen Rücktritt vom Amt des Bundeskanzlers. Gleichzeitig bitte ich darum, meinen Rücktritt unmittelbar wirksam werden zu lassen und meinen Stellvertreter, Bundesminister Scheel, mit der Wahrung der Geschäfte des Bundeskanzlers zu beauftragen, bis ein Nachfolger gewählt wird.« Scheel versuchte noch am 6. Mai, Brandt vom Rücktritt abzubringen, doch ebenfalls ohne Erfolg. Am Abend jenes Tages saß Grabert in der Regierungsmaschine, um Brandts Rücktrittsgesuch Heinemann zu übergeben, der gerade in Ham-

Die erste Seite von Willy Brandts »Notizen zum Fall G.«, entstanden zwischen Mai und September 1974.

burg weilte. In einem Begleitschreiben an den Bundespräsidenten hieß es: »Es ist mir nicht leicht gefallen, den Brief zu schreiben, den Horst Grabert überbringt. Aber es blieb für mich nach reiflicher Überlegung keine andere Wahl. Alles ist mit Schmidt/Wehner/Kühn/Börner sowie mit Scheel und seinen Freunden genau durchberaten. Ich bleibe in der Politik, aber die jetzige Last muß ich loswerden. Sei mir bitte nicht böse, versuche, mich zu verstehen und übertrage Scheel die Geschäfte, damit Schmidt dann zum Kanzler gewählt werden kann.« Am Dienstag, dem 7. Mai 1974 gegen 0.30 Uhr verkündeten die ersten westdeutschen Radiosender die Meldung, dass Bundeskanzler Willy Brandt zurückgetreten sei. Um 14 Uhr nahm Brandt in der Bonner Villa Hammerschmidt die Entlassungsurkunde aus der Hand des Bundespräsidenten entgegen, kurz darauf folgten die Kabinettsmitglieder.[30]

Ursachen und Wirkungen des Rücktritts

»Mußte ich zurücktreten? Nein, zwingend war der Rücktritt nicht, auch wenn der Schritt mir damals unausweichlich erschien. Ich nahm die politische Verantwortung ernst, vielleicht zu wörtlich. Tatsächlich nahm ich mehr auf mich, als ich zu verantworten hatte. Die Schwierigkeiten in und mit der Regierung hatten seit Jahresbeginn '73 zugenommen und meine Position, gewiß auch mein Durchhaltevermögen geschwächt. Die Vermutung spricht dafür, daß ich mich vor einem anderen Hintergrund weniger passiv verhalten hätte«, sinnierte Brandt 15 Jahre nach den Ereignissen in seinen Erinnerungen.[31] Dies ist auch im Wesentlichen der Konsens der historischen Forschung: Die Guillaume-Affäre war allenfalls der Anlass für den politisch wie psychisch spätestens seit Herbst 1973 angeschlagenen, auch innerhalb der SPD-Spitze immer stärker kritisierten und isolierten Brandt, zurückzutreten, nicht die Ursache. Wehners Kritik aus Moskau wegen der festgefahrenen Ostpolitik, die erste Ölkrise im Gefolge des Jom-Kippur-Krieges mit daraufhin einsetzender Rezession, die exorbitanten Lohnforderungen der Gewerkschaft ÖTV inklusive Müllmännerstreik Anfang 1974 trotz sich verdunkelnder gesamtwirtschaftlicher Konjunkturdaten und Brandts unglücklicher Vermittlungsversuch in dieser Angelegenheit, schließlich das Debakel für die SPD bei den Hamburger Bürgerschaftswahlen im März 1974 hatten einen Erosionsprozess in Bezug auf Brandts Ansehen sowie hinsichtlich seines Durchhaltewillens in Gang gesetzt. Die Guillaume-Affäre bildete nur den dramatischen Schlusspunkt. Allerdings ist nicht auszuschließen, dass sich Brandt ohne dieses Ereignis im Laufe des Jahres 1974 politisch wieder gefangen und noch auf unbestimmte Zeit weiterregiert hätte.[32]

Doch im Frühjahr 1974 war Brandt einfach zu zermürbt, um eine neue politische Hetzkampagne durchzustehen, die spätestens mit den zu erwartenden Enthüllungen über sein Privatleben in der breiteren westdeutschen Öffentlichkeit einsetzen würde. Er hatte schon in den vergangenen zwei Jahrzehnten die übelsten Verleumdungen wegen seiner unehelichen Geburt, seines Exils während der NS-Zeit und seiner Entspannungsofferten gen Osten über sich ergehen lassen müssen. In politischer Hinsicht hingegen konnte niemand ernsthaft erwarten, dass der Bundeskanzler für administrative und operative Verfehlungen geradezustehen habe, die auf der zweiten oder dritten Entscheidungsebene begangen worden waren und in inhaltlicher Hinsicht eine Materie betrafen, die eigentlich weit außerhalb des Verantwortungsbereichs eines Regierungschefs lagen.

Brandt steigerte sich, je länger sein Rücktritt zurücklag, in die Wahnidee, dass er 1974 einem Komplott Wehners und Honeckers zum Opfer gefallen sei, die die Mine Guillaume zum richtigen Zeitpunkt gezündet hätten, um ihn loszuwerden. In Ansätzen findet sich diese Unterstellung schon in seinen zwischen Mai und September 1974 verfassten »Notizen zum Fall G.«, prononcierter dann in seinen 1989 erstmals veröffentlichten Erinnerungen. Seine Witwe, selbst Historikerin, griff die Deutung in ihrer 2004 erschienenen Biografie Brandts nochmals auf.[33] Mit dieser Intrigentheorie als Ursache für seinen Sturz gingen Brandt und seine letzte Ehefrau ein merkwürdiges Bündnis mit HVA und SED ein. Diese argumentierten ebenfalls schon seit Mai 1974, wie zu zeigen sein wird, in die gleiche Richtung. Sie identifizierten allerdings verständlicherweise andere Personen als den Generalsekretär der SED und den Fraktionsvorsitzenden der SPD als Täter, welche sich der Guillaume-Affäre bedient hätten, um den »Königsmord« zu begehen.

Was aber motivierte Brandt dazu, Anfang Mai 1974 gerade die Guillaume-Affäre zum Anlass für den Rücktritt zu nehmen? Der Kanzler reagierte nicht nur aus einer momentanen Empörung über die Schnüffelei in seinem Privatleben und allgemeiner politischer Erschöpfung heraus, sondern dachte ebenso an die längerfristigen außen- wie innenpolitischen Perspektiven eines Fortregierens nach einer möglicherweise durchstandenen Guillaume-Affäre. Zum einen betrachtete Brandt die

Platzierung eines DDR-Spions in seiner unmittelbaren Nähe als persönlichen Affront seitens der DDR-Führung, statt sie sportlich als eine durchaus übliche Praxis oder zumindest von allen Nachrichtendiensten erträumte Positionierung eines Agenten anzusehen. Er ging wohl, wie sein Biograf Merseburger schrieb, etwas naiv davon aus, dass in Zeiten der Ost-West-Entspannung auch die beiderseitige Spionage zurückgefahren werde.[34] Dabei hatte die DDR nie verhehlt, dass Entspannung und friedliche Koexistenz nicht den grundsätzlichen Verzicht auf »Klassenkampf« bedeute, sondern lediglich eine vorübergehende weniger konfrontative Phase der Auseinandersetzung mit dem ideologischen Gegner darstellten. Auch die Spionageaktivität des BND in der DDR wurde in jenen Jahren nicht heruntergefahren.[35] Brandt war der DDR mit seiner Ostpolitik seit 1970 nach eigener Auffassung sehr entgegengekommen. Folglich konnte er sich nicht vorstellen, wie er in seiner Fernsehansprache am 8. Mai zu den Gründen seines Rücktrittes ausführte, als Bundeskanzler weiterhin auf höchster Ebene Umgang mit Honecker und Konsorten zu pflegen, die ihm seinen rückhaltlosen Einsatz für die Entspannung und Normalisierung der Beziehungen selbst gegen den stärksten innenpolitischen Widerstand der CDU/CSU-Opposition dankten, indem sie ihm einen Spion ins Vorzimmer gesetzt hatten. Brandt hegte daher noch lange nach seinem Rücktritt Groll gegen die DDR-Führung. Wenn Günter Gaus, der Leiter der StäV in der DDR von 1974 bis 1981, regelmäßig nach Bonn zur Berichterstattung kam und dabei auch den ehemaligen Bundeskanzler besuchte, empfing ihn Brandt oft mit den Worten, dass er sich freue, Gaus zu sehen, er wünsche aber nichts von der DDR zu hören. So war es auch nicht verwunderlich, dass Brandt erst elf Jahre nach seinem Rücktritt erstmals wieder die DDR besuchte. Dort wurde er von Honecker als eine Art Wiedergutmachung mit ausgesuchter, ja ungewöhnlicher Aufmerksamkeit wie ein hoher Staatsgast empfangen.[36]

Außerdem dachte der eigentlich politisch Hauptverantwortliche für das schlechte Krisenmanagement, der oberste Dienstherr des Verfassungsschutzes, der sich Nollaus fatalen Empfehlungen angeschlossen hatte, nicht daran, selbst zurückzutreten. Genscher war vielmehr fixiert auf seinen sich abzeichnenden Karrieresprung zum Außenminister, Vizekanzler und FDP-Vorsitzenden infolge von Scheels als sicher geltendem Wechsel ins Amt des Bundespräsidenten. Auf keinen Fall wollte er sich so kurz vor dem lange anvisierten Ziel ausbremsen lassen. Brandt konnte sich nicht vorstellen, mit Genscher, der nun sogar zum Vizekanzler aufrücken sollte, weiter an einem Kabinettstisch zu sitzen. Seitens der SPD wurde der Innenminister nicht unter Druck gesetzt, sich für den Kanzler in die Bresche zu werfen. Ansonsten wäre womöglich das ganze Fundament der sozialliberalen Koalition erschüttert worden, zumal Genscher ohnehin schon immer eine größere Affinität zur CDU als zur SPD besessen hatte,[37] die ihn schließlich 1982 den Koalitionswechsel vollziehen ließ.

Ehmke folgte Brandts Beispiel und trat im Mai als Forschungs- und Postminister zurück. Der neue Bundeskanzler Schmidt, den der Bundestag am 16. Mai 1974 mit den Stimmen der SPD und FDP wählte, nachdem tags zuvor die FDP in der Bundesversammlung ihr Ziel erreicht und Scheel als Bundespräsident inthronisiert hatte, brachte seinen eigenen Amtschef Manfred Schüler aus dem Finanzministerium mit. Grabert, erst 47 Jahre alt, wurde auf den Botschafterposten in Wien abgeschoben. Nollau war mit Anfang sechzig als hoher politischer Beamter ohnehin berechtigt, jederzeit um frühzeitigen Ruhestand zu bitten. Dies gab ihm, wie er in seinen Erinnerungen schrieb, eine gewisse innere Ruhe in der ganzen Affäre[38] und mag sein nachlässiges Verhalten zum Teil erklären. Nollau wurde im September 1975 pensioniert, also mit 64 Jahren.

Die Popularität Brandts in der westdeutschen Öffentlichkeit hatte seit dem Herbst 1973 stetig abgenommen. Im Januar 1974 zeigten sich nur noch 35 Prozent der Bevölkerung mit seiner Amtsführung zufrieden nach einem Höhepunkt im Herbst 1972 von 72 Prozent. Seinen Rücktritt hingegen bedauerten laut einer Umfrage 43 Prozent der Bundesbürger, vornehmlich SPD-Wähler, während 37 Prozent, vor allem CDU/CSU-Anhänger, ihn begrüßten. 41 Prozent der Befragten, vor allem SPD-Wähler, hielten ihn für ein Zeichen politischer Größe, nur 34 Prozent, insbesondere CDU/CSU-Anhänger, für einen Ausdruck von Führungsschwäche. Letztlich brachte Brandt der Rücktritt mehr Sympathien ein, als dass er seinem Ansehen in der Öffentlichkeit geschadet hätte. Er trat als Opfer von Umständen und Fehlleistungen, die eigentlich nicht ihm anzulasten waren, zurück und übernahm trotzdem die politische Verantwortung. Selbst die oppositionelle Presse enthielt sich hämischer Kommentare über seinen Abgang, sondern zeigte vielmehr überwiegend Respekt für die Entscheidung. Schnell erreichte Brandt nach seinem Abgang als Kanzler wieder ein relativ hohes Ansehen, nun, da er von der Verantwortung für das Regierungsgeschäft befreit war. Mit seinem Entschluss setzte er sich, wie vor allem im Ausland vermerkt wurde, vorteilhaft von US-Präsident Nixon ab, der sich zur selben Zeit trotz der Watergate-Affäre hartnäckig an die Macht klammerte und schließlich im August 1974 nur angesichts des drohenden Amtsenthebungsverfahrens zurücktrat. Dabei hatte der US-Präsident im Gegensatz zu Brandt die Ausspähung politischer Gegner und die Aufzeichnung von Gesprächen ohne Einwilligung oder Kenntnis der Beteiligten selbst angeordnet und damit sogar kriminell gehandelt.[39]

Folgen der Guillaume-Affäre für die Westspionage der HVA

Die HVA erfuhr wie die Allgemeinheit von der Verhaftung Guillaumes am frühen Morgen des 25. April aus dem westdeutschen Hörfunk. »Der Tag war ausgefüllt mit Schritten, Maßnahmen. An diesem einen Vorgang hing doch viel dran, vor allem Menschen. Wir wußten nicht, was jetzt in Bonn geschehen würde. Wen mußte man sofort warnen? Auf welchem Wege war Warnung überhaupt noch möglich? Wie könnten wir Verbindungen herstellen, Anwälte beauftragen? Ja, dann natürlich noch tausend Fragen von Mielke, der dauernd anrief. Kurzum, ich hatte nicht viel Zeit zu reflektieren, was da eigentlich wie weitreichend geschehen war. Es herrschte eine unglaubliche Hektik«, so Wolf in seinen »letzten Gesprächen« vor seinem Tod im November 2006. Anita Rausch, die sich just an diesem 24. April in West-Berlin als Ursula Behr polizeilich gemeldet hatte, holte noch am 26. April nichtsahnend ihren neuen Personalausweis ab, bevor sie in ihrer Neuköllner Wohnung in der Bouchéstraße von der HVA ausfindig gemacht wurde und sich nach Ost-Berlin absetzen konnte. Ihr Mann befand sich am 25. April im Transitzug auf dem Weg ins Rheinland für ein weiteres Treffen mit Guillaume. Er konnte noch rechtzeitig auf dem Territorium der DDR aus dem Zug geholt werden, weil sein Führungsoffizier Weichert, wie Gailat noch Jahrzehnte später lobend hervorhob, eine vorbildlich akkurate Aktenführung betrieb. Diese hielt minutiös alle Reise- und Treffpläne zwischen Kurieren beziehungsweise Instrukteuren und den Kundschaftern im Westen fest.[40]

In einem ersten Anfall von Unmut über die Enttarnung Guillaumes erwog Honecker, Mielke und Wolf von ihren Posten abzulösen, und warf ihnen unverantwortlichen Leichtsinn vor. Doch der Generalsekretär besann sich schnell eines Besseren, nachdem ihn die HVA überzeugt hatte, dass die Verhaftung des Spions von den westdeutschen Sicherheitsdiensten und Teilen der FDP- und SPD-Führung bewusst hinausgezögert worden sei, um Brandt zu desavouieren. Warum sollte Honecker seine Leute für die Fehler der anderen Seite opfern? Zudem war Wolf unbestritten ein äußerst effizienter Chef des DDR-Auslandsnachrichtendienstes, und Mielke, den Honeckers nach der Entmachtung Ulbrichts 1971 zum Politbürokandidaten gekürt hatte, gehörte zu den Zöglingen des neuen Generalsekretärs. Im Übrigen wäre es vermutlich der HVA-Führung genauso zum Vorwurf gemacht worden, wenn sie die Chancen, die sich durch Guillaume seit 1969 zu ergeben schienen, nicht genutzt hätte. Am 7./8. Mai schrieb Wolf in sein Tagebuch: »Gut, daß bei uns weiter gelassen reagiert wird. Rücktritte scheinen nicht fällig zu sein.« Er bezeichnete in seinen Memoiren die Verhaftung Guillaumes wegen des darauf folgenden Sturzes von Brandt als größte Niederlage der HVA. Immerhin hatte sie zwei Jahre zuvor 100 000 DM zur Bestechung von zwei Unionsabgeordneten eingesetzt, um den Kanzler sicher durch das Misstrauensvotum der Opposition im Bundestag zu schiffen.[41]

Die Enttarnung Guillaumes zeitigte paradoxerweise keine nachteiligen Folgen für die operative Tätigkeit im Westen, im Gegenteil: Kurzzeitig registrierte die Agentenzentrale in Ost-Berlin sogar eine vermehrte Berichtstätigkeit ihrer Quellen in Westdeutschland. IM, die lange geschwiegen hatten, meldeten sich plötzlich wieder, wie Werner Stiller, bis Anfang 1979 Führungsoffizier im SWT der HVA, in seinem Buch »Im Zentrum der Spionage« schrieb. Offenbar wirkte die in den westdeutschen Medien ausführlich berichtete Enttarnung und Verhaftung Guillaumes nicht etwa abschreckend auf Kundschafter im Westen, sondern eher beruhigend angesichts der Tatsache, dass das Ehepaar Guillaume erst nach 18 Jahren und diversen, schon seit Mitte der fünfziger Jahre existierenden Verdachtsmomenten überführt werden konnte. Wie die westdeutsche Öffentlichkeit insgesamt, so werteten auch viele IM die Guillaume-Affäre als Ausweis der Unfähigkeit der westdeutschen Spionageabwehr. Zugleich sahen sie den Kanzleramtsspion als Indiz dafür an, dass sie offensichtlich für einen extrem effizienten Geheimdienst arbeiteten, der seine Quellen sogar an höchster Stelle platzierte. Dies erfüllte manche von ihnen zumindest kurzzeitig mit Stolz, Teil einer solchen Organisation zu sein, und sie quittierten es mit erhöhtem Einsatz. Der Fall Guillaume inspirierte sogar in mindestens einem dokumentierten Fall einen Westdeutschen, sich der HVA als Spion anzubieten. 1974 reiste ein Ingenieur namens Wolfgang Rudolf nach Ost-Berlin und stellte sich in der Normannenstraße, dem MfS-Hauptquartier, vor mit der Begründung, er wolle durch seine Tätigkeit für die HVA dazu beitragen, dass zwischen den Machtblöcken ein Gleichgewicht herrsche. Zunächst im MfS äußerst skeptisch empfangen, da »Selbststeller« als höchst verdächtig galten, entwickelte sich dieser Mann nach gründlicher Überprüfung seines Hintergrundes und seiner Motivation in den folgenden 15 Jahren zu einer der Spitzenquellen des SWT in der Nuklearspionage. Nicht der Einzelfall Guillaume, so Stiller, sondern erst die schlagartige Verhaftung von Dutzenden West-IM im Zuge der Aktion Anmeldung des BfV im Juni 1976 führte zu einer ernstlichen Verunsicherung unter den Kundschaftern.[42]

In den verbleibenden 15 Jahren bis 1989 blieb das Kanzleramt keinesfalls tabu für die HVA, was darauf schließen lässt, dass es sich bei Honeckers Erregung nach der Verhaftung Guillaumes in erster Linie um eine hilflose Geste handelte, welche vom MfS nicht so aufgefasst wurde, dass es ernsthaft seine Westaktivitäten aus Rücksicht auf die deutsch-deutschen Beziehungen auf höchster Ebene überdenken müsse. Im Gegenteil: Die von Wolf nach der Verhaftung Guillaumes an der JHS in Auftrag gegebene Doktorarbeit über Möglichkeiten und Nutzen der Infiltration des Kanzleramtes zeugte vom Willen der HVA, die westdeutsche Regierungszentrale weiterhin auszukundschaften, dies jedoch in Zukunft nach Möglichkeit effektiver zu gestalten. Von 1973 bis 1976 berichtete zudem die Kanzleramtssekretärin Helga Rödiger aus Bonn an die HVA. Seit November 1975, Guillaume war noch nicht einmal verurteilt, besaß die HVA mit der Sekretärin Dagmar Kahlig-Scheffler in der Abteilung II des Kanzleramtes eine zweite Quelle dort. Als diese im Mai 1977 zusammen mit ihrem Residenten in Bonn verhaftet wurde, rollten in der HVA ebenfalls keine Köpfe. 1981 schleuste die HVA die Sekretärin Karin Hoßbach-Paul ins Kanzleramt, die bis zur Wende berichtete. Allerdings wurde sie im Vorfeld des schon seit Jahren von der DDR-Führung geplanten Honecker-Besuchs in Bonn im September 1987 von der HVA angewiesen, ihre Berichttätigkeit vorübergehend einzustellen. Man wollte in Ost-Berlin nicht die Visite, von der sich die DDR-Führung eine weitere symbolische Aufwertung versprach, durch eine Enttarnung einer Kanzleramtsspionin im letzten Moment gefährden. Nur insofern verfolgte die HVA, wie ihr letzter Leiter, Werner Großmann, schrieb, seit 1974 bei ihren Westaktivitäten ein »Guillaume-Syndrom«, also die Befürchtung, das Auffliegen eines Kundschafters könne auf die deutsch-deutschen Beziehungen auf höchster Ebene durchschlagen. Doch änderte dies nichts daran, dass man den Auftrag, Quellen so hoch und zentral wie möglich zu platzieren, bis zum Ende fortführte, ungeachtet möglicher diplomatischer Verstimmungen.[43]

Deutsch-deutsche Verstimmung

Wichtiger als die operativen Erwägungen der HVA und mögliche personelle Konsequenzen im MfS als Folge der Guillaume-Panne waren für die DDR-Führung natürlich die Reaktionen der Bundesregierung und, als sich ein Rücktritt Brandts nach etwa zehn Tagen abzuzeichnen begann, jene des »großen Bruders« in Moskau. »Die Plazierung eines DDR-Spions in unmittelbarer Nähe des Bundeskanzlers ist ein gravierender Vorgang, der nicht ohne Auswirkungen auf die sich entwickelnden Beziehungen zwischen den beiden deutschen Staaten sein kann«, hieß es drohend im Entwurf eines Sprechzettels des Kanzleramts für Brandt für die Kabinettssitzung vom 30. April 1974. Natürlich musste Bonn gegenüber Ost-Berlin seine Verärgerung über den Fall Guillaume kundtun, allein schon, um die eigene Öffentlichkeit zu beruhigen. An einer langfristigen und grundsätzlichen Verhärtung der deutsch-deutschen Beziehungen hatte aber weder die Regierung Brandt, noch die neue Bundesregierung unter Helmut Schmidt Interesse. Es ging beiden Kabinetten um menschliche Erleichterungen wie Familienzusammenführungen, Häftlingsfreikäufe, Verbesserungen im Reiseverkehr und insgesamt das Festhalten an der Idee einer deutschen Nation, die nur vorübergehend geteilt sei. So hatte schon Regierungssprecher Rüdiger von Wechmar in einem Fernsehinterview am 29. April im ZDF verkündet, dass der Fall Guillaume sicherlich nicht zur Klimaverbesserung bei den deutsch-deutschen Verhandlungen beitragen werde: »Trotzdem sind wir der Auffassung, daß die zur Zeit laufenden Verhandlungen – ich denke z. B. an die für den 9. Mai vorgesehenen Kulturverhandlungen – weitergeführt werden sollten, denn man soll zu einem Schaden, der entstanden ist, nicht dadurch weiteren Schaden für Menschen nun hinzufügen, daß man Verhandlungen unterbricht.«[44]

Die Bundesregierung zeigte nur mit symbolischen Maßnahmen ihre Verärgerung. Am 28. April verkündete Bundespräsident Heinemann, dass der designierte Leiter der StäV, Günter Gaus, zunächst einmal nicht seine Stelle in Ost-Berlin antreten und nur ein protokollarisch niedriger gestuftes Vorauskommando geschickt werde. Ein schon seit längerem für den 30. April anberaumtes Gespräch zwischen Gaus und dem stellvertretenden DDR-Außenminister Kurt Nier zu Fragen des Kulturaustausches sagte Bonn gleichfalls ab. Ebenso wurde dem Ost-Berliner Vertreter Michael Kohl, zur Unterscheidung von Oppositionsführer Helmut Kohl in Bonn auch »Rot-Kohl« genannt, vorerst nicht die offizielle diplomatische Akkreditierung als Gesandtem seiner Regierung gewährt. Kurzzeitig hatte man im Kanzleramt überlegt, die Eröffnung der StäV in Bonn ganz abzusagen, doch fürchtete man, durch einen solchen Schritt den Grundlagenvertrag selbst zu gefährden. Die beiderseitigen Vertretungen nahmen daher letztlich, wie im März vereinbart, am 2. Mai ihre Arbeit auch ohne die jeweiligen Leiter auf. Der neue Bundeskanzler Schmidt sprach in seiner Regierungserklärung vom 17. Mai vor dem Bundestag von einer ernsthaften Belastung des deutsch-deutschen Verhältnisses wegen der Affäre, die nicht dem Geist der Entspannungspolitik und der mit der DDR geschlossenen Verträge entspreche. Gleichzeitig betonte er jedoch, dass die Bundesregierung trotz aller Schwierigkeiten und Rückschläge nicht im Bemühen nachlassen werde, die Beziehungen mit der DDR zu verbessern. Der alte und neue Minister für Innerdeutsche Beziehungen, Egon Franke, schlug der DDR-Führung bereits am 21. Mai eine Intensivierung der Gespräche auf wirtschaftlichen und anderen Gebieten vor, nachdem die SED-Führung in Reaktion auf die Regierungserklärung geradezu erleichtert ihrerseits die Bereitschaft bekundet hatte, auch mit dem Kabinett Schmidt weiterzuverhandeln. Gleichwohl ließ sich die neue Regierung ebenfalls Zeit mit der Entsendung von Gaus, bis sich die Gemüter in der westdeutschen Öffentlichkeit abgekühlt hatten. Am 23. Mai 1974 legte Gaus in einem Gespräch mit Nier in Ost-Berlin den offiziellen Standpunkt der Bundesregierung dar: »Ich trug Herrn Nier vor, daß die Öffentlichkeit auf den Fall Guillaume mit Empörung reagiert habe. Sie sehe darin nicht nur eine persönliche Brüskierung des bisherigen Bundeskanzlers, sondern auch ein Beispiel für den Versuch der DDR, den Regierungsapparat der Bundesrepublik zu infiltrieren. Vorgänge dieser Art müßten tiefgreifende politische und psychologische Folgen für das Verhältnis zwischen der DDR und der Bundesrepublik haben und das Urteil der westdeutschen Bevölkerung über die Ziele der DDR negativ bestimmen. Unter diesen Umständen sei ich gehalten, mit großem Ernst im Auftrage der Bundesregierung gegen den Auftrag des Herrn Guillaume zu protestieren und nachdrücklich darauf hinzuweisen, daß derartige Aktivitäten zu unterbleiben hätten und von den Nachrichtendiensten bestimmte Grenzen zu beachten seien, wenn künftig schwerwiegende Belastungen der zwischenstaatlichen Beziehungen vermieden werden sollten.« Nier wies den Protest unter dem Hinweis zurück, dass es sich bei der Affäre um eine rein innere Angelegenheit der Bundesrepublik handle. Sich auf eine Äußerung von FDP-Fraktionsführer Wolfgang Mischnick im Bundestag einige Tage zuvor berufend, appellierte Nier an Gaus, man solle die Angelegenheit nicht derartig aufbauschen, dass sie den Weg der Normalisierung in den deutsch-deutschen Beziehungen gefährde. Erst am 20. Juni überreichte Gaus sein Beglaubigungsschreiben in Ost-Berlin. Am selben Tag erfolgte die Akkreditierung Kohls in Bonn durch den Bundespräsidenten, insgesamt also sechs Wochen später als vor der Verhaftung Guillaumes ursprünglich vereinbart.[45]

Der Kanzlerwechsel in Bonn war für die DDR-Führung eine Art Glück im Unglück, denn Schmidt sah die Guillaume-Affäre nicht etwa wie Brandt als einen persönlichen Affront, sondern nüchtern als nachgeordnetes Malheur, das ihm auch noch den Weg ins Kanzleramt geebnet hatte. Schmidt nahm auch die Verhaftung der Kanzleramtssekretärin Kahlig-Scheffler im Mai 1977 wie schon die Guillaume-Affäre eher gelassen und beschränkte sich auf Anraten seiner Mitarbeiter auf Andeutungen der Verärgerung. Er verzichtete auf einen amtlichen Protest, und es kam zu keiner Unterbrechung der normalen Arbeitskontakte des Kanzleramtes zur StäV der DDR.[46]

Krisenmanagement in Ost-Berlin

Dass Honecker und Schmidt alsbald eine auskömmliche Arbeitsbeziehung aufbauen würden, gefördert durch Wehners vertraulichen Kanal über den Ost-Berliner Rechtsanwalt Vogel, war natürlich in den letzten April- und ersten Maitagen des Jahres 1974, als Brandt noch regierte, für die DDR-Führung nicht vorhersehbar. Es herrschte zunächst einmal die Befürchtung, dass der Vorfall ernsthaft die deutsch-deutschen Beziehungen belasten könne. In Teilen des Staatsapparates, so etwa in der Deutschlandabteilung des Ministeriums für Auswärtige Beziehungen, in der man wie sonst nirgends außerhalb des MfS etwas vom Kanzleramtsspion gewusst hatte, schüttelte man nach der Verhaftung Guillaumes den Kopf darüber, dass die Tschekisten für vermutlich wenig ergiebige Informationen eine solche politische Krise ausgerechnet zu diesem Zeitpunkt riskiert hatten.[47] Denn an einer Normalisierung und Intensivierung des Verhältnisses zu Bonn war die DDR vor allem aus finanziellen Gründen wie auch aus der Hoffnung heraus interessiert, möglichst bald volle diplomatische Beziehungen etablieren zu können. Die DDR-Führung strebte seit Mitte der sechziger Jahre die Umkehrung von Brandts Diktum in seiner Regierungserklärung von 1969 an, demgemäß die beiden deutschen Staaten nie füreinander Ausland sein könnten. Die SED wünschte sich, dass die Bundesrepublik die DDR endlich ebenso als Ausland behandelte wie jeden anderen Staat auch.

Die DDR-Führung tat sich daher im April 1974 sichtlich schwer, zur Verhaftung Guillaumes öffentlich Stellung zu nehmen. Sie schickte zunächst ihre »fünfte Kolonne« in der Bundesrepublik vor, die DKP. Deren Vorsitzender Herbert Mies verkündete auf einer »Maifeier« in München am 27. April, dass die Verhaftung des Kanzleramtsreferenten vor allem von der CDU zum Anlass genommen worden sei, um »gegen die DDR zu hetzen« und »gegen die Entspannung Minen zu legen«. DDR und SED hingegen seien an der »korrekten Verwirklichung des Grundvertrages« interessiert, und Feindschaft gehe allein von »reaktionären Kräften in der Bundesrepublik« aus. Ost-Berlin selbst äußerte sich erst spät und spärlich am 2. Mai mit einem Kommentar im *ND* unter dem Titel »Agentenjagd in Bonn« zum Vorfall.[48] Das Blatt bezeichnete die Affäre als »Theaterdonner der Springer-Presse« und amtlich verordnete Empörung. Es werde eine ans Absurde grenzende Unterwanderung der Bundesrepublik durch DDR-Agenten an die Wand gemalt von westdeutschen Abwehrspezialisten, die schon Hitler gedient hätten. Weder tauchte Guillaume in dem Artikel namentlich auf noch fand seine Position als Referent Brandts Erwähnung. Es wurde nur von einem Mitarbeiter des Bundeskanzleramtes gesprochen. Zudem fehlte auch jeder Hinweis darauf, dass sich dieser Mitarbeiter als Offizier der DDR zu erkennen gegeben hatte, ebenso fiel der Name Brandt kein einziges Mal. Vielmehr sei der Vorfall nur ein Vorwand für eine wüste antikommunistische Hetze jenseits der Elbe, wie man sie selbst zu Adenauers Zeiten selten erlebt habe. Die Polemik versuche, »die hoffnungsvollen Ansatzpunkte in der Normalisierung der Beziehungen zwischen den beiden deutschen Staaten zu stören. Aber die Entwicklung wird zeigen, daß hier mit untauglichen Mitteln der vergebliche Versuch unternommen wird, einen Prozeß aufzuhalten, der auf die Dauer gesehen natürlich nicht mehr aufzuhalten ist: der Prozeß der Entspannung und Zusammenarbeit zwischen Staaten unterschiedlicher Gesellschaftsordnung in Europa, dem sich auch die Bundesrepublik nicht entziehen kann.« Lobend hob der Artikel jene westdeutschen Kommentatoren in den Medien hervor, die vor Kurzschlussreaktionen Bonns wie der Verweigerung der Akkreditierung Kohls warnten und darauf verwiesen, dass ja der BND ebenfalls weiterhin in der DDR aktiv sei. Der Grundlagenvertrag, so das *ND*, enthalte schließlich keine Klausel, die den Einsatz der Nachrichtendienste verbiete und die Existenz dieser könne nicht zum Maßstab der Beziehungen zwischen voneinander »unabhängigen souveränen Staaten« gemacht werden. Die Regierung der DDR jedenfalls werde ihre konstruktive Politik getreu den Buchstaben des Grundlagenvertrages und dem Prinzip der friedlichen Koexistenz konsequent trotz aller Anfeindungen fortsetzen. Kurzum: Die DDR hatte offiziell nichts mit der Guillaume-Affäre zu tun. Diese war demnach eine rein westdeutsche Angelegenheit, die von reaktionären Kräften gegen Ost-Berlin instrumentalisiert wurde. Der Prozess der Entspannung zwischen den beiden deutschen Staaten hing, so der Tenor, nicht etwa vom Überleben der Regierung Brandt in dieser Affäre ab, sondern in erster Linie vom guten Willen der DDR-Führung, die stoisch ihren Kurs fortführen werde.

Inoffizielle Signale nach Bonn in den ersten Maitagen jedoch deuteten das schlechte Gewissen der DDR-Führung an, ohne dass sie sich für die Panne formal entschuldigte. Deutlich wurde auch ihre Befürchtung, die Affäre könne zu einem Machtverlust Brandts oder gar der SPD als Ganzes in Bonn führen, denn die SPD/FDP-Koalition erschien der DDR-Führung trotz allem immer noch als das bei weitem kleinere Übel denn eine CDU/CSU-geführte Regierung. So erschien am Nachmittag des 3. Mai Rechtsanwalt Vogel zu einem schon länger geplanten Treffen bei Wehner in dessen Bad Godesberger Wohnung, um Fragen einer intensiveren wirtschaftlichen Kooperation der beiden deutschen Staaten zu erörtern. Nebenbei richtete Vogel Wehner von Honecker aus, dass der Generalsekretär Guillaume hätte »abschalten« lassen, wenn er nur rechtzeitig über dessen Existenz informiert worden wäre. Wehner deutete Vogel bereits an, dass Willy Brandt zurücktreten könne, zumindest aber seinen Glauben an die DDR-Führung als Partner für seine Ostpolitik verloren habe.[49] Drei Tage später, die Gerüchte um einen möglichen Rücktritt Brandts verdichteten sich auch in Ost-Berlin, wie Markus Wolfs Tagebucheintragung vom 6. Mai zeigt,[50] setzte Honecker ein längeres Schreiben an Wehner auf, das Vogel am 7. Mai dem Fraktionsführer überbrachte. Wehner sollte es wie alle Briefe des Generalsekretärs an Brandt oder dessen Nachfolger (das Original befindet sich heute im Helmut-Schmidt-Archiv im AdsD) weiterleiten.[51] Honecker, der zum Zeitpunkt der Niederschrift am 6. Mai noch nicht ahnen konnte, dass Brandts Entschluss zum Rücktritt schon am Vortag gefallen war, erklärte sich erfreut darüber, dass das Vertrauensverhältnis zwischen ihm und Wehner auch schwersten Belastungen standhalte. Leider sei der »Störfaktor«, vulgo der Fall Guillaume, nicht einkalkulierbar gewesen bei den beiderseitigen Bemühungen, den Grundlagenvertrag mit Leben auszufüllen.»Zu beklagen ist im Fall G nicht nur das Unvermögen der zuständigen Stellen der DDR, den Mann rechtzeitig aus dem Verkehr zu ziehen, sondern auch das Zurückweichen der Bundesregierung vor jenen Kreisen, mit denen es keine Gemeinsamkeit geben kann, da sie so oder so den Sturz der gegenwärtigen Bundesregierung, d. h. Willy Brandts, herbeiführen wollen ...« Honecker schrieb vom Wohlwollen, das man in letzter Zeit der innenpolitisch in Bedrängnis geratenen Bundesregierung auf deutschlandpolitischem Gebiet trotz Provokationen wie der geplanten Errichtung eines Bundesumweltamtes in West-Berlin entgegengebracht habe, um sie zu stabilisieren. Er kündigte an, dass die DDR und die UdSSR ungeachtet fortbestehender grundsätzlicher Differenzen wie etwa der Frage der DDR-Staatsbürgerschaft alles in ihrer Macht Stehende tun würden, um der jetzigen Bundesregierung im Hinblick auf die Bundestagswahl 1976 zu helfen. Es folgte ein Katalog von für Bonn wichtigen Themen, bei denen die DDR sich bereit zeigte, der Bundesregierung entgegenzukommen: Familienzusammenführungen, Entlassung von Häftlingen und Ausreise dieser in die Bundesrepublik, Differenzierung beim Mindestumtausch, Bau der Autobahn Hamburg–Berlin, vereinfachte Reisemöglichkeiten von DDR-Bürgern in die Bundesrepublik sowie deutsch-deutsche Parlamentariertreffen. Der Generalsekretär versuchte also alles ihm Mögliche zu tun, um die Enttarnung und Verhaftung Guillaumes nicht zum Debakel für die sozialliberale Regierung in Bonn und damit für die deutschdeutschen Beziehungen werden zu lassen. Irritationen in der westdeutschen Öffentlichkeit über den Fall könnten durch deutschlandpolitische Zugeständnisse Ost-Berlins, die ihren Eindruck auf die Bundesbürger nicht verfehlen würden, notfalls ausbalanciert werden. Spionageaktivitäten sollten die Regierung in Bonn nicht darüber hinwegtäuschen, dass die DDR-Führung in der Vergangenheit dialogbereit gewesen sei und dies fortzuführen gedenke, auch unter einem Kanzler Schmidt. Zugleich baute Honecker als eine Art Rückversicherung in dieses Schreiben bereits die Interpretation ein, die nach dem Rücktritt Brandts in der DDR zur offiziellen Sprachregelung wurde: Brandt sei nicht über Guillaume gestürzt, sondern einer Intrige jener reaktionären Kräfte in der Bundesrepublik zum Opfer gefallen, die gegen jede Normalisierung der Beziehungen zwischen beiden deutschen Staaten seien und den Spionagefall lediglich instrumentalisiert hätten. Das Szenario eines Rücktritts von Brandt wegen der Guillaume-Affäre musste den Mitgliedern des Politbüros Schweiß auf die Stirn treiben. Brandt war an sich unter ihnen nicht unbedingt populär, überschattete doch sein Ansehen unter den DDR-Bürgern bei weitem das eines jeden hohen SED-Funktionärs. Zudem hatte Brandt das Ziel der friedlichen Vereinigung der beiden deutschen Staaten unter demokratischen Vorzeichen nie aus den Augen verloren, was die SED als Ausdruck antisozialistischer, neorevanchistischer Politik grundsätzlich ablehnte. Doch wusste man im Politbüro, dass man den Kanzler in Moskau nach wie vor schätzte. Das persönlich gute Verhältnis zwischen Brandt und Breschnew hatte sich beim Besuch des Generalsekretärs der KPdSU in Bonn im Mai 1973 weiter gefestigt, und die UdSSR erhoffte sich seitdem eine enge wirtschaftliche Kooperation. Noch Anfang März 1974 war dem Leiter der Westabteilung beim ZK der SED, Herbert Häber, in Moskau von seinem Konterpart von der KPdSU beschieden worden, dass man Brandt stützen müsse, damit dieser seine gegenwärtige Niedergeschlagenheit und pessimistische Stimmung als Folge der Wirtschaftskrise in den kapitalistischen Ländern überwinde. Angesichts der angespannten ökonomischen Lage zeige die gegenwärtige Bonner Regierung stärkeres Interesse an der Entwicklung der wirtschaftlichen Beziehungen zur UdSSR denn je zuvor.[52]

Neben der Vogel-Wehner-Verbindung, durch die Honecker im Fall Guillaume Schadensbegrenzung zu betreiben versuchte, kontaktierte der SED-Generalsekretär zusätzlich den sowjetischen Botschafter in Bonn, Valentin Falin. Dieser besaß ein gutes Verhältnis zu Brandt und sollte nach Honeckers Vorstellungen den Kanzler ermutigen, das Vorgefallene nicht zu ernst zu nehmen. Zugleich konnte Honecker mit diesem Kontakt zu Falin gegenüber seinen sowjetischen Freunden Zeugnis ablegen, dass die SED-Führung alles tue, um Brandt im Amt zu halten. Der Botschafter lehnte allerdings Honeckers Ansinnen ab, weil er nicht für die DDR Abbitte leisten wollte. Nach Brandts Rücktritt war Falin erleichtert, dass er nicht den Emissär für Honecker gespielt und seine Sympathien bei Brandt damit verscherzt hatte. Denn der Exkanzler versprach Falin, dass wegen der Guillaume-Affäre kein Schatten auf die deutsch-sowjetischen Beziehungen fallen werde. Aber er machte zugleich deutlich, dass die DDR für ihn als Thema erledigt sei. Breschnew ließ Brandt nach der Verhaftung Guillaumes durch seinen vertraulichen Kanal, der über den KGB und Bahr ging, ausrichten, dass der Kanzler bloß nicht wegen dieser Affäre zurücktreten solle, und zeigte sich erbost darüber, dass Honecker den Spion nach der persönlichen Kontaktaufnahme zwischen Kanzler und Kremlchef nicht aus der Nähe Brandts entfernt habe. Als Brandt sich doch zum Abgang entschloss, herrschte beim Generalsekretär der KPdSU beinahe persönliche Betroffenheit, aber auch Unverständnis, ja geradezu Ärger darüber, dass der Kanzler wegen bloßer »Frauengeschichten« zurückgetreten sei. Breschnew drückte in einem Telefonat mit der sowjetischen Botschaft in Bonn am 7. Mai sein Bedauern über diese Wendung aus, was umgehend an Bahr weitergeleitet wurde.[53] Den Sowjets war die ganze Angelegenheit sichtlich peinlich, wie die Synthese eines Beamten des AA vom 13. Mai über verschiedene Gespräche in den vorangegangenen Tagen mit den Diplomaten der Bonner Botschaft der UdSSR zeigte: »Der Spion Guillaume sei stümperhaft eingesetzt und geführt worden. Zwar könne man keinem Geheimdienst vorwerfen, eine Möglichkeit, wie sie sich mit Guillaume geboten habe, nicht auszunutzen. Dennoch müsse man, habe man einen solchen Mann in dieser Position, auf den möglichen politischen Schaden Rücksicht nehmen, der bei Auffliegen eines solchen Agenten entstehen könne. Es hätte völlig genügt, ihn alle halbe Jahre einen Stimmungsbericht schreiben zu lassen.« Auf den Einwand des AA-Beamten, dass Guillaume doch sicher während der Verhandlungen mit der DDR die bundesdeutschen Verhandlungspositionen seinen Auftraggebern habe mitteilen können, lautete die Antwort der Sowjets, dazu bedürfe es in Bonn keines Agenten! Ebenso wie bei Honeckers erster Reaktion auf die Verhaftung Guillaumes gegenüber dem MfS herrschte aber eine gewisse Doppelbödigkeit in den Moskauer Vorwürfen, denn zugleich war die UdSSR ein regelmäßiger und dankbarer Abnehmer der nachrichtendienstlichen Erkenntnisse der HVA. Wolfs Dienst verantwortete nach Schätzungen des Verfassungsschutzes Anfang der siebziger Jahre etwa siebzig bis achtzig Prozent aller östlichen Spionageaktivitäten in der Bundesrepublik.[54] Es sollte zwar nach dem Willen der Moskauer wie Ost-Berliner Machthaber möglichst intensiv und effektiv in der Bundesrepublik spioniert werden. Man dufte sich dabei nur nicht erwischen lassen und dadurch zusätzliche Spannungen im Ost-West-Verhältnis heraufbeschwören.

DDR-Interpretationen von Brandts Rücktritt

Am Vormittag des 7. Mai 1974 tagte das Politbüro in Ost-Berlin. Der wichtigste Tagesordnungspunkt war die »Einschätzung der Lage in der BRD im Zusammenhang mit dem Rücktritt von Brandt als Bundeskanzler«. Honecker fungierte dementsprechend als »Berichterstatter«, das heißt, er gab die für die DDR als verbindlich geltende Sprachregelung vor. Als unmittelbar zu treffende Maßnahmen legte das Politbüro fest, dass Honecker und sein damaliger Kronprinz, das Politbüromitglied Werner Lamberz, prüfen würden, welche Berichte der DDR-Korrespondenten aus der Bundesrepublik brauchbar seien, um die vorgegebene Linie zu untermauern. Ebenso sollten sie geeignete Äußerungen aus den Westmedien auswählen, um die Interpretation des Politbüros den DDR-Bürgern noch überzeugender nahezubringen. Die DDR-Botschafter seien von Politbüromitglied Hermann Axen und Außenminister Oskar Fischer entsprechend zu instruieren, und eine Erklärung des Außenministeriums müsse vorbereitet werden. Die getroffene Sprachregelung solle an die Blockparteien, die unteren SED-Hierarchieebenen sowie die Chefredakteure der Massenmedien weitergeleitet werden. Wolf notierte unter dem 7./8. Mai in seinem Tagebuch: »In der PB-Sitzung wurde von E. H. unsere kurzfristig zusammengestellte Argumentation verwandt u. ohne großes Palaver richtige Reaktionen festgelegt.«[55] Weil es sich bei den im Bundesarchiv Berlin erhaltenen Unterlagen zu den Politbürositzungen nur um Ergebnisprotokolle handelt, wird die von Honecker mit Formulierungshilfe des MfS am 7. Mai verabschiedete Linie erst durch die Verlautbarungen im *ND* am 8. Mai deutlich. Der Rücktritt Brandts wurde in der Erklärung des DDR-Außenministeriums als innere Angelegenheit der Bundesrepublik bezeichnet. Wiederholt hätten »die führenden Repräsentanten der DDR ihrer Wertschätzung für die realistischen Züge in der Außenpolitik Willy Brandts Ausdruck gegeben, die den Prozeß der Entspannung in Europa einschließlich der Beziehungen zwischen der DDR und der BRD einen großen Schritt vorwärtsbrachten«. Die Regierung der DDR hoffe, dass auch die neue Bundesregierung einen konstruktiven Beitrag zur Verwirklichung des abgeschlossenen Vertragswerkes leisten und damit Frieden und Sicherheit in Europa fördern werde. Ferner fand sich in dieser Ausgabe des *ND* eine Erklärung des »Präsidiums der DKP zum Rücktritt Brandts«. Der DKP als formal unabhängiger westdeutscher Bruderpartei konnte eher die Polemik im zentralen SED-Organ überlassen werden.

Die Spionageaffäre selbst fand in dieser Erklärung überhaupt keine Erwähnung. Brandts Rücktritt sei Folge einer unheiligen Allianz reaktionärer Kräfte in der Bundesrepublik, um die weitere Entspannung zwischen Ost und West zu erschweren, und »Ausdruck von verschärften Krisenerscheinungen, die durch das kapitalistische Profitsystem verursacht werden«. Das Versagen der Regierung Brandt, die Erwartungen der arbeitenden Bevölkerung nach dem Wahlsieg von 1972 zu erfüllen, hätten zu Spannungen mit den Gewerkschaften geführt, was den reaktionären Kräften ihr Kesseltreiben erleichtert habe. Die DKP rief alle demokratischen und fortschrittlichen Kräfte der Bundesrepublik auf, gemeinsam angesichts der Bedrohung durch Reaktion und Großkapital für die Fortführung der Entspannung einzutreten. Schließlich fand sich in derselben Ausgabe des *ND* unter dem Titel »Hektik und Hintergründe« noch ein Bericht des DDR-Korrespondenten in Bonn, Dieter Wolf. Er schrieb ebenfalls, dass die Regierung Brandt an ihren inneren Widersprüchen gescheitert sei, die in den letzten Monaten immer deutlicher hervorgetreten seien und zu einer wesentlichen Verschärfung der wirtschaftlichen Situation geführt hätten. Diese wiederum werde von den reaktionärsten Kreisen in der Bundesrepublik und von den multinationalen Konzernen benutzt, um mit »sozialdemagogischen Losungen« aufzutreten und die CDU/CSU in ihrem Bestreben zu unterstützen, die Regierung Brandt zu stürzen. »Die zu einem Riesenballon aufgeblasene Spionageaffäre im Bundeskanzleramt« sei bloß ein Vorwand, nicht aber der Grund für den Rücktritt gewesen. Im Zusammenhang mit dem Rücktritt Brandts mied das *ND* also erneut die bloße Erwähnung des Namens Guillaume oder der Tatsache, dass der Kanzleramtsmitarbeiter für die DDR spioniert hatte. Sowohl der DKP-Erklärung als auch dem Korrespondentenbericht war gemeinsam, dass sie den Rücktritt des Kanzlers nicht etwa als eine autonome Entscheidung eines Individuums aus Anlass der Guillaume-Affäre darstellten, sondern als Ergebnis des Wirkens entspannungsfeindlicher, reaktionärer gesellschaftlicher Kräfte, die über den Kanzler wie über eine Marionette zu verfügen schienen. Dass man es besser wusste, wird aus Wolfs Tagebucheintragung vom 7. Mai deutlich, unmittelbar nach Bekanntwerden des Rücktritts von Brandt: »Ironie des Schicksals. Jahrelang schmiedeten wir Pläne und Maßnahmen gegen Brandt, jetzt, wo wir das wirklich nicht wollten und sogar befürchteten, passiert dieser Unfall, betätigen wir den Abzug, liefern das Geschoß. Natürlich war es nur ein letzter Anstoß, aber kein geringer und im denkbar wirksamsten Augenblick.«[56]

Die HVA machte sich nach dem 7. Mai daran, eine mit Zitaten aus den Westquellen gespickte wasserdichte Langversion dessen zu verfassen, was als Grundtenor im Politbüro schon am Tag des Rücktritts von Brandt abgesegnet worden war. Das 15 Seiten lange, auf den 14. Mai 1974 datierte, als »streng geheim« klassifizierte Dokument deutete schon im Titel an, dass man im eigenen Interesse der Guillaume-Affäre keine Bedeutung für den Abgang des Kanzlers beimaß: »Zur Entwicklung der Krise der Koalition und zum Verfall der Autorität Brandts«. Dessen Rücktritt führte die HVA vor allem auf die »Verschärfung der allgemeinen Krise des Kapitalismus« zurück, den die reaktionären Kräfte in der Bundesrepublik zum Coup gegen den Kanzler genutzt hätten. »Die Verhaftung seines persönlichen Referenten wurde von den reaktionären entspannungsfeindlichen Kräften zum Anlaß für eine weitere Steigerung der planmäßig geführten Kampagne gegen die Person Brandts genommen.« SPD-interne Ursachen wurden, gespickt mit Brandt-kritischen Zitaten von Wehner, ebenso angeführt wie das Bedürfnis Genschers und der westdeutschen Geheimdienste, einen Schuldigen für ihr Versagen zu finden. Bahrs überzogene Forderungen wie die Errichtung eines Umweltbundesamtes in West-Berlin hätten zudem der Position des Regierungschefs als Vorreiter der Entspannung geschadet. Kurzum, der Sturz Brandts erschien als eine fast historische Notwendigkeit angesichts der in der Ideologie des Marxismus-Leninismus verankerten Überzeugung von der Krisenhaftigkeit des Kapitalismus, der sich, je näher sein scheinbarer Untergang rückte, umso aggressiver gebärdete. Kombiniert mit einem Wust Bonner Intrigen und den Enthüllungen nach der Verhaftung Guillaumes über Brandts »ausschweifendes Sexualleben«, sei der Kanzler deswegen nicht mehr zu retten gewesen. »All das hat ihn bewogen, die Gelegenheit der Festnahme Guillaumes zu ergreifen, um sich einen ehrenvollen Abgang zu verschaffen.« Die Schlussfolgerungen des Dokuments wirkten eher beruhigend auf den Leser: »Der Fall Guillaume war nur der äußere Anlaß zum Rücktritt Brandts von seiner Funktion als Bundeskanzler. Angesichts der inneren Situation der BRD, des Differenzierungsprozesses in der Koalition und in der SPD sowie der persönlichen Eigenschaften Brandts ist anzunehmen, daß ein Rücktritt Brandts über kurz oder lang möglich war.« Doch sei der Regierungswechsel kein Grund zur Beunruhigung, im Gegenteil: Er bewirke voraussichtlich keine Kursänderung der Bonner Regierungspolitik. Vielmehr werde sich diese unter Schmidt und Genscher insgesamt pragmatischer und illusionsloser gestalten. Schmidt werde wesentlich energischer als Brandt führen, die Politik gegenüber dem Ostblock aber nicht substanziell ändern. In der neuen Regierung komme ferner der bisherige negative Einfluss Bahrs auf die Ostpolitik zum Ende. Letztlich hatte die HVA, so der Tenor des Dokuments, mit dem Fall Guillaume sowohl Brandt als auch der DDR einen Gefallen getan: Dem Kanzler sei eine Chance zum rechtzeitigen, ehrenhaften Ausstieg geboten worden, und die DDR sehe sich infolgedessen nun vermutlich einer realistischeren, besser berechenbaren Bonner Regierung gegenüber. Diese Analyse zeigt deutlich, dass die HVA ihre Informationen aus dem Westen notfalls so zurechtbog, dass sie in das vorgegebene ideologische Raster passten und ihr institutionelles Überleben garantierten. Das Papier ging als gleichsam offiziell abgesegnete Darstellung der Ereignisse in Bonn für den internen Dienstgebrauch an die erweiterte SED-Parteiführungsriege sowie die Regierungen der ČSSR, Ungarns, Polens, Bulgariens und Kubas.[57] Damit entlasteten sich die HVA, Mielke und Honecker, die alle drei nicht rechtzeitig den Spion aus der Nähe des Kanzlers hatten entfernen lassen, gegenseitig und endgültig selbst – vor allem im Hinblick auf den »großen Bruder«. Doch nicht nur in Moskau, auch in Warschau hatte der Rücktritt Brandts geradezu Bestürzung ausgelöst, gekoppelt mit Unverständnis darüber, dass der DDR ein solches nachrichtendienstliches Malheur passieren konnte, das den Abgang Brandts erst verursacht hatte. Folglich bestand in der SED-Führung großer Rechtfertigungsbedarf gegenüber den eigenen Verbündeten.[58]

Bereits am 13. Mai flog Politbüromitglied Horst Sindermann, zugleich Vorsitzender des Ministerrates der DDR und damit formal ihr Regierungschef, nach Moskau. Die Reise war bereits seit längerem beabsichtigt gewesen. Ihr Hauptzweck bestand in der Koordinierung der Wirtschaftsplanungen beider Staaten, wozu sich Sindermann mit dem sowjetischen Ministerpräsidenten Alexei Kossygin besprechen sollte. Doch er nutzte zugleich die Gelegenheit, um die vom MfS vorgeschlagene und vom Politbüro akzeptierte Sprachregelung über die Gründe für Brandts Rücktritt Breschnew vorzutragen. Sindermanns Erklärung, dass der Kanzlerwechsel Ausdruck der zunehmenden inneren Widersprüche in der Bundesrepublik und der allgemeinen Krise des Imperialismus sei, erschien Breschnew aber zu abstrakt. Irgendein Prozess müsse den Bundeskanzler psychologisch mitgenommen haben. Brandt sei, so der sowjetische Generalsekretär, sicher nicht aus Amtsmüdigkeit zurückgetreten und sein Sturz kein alltägliches Ereignis. Am 14. Mai berichtete Sindermann im Politbüro über sein Treffen mit Kossygin und

Breschnew. In einem Brief vom 20. Mai an den Kremlchef verwarf Honecker psychologische Gründe für den Rücktritt Brandts. Vielmehr sei der Kanzler mit den inneren Problemen der Bundesrepublik nicht mehr fertiggeworden. Er beruhigte Breschnew dahingehend, dass Schmidt die Ostpolitik seines Vorgängers fortsetzen wolle. Zudem hätten SPD und FDP bei den Bundestagswahlen 1976 mit Schmidt möglicherweise sogar bessere Chancen als unter Brandt. Und selbst wenn die CDU die Wahlen gewinnen sollte, so sei dies nicht so gravierend: Die CDU Helmut Kohls sei nicht mehr jene Konrad Adenauers zu Hochzeiten des Kalten Krieges. Am 18. Juni 1974 traf Honecker Breschnew in Moskau. »Welches auch immer die Ursachen für den Rücktritt von Brandt sein mögen, objektiv muß man ihm Tribut zollen. 30 Jahre lang haben wir gekämpft, um unsere politischen Ziele in Europa durchzusetzen. Dieser Mensch hat es riskiert, eine solche Ostpolitik zu betreiben. Haben wir dabei verloren? Nein. Die sozialistischen Länder und in erster Linie die DDR haben dabei gewonnen (...). Dies wurde nicht etwa erreicht, weil Brandt da war, sondern weil es unsere Politik war und ist. Aber man darf seine Rolle dabei nicht unterschätzen«, würdigte der sowjetische Generalsekretär den zurückgetretenen Bundeskanzler. Es sei im Übrigen Moskau keinesfalls gleichgültig, wenn in Bonn die CDU/CSU an die Regierung kommen würde. Honecker versicherte dem Kremlchef, dass die SPD unter Schmidt wieder Tritt gefasst habe und jetzt wesentlich zuversichtlicher der Bundestagswahl 1976 entgegensehe als zuvor.[59]

In der DDR-Öffentlichkeit stellten die Enttarnung Guillaumes und der Rücktritt Brandts trotz der nur spärlichen Kommentare in den heimischen Medien intensiv diskutierte Ereignisse dar, weil alle Welt offenbar die Berichterstattung im westdeutschen Fernsehen verfolgte. Dies wird allein daran deutlich, dass sich am 9. Mai der Sicherheitsbeauftragte des Verlags Volk und Wissen an das MfS wandte: Es seien in den letzten Tagen wiederholt Anfragen alter wie neuer Kollegen gekommen, ob sie nicht aus purer Neugier Einblick in die Personalakte Guillaumes nehmen dürften, dieses nunmehr so berühmt-berüchtigten ehemaligen Mitarbeiters. Damit Unbefugte keinen Zugang zu jenen Unterlagen erhielten, übersende er sie dem MfS.[60] Die Reaktionen der Bevölkerung auf den Rücktritt Brandts analysierte das MfS in einer etwas gewundenen Analyse vom 13. Mai, die nur für Mielke und seine unmittelbaren Stellvertreter gedacht war. Es habe verbreitet Bestürzung geherrscht, weil ein bestimmter Teil der Bevölkerung Brandt Sympathien entgegenbringe und immer noch »illusionären Vorstellungen« über seine Bedeutung für die Entspannungspolitik anhinge. Zugleich hieß es aber: »Von einem nicht unbedeutenden Teil der DDR-Bevölkerung werden in unterschiedlichem Umfang mit einem gewissen Stolz und mit Freude die Leistung des MfS und seines Kundschafters gewürdigt und offen ausgesprochen und klassenmäßig richtig eingeordnet, indem die Nützlichkeit dieser Tätigkeit für den Kampf um die Durchsetzung der friedlichen Koexistenz und die Erhaltung des Friedens besonders betont wird.« Andere hingegen sahen die Platzierung und Enttarnung Guillaumes als eine Intrige der SED, um den verständigungsbereiten und populären Kanzler loszuwerden, auf dass es leichter sei, gegenüber der Bundesrepublik eine klare Abgrenzungspolitik zu betreiben. SED und West-CDU hätten nach dieser Lesart ein gemeinsames Interesse am Sturz des in den Augen vieler DDR-Bürger »großen Staatsmannes und Parteipolitikers Brandt« gehabt. »Der unter der Bevölkerung der DDR bekannt gewordene ›Spionagefall‹ im Bundeskanzleramt wird im wesentlichen nur von politisch-ideologisch negativ bzw. feindlich eingestellten Personen als naheliegender Grund für den Rücktritt Brandts angesprochen.« Es würden eher die im Sinne der SED politisch korrekten Erklärungsansätze in der Bevölkerung überwiegen, welche den Sturz Brandts auf die ökonomischen Schwierigkeiten in der Bundesrepublik, das Stocken der innenpolitischen Reformen und den zunehmenden Druck rechter Kreise auf die Regierung Brandt zurückführten. Akribisch listete das MfS alle ihm bekannt gewordenen Vorfälle im Zusammenhang mit der Nachricht über Brandts Rücktritt auf, zu denen weitere Ermittlungen nötig seien: In Ost-Berlin begehrten acht Jugendliche bei einer öffentlichen Sprechstunde im Amtssitz des Staatsrates Auskunft über den Rücktritt von Willy Brandt und den Spionagefall. Im thüringischen Apolda wurde an eine Wand des Bahnhofsgebäudes mit Kreide der Spruch »SED hat Brandt verraten« geschrieben. In Stralsund und Rostock fanden sich in mehreren Briefkästen anonyme, weder frankierte noch adressierte Postkarten mit der Aufschrift »Gegen DDR-Spionage – für Willy Brandt« und in einem Wohngebäude in Leipzig zwei handschriftliche »Hetzzettel« (»7 mal 10 cm«) mit der Parole »DDR und CDU werfen sich die Bälle zu«. Drei junge Frauen versuchten am 8. Mai vergeblich in einem Güstrower Postamt ein Telegramm an Brandt aufzugeben, in dem sie ihr Bedauern über seinen Rücktritt ausdrückten. Am Ortseingang von Neustrelitz schließlich brachten Unbekannte ein Schild mit der Aufschrift »Willy-Brandt-Straße« an.[61]

Im tiefsten Inneren begrüßte die SED-Führung den Sturz Brandts eher als dass sie ihn bedauerte, nachdem man die Kritik aus Moskau ohne langfristig nachteilige Folgen überstanden hatte und sich die Beziehungen zu Bonn unter dem neuen Kanzler Schmidt nicht verschlechterten. Das vom MfS seit 1970 registrierte große Ansehen Brandts in der ostdeutschen Bevölkerung war dem Politbüro stets ein Dorn im Auge gewesen. Honecker und Mielke wurden 1970 sogar in gewisser Weise selbst Opfer von Brandts Popularität in der DDR, was sie dem Kanzler nicht verziehen: Trotz minutiöser Planung und großer Sicherheitsvorkehrungen kam es am 19. März 1970 vor dem Hotel »Erfurter Hof«, in dem der Kanzler abgestiegen war, zu spontanen Willy-Brandt-Kundgebungen mehrerer Tausend DDR-Bürger, die den Sicherheitskordon durchbrachen. Der Vorfall zog eine ausführliche Untersuchung nach sich, in welcher sich MfS, Volkspolizei, Ministerium des Innern und Honecker als ZK-Sekretär für Sicherheitsfragen der internen Kritik stellen mussten und versuchten, die Verantwortung jeweils auf den anderen abzuwälzen. Insofern stellten die Guillaume-Affäre und der Sturz Brandts für Honecker und Mielke eher eine späte Genugtuung für die Probleme dar, die der populäre Kanzler ihnen seit 1970 bereitet hatte. In seinen »letzten Gesprächen« danach gefragt, ob Honecker über den Fall Guillaume »sauer« gewesen sei, antwortete Wolf: »Ich vermute, ganz tief im Herzen nicht. Brandt konnte er sowieso nicht richtig leiden.« Als Wolf von Honecker im November 1986 den Karl-Marx-Orden erhielt, die höchste Auszeichnung der DDR, deutete der Generalsekretär gegenüber dem Geheimdienstchef sogar an, dass die Sache mit Brandt schon in Ordnung gewesen sei.[62]

»Guillaume, der Spion«

Die HVA und die SED-Führung versuchten nicht nur im Hinblick auf die ostdeutsche Öffentlichkeit und auf ihre Verbündeten im Warschauer Pakt, die eigene Verantwortung am Rücktritt Brandts zu minimieren. So publizierte im Herbst 1974 ein »Anonymus« im Landshuter »verlag politisches archiv« (vpa) ein Buch zu dem Fall mit Anspielungen auf Brandt. »Guillaume – Sein Freund, der Spion«, so der Titel, erschien mit einem Buchdeckel, der den Referenten zusammen mit dem Kanzler zeigte. Dies wurde auf Antrag des Exkanzlers sofort nach der Veröffentlichung durch richterliche Anordnung untersagt, so dass eine Neuausgabe als »Guillaume, der Spion« herauskam, die nur noch das Konterfei des Spitzels zeigte. Brandt prozessierte ferner gegen den Verlag, weil im Buch behauptet wurde, dass sich der Kanzler und der Referent als Zeichen besonderer persönlicher Vertrautheit geduzt hätten. Das etwa 400 Seiten starke Machwerk präsentierte dem Leser eine undurchschaubare, unbelegte Aneinanderreihung von Behauptungen, Intrigen, Ämterschachereien und Beispielen der Unfähigkeit in Bonn, von denen Guillaume profitiert habe, während er zugleich Instrument der verschiedenen konkurrierenden politischen Fraktionen in der SPD gewesen sei. Die Tatsache, dass Guillaume für Ost-Berlin spionierte, fand dabei nur am Rande Erwähnung. »Anonymus« dichtete Guillaume zudem an, dass er im Dritten Reich durch Vermittlung seines Vaters, der angeblich mit Vornamen Otto hieß und SS-Führer gewesen sei, sein fotografisches Handwerk in München bei Hitlers Leibfotografen Heinrich Hoffmann erlernt habe. Er sei daher vom MfS zur Spionage erpresst worden. Damit sollte der Spion erst recht als persönlich zwielichtige Gestalt erscheinen. Gleichwohl tauchte der Referent in dem Buch in erster Linie als Marionette der westdeutschen politischen Strippenzieher auf. Der Leser legt das Buch nach der Lektüre eher verwirrt und angewidert vom Bonner Politikgeschäft aus der Hand, als dass es ihm irgendwelche tieferen Kenntnisse über die Ursachen und den Verlauf der Guillaume-Affäre oder den Sturz von Brandt vermittelt, geschweige denn über die Arbeitsweise der HVA. Dies war durchaus intendiert, denn hinter dem »vpa« stand der Journalist und Verleger Hans Frederik, der seit Ende der sechziger Jahre als Einflussagent der Abteilung X »Desinformation und Zersetzung« der HVA als IM »Freddy« geführt wurde. Sie versorgte ihn mit Material für seine Enthüllungs- und Verleumdungsschriften, die vor allem auf die SPD zielten. So brachte Frederik, politisch eigentlich am rechten Rand der CSU beheimatet, 1969 ein gegen Wehner gerichtetes, mit aus Ost-Berlin gelieferten Informationen gespicktes Pamphlet unter dem Titel »Gezeichnet vom Zwielicht der Zeit« heraus, das sich zu einem regelrechten Bestseller mit 200 000 verkauften Exemplaren entwickelte. Andere Auftragswerke Frederiks für die HVA befassten sich mit den westdeutschen Maoisten, die für die CSU ebenso ein rotes Tuch darstellten wie für die SED, oder mit dem Fall des in die DDR übergetretenen Verfassungsschutzpräsidenten Otto John. Auch für das Guillaume-Buch erhielt Frederik Material von der HVA als Teil ihrer Strategie, die eigenen Spuren im Skandal zu verwischen und die Affäre möglichst in ihrem Sinne zu nutzen: Das politische System der Bundesrepublik in seiner Gänze inklusive seiner sozialdemokratischen Führungsschicht sollte in den Augen der Bundesbürger diskreditiert werden. Im Rahmen dieser Vertuschungs- und Zersetzungsstrategie schreckte die HVA auch nicht davor zurück, ihren eigenen Kundschafter in der westdeutschen Öffentlichkeit anzuschwärzen, indem sie ihm eine dubiose politische Vergangenheit im Dritten Reich anhängte. Guillaume las noch im Herbst 1974 in der Untersuchungshaft halb belustigt, halb empört das Werk aus der »Landsberger Giftküche«, nicht wissend, dass dahinter dieselben Auftraggeber standen, die ihn 1956 in den Westen geschickt hatten.[63]

Aufarbeitung der Affäre in Bonn

Die Guillaume-Affäre hielt die westdeutsche Öffentlichkeit über den Sommer und Herbst 1974 hinweg weiter in Atem. Ursächlich hierfür waren die Enthüllungen des parlamentarischen Untersuchungsausschusses über die Versäumnisse vor allem von Kanzleramt und Verfassungsschutz sowie die gegenseitigen Anschuldigungen der vor dem Ausschuss als Zeugen auftretenden Protagonisten. Die Presseberichterstattung über die Arbeit dieses Gremiums füllt in der Pressedokumentation des Deutschen Bundestages allein sechs Bände. Die Arbeit des Gremiums offenbarte, wie *Der Spiegel* gegen Ende der Ermittlungen in seiner Ausgabe vom 11. November 1974 schrieb, »eine in der Bundesrepublik bislang einmalige Häufung von politischer Instinktlosigkeit und nachrichtendienstlichem Dilettantismus«.

Am 5. Juni 1974 beantragte die Opposition im Bundestag die Einsetzung des parlamentarischen Untersuchungsausschusses, welcher vor allem drei Fragen klären sollte: Wie kam es zur Einstellung Guillaumes ins Kanzleramt? Wie gelang Guillaume der Aufstieg zum persönlichen Referenten Willy Brandts? Wer trug die Verantwortung dafür, dass Guillaume nach Auftauchen erster Verdachtsmomente weiter ungehindert für Brandt arbeiten konnte? Um nicht den parallelen Ermittlungen der Bundesanwaltschaft gegen das Ehepaar Guillaume wegen Landesverrats vorzugreifen, klammerte der Untersuchungsausschuss in Absprache mit der Justiz die Frage, ob und welche Staatsgeheimnisse der Referent möglicherweise in den Osten weitergeleitet hatte, bewusst aus. Die Regierungsmehrheit äußerte in der Bundestagsdebatte vom 5. Juni über die Initiative zwar Bedenken, dass der Ausschuss zum reinen parteipolitischen Spektakel verkommen könnte, mochte sich aber dem eigentlich legitimen Anliegen nach lückenloser Aufklärung nicht verschließen und stimmte zu. Die SPD/FDP-Koalition wollte vor allem den Eindruck vermeiden, dass es sich bei der Guillaume-Affäre um ein bundesrepublikanisches Watergate handele, also eine bewusste nachträgliche Vertuschung eines Fehlverhaltens der Regierung, die dem gleichnamigen und parallel sich entfaltenden Skandal in den USA erst seine Brisanz gab und letztlich zum Sturz von US-Präsident Nixon führte. So versicherte Schmidt der Presse eine Woche, nachdem der Untersuchungsausschuss seine öffentlichen Sitzungen begonnen hatte, dass es in Bonn kein Watergate geben werde.[64] Die Opposition hoffte, durch den Ausschuss nicht zuletzt den Wahlkampf für die Ende Oktober 1974 anstehenden Landtagswahlen in Hessen und Bayern zu ihren Gunsten beeinflussen zu können.

Dem Gremium, das sich am 12. Juni konstituierte, saß der CDU-Politiker und stellvertretende hessische Landesvorsitzende Walter Wallmann vor, ein gelernter Jurist. Zu seinen insgesamt sieben Mitgliedern zählten zwei weitere CDU/CSU-Abgeordnete, Carl-Dieter Spranger und Johannes Gerster. Die SPD entsandte den stellvertretenden Ausschussvorsitzenden Claus Arndt sowie Helmuth Becker und Günther Metzger. Der Rechtsexperte Burkhard Hirsch vertrat die FDP. Um diesem potenziell für die Regierung äußerst schädlichen Unternehmen die Spitze zu nehmen, koppelte die sozialliberale Koalition die Untersuchungen zum Fall Guillaume in den vorbereitenden Sitzungen des Ausschusses zu den Verfahrensfragen Ende Juni mit einer Enquete über den bis dahin streng geheimen sogenannten Mercker-Bericht von 1969 über die innenpolitischen Machenschaften des BND in den fünfziger und sechziger Jahren. Dank ihrer Mehrheit setzte sie ebenfalls durch, dass die Einstellungspraxis im Kanzleramt wie im BMI seit 1949 untersucht werden solle. Als Vorwand diente die Behauptung, dass die Guillaume-Affäre Gelegenheit biete, sich generell mit den Fehlleistungen der westdeutschen Geheimdienste und Schwächen bei Sicherheitsüberprüfungen in Gegenwart und Vergangenheit zu beschäftigen und daraus Lehren für die Zukunft zu ziehen. Damit sollte natürlich in erster Linie gezeigt werden, dass auch unter den CDU-Kanzlern die Dinge um die Geheimdienste in der Bundesrepublik nicht zum Besten gestanden hatten.

Der Guillaume-Untersuchungsausschuss stellte den zweiten in der laufenden Legislaturperiode und den 19. in der Geschichte des Parlaments seit 1949 dar. Seit Juni 1973 hatte sich ein Gremium in 50 Sitzungen mit der Wienand-Steiner-Affäre um die Abgeordnetenbestechung beim konstruktiven Misstrauensvotum gegen Willy Brandt im April 1972 beschäftigt, ohne aber zu einem Ergebnis zu kommen. Überhaupt überwog angesichts des emotionalisierten Themas, der Unmöglichkeit, die Arbeit der Geheimdienste umfänglich ans Tageslicht der Öffentlichkeit zu ziehen, und der bisherigen Erfahrungen mit Untersuchungsausschüssen in den Bundestagsfraktionen wie auch in der Presse bereits im Vorhinein Skepsis: Das ganze Unternehmen werde, so prognostizierte die Presse, zwar Regierung und Opposition genügend Gelegenheit bieten, um die jeweils andere Seite anzuschwärzen, aber wenig sachdienlich sein, um die wahren Hintergründe der Affäre zu beleuchten, geschweige denn aus ihr Lehren für die Zukunft zu ziehen.[65]

Am 27. August tagte der Untersuchungsausschuss erstmals öffentlich im »Langen Eugen«, dem Bonner Abgeordnetenhochhaus am Rhein, um Zeugen zu befragen. Es folgten 17 weitere Sitzungen, die zum Teil öffentlich oder, wenn es um die Arbeit der westdeutschen Geheimdienste ging, nichtöffentlich stattfanden und die sich bis Anfang Dezember 1974 erstreckten. Dabei befragte der Ausschuss 59 Zeugen. Neuralgische Punkte, über welche zwischen Opposition und Regierung im Ausschuss und entsprechend in der Presse gestritten wurde, waren die Fragen, ob Guillaume überhaupt die nötige Befähigung zur Referententätigkeit im Kanzleramt besessen habe, ob ein Referent für Verbindungen zu den Gewerkschaften notwendig gewesen oder ob Guillaume nur durch schiere parteipolitische Patronage auf einen eigens für ihn geschaffenen Posten gelangt sei. Heftige Kritik bekam außerdem Ehmke von BND-Chef Wessel zu hören, weil der Kanzleramtsminister sich über die Bedenken, die bei der Sicherheitsüberprüfung 1969/70 aufgetaucht waren, hinweggesetzt und die Einstellung Guillaumes verfügt hatte. Ehmke, erster sozialdemokratischer Kanzleramtschef und damit oberster Aufseher über den BND – jenen Geheimdienst, der bis in die sechziger Jahre hinein auch Sozialdemokraten in der Bundesrepublik bespitzelte –, hatte ein gespanntes Verhältnis zu Pullach besessen, was sich nun rächte. Der Ausschuss untersuchte ferner, inwieweit die Informationen über Guillaume aus den fünfziger Jahren seitens des BfV und des BND unzureichend gewesen oder von den Nachrichtendiensten falsch bewertet worden seien. Dies betraf den Charakter des Verlags Volk und Wissen, die Informationen über Guillaume seitens des UFJ, aber auch die Tatsache, dass der BND von insgesamt vier Karteinotierungen aus den Jahren 1951 und 1954 über Guillaumes Tätigkeit im Westen im Sinne der DDR auf Nachfrage des Kanzleramtes im Herbst 1969 drei übersehen hatte. Ehmke schob den Schwarzen Peter entsprechend Verfassungsschutz und BND zu, während er selbst sich mehr in der Sicherheitsüberprüfung engagiert habe, als es vom Kanzleramtschef üblicherweise hätte erwartet werden können. Der Vorgänger Nollaus, Hubert Schrübbers, der von 1955 bis 1972 den Verfassungsschutz geleitet hatte und daher eher als CDU-nah angesehen werden konnte, verteidigte das BfV damit, dass die Sicherheitsüberprüfung wegen des Drängens aus dem Kanzleramt auf rasche Einstellung Guillaumes unter großem Zeitdruck habe erfolgen müssen. Gleichwohl konnte der Verfassungsschutz nicht erklären, warum seine Abteilung Geheimschutz nicht die Erkenntnisse der hauseigenen Abteilung Spionageabwehr über den Verlag Volk und Wissen, der dort seit Anfang der sechziger Jahre als verdeckte Residentur des MfS galt, abgefragt hatte. Den brisantesten Streitpunkt bildete die Verantwortlichkeit für das schlechte Management des Falles, nachdem im Mai 1973 Guillaume als potenzieller HVA-Agent vom BfV identifiziert worden war. Hier verlief die Frontlinie zwischen Genscher, Kinkel und Brandt einerseits und Nollau andererseits. Der ehemalige Innenminister und amtierende Außenminister sowie sein alter und neuer Büroleiter verteidigten sich damit, dass sie im Mai 1973 von Nollau nicht in vollem Umfang über die Verdachtsmomente gegen Guillaume unterrichtet worden wären und auch zu spät von dessen wahrer Funktion im Kanzleramt erfahren hätten. Nollau hingegen behauptete das Gegenteil und schob die Verantwortung Genscher zu, der den Bundeskanzler trotz genauer Instruktionen des Verfassungsschutzpräsidenten über die Brisanz des Falles nur en passant und oberflächlich informiert habe. Die Frage der Verantwortlichkeit zwischen Nollau und Genscher war keine akademische, denn sie barg die Gefahr, dass der FDP-Vorsitzende und jetzige Außenminister noch nachträglich über die Affäre stolpern könnte. Doch Nollau machte bei seinen Auftritten vor dem Ausschuss einen denkbar schlechten Eindruck, indem er sich in Widersprüche verstrickte, sich auf Gedächtnislücken berief und weil an Details wiederholt deutlich wurde, wie nachlässig seine Behörde den ganzen Fall behandelt hatte. So fehlten beispielsweise schriftliche Aufzeichnungen der Kölner Behörde zu wichtigen Besprechungen, und noch Ende Mai 1973 wusste der Verfassungsschutz trotz eines Kurzporträts über Guillaume in *Bild* nicht, welche genaue Position der Verdächtige im Kanzleramt bekleidet hatte. Als fatal für Nollau erwies sich vor allem, dass er trotz wiederholter Nachfragen vom Kanzleramt, wie im Untersuchungsausschuss deutlich wurde, darauf beharrte, dass Guillaume mit Brandt in den Norwegenurlaub fahren solle, aber nichts zur Observation dort veranlasste. Ebenso geriet Nollau in die Kritik, weil er zwar das Kanzleramt am liebsten überhaupt nicht in den Verdacht gegen Guillaume eingeweiht hätte, zugleich aber eigenmächtig Wehner mehrmals über den Fortgang der Ermittlungen unterrichtete. Diesem gegenüber erwähnte er nach eigener Aussage am 4. Juni 1973, dass es sich bei Guillaume vermutlich um den bereits seit den fünfziger Jahren gesuchten Ostagenten in der SPD handle, eine Annahme, die er gegenüber seinem Dienstherrn Genscher jedoch nicht geäußert hatte, als er ihn am 29. Mai informierte. Wehner wiederum behauptete im Widerspruch zu Nollau im Ausschuss, er sei vom Verfassungsschutzpräsidenten nur ganz allgemein über den Vorgang unterrichtet worden, so dass er keinen Handlungsbedarf gesehen habe. Durch das Versagen der Amtsspitze in Köln wurde die durchaus eindrucksvolle und von allen Seiten gelobte detektivische Kleinarbeit der Verfassungsschützer Schoregge und Bergmann, die den Auftakt zur Enttarnung der Guillaumes gebildet hatte, in ein Debakel für das Ansehen des Verfassungsschutzes als Gesamtinstitution verwandelt. Dessen Geschichte seit der Gründung 1950 erschien der Öffentlichkeit ohnehin als eine einzige Abfolge von Skandalen, Pannen und Übergriffen auf die im Grundgesetz verbrieften Bürgerrechte. Die Guillaume-Affäre stellte den bisherigen Tiefpunkt in der Reputation der Kölner Behörde dar.[66]

Immerhin vermochte die Arbeit des Untersuchungsausschusses, wie die Presse beinahe erstaunt am Ende von dessen Tätigkeit feststellte, im Gegensatz zu der des Wienand-Steiner-Gremiums im Jahr zuvor einigermaßen deutlich zu klären, wie es dazu kam, dass Guillaume trotz anfänglicher Sicherheitsbedenken im Kanzleramt eingestellt wurde und trotz starker Indizien für seine Spionagetätigkeit seit Mai 1973 noch fast elf Monate weiter in unmittelbarer Nähe zu Brandt arbeiten konnte. Deutlich trat vor allem der mangelnde Informationsfluss zwischen, aber auch innerhalb von Verfassungsschutz, BMI, Kanzleramt und BND zutage. Alle Institutionen hatten sich darauf verlassen, dass die jeweils andere etwas unternehme. Keiner der befragten führenden Politiker und hohen Beamten, ob Brandt, Ehmke, Ehrenberg, Genscher, Grabert, Leber, Nollau, Schrübbers, Wehner oder Wessel, war bereit, eigene Fehler im Umgang mit dem Fall Guillaume einzugestehen, sondern schob die Verantwortung stets auf andere. Als sich der Ausschuss ab Anfang Oktober der Frage zuwandte, inwiefern der BND, obwohl eigentlich seit

1956 als Auslandsnachrichtendienst konzipiert, bis zum Abtritt seines ersten Präsidenten Gehlen im Frühjahr 1968 und teilweise darüber hinaus vor allem SPD-Politiker bespitzelt und Akten zu ihnen angelegt habe, verlor die CDU/CSU das Interesse an der weiteren Arbeit des Ausschusses. Gleichwohl bewirkten die Ermittlungen des Gremiums, dass ebenso wie der Verfassungsschutz auch der BND durch die Guillaume-Affäre noch nachträglich einen weiteren schweren Ansehensverlust hinnehmen musste. BND-Chef Wessel hielt die Ermittlungen des Untersuchungsausschusses, in welche der Dienst unverschuldet geraten sei, für in höchstem Maße demotivierend für seine Mitarbeiter, weil so teilweise Deck- und Klarnamen von Mitarbeitern an die Öffentlichkeit gelangt seien. »Neue Quellen zu gewinnen ist heute ausgeschlossen, bewährte alte Quellen dem Dienst zu erhalten, wird immer schwieriger – etliche haben sich schon getrennt. Für unsere wesentlichen Gegner jedoch, die östlichen Nachrichtendienste, ist diese öffentliche Bloßstellung und Zerfleischung der deutschen Dienste ein Geschenk, dessen unschätzbarer Wert sich noch weit in die Zukunft auswirken wird«, hieß es in einem Rundschreiben Wessels an alle BND-Mitarbeiter.[67]

Der Untersuchungsausschuss ermittelte zwar sehr präzise die Fakten zum Fall Guillaume, die von Regierung und Opposition kaum angezweifelt wurden. Allerdings differierten beide Seiten in der Benennung der Ursachen für die Pannen und der Hauptverantwortlichen. Daher legte der Ausschuss im Februar 1975 dem Bundestag zwei Abschlussberichte vor: ein Mehrheitsvotum der SPD/FDP-Mitglieder sowie ein Minderheitsvotum der drei CDU/CSU-Abgeordneten.[68] Die SPD/FDP-Mehrheit sah die Einstellung Guillaumes ins Kanzleramt als eine Verkettung unglücklicher Umstände an, ausgelöst nicht zuletzt durch mangelnde Kenntnisse über sein Vorleben, die vor allem auf unzureichenden Ermittlungen und unzulänglichem Informationsfluss innerhalb der Nachrichtendienste aus der Zeit vor der sozialliberalen Machtübernahme basierten. Der Bericht der Mehrheit sah die Affäre als Folge ungenügender Koordination der beteiligten Institutionen sowohl bei der Einstellung Guillaumes ins Kanzleramt als auch beim Umgang mit den Verdachtsmomenten seit Mai 1973 an, wobei sich im letzten Punkt die Darstellungen von Nollau und Genscher widersprächen. Der Bericht der SPD/FDP vermied es, Verantwortliche zu benennen, was nicht weiter verwunderte, weil das führende Personal von Kanzleramt, BMI und Verfassungsschutz zumindest 1973/74 komplett einer der beiden Koalitionsparteien angehörte. Die CDU/CSU belastete Ehmke, der sich über die Bedenken des BND selbstherrlich hinweggesetzt beziehungsweise den Verfassungsschutz unnötig zur Eile getrieben habe, um einen verdienten Parteisoldaten im Kanzleramt unterzubringen. Das Minderheitsvotum fällte vor allem über Nollau ein vernichtendes Urteil. Zudem bewertete es das Verhalten von Grabert und Brandt kritisch, die vollkommen tatenlos gewesen seien. Auch Genschers Auftreten lasse viele Fragen offen, weil er sich nicht intensiv genug mit den Verdachtsmomenten gegen Guillaume beschäftigt habe. Empfehlungen an den Bundestag für die künftige Organisation und Zusammenarbeit der Geheimdienste oder die Handhabung von Sicherheitsüberprüfungen von Bediensteten der obersten Bundesbehörden enthielten beide Abschlussberichte nicht.

Während die Öffentlichkeit mit großem Interesse die Enthüllungen und gegenseitigen Schuldzuweisungen im parlamentarischen Untersuchungsausschuss verfolgte, hatte bereits Mitte Mai 1974 eine Regierungskommission »Vorbeugender Geheimschutz« im Stillen ihre Arbeit aufgenommen. Initiiert wurde sie von Genscher und dem geschäftsführenden Bundeskanzler Scheel. Ihnen ging es bei dem Unternehmen weniger um öffentliche Anklagen und Schuldzuweisungen. Am Beispiel des Falles Guillaume sollten Lücken im bislang praktizierten Verfahren der Sicherheitsüberprüfungen und Schwachstellen bei der Arbeit und Koordination der westdeutschen Geheimdienste festgestellt sowie Vorschläge gemacht werden, wie man diese künftig vermeiden könne. Das Gremium hatte dabei ebenfalls den Mercker-Bericht von 1969 über den BND zu berücksichtigen. Theodor Eschenburg, in Tübingen lehrender renommierter Politikwissenschaftler, den Genscher Anfang Mai kontaktierte, hielt nicht viel von einem parlamentarischen Untersuchungsausschuss, weil dieser bloß dem Waschen von parteipolitischer Schmutzwäsche dienen würde, aber vermutlich wenige Erkenntnisse zutage fördern werde. Deshalb schlug Eschenburg die Ernennung einer Regierungskommission aus Verwaltungsfachleuten vor, die abseits der Öffentlichkeit und mit der Zugangsberechtigung zu den Unterlagen aller beteiligten Stellen ermitteln sollte.[69] Der Politikwissenschaftler wurde von der Regierung zum Vorsitzenden der Kommission ernannt. Ihr gehörten ferner drei ehemalige Staatssekretäre an, die jeweils einer der drei im Bundestag vertretenen Parteien zugeordnet werden konnten: Johannes Birckholtz stand der SPD nahe, Reinhold Mercker, Verfasser des geheimen Regierungsberichtes von 1969 über den BND, der CDU und Hermann Maassen der FDP. Die Kommission arbeitete ohne Absprache mit dem parlamentarischen Ausschuss.

Mitte November 1974 präsentierte die Eschenburg-Kommission ihren 40-seitigen Abschlussbericht Bundeskanzler Schmidt, der ihn Anfang Dezember dem Bundestag zugänglich machte. Dieser veröffentlichte ihn umgehend als Drucksache.[70] Die Kommission kam zu dem Ergebnis, dass die Affäre Guillaume vor allem auf ein Missmanagement der zweiten und dritten administrativen Hierarchieebene zurückzuführen sei, also kaum dem zurückgetretenen Bundeskanzler angelastet werden könne. Sie nahm einen fatalen Lauf durch die mangelnde Zusammenfassung der geheimdienstlichen Erkenntnisse, die von zwei Ämtern, die unterschiedlichen Herrn unterstanden, verwaltet wurden. Selbst innerhalb von BND und BfV seien die Erkenntnisse über Guillaume nicht zentral abrufbar gewesen. Zudem sei jede mit dem Fall Guillaume betroffene Stelle davon ausgegangen, dass die jeweils andere Behörde schon das Notwendige veranlassen werde. Die Eschenburg-Kommission rügte milde Ehmke, der durch sein persönliches Eingreifen in die Sicherheitsüberprüfung den Verfassungsschutz unnötig in Zeitbedrängnis gebracht habe und so dazu nötigte, ein voreiliges Urteil vor Auswertung aller Erkenntnisse zu fällen. Der Verfassungsschutz habe durch sein Beharren auf Vertraulichkeit nach Auftauchen der Verdachtsmomente im Mai 1973 dem BMI und dem Kanzleramt eine Koordination des Vorgehens gegen Guillaume beziehungsweise eine Schadenseindämmung unnötig erschwert. Dem BfV sei der operative Erfolg des Agentenfangs wichtiger gewesen als das Hüten von Staatsgeheimnissen, das eigentlich ebenso zu seinen Aufgaben gehöre. Die Kommission kam zu dem Urteil, dass die aufgezeigten Schwächen von BND und BfV nicht ausreichten, um die Leistungsfähigkeit der Dienste generell in Frage zu stellen. Sie sprach sich gegen die Zusammenlegung von Verfassungsschutz, BND und Militärischem Abschirmdienst (MAD) zu einer Behörde aus, weil dies möglicherweise einen unkontrollierbaren Machtfaktor im Staate schaffen würde sowie angesichts historischer Vorbelastungen aus dem Dritten Reich und gewachsener Identitäten der drei Dienste auch psychologisch kaum durchzusetzen sei. Stattdessen schlug die Kommission vor, im Kanzleramt einen speziellen Geheimdienstkoordinator zu benennen, der nicht nur wie bislang die Aufsicht über den BND, sondern fortan auch über den beim BMI ressortierenden Verfassungsschutz und den MAD, der dem BMVg unterstand, führen solle. Ferner empfahl der Abschlussbericht, den BND von Pullach nach Bonn zu verlegen, um größere Synergieeffekte zu erzielen. Zudem sollte künftig der Zugang zu Verschlusssachen befristet werden, so dass Sicherheitsüberprüfungen von Mitarbeitern nicht mehr wie bislang einmalig bei Einstellung und Höherstufungen im Umgang mit Verschlusssachen erfolgen würden. Vielmehr müssten sie fortan in regelmäßigen Abständen wiederholt und bei jeder Versetzung oder Beförderung automatisch nochmals vorgenommen werden, um auf Basis neuer Erkenntnisse die Mitarbeiter in Behörden in einer Art laufendem Verfahren beurteilen zu können. Die Regierung Schmidt/Genscher schloss sich den Empfehlungen der Eschenburg-Kommission größtenteils an. Im Januar 1975 ernannte sie den Staatssekretär des Kanzleramtes, Manfred Schüler, zum ersten Geheimdienstkoordinator in der Geschichte der Bundesrepublik. Diese Funktion wurde bis 1991 direkt vom Kanzleramtschef wahrgenommen. Seitdem ist ein eigens dafür eingestellter Abteilungsleiter mit ihr betraut. Zudem führte die Regierung nunmehr routinemäßige Sicherheitsüberprüfungen für alle Bediensteten in den obersten Bundesbehörden im Abstand von fünf Jahren ein, ebenso bei Versetzungen und Beförderungen schon vor dem Ablauf dieser Frist. Auch dies ist eine Praxis, die als Erbe der Guillaume-Affäre noch heute geübt wird.

Verurteilung und »Freikämpfung«

Prozessvorbereitung durch die Bundesanwaltschaft

Siegfried Buback trat am 1. Mai 1974 das Amt als Generalbundesanwalt an. Er wurde damit zum obersten Strafverfolger der Bundesrepublik. In einem Interview mit dem ZDF am 2. Mai 1974 bezeichnete er neben der Vorbereitung des Prozesses gegen den in Stuttgart-Stammheim einsitzenden Führungszirkel der RAF um Andreas Baader, Gudrun Ensslin und Ulrike Meinhof die Ermittlungen im Fall Guillaume als die wichtigste Aufgabe seiner Behörde.[1] Die Bundesanwaltschaft stand unter großem Erwartungsdruck seitens Regierung, Opposition und Öffentlichkeit, den berühmtesten und scheinbar besonders schädlichen Spion vor Gericht zu bringen und für eine hohe Strafe zu sorgen. Die westdeutsche Öffentlichkeit sprach sich mit großer Mehrheit für eine Bestrafung Guillaumes und gegen dessen Austausch aus, selbst wenn dadurch mehrere Bundesbürger aus DDR-Gefängnissen befreit werden könnten, wie das Allensbach-Institut Ende April herausfand: 62 Prozent waren für eine Verurteilung, 29 Prozent für einen Austausch, neun Prozent hatten keine Meinung.[2]

Das Eingeständnis Guillaumes bei seiner Verhaftung, dass er Offizier der DDR sei, die anfänglichen Auskünfte des Ehepaares bei den Vernehmungen, die in der Wohnung gefundenen Beweismittel und die abgefangenen Funksprüche reichten für eine Anklage wegen geheimdienstlicher Agententätigkeit für eine ausländische Macht gemäß § 99 StGB aus. Darauf steht eine Höchststrafe von fünf Jahren Gefängnis. Für eine Verurteilung nach § 99 reicht schon die Weitergabe jeglicher Information an eine fremde Macht aus oder die Bereitwilligkeit, für diese als Agent zu arbeiten. Wenn es zum Missbrauch einer verantwortlichen Stellung wie etwa jener Guillaumes kommt, kann die Höchststrafe bis zu zehn Jahren Gefängnis betragen. Auf Basis dieser Rechtsvorschrift war im April 1974 Haftbefehl gegen das Ehepaar erlassen worden. Karlsruhe versuchte dem Ehepaar jedoch von Anfang an auch den gravierenderen Tatbestand des Landesverrats gemäß § 93 und 94 StGB nachzuweisen, also die Übergabe von Staatsgeheimnissen an eine fremde Macht mit der Folge eines schweren Nachteils für die äußere Sicherheit der Bundesrepublik. Für dieses Delikt kann sogar, wenn jemand wie Guillaume als Angestellter des Kanzleramtes eine sensible Stellung, die ihn eigentlich zur Wahrung von Staatsgeheimnissen verpflichtet, missbraucht, eine lebenslängliche Freiheitsstrafe verhängt werden. Dabei bot vor allem die Norwegenreise des Kanzlers im Juli 1973 den aussichtsreichsten Ansatzpunkt für den Nachweis des Landesverrats, als Guillaume für vier Wochen allein die Telegramme des Kanzleramtes sowie Brandts Anweisungen für Bonn entgegennahm. Dennoch kursierten schon im Juni 1974 Gerüchte in der Presse, dass die Bundesanwaltschaft Probleme habe, eine glaubwürdige Anklage gegen das Ehepaar gemäß § 93 und 94 zu konstruieren. Es sei schwer nachzuweisen, dass Guillaume tatsächlich Einsicht in wichtige Papiere genommen und diese dann in den Osten weitergeleitet habe. Ende Oktober 1974 musste sich Buback in einem Interview im Deutschlandfunk der Behauptung stellen, dass die Bundesanwaltschaft in einer schwierigen Lage wäre: »Wir befinden uns nicht in Beweisnot, ich wäre ja sonst nicht in der Lage anzukündigen, daß wir Ende des Jahres hoffen, die Anklageschrift dem Gericht zuleiten zu können.«[3] Die von der Bundesanwaltschaft beauftragten Fachgutachter, der pensionierte Bundeswehrgeneral und ehemalige Nato-Kommandeur für Mitteleuropa, Jürgen Bennecke, sowie der Botschafter a. D. Rudolf Thierfelder, zuletzt Leiter der Rechtsabteilung im AA, die im Spätsommer 1974 die Hamar-Telegramme im Bundeskanzleramt einsahen,[4] laborierten lange an ihren Schriftsätzen herum. Sie mussten den gerichtsverwertbaren Beweis führen, dass die von Guillaume angeblich eingesehenen geheimen Papiere und ihre Weiterleitung in den Osten eine schwere Gefährdung für die äußere Sicherheit der Bundesrepublik darstellten.

Karlsruhe übergab schließlich am 10. März 1975 die auf den 27. Februar datierte Anklageschrift dem OLG Düsseldorf, das damit den Prozess vorbereiten konnte. Die Bundesanwaltschaft beschuldigt Guillaume wegen der Hamar-Dokumente des schweren Landesverrats gemäß § 94 StGB und des Bruchs von Dienstgeheimnissen gemäß § 353 b StGB. Seine Frau wurde des Landesverrats und der Beihilfe zum Bruch von Dienstgeheimnissen angeklagt. Die Anklageschrift behauptete unter anderem, dass Christel Guillaume am 13. August 1973 unter »hochkonspirativen«, vom BfV beobachteten Umständen die Hamar-Dokumente einer MfS-Kurierin übergeben habe.[5] Gemäß einer Neuregelung im

Jahre 1972 lag bei Staatsschutzdelikten, seien es Spionageverfahren oder Terroristenprozesse, die Zuständigkeit in erster Instanz nicht mehr beim BGH in Karlsruhe, sondern bei jenem OLG, in dessen Gerichtsbezirk die Straftaten begangen worden waren. Weil Guillaume als Spion vor allem in Bonn gewirkt hatte, das zum Düsseldorfer Gerichtsbezirk gehörte, würde also die Landeshauptstadt von NRW wie bei so vielen anderen Staatsschutzdelikten, die gegen die Bonner Republik zielten, Ort der Verhandlung sein. Es war damit zu rechnen, dass vor dem Gericht in dem laut Presse »größten Landesverratsprozeß seit Bestehen der Bundesrepublik«[6] geheime Staatsangelegenheiten teilweise unter Ausschluss der Öffentlichkeit verhandelt werden würden. Das OLG Düsseldorf erhielt hierfür einen 1,2 Millionen DM teuren neuen, abhör- und kugelsicheren Verhandlungssaal im Kellergeschoss, der auch zum Prozess gegen die Stockholmer Botschaftsbesetzer der RAF genutzt werden sollte.[7] Der für Staatsschutzdelikte zuständige IV. Strafsenat des OLG bestimmte den 24. Juni 1975 zum ersten Verhandlungstag, gut einen Monat nach Beginn des Stammheim-Prozesses. »Der Freispruch Guillaumes vor dem Düsseldorfer Gericht scheint juristisch so gut wie ausgeschlossen. Doch wie hoch der Bonner Spion bestraft werden wird, hängt davon ab, welche konkreten Tathandlungen von welchem nachrichtendienstlichen Kaliber ihm am Ende nachgewiesen werden können«, schrieb *Der Spiegel* am Tag vor Beginn des Prozesses.

Haftalltag

Die westdeutsche Presse nahm regen Anteil am Leben hinter Gittern des neben den Stammheimer RAF-Gefangenen und dem im Spandauer Kriegsverbrechergefängnis einsitzenden Rudolf Heß wohl berühmtesten politischen Straftäters. Christel Guillaume hingegen war den Zeitungen kaum eine Meldung wert. Artikel mit Schlagzeilen wie »Kanzlerspion nörgelt über den Kaffee im Knast«, »Guillaume putzt die Zelle selbst und verzichtet auf Hotel-Essen« oder »Guillaumes Tag beginnt um 6.30 Uhr – abends entspannt sich der DDR-Spion bei Romanlektüre und Sprachstudien« informierten über seinen Alltag.[8] Auch in anderer Hinsicht war das anhaltend große Interesse der Öffentlichkeit am Fall Guillaume nicht zu übersehen. Die Wohnung in der Bad Godesberger Ubierstraße war noch im April 1975 Ziel touristischer Stadtrundfahrten durch Bonn mit Erläuterungen wie »Dort oben hat er gewohnt,

Haftalltag: Einträge in Christel Guillaumes Taschenkalender vom Dezember 1974 – Besuche des Sohnes und des Anwalts sowie weitere »Höhepunkte«.

der Meisterspion«.[9] Gerhard Zwerenz, ehemaliges SED-Mitglied und 1957 aus der DDR geflohener Schriftsteller, veröffentlichte im Sommer 1975 im Fischer Verlag sogar einen Roman über die Guillaume-Äffäre unter dem Titel »Die Quadriga des Mischa Wolf«. Das Buch fiel allerdings bei der westdeutschen Kritik durch.

Guillaume erwartete, wie er seinem Sohn bei dessen wöchentlichen Besuchen in Köln-Ossendorf eingestand, schon bald nach seiner Verhaftung eine hohe Strafe. Er nahm nach Eindruck Pierres die Untersuchungshaft insgesamt aber wesentlich gelassener als die Mutter. Gegenüber den Aufsehern des Gefängnisses benahm er sich selbstbewusst und pochte von Anfang an auf seine Rechte.[10] Der ehemalige Referent versuchte, seine Frau durch Briefe aufzumuntern. Zwar saßen sie beide seit Anfang Mai 1974 im Gefängnis in Köln-Ossendorf, doch gingen alle Briefe zur Zensur nach Karlsruhe an das BGH, bevor sie den Empfängern mit wochenlanger Verspätung ausgehändigt wurden. Guillaume präsentierte sich als besorgter Ehemann und Vorgesetzter, der sich nach den Details ihres Gefängnisalltages erkundigte: »Trotzdem versuche bitte, Deine neue, aufgezwungene Umwelt zu verkraften. Erstes Gebot ist Deine Gesundheit. Zwinge Dich bitte zum Essen, auch wenn es Dir nicht schmeckt« (9. Mai 1974). Er gab sich zunächst optimistisch und klagte nicht über sein eigenes Los: »Das Alleinsein in dieser Umgebung drückt mich nicht. Im Gegenteil: Nach dem Bonner Trubel erhole ich mich hier. Nächte schlafe ich gut, und morgens wache ich ohne einen feuchten Nacken auf. Die langen Tage sind natürlich ein Problem. Die drei Bücher aus der Anstaltsbücherei ergänze ich durch ›Stern‹ und ›Die Zeit‹. Vom Lebensmittelhändler kommen dann noch Rätselhefte« (5. Juni). Wiederholt, dabei auf die Zensoren in Karlsruhe zielend, brachte er sein Unverständnis zum Ausdruck, dass seine Frau noch im Gefängnis sitze, obwohl sie doch gänzlich unschuldig sei: »Welchen Sinn hat Deine weitere U-Haft? Verdunkelung und Flucht – das ist doch absurd« (5. Juni). Doch die Untersuchungshaft zehrte schließlich auch an seiner psychischen und physischen Konstitution: »Aber nach vier Monaten Arbeitslosigkeit ist es nicht leicht, pro Tag 17 Stunden auszufüllen. Doch ich weiß, daß es Dir mindestens ebenso besch... geht. Es bleibt mein heißer Tipp: Yoga! Man bleibt fit« (18. August). Und zwei Wochen später hieß es: »In mir wächst der Haß. Haß auf die Impuissance (Machtlosigkeit, E. M.). Auch der Ekel vor der Umwelt wächst in mir. Allergien beginnen mich zu plagen. Meine Übungen helfen nur bedingt dem Körper – sind nur Fitneß.« Guillaume sah sich zunehmend als Opfer der Justizwillkür, weil sich zum Beispiel die Genehmigung eines eigenen Radios über Monate hinzog. Als er es schließlich erhielt, war es auf Anweisung des BKA so präpariert, dass er nur den aus Köln sendenden WDR empfangen konnte. Er meinte, dass die Zeit in der Wehrmacht und in der Kriegsgefangenschaft im Vergleich zu den Verhältnissen in Ossendorf gar nicht so schlecht gewesen sei. In Ossendorf würden »Patrioten« wie er in Untersuchungshaft ein härteres Los erleiden als bereits verurteilte Schwerstkriminelle (15. September). »Von der eigenen Misere lenkt mich täglich das Elend der anderen Gäste ab. Weinende Ausländer, deren Sprache hier niemand versteht, verzweifelte junge Kerle, deren Schwadronieren doch nur die Angst verbergen soll, und dann Jan Raspe, seit zwei Wochen im Hungerstreik. Aus Furcht kapselt er sich ab, und ich darf nicht mit ihm sprechen. Vielleicht könnte ich ihm – mit ein paar Worten täglich – helfen, hier zu überleben« (22. September). Guillaume entdeckte unter diesen Umständen seine DDR-Identität und

SED-Sozialisation wieder, weil ihn die westdeutsche Gesellschaft angeblich so schlecht behandelte. Als er Anfang Oktober 1974 einen Inspektionsbesuch von vier Justizvollzugsbeamten erhielt, schmückte er seine Zelle mit ausgeschnittenen Fotos von Wilhelm Pieck und Otto Grotewohl, des ersten und einzigen Präsidenten sowie des ersten Ministerpräsidenten der DDR. »Letzteres schockte niemanden, vermutlich mangels politischen Wissens« (13. Oktober). Am 22. Dezember 1974 schrieb er, dass es für die ihm von einem verzweifelten Mitgefangenen zugesprochene innere Festigkeit eine simple Erklärung gebe: »Ich bin Kommunist.« In seine Briefe schlichen sich seit Herbst 1974 beim Kommentieren der aktuellen politischen Vorgänge, die er aufgrund seiner intensiven Zeitungslektüre genau verfolgte, mehr und mehr Versatzstücke der SED-Propagandaklischees über die Bundesrepublik ein: Aufrüstung, Arbeitslosigkeit und Verelendung der Massen bei Gewinnmaximierung in den Händen einiger weniger (13. Oktober), das Fortwirken von NS-Tätern in wichtigen öffentlichen Positionen (21. April 1975) sowie die Krisenhaftigkeit des Kapitalismus, die schließlich in seinen Zusammenbruch münden werde (8. Juni). Am 23. Februar 1975 beklagte er gegenüber seiner Frau den immer noch von den Justizbehörden nicht genehmigten Bezug des *ND*. Von der Bundesrepublik sprach er entsprechend östlicher Gepflogenheit nur noch als »BRD«. Im Vorfeld der Landtagswahlen in NRW hieß es am 21. April 1975 schließlich: »Übrigens, ich wähle am 4. Mai nicht. Ich habe weder das Recht noch Veranlassung, mich in die inneren Angelegenheiten der BRD aktiv einzumischen.« Zugleich konnte er in den ersten Monaten nicht den alten SPD-Genossen verleugnen, wie sich anlässlich der bevorstehenden Landtagswahl in Hessen zeigte: »Am nächsten Sonntag (27.10.) werden unsere Gedanken wohl unvermeidlich wieder bei dem Patienten SPD sein. Ein Debakel ist nicht ausgeschlossen (...). Sollte Dregger (der hessische Spitzenkandidat der CDU, E.M.) einen weiteren Rückgang bewirken, so könnte m.E. nur noch Rudi Arndt als Ministerpräsident eine Wende herbeiführen« (20. Oktober 1974). Einen Tag nach der Wahl, aber noch ohne die genaue Stimmenverteilung zu kennen, gab sich Guillaume Spekulationen hin, wer in Frankfurt die Direktmandate gewonnen habe: »Dich amüsiert bestimmt mein Engagement. Mir fällt es doch schwer, auf diesem Terrain nichts mehr bewirken zu können und auch noch schweigen zu müssen.«

Bei weitem am meisten Raum nahm in seinen Briefen jedoch die Bewertung der von ihm gelesenen Bücher ein, die er entweder seiner

Frau empfahl oder von deren Lektüre er abriet. »Seit ich hier bin, habe ich schon 46 Romane gelesen. Bis zum 43. war es auch bei mir Nachholbedarf – Vicki Baum, Graham Greene, Leon Uris, Alistair MacLean, Clifford Irving, Frederick Forsyth, Hans Habe, Willi Heinrich, Stefan Andres, Siegfried Lenz, Rudolf Hagelstange und natürlich alles Greifbare von Simmel« (4. August 1974). Vor allem Heinrich Böll hatte es ihm angetan. Er versuchte sich sogar am feministischen Schlüsselroman »Häutungen« von Verena Stefan, als dieser 1975 erschien. »Enttäuscht hat mich der schriftstellernde Renegat Zwerenz. Seine ›Quadriga‹ ist nicht einmal ein Machwerk oder Pamphlet. Ich kann mich nur dem Urteil der FAZ anschließen: ›... einfach schlecht geschrieben‹« (15. August 1975). Umgekehrt schilderte auch sie ihm ihre Leseerlebnisse.

Die HVA und ihre inhaftierten »Kundschafter«

Als Hoffnungsschimmer konnte sich das Ehepaar in seiner Situation an das Versprechen der HVA klammern, das ihnen wie anderen Agenten bei der Übersiedlung in die Bundesrepublik gegeben worden war: Ost-Berlin werde im Falle ihrer Verhaftung alles für eine baldige »Freikämpfung« tun. Die HVA signalisierte den Inhaftierten ab April 1974 über die Anwälte, möglicherweise auch über IM in der Justizverwaltung oder unter den Mitgefangenen, dass man intensiv an ihrer Entlassung arbeite, nicht zuletzt um ein umfassendes Geständnis des Ehepaares zu verhindern. Eine reuige, aus der DDR übergesiedelte »Spitzenquelle«, welche seinen Auftraggeber gegenüber dem »Klassenfeind« desavouierte, wäre eine schwere Blamage für das MfS gewesen angesichts des großen öffentlichen Interesses, das dem Fall Guillaume in der Bundesrepublik entgegengebracht wurde und das durch Westradio und -fernsehen in die DDR abstrahlte. Der Gegner, hieß es in einer MfS-Doktorarbeit von 1985, werde in der Untersuchungs- und Strafhaft alles versuchen, um den IM zum Reden zu bringen. Dieser sei nach der Festnahme labil. Das MfS müsse die inhaftierten IM daher moralisch aufbauen, etwa dahingehend, dass sie sich keine Vorwürfe wegen ihrer Verhaftung machen sollten. Vielmehr sei es nötig, ihnen Perspektiven einer Zusammenarbeit mit dem MfS nach der Haft zu eröffnen. Es müsse ihnen die Überzeugung vermittelt werden, dass das MfS alles für die baldige Freilassung und die zwischenzeitliche Versorgung von Familienangehörigen unternehme. Unrealistische Versprechen seien aber zu vermeiden, weil sie bei

i. d. Justizvollzugsanstalt Bonn,
den 26.4.74

Liebe Christel,

ich bitte Dich um Verzeihung. Du hast durch den gemeinsamen Lebensweg mit mir jetzt Deine Freiheit verloren, und dazu noch viel mehr. Ich zweifele daran, ob Dir meine Zeilen jetzt Kraft und Mut – und auch Hoffnung – geben können. Aber Du sollst wissen, daß ich in Gedanken und im Herzen eng und fest mit Dir verbunden bin.

Sehr froh bin ich darüber, daß Christi und Pierre nunmehr wieder zusammen in unserer Wohnung sind. Beide werden es auf nicht absehbare Zeit sehr schwer haben. Aber es gibt für sie auch Helfer. Gestern (25.4.) kam nach Dienstschluß Rüdiger Henkel in die Wohnung und bot Pierre seine Hilfe an. Eine – nicht zu erwartende – menschliche Hilfe und Größe, die mich tief erschüttert hat. Heute (26.4.) teilte mir Rechtsanwalt Dr. Rother mit, daß Günter Großer bei Christi und Pierre wäre und morgen (27.4.) mit Pierre zu ihm kommen wird. Auch eine gute Nachricht.

Herrn Dr. Rother, Bad Godesberg, Moltkestrasse 72, habe ich Verteidigungsvollmacht für mich erteilt. Er wird sich auch mit Dir in Verbindung setzen, aber Du

Der erste Gefängnisbrief Günter Guillaumes an Christel vom 26. April 1974.

sicher einen anderen Kollegen empfehlen –
vorausgesetzt, daß du diesbezüglich selbst
noch keine Entscheidung getroffen hast –
Es ist u.a. sagen, daß es unmöglich und unklug
wäre, wenn wir den gleichen Verteidiger
hätten.

Wichtig ist jetzt: Wir beide müssen bei guter
Gesundheit bleiben, um alles durchzustehen.
Wir beide sind noch nicht alt genug, um
etwa zu resignieren. Es wird auch für uns
beide wieder ein Leben in Freiheit geben –
außerhalb der Gefängnisse +, und ich
möchte dann auch wieder an Deiner Seite
sein dürfen. Am 12. Mai haben wir wieder
Hochzeitstag. Nach 23 Jahren werden wir
erstmalig an diesem Tage getrennt voneinander sein. Aber es ist nur eine räumliche
Trennung.

　　　　　In Gedanken umarme ich Dich,
　　　　　　　　Dein Günter

P.S.
Über den Ermittlungsrichter des Bundesgerichts-
hofes, Herrn Büdelsberg, 75 Karlsruhe,
Herrenstraße 45a, kannst auch Du Briefe
an Christi, Pierre und mich senden. Christi und
Pierre werden auf diesem Weg auch um Besuchserlaubnis bitten.　G.

Nichteinlösung rasch zur Enttäuschung bei den Gefangenen führen könnten.[11]

Die Voraussetzung für die Befreiungsbemühungen der HVA war, dass die Guillaumes wie andere einsitzende Agenten jegliche Kooperation mit den westdeutschen Ermittlungsbehörden sowie später während der Gerichtsverhandlungen verweigern würden. Die Anweisung der strikten Aussageverweigerung an die Kundschafter im Falle der Verhaftung war seit den sechziger Jahren offizielle Politik der HVA, und ausreisende Ostagenten erhielten entsprechende Instruktionen. Dieser Befehl erfolgte natürlich nicht nur zum Schutz der Betroffenen, damit sie nicht durch Aussagen ihre Situation zusätzlich erschwerten. Es ging vor allem darum zu verhindern, dass die westdeutsche Spionageabwehr aktuelle Informationen über die Operationen der HVA in der Bundesrepublik erhielt. Agenten, die sich diesem Befehl nicht fügen wollten, wurde mittels der Anwälte gedroht, dass man dann nichts für ihre »Freikämpfung« tun, sie also weder auf Austauschlisten setzen noch die Anwaltskosten tragen werde. Die konsequente Aussageverweigerung galt laut Lehre der HVA-Schule in Belzig als sicherer denn das Vorschieben einer Legende, bei der die Gefahr bestand, sich letztlich während der Verhöre doch in Widersprüche zu verwickeln. Zugleich war sich die HVA sehr wohl bewusst, dass die strikte Aussageverweigerung von den Agenten sehr viel forderte, weil sie in einer Verhörsituation dem natürlichen Bedürfnis des Menschen nach Rechtfertigung seines Handelns zuwiderlief. Guillaume hierzu rückblickend: »Ich muß bekennen, daß es schlimm war, als im Vorfeld des Prozesses aus Berlin der Befehl kam: Schotten dicht!«[12]

Das Ehepaar Guillaume musste also seit Frühjahr 1974 abwägen: Sollte es sein Heil eher in einer Kooperation mit den westdeutschen Behörden suchen, um dadurch möglicherweise eine Strafminderung erreichen zu können, jedoch um den Preis des Verlustes jeglicher Unterstützung durch die HVA? Oder wäre es vorteilhafter, den Beteuerungen der HVA, dass eine »Freikämpfung« alsbald erfolgen werde, Glauben zu schenken und jegliche Zusammenarbeit mit den Behörden selbst auf die Gefahr eines höheren Strafmaßes hin zu verweigern? Letztlich entschieden sich die Eheleute nach ihrer kurzen, etwa zwei Wochen nach der Verhaftung anhaltenden Mitteilsamkeit gegenüber dem BKA dazu, auf die HVA zu setzen. Sie verweigerten fortan jede Aussage gegenüber Polizei und Bundesanwaltschaft sowie später vor Gericht. Auch in anderer Hinsicht zeigte sich der ehemalige Kanzleramtsreferent als nicht kooperativ: *Bild* berichtete am 28. September 1975, dass Guillaume Honorarangebote von mehr als zwei Millionen DM für seine Memoiren ausgeschlagen habe, die ihm von zwei namhaften westdeutschen Verlagen gemacht worden seien. Selbst bei baldiger Freilassung aus dem Gefängnis wäre für die Guillaumes ein Leben in der Bundesrepublik wenig attraktiv gewesen. Der Name war seit April 1974 geradezu mit dem Stigma des Verrates behaftet, zugleich würden sie ständig im Rampenlicht der Medien stehen. Insofern war es durchaus konsequent von Guillaume, sich in der Korrespondenz mit seiner Frau zunehmend als linientreuer Kommunist und DDR-Bürger zu stilisieren. Dies diente nicht zuletzt der mentalen Vorbereitung auf die Rückkehr in die DDR, die dem Ehepaar nunmehr als einzig gangbarer Weg übrig zu bleiben schien.

Im Oktober 1974 ersetzte Guillaume seinen bisherigen Bonner Rechtsbeistand Karl-Heinz Rother, den er spontan nach seiner Verhaftung gewählt hatte, durch den über MfS-Vertrauensanwälte in Ost-Berlin engagierten Münchner Anwalt Horst-Dieter Pötschke. Offiziell war er durch Guillaumes noch in Ost-Berlin lebende Mutter beauftragt. Christel Guillaume hingegen blieb bei ihrem von Anfang an gewählten Bonner Anwalt Hansjörg Herdegen. An der Bestimmung der westdeutschen Anwälte, über die in der Regel allein Ost-Berlin ohne Konsultation der einsitzenden Agenten entschied, konnten die westdeutschen Behörden bereits die Wertigkeit ermessen, welche die HVA festgenommenen Spionageverdächtigen zuschrieb. Denn Ost-Berlin griff, falls es sich überhaupt in westdeutschen Spionageprozessen engagierte, stets auf die gleichen Rechtsbeistände in der Bundesrepublik zurück. Pötschke beispielsweise hatte 1968/69 bereits den in Hamburg einsitzenden HVA-Agenten Hans Eltgen verteidigt, der schließlich nach 14 Monaten Untersuchungshaft ausgetauscht wurde. Die westdeutschen Anwälte waren jedoch nicht in die HVA-Interna und -Erwägungen eingeweiht, sondern fungierten nur als Sprachrohre von MfS-Anwälten. Zugleich wies man die inhaftierten HVA-Agenten an, ihren westdeutschen Anwälten nichts aus ihrer Kundschaftertätigkeit mitzuteilen aus Angst, dass operative Interna in die falschen Hände geraten könnten.[13]

Bemühungen Ost-Berlins um Pierre Guillaume

Die HVA bemühte sich bald nach der Verhaftung der Guillaumes, ihren Sohn Pierre zur Übersiedlung in die DDR zu bewegen mit der Begründung, dass man zwar für seinen Unterhalt in der Bundesrepublik nicht aufkommen, ihn aber sehr wohl in der DDR versorgen und ihm dort eine gute Ausbildung angedeihen lassen könne. Das MfS lud ihn durch Vermittlung von Anwalt Pötschke mehrmals während der Schulferien zu Besuchsreisen in die DDR ein. Dort lebte neben Günter Guillaumes Mutter noch ein Onkel des Spions in Rostock. Pierre Guillaume wurde bei seinen DDR-Reisen zuvorkommend behandelt und im Hotel »Stadt Berlin«, dem damals besten Ost-Berlins, untergebracht. Ihm widerfuhr eine intensive Betreuung durch einen Verwandten seines Vaters. Dieser 1952 geborene Mann war seit 1971 Hauptamtlicher Mitarbeiter im MfS im Rang eines Unteroffiziers. Obwohl eigentlich in der Hauptabteilung IX als »Untersuchungsführer« für strafrechtliche Ermittlungen gegen Oppositionelle eingesetzt, wurde er von seiner Abteilung 1974/75 freigestellt, um im Auftrag der HVA Guillaume junior für den Umzug in die DDR zu gewinnen. Pierre gegenüber gab sich dieser Cousin jedoch nicht als MfS-Mitarbeiter zu erkennen. Der Rostocker Großonkel, der im kommunistischen Widerstand gegen die Nationalsozialisten gewesen sei, habe angeblich, so die vom MfS dem Sohn aufgebundene Mär, den vaterlosen Günter Guillaume in der unmittelbaren Nachkriegszeit zum Kommunisten erzogen. Der Westeinsatz des Agentenvaters sei also nur die konsequente Tat eines politischen Idealisten in der Tradition der Familie gewesen, auf die der Sohn stolz sein könne. Über Pötschke erhöhte sich seit Frühjahr 1975 zunehmend der Druck, in die DDR zu wechseln, unter dem Hinweis, dass das Geld der Eltern im Westen bald aufgebraucht sei. Weil Pierre im April 18 Jahre alt und damit mündig geworden war, konnten ihn die westdeutschen Behörden an einer Übersiedlung nicht mehr hindern. Die Eltern stimmten schließlich im Frühsommer 1975 dem Umzug des Sohnes in die DDR zu, obwohl ihm am Gymnasium in Bad Godesberg noch ein Jahr bis zum Abitur fehlte. Dies war ein eindeutiges Indiz dafür, dass sich das Ehepaar gänzlich in die Hände der HVA begeben hatte und seine Zukunft nach der Gefängniszeit im Osten sah. Mitte Juli 1975, mit Beginn der Sommerferien in NRW, reiste Pierre Guillaume offiziell zum Besuch seiner Großmutter nach Ost-Berlin. Ende Oktober schließlich bekam der Direktor des Godesberger Heinrich-Hertz-Gymnasiums einen Brief von ihm, in dem er mitteilte, dass er nicht mehr aus der DDR zurückkehren werde. Pierre erhielt noch im Sommer 1975 die DDR-Staatsbürgerschaft und einen Platz an einer Ost-Berliner Erweiterten Oberschule, um dort das Abitur zu machen. Das MfS stellte ihm eine moderne, zentral gelegene Hochhauswohnung inklusive Telefonanschluss zur alleinigen Nutzung zur Verfügung. Außerdem erhielt er von der Stasi monatlich 400 Ost-Mark aus dem über fast zwei Jahrzehnte angesammelten Sold des Vaters, so dass er für DDR-Verhältnisse und in Anbetracht seines jungen Alters materiell mehr als komfortabel lebte. Allerdings erstaunte ihn schon bald, dass es in seiner neuen Schule, anders als im Godesberger Gymnasium, keine freien und kontroversen Diskussionen im Unterricht gab.[14] Erna Boom folgte ihrem Enkel erst im Februar 1976 in die DDR, denn sie musste warten, bis die westdeutschen Ermittlungen gegen sie wegen nachrichtendienstlicher Tätigkeit eingestellt wurden.

Es gab, wie Gailat im Jahr 2003 ausführte, zu diesem Zeitpunkt in der HVA keine generellen Regelungen, wie man mit den Kindern von im Westen verhafteten Kundschaftern verfahren solle.[15] Doch zwei Gesichtspunkte bestimmten das Verhalten der Tschekisten im Umgang mit dem »Fall« Pierre Guillaume: Das Bemühen um den Sohn entsprach zum einen der Garantie, die übergesiedelten HIM wie Guillaume vom MfS gegeben worden war, dass man sich ihrer Familien annehmen werde, wenn beim Einsatz im Westen etwas schiefgehen sollte. Zum anderen besaß das MfS mit einer Übersiedlung von Pierre ein Druckmittel, um das Ehepaar vor allem im Hinblick auf den im Juni 1975 beginnenden Prozess zum Schweigen anzuhalten. Für diese Faustpfandtheorie spricht, dass der Sohn während des Prozesses nicht in die Bundesrepublik reisen konnte. Erst als das Urteil am 15. Dezember 1975 gesprochen und damit die Gefahr eines öffentlichen Geständnisses der »Meisterspione« aus Sicht der HVA gebannt war, durfte Pierre erstmals zu Weihnachten 1975 wieder ins Rheinland zurückkehren. Die nun vierteljährlichen Haftbesuche waren wichtig, um die Moral der zu langen Gefängnisstrafen verurteilten Eltern aufrechtzuerhalten, bis endlich die »Freikämpfung« gelungen wäre.[16]

Der Fall Guillaume als Glaubwürdigkeitstest für Bonn und Ost-Berlin

Die Erwartung einer baldigen Entlassung in die DDR im Rahmen eines Gefangenenaustausches war für die HVA-Agenten nicht unbegründet. Die Opposition hatte bereits in der ersten Bundestagsdebatte unmittelbar nach der Verhaftung die Befürchtung geäußert, dass Guillaume gemäß einer seit Ende der sechziger Jahre gängigen Praxis bald gegen in der DDR Inhaftierte ausgetauscht und damit einer gerechten Strafe entgehen werde. Grundlage für diese Spekulationen, die auch in der Presse auftauchten, war eine 1968, also noch zu Zeiten der Großen Koalition und daher mit den Stimmen der SPD und CDU vorgenommene Änderung in der Strafprozessordnung (StPO) durch die Einführung des § 153 c. Agenten waren zwar zwischen der Bundesrepublik und der DDR oder anderen Ostblockstaaten schon regelmäßig seit 1962 ausgetauscht worden. Allerdings waren diese Aktionen bis 1968/69 mangels einer gesetzlichen Regelung nur mit der mühsamen Rechtskonstruktion eines »übergesetzlichen Notstandes«, der in Ausnahmesituationen den Verzicht auf den staatlichen Strafanspruch ermöglichen könne, vor der bundesdeutschen Justiz zu rechtfertigen gewesen. Gemäß der neuen Regelung von 1968, die im folgenden Jahr in Kraft trat, konnten Kundschafter vorzeitig aus der Untersuchungshaft entlassen werden, wenn andernfalls ein schwerer Nachteil für die Bundesrepublik zu befürchten war, also etwa das Schicksal von in der DDR inhaftierten BND-Agenten oder dortigen politischen Gefangenen davon abhing. Hierfür wies das BMJ nach Abstimmung mit dem Kanzleramt und anderen Ressorts wie dem Innerdeutschen Ministerium und den Geheimdiensten die Bundesanwaltschaft an, das Verfahren einzustellen, wie etwa in den Fällen Eltgen 1969 und Gronau 1973 geschehen. DDR-Agenten konnten so noch vor einem Gerichtsverfahren und der Verurteilung in die DDR abgeschoben werden. War jedoch erst einmal ein gerichtliches Verfahren eröffnet worden, hatte die Exekutive wegen der Unabhängigkeit der Justiz keine Handhabe mehr. Entschloss sich das Gericht zudem zu einem Schuldspruch, konnte dieser allein durch eine Begnadigung durch den Bundespräsidenten und die Ministerpräsidenten des Bundeslandes, in dem der Agent einsaß, aufgehoben werden. Begnadigungen erfolgten wiederum nur nach Abbüßen eines gewissen Teils der Strafe.[17] Die Einführung des § 153 c StPO bewirkte, dass die Zahl der jährlichen Verurteilungen wegen Landesverrates oder nachrichtendienstlicher Betätigung durch westdeutsche Gerichte ab 1969 im Vergleich zu den Vorjahren von jährlich etwa 80 bis 120 auf circa 30 bis 50 fiel. Endeten 1961 noch rund zehn Prozent aller wegen Spionage eingeleiteten Ermittlungsverfahren mit Verurteilungen, so sank die Zahl auf weniger als ein Prozent im Jahre 1974. Das BfV beharrte in seinen Jahresberichten in der ersten Hälfte der siebziger Jahre darauf, dass die abnehmende Zahl der Verurteilungen nichts mit einem Nachlassen östlicher Spionagetätigkeit in der Bundesrepublik infolge der Entspannung zwischen den Machtblöcken zu tun habe: Die jährlich registrierten etwa 600 bis 800 Anwerbungsversuche von Bundesbürgern durch das MfS und andere Dienste bewegten sich vielmehr auf dem gleichen hohen Niveau wie in den sechziger Jahren. Gegen den frühzeitigen Austausch von HVA-Agenten, der im Interesse vor allem des BND war, um seine auf dem Gebiet der DDR operierenden Spione rasch befreien zu können, hatte sich das BfV schon seit Jahren ausgesprochen. Er unterminiere die abschreckende Wirkung der Strafverfolgung von Agenten und erschwere damit die Arbeit der Spionageabwehr in der Bundesrepublik wesentlich.[18]

Der Fall Guillaume sollte aus Bonner Sicht genutzt werden, um ein für andere Ostagenten abschreckendes Exempel zu statuieren und zugleich der Opposition zu zeigen, dass die Regierung standfest bleibe, so wie sie es schon bei der Bundestagsdebatte am 26. April 1974 verkündet hatte. Bundeskanzler Schmidt erklärte nach ähnlichen Äußerungen vom 10. August in der *Neuen Ruhrzeitung* am 4. September 1974 anlässlich einer Kabinettssitzung nochmals, dass es auf keinen Fall zu einem Austausch des Ehepaares Guillaume kommen werde, weder vor noch nach einer Gerichtsverhandlung. Er war zu einer solchen erneuten öffentlichen Festlegung durch ein Schreiben des CDU-Vorsitzenden Helmut Kohl von Ende August gedrängt worden. Kohl beklagte sich bei Schmidt, dass er immer wieder in Bonn auf die angebliche Absicht der Bundesregierung angesprochen werde, Guillaume auszutauschen. »Diese Gerüchte erhalten ihre Nahrung nicht zuletzt durch die barbarischen Terrorurteile der DDR-Organe gegen sogenannte Fluchthelfer (…). Ich würde es sehr begrüßen, wenn wir in dieser Frage, die die Autorität unseres Staates außerordentlich berührt, wie bisher eine gemeinsame Linie einhalten könnten.«[19] Dennoch hörten die Unterstellungen der Opposition, dass Guillaume bald ausgetauscht werde, auch in der Folgezeit nicht auf. So musste Bundesjustizminister Hans-Jochen Vogel nach entsprechenden von der CSU lancierten Behauptungen am 22. Oktober ebenfalls öffentlich richtigstellen, dass das Ehepaar keinesfalls ausgetauscht werde. Doch auch diese erneute Versicherung beendete nicht die von der Opposition geschürten und von der Presse begierig aufgegriffenen Spekulationen.

Umgekehrt wurde für die DDR das Ehepaar Guillaume gerade wegen der allgemeinen Aufmerksamkeit, die dieser Fall im Westen (und über die Westmedien indirekt auch in der DDR) erregte, zu einem Testfall, ob die HVA ihr Versprechen einer raschen Heimholung inhaftierter Agenten einhalten könne. Gelänge dies, wäre es angesichts des Bekanntheitsgrades von Guillaume und der angeblichen Schwere seines Geheimnisverrats ein ermutigendes Zeichen für alle im Westen tätigen Kundschafter, dass selbst Spitzenspione sich nicht vor der westdeutschen Strafverfolgung fürchten müssten. Allerdings sah das MfS ein, dass es kontraproduktiv sein würde, sich für die »Freikämpfung« der Guillaumes einzusetzen, bevor diese förmlich verurteilt waren. Eine Freilassung vor einem gerichtlichen Schuldspruch würde angesichts der Erwartung der westdeutschen Öffentlichkeit, die eine Bestrafung der Guillaumes forderte, letztlich nur der Regierung Schmidt-Genscher schaden, erst recht, weil diese sich öffentlich vorerst von jedem Tauschhandel distanziert hatte. Das Kabinett Schmidt stellte aus Sicht Ost-Berlins das bei weitem kleinere Übel dar als eine von der CDU/CSU geführte Regierung. Daher mussten Versuche der »Freikämpfung« zumindest während der Zeit der Untersuchungshaft vorerst zurückgestellt werden. Es war besser zu warten, bis sich die öffentliche Empörung in der Bundesrepublik gelegt haben würde und für diese mit einem Schuldspruch der Gerechtigkeit Genüge getan wäre. Zudem könnte jedes verfrühte, zu offene Engagement der ostdeutschen Behörden als Beweis für die Agententätigkeit der Guillaumes gewertet werden und der anscheinend sich in Beweisnot befindlichen Bundesanwaltschaft zusätzliche Argumente liefern. Bis zum Urteil durch das OLG galt für Ost-Berlin immer noch die offizielle Sprachregelung, dass die Affäre Guillaume eine rein westdeutsche Angelegenheit sei, die ihren Ursprung in einer Intrige der westdeutschen »Reaktion« gegen die entspannungswilligen Sozialdemokraten und die DDR-Führung habe. Allerdings durfte der »Oktoberclub«, eine Ost-Berliner regimenahe Musikgruppe, die auf politische Lieder spezialisiert war, im Februar 1975 beim »Festival des politischen Liedes« der FDJ ein Stück zum Besten geben mit dem Refrain »Wir grüßen den Hauptmann G. in Bonn, wir haben noch mehr davon«. Gleichwohl wurde die übergeordneten politischen wie prozesstaktischen Erwägungen geschuldete Zurückhaltung der DDR-Führung im Fall Guillaume

Köln, den 3.6.75

(Buchnummer) / (Ort und Tag)

Antrag

(Name, Vorname, Geburtstag)

Haus 13 Abt. 224

Frau Kosten Kolenda

Vor Prozeßbeginn am 24.6. hätte ich gern mein Haar noch etwas zurechtgeschnitten. Ich bitte mir dies zu ermöglichen.

Christel Guillaume
(Unterschrift)

(Dieser Teil darf vom Antragsteller nicht beschrieben werden.)

inl. 23.6.75 Waschen, Legen, Festiger.

VG 48 Antrag – Nr. 56 VGO – gen. 1. 1971 –
JVA Rheinbach

Antrag Christel Guillaumes vom Juni 1975 an die Gefängnisleitung in Köln-Ossendorf auf einen Haarschnitt anlässlich des bevorstehenden Prozessbeginns. Die Anstaltsleitung genehmigt »Waschen, Legen, Festiger«.

daran deutlich, dass die StäV der DDR in Bonn erst am 20. Januar 1976, also gut einen Monat nach dem Urteilsspruch des OLG, für das Ehepaar aktiv wurde. Mit einer Note beim Kanzleramt beantragte sie die Wahrnehmung der Interessen der Inhaftierten.[20] Als konsularische Vertretung aller Ostdeutschen in der Bundesrepublik wäre es der StäV eigentlich schon während der Untersuchungshaft möglich gewesen, diesen Schritt zu unternehmen. Anfang 1976 jedoch konnte sich ein offenes Engagement für das Ehepaar nicht mehr nachteilig auf das Strafmaß auswirken. Es war der erste offizielle Schritt seitens der DDR-Führung, mit dem sie sich formal zum Spionageehepaar bekannte. Entsprechend titelte die *FAZ* am 26. Januar 1976: »DDR gibt erstmals ihre Verbindung mit Guillaume zu erkennen.«

Der Prozess

Der Guillaume-Prozess begann am 24. Juni 1975. Es folgten 39 Verhandlungstage mit insgesamt 71 Zeugen und neun Sachverständigen, bis am 15. Dezember 1975 der Vorsitzende Richter Hermann-Josef Müller das Urteil verkündete. Die Sitzungen fanden unter großer Anteilnahme der Medien statt, nicht zuletzt weil mit Brandt, Genscher, Ehmke, Ehrenberg und Leber die meisten bekannten Beteiligten der Affäre in Düsseldorf als Zeugen auftraten. Das Ehepaar verweigerte während der gesamten Verhandlungsdauer jegliche Aussage. Im Vergleich zum parallelen Stammheim-Prozess und anderen Verfahren gegen Terroristen verliefen die Verhandlungen gegen das Ehepaar Guillaume in relativ entspannter und sachlicher Atmosphäre. Es gab keine erhitzten Wortwechsel, (fast) keine Befangenheitsanträge der Verteidigung und keinen Ausschluss der Angeklagten von den Verhandlungen wegen ungebührlichen Verhaltens. Bundesanwalt Ernst Träger, der hauptsächlich die Anklage vertrat, während Buback nur etwa der Hälfte der Sitzungen beiwohnte, frohlockte am ersten Verhandlungstag, dass man bereits viel weiter sei als die Kollegen in Stammheim, die schon seit dem 21. Mai zu Gericht saßen.[21] Überhaupt stellten, wie Klaus Wagner, der seit 1977 am OLG Düsseldorf bei vielen Spionageprozessen als Richter mitwirkte, Prozesse gegen HVA-Agenten eine vergleichsweise angenehme Aufgabe dar. Abgesehen davon, dass die meisten Angeklagten einen (klein)bürgerlichen Hintergrund und Beruf hatten und sich nicht als Revolutionäre oder Ausgestoßene der Gesellschaft sahen, instruierte sie offenbar die HVA, ihre Situation vor Gericht nicht durch auffälliges Verhalten oder politische Statements unnötig zu erschweren. Vielmehr war es im Interesse ihrer Auftraggeber, die Urteilsfindung zwar nicht durch Geständnisse zu erleichtern, den Prozess aber zumindest nicht noch unnötig zu verzögern. Denn eine »Freikämpfung« war nach Eröffnung des förmlichen Gerichtsverfahrens vorerst nicht möglich, sondern nur nach dessen Abschluss.[22]

In den ersten Sitzungen des IV. Strafsenats in Düsseldorf wurde über Christel Guillaumes möglichen Landesverrat als Sekretärin Birkelbachs in der hessischen Staatskanzlei verhandelt. Ein Geheimschutzbeauftragter der Wiesbadener Staatskanzlei bewertete die über ihren Schreibtisch gegangenen Dokumente hinsichtlich ihrer Wichtigkeit. Brenzliger wurde es für die Angeklagten, als in der dritten Verhandlungswoche die Staatsanwaltschaft ausführlich Aussagen des Ehepaars gegenüber der Abteilung Staatsschutz des BKA unmittelbar nach der Verhaftung zitierte und die damals vernehmenden Polizisten befragte. »Die aufgeräumte Heiterkeit der ersten Tage, die Guillaume und seine Frau immer wieder nach Art von Leuten gezeigt hatten, welche Logenplätze für eine besonders amüsante Show gewonnen hatten, verflog zusehends und wich gespanntem Ernst«, berichtete die *FR* am 10. Juli. Die Geständnisse stellten nicht nur einen wichtigen Beweis der Anklage dar, sondern bargen auch die Gefahr, dass die HVA das Ehepaar wegen seiner Kooperation mit den westdeutschen Behörden fallenlassen könnte. Schon während der Vernehmungen Ende April und Anfang Mai 1974 hatte sich Guillaume laut Kriminalhauptkommissar Federaus Aussage vor Gericht gegenüber dem BKA besorgt gezeigt, dass seine Auskunftsbereitschaft in den Osten durchsickern könne.[23] Am 7. Verhandlungstag kamen die vom BfV entschlüsselten Funksprüche der Jahre 1956 bis 1959 zur Sprache, die das Geständnis Guillaumes, dass er Offizier der DDR sei, mit Fakten über seine konkreten Aufträge unterfütterten. Sodann, als weitere Beweise der Anklage, präsentierten Spezialisten des BfV das bei der Wohnungsdurchsuchung beschlagnahmte Radio, die Film- und Fotoausrüstung sowie die Decktelefonnummern und -adressen von HVA-Kontakten in Ost-Berlin.

Nach neun Verhandlungstagen unterbrach das Gericht den Prozess für den ganzen August. Der erste Teil des Verfahrens hatte hinlänglich Beweise dafür geliefert, dass Guillaume und seine Frau über fast zwei Jahrzehnte als Agenten für die DDR tätig gewesen waren. »Ich freue mich schon auf das Wiedersehen mit Dir. Eheleben auf der Anklagebank! Und sonst nichts. Ob sich die sieben Herren des Senats und des GBA eigentlich etwas dabei denken? Terroristen dürfen zweimal wöchentlich vier Stunden lang miteinander sprechen, und außerdem wird ihnen noch gemeinsames Tischtennisspiel ermöglicht. Dagegen wird uns in Düsseldorf nicht gestattet gemeinsam zu essen. Die Furcht vor Partisanen des Friedens ist scheinbar größer«, schrieb Guillaume am 15. August 1975 an seine Frau.

Der zweite Teil des Verfahrens ab Anfang September 1975 beschäftigte sich zunächst mit Guillaumes Arbeitsroutine im Kanzleramt, um eruieren zu können, zu welchen wichtigen Informationen er Zugang haben konnte. Hierzu traten Brandt, Börner, Leber, Ehrenberg, Bahr, Reuschenbach, Schilling, Wilke sowie Vorstandsreferenten des DGB als Zeugen auf. Ab Mitte September schloss der IV. Strafsenat insgesamt neun Mal die Öffentlichkeit von den Sitzungen aus. Dies geschah stets, wenn der Inhalt wichtiger Fernschreiben zur Sprache kam, die das Kanzleramt dem sich auf Reisen befindlichen Brandt nachgesandt hatte und die dabei durch Guillaumes Hände gegangen waren, wenn Gutachter wie Bennecke und Thierfelder die potenzielle Schädlichkeit der Weiterleitung etwa der Hamar-Dokumente für die Sicherheit der Bundesrepublik erläuterten oder wenn Spezialisten der Spionageabwehr auftraten.

Am 24. September 1975 kam es zum vermeintlichen Höhepunkt des Prozesses, als Brandt in Gegenwart Guillaumes vier Stunden als Zeuge vernommen wurde. Es sollte das letzte Mal sein, dass die beiden persönlich aufeinandertrafen. »17 Monate waren vergangen, seit wir uns das letzte Mal begegnet waren. Dazwischen lag meine Ausschaltung als Kundschafter an seiner Seite und sein Sturz als Kanzler, für den mein Wirken den Vorwand hatte hergeben müssen. In der Untersuchungshaft und bei Pausengesprächen mit dem Vernehmungsbeamten war mir eine Menge Unkereien zu Ohren gekommen, wonach seitdem bei Willy Brandt ein Verfall seiner Persönlichkeit und seiner politischen Ausstrahlung zu beobachten sei. Davon war nichts zu merken, als er im Zeugenstuhl saß. Wie eh und je suchte er verbissen nach dem richtigen Wort, das für sein Verständnis die Sache richtig traf (...). Er verniedlichte nichts, dramatisierte aber auch nichts. Abschweifend wurde er nur da, wo es die staatsmännische Pose verlangte, abweisend nur aus politischem Selbsterhaltungstrieb«, schrieb Guillaume in seinen Memoiren. Brandt würdigte das Ehepaar keines Blickes. »Auch der Angeklagte Günter Guillaume hat sich offenbar vorgenommen, den Zeugen Willy Brandt lieber nicht anzusehen. Er hält es dann nicht durch. Aber sein

Auftreten an diesem Tag bleibt weit entfernt von der Stummfilm-Mimik, mit der er sonst den Prozeßverlauf zu kommentieren pflegt. Seine Distanz ist so demonstrativ, daß sie durchschaubar wirkt«, beobachtete Hermann Schreiber für den *Spiegel.* »Offensichtlich war sein Bemühen, jeden Blickkontakt zu uns zu meiden. Nur im ersten Moment machte mich das betroffen. Dann sagte ich mir: Was kann er schon anderes tun, wenn er nicht als politische Leiche weiterleben will? Müßte ich ihm nicht den gleichen Rat geben, wenn ich noch sein Ohr hätte? War es nicht ein Gebot des politischen Kalküls, jegliche Solidarität in der Öffentlichkeit zu leugnen, nachdem uns bestimmte Voraussetzungen für Solidarität abhandengekommen waren?«, hieß es hierzu in den Guillaume-Memoiren. Auf diese Weise wurde dem ostdeutschen Leser eine bis 1974 bestehende größere Vertraulichkeit zwischen dem Kanzler und dem Referenten suggeriert als es tatsächlich der Fall gewesen war. Die Ghostwriter des MfS streuen solche Passagen bewusst ein, um die angebliche Bedeutung des Kundschafters im Kanzleramt hervorzuheben. Brandt, bei seiner Aussage sichtlich um Präzision bemüht, beschrieb Guillaumes Tätigkeit bei ihm als »organisatorisch-technische Funktion«, die der Referent mit »großem Geschick« erledigt habe. Guillaume habe nicht so sehr bei Sitzungen der Fraktion und des Vorstandes als bei weniger formellen Anlässen vor allem atmosphärische Eindrücke gewinnen können. Dies sei etwa auf Reisen der Fall gewesen, wenn er den Kanzler begleitete, und hinterher beim Bier, »wenn man nicht mehr jedes Wort auf die Goldwaage legt«. Brandt gestand ein, dass er noch im März 1974 den Verdacht gegen Guillaume für »ganz und gar abwegig« gehalten habe. Die Nachfrage des Richters, ob Guillaume durch seine Tätigkeit als Parteireferent Einblicke bekam, die für seine nachrichtendienstlichen Auftraggeber von höchstem Interesse gewesen sein könnten, beantwortete Brandt mit »Ja«. Buback wollte wissen, ob durch die Weiterleitung dieser Erkenntnisse Schaden für die Bundesrepublik hätte entstehen können, woraufhin Brandt entgegnete: »Die potentielle Möglichkeit war erheblich.«[24] Brandt bewertete also nun im Gegensatz zu seinen ersten Äußerungen nach der Verhaftung Guillaumes, als er noch um seine Kanzlerschaft kämpfte, die Möglichkeiten eines Geheimnisverrats durch seinen ehemaligen Parteireferenten als wesentlich gravierender. Er widersprach damit auch den Zeugen der vorangegangenen Tage. Wilke, Schilling und Reuschenbach bemühten sich, die Rolle Guillaumes eher herunterzuspielen. Brandt jedoch hatte nach seinem Rücktritt wegen der Affäre, für die er vor Gericht nochmals politisch die

Verantwortung übernahm, nichts mehr zu verlieren. Seine eher zugespitzte Aussage würde aber dazu beitragen, dass sein ehemaliger Referent, von dem er sich persönlich hintergangen fühlte, vermutlich eine hohe Strafe erhielte. Indirekt käme dies auch einer Rache an der DDR-Führung gleich, von der sich der Exkanzler ebenso getäuscht fühlte. Bahr, am 30. September als Zeuge vernommen, zeigte sich froh darüber, dass Guillaume während der »operativen« Phase der Ostpolitik bis zum Abschluss des Grundlagenvertrages noch nicht im Kanzlerbüro arbeitete und somit die Verhandlungspositionen der Bundesregierung nicht in die DDR hätte melden können. Gleichwohl bestätigte er Brandts Einschätzung vom Schaden, den Guillaume als Referent des Kanzlers womöglich anrichtete: »Zu wissen wie der Kanzler zum Beispiel den amerikanischen Präsidenten oder andere Politiker beurteilt, wäre für mich viel wichtiger, als etwas aus den Akten zu erfahren, das morgen schon veraltet sein kann.«[25]

Die Anklage konnte also vor allem dank Brandts und Bahrs Aussage und der Hamar-Fernschreiben belegen, dass Guillaume Einblick in wichtige und potenziell vor dem Osten geheim zu haltende politische Vorgänge besaß. Doch es haperte immer noch am Nachweis der tatsächlichen oder auch nur versuchten Weiterleitung dieser Informationen, um den Tatbestand des schweren Landesverrats nach § 93 und § 94 StGB zu erfüllen. Als die BKA-Beamten Anfang Oktober abermals über ihre Vernehmung Guillaumes im April und Mai 1974 befragt wurden, konnten sie nicht weiterhelfen: Guillaume habe zwar die Arbeit für das MfS eingestanden, aber keine konkreten Angaben zum Umfang des Verrats gemacht.[26] Die Presse registrierte, dass sich das Ehepaar auf der Anklagebank durch die gegen sie vorgebrachten Beweise nach wie vor nicht einschüchtern ließ, sondern weiterhin überwiegend entspannt dem Prozess folgte. Die Journalisten deuteten dies als Anzeichen dafür, dass die Guillaumes mit ihrem sofortigen Austausch rechneten, sobald das Urteil gesprochen sei. Mit dem 37. Verhandlungstag am 14. November war die Beweisaufnahme abgeschlossen.

Am 21. November forderten Buback und Träger in ihren Plädoyers für Guillaume, angeblich ein »siebenfach in die Wolle gefärbter Kommunist«, eine Gefängnisstrafe von 15 Jahren, weil es sich um einen besonders schweren Fall von Landesverrat handle. Guillaume habe das ihm entgegengebrachte Vertrauen infam missbraucht, und er zeige keine Anzeichen von Reue. Von dem Antrag auf eine lebenslängliche Strafe sehe die Bundesanwaltschaft nur ab, weil Fehler der westdeutschen politischen und geheimdienstlichen Instanzen dem Ehepaar die Spionage so leicht gemacht hätten. Außerdem sei der schwere Landesverrat lediglich über einen relativ kurzen Zeitraum erfolgt. Die Strafe müsste auch deshalb hoch ausfallen, um anhand dieses exemplarischen Falls zu verdeutlichen, dass Verrat in der Bundesrepublik kein risikoloses Unternehmen sei. Der Angeklagte habe vor allem durch Weiterleitung der Hamar-Dokumente im Sommer 1973 dem Warschauer Pakt Einblick in den Zustand der Nato geliefert und damit der Bundesrepublik schweren Schaden zugefügt. Als Indiz brachte die Bundesanwaltschaft das Treffen Christel Guillaumes mit einer unbekannten Frau unter verdächtigen Umständen am 13. August 1973 vor, bei dem vermutlich Kopien der Hamar-Dokumente weitergereicht worden wären. Damit sei für die Ehefrau der Tatbestand des gemeinschaftlich begangenen Landesverrats gegeben. Die Bundesanwaltschaft forderte daher zehn Jahre Gefängnis für Christel Guillaume. Zudem hätten die Zeugen Brandt und Bahr bestätigt, dass Guillaume kraft seiner sonstigen Informationsmöglichkeiten ein für den Osten eminent wichtiger Agent gewesen sei.

Pötschke forderte in seinem Plädoyer am 25. November lediglich eine Verurteilung Guillaumes zu fünf Jahren Gefängnis für nachrichtendienstliche Betätigung gemäß § 99 wegen seines Eingeständnisses, Offizier der DDR zu sein. Es sei in keinem einzigen Fall gelungen, den konkreten Beweis für den angeblichen Landesverrat seines Mandanten zu erbringen. Der von Guillaume dem BKA eingestandene und angeblich streng befolgte Auftrag des MfS, »Integration in und Aufklärung der SPD«, schloss, so Pötschke, für einen Agenten die Weiterleitung militärpolitischer Geheimnisse aus, die Guillaume angeblich aus der Hamar-Korrespondenz hätte entnehmen können. Das aber habe nicht zu seiner Aufgabe gehört. Die Gutachter Bennecke und Thierfelder seien zudem befangen gewesen, weil sie alle als Beamte einer besonderen Treuepflicht gegenüber dem Staat verpflichtet seien. Guillaume habe nicht etwa aus niederen Beweggründen gehandelt und Vertrauen missbraucht, sondern wollte als eine Art Vermittler zwischen SPD und DDR der friedlichen Koexistenz von Ost und West dienen. Herdegen beantragte in seinem Plädoyer am nächsten Tag den Freispruch für Christel Guillaume vom Anklagepunkt des Landesverrats und lediglich eine Verurteilung wegen Agententätigkeit in einem minder schweren Fall. Sie habe in die nachrichtendienstlichen Aktivitäten ihres Mannes kaum Einblick gehabt. In beiden Fällen verzichteten die Angeklagten selbst auf ein Schlusswort.[27]

Das Urteil

Das Urteil vom 15. Dezember 1975 lautete für Günter Guillaume auf 13 Jahre Gefängnis und für seine Frau auf acht Jahre. Der ehemalige Referent wurde wegen eines Falles von besonders schwerem Landesverrat und wegen des Bruchs von Dienstgeheimnissen verurteilt, seine Frau wegen gemeinschaftlich begangenen Landesverrats und Beihilfe zum Bruch von Dienstgeheimnissen. Das Ehepaar nahm den Urteilsspruch ohne sichtbare Regung auf.[28]

Das Gericht sah die langjährige geheimdienstliche Betätigung der Guillaumes seit 1956 als erwiesen an und qualifizierte die Eheleute als politische Überzeugungstäter. Die Hamar-Dokumente spielten eine entscheidende Rolle in dem bis 2011 als »geheim« klassifizierten Urteil, um nachzuweisen, dass durch die Tätigkeit der Guillaumes ein schwerer Schaden für die äußere Sicherheit der Bundesrepublik gemäß § 94 entstanden sei. Der frühere Referent habe seine verantwortliche Stellung im Kanzleramt vorsätzlich missbraucht, so dass der Tatbestand des Landesverrats in besonders schwerer Form gegeben sei. Das Urteil wegen Landesverrats für seine Frau beruhte vor allem auf dem Treff mit einer mutmaßlichen Agentin am 13. August 1973, der sie angeblich die Hamar-Dokumente, um deren Brisanz sie wusste, übergeben habe. Sowohl die Art, auf die sich die unbekannte Frau der Observation entzog, als auch die falsche Angabe, die Christel Guillaume über ihre Kontaktperson bei den Vernehmungen machte und die einer polizeilichen Nachforschung nicht standhielt, legten es nahe, dass ihre Treffpartnerin eine MfS-Agentin gewesen sei. Weil Christel Guillaume nicht als Amtsträgerin handelte, indem sie die Dokumente aus Guillaumes Arbeitsbereich an das MfS weiterreichte, machte sie sich, anders als ihr Mann, nur der Mithilfe bei der Verletzung von Dienstgeheimnissen strafbar. Das Urteil unterstellte, dass Guillaume jede über seinen Tisch im Kanzleramt gehende wichtige Unterlage kopiert und in den Osten weitergeleitet habe. Ferner habe er dem MfS regelmäßig die Atmosphäre geschildert, in welcher sich die Regierungsarbeit Brandts vollziehe. Zugleich schränkte das Urteil ein, dass man die Verbindungswege des Ehepaars nach Ost-Berlin nicht feststellen konnte. Den Umstand, dass die Guillaumes keiner tatsächlichen Weiterleitung von geheimem Material in die DDR oder auch nur des Versuchs einer solchen überführt worden waren, überbrückte das Gericht in seinem Urteil mit einer »Notargumentation«, wie das BfV in erstaunlicher Offenheit in seinem als Verschlusssache klassifizierten Jahresbericht zur Spionagebekämpfung schrieb. Diese Hilfskonstruktion borgte sich das Gericht bei einem Gutachter des BND: Laut dem Sachverständigen gab es eine Weisung des KGB von 1959, die besagte, dass es für alle Agenten selbstverständliche Pflicht sei, jegliche nachrichtendienstlich interessante Erkenntniss, zu denen sie Zugang hätten, unverzüglich und umfassend in den Osten weiterzuleiten. Weil die DDR ein Satellit Moskaus sei und das MfS sich in seiner Arbeit nach den Grundsätzen des KGB richte, wurde dem Ehepaar unterstellt, dass es pflichtgetreu gemäß dieser KGB-Richtlinie für das MfS gearbeitet hätte. Ein weiteres Indiz hierfür sei die umfangreiche, bei der Hausdurchsuchung vorgefundene Foto- und Filmausrüstung zur Herstellung von Dokumentenaufnahmen. Als strafmildernd im Vergleich zum Antrag der Anklage hielt das Gericht dem Ehepaar seine Sozialisation in zwei »totalitären« Regimes, dem Dritten Reich und der DDR, zugute. Dadurch seien sie leicht beeinflussbar gewesen und zumindest anfangs gleichsam zur Agententätigkeit verführt worden. Außerdem hätten es die westdeutschen Behörden den Guillaumes zu leicht gemacht, wichtige Positionen im Staatsgefüge zu erlangen und von hier aus in die DDR zu berichten.[29]

»Es spricht manches dafür, daß der innenpolitische Sturm uns den außen- und sicherheitspolitischen Schaden hat überschätzen lassen, den das Agentenpaar Guillaume anzurichten vermochte. Das Düsseldorfer Urteil, dessen Beweisführung gerade in den entscheidenden Punkten einem Ritt über den Bodensee gleicht, stützt diese Vermutung eher«, schrieb *Die Zeit* zu Recht am 19. Dezember unter dem Titel »Auf schwachen Füßen« über das Verdikt.

Das Urteil gegen das Ehepaar Guillaume war eines von 33, die im Jahre 1975 in der Bundesrepublik wegen Spionage gefällt wurden. In 23 Fällen kam es zu Verurteilungen wegen Spionage für die DDR, der Rest beruhte auf der Tätigkeit für andere kommunistische Staaten. Allerdings ragte das Strafmaß für das Ehepaar Guillaume bei weitem heraus. Die anderen Urteile lauteten in einem Fall auf drei Jahre Gefängnis, in einem anderen auf zwei Jahre und sechs Monate, der Rest fiel noch niedriger aus. Das BfV meinte in seinem Jahresbericht über die Spionagebekämpfung für 1975, dass der Guillaume-Prozess und das harte Urteil der westdeutschen Öffentlichkeit stärker als bisher die Spionagebedrohung durch den Osten bewusst gemacht hätten. Als Folge dessen hätten mehr Bundesbürger als in den Vorjahren eine nachrichtendienstliche Tätigkeit für den Ostblock von vornherein abgelehnt und stattdessen den Verfassungsschutz über die Anwerbungsversuche informiert. Ohnehin war man beim Verfassungsschutz der Meinung, dass Landesverrat in der Bundesrepublik viel zu lasch von den Gerichten geahndet werde. Angeklagte, die in Frankreich oder den USA (ganz zu schweigen von den Ostblockländern) jahrzehntelange Haftstrafen, wenn nicht gar lebenslänglich erhielten, kämen in der Bundesrepublik mit einigen Jahren davon.[30] Insofern war aus Sicht der Kölner Behörde das Guillaume-Urteil vor allem auch wegen seiner Publizität eine willkommene Abwechselung zu der ansonsten zu liberalen Rechtsprechung bundesdeutscher Gerichte in Spionagefällen.

In den Jahren 1974 bis 1976 betrug das durchschnittliche Strafmaß, das von bundesdeutschen Gerichten bei den jährlich etwa dreißig bis vierzig Spionageprozessen verhängt wurde, 16 Monate Gefängnis. Die meisten Strafen fielen also so gering aus, dass sie zur Bewährung ausgesetzt werden konnten.[31] In der Geschichte der Bundesrepublik hatten bislang lediglich der 1960 verhaftete Alfred Frenzel mit 15 und der 1961 festgesetzte Heinz Felfe mit 14 Jahren Gefängnis noch höhere Strafen für Spionagedelikte erhalten als Günter Guillaume. Frenzel war SPD-Bundestagsabgeordneter und Mitglied des Verteidigungsausschusses gewesen und hatte jahrelang für den tschechischen Geheimdienst gearbeitet. Felfe, ehemals Leiter des Referates »Gegenspionage Sowjetunion« im BND, war ein Jahrzehnt für den KGB tätig gewesen. Frenzel wurde schon Ende 1966 wegen seiner schwer angegriffenen Gesundheit – er starb bereits 1968 in der Tschechoslowakei – ausgetauscht, Felfe gegen entsprechende Gegenleistungen 1969 in die DDR entlassen. Seit dem Guillaume-Urteil von 1975 hat in der Bundesrepublik kein Gericht mehr eine so hohe Strafe wegen Spionage verhängt wie gegen den ehemaligen Kanzleramtsreferenten. Selbst die erst nach dem Zusammenbruch der DDR enttarnten wirklichen »Topagenten« der HVA in der Nato, bei der Bundeswehr und beim BND wie Rainer Rupp, die Gebrüder Spuhler oder Gabriele Gast erhielten, obwohl sie zum Teil über zwei Jahrzehnte hinweg aus ihren für die Bundesrepublik sicherheitsrelevanten Positionen spioniert hatten, maximal zwölf Jahre Gefängnis.

Das Strafmaß gegen die Guillaumes stand in keinem Verhältnis zu dem nachweisbaren Geheimnisverrat mit einem angeblich schweren Nachteil für die äußere Sicherheit der Bundesrepublik. Selbst die Hamar-Korrespondenz, wenn sie denn weitergeleitet worden wäre, hätte den Zusammenhalt des westlichen Bündnisses kaum ernstlich gefährdet. Kissingers »Atlantik-Charta« erwies sich schnell als politische Tot-

Das Ehepaar Guillaume mit seinen Verteidigern Karl-Heinz Rother (links) und Horst-Dieter Pötschke (rechts) beim Prozess in Düsseldorf 1975.

geburt, und die daraus resultierenden transatlantischen Spannungen verflogen rasch wieder. Das Strafmaß für das Ehepaar Guillaume fiel im Vergleich zu anderen Urteilen in Spionageprozessen trotz einer sehr dünnen Beweislage hinsichtlich des unterstellten schweren Landesverrats sehr hoch aus. Es wurde zudem nicht etwa in der Hochzeit des Kalten Krieges und der antikommunistischen Hysterie wie noch bei Felfe und Frenzel verhängt, sondern in einer Phase der Ost-West-Entspannung. Zwei Gründe waren hierfür bestimmend: Es sollte anhand des zwar für die Öffentlichkeit aufsehenerregenden, für den tatsächlichen Geheimnisverrat und durch diesen bedingte Nachteile für die Bundesrepublik aber eher minder bedeutenden Falles Guillaume ein Exempel statuiert werden: Spionage sei auch in Zeiten der Détente kein Kavaliersdelikt, weil eine hohe ideologische Barriere die beiden deutschen Staaten nach wie vor voneinander trenne. Außerdem musste das Gericht den Erwartungen von Regierung, Opposition und Öffentlichkeit nach strenger Bestrafung der Guillaumes gerecht werden. Die Bundesregierung, das US-amerikanische Watergate vor Augen, wollte durch ein hohes Strafmaß jegliche Behauptung verstummen lassen, dass sie im Fall Guillaume etwas zu vertuschen hätte oder versuchen würde, ihren ehemaligen SPD-Parteigenossen zu schützen. Der Opposition konnte das Strafmaß nicht hoch genug sein, um zu zeigen, wie sehr die Interessen der Bundesrepublik durch die angebliche Nachlässigkeit der regierenden Sozialdemokraten gefährdet worden seien. Die breite Öffentlichkeit setzte schlichtweg die zentrale Position Guillaumes mit dem ungehinderten Zugang zu allen Staatsgeheimnissen gleich. Sie glaubte daher, dass durch seine Tätigkeit schwerer Schaden für die Sicherheit der Bundesrepublik entstanden sei, der entsprechend geahndet werden müsse. Angesichts dieser doppelten Hypothek, unter der das OLG Düsseldorf 1975 den Fall Guillaume verhandelte, stellte der Schuldspruch vom Dezember 1975 eher ein politisches denn ein juristisches Urteil dar.

HVA-Gefangenenbetreuung und Rückverwandlung in einen DDR-Bürger

Die Verteidiger des Ehepaares forderten umgehend Revision des Urteils beim BGH. Allerdings zogen sie auf Anraten des MfS den entsprechenden Antrag schon im Januar 1976 wieder zurück. Das MfS befürchtete, dass sich die Guillaumes in der Hoffnung auf ein milderes Urteil in einem Revisionsverfahren doch noch dazu hinreißen lassen könnten, mit dem Gericht zu kooperieren. Zudem würde ein durch Revision weiterhin offenes Verfahren, anders als der Strafvollzug, der unabhängigen Justiz unterliegen, die, gemäß dem Prinzip der Gewaltenteilung, Weisungen der Bundesregierung zur Freilassung der Agenten nicht zu folgen hatte. Das Urteil des OLG wurde im Mai 1976 rechtskräftig. Im Juli begann die Strafhaft für die Kundschafter, die das Ende der bisherigen Privilegien als Untersuchungshäftlinge wie den Einkauf zusätzlicher Lebensmittel, das Tragen eigener Kleidung oder die Befreiung vom Arbeitszwang bedeutete.

Ab Februar 1976 erhielten die Guillaumes monatlich Besuch von einem Mitarbeiter der StäV der DDR aus Bonn. Formal ein Konsularbeamter, handelte es sich tatsächlich jedoch – wie in anderen Fällen von zu betreuenden IM in westdeutschen Gefängnissen – um einen speziell geschulten HVA-Mitarbeiter. Dieser sollte durch seine Besuche sicherstellen, dass die IM in der Haft nicht zusammenbrachen und aussagten. »Dem inhaftierten bzw. strafgefangenen IM ist stets freundlich und ausgeglichen, zuversichtlich und optimistisch entgegenzutreten«, hieß es in der entsprechenden MfS-Doktorarbeit. Allerdings sei übertriebener Optimismus hinsichtlich der Freilassung gegenüber den Häftlingen zu vermeiden, um Enttäuschungen vorzubeugen. Die Visiten sollten mit Berichten über das Leben in und die Entwicklung der DDR ausgefüllt werden. Das politische Gespräch zur »Stärkung des Klassenstandpunktes« des einsitzenden IM sei das Hauptziel. Des Weiteren versuchte man, die Moral der inhaftierten Kundschafter bundesweit mit roten Nelken und Grußbotschaften der StäV zu wichtigen Feiertagen der DDR wie dem 1. Mai und dem 7. Oktober aufrechtzuerhalten. So findet sich in den Gefangenenakten von Christel Guillaume ein Schreiben der StäV, in dem diese den Leiter der JVA Köln bittet, der inhaftierten Kundschafterin die beiliegende Glückwunschkarte zum Internationalen Frauentag auszuhändigen.[32] Aus Sicherheitserwägungen stellte das BKA in den ersten Jahren der Haft einen Beamten der Abteilung Staatsschutz als Aufpasser für diese Besuche bei den Guillaumes ab, der die Gespräche protokollieren sollte. Bei gewöhnlichen Gefangenen hingegen führte lediglich ein Beamter des Justizvollzugsdienstes »optische« Aufsicht. Am 19. Juli 1976 hieß es im Vermerk des BKA-Beamten über eine solche Visite beispielsweise, dass diese ohne Beanstandungen verlaufen sei. Das Gespräch habe sich in erster Linie um private Belange, zum Beispiel den Gesundheitszustand der Guillaumes und die Berufsaussichten von Pierre in der DDR, gedreht. Der Häftling habe um Übersendung von Literatur aus dem Bereich »Gesellschaftspolitik der DDR« gebeten und sich über den IX. Parteitag der SED berichten lassen.[33]

Im Oktober 1976 wurde Guillaume auf Antrag der Bundesanwaltschaft in die JVA Rheinbach verlegt, 18 Kilometer westlich von Bonn. Dort blieb er bis zu seiner Entlassung 1981. Rheinbach galt im Gegensatz zu Ossendorf als Hochsicherheitsgefängnis. Bei den etwa 500 Häftlingen handelte es sich ausschließlich um Schwerkriminelle, darunter 70 »Lebenslängliche«. Im Vergleich zu diesen galt Guillaume als Musterhäftling, der keine disziplinarischen Probleme bereitete, sondern fleißig in der Anstaltstischlerei arbeitete, die, wie die Presse süffisant berichtete, auch Büromöbel für das neue Bonner Kanzleramt herstellte. Unter seinen Mitgefangenen war er ebenfalls nicht unpopulär, weil er sich als Kumpel, nicht als Prominentenhäftling aufführte. Christel Guillaume saß den Rest ihrer Haftzeit in Ossendorf ab. Sie wurde von den Aufseherinnen geschätzt, weil sie fleißig in der Näherei arbeitete, ihre Zelle sauber hielt und sich niemals beklagte. Nach Erinnerung einer Wärterin sei sie ganz »Dame« und für andere Häftlinge eine Respektsperson gewesen. Allerdings hielt sie im Gegensatz zu ihrem Mann eher Abstand zu den Mitgefangenen. Seit Anfang 1976 durfte sich das Ehepaar vierteljährlich unter Aufsicht eines Justizvollzugsbeamten für eine Stunde sehen, zusätzlich noch zu den Geburtstagen und am Hochzeitstag.[34]

Pierre Guillaume besuchte seine Eltern vierteljährlich jeweils für eine Stunde und musste danach dem MfS ausführlich Bericht über den Zustand der Gefangenen erstatten. Weil er sich jedoch aufgrund der ständigen Reisen in die Bundesrepublik zwischen den beiden Gesellschaftssystemen zerrissen fühlte und nicht mehr als Kurier für das MfS fungieren wollte, zog er schließlich 1980 die Notbremse: Er kündigte seinen MfS-Betreuern, zu denen unter anderem Wolfgang Rausch gehörte, an, dass er von seinem nächsten Besuch nicht mehr zurückkehren werde. Daraufhin wurden ihm weitere Westreisen untersagt.[35]

Einen wichtigen Kontakt zwischen Guillaume und Ost-Berlin bildete Rechtsanwalt Pötschke, der weiterhin für regelmäßige Besuche bei diesem bezahlt wurde. Das entsprach dem vom MfS verfolgten Procedere, um verurteilten IM während der Haft den Rücken zu stärken. Im Gegensatz zu anderen Besuchern durften Anwälte mit ihren Mandanten unbeaufsichtigt sprechen, so dass Pötschkes Visiten für den Kontakt zum MfS wichtiger waren als jene über die StäV. Allerdings gab es noch andere, verdeckte Kommunikationsmöglichkeiten zwischen dem Gefangenen und der HVA. So erwähnte Guillaume in einem Vortrag vor HVA-Kadern 1982 die vielen »heimlichen Briefträger«, die ihm in der Haftzeit beigestanden hätten, sei es unter den Gefängniswärtern oder dem medizinischen Personal während seiner wiederholten Krankenhausaufenthalte.[36]

Sei es aufgrund der Betreuung durch die StäV, sei es, weil er seine wiedergefundene DDR- und SED-Identität nach dem Urteilsspruch nicht mehr aus taktischen Gründen verbergen musste, oder sei es, weil Guillaume sich seit dem Urteil endgültig als Opfer westdeutscher Justizwillkür sah – der »Klassenstandpunkt« trat in Guillaumes Briefen seit Anfang 1976 immer stärker hervor. Seine Briefe wirkten im Duktus nun wie Versatzstücke aus der SED-Propaganda: »Zur Zeit lese ich ›Gesprengte Fesseln‹ – Erinnerungen der Antifaschisten über ihre Haftzeit im Zuchthaus Brandenburg. Erich Honecker war auch da, zeitweilig als Sanitätskalfaktor«, berichtete er Christel Guillaume am 1. Januar 1976. »Außerhalb der BRD wartet eine schöne Zukunft auf Dich«, ermutigte er sie am 22. Februar. Im selben Brief heißt es über Pierre: »Wenn er wirklich nach dem Schulabschluß ein Praktikum als Volkskorrespondent machen kann, so wird er, in Tuchfühlung mit den Massen der Werktätigen, den Sozialismus schneller und besser begreifen und lieben lernen.« Und am 14. Juli schrieb er: »Das *ND* erhalte ich seit 1. Juli per Luftpost, seitdem lückenlos und stets die Ausgabe vom Vortage. Klappt bei Dir die Zustellung ebenso? Neben den großen Ereignissen interessiert mich stets die Seite mit den Berichten aus der Hauptstadt.«

Günter Guillaume hatte spätestens zur Jahreswende 1975/76 seine zweite Haut als Westdeutscher und Sozialdemokrat, die ihm seit den sechziger Jahren zur ersten geworden war, wieder abgestreift und sich in das SED-Mitglied und den HIM des MfS der fünfziger Jahre zurückverwandelt. Ein Moment der opportunistischen Anpassung spielte dabei eine Rolle: Wie anders sollte er sich dem MfS oder den Besuchern von der StäV als Häftling, der unbedingt befreit werden müsse, präsentieren denn als Zeitgenosse, der die Vorgänge in der DDR durch regelmäßige Lektüre des *ND* aufmerksam und mit innerer Teilnahme verfolgte? Hin und wieder legte er sogar ein wenig missionarischen Eifer an den Tag: »Jungen Beamten versucht er manchmal die schöne DDR zu erklären und sein Tun (Tat) ins rechte Licht zu rücken. Für sich hat er rechtens gehandelt, sagt er. Er beginnt manchmal, von der DDR zu schwärmen«, notierte beispielsweise Anfang Januar 1978 das Aufsichtspersonal in Rheinbach über den Häftling.[37]

Vergebliche Bemühungen der DDR um einen Agentenaustausch

Die Bemühungen der DDR um die Freilassung des Agentenehepaares begannen sofort nach dem Urteilsspruch. Gerüchte über diese Initiativen drangen immer wieder an die bundesdeutsche Öffentlichkeit. Entsprechend spekulierte vor allem die konservative Presse über eine baldige Freilassung des Kanzleramtsspions. Die CDU/CSU-Opposition löcherte die Regierung im Bundestag zu diesem Thema, indem sie der Koalition in geradezu impertinenter Weise die Bereitschaft unterstellte, Guillaume bald aus der Haft zu entlassen. Dies war Teil der CDU/CSU-Strategie, den parlamentarischen Gegner einer generell zu großen Nachlässigkeit gegenüber dem Osten zu zeihen. Im Oktober 1976 sah sich Schmidt daher genötigt, durch seinen Pressesprecher Klaus Bölling nochmals öffentlich zu erklären, dass eine vorzeitige Entlassung Guillaumes überhaupt nicht in Betracht gezogen werde. Doch die Anfragen der Opposition hörten auch in der Folgezeit nicht auf.[38]

Die SED-Führung schickte ihren Spezialisten für humanitäre Fragen vor, Rechtsanwalt Wolfgang Vogel. Er war seit den sechziger Jahren der Chefunterhändler der DDR in Fragen des Agentenaustausches, aber auch beim Freikauf politischer Gefangener aus der DDR und der Familienzusammenführung. Im September 1973, infolge des Wehner-Besuchs bei Honecker einige Monate zuvor, der den vertraulichen Kanal zwischen SED-Generalsekretär und SPD-Fraktionsvorsitzendem etablierte, erhielt Vogel seine Bestallung als persönlicher Emissär Honeckers zu Wehner und zum Bundeskanzler, um somit direkt auf höchster Ebene verhandeln zu können. Praktische Aspekte der Freilassung von Häftlingen aus DDR-Gewahrsam und des Agentenaustausches klärte Vogel mit Mielke im Vorfeld ab. Die HVA wiederum übermittelte ihre Wünsche an den Stasi-Chef. Die HVA blieb auf ausdrückliche Weisung Honeckers von den Verhandlungen Vogels über den Austausch von Agenten ausgeschlossen und wurde nicht in die Erwägungen und Prioritätensetzung auf höchster Ebene eingeweiht.[39]

Honecker, Mielke und der DDR-Außenminister Oskar Fischer drängten Vogel, sich für die Freilassung der Guillaumes einzusetzen, die inzwischen für die DDR-Führung zu einer Prestigefrage geworden war. Doch jedes Mal, wenn Vogel das Thema bei einem Treffen mit Schmidt ansprach, verlor dieser beinahe die Fassung. Auch der indirekte Weg über Wehner brachte nichts. Bei diesem sprach Vogel das Thema allein 1976 drei Mal an, erhielt aber die Auskunft, dass in der Sache vorerst nichts zu erreichen sei. Als sich zeigte, dass alle Versuche Vogels, in der Angelegenheit voranzukommen, am Widerstand der Bundesregierung scheiterten, versuchte die HVA über einen anderen Kontakt, das Problem zu lösen. Sie bat über den stellvertretenden DDR-Außenhandelsminister Heinz Behrendt den Aufsichtsratsvorsitzenden von Krupp, Berthold Beitz, der sich aus familiären Gründen häufiger in der DDR aufhielt und dort stets zuvorkommend behandelt wurde, bei Bundeskanzler Schmidt wegen der Freilassung Guillaumes vorzufühlen. Doch wie Vogel holte sich Beitz eine Abfuhr.[40]

Mitte Mai 1977 machte Schmidt bei einem Treffen in West-Berlin Vogel ungefragt erneut deutlich, dass es vorerst keinen Fortschritt im Fall Guillaume geben werde, ebenso wenig wie in der Frage der Anerkennung der DDR-Staatsbürgerschaft. Beides würde ein solches Maß an Spannung sowohl zur Opposition als auch mit dem Koalitionspartner FDP heraufbeschwören, »daß er seinen Stuhl gleich vorher vor das Kanzleramt setzen könnte«.[41] Das war sicherlich übertrieben, denn die Kanzlerschaft Schmidts hing nicht am Fall Guillaume. Gleichwohl sah die Bundesregierung angesichts der immer wieder öffentlich abgegebenen Versicherung, dass man Guillaume nicht austauschen werde, in dieser Frage vorerst keinen Verhandlungsspielraum. Das Ehepaar musste zunächst einige Jahre Gefängnis absitzen, bevor die westliche Seite einen

Austausch ernsthaft in Erwägung ziehen konnte, ohne ihre Glaubwürdigkeit gegenüber der eigenen Öffentlichkeit zu riskieren und der Opposition eine Vorlage zu liefern, aus der diese noch Jahre nach der Affäre möglicherweise politisches Kapital schlagen würde. Außerdem nahm die Bundesregierung Rücksicht auf Brandt. Dieser bekleidete zwar seit 1974 kein Regierungsamt mehr und besaß somit formal kein Mitbestimmungsrecht in der Sache, weil Fragen des Agentenaustausches in Bonn vom Kanzleramt in Abstimmung mit dem BMJ, dem Innerdeutschen Ministerium und den Geheimdiensten entschieden wurden. Doch respektierte die Bundesregierung die Haltung Brandts als Hauptleidtragendem der ganzen Affäre. Der Exkanzler machte wiederholt deutlich, dass er zwar gegen einen baldigen Austausch Guillaumes sei, sich jedoch der Staatsräson beugen werde. Die SPD-geführte Regierung wiederum glaubte, es nicht zuletzt ihrem Parteivorsitzenden schuldig zu sein, Guillaume nicht vorzeitig zu entlassen.[42]

Das MfS versuchte daraufhin einen anderen Weg, um wenigstens einen Teilerfolg zu erzielen: Erna Boom stellte Ende Mai 1977 einen Antrag auf Begnadigung ihrer Tochter wegen deren angegriffener Gesundheit. Christel Guillaume hatte kurz zuvor einen leichten Schlaganfall erlitten. Würde sie begnadigt werden, so wäre dies zugleich ein Hoffnungsschimmer für ihren Mann. Bundespräsident Walter Scheel lehnte jedoch im Herbst des Jahres auf Anraten der Generalbundesanwaltschaft und des ihr übergeordneten Bundesjustizministers Hans-Jochen Vogel den Antrag ab. Erstens, so die von der Bundesanwaltschaft formulierte Begründung, habe es keine wesentliche Verschlechterung des Gesundheitszustandes der Inhaftierten gegeben. Zweitens beinhalte der Antrag Erna Booms keine neuen Erkenntnisse bezüglich der Tat der Inhaftierten, die den Fall in neuem Licht erscheinen ließen. Drittens sei eine nachhaltige Vollstreckung der Strafe geboten, um eine wirksame Bekämpfung der Spionage sicherzustellen. DDR-Spitzel müssten mit der ungekürzten Verbüßung ihrer Strafe rechnen. Den Hintergrund für diesen ablehnenden Bescheid bildete nicht zuletzt die im Mai 1977 erfolgte Verhaftung der Sekretärin Kahlig-Scheffler, die zeigte, dass sich das Kanzleramt auch nach der Guillaume-Affäre nach wie vor im Visier der HVA befand, was entsprechend zu ahnden sei.[43]

Das Ehepaar Guillaume hatte nach der Verurteilung durch das OLG Düsseldorf mit einem baldigen Austausch gerechnet. Pierre registrierte bei seinen Besuchen im Rheinland eine wachsende Verzweiflung vor allem seines Vaters darüber, dass er immer noch einsaß. Guillaume

STÄNDIGE VERTRETUNG DER DEUTSCHEN DEMOKRATISCHEN REPUBLIK
- KONSULARABTEILUNG -

Der Leiter der
Justizvollzugsanstalt Köln
Rochusstraße 350

5000 Köln 30 Ossendorf

Bonn, den 03. MRZ. 1977

Sehr geehrter Herr Bücker !

Ich erlaube mir, Ihnen für Frau Christel G u i l l a u m e,
JVA Köln, eine Glückwunschkarte zum Internationalen Frauentag
mit der Bitte um Prüfung und Weiterleitung zuzustellen.

Ich danke Ihnen im voraus für Ihre Bemühungen.

Mit vorzüglicher Hochachtung

Anlage

Betreuung für eingesperrte DDR-Kundschafter: Brief der StäV an die JVA Köln mit der Bitte, Christel Guillaume eine Grußkarte zum Internationalen Frauentag am 8. März 1977 auszuhändigen.

fühlte sich von der DDR im Stich gelassen und beklagte sich entsprechend beim Vertreter der StäV. Er forderte sogar seinen Sohn auf, dass dieser die DDR-Öffentlichkeit für die Sache des Vaters mobilisieren solle. Christel Guillaume schien ihre Situation eher zu verdrängen.[44] Es dürfte für den ehemaligen Kanzleramtsreferenten kaum tröstlich gewesen sein, dass ihn das MfS während der Haft vom Hauptmann zum Major beförderte oder dass sein Arbeitgeber, wie bei allen HIM üblich, während der Haftzeit einen doppelten Sold auf das Ost-Berliner Konto überwies. Zur Jahreswende 1978/79 erlitt Guillaume einen Magendurchbruch und konnte nur durch eine Notoperation in der Bonner Universitätsklinik gerettet werden. Danach zeigte er sich gegenüber seiner Frau zutiefst pessimistisch bezüglich seiner Überlebenschancen im Gefängnis.[45]

Bereits seit Sommer 1978 gab es ein zähes Tauziehen zwischen der StäV der DDR und dem Kanzleramt um die Beurteilung der Gesundheit Guillaumes. Den Angelpunkt stellte sein Nierenleiden dar, das er sich nach der Verhaftung zugezogen hatte. Die StäV hoffte, mithilfe west- wie ostdeutscher medizinischer Gutachter Haftverschonung für Guillaume oder gar den Status der Haftunfähigkeit zu erwirken, um ihn eventuell auf diese Weise aus dem Gefängnis befreien zu können. So fragte der Leiter der StäV, Ewald Moldt, am 6. März 1979 den Chef des Kanzleramtes, Hans-Jürgen Wischnewski, bei einer Unterredung beispielsweise, ob nicht aus humanitären Gründen ein Austausch Guillaumes eingeleitet werden sollte. Wischnewski beschied Moldt, dass dies zurzeit kein Thema sei. Die Bundesregierung sah weder Lebensgefahr für Guillaume gegeben, noch hielt sie ihn für haftunfähig. Sie machte der StäV allerdings kleine Konzessionen, etwa dass er, wie von der DDR gefordert, nicht mehr in Handschellen von Rheinbach zu den vierteljährlichen medizinischen Untersuchungen in der Bonner Universitätsklinik gebracht wurde, für die im Übrigen die StäV finanziell aufkam. Das Kanzleramt bat außerdem die NRW-Behörden, denen der Justizvollzug oblag, dem Gesundheitszustand Guillaumes besondere Aufmerksamkeit zu schenken. Eine erhebliche Verschlechterung der Gesundheit des Kundschafters oder womöglich sein Versterben in westdeutscher Haft, so befürchtete man in Bonn, könnte nachteilige Folgen für die deutsch-deutschen Beziehungen haben.[46]

Christel Guillaume verzichtete vermutlich auch wegen des Zustands ihres Mannes im Sommer 1979 auf eine mögliche Entlassung auf Bewährung. Wie sie in ihrer unveröffentlichten Autobiografie schrieb, hatten die Haftzeit und der rege Briefwechsel die Eheleute einander wieder näherrücken lassen. Eine Freilassung auf Bewährung ist normalerweise gemäß § 57 StGB möglich, wenn Häftlinge, die Ersttäter sind, zwei Drittel ihrer Strafe unter Anrechung der Untersuchungshaft bei guter Führung abgesessen haben und zudem nicht die Gefahr einer erneuten Straffälligkeit gegeben ist. Zwei dieser Bedingungen, gute Führung und Erstverurteilung, lagen bei Christel Guillaume vor. Sie hätte daher eventuell am 23. August 1979 das Gefängnis auf Bewährung verlassen können, um die restliche Zeit bis zum Ende der Strafe am 23. April 1982 in der Bundesrepublik auf freien Fuß zu verbringen, wenn auch unter Auflagen. Zunächst beantragte Christel Guillaume eine Strafaussetzung, zog das Gesuch aber am 6. Juli 1979 wieder zurück. Der GBA sprach sich ohnehin gegen die Haftaussetzung aus. Erfahrungsgemäß würden Ostagenten, sobald sie in die DDR zurückkehrten, erneut für das MfS arbeiten und damit nach bundesdeutschem Recht wieder straffällig werden. Das OLG Düsseldorf lehnte ihre Entlassung auf Bewährung am 31. Juli 1979 mangels vorliegender Einwilligung der Gefangenen ab. Den Hintergrund von Christel Guillaumes Entschluss, letztlich doch nicht die vorzeitige Entlassung aus der Haft zu beantragen, bildete entweder die Erwägung, dass ein Umzug in die DDR einen Verstoß gegen die Bewährungsauflagen bedeutet und damit Besuchsreisen zu ihrem Mann nach Rheinbach unmöglich gemacht hätte. In der Bundesrepublik hingegen hätte sie möglicherweise von der Sozialhilfe und mit dem Stigma der Frau des berüchtigten Kanzleramtspions leben müssen. Ferner wohnten die ihr nächsten Personen, der Sohn und die Mutter, in Ost-Berlin. Das Kanzleramt hingegen vermutete, dass sie auf die Chance einer Entlassung auf Bewährung verzichtete, weil ihr vom Verteidiger oder von der HVA deutlich gemacht worden sei, dass sie angesichts der westdeutschen Justizpraxis gegenüber DDR-Agenten mit ihrem Anliegen kaum Aussicht auf Erfolg gehabt hätte. Ein einmal abgelehnter Antrag jedoch würde später einer vorzeitigen Begnadigung und einem frühzeitigen Austausch entgegenstehen.[47] Christel Guillaume entschloss sich zu diesem Schritt vermutlich auch, weil ihr das MfS signalisierte, dass die Befreiung ihres Mannes wie ihre eigene nicht mehr lange auf sich warten lassen werde.

BND und BfV sprachen sich bereits seit Ende der siebziger Jahre für den Austausch Günter Guillaumes aus, weil die DDR im Gegenzug eine bislang einmalig hohe Zahl von westdeutschen Agenten anbot. Die Bundesregierung wollte zwar einerseits das Ehepaar Guillaume nicht frühzeitig aus der Haft entlassen, sich aber andererseits nicht die Befreiung ihrer eigenen Agenten aus den DDR-Gefängnissen verbauen. Daher schlug sie der DDR 1979 vor, sich anstelle eines Austausches die einsitzenden Agenten gegenseitig abzukaufen. Dies besaß aus Bonner Sicht den Vorteil, BND-Spione freizubekommen, ohne im Gegenzug die Guillaumes gehen lassen zu müssen. Zudem unterstellte Bonn der DDR, relativ willkürlich Transitreisende und westdeutsche Besucher in der DDR unter fadenscheinigen Gründen wegen des Vorwurfs der Spionage zu verhaften und zu hohen Gefängnisstrafen zu verurteilen. Auf diese illegale Weise würde sich die DDR eine Austauschreserve an Häftlingen anlegen, die man gegen im Westen einsitzende HVA-Agenten anbieten könnte. Für die DDR war die finanzielle Lösung jedoch inakzeptabel, weil sie überhaupt nicht die Devisen für solche Freikaufgeschäfte besaß. Deshalb drohte sie, im Falle der Nichtfreilassung der Guillaumes das gesamte Programm des Häftlingsfreikaufs und der Familienzusammenführung zu stoppen. Infolge der festgefahrenen Situation kam das ganze Agententauschgeschäft 1979/80 zwischen den beiden deutschen Staaten erstmals seit seiner Aufnahme im Jahre 1962 vollständig zum Erliegen.[48]

Das Kanzleramt, aber auch Hans-Jochen Vogel als federführender Ressortminister, der ohnehin die Praxis der vorzeitigen Entlassung von Gefangenen im Zuge eines Agentenaustausches aus prinzipiellen juristischen Erwägungen ablehnte, beharrten mit Rücksichtnahme auf Willy Brandt weiterhin darauf, dass Guillaume wie ein gewöhnlicher Krimineller mindestens zwei Drittel seiner Strafe absitzen solle, bevor diese auf Bewährung ausgesetzt und über einen Austausch nachgedacht werden könnte. Das bedeutete für Guillaume unter Anrechnung der Untersuchungshaft Gefängnis bis mindestens zum 23. Dezember 1982. Aus Sicht des Justizministers, der sich wie Schmidt schon 1974 öffentlich darauf festgelegt hatte, dass Guillaume nicht vorzeitig ausgetauscht werde, bestand nach wie vor die Gefahr, dass der Spion bei vorzeitiger Entlassung noch relevante Staatsgeheimnisse mit in den Osten nehmen könnte. Dies stellte allerdings eine wenig schlüssige Begründung dar, denn laut Urteil des OLG hatte Guillaume ja ohnehin alle relevanten Informationen aus Bonn umgehend nach Ost-Berlin gemeldet. Außerdem, so Vogel weiter, stünden die bislang angebotenen Gegenleistungen der DDR in keinem Verhältnis zum Wert des ehemaligen Kanzleramtsreferenten.[49]

Die Aussichten Guillaumes auf eine vorzeitige Entlassung verdüsterten sich seit Sommer 1980 zusätzlich wegen der sich zuspitzenden internationalen Lage. Angesichts der von der Nato Anfang 1979 beschlossenen Nachrüstung bei den nuklearen Mittelstreckenwaffen in Europa, des Einmarsches der Roten Armee in Afghanistan Ende 1979 und des darauf folgenden Boykotts der Olympischen Spiele in Moskau im Sommer 1980 durch einen Teil der westlichen Staaten, darunter die Bundesrepublik, war in den Beziehungen zwischen den beiden Machtblöcken seit 1979/80 eine Art zweiter Kalter Krieg ausgebrochen. Wegen der Krisenhaftigkeit der Ost-West-Beziehungen und der gleichzeitigen Konstituierung der unabhängigen Gewerkschaftsbewegung Solidarność in Polen wollte Moskau der DDR möglichst wenig Spielraum für eine eigene Westpolitik lassen. Ost-Berlin hingegen zeigte sich nach wie vor, nicht zuletzt aus ökonomischen Gründen, an einem relativ engen Kontakt mit der Bundesregierung interessiert. Das erste Opfer der neuen Verhärtung im Ost-West-Verhältnis wurde die eigentlich für Ende August 1980 geplante Reise Schmidts in die DDR zum ersten deutsch-deutschen Gipfeltreffen seit jenem auf der KSZE-Konferenz in Helsinki im August 1975. Ost-Berlin wie auch Moskau zeigten sich wegen der Vorgänge in Polen verunsichert und befürchteten, die Bilder von Erfurt im Jahre 1970 vor Augen, dass ein Aufenthalt des Bundeskanzlers in der DDR auch unter den Ostdeutschen den Funken des Aufruhrs entzünden könnte. Den Wunsch Schmidts, bei seinem Besuch von dem abgelegenen Tagungsort Hubertusstock in der Schorfheide einen Abstecher nach Rostock machen zu können, verweigerte das SED-Regime deshalb unter fadenscheinigen Gründen. Daraufhin sagte Schmidt am 22. August die Reise endgültig ab. Am Vortag hatte Anwalt Vogel den Bundeskanzler in dessen Ferienhaus am holsteinischen Brahmsee besucht. Schmidt stellte dem Emissär in Aussicht, dass trotz der sich bereits anbahnenden Absage des Treffens mit Honecker der Agentenaustausch 1981 wieder in Gang kommen werde. Das Kanzleramt hatte hierzu eine Liste von dringenden Fällen erstellt, die aus ostdeutscher Haft im Vorfeld eines nachzuholenden Gipfeltreffens befreit werden sollten. Entsprechend wurde Willy Brandt erstmals im Herbst 1980 von der Regierung angedeutet, dass bald Bewegung in den Guillaume-Austausch kommen könnte.[50]

Die von Moskau oktroyierte harte, auf Abgrenzung zur Bundesrepublik abstellende Linie, die im SED-Politbüro mit Stoph, Mielke und Verteidigungsminister Heinz Hoffmann Fürsprecher besaß, aber auch die Honecker umtreibende Angst, dass in der DDR »polnische Verhältnisse« eintreten könnten, führten in den folgenden Wochen zu einer weiteren Verhärtung der SED-Führung gegenüber Bonn. Mitte Oktober 1980 vertrat der SED-Generalsekretär in einer Rede in Gera Maximalpositionen bezüglich der Grenzziehung in der Elbe, der Anerkennung der DDR-Staatsbürgerschaft, der Aufwertung der StäV zu Botschaften und anderer deutsch-deutscher Streitfragen. Die »Geraer Forderungen« wurden begleitet von der Verdoppelung des Pflichtumtausches bei DDR-Reisen von Bundesbürgern. Diese Maßnahmen stellten einen herben Schlag für die gerade Anfang Oktober 1980 bei den Bundestagswahlen im Amt bestätigte Regierung Schmidt-Genscher dar. Sie war daher vorerst wenig geneigt, der DDR etwa in der Frage einer vorzeitigen Freilassung Guillaumes entgegenzukommen.

Umdenken in Bonn und Begnadigung

Parallele Entwicklungen bewirkten seit dem Frühjahr 1981 einen Wandel in der Haltung der Bundesregierung zur vorzeitigen Freilassung der Guillaumes. Seit Mitte Februar 1981 war man in Bonn bereit, über den Austausch Christel Guillaumes mit der DDR zu verhandeln. Den Ausschlag hierfür gab ihr seit Anfang des Jahres stark angeschlagener Gesundheitszustand. Die Begnadigung stellte für die Bundesregierung eine billige Geste dar angesichts der Tatsache dar, dass Christel Guillaume unter Ausschöpfung des rechtlichen Rahmens schon längst auf Bewährung hätte freigelassen werden können. Zudem hatte sich die bundesdeutsche Öffentlichkeit stets relativ wenig für das Schicksal der Frau des ehemaligen Kanzleramtsreferenten interessiert, so dass Bonn kaum mit einem Sturm der Entrüstung rechnen musste. Das Gleiche galt für den seit 1979 amtierenden Bundespräsidenten Carl Carstens von der CDU, der dieser Begnadigung zustimmen konnte, ohne dass er oder seine Partei das Gesicht verlieren würden. Anfang März 1981 vergewisserte sich Minister Franke bei Brandt, dass dieser nicht gegen einen Austausch der Frau seines ehemaligen Referenten intervenieren werde. Am 19. März 1981 wurde die Agentin, für sie vollkommen überraschend, ausgetauscht, nachdem Bundespräsident Carstens die Gefangene am Vortag begnadigt hatte. Für die Kundschafterin kamen sechs Bundesbürger frei, die wegen Spionage für den BND zu Strafen zwischen sieben Jahren und lebenslänglich verurteilt worden waren. Wie alle Agenten musste Christel Guillaume auf dem Weg zum für den innerdeutschen Agentenaustausch seit langem bevorzugten, weil abgelegenen Übergang Herleshausen an der hessisch-thüringischen Grenze eine Erklärung unterschreiben, dass sie freiwillig in die DDR zurückkehre. Denn nicht wenige im Zuge eines Agentenaustausches freigelassene IM, die teils nie in der DDR gelebt hatten, weigerten sich im letzten Moment, »nach drüben« zu gehen. Weil die Begnadigung des Bundespräsidenten stets dem Transport zur Grenze voranging, konnten sie ebenso gut als freie Bürger in der Bundesrepublik bleiben, selbst wenn durch ihre Weigerung des Grenzübertritts ein Agentenaustausch zu platzen drohte.[51]

Bei einem der regelmäßig stattfindenden Informationsgespräche zwischen Bundeskanzler und Bundespräsident bedankte sich Schmidt bei Carstens am 31. März 1981 für die Begnadigung von Christel Guillaume, die den jüngsten Agentenaustausch möglich gemacht habe. Beide stellten zugleich fest, dass zum gegenwärtigen Zeitpunkt Begnadigung und Austausch des Ehemannes nicht in Frage kämen. Entsprechende Äußerungen waren zuvor bereits in der Presse zu lesen gewesen. Gleichwohl wuchs der Druck auf die Bundesregierung, auch den Kanzleramtsspion freizugeben. Einer der für Christel Guillaume Freigekommenen, der Kölner Journalist Peter Felten, der nebenbei für das BfV gearbeitet und den die DDR 1979 in Ost-Berlin festgenommen hatte, berichtete am 20. März im ZDF über die harten Haftbedingungen in Bautzen und das Los der dort noch einsitzenden Bundesbürger. Einigen von ihnen könne, so Felten, dieses Schicksal erspart bleiben, wenn sich die Bundesregierung für die Freilassung Guillaumes entscheide. Für ihn würden die DDR-Behörden nach wie vor einen hohen Preis zahlen. Durch den Appell Feltens wurde die öffentliche Meinung der Bundesrepublik erstmals dahingehend beeinflusst, dass eine Verkürzung der Haftzeit Guillaumes und nicht die volle Ausschöpfung des Strafmaßes im Interesse Bonns sei.[52]

Sodann war sich Bonn dessen bewusst, dass der Wert Guillaumes an der Agentenbörse umso schneller fallen würde, je weniger Zeit der Agent noch abzusitzen habe. Dies sprach ebenfalls für den baldigen Abschluss eines Tauschgeschäfts. Ferner war Guillaumes Gesundheitszustand wegen seines Nierenleidens mittlerweile so angegriffen, dass die Möglichkeit einer Haftverschonung immer wahrscheinlicher wurde. Daher setzte sich Ministerialdirektor Edgar Hirt, im Bundesministerium für Innerdeutsche Beziehungen für humanitäre Fragen zuständig und ein enger Vertrauter seines Ministers Franke, für eine baldige Freilassung Guillaumes ein. Diesen kannte Hirt zudem persönlich recht gut aus dessen Zeit als Kanzleramtsreferent und besuchte ihn sogar gelegentlich in Rheinbach. Hirt überzeugte den BND, dass man für eine »Leiche« keine westdeutschen Agenten mehr freibekomme und daher auf schnelles Handeln drängen solle. Nun setzte sich auch Pullach, wo inzwischen der Genscher-Intimus Kinkel Präsident geworden war, verstärkt für die baldige Entlassung ein.[53] Schließlich bahnte sich das im Vorjahr abgesagte deutsch-deutsche Gipfeltreffen an, nachdem Honecker sich Anfang August 1981 in der UdSSR das Plazet geholt hatte. Schmidt wie auch Honecker wollten gerade in der gespannten politischen Großwetterlage zwischen den Supermächten, die sich mit dem Amtsantritt des US-Präsidenten Ronald Reagan im Januar 1981 noch verschärft hatte, den deutsch-deutschen Kontakt nicht abreißen lassen und zumindest zwischen Bonn und Ost-Berlin einen Rest von Entspannung retten in einer, so der SED-Generalsekretär, »Koalition der Vernunft«. Ost-Berlin war außerdem zunehmend auf westdeutsche wirtschaftliche Hilfe angewiesen, nachdem die UdSSR ihre großzügige Alimentierung der Satellitenstaaten mit billigen Rohstoffen seit der zweiten Hälfte der siebziger Jahre drastisch zurückgefahren hatte.[54] Ein Austausch Guillaumes würde als vertrauensbildende Maßnahme ein gutes Klima für künftige Verhandlungen schaffen.

Im Juli 1981 unterbreitete die DDR daher dem Kanzleramt ein erneutes Angebot zum Austausch Guillaumes und vier weiterer Kundschafter. Bei diesen handelte es sich um die ehemalige Sekretärin im BMVg, Renate Lutze, die bereits fünf ihrer sechs Jahre Haft abgesessen hatte, sowie drei Männer mit relativ niedrigen Strafen. Außerdem sollten über Vermittlung der Bundesrepublik auch drei HVA-Agenten freikommen, die in Frankreich, Südafrika und Dänemark einsaßen. Als Gegenleistung würden nicht nur westdeutsche Agenten und politische Gefangene entlassen werden, sondern auch Tausende von DDR-Bürgern im Zuge der Familienzusammenführung ausreisen dürfen. Der Vorstoß der DDR fiel diesmal im Kanzleramt auf fruchtbaren Boden. Die Freilassung Guillaumes konnte als zusätzlicher Köder vonseiten Bonns genutzt werden, um vor allem die Hardliner im Politbüro wie Mielke, Stoph und Werner Krolikowski, die Honecker einer zu gefährlichen Nähe zur Bundesrepublik auf Kosten der Solidarität mit der UdSSR ziehen, positiv auf den geplanten Schmidt-Besuch in der DDR einzustimmen. Rechtsanwalt Vogel hatte jedenfalls den Eindruck, dass Schmidt sich vor allem wegen seines Interesses, Honecker möglichst bald zu treffen, zunehmend konzilianter in der Frage einer Begnadigung Guillaumes zeigte.[55] Jedoch sollte auf Wunsch des Kanzleramtes die Freilassung des Spions einige Zeit vor dem Gipfel erfolgen, der für Mitte Dezember 1981 im brandenburgischen Hubertusstock geplant war und dort vom 11. bis zum 13. Dezember stattfand. Durch einen gewissen zeitlichen Abstand würde für die westdeutsche Öffentlichkeit eine Verbindung zwischen beiden Ereignissen nicht ersichtlich werden. Die Bundesregierung wollte nicht den für sie in der Öffentlichkeit nachteiligen Eindruck entstehen lassen, dass Bonn sich die Einladung in die DDR auch noch mit der Freilassung des Kanzleramtsspions habe erkaufen müssen.

Am 4. August sprach der seit Januar 1981 amtierende Bundesjustizminister Jürgen Schmude bei Carstens vor wegen einer möglichen Begnadigung Guillaumes, doch der Bundespräsident legte sich noch nicht fest. Am 27. August berichtete das Magazin *Stern* sehr zum Ärger der Bundesregierung, die ansonsten ebenso wie die DDR-Behörden bei allen Austauschaktionen von Agenten auf äußerste Diskretion bedacht war, über den geplanten Austausch Guillaumes. Die Meldung wurde in den nächsten Tagen von weiteren Medien übernommen. Die Presse wusste zugleich von den Vorbehalten Carstens', einer Begnadigung zuzustimmen.[56] Schmidt erhielt daraufhin einen Brief des SPD-Bundestagsabgeordneten Hermann Scheer. Er bat den Bundeskanzler darum, den Austausch zu verhindern. Ein solcher sei nach Auffassung Scheers wie auch anderer SPD-Mitglieder und normaler Bürger mit der Würde und Selbstachtung einer sozialdemokratisch geführten Regierung nicht vereinbar. Vor allem sollte der Eindruck vermieden werden, dass sich lediglich der Bundespräsident, nicht aber die Bundesregierung gegen den Austausch stelle. Einige Tage später schrieb der Chef des Kanzleramtes, Gunter Huonker, im Auftrag Schmidts an Scheer, dass sich die Bundesregierung grundsätzlich nicht an den öffentlichen Spekulationen über Agentenaustauschaktionen beteilige. Bei der Materie handle es sich um eines der heikelsten Gebiete der praktischen Politik überhaupt, und man dürfe nicht vergessen, dass hinter dem technokratischen Begriff des Agentenaustausches Menschen mit häufig tragischen Schicksalen stünden, die dadurch freikämen. Scheer könne sicher sein, dass die Bundesregierung bei Guillaume wie bei anderen relevanten Fällen sorgsam darauf achten werde, dass der Bundespräsident voll mitziehe. Es gebe im Übrigen kaum einen Bereich der Politik, auf welchen das schwäbische Sprichwort »öffentlich Reden ist Blech, Schweigen ist mehr als Gold« so zutreffe wie beim innerdeutschen Häftlingsaustausch.[57]

Am 7. September beriet die »Koordinierungsstelle für Austauschfragen« der Bundesregierung, die aus Vertretern des Kanzleramtes, des

BMJ, des BMI, des Innerdeutschen Ministeriums und der Geheimdienste bestand, über konkrete Leistungen, die von beiden Seiten für einen Austausch unter Einbeziehung von DDR-Agenten, die im Ausland einsaßen, zu erbringen seien. Zwei Tage später wurde der Vorschlag eines internationalen Ringtausches unter Einschluss Guillaumes am Rande einer Kabinettssitzung von Schmidt, Genscher, Schmude, Franke, Bundesinnenminister Gerhart Baum und Huonker abgesegnet. Die DDR würde als Gegenleistung für Guillaume und die sieben weiteren HVA-Agenten in westdeutschem wie ausländischem Gewahrsam sowie die Zahlung von mehreren Millionen DM neun Agenten und 60 politische Häftlinge freilassen sowie 3000 DDR-Bürger zur Familienzusammenführung ausreisen lassen. Am 11. September sprach daher Schmude nochmals den Bundespräsidenten auf die Begnadigung Guillaumes an, der dazu auch die Meinung von Generalbundesanwalt Kurt Rebmann einholte. Am 14. September folgte ein Gespräch zwischen Schmidt und Carstens zum selben Thema. Parallel dazu schrieb Schmude die Ministerpräsidenten von NRW, Baden-Württemberg und Rheinland-Pfalz an, in deren Gefängnissen die betreffenden DDR-Agenten einsaßen und die ebenfalls eine Begnadigung befürworten mussten. Weil der Bundespräsident angesichts der Gegenleistungen der DDR seine Zustimmung zum Austausch in den Gesprächen mit Schmude und Schmidt hatte durchblicken lassen, richtete Schmude am 23. September ein förmliches Gnadengesuch an Carstens. Die Begnadigung musste zeitlich so erfolgen, dass der Austausch, wie mit der DDR vereinbart, am 1. Oktober stattfinden könnte – die DDR-Führung wollte Guillaume unbedingt rechtzeitig zum Nationalfeiertag am 7. Oktober in Ost-Berlin wissen. Carstens holte sich in einem Gespräch mit dem CDU-Vorsitzenden Kohl am 25. September die Rückendeckung seiner Partei für die Begnadigung. Inzwischen kam es in der letzten Septemberwoche zu weiteren, zumeist erstaunlich detaillierten Presseberichten über die Begnadigung und den Austausch Guillaumes im Rahmen einer internationalen Aktion, durch die auch mehrere Tausend Familienzusammenführungen ermöglicht werden würden. Dieses Medienecho resultierte, wie das darüber verärgerte Kanzleramt später vermutete, vor allem aus Indiskretionen aus dem Bundespräsidialamt. Das Staatsoberhaupt wollte durch Informationen über den Gesundheitszustand Guillaumes und die durch einen Austausch möglichen Familienzusammenführungen der ganzen Aktion ein humanitäres Mäntelchen umhängen. Dadurch sollte sein Meinungsumschwung und der seiner Partei, die sich als Gralshüter von Recht, Ordnung und übergeordneten Staatsinteressen bislang stets gegen eine vorzeitige Entlassung Guillaumes ausgesprochen und der SPD in dieser Frage zu große Kompromissbereitschaft unterstellt hatte, der Öffentlichkeit erklärt werden. Am Montag, dem 28. September, um 10 Uhr morgens, kurz bevor Carstens zu einem mehrtägigen Staatsbesuch nach Spanien aufbrach, unterzeichnete er den Gnadenerweis für Guillaume.[58]

Am Abend desselben Tages wurde Guillaume auf eigenen Wunsch ins Bonner Universitätskrankenhaus auf dem Venusberg verlegt. Von dort flog ihn am Nachmittag des 1. Oktober ein Hubschrauber des Bundesgrenzschutzes nach Herleshausen, wo schon eine Reihe von Journalisten auf westdeutscher Seite wartete. Auch er unterzeichnete wie alle Agenten die Erklärung, dass er freiwillig in die DDR zurückgehe. Ein Wohnmobil des BKA mit verhängten Fenstern fuhr ihn, Lutze sowie zwei weitere begnadigte Agenten gegen 20 Uhr über die Grenze in die DDR, begleitet von Hirt und zwei BKA-Beamten. Hirt hatte zuvor auf Kosten des Steuerzahlers bei C&A in Bonn einen blauen Anzug, ein weißes Hemd und eine rote Krawatte für Guillaume gekauft, weil man den angeblichen Meisterspion dem Osten nicht in Anstaltskleidung übergeben wollte. Auf der anderen Seite des Schlagbaumes wurden die Kundschafter, wie bei allen Aktionen dieser Art, von Vogel und Vertretern des MfS in Empfang genommen. Vogel begrüßte Guillaume mit den Worten »Eigentlich hatte ich Sie ja schon viel früher erwartet«, woraufhin der Kundschafter nur müde lächelte. Guillaume wurde, wie zuvor seine Frau, umgehend in ein getarntes Gästehaus der HVA im thüringischen Friedrichroda gebracht, in dem Wolf und Gailat auf ihn warteten.[59]

Im Gegenzug gab die DDR für Guillaume und die anderen Agenten neun Personen frei, die schon seit mehreren Jahren wegen Spionage in DDR-Haft gesessen hatten: drei »Lebenslängliche« sowie sechs Personen mit Strafen zwischen zehn und 15 Jahren. Acht kamen in die Bundesrepublik, ein Mann blieb nach seiner Begnadigung auf eigenen Wunsch in der DDR. Für die Freilassung der 60 politischen Häftlinge und die 3000 Familienzusammenführungen, die bis in das Jahr 1982 andauerten, hatte die Bundesregierung, wie ansonsten auch üblich, Millionen von DM an die DDR gezahlt. Der Fall Guillaume war lediglich der gordische Knoten gewesen, der erst zerschlagen werden musste, damit diese groß angelegte Freikaufaktion ihren Lauf nehmen konnte.[60]

Der Fall Guillaume und der »Basar der Spione«

Die DDR zahlte keinen so hohen Preis für die Freilassung Guillaumes, wie es Bonn unter Hinweis auf die Familienzusammenführungen der westdeutschen Öffentlichkeit versucht hatte weiszumachen. Bundeskanzler Schmidt und der von Mai 1974 bis Januar 1981 amtierende Bundesjustizminister Vogel leisteten aus Rücksichtnahme auf Willy Brandt, aber auch weil sie sich öffentlich schon 1974 festgelegt hatten, keiner vorzeitigen Entlassung zuzustimmen, zunächst lange Widerstand gegen einen Austausch Guillaumes. Dadurch sank der Marktpreis des Gefangenen auf dem »Basar der Spione« bis zur Aufnahme ernsthafter Verhandlungen im Sommer 1981 erheblich. Guillaumes gesundheitlicher Verfall ab 1979 verminderte zusätzlich den Tauschwert, weil sich ohnehin immer stärker die Möglichkeit einer Haftverschonung aus humanitären Erwägungen abzuzeichnen begann, je länger er sich im Gefängnis befand. Der Wunsch der Bundesregierung, angesichts der seit 1979/80 eingetretenen neuen Eiszeit in den Ost-West-Beziehungen ein entspannungspolitisches Zeichen gegenüber der DDR zu setzen, beschleunigte zusätzlich das Umdenken in Bonn in der Frage der Freilassung des angeblichen Meisterspions. Deswegen saß Guillaume, im Gegensatz zu seiner Frau, nicht einmal die eigentlich als Minimum angesehenen zwei Drittel seiner Strafe ab.

Gleichwohl hatten seit dem Beginn des deutsch-deutschen Agentenaustausches im Jahre 1962 nur Felfe und Frenzel in etwa ebenso lange in der Bundesrepublik im Gefängnis gesessen wie Günter und Christel Guillaume. Doch im Verhältnis zu ihrem noch höheren Strafmaß und in Anbetracht der Tatsache, dass Felfe und Frenzel in der Hochphase des Kalten Krieges als Agenten verurteilt und inhaftiert worden waren, saßen der ehemalige Kanzleramtsreferent und seine Frau außergewöhnlich lange ein. So wie bereits das Urteil des OLG Düsseldorf im Jahre 1975 im Wesentlichen ein politisches gewesen war, bemaß sich die Länge der tatsächlich abgeleisteten Strafe nicht nach dem nachrichtendienstlichen Schaden, den das Ehepaar in der Bundesrepublik angerichtet hatte. Vielmehr büßten sie so lange für die politische Bedeutung, die dem berühmtesten Spionagefall der Nachkriegszeit, über den ein Bundeskanzler gestürzt war, von allen Seiten beigemessen wurde.

Der Fall Guillaume führte zugleich ab April 1974 auf Bonner Seite zu einer wesentlichen, der Empörung der Öffentlichkeit geschuldeten und von der Opposition geschürten Verhärtung in der Frage des Agentenaustausches. Nicht nur das Ehepaar Guillaume, sondern alle enttarnten Kundschafter mussten nun, im Gegensatz zu den Jahren der relativ liberalen Austauschpraxis zwischen 1969 und 1974, einen Großteil ihrer Haftstrafen in der Bundesrepublik absitzen, bevor sie vom MfS »freigekämpft« werden konnten.

Heimkehr in ein fremdes Land

Diskrete Rückkehr in die DDR

Zu der Vereinbarung zwischen der Bundesrepublik und der DDR über den Austausch Guillaumes gehörte die Verpflichtung Ost-Berlins, in der eigenen Öffentlichkeit nichts über die Freilassung des Kanzleramtsspions verlauten zu lassen, geschweige denn ihm eine triumphale Heimkehr zu bereiten. Entsprechend gab es keine Meldung in den DDR-Medien anlässlich der Rückkehr des Kundschafters. Gleiches hatte die DDR schon bei der »Freikämpfung« von Heinz Felfe im Februar 1969 versprechen müssen.[1] Ost-Berlin konnte diese Klausel bei Guillaume leicht konzedieren. Zum einen hatte sich das Regime nie offiziell zu ihm als seinem Agenten in Bonn bekannt. Die konsularische Unterstützung durch die StäV entsprach formal nur der Hilfe, die jedem DDR-Bürger zustand, der im Ausland inhaftiert war. Zudem konnte man annehmen, dass die westdeutschen Medien ohnehin ausführlich über das Ereignis berichten würden. Sie taten es auch und informierten damit die bundesrepublikanische sowie indirekt die ostdeutsche Öffentlichkeit darüber, dass selbst der berühmteste deutsche Spion der Nachkriegszeit nicht seine volle Strafe abgesessen hatte, sondern von seinem Arbeitgeber vorzeitig ausgelöst worden war – wenn auch wesentlich später als ursprünglich erhofft.

Der Lohn des Einsatzes und das Ende einer Ehe

Anfang der achtziger Jahre erkannte die HVA, dass man sich um die in die DDR zurückgekehrten Kundschafter besser kümmern müsse, sei es um solche, die im Zuge eines Agentenaustausches freigekommen waren, oder um jene, die man wegen des Fahndungsdrucks aus dem Operationsgebiet abgezogen hatte. Bisher waren die Agenten in der DDR mehr schlecht als recht von den operativen Abteilungen, die sie als IM geführt hatten, versorgt worden, so dass es wiederholt zu Beschwerden ehemaliger West-Spione gekommen war. Folglich bildete die HVA im April 1982 die »Arbeitsgruppe Operative Betreuung«, die sowohl persönliche Hilfestellung leisten als auch eine Überwachung der abgezogenen oder »freigekämpften« IM gewährleisten sollte. Zu dieser, innerhalb der HVA eher als Karriereabstellgleis geltenden Arbeitsgruppe stieß Wolfgang Rausch, der dadurch 1982 den Aufstieg vom IM zum Hauptamtlichen Mitarbeiter schaffte. Mitte der achtziger Jahre betreute die Arbeitsgruppe etwa vierzig ehemalige Westspione, darunter die Guillaumes, Wilhelm Gronau und das Ehepaar Lutze. Die HVA versuchte, allen Rückkehrern und ihren aus dem Westen abgezogenen Familienangehörigen ein materiell komfortables Leben einzurichten, das in etwa dem Lebensstandard und den Entwicklungsmöglichkeiten entsprach, die sie zuvor im Westen genossen hatten. Trotzdem herrschte eine weitverbreitete Unzufriedenheit unter den Exagenten. Denn kaum einer fand in der DDR eine Tätigkeit, die man mit der zuvor im Westen ausgeübten vergleichen konnte; war doch das politische und wirtschaftliche System so anders als jenes, das sie als IM ausspioniert hatten. Die HVA selbst beschäftigte Personen, die ihr Leben bisher ganz oder größtenteils als Bundesbürger verbracht hatten, üblicherweise nicht in ihrer Zentrale in der Normannenstraße oder höchstens in nicht sensiblen Bereichen, wovon das Beispiel Rauschs zeugt. Nicht einmal ihre »Leistungen« als Kundschafter im Westen durften einer breiteren ostdeutschen Öffentlichkeit aus Gründen der operativen Geheimhaltung präsentiert werden. So kam es, dass immer wieder ehemalige Kundschafter, vor allem jene, die zuvor nie länger in der DDR gelebt hatten, verlangten, in den Westen zurückkehren zu können. Manche forderten dies sogar, obwohl ihnen dort noch Strafverfolgung wegen ihrer nachrichtendienstlichen Tätigkeit für die DDR drohte. Werner Großmann, der letzte Chef der HVA von 1986 bis 1990, äußerte 1995 anlässlich der Beisetzung von Guillaume gegenüber dem *ND,* dass alle Kundschafter, die nach langem Aufenthalt in der Bundesrepublik in die DDR zurückgekommen seien, »Reintegrationsprobleme« gehabt hätten.[2]

Christel Guillaume wurde bei ihrer Rückkehr in die DDR im März 1981 von der HVA besonders zuvorkommend behandelt. Sie avancierte in Anerkennung ihrer Dienste vom Oberleutnant zum Major. In der zweiten Hälfte der achtziger Jahre wurde sie noch zum Oberstleutnant befördert und war so formal eine der ranghöchsten Frauen im MfS. Obwohl eine MfS-Doktorarbeit von 1989 den weiblichen Tschekisten konzedierte, dass sie kritischer, sensibler und emotional engagierter ihre

Arbeit verrichteten als ihre männlichen Kollegen, bekleideten Ende der achtziger Jahre nur 25 Frauen die etwa 2000 höheren Offiziersränge – vom Major aufwärts – im MfS. Nur eine einzige Frau wurde überhaupt zum Oberst befördert. Der Gesamtanteil von Frauen unter den Hauptamtlichen Mitarbeitern hingegen betrug 18,3 Prozent, wobei sie vor allem als Sekretärinnen, Reinigungskräfte, Übersetzerinnen oder Krankenschwestern arbeiteten. Führungspositionen als Referatsleiterin oder stellvertretende Abteilungsleiterin im Rang eines Majors beziehungsweise Oberstleutnants gab es für Frauen in der Regel nur in den Auswertungsabteilungen, im Zentralen Medizinischen Dienst oder bei der Abteilung M für Postkontrolle.[3]

Die Heimkehrerin nahm im April 1981 als Ehrengast am X. Parteitag der SED im Palast der Republik teil. Dort wurde sie von Mielke begrüßt, wie der Stasi-Schulungsfilm »Auftrag erfüllt« dokumentiert: »Wir haben uns viel gesorgt um Dich, haben Dich freigekämpft, freuen uns besonders, daß gerade hier in diesen Tagen Du das miterleben konntest, nicht wahr. Und Günter wird auch kommen. Wir sind schon feste dabei (…). Was haben wir nicht alles getan. Ich habe manchmal nachts nicht geschlafen, hab' davon geträumt, wie ich das alles soweit bekomme, daß ich Euch freibekomme. Also, wer mit uns arbeitet, ist nie verloren, nie vergessen.«[4]

Nachdem sich das Ehepaar während der gemeinsamen Hafterfahrung wieder nähergekommen war und Christel Guillaume auch aus Rücksicht auf ihren Mann den Antrag auf Entlassung auf Bewährung 1979 zurückgezogen hatte, hegte sie gewisse Hoffnungen auf einen ehelichen Neubeginn in der DDR, sobald er zurückkäme. Diese zerstoben allerdings innerhalb weniger Tage nach seiner Ankunft in der DDR. Noch im Gästehaus der HVA in Friedrichroda ging Guillaume eine Liaison mit der für ihn wegen seines schweren Nierenleidens zur gesundheitlichen Betreuung abgestellten 17 Jahre jüngeren Krankenschwester Elke Stumhöfer ein. Sie arbeitete nach ihrer Ausbildung an einer zivilen medizinischen Fachschule seit 1964 hauptamtlich für den Zentralen Medizinischen Dienst des MfS. Wie alle Hauptamtlichen war sie SED-Mitglied. Sie bekleidete, typisch für die Aufblähung des MfS mit Offiziersrängen, mittlerweile den Rang eines Hauptmannes, obwohl sich ihre Verantwortlichkeit nicht wesentlich verändert hatte, seit sie 17 Jahre zuvor als Gefreite Tschekistin geworden war. Stumhöfer ließ sich Anfang 1982 von ihrem Mann scheiden und nahm wieder ihren Mädchennamen Bröhl an. Im Dezember 1986 heiratete sie schließlich Guillaume. Christel Guillaume

Von links nach rechts: Günter und Christel Guillaume mit Erich Honecker und Erich Mielke am 6. Oktober 1981 anlässlich der Verleihung des Karl-Marx-Ordens.

zog aus dieser erneuten Enttäuschung schnell die Konsequenz und reichte im Dezember 1981 die Scheidung ein. Wolf und Gailat versuchten vergeblich, sie umzustimmen, denn das Kundschafter-Traumpaar ließ sich im Sinne des MfS besser propagandistisch verwerten, wenn es nach außen hin noch eine gewisse Gemeinsamkeit demonstrieren würde. Immerhin behielt sie jedoch bis zum Ende der DDR den Namen ihres Mannes bei. Dieser stellte im Partei- und MfS-Establishment ein Markenzeichen dar, der ihr Anerkennung und Privilegien sicherte.[5]

Noch als Ehepaar erhielten die Guillaumes am 6. Oktober 1981 aus der Hand Erich Honeckers für ihre Verdienste den Karl-Marx-Orden, nachdem am Vormittag das Politbüro in seiner wöchentlichen Sitzung im Tagesordnungspunkt 14 der Verleihung des höchsten Ordens der DDR an die beiden zugestimmt hatte.[6] Allerdings wurde diese Auszeichnung gemäß der Vereinbarung mit der Bundesregierung über den Austausch nicht in den DDR-Medien bekannt gegeben. Wie Christel Guillaume nach der Wende bekannte, überraschten sie zunächst die Ehrungen und Belohnungen, die sie bei der Rückkehr empfing. Denn sie glaubte anfänglich nicht, dass sie durch ihren Einsatz im Westen etwas Großes vollbracht habe, zumal die HVA ihr niemals konkret mitteilte, inwiefern die Kundschaftertätigkeit tatsächlich in nachrichtendienstlicher oder politischer Hinsicht für die DDR von Bedeutung gewesen sei. Doch die beständigen Einflüsterungen der HVA, sie sei eine Heldin, bewirkten, dass sie schließlich selbst anfing zu glauben, sie habe Außergewöhnliches geleistet.[7]

Für den im Frühjahr 1982 gedrehten MfS-Propagandafilm »Auftrag erfüllt« über den Einsatz in der Bundesrepublik, die zugrunde liegende Motivation und den Empfang nach der Heimkehr mussten die beiden noch einmal das traute Kundschafterehepaar geben. In einer der ersten Sequenzen begrüßen Markus Wolf und Christel Guillaume den angeblich gerade heimgekehrten Meisterspion in einem HVA-Objekt bei Berlin. Dabei handelt es sich um eine nachgestellte Szene, für welche »Mischa« Wolf und die Guillaumes wiederholt die Rührung über das Wiedersehen nach der Freikämpfung mimen mussten: »Günter, willkommen in der Heimat!«, sagt Wolf und überreicht dem Kundschafter einen Strauß roter Nelken. »Mischa, ich danke Dir. Für alles!«, entgegnet der Rückkehrer, während sich die beiden Tschekisten in die Arme fallen.[8] Sodann sieht man, wie das aneinandergeschmiegte Ehepaar in einem weißen Volvo durch die ostdeutsche Landschaft gefahren wird. Dazu singt ein MfS-Barde: »Dies Lied sing ich ganz gewöhnlichen Leuten, / die leben zur Zeit im Abendland. / Wir nennen sie Kundschafter des Friedens, / die sind weder mir noch denen bekannt. / Genossen, ihr werdet nicht oft besungen, / nun ja, das wäre taktisch nicht klug. / Drum sei auch dies Lied recht schnell verklungen, / wir wissen schon, was ihr für uns tut.« In der nächsten Szene heißt Mielke das Ehepaar im MfS-Hauptquartier in der Normannenstraße vor Hunderten von Offizieren willkommen. Der Stasi-Chef lobt die Rückkehrer, weil sie durch ihre Arbeit dazu beigetragen hätten, den Frieden zu erhalten, und in der langen Haft standhaft geblieben seien. Guillaume meldet sich und seine Frau nach 25-jährigem Einsatz in der DDR zurück und bedankt sich für das »Freikämpfen«. Er gesteht, dass er in der Haft gelegentlich der Verzweiflung nahe gewesen sei. Doch habe ihn der Gedanke an die Kommunisten in den NS-Konzentrationslagern und die von der Roten Armee bei der Niederringung des Faschismus erbrachten Opfer letztlich zum Durchhalten ermutigt. Der Film offenbart kaum operative Details über die Anwerbung, Einschleusung und Arbeit der Guillaumes im Westen, ebenso wenig darüber, was für Informationen sie konkret der HVA lieferten. Die Erklärungen der Guillaumes, warum sie sich in den fünfziger Jahren zur Zusammenarbeit mit der HVA entschlossen hatten, wurden von ihnen hölzern und wie auswendig gelernt vorgetragen: Die Bundesrepublik der fünfziger Jahre sei ein Staat gewesen, in dem immer noch NS-Schergen und alte Wehrmachtsgeneräle sowie deren ideologische Ziehkinder das Sagen gehabt hätten. Jeder, der wie die Guillaumes als Jugendlicher Krieg und Faschismus erlitten habe, habe daher Stellung beziehen müssen, um zumindest den Osten Deutschlands gegen diese Bedrohung zu schützen. Diese sei, wie der 17. Juni 1953 gezeigt habe, allgegenwärtig gewesen. Der Film wurde im September 1982 vor Mielke uraufgeführt. Er durfte anschließend nur ausgewähltem Publikum, also SED-, MfS-, NVA- oder FDJ-Kadern, gezeigt werden.

Das MfS stellte für Christel Guillaume eine moderne, exquisit eingerichtete Wohnung im Zentrum Ost-Berlins bereit. Ferner erhielt sie umgehend einen Lada zu ihrer privaten Verfügung, auf den normale DDR-Bürger zwölf bis 15 Jahre warten mussten. Mitte der achtziger Jahre baute das MfS für sie ein Reihenhaus in einer von den Privilegierten des Regimes bewohnten Siedlung in Hohen Neuendorf im Norden vor den Toren Berlins. Dieses bezog sie mit ihrer Mutter, die 1987 starb.

Ihr Mann wurde bei seiner Rückkehr in die DDR zwar von Wolf dafür gerügt, dass er sich bei seiner Verhaftung 1974 als Offizier der DDR zu erkennen gegeben hatte.[9] Gleichwohl behandelte man ihn noch zuvorkommender als seine vormalige Mit-Kundschafterin und jeden anderen zurückkehrenden HVA-Agenten in der Geschichte der DDR. Das MfS beförderte ihn mit der Rückkehr zum Oberstleutnant und 1985 zum Oberst. Es überließ ihm 1982 gegen eine Vorzugsmiete ein beschlagnahmtes Haus in der Altlandsberger Chaussee 91 in Eggersdorf am Bötzsee, 30 Kilometer östlich von Berlin. Dieses für DDR-Verhältnisse großzügige Fünf-Zimmer-Anwesen mit einem Grundstück von fast 2000 Quadratmetern, eigenem Bootssteg, »zwei Garagen, Eichenparkett in den Zimmern, Marmorborden, Kamin und – für dortige Verhältnisse fast unvorstellbar – modernen Einhebelmischern an den Wasserhähnen«, wie der Stern von einem Besuch kurz nach dem Fall der Mauer zu berichten wusste,[10] bewohnte Guillaume mit seiner zweiten Frau bis zu seinem Tode 1995. Man stellte ihm ebenso umgehend einen importierten Peugeot zur privaten Verfügung. 1985 erhielt Guillaume als einziger MfS-Offizier überhaupt die Ehrendoktorwürde der Juristischen Hochschule in Potsdam. Diese hatte zuvor, 1969, nur der sowjetische KGB-Oberst Rudolf Iwanowitsch Abel bekommen. Er, vormaliger Führer eines Spionageringes in den USA, war im Februar 1962 im Gegenzug für den 1960 über der UdSSR abgeschossenen US-Aufklärungspiloten Francis Gary Powers freigekommen – beim ersten Agentenaustausch auf der Glienicker Brücke, die West-Berlin mit Potsdam verbindet. Als weitere, eher kuriose Auszeichnung erlaubte Mielke Guillaume, seinen Vollbart weiterhin tragen zu dürfen, den er sich in der Haft in Rheinbach hatte wachsen lassen und der ein wenig an jenen von Karl Marx erin-

Günter Guillaumes Haus in Eggersdorf, das ihm 1982 vom MfS zur Verfügung gestellt wurde und in dem er bis zu seinem Tod 1995 wohnte.

nerte. Eigentlich sah eine Dienstvorschrift für MfS-Offiziere bindend vor, dass sie zumindest in der DDR bartlos zu bleiben hätten. Schließlich erhielt Guillaume, abgesehen von seinem mehr als großzügigen Sold, wiederholt vom MfS Tausende Ost-Mark ausgezahlt, um mit seiner neuen Lebensgefährtin Urlaub, offiziell als »Dienstreisen« deklariert, in anderen Ostblockländern machen zu können. So gab ihm das MfS im September 1983 4000 Ost-Mark, also etwa das Vier- bis Fünffache eines durchschnittlichen DDR-Monatsgehaltes, für eine dreiwöchige Reise nach Ungarn und im August 1984 weitere 4000 Mark für einen vierwöchigen Urlaub in Bulgarien. Im Herbst 1987 fuhr er mit seiner Frau und einem befreundeten Ehepaar auf Kosten des MfS für vier Wochen nach Kuba und 1988 erneut mit seiner Frau für einen Monat zur Kur nach Ungarn.[11]

Der ehemalige Kanzleramtsreferent stellte zwar bei weitem nicht die ergiebigste der »freigekämpften« Objektquellen dar. Doch auch die HVA konnte sich dem Mythos des angeblichen Meisterspions, der direkt aus der Bonner Regierungszentrale berichtet habe, nicht entziehen. Alles andere als eine zumindest MfS-interne außergewöhnliche Ehrung und Belohnung hätte schäbig und demotivierend auf potenzielle künftige Übersiedlungs-IM gewirkt. Zudem, und insofern kehrten die Guillaumes zum richtigen Zeitpunkt in die DDR zurück, entwickelte sich der

Kult um die Kundschafter seit den frühen siebziger Jahren innerhalb des MfS in zunehmendem Maße. Ursprünglich hatten die sozialistischen Staaten schlichtweg geleugnet, dass sie sich so finsterer Methoden wie der Spionage überhaupt bedienen mussten, um ihre Ziele zu erreichen. Erst in den sechziger Jahren, als der angeblich historisch unausweichliche Sieg des Sozialismus immer noch auf sich warten ließ, begann man im Ostblock, einzelne Vorbilder hervorzuheben. Den Vorreiter bildete die Würdigung des Meisterspions Richard Sorge, der Stalin von Tokio aus präzise, aber letztlich vergeblich vor dem bevorstehenden deutschen Angriff 1941 gewarnt hatte und der für seine Tätigkeit mit dem Leben bezahlte.[12] Um den angeblichen qualitativen Unterschied zur Spionage kapitalistischer Provenienz auch semantisch herauszustellen, operierten für den Osten keine Agenten – vulgo Büttel des Kapitals –, sondern Kundschafter. Diese Berufsbezeichnung evozierte eher Anklänge an ehrenwerte Pfadfinder, die jeden Tag eine gute Tat vollbringen, was in diesem Fall die Aufrechterhaltung des Friedens und den Schutz des ersten »Arbeiter-und-Bauern-Staates auf deutschem Boden« bedeutete. Als Kundschafter wurden in der DDR gelegentlich auch die Kosmonauten bezeichnet, so dass man die Tätigkeit der im Westen wirkenden Spione im übertragenen Sinne mit den Expeditionen der »Kundschafter im All« gleichsetzen konnte: Beide agierten in einer gänzlich fremdartigen, ja lebensfeindlichen Umwelt. Im Februar 1970, anlässlich des 20. Jahrestages der Gründung des MfS, bekannte sich die DDR erstmals zu den eigenen Spionageaktivitäten, indem Ulbricht »den namenlosen Kämpfern an der unsichtbaren Front« eine offene Grußadresse entbot. Zum 25. Jahrestag des MfS folgte eine weitere Grußadresse der Staatsführung an die »Kundschafter im Westen«. Dieses sich im Ostblock herausschälende Bekenntnis zu den eigenen Spionageaktivitäten sollte auch verdeutlichen, dass man selbst in Zeiten der Entspannung nicht in der Wachsamkeit gegenüber dem Gegner, der immer noch der gleiche sei, nachlassen dürfe. Der Imperialismus habe nicht seine grundsätzliche Aggressivität verloren, sondern komme nur vorübergehend auf »Filzlatschen« daher. Folglich erschien es sinnvoll, sich der Väter des Kampfes an der »unsichtbaren Front« zu erinnern und sie zu ehren.[13] Vor allem in den achtziger Jahren setzte das MfS die Ehrung von herausgehobenen Kundschaftern verstärkt zur sinnstiftenden Traditionspflege ein, bis sie nach Aussage zweier ehemaliger HVA-Offiziere gegen Ende der DDR fast zu einer Art Obsession wurde. Von dieser Traditionspflege zeugen beispielsweise die aufwendig gestalteten Sammelbiografien von

Kundschaftern, die 1984 und 1989 im Auftrag des MfS die Leipziger Offizin Andersen Nexö herstellte. Der Betrieb ist auf hochwertige, in traditioneller Handwerkskunst hergestellte Bücher, Broschüren und Bildbände spezialisiert.[14] Mit diesen geschichtspolitischen Initiativen sollte nicht zuletzt dem zunehmenden Glaubwürdigkeitsverlust des realsozialistischen Gesellschaftsmodells und folglich auch jener Instrumente, die zu seiner Verteidigung bereitstanden, gegengesteuert werden.

MfS-Propaganda mittels »Kundschafterforen«

Trotz ihrer relativ hohen militärischen Ränge und der großzügigen materiellen Unterstützung gab es für Christel und Günter Guillaume nach der Rückkehr in die DDR nicht viel für das MfS zu tun. Guillaumes anfängliche Erwartung, als Abteilungsleiter in der Zentrale oder ähnlich verantwortungsvoll arbeiten zu können, erwies sich als Illusion. Laut Wolf sei er zu lange aus dem operativen Geschäft heraus gewesen. Entscheidender war wohl, dass den Guillaumes wie allen Bundesbürgern, die einen neuen Anfang in der DDR suchten, sowie Ostdeutschen, die nach einer gewissen Zeit im Westen aus den verschiedensten Gründen wieder in den Arbeiter-und-Bauern-Staat zurückgekehrt waren, seitens des MfS und anderer Organe Misstrauen entgegenschlug. Diese befürchteten, dass es sich bei den Ein- und Rückwanderern entweder um gescheiterte Existenzen handelte, die nur den öffentlichen Kassen zur Last fallen würden, oder um Agenten des Klassenfeindes. Dieses Misstrauen schien bei den Guillaumes, die so lange im Westen gelebt und so überzeugend die Sozialdemokraten gemimt hatten, die vom Verfassungsschutz enttarnt worden waren und jahrelang in westdeutscher Haft gesessen hatten, aus Sicht des MfS nicht unbegründet, obwohl das Ministerium selbst sie ursprünglich als Übersiedlungs-IM in den Westen geschickt hatte. Christel Guillaumes süffisante Frage an ihren Führungsoffizier Weichert nach ihrer »Freikämpfung«, woher er der denn wisse, ob man sie nicht im Westen »umgedreht« habe, stellte zum Beispiel ein Moment der Verunsicherung für die Tschekisten dar. Die Schwärmereien ihres Exmannes im Kreise seiner HVA-Kameraden über seine große Zeit an der Seite Willy Brandts waren sicherlich ebenfalls nicht hilfreich, um Vorbehalte abzubauen. Denn diese Renommiersucht galt weniger seinen Erfolgen als Kundschafter, sondern der Tatsache, einem so bedeutenden Staatsmann gedient zu haben. Folglich blieben die beiden Exspione wie die meisten anderen zurückkehrenden West-IM von sensiblen Tätigkeiten im MfS ausgeschlossen. Mehr noch, Günter Guillaume wurde vom MfS sogar zumindest zeitweilig überwacht; nach der Wende stellte sich heraus, dass sich in seiner Villa Abhörmikrofone befanden. Das war so ungewöhnlich nicht bei einem ehemaligen Kundschafter, denn das MfS hörte gelegentlich auch die Gespräche von Heinz Felfe ab. »Ja, wir haben Fehler gemacht. Wir haben ihm Verantwortung nur unzureichend übertragen«, bekannte Großmann anlässlich der Beerdigung Guillaumes auf die Frage, warum man in der HVA die Westerfahrung des Spions nicht mehr genutzt habe.[15]

Verwendet werden konnten die Guillaumes von nun an für die regime-interne »Öffentlichkeitsarbeit« der HVA. Getrennt traten sie seit Frühjahr 1982 und bis in die späten achtziger Jahre hinein DDR-weit bei zahlreichen sogenannten »Kundschafterforen« auf, bei denen meist zusätzlich der Film »Auftrag erfüllt« gezeigt wurde. Diese Propagandaveranstaltungen der HVA, auf denen ehemalige Agenten über ihren Einsatz im Westen berichteten, organisierte die »Arbeitsgruppe Operative Betreuung« für das eigene Personal sowie die Tschekisten anderer Abteilungen, aber ebenso für die NVA, die Grenztruppen sowie für SED und FDJ. Ziel der Foren war es nicht so sehr, vor allem, wenn es sich um Auftritte außerhalb des HVA-Rahmens handelte, einen Einblick in die operative Praxis der Westarbeit zu geben. Vielmehr ging es, wie Christel Guillaume nach der Wende ausführte, um die »Entwicklung eines Feindbildes«. Den Zuhörern sollte anhand dieser Schilderungen aus erster Hand über das Leben im Westen die ganze angebliche Dekadenz und Unmenschlichkeit der kapitalistischen Gesellschaft vor Augen geführt werden. Zugleich dienten sie der Beschäftigung der andernfalls kaum ausgelasteten Exspione, die Anerkennung erhielten, indem man sie einer ausgewählten Öffentlichkeit als Helden präsentierte. Obwohl diese Veranstaltungen kaum Details über Organisation und praktische Arbeit der HVA offenbarten, sollten sie gemäß einer Richtlinie der HVA von 1987 nur solchen Personenkreisen zugänglich sein, die über fundierte sicherheitspolitische Kenntnisse verfügten und schon an anderen Schulungen des MfS teilgenommen hatten. Dieses für das MfS typische konspirative Gebaren schränkte den potenziellen Zuhörerkreis drastisch ein. Ende der achtziger Jahre verfügte die HVA über zehn Exagenten, die regelmäßig Kundschafterforen bestritten. Die Guillaumes galten wegen ihres Bekanntheitsgrades als die wertvollsten Vortragsredner, gefolgt von Johannes Koppe.[16] Letzterer ging 1952 als Übersiedlungs-IM in den

Christel Guillaume auf einem »Kundschafterforum« im MfS im September 1985.

Westen und machte, vom SWT der HVA geführt, eine Karriere als Kernphysiker bei den Hamburger Elektrizitätswerken. 1979, als Koppes Tarnung wegen des Seitenwechsels von Werner Stiller zum BND aufgeflogen war, gelang es ihm im letzten Moment, sich einer Verhaftung zu entziehen, indem er kaltblütig gegenüber den Polizisten, die an seiner Tür geklingelt hatten, behauptete, der von ihnen gesuchte Mann wohne zwei Stockwerke höher. Diesen Zeitaufschub nutzte er, um zu entwischen und sich in die DDR abzusetzen. Auch Wilhelm Gronau kam in den achtziger Jahren auf Kundschafterforen zum Einsatz. Am Ende der 60- bis 90-minütigen Vorträge hatte das Auditorium stets Gelegenheit, Fragen zu stellen. Allerdings mussten diese vorher schriftlich eingereicht werden, damit es nicht zu unvermuteten Situationen für die Vortragenden kommen konnte und sichergestellt war, dass die Fragen in die politisch und pädagogisch gewünschte Richtung zielten.[17]

Vor allem Christel Guillaume bestritt zahlreiche solcher Auftritte. Sie galt HVA-intern als die aktivere und letztlich besser geeignete Person als ihr Exgatte. Für sie stellten die Foren eine Art Ersatzbeschäftigung für eine ansonsten fehlende Aufgabe in der DDR dar. Sie war froh, auf diese Weise aus dem Schatten ihres Exmannes heraustreten und ihren

Anteil an seinem Aufstieg in der SPD schildern zu können.[18] Zudem sah sie sich stärker als er als Opfer der westdeutschen Justiz, die ihr Jahre des Lebens geraubt habe, obwohl sie stets nur Gehilfin und Untergebene Guillaumes gewesen sei. Daher glaubte sie, unverschuldet gelitten zu haben. Dieses Empfinden gab ihren Vorträgen eine zusätzliche schneidende, von der HVA durchaus erwünschte Schärfe. Eine Tonaufnahme vom März 1982, also von einem der ersten Auftritte Christel Guillaumes vor HVA-Publikum, moderiert von ihrem Führungsoffizier Weichert, gibt einen Eindruck von einer solchen Veranstaltung.[19] Weichert führt die Kundschafterin als Person ein, die sieben Jahre »in den Kerkern des imperialistischen Systems« eingesessen habe. Die Übersiedlungsbedingungen seien für Kundschafter 1956 wesentlich härter gewesen als heutzutage. Man könne zwar nicht behaupten, dass jetzt geradezu günstige Verhältnisse für die Westarbeit herrschten, doch hätten sich die Erfahrungen der HVA seitdem vervielfältigt, nicht zuletzt dank des Einsatzes von Günter und Christel Guillaume. Man sei dabei, die Tätigkeit der beiden weiter auszuwerten für eine »noch bessere Arbeit am Feind«. Mit präzisen Worten und sarkastischem Unterton umreißt die Sprecherin sodann die angeblich allgegenwärtige Ämterschacherei in der SPD, die weitverbreitete Verwahrlosung der Jugend und die stete Angst der Eltern im Westen, dass ihre Kinder, für die es im Übrigen keine Krippenplätze gebe, Opfer der landläufigen Drogensucht werden könnten. Schließlich schildert sie die unmenschlichen Verhältnisse in den westdeutschen Gefängnissen, die vor allem von Drogenhändlern und -opfern bevölkert seien. Eine Standardfrage, denen sich Christel und Günter Guillaume bei diesen Foren stellen musste, war jene, wie man als HVA-Agent im Westen mit der Elternschaft umgehe. Dieser Aspekt ihrer Westtätigkeit bereitete vor allem Christel Guillaume Gewissensbisse. Sie litt stärker als ihr Mann darunter, dass sie ihren Sohn die ersten 17 Jahre seines Lebens hintergangen hatte und er anschließend ohne Eltern in einem fremden Land, der DDR, aufwachsen musste, während sie im Westen im Gefängnis saßen. Christel Guillaume antwortet im erhaltenen Tondokument nach sichtlichem Zögern auf diese Frage, die oft gestellt werde, dass ein Kind im Westeinsatz die Ausnahme bleiben solle. Aus Sicherheitsgründen könne man es nicht als Kommunist erziehen. Zudem sei es eine große Belastung für die Eltern im Falle der Haft, und es bestehe die Gefahr, dass es sich gegen seine Eltern wende. Weichert ergänzt, dass der Sohn der HVA am Anfang große Schwierigkeiten bereitet habe, weil seine Integration in die DDR nicht nahtlos erfolgt sei.

Günter Guillaume (2. von links) als Gastredner beim Zentralrat der FDJ mit dem FDJ-Vorsitzenden Egon Krenz (stehend) im April 1983.

Doch habe er eine wichtige Rolle bei der Unterstützung der Eltern während der Haftzeit gespielt. Alle Besuchsreisen Pierres in den Westen seien auf strikte Anweisung der Zentrale erfolgt. Die größte Befürchtung der HVA wie der Eltern sei es gewesen, dass Pierre bei einer der Westreisen »abtrünnig« hätte werden können, was einen »schweren ideologischen Schlag« bedeutet hätte. Auf eine Frage über den Sturz Brandts antwortet Christel Guillaume im Einklang mit der von der HVA bereits im Mai 1974 ausgegebenen Sprachregelung,[20] der Exkanzler könne den Guillaumes geradezu dankbar sein, dass sie ihm einen solchen Abgang verschafft hätten. Denn ansonsten wäre er sang- und klanglos untergegangen, weil seine Macht schon lange erodiert gewesen sei.

Guillaume hingegen genoss sein neues privates Glück und die Annehmlichkeiten eines Prominentenlebens, so dass er seltener bereit war, auf Foren aufzutreten. Zudem zeigte er sich enttäuscht, dass man ihn nicht auf eine verantwortungsvolle Position in der HVA gesetzt hatte. Folglich wollte er sich für diese nicht mehr allzu sehr engagieren. Im Gegensatz zu seiner Frau haderte er trotzdem nicht mit seinem Leben, was seinen Auftritten die Schärfe nahm. Zieht man den auf Video erhaltenen Auftritt zusammen mit Rausch und Weichert vor HVA-Kadern im März 1982 heran,[21] so benutzte er die Foren, um den Genossen, die zumeist nie den Ostblock oder selbst die DDR verlassen hatten, in ausufernder Weise darzustellen, wie man in der SPD Karriere machte und wie es sich an der Seite eines so bedeutenden Politikers wie Willy Brandt lebte. Die Aura der Macht, an der er in Bonn Teil hatte, scheint ihn immer noch zu faszinieren. Anstelle ideologischer Indoktrination und scharfer Analyse, die Christel Guillaumes Vortrag kennzeichnen, bietet er in seinem Auftritt einen seinem Temperament entsprechenden selbstgefälligen, wenig strukturierten, jedoch unterhaltsamen Einblick in das politische Leben in der Bundesrepublik. Dieser ruft eher Neugier bei den Zuhörern hervor als Abscheu vor dem Klassenfeind. Empörung über den Westen klingt bei Guillaumes Vortrag eigentlich nur an jener Stelle durch, an der es um den Sturz Willy Brandts geht: Man mache sich in der DDR keine Vorstellung davon, wie »mies« die Bundesrepublik mit ihrem eigenen Kanzler umgegangen sei. Auch Guillaume wird nach seinem Vortrag mit der Frage konfrontiert, wie sich Kundschafter zur Elternschaft verhalten sollten. Er antwortet ebenfalls nur zögerlich und gibt zu, dass ihm bei der eigenen Verhaftung das Schicksal des Sohnes große Sorgen bereitet habe. Eigentlich sei der Einsatz im Westen ohne Kinder vorzuziehen, doch könne man den Kundschaftern bei ihren oft jahrzehntelangen Tätigkeiten nicht zumuten, auf ein Familienleben zu verzichten. Zudem würden Kinder dabei helfen, eine bürgerliche Existenz vorschützen zu können. Es sollte aber für den Fall einer Verhaftung schon im Vorhinein eine Auffangposition für den Nachwuchs vorbereitet sein. Auf die Frage hin, wie Guillaume es geschafft habe, beim Leben mitten unter dem »Klassenfeind« ideologisch standhaft geblieben zu sein, behauptet er, dass die beste Parteischule der tägliche Einblick in die politischen »Schweinereien« im Westen gewesen sei. Dies wäre lehrreicher als jede Theorie über den Imperialismus.

Zögerliche Öffentlichkeitsarbeit

Mielke verfügte 1985, dass die Öffentlichkeitsarbeit seines Ministeriums intensiviert werden müsse. Wie es in einer MfS-Dissertation zum Thema im Jahre 1989 mit vollem Ernst hieß, seien die Ausgangsbedingungen für eine tschekistische Öffentlichkeitsarbeit, die es bisher nicht auf systematische Weise gebe, an sich günstig, weil es (a) eine grundsätzliche Übereinstimmung von Volk und Partei beziehungsweise Staat in der

DDR gebe; (b) die Stasi gegenüber dem Volk keine Unterdrückungsfunktion wahrnehme und daher nichts zu verbergen habe; (c) die Öffentlichkeitsarbeit des Ministeriums gemäß den Grundsätzen des Tschekismus per se widerspruchsfrei und aufrichtig sei. Die Tatsache, dass laut einer MfS-Umfrage trotzdem 46,3 Prozent der DDR-Bürger nichts mit der Stasi zu tun haben wollten, wies also im tschekistischen Selbstverständnis vor allem auf ein Kommunikationsproblem hin: Offenbar, so die Dissertation, erkannten viele DDR-Bürger nicht, dass das MfS letztlich zu ihrem Wohle arbeitete, oder sie seien durch gegnerische Agitation fehlgeleitet. Eine aktive Öffentlichkeitsarbeit könne diesen Widerspruch zwischen Selbstverständnis und Intention des MfS einerseits und Wahrnehmung durch die Ostdeutschen andererseits auflösen und damit zu einer höheren Kooperationsbereitschaft der Bevölkerung mit dem Ministerium führen. Allerdings stehe die Notwendigkeit, die Öffentlichkeit in Zukunft besser mit den Zielen und Methoden der Arbeit des MfS vertraut zu machen, in einem natürlichen Spannungsverhältnis zum Gebot zur Konspiration.[22] Die Tatsache, dass in der zweiten Hälfte der achtziger Jahre überhaupt eine solche Forschungsarbeit in Auftrag gegeben wurde, zeigte, dass nach Auffassung der MfS-Führung bereits seit einiger Zeit zwischen dem eigenen Anspruch an die Tätigkeit und der Wahrnehmung dieser durch die ostdeutsche Öffentlichkeit, in deren Interesse man vermeintlich handelte, eine Diskrepanz herrschte.

Die nachlassende Attraktivität des realsozialistischen Gesellschaftsmodells und seiner Instrumente wie dem MfS ließ sich auch daran ablesen, dass es für die HVA in den achtziger Jahren zunehmend schwieriger wurde, neue IM in der Bundesrepublik zu rekrutieren, mit der Folge, dass das Agentennetz überalterte. Jene, die ursprünglich aus politischem Idealismus Spione für die DDR geworden waren, stellten ihren Führungsoffizieren immer häufiger kritische Fragen ob der Verhältnisse im Arbeiter-und-Bauern-Staat, wie selbst Großmann in seinen Memoiren schrieb.[23] Das MfS suchte dem zunehmenden Legitimationsverlust des SED-Staates und seiner Organe beispielsweise durch die Veröffentlichung von Kundschaftermemoiren entgegenzuwirken. Diese wurden als eine der geeigneten Maßnahmen zur Intensivierung der tschekistischen Öffentlichkeitsarbeit in der besagten MfS-Dissertation aufgezählt. Dabei hoffte man offenbar, dass der Glanz der »Kundschafter des Friedens« auf die Tätigkeit der anderen Abteilungen des MfS abstrahlen würde. So erschienen die Memoiren von Heinz Felfe, des ehemaligen Meisterspions im BND, 1986 zunächst in der Bundesrepublik, also 17 Jahre nach dem Austausch, in der DDR sogar erst 1988. Die Erinnerungen des 1974 aus französischer Haft »freigekämpften« Nato-Spions Hans Voelkner kamen 1989 heraus.[24] Anhand der Schilderungen der Vorzeigespione aus der jüngeren Vergangenheit sollte den Tschekisten und einer breiteren Öffentlichkeit versichert werden, dass man sich selbst in einem schwieriger gewordenen Umfeld letztlich doch für die richtige, da historisch legitime Sache einsetze. Die DDR, die in der Tradition des Widerstandes gegen den Faschismus stehe, habe überzeugte Patrioten hervorgebracht, die von einem klaren Klassenstandpunkt aus den westdeutschen Imperialismus bekämpft hätten, worauf man stolz sein könne.

Seit 1985 schrieb Günter Guillaume zusammen mit dem stellvertretenden Chefredakteur der *Neuen Berliner Illustrierten Zeitung*, Günter Karau, an seiner Lebensgeschichte. Im Februar 1986 war das Manuskript fertig. Das Vorwort zum Buch ist auf den August 1986 datiert.[25] Dass das Verfassen von Memoiren politisch exponierter Personen in der DDR nicht als Privatangelegenheit galt, sondern geradezu als Haupt- und Staatsaktion, mussten schon die Veteranen der Internationalen Brigaden aus dem Spanischen Bürgerkrieg erfahren. Das SED-Regime stutzte und redigierte ihre Lebenserinnerungen seit den fünfziger Jahren so zurecht, dass sie sich nahtlos in das Selbstbild des Arbeiter-und-Bauern-Staates als Erbe und Fortführer des antifaschistischen Kampfes einfügten.[26] Im Falle der Kundschaftermemoiren zeichnete das Referat 5 der Abteilung X der HVA verantwortlich, zuständig für »Zersetzung und Desinformation« der feindlichen Nachrichtendienste. Denn die Erinnerungen der Exspione sollten nicht nur die Moral in der DDR heben, sondern zugleich den nachrichtendienstlichen Gegner im Westen durch die angeblichen Erfolge der Kundschafter demoralisieren oder dort durch die Darstellung falsche Fährten legen, ohne dem Gegner aber tiefere Einblick in die tatsächliche operative Praxis und Struktur des eigenen Nachrichtendienstes zu geben. Diese Methode wandte umgekehrt im Übrigen auch der BND an, indem er Mitte der achtziger Jahre intensiv die Entstehung der Memoiren »Im Zentrum der Spionage« des HVA-Überläufers Stiller »betreute«. Zur Verunsicherung der HVA wurde zum Beispiel ein schon wesentlich längerer Kontakt Stillers zum BND mit entsprechenden Möglichkeiten des Geheimnisverrates suggeriert, als es tatsächlich der Fall gewesen war, bevor Stiller im Januar 1979 in den Westen flüchtete. Der Leser erfuhr hingegen nichts über die Arbeit des BND in dieser Operationen oder anderen.[27] Christel Guillaume schilderte kurz nach der Wende ihre Erfahrungen mit dieser Art eines geradezu entfremdeten Schreibens unter MfS-Aufsicht, arbeitete sie doch parallel zu ihrem Mann Mitte der achtziger Jahre an ihren Erinnerungen: »Es liegt nun schon etliche Jahre zurück, also noch in der Zeit des unseligen DDR-Sozialismus Stalinscher Prägung, als ich in kleinem Gesprächskreis (natürlich alles SED-Genossen!) einmal laut dachte. Ich hätte mir überlegt, daß ich meine Lebensgeschichte doch mal aufschreiben sollte, denn wechselvoll genug sei dieses Leben ja verlaufen (…). Hätte ich doch nie laut gedacht! Die Wirkung meiner Worte war durchschlagend. Ja, das mußt Du tun, das wäre etwas, das wird gebraucht für die Erziehung unserer jungen Menschen, das könnte helfen ein richtiges Feindbild zu entwickeln (…). Ich machte jedoch den großen Fehler, es zu viele Leute mitlesen zu lassen – Hilfestellung wurde dies genannt. Was kommen mußte kam, bereits nach relativ kurzer Zeit wurde eine Besprechung darüber anberaumt, wo es nur Kritik und noch einmal Kritik hagelte; man monierte Inhaltliches, man monierte die Form usw. usf.«[28] Die MfS-Ghostwriter redigierten derartig in dem letztlich nie veröffentlichten Manuskript, dass es an einigen Stellen zu einer Art Selbstkritik, mehr noch: zu einer geradezu masochistischen Herabwürdigung der eigenen Person geriet. Dadurch entstand ein Dokument, das wie eine Persiflage auf die Empfindungen der Enttäuschung und Ernüchterung wirkte, die Christel Guillaume eigentlich gegenüber ihrem Exmann in den achtziger Jahren hegte, als sie an ihrer Autobiografie arbeitete. In jener Passage, die vage ihren Versuch andeutet, sich Mitte der sechziger Jahre bei Gailat und Laufer über ihren Mann zu beschweren und für sich die Residentenrolle zu reklamieren, heißt es beispielsweise: »So erinnere ich mich, daß nach einiger Zeit all meine angestauten Frustrationen, ja sogar eine gewisse Bitterkeit sich bei einem Treff zum Entsetzen meiner Genossen entluden und zu heftigen Diskussionen führten. In völliger Fehleinschätzung meiner eigenen Person und des Anteils an der im Einsatzgebiet zu leistenden Arbeit erklärte ich mich für absolut gescheitert. Aber, so meinte ich hochmütig und uneinsichtig, doch beileibe nicht nur durch meine eigene Schuld! Die Genossen haben mir in einer langen Nachtsitzung den Kopf wieder zurechtgerückt und Relationen wiederhergestellt. Ich fuhr zwar noch einigermaßen bitterböse und mit allen hadernd ins Einsatzgebiet zurück, doch war dieser Schock sehr heilsam. Das Resultat war, daß ich lernte, Günters Dominanz in unserer gemeinsamen Arbeit voll zu akzeptieren. Ich gestand mir nunmehr selbstkritisch ein, daß er über Fähigkeiten und Fertigkeiten verfügte, die bei mir nicht gegeben waren beziehungsweise nicht gegeben sein konnten. Die bittere Erkenntnis, mich selbst überschätzt zu haben, war ein Erfahrungswert fürs ganze Leben. Helfende Partnerin zu sein war ja keine Last, sondern bedeutete Bestätigung und Befriedigung. Es gab keine schöneren Stunden in unserer gemeinsamen Arbeit als die, in denen wir in langen Gesprächen Zukunftspläne für den uns gestellten Auftrag schmiedeten.«[29]

Im Falle von Günter Guillaumes Memoiren galt es für das SED-Regime abzuwägen: War der mögliche propagandistische Gewinn in Hinblick auf die Festigung des Feindbildes Bundesrepublik unter den Ostdeutschen und der angeblichen historischen Legitimität der DDR höher als der politische Kollateralschaden, den die Herausgabe des Buches auf dem Gebiet der innerdeutschen Beziehungen anrichten könnte? Letztlich entschied sich das MfS, die Veröffentlichung der Erinnerungen aus Rücksicht auf mögliche abträgliche Reaktionen in der Bundesrepublik lange hinauszuschieben. Anfang 1987 fragte das MfS zwar bei den einzelnen Abteilungen an, wie viele Exemplare des geplanten Buches jede haben wolle, doch veröffentlicht wurde es schließlich erst Anfang Dezember 1988.

Man kann mangels erhaltener Unterlagen letztlich nur mutmaßen, welche übergeordneten politischen Erwägungen die Veröffentlichung des Buches aufhielten: Die SPD blieb trotz der Tatsache, dass die Regierung Kohl seit ihrem Machtantritt im Herbst 1982 ihrerseits die Entspannungs- und Normalisierungspolitik der vorangegangenen SPD/FDP-Koalition im Wesentlichen fortführte,[30] bis 1989 eindeutig der favorisierte Ansprechpartner der SED. Die Sozialdemokratie versuchte nach dem Machtverlust vom Herbst 1982 ihrerseits, sich weiterhin bei den Machthabern im Osten als Vorreiter westlicher Entspannungs- und Abrüstungsinitiativen zu empfehlen. Bereits wenige Wochen nach dem Regierungswechsel schlug Brandt in einem Schreiben an Honecker vor, dass die beiden Parteien Kontakt aufnehmen sollten, um einer weiteren Verschlechterung der Ost-West-Beziehungen und damit auch des innerdeutschen Verhältnisses entgegenzuwirken. Am 2. November 1982 beschloss das Politbüro daraufhin, regelmäßige Konsultationen mit der SPD einzuleiten. Seit dem Frühjahr 1983 reiste der Fraktionsvorsitzende Hans-Jochen Vogel jährlich zu Gesprächen mit Honecker nach Hubertusstock. 1984 wurde eine gemeinsame Arbeitsgruppe zur Sicherheitspolitik gebildet. 1986 entsandte man erstmals gegenseitig offizielle Beobachterdelegationen zu den jeweiligen Parteitagen jenseits der Elbe.

Buchumschlag von Guillaumes 1988 im Militärverlag der DDR veröffentlichten Memoiren.

SPD-Politiker wurden bei ihren Besuchen in der DDR stets äußerst zuvorkommend behandelt, ja geradezu hofiert, was sie kurzzeitig beinahe darüber hinwegtäuschen konnte, dass sie in Bonn nicht mehr an der Macht waren. Die SPD wiederum konnte sich seit Herbst 1982, der Bürde der Regierungsverantwortung entledigt, deutschland- und entspannungspolitisch wesentlich kühner geben als zuvor. Sie zeigte nun die Bereitschaft, auf Honeckers »Geraer Forderungen« in den Fragen der Elbgrenze, der Auflösung der Erfassungsstelle für DDR-Regierungskriminalität in Salzgitter sowie der DDR-Staatsbürgerschaft einzugehen. Die SPD wandte sich jedoch vor allem entschieden gegen die Teilnahme der Bundesrepublik an der Nachrüstung auf dem Feld der nuklearen Mittelstreckenwaffen, was aus Sicht Ost-Berlins in den achtziger Jahren ihre Hauptattraktivität ausmachte. Seit dem Sonderparteitag in Köln im November 1983 dominierten in der SPD ganz offensichtlich die Gegner der Anfang 1979 von der Nato beschlossenen sogenannten Nachrüstung, angeführt von Willy Brandt und Oskar Lafontaine, während der Exbundeskanzler Schmidt als ihr Architekt in der eigenen Partei weitgehend isoliert dastand. Die Regierung Kohl hingegen verband ab 1982 anhaltende Gesprächsbereitschaft mit der DDR mit einem klaren Bekenntnis zur Bündnisloyalität gegenüber dem Westen. Deutlichster Ausdruck hierfür war die Stationierung der amerikanischen Mittelstreckenwaffen ab 1984 auf dem Territorium der Bundesrepublik. Dass das Interesse der SED an den Kontakten zur SPD vor allem militärpolitischer Art war, zeigte sich daran, dass die meisten Gespräche und Initiativen auf Wunsch Ost-Berlins Fragen der Nach- und Abrüstung behandelten. Entsprechende Vereinbarungen der SPD-SED-Arbeitsgruppe für Sicherheitspolitik wie im Juni 1985 über »Eine chemiewaffenfreie Zone in Europa« und im Oktober 1986 »Grundsätze für einen atomwaffenfreien Korridor in Mitteleuropa« waren denn auch die ersten sichtbaren Ergebnisse dieser Parteikontakte.[31]

Die SED wie auch die sowjetische Führung machten daher im Vorfeld der Bundestagswahl vom Januar 1987 deutlich, dass sie die SPD als künftige Bonner Regierungspartei favorisierten. Doch selbst als die Wahl zu einer erneuten Schlappe für die SPD und ihren Kanzlerkandidaten Johannes Rau wurde, schien es ratsam, das Guillaume-Buch weiter zurückzuhalten. Willy Brandt stand nach wie vor an der Spitze der SPD. Zwar verkündete er am 23. März 1987 überraschend seinen Rücktritt von seinem Posten als Vorsitzender der Partei für den im Juni anberaumten Sonderparteitag an, weil er sich mit seinem Vorschlag isoliert sah, eine relativ junge Frau mit nur schwacher sozialdemokratischer Imprägnierung, Margarita Mathiopoulos, zur Pressesprecherin der Partei zu machen. Er blieb aber Ehrenvorsitzender auf Lebenszeit. Zudem standen in jenem Jahr noch weitere deutschlandpolitische Großereignisse an, die ebenfalls vorerst gegen eine Veröffentlichung der Guillaume-Memoiren sprachen. Im September sollte es endlich zum Honecker-Besuch in Bonn kommen, der bereits zwei Mal, 1983 und 1984, auf Moskaus Intervention hin verschoben worden war. Von diesem erhoffte sich Ost-Berlin die bislang noch fehlende volle diplomatische Anerkennung der DDR durch die Bundesregierung. Im Rahmen des Besuchs wollte Honecker auch wichtige Vertreter der Opposition inklusive Brandt treffen. Außerdem hatten seit 1985 die Grundwertekommission der SPD und die Akademie der Gesellschaftswissenschaften beim ZK der SED in mehreren Sitzungen an einem Grundsatzpapier mit dem Titel »Zum Streit der Ideologien und die gemeinsame Sicherheit« gearbeitet. In diesem bescheinigte man sich gegenseitig Reformfähigkeit und einigte sich auf bestimmte Grundprinzipien im Dialog miteinander. Es wurde am 27./28. August 1987 in der Bundesrepublik und in der DDR zugleich veröffentlicht – ein deutliches Zeichen dafür, dass trotz Staatsbesuch bei Kohl die SED weiterhin vor allem an einem engen Verhältnis zur SPD interessiert war.

Weil das SED-Regime innenpolitisch zunehmend in Bedrängnis geriet, wovon etwa der seit Mitte der achtziger Jahre zu verzeichnende starke Anstieg von Ausreiseanträgen zeugte – von etwa 50 000 Personen 1984 auf etwa 105 000 im Jahre 1987 –, wollte es andererseits nur ungern auf das propagandistische Potenzial des Falls Guillaume zur Systemstabilisierung verzichten. Als erster Testballon dafür, wie man in Westdeutschland auf das Thema reagieren würde, erschien am 14. Mai 1987 ein längeres Interview mit Guillaume im FDJ-Organ *Junge Welt*. Es trug den Titel »Nationalität: deutsch – Staatsbürgerschaft: DDR – Bes. Kennzeichen: meine«. Die Tageszeitung war mit einer Auflage von etwa 1,3 Millionen Exemplaren das auflagenstärkste Presseorgan der DDR in den achtziger Jahren. Die Auftritte der Guillaumes auf Kundschafterforen wie auch die Vorführungen des Films »Auftrag erfüllt« hingegen waren bislang einem engen, regime-internen Kreis vorbehalten gewesen und wurden in den DDR-Medien weder angekündigt noch kommentiert. Bislang also hatte sich die DDR formal an die 1981 beim Austausch Guillaumes mit Bonn vereinbarten Bedingungen gehalten. Nun bekannte sich die DDR-Führung gegenüber der eigenen Öffentlichkeit erstmals überhaupt dazu, dass Guillaume, wie es im Artikel hieß, »einer der erfolgreichsten Kundschafter unserer Republik« gewesen sei, ohne dass im Zusammenhang mit seinem Auftrag die SPD, das Kanzleramt oder Willy Brandt Erwähnung fanden. Guillaume behauptete in dem Interview, dass er durch seine Tätigkeit in Bonn Zugang zu Geheiminformationen hatte, die für die militärische Sicherheit des sozialistischen Lagers und den Schutz des Friedens von sehr großer Bedeutung gewesen seien. Eine solch wichtige Position verlasse man nicht, selbst wenn man damit die eigene Freiheit aufs Spiel setze. Befragt über seine Erfahrungen in den beiden deutschen Staaten, beschrieb Guillaume die Bundesrepublik als weitgehend entpolitisierte Ellenbogengesellschaft, in welcher nur das Geld zähle. Die Arbeitswelt sei geprägt von Egoismus und Aggressivität, und ein Viertel der Bevölkerung sei als sogenannte Randgruppe ausgegrenzt. Der Friedenssehnsucht der Bevölkerung, den Aktivitäten der Friedensbewegung und dem »wachsenden Realitätssinn einflußreicher politischer Kräfte der BRD«, sprich der SPD, stünden die aggressiven, revanchistischen Kreise und die Profitinteressen der Rüstungskonzerne entgegen. Die DDR hingegen sei eine Solidargemeinschaft, in welcher Staat und Volk in Einheit lebten und in der jeder Zugang zu Arbeit und Bildung habe. Auf die Frage »Sind wir die besseren Deutschen?« antwortete Guillaume: »Wir sind diejenigen Deutschen, die die richtigen Schlußfolgerungen aus unserer Geschichte gezogen haben.« Guillaume bekannte, stets stolz auf seine Mitgliedschaft in der SED gewesen zu sein, denn sie sei die Partei des gesamten Volkes und der Motor der Entwicklung der DDR. Die SED habe gemäß Louis Fürnbergs Parteihymne von 1950 »immer recht«. Der Einblick in die Planungen und Aktivitäten des Gegners während seines Westeinsatzes habe ihn immer wieder in der Richtigkeit seines Weltbildes und der Notwendigkeit seines Auftrages bestärkt. Nach 25 Jahren Abwesenheit habe er erfreut festgestellt, dass sich vieles in der DDR zum Guten entwickelt habe: »Meine Heimatstadt Berlin hat heute Weltniveau.« Immerhin gab es im Interview im Rahmen dessen, was im antagonistischen Freund-Feind-Denken der SED überhaupt möglich war, eine Art versöhnliche Geste gegenüber der SPD. Sie war dem zeitgleichen Bemühen der beiden Parteien um das erwähnte Grundsatzpapier geschuldet: »Was empfinden Sie, wenn Sie heute den Kampf um die Koalition der Vernunft erleben und sehen, wie dabei gerade die Beziehungen SED-SPD eine neue friedensfördernde Qualität erlangen? – Ich würde anstelle des Wortes Koalition gern das Wort Allianz setzen. Eine Allianz drückt gemeinsame

Interessen aus. Ich freue mich, daß die andere Seite das auch zunehmend begreift.« Vielen überregionalen westdeutschen Zeitungen war das Interview schon am nächsten Tag eine längere Meldung wert.[32] Diese Reaktionen zeigten dem MfS, dass in der Bundesrepublik nach wie vor großes Interesse an der Causa Guillaume bestand und man daher besser vorsichtig agierte.

Im Sommer 1987 gab die Presseabteilung des MfS unter dem Titel »Kundschafter im Dienst des Friedens« zudem erstmals eine sich an die breite Öffentlichkeit wendende Dokumentation mit sechs Kurzporträts von Agenten heraus, die in den fünfziger, sechziger und siebziger Jahren gewirkt hatten, darunter Günter und Christel Guillaume. Im Vorwort hieß es, dass zwar seit den siebziger Jahren eine Phase der Entspannung zwischen den Machtblöcken eingetreten sei, doch bedeutete dies nicht, dass man in seiner Wachsamkeit nachlassen dürfe. Der politischen Entspannung sei keine militärische gefolgt, denn die Bundesrepublik sei nach wie vor die zweitstärkste Militärmacht im westlichen Bündnis und Waffenkammer sowie Aufmarschgebiet der Nato. Am faschistischen Geist der Bundeswehrführung habe sich damals nichts geändert. »Die Tätigkeit der Kundschafter blieb also auch in dieser Zeit von unschätzbarer Bedeutung. Ihnen, dem wertvollsten Gut des Ministeriums für Staatssicherheit, gebührt größte Achtung (...). Indem sie die gegen Frieden und Sozialismus gerichteten Pläne und die gefährliche Wühltätigkeit aufdecken, entlarven und unterbinden helfen, tragen sie zu einer sicheren Zukunft der Völker bei.«[33] Man beachte den unvermuteten Wechsel des Tempus in dieser Passage. Er deutete dem ostdeutschen Leser an, dass man nicht nur die Taten der Kundschafter in der Vergangenheit würdigen sollte, sondern ihr Vermächtnis auch noch in der Gegenwart Gültigkeit habe. Denn das Jetzt war angeblich für die DDR ebenso bedrohlich wie das Einst mit seinen auf den ersten Blick wesentlich stärkeren Ost-West-Spannungen. Zugleich konnte sich das MfS mit dieser Initiative als ostdeutsches und staatliches Pendant zur westdeutschen Friedensbewegung gleichsam »von unten« präsentieren.

Im November 1987 stellte das Regime schließlich erstmals Christel Guillaume durch ein achtseitiges Interview unter dem Titel »Auskünfte einer Kundschafterin« in der *Armeerundschau* der DDR-Öffentlichkeit vor. Die Monatszeitschrift hatte eine Auflage von 340 000 Stück und reichte mit geschätzten 1,5 Millionen Lesern weit über die NVA hinaus. Auch in diesem Interview fehlten die Reizworte SPD und Willy Brandt. Dafür bediente es sich aber eines geradezu lächerlichen Pathos'. Wie schon beim Interview ihres Exmannes und der MfS-Dokumentation vom Sommer tischte man dem Leser die üblichen Geschichten von der Remilitarisierung Westdeutschlands Anfang der fünfziger Jahre, vom Fortwirken der dortigen NS-Eliten und den konterrevolutionären Machenschaften des Imperialismus, die in den 17. Juni 1953 gemündet hätten, auf. Diese Konstellation habe die junge Frau bewogen, wie selbstverständlich an der Seite ihres Mannes als Kundschafterin in den Westen zu ziehen, obwohl es das Ende ihrer vielversprechenden Karriere im DDR-Kultusministerium bedeutete und sie stattdessen als »Tippse« im Westen anfangen musste. Aber: »Den Genossen, die jetzt draußen sind, geht es ebenso wie mir damals: Sie haben das sichere, geordnete Leben bei uns mit all seinen Entwicklungsmöglichkeiten für den einzelnen aufgegeben und einen Posten bezogen, der stündlich Unvorhersehbares bringen kann.« Selbstverständlich hätte sie, wenn sie nicht verhaftet worden wäre, weiter als Kundschafterin gearbeitet, »eventuell bis zu meinem Tode«. »Ein Mensch, dem so viel Vertrauen von der Partei entgegengebracht wird, darf nicht sagen: Das kann ich nicht oder das kann ich nicht ertragen. Das konnten unsere Genossen und Kampfgefährten in den Konzentrationslagern und Zuchthäusern der Nazis auch nicht sagen. Und die Kämpfer in Nikaragua, Chile oder Südafrika können es ebenfalls nicht. Keiner darf das sagen, der, wo und wie auch immer, für Fortschritt und Frieden steht.« Befragt, ob sie mit Blick auf die Bedrohung der Welt und der menschlichen Existenz, wie sie von den aggressiven Kräften des Imperialismus ausgehe, nochmals so handeln würde wie damals, antwortete sie, dass sie einerseits nie wieder sieben Jahre Gefängnis durchmachen wolle. Andererseits sei sie aber stets bereit, erneut einen Auftrag zum »Wohle unseres Landes« zu übernehmen. »Gerade jetzt, wo jeder Kopf und jede Hand für die Verhinderung des Allerschlimmsten gebraucht werden.« Dieses geradezu absurde Bedrohungsszenario wirkt umso befremdlicher, als seit Frühjahr 1987 die Entspannung der politischen Großwetterlage zwischen Ost und West vor allem durch die Initiativen Michail Gorbatschows rasch voranschritt; damals zeichnete sich die sogenannte doppelte Nulllösung ab, also der Abzug und die Zerstörung aller in Europa stationierten amerikanischen wie sowjetischen nuklearen Kurz- und Mittelstreckenwaffen, was schließlich im Dezember 1987 vertraglich festgelegt wurde. Man kann an den Behauptungen, die die Redaktion der *Armeerundschau* Christel Guillaume in den Mund legte, absehen, wie sehr das SED-Regime angesichts von Glasnost und Perestroika in der UdSSR und des Moskauer

Willens zur Zusammenarbeit mit dem Westen in Bedrängnis geraten war.[34] Auch über das Interview mit Christel Guillaume berichtete die westdeutsche Presse. Die Illustrierte *Quick* druckte es sogar fast vollständig ab.[35]

Ernüchterung bei Christel Guillaume

Als das Interview erschien, herrschte bei Christel Guillaume in Wirklichkeit längst Ernüchterung über den Unwillen der SED, Gorbatschows Reformen zu folgen. Dieses Umdenken wurde durch ihren Sohn gefördert, der zwar noch 1984 in die SED eingetreten war, jedoch alsbald feststellen musste, dass er hinsichtlich einer Modernisierung und Öffnung der verkrusteten Partei nichts bewirken konnte. Als Bildreporter der *Neuen Berliner Illustrierten Zeitung* bot sich ihm vielmehr die Gelegenheit, die gerontokratische SED-Führung bei Reisen ins sozialistische Ausland zu begleiten, was ihm jeglichen Glauben an Reformwillen und -fähigkeit von dieser Seite raubte. Seine Fotoreportagen zum Kultur- oder Wirtschaftsleben erlaubten ihm vielfältige Einblicke in den DDR-Alltag im ganzen Land und führten ihm die allgemeine Stagnation und Resignation vor Augen. Durch eigene Anschauung wie auch durch Auseinandersetzungen mit ihrem Sohn, der im Februar 1988 schließlich seine Ausreise aus der DDR beantragte, streute Christel Guillaume, zumindest wenn man ihrer Selbstdarstellung nach der Wende Glauben schenkt, zunehmend kritischere Töne über das Leben in der DDR bei ihren Auftritten auf Kundschafterforen ein. Sie erlitt dadurch jedoch keine Nachteile und sie wurde nie gerügt, denn letztlich, so behauptete sie nach der Wende, habe sie bei ihren Auftritten ziemliche »Narrenfreiheit« besessen. Allerdings sei sie schließlich immer seltener eingesetzt worden. Im Oktober 1987 schickte das MfS sie in den Ruhestand und gewährte ihr eine monatliche Pension von 1594 Ost-Mark, also etwa das Drei- bis Vierfache einer DDR-Durchschnittsrente.[36] Heinz Felfe, den das MfS als Dank für seine Dienste in den siebziger Jahren zum Professor für Kriminalistik an der Berliner Humboldt-Universität ernennen ließ, an der er auch MfS-Doktorarbeiten betreute, machte ähnliche Erfahrungen wie Christel Guillaume. Dies wird zum Beispiel durch ein vom MfS im Sommer 1988 belauschtes Privatgespräch dokumentiert, in dem Felfe äußerte: »Ich werde immer sarkastischer. Mir nimmt es keiner übel. Ich habe Kredit. Ich werde immer vorgeschickt, wenn es brenzlig wird. Wir wollten einen Staat bauen, in dem es gerecht zugeht, wo es allen gut geht, wo alles seine Ordnung hat. Was haben wir erreicht? Unsere Hoffnungen sind alle enttäuscht worden.«[37]

Trotz seines Hanges, die Jahre an der Seite Willy Brandts nostalgisch zu schildern, entwickelte sich hingegen Günter Guillaume in der DDR zu einem SED-Parteigänger der konservativsten Sorte. Die Tendenz verstärkte sich dadurch, dass er fast nur Umgang mit MfS-, SED- und NVA-Kadern pflegte. Im Gegensatz zu seiner Exfrau sah er Glasnost und Perestroika nur als Gefährdung der DDR und der SED-Herrschaft an, mit denen auch sein Wohlleben als Profiteur des Systems stehen oder fallen würde.[38] Guillaume hatte sich zudem stets auf die Seite der etablierten Autorität geschlagen, sei es in der SPD auf jene des rechten Parteivorstandes gegen den Ansturm der Jusos, oder nun auf jene der SED gegenüber jeglicher Anfechtung ihrer führenden Rolle in der DDR. Dieses Verhalten entsprach seinem letztlich seit der Jugend in der NS-Zeit autoritär geprägtem Charakter.

Ausreise des Sohnes in die Bundesrepublik

Pierre Guillaume waren seit seiner Übersiedlung in die DDR im Jahre 1975 seitens des MfS die verschiedensten Wege für einen attraktiven Berufseinstieg geebnet worden: vom Abitur an einer Erweiterten Oberschule über einen begehrten Studienplatz an einer Hochschule für Gestaltung bis zu einer Ausbildung als Bildreporter in der renommierten *Neuen Berliner Illustrierten Zeitung*. Dennoch fühlte er sich nie richtig wohl in der DDR, selbst nachdem er im April 1982 geheiratet hatte und bald darauf Vater zweier Kinder wurde. Zu stark war die Prägung seiner ersten 18 Jahre in der Bundesrepublik, wie er in einem Interview im Dezember 1988 bekannte.[39]

Der Ausreiseantrag von Pierre und Iris Guillaume für sie und ihre beiden Kinder vom 2. Februar 1988 stellte die größte moralische Niederlage des MfS in der gesamten Guillaume-Affäre dar. Das SED-Regime befürchtete nicht nur den Ansehensverlust, wenn publik werden sollte, dass ausgerechnet der Sohn des Kanzleramtsspions nach 13 Jahren DDR-Erfahrung den Westen vorzog. Das MfS tat sich zusätzlich schwer, zwei Personen ausreisen zu lassen, die ob ihres tschekistischen Familienhintergrundes mit Personalia und Arbeit des Ministeriums vertraut waren, das ansonsten so sehr auf Konspiration setzte. Denn Pierre Guillaumes

Frau war zu allem Überfluss auch noch die Tochter eines hohen HVA-Offiziers. Das MfS wollte zunächst Pierre Guillaume ein schlechtes Gewissen einreden unter dem Hinweis, er sei undankbar angesichts all der Wohltaten, welche die DDR für ihn erbracht habe. Als diese Taktik nicht verfing, versuchte man die Familie zum Behalt der DDR-Staatsbürgerschaft zu überreden, indem man Pierre eine Stelle als ADN-Pressefotograf in Bonn anbot und ihm darüber hinaus zusicherte, dass auch seine Ehefrau und ihre gemeinsamem Kinder als DDR-Bürger im Westen leben dürften. Guillaume senior wollte, wie er im Kreise von Genossen äußerte, lieber seinen Sohn im Gefängnis sehen, als dem Klassenfeind im Westen den Triumph des Seitenwechsels zu gönnen. Seine Ex-Frau hingegen unterstütze schweren Herzens den Ausreisewunsch gegenüber dem MfS, weil sie das Wohl ihres Sohnes und seiner Familie über jenes ihres ehemaligen Arbeitgebers stellte. Das MfS gab schließlich nach mühseligen Verhandlungen nach, als Pierre und Iris Guillaume den Vorschlag einbrachten, dass sie unter dem Mädchennamen von Christel Guillaume, Boom, ausreisen könnten. Mielke und vermutlich auch Erich Honecker gaben diesem Arrangement am Ende ihr Plazet. Die Bundesregierung musste in den Verhandlungen mit Rechtsanwalt Vogel konzedieren, dass sie die Rückkehr des Sohnes des Kanzleramtsspions vertraulich behandelte.

Am 17. Mai 1988 wurde der Übersiedler im Notaufnahmelager Gießen vom Bundesamt für Verfassungsschutz befragt. Laut BfV äußerte Pierre Boom, dass er der DDR nach wie vor loyal gegenüberstehe, da ihm dieser Staat eine Ausbildung ermöglicht habe, die er in der Bundesrepublik nicht hätte verwirklichen können.»Das Gespräch Boom/Guillaume verlief in einer gespannt-freundlichen Atmosphäre, inhaltlich oberflächlich, da er mehrfach nachdrücklich ablehnte konkrete Fragen bezüglich seiner bisherigen Lebensumstände in der DDR, insbesondere in Bezug auf MfS-Kontakte zu beantworten (…) Ganz offensichtlich wurde Boom/Guillaume auf ein derartiges Gespräch gezielt vorbereitet«, schloss der Bericht der Verfassungsschützer.

Die Ausreise des Ehepaares rief unter den Hauptamtlichen des Ministeriums für Staatssicherheit erheblichen Unmut hervor. Sie forderten nun teilweise von ihren Vorgesetzten für sich ebenfalls Reisemöglichkeiten in den Westen, die ihnen bisher aus Gründen der Konspiration strikt versagt gewesen waren.[40]

Zwar respektierte die Bundesregierung die Abmachung mit der DDR ebenso wie sich Ost-Berlin 1981 an jene mit Bonn beim Austausch

Guillaumes gehalten hatte und verweigerte daher 1988 jede Stellungnahme zum Fall Pierre Guillaume / Boom.[41] Allerdings konnte niemand verhindern, dass er und die westdeutschen Medien sich nach seiner Einreise in die Bundesrepublik fanden und damit doch das von Ost-Berlin befürchtete Ansehensdebakel heraufbeschworen. Die Illustrierte »Quick« widmete dem Agentensohn und seiner Darstellung des Lebens seiner Eltern als Begünstigte des SED-Regimes, aber auch der frühen Zerwürfnisse in der Familie, der Entfremdung vom Vater und dessen Ablehnung jeglicher Reformpolitik in der DDR im August 1988 eine dreiteilige Serie. Der letzte Teil von »Günter Guillaume: Sein Sohn packt aus« endete mit Pierres Worten »Ich bin wieder da, wo ich hingehöre.«[42]

Die Guillaume-Memoiren

Ob es Unachtsamkeit oder bewusste Provokation war, dass das MfS Guillaumes Memoiren ausgerechnet zu Beginn jenes Monats veröffentlichte, in dem Willy Brandt seinen 75. Geburtstag feiern würde, ist nicht mehr feststellbar. Laut Christel Guillaume erschienen die Erinnerungen ihres Exmannes ziemlich überraschend, denn kaum jemand habe mehr damit gerechnet, dass sie je publiziert werden würden.[43] Es ist anzunehmen, dass es sich um einen einsamen Entschluss Mielkes und der HVA-Führung handelte. Möglicherweise sollte dadurch dem erlittenen Ansehensverlust durch die Ausreise Pierre Guillaumes sowie den westdeutschen Medienberichten über seine DDR-Erfahrungen und das Leben seines Vaters als verwöhnter Kostgänger des SED-Regimes entgegengewirkt werden.

Am 1. Dezember 1988 stellte man das Buch den Tschekisten in der Normannenstraße exklusiv vor. Guillaume signierte dort die ersten Exemplare. Ab 2. Dezember wurde »Die Aussage. Protokolliert von Günter Karau« vom Ost-Berliner Militärverlag der DDR an einen streng begrenzten Kreis von Lesern ausgeliefert. Der Titel war eine Anspielung darauf, dass Guillaume im Düsseldorfer Prozess aus taktischen Erwägungen des MfS jede Aussage verweigern musste. Nun jedoch, anders als vor den Schranken der westdeutschen Klassenjustiz, könne man dies angeblich offen und ehrlich nachholen. »Ich lüfte so manches Geheimnis, dem der Gegner bis zum letzten Augenblick vergeblich auf der Spur war«, verkündete Guillaume im Vorwort.

Günter Guillaume beim Signieren des Buches »Die Aussage« für MfS-Mitarbeiter in der Stasi-Zentrale in der Normannenstraße, 1. Dezember 1988; rechts neben Guillaume sitzend Markus Wolf, links stehend Wolfgang Rausch.

Wie schon der Film »Auftrag erfüllt« informiert das Buch jedoch kaum über die HVA und ihre operative Praxis. Mit Klarnamen werden nur Paul Laufer und Markus Wolf erwähnt, die zum Zeitpunkt der Veröffentlichung tot beziehungsweise pensioniert waren. Wesentlich präziser sind die Memoiren hingegen bei der Schilderung der Arbeit der westdeutschen Spionageabwehr, sollten die Erinnerungen doch zugleich Lehrbuchcharakter für künftige Westeinsätze des MfS haben. So warnt der Autor seine ostdeutschen Leser davor, trotz aller Pannen im Fall Guillaume den Verfassungsschutz als Gegner zu unterschätzen: »In den Staatsschutzbehörden des Bonner Staates sitzen erfahrene Leute, die ihr Handwerk gelernt haben.« Dies entsprach der herrschenden Lehre in der Belziger HVA-Schule, nach welcher der Verfassungsschutz als eine sehr effektive gegnerische Spionageabwehrorganisation angesehen wurde.[44] Doch sind die Guillaume-Memoiren nicht so sehr ein Buch über die Agententätigkeit als vielmehr über die Karriere des Spions in der Bundesrepublik, die faktengesättigt, pointiert und überwiegend akkurat dargestellt wird, mit oftmals treffenden Beschreibungen des führenden Personals der SPD. Insgesamt ist die Polemik gegen den »Klassenfeind« relativ zurückhaltend, vor allem wenn es um die SPD und die Jahre der Kanzlerschaft Brandts geht. Natürlich war kein uneingeschränktes Lob zu erwarten. So sei der Reformwillen der sozialliberalen Koalition ab 1969 illusorisch gewesen, denn »was bewirken schon reformerische Absichten ohne revolutionären Willen« (S. 163).

Mit dem Buch musste das MfS eine schwierige Gratwanderung bewältigen: Einerseits versuchte es eine Würdigung Brandts als Entspannungspolitiker seit den sechziger Jahren, um nicht zu viel politisches Porzellan in Bonn, vor allem bei der SPD und ihrem nach wie vor national wie international einflussreichen Ehrenvorsitzenden zu zerschlagen. Andererseits hatte es zu erklären, warum auch in der Ära der Entspannung und der sozialliberalen Koalition (und natürlich darüber hinaus bis zum Zeitpunkt der Veröffentlichung) die Bundesrepublik noch immer ein Gegner war und damit das von Guillaume infiltrierte Kanzleramt »das feindliche Machtzentrum« (S. 204) darstellte, das man entsprechend zum Wohle der DDR »aufklären« musste. So hieß es über Brandt: »Nach Durchschüttelung durch den Mauerbau war aus Brandt alles andere als ein Freund der DDR geworden, die Vision einer Wiedervereinigung verließ ihn nie; aber das Konzept einer mehr oder weniger gewaltsamen Einverleibung der DDR in die Reichsnachfolgeschaft der BRD war für ihn als Realpolitiker erledigt (…). Im Bewußtsein der übergroßen Mehrheit der Leute setzte dieser Klärungsprozeß erst später und vermittelter ein« (S. 106 f.). Und an anderer Stelle: »Es gehört zweifellos zu den großen Verdiensten dieses in sich so widersprüchlichen sozialdemokratischen Politikers, daß er als einer der ersten in der Bundesrepublik feinnervig heraushörte, welche Stunde die Weltuhr schlug.« (S. 129) Dass die Bundesrepublik dennoch auch ab 1969 ein Gegner blieb, wird damit begründet, dass sich die SPD gegen Einflüsse von links hermetisch abzuschließen versuchte, etwa mit dem Abgrenzungsbeschluss der Parteiführung gegenüber den Kommunisten von 1970 oder den kurz darauf eingeführten Berufsverboten für Linksradikale im Öffentlichen Dienst. Ferner habe Bonn weiterhin an der »Fiktion der deutschen Einheit« festgehalten und der Wehr-Etat sei jedes Jahr weiter gestiegen.

»Faßte man all das ins Auge, die außenpolitischen Absichten und die innenpolitischen Auswirkungen, ließe man allein die Tatsachen sprechen – waren wir nicht im Recht, von einer dem Sozialismus feindlichen Macht zu sprechen? Und war es nicht ein Gebot der politischen Vernunft, ja der politischen Moral, alle Manöver dieser Macht weiter sorgfältig zu beobachten?« (S. 208)

Die führenden Personen der SPD, welche die Karriere der Guillaumes gefördert hatten, also Birkelbach, Leber, Ehrenberg und Ehmke, aber ebenso Bahr, Börner und Wehner, die 1988 alle noch lebten, kommen im Buch relativ gut weg – sie werden als engagiert, kompetent und menschlich dargestellt. Bösartigkeiten finden sich nur, wenn besondere Empfindlichkeiten des SED-Regimes betroffen sind. So werden die Förderer Guillaumes in der Frankfurter SPD, die als politisch Verfolgte in den fünfziger Jahren aus der DDR geflohen, jedoch wie Brundert und Weck zum Zeitpunkt der Veröffentlichung bereits tot waren, übel verleumdet: Guillaume bezeichnet sie als »Krebsgeschwür, das sich metastasenbildend in die Partei hineinfraß«, als »Mafia« und »Renegaten, die ihr unbegriffenes Wissen vom Kommunismus der antikommunistischen Greuelpropaganda zum Fraß vorwarfen (…) kurz: der ganze undurchsichtige Klüngel, der es für richtig gehalten hatte, sich vom Sozialismus abzusetzen, nachdem er nicht mehr aufzuhalten war« (S. 117). Und über Brandts Empfang in Erfurt 1970 heißt es: »Dort konnte er die ›Willy, Willy‹-Rufe unter dem Hotelfenster abkassieren und dabei sein gesamtdeutsches Sentiment noch einmal aufladen.« (S. 175)

Brandt wird, abgesehen von der gehässig formulierten Erfurt-Passage, differenziert und insgesamt sympathisch dargestellt. Aus übergeordneten deutschlandpolitischen Interessen erscheint er dem Leser vermutlich in besserem Licht, als wenn Guillaume der eigentliche Herr seines Manuskriptes gewesen wäre. Denn die Aussagen im Buch kontrastieren mit den Schilderungen des Exbundeskanzlers in Guillaumes bereits zitierten Gefängnisbriefen aus dem Jahr 1975: »Umgänglichkeit gegenüber Kollegen und Nachgeordneten zeichnete den Arbeitsstil Willy Brandts aus (…). Er genoß genügend Respekt, um sich Wohlwollen und Kollegialität leisten zu können (…). Anmaßung war Willy Brandt fremd. Nie habe ich von ihm auch nur den geringsten Akt von Willkür erfahren müssen.« (S. 270) Das Buch war für das MfS ein schwieriger Balanceakt. Einerseits galt es, eine gewisse Vertrautheit zwischen dem Kanzler und seinem Referenten herauszustellen. Damit sollte beim Leser der Eindruck entstehen, dass Guillaume eine erstklassige Informationsquelle für das MfS gewesen sei, mehr noch: dass er manch wichtige Weichenstellung habe bewirken können. So heißt es anlässlich von Brandts Auftritt beim Guillaume-Prozess im September 1975: »In der Zeit unserer Zusammenarbeit hatte es immer zu meinen größten Sorgen gehört, ihm falsche Berater vom Halse zu schaffen. Deshalb hatte ich auch dem Tag seiner Zeugenaussage mit einiger Sorge entgegengesehen. Doch war er vor dem Prozeß offensichtlich mit den richtigen Leuten in Klausur gegangen.« (S. 188) Andererseits wollte man es sich nicht mit der SPD der späten achtziger Jahre verderben und hatte nicht vor, nachträglich den bundesrepublikanischen Kritikern von rechts, welche die sozialliberale Ostpolitik als Verrat gebrandmarkt hatten, Munition zu liefern. Es sollte deshalb der Eindruck vermieden werden, dass Brandt den Einflüsterungen Guillaumes und damit Ost-Berlins erlegen gewesen sei. »Meine Mission bestand nicht darin, Weisheiten zu produzieren, sondern Weisheiten anzuhören (...). Brandt konnte sich immer darauf berufen, daß ich zwar mit einigem Geschick – als ein guter Adjutant – vorgegebene politische Konzeptionen organisatorisch durchzudrücken half, daß es aber geradezu absurd wäre, mir nachträglich politische Einflußnahme zu unterstellen. In keiner Phase der Zusammenarbeit, so sagte Brandt mehr als einmal, und man mußte ihm glauben, wäre ich ein adäquater Gesprächspartner gewesen, und ich hätte auch niemals versucht, mich als solcher anzubieten.« (S. 232 f.) Letztlich gibt es aber mehr Passagen im Buch, die mit einer gewissen Großspurigkeit eine menschliche Nähe und Vertrautheit im Umgang zwischen Kanzler und Referent und entsprechende Einwirkungsmöglichkeiten persönlicher oder politischer Art des Kundschafters suggerieren, als solche, welche die Distanz herausstellen, so dass das Lektorat inkonsequent wirkt. Man liest etwa auf S. 268: »Kanzler und Referent – das waren zwei völlig verschiedene Wirkungsfelder, und dazwischen lag eine Grenze. Doch bin ich ebenso davon überzeugt, daß mit der zunehmenden Vertraulichkeit des Umgangs unterschwellig auch eine leise persönliche Note in unserer Beziehung mitschwang, keineswegs als Leitmotiv, niemals den sachlich-nüchternen Grundakkord aufhebend, aber letztlich doch nicht zu überhören.« Zwei Seiten später wird aber von der »Vermenschlichung« der Beziehung zwischen den beiden gesprochen, die sich in gegenseitigen Gesten der Aufmerksamkeit geäußert habe. Kurz darauf schreibt der Autor von seiner Unentbehrlichkeit für Brandt und davon, dass sich der Kanzler in Guillaumes Nähe einfach sicherer gefühlt habe (S. 273). Auf S. 276 vernimmt der Leser, dass bei einer Klausurtagung in Bad Münstereifel

Wehner und Schmidt schließlich erkannt hätten, »welchen Rang mir Brandt bei solchen Anlässen beimaß«. An anderer Stelle behauptet Guillaume: »Durch die vielen von mir abwechslungsreich gestalteten Reisen durch die deutschen Lande war ich, sein Parteireferent, ihm wohl doch etwas vertrauter geworden als sein eigentlicher Persönlicher Referent, der ein wenig geschäftsmäßig-steif wirkende Dr. Wilke, der als Bürochef den Geruch des Aktenstaubs nie richtig loswurde.« (S. 301) Ob diese Darstellung der Beziehung zwischen Kanzler und Referent der Eitelkeit Guillaumes geschuldet war, die das MfS-Lektorat durchgehen ließ, oder eher ein nachträglicher, bewusst platzierter Tiefschlag gegen den Exbundeskanzler sein sollte, lässt sich nicht mehr feststellen. Zugleich durfte die Bedeutung Guillaumes als Agent nicht zu sehr herausgestellt werden, weil auch 1988 noch die 1974 vom Politbüro verabschiedete Lesart galt, dass Brandt nicht über den Kundschafter gestürzt sei, sondern ob der Krisenhaftigkeit des Kapitalismus ohnehin auf verlorenem Posten gestanden habe (S. 236). Der letzte Anstoß für seinen Rücktritt sei eine Intrige Genschers und Nollaus gewesen, denen der Fall Guillaume einen geeigneten Vorwand geliefert habe, um Brandt loszuwerden (S. 188 und S. 300).

Mit einem Wort: »Die Aussage« gleicht einem schwierigen Drahtseilakt. Einerseits sollte das Buch das Interesse des MfS bedienen, Guillaume als politisch überzeugten, niemals schwankenden Meisterspion im Dienste von Frieden und Sozialismus herauszustellen, auf den die DDR stolz sein könne. Dieser habe wichtige Informationen geliefert, möglicherweise sogar Einfluss auf die Bonner Politik durch seine menschliche Nähe zu Brandt genommen. Dabei sei Bonn selbst in der Phase der Entspannung und der sozialliberalen Koalition nach wie vor eine im Wesentlichen gegnerische Macht gewesen, so dass die Infiltration des Kanzleramtes vollkommen gerechtfertigt gewesen sei. Andererseits durften aus Gründen der Konspiration weder wirkliche operative Details über die Westarbeit des MfS noch die von Guillaume tatsächlich weitergeleiteten Informationen offenbart werden. Auch sollten die SPD und ihr Ehrenvorsitzender nachträglich nicht so desavouiert werden, dass die DDR dadurch deutschlandpolitischen Schaden erleiden könnte, vor allem im Hinblick auf eine künftige erneute Regierungsübernahme der SPD in Bonn. Den Widerspruch zwischen diesen beiden Anforderungen an das Buch suchte man vor allem dadurch zu überbrücken, dass Brandt als Mensch wie Politiker trotz einiger fundamentaler Gegensätze, die ihn in deutschlandpolitischer Hinsicht von der SED trennten, im Wesentlichen positiv dargestellt wurde. Mehr noch – Kanzler und Referent habe eine gewisse Interessenidentität geeint: »Brandt nahm für sich in Anspruch, Kanzler des Friedens zu sein, ich erfüllte meine Mission als Kundschafter des Friedens. Zweifellos hatte dabei jeder schon auf Grund unterschiedlicher Staatsbürgerschaft verschiedene Koordinaten im Auge, dennoch trafen sich die Parabeln unserer Lebensbahnen in diesem Punkt. Indem ich meiner Mission treu blieb, auch noch in der dunkelsten Stunde, war es einfach unmöglich, zum Verräter an seinem Anspruch zu werden. Auch Willy Brandt begann wohl bald zu dämmern, wer die eigentlichen Verräter waren. Da nannte er mich einen guten Adjutanten.« (S. 269)

Auch beim Vertrieb des Buches versuchte das MfS einen Spagat: Einerseits sollte es aus propagandistischen Gründen eine möglichst breite Leserschaft finden. Dafür sprach die relativ große Auflage von 60 000 Stück. Das waren mehr als doppelt so viele Exemplare wie die Durchschnittauflage bei Neuveröffentlichungen in der DDR in den späten achtziger Jahren, die mit 23 000 ohnehin recht hoch lag.[45] Andererseits sollte es aber aus Gründen der Konspiration und der Rücksichtnahme auf Brandt nicht der Allgemeinheit in der DDR zugänglich gemacht werden. Es wurde daher wie andere Veröffentlichungen des MfS im Militärverlag der DDR als sogenannte Buchclub-Ausgabe den bewaffneten Organen der DDR, also MfS, Volkspolizei, NVA und Grenztruppen, »nur für den Dienstgebrauch« zugänglich gemacht.[46] Es gab weder Werbung für das Buch noch Besprechungen in den DDR-Medien, und es stand nicht frei zugänglich in Bibliotheken. Laut Christel Guillaume gab es in der DDR ein außergewöhnlich großes Interesse an den Memoiren. Man hoffte vor allem, einen Blick in das Privatleben Brandts und anderer Westprominenter werfen zu können – ein Aspekt, den das Buch allerdings vollkommen ausspart.[47]

Mediales Aufsehen erregte die Veröffentlichung in der Bundesrepublik. *Der Spiegel* widmete dem Ereignis in seiner Ausgabe vom 26. Dezember 1988 sogar die Titelgeschichte. Auf verschlungenen Pfaden sei ein Exemplar des 428 Seiten langen Werkes in den Westen gelangt, denn eine offene Vermarktung passe der DDR-Führung derzeit nicht ins Konzept, weil SED und SPD politisch miteinander »turtelten«. Diese eingeschränkte Verbreitung sei bedauerlich, denn »das Buch hat Leser verdient und das Zeug zum Bestseller, wenn es denn in den Handel gerät. In spannender Weise, unschwülstig ohne den für Ost-Politikbücher sonst obligatorischen Ideologie-Phrasenteil, gelegentlich mit zarter Ironie« liefere der Autor den lang gesuchten Beweis, dass er tatsächlich Spion gewesen sei, enthülle, was er seinen Auftraggebern verriet, auf welche Weise er mit ihnen Kontakt gehalten habe und wie dilettantisch die westdeutschen Nachrichtendienste mit dem Fall umgegangen seien. Das Magazin präsentierte sodann auf 16 Seiten Auszüge des Guillaume-Buches.

Das BfV sah sich durch die Veröffentlichung der Memoiren und ihre Würdigung im *Spiegel* zu einer Art Gegendarstellung provoziert, die schließlich am 24. Juli 1989 im gleichen Magazin erschien. Das BfV wollte seine eigenen Erkenntnisse, wie es in einem Brief des Verfassungsschutzpräsidenten Gerhard Boeden vom 12. April 1989 an das ihm vorgesetzte BMI hieß, einsetzen, um »die Memoiren Guillaumes zumindest teilweise als Desinformations-Machwerk zu entlarven«. Denn das Buch lege bewusst falsche Fährten, um die Bundesrepublik zu erschüttern, etwa hinsichtlich der beiden SPD-Politiker »Max« und »Fritz«, die Guillaume als Resident im Frankfurt der fünfziger und sechziger Jahren betreut haben wollte. Das Buch spiegle anhand übereinstimmender biografischer Daten dem historisch kundigen Leser vor, dass »Fritz« möglicherweise Fritz Erler gewesen sei, der nach langjähriger Tätigkeit im Parteivorstand 1964 Fraktionsvorsitzender der SPD im Bundestag wurde. Zugleich wollte die Kölner Behörde zeigen, dass sie durchaus noch nachträglich im Fall Guillaume Erfolge vorweisen konnte und somit ein effektives Instrument der Spionageabwehr sei. Nicht ohne Stolz berichtete Boeden dem BMI, dass es bereits 1984 gelungen sei, das in Guillaumes Memoiren genannte Residentenehepaar »Arno« und »Nora« als das unter den falschen Namen »Franz« und »Sieglinde Tondera« zwischen 1969 und 1972 in der Bundesrepublik operierende Agentenpaar zu identifizieren.[48]

Brandt und Bahr ließen durch ihre vielfältigen Ostkontakte gegenüber der DDR-Führung durchblicken, dass man irritiert über die Veröffentlichung sei – ein Zeichen, wie tief der Stachel auch nach 15 Jahren noch saß. Im April 1989 weilte der stellvertretende SPD-Bundesgeschäftsführer Erik Bettermann zu Gesprächen mit der SED-Führung über die Intensivierung der Zusammenarbeit zwischen beiden Parteien in Ost-Berlin. Überraschenderweise und außerhalb des Protokolls wurde er dabei gebeten, auch kurz Hermann Axen zu treffen, der im Politbüro für Außenpolitik zuständig war. Axen trug Bettermann mündlich eine persönliche Botschaft Erich Honeckers an Brandt und Bahr vor: »Herr Honecker habe erfahren, daß Willy Brandt und Egon Bahr über die Veröffentlichung von ›Die Aussage‹ befremdet gewesen seien. Die DDR-Führung sei ebenfalls befremdet über den Druck des Buches. Erich Honecker habe die zuständigen Stellen angewiesen, das Buch nicht auszuliefern, die Gesamtauflage einzuziehen und zu vernichten. Ein kleiner Kreis habe dennoch Exemplare erhalten. Der zuständige Minister ist angewiesen worden, die wenigen verkauften Exemplare einzuziehen. (…) Herr Honecker bittet, seinen Respekt und seine Hochachtung für Willy Brandt entgegenzunehmen, und verbindet dies mit den besten Wünschen für Willy Brandt und seine Frau. Nach dieser formell vorgetragenen Erklärung schloß Herr Axen noch seine persönliche Wertung in der Weise an, daß Herr Honecker und er den mit Willy Brandt wieder aufgenommenen Dialog in keiner Weise durch die Veröffentlichung des Buches gefährdet sehen wollen.« Für den Umstand, dass Honecker sich mit der Veröffentlichung der Guillaume-Memoiren tatsächlich vom MfS bloßgestellt fühlte, spricht seine Reaktion auf Egon Krenz' Vorschlag vom Januar 1989, das Buch in der *Jungen Welt* vorzustellen. Honecker schrieb auf die Vorlage seines Kronprinzen: »Nein, es war politisch falsch das Buch herauszugeben.« Das SED-Regime ließ zudem bereits anlässlich der Leipziger Buchmesse im Frühjahr 1989 durch den Aufbau Verlag verkünden, dass das Werk in der DDR nicht im Buchhandel erhältlich sei, sondern nur einem kleinen Kreis von Lesern zugänglich gemacht werde. Zumindest die noch nicht verkauften Exemplare zog man offenbar auf Anweisung Honeckers aus dem Verkehr, und eine geplante zweite Auflage wurde blockiert, wie sich Guillaume in einem Interview Anfang 1990 beklagte.[49]

Wendezeiten und letzte Jahre

Der Zusammenbruch des SED-Regimes im Herbst 1989 stellte für Guillaume eine persönliche Katastrophe dar, weil damit sein privilegiertes Leben voraussichtlich zum Ende käme. Mehr noch: Im Falle einer Vereinigung der beiden deutschen Staaten würde aus dem bislang im Osten gefeierten Kundschafter wohl der gesamtdeutsche Verräter werden, der zum Sturz der Lichtgestalt Willy Brandt beigetragen hatte. Dessen Ansehen erreichte durch die Ereignisse von 1989/90 einen neuen Höhepunkt östlich wie westlich der Elbe unabhänigig vom parteipolitischen Lager. Denn Brandt befürwortete im Gegensatz zu seinen politischen »Enkeln« in der SPD wie Oskar Lafontaine, Gerhard Schröder und

Rudolf Scharping nach dem Fall der Mauer sofort die Wiederherstellung der deutschen Einheit.

Für Guillaume, den das SED-Regime so lange der eigenen Öffentlichkeit vorenthalten hatte, interessierten sich nach dem Fall der Mauer umgehend die westdeutschen Medien. Er wurde noch im November 1989 – nachdem das MfS seine Einwilligung gegeben hatte – vom Fernsehsender Sat.1, vom *Stern* und Anfang Dezember von *Bild am Sonntag* interviewt. Gegenüber dem *Stern* gestand er ein, dass nicht alles in der DDR zum Besten gestanden habe. Dies musste er schon bei seiner Rückkehr 1981 feststellen. Vor allem habe es in der SED keine offene Aussprache über Probleme gegeben. Man habe nur im privaten Kreis seinen Unmut geäußert. Er, Guillaume, sei dabei »bis an die Grenze des Möglichen gegangen«. Jetzt schäme er sich dafür, dass er die Fehlentwicklung bei den Parteiversammlungen nicht angeprangert habe. Er sei auch für ein Ende des Machtmonopols der SED. Doch zugleich verfiel Guillaume in alte SED-Propagandaklischees über die Gefahren, die angeblich aus dem Westen lauerten: »Ich bedaure, daß in einer Zeit, da Neofaschismus, Rechtsradikalismus und Fremdenhaß wieder organisierte Größen werden, der Kommunismus in der Krise ist.« Bei diesen Interviews ist zudem deutlich Guillaumes Absetzbewegung vom MfS als Gesamtinstitution erkennbar, die ab dem Herbst 1989 kennzeichnend für viele HVA-Mitarbeiter werden sollte. Sie versuchten, die angeblich anständige und völkerrechtlich gedeckte Auslandsspionage von der schmutzigen, gegen die eigenen Bürger gerichteten Arbeit der »Abwehrlinien« des MfS zu scheiden. Das MfS als Gesamtinstitution sei Guillaume »als Kundschafter völlig verschlossen« gewesen und habe ihn auch nicht interessiert. Eine Auslandsaufklärung hingegen sei auch in Zukunft wünschenswert, denn »wir möchten schließlich noch wissen, ob in der BRD ein Nachfolgemodell für die Lance-Kurzstreckenraketen stationiert wird«. Er könne sich künftig sogar eine Zusammenarbeit mit westlichen Diensten vorstellen, »um beispielsweise weltweit gegen Terrorismus, Umweltverbrechen und Drogenkriminalität zu kämpfen«.[50] Bei einem längeren Interview sieben Wochen später mit der *SZ* – das SED-Herrschaftsmonopol war inzwischen dem Runden Tisch gewichen, die Stasi-Zentrale in der Normannenstraße soeben von Demonstranten gestürmt worden, auf den Leipziger Montagsdemonstrationen dominierte jetzt die Parole »Wir sind *ein* Volk« – deutete sich bereits an, dass die Kalkulation der HVA-Kader aufzugehen schien: Guillaume zeigte sich zuversichtlich, dass die verbliebenen Kundschafter in der Bundesrepublik geschützt werden würden. Bislang habe noch niemand von der Bürgerrechtsbewegung »seine Nase in wirklich sensitive Bereiche hineingesteckt, die der Aufklärung zugeordnet sind«. Diese würden vielmehr auch vom Runden Tisch respektiert werden. Guillaume hoffte auf ein Fortbestehen der DDR. Andernfalls musste er nicht zuletzt befürchten, erneut einer Strafverfolgung ausgesetzt zu werden. Denn der GBA kündigte nach dem Interview Guillaumes mit *Bild am Sonntag*, in dem er seine Ausbildungstätigkeit für die HVA erwähnt hatte, Anfang Januar 1990 erneute Ermittlungen gegen ihn wegen des Verdachts der nachrichtendienstlichen Tätigkeit gegen die Bundesrepublik gemäß § 99 StGB an. Doch machte sich Guillaume im Interview mit der *SZ* kaum Illusionen über die Zukunft der DDR: Auf »neuerliche sozialistische Experimente« wolle sich »hier niemand mehr einlassen«. Wenn es »emotional« so weitergehe, könne es »zu einer schnellen Vereinigung« kommen.[51]

Guillaume versuchte, das Beste aus der Situation zu machen. Im März 1990 beantragte er beim Amt für Nationale Sicherheit, der kurzlebigen Nachfolgeorganisation des MfS, seine Versetzung in den Ruhestand. Er bereitete seit Anfang 1990 für den Münchener Universitas Verlag eine gesamtdeutsche Neuauflage seiner Memoiren vor, an deren Verbreitung ihn nun kein SPD-Ehrenvorsitzender mithilfe eines SED-Generalsekretärs mehr hindern konnte. Sie erschienen im Sommer 1990 unter dem Titel »Die Aussage. Wie es wirklich war«. Einige besonders propagandistisch aufgeladene und unflätige Passagen wurden getilgt oder entschärft, etwa jene über Guillaumes frühe Förderer in der Frankfurter SPD. Ebenso verschwanden viele Namen von westdeutschen Akteuren der unteren Ebene, die nicht als Personen der Zeitgeschichte gewertet werden konnten, wie etwa jene der verhörenden BKA-Beamten, um keine Persönlichkeitsrechte zu verletzen. Ansonsten bereute Guillaume in der Neuauflage nichts, sondern sah seine Kundschaftertätigkeit als Beitrag zum Friedenserhalt, weil er angeblich Ost-Berlin überzeugen konnte, dass es Willy Brandt mit der Entspannungspolitik ernst gemeint habe. Er blieb auch dabei, dass seine Enttarnung und Verhaftung von Nollau und anderen genutzt worden sei, um den Kanzler zu stürzen.

Dass sich die Situation aus der Perspektive ehemaliger Kundschafter angesichts der rapiden Auflösungserscheinungen der DDR im Jahre 1990 sorgenvoll entwickelte, wird an einem Schreiben Guillaumes zusammen mit den ehemaligen Spionen Siegfried Gäbler und Herbert Willner an den letzten DDR-Ministerpräsidenten Lothar de Maizière deutlich. Nachdem eine erste Eingabe der drei betreffend »Klärung der

Rechtslage und Sicherung der Lebensverhältnisse ehemaliger Kundschafter der DDR«, die nach eigenen Worten »existentiell in der Luft« hingen, an den DDR-Innenminister Peter-Michael Diestel vom Mai unbeantwortet geblieben war, baten sie Mitte Juli um ein Gespräch mit dem Regierungschef. »Inzwischen stellen wir mit großer Sorge fest, daß wir durch gesetz- und verwaltungstechnische Regelungen unterschiedslos dem Komplex ›Staatssicherheit‹ zugeordnet werden. Tatsächlich wird hier Ungleiches gleichgemacht.« Obwohl die Kundschafter sich stets für die DDR eingesetzt und dabei teils langjährige Haftstrafen in Kauf genommen hätten, würden sie jetzt »strafähnliche Maßregelungen« erleiden wie etwa im Standardverfahren beschlossene Rentenkürzungen. Es sei jedoch für die Kundschafter unerträglich, mit Angehörigen des MfS gleichgestellt zu werden, »die möglicherweise Normen der Rechtsstaatlichkeit oder sogar Gesetze der DDR mißachtet haben«. Zudem sorgte sich die Troika, dass sie nicht die Häuser und Grundstücke erwerben könne, die ihr trotz verbindlicher Zusagen oder lebenslang eingeräumten Wohnrechts seinerzeit vom MfS zur Verfügung gestellt worden seien. Als ein weiteres Damoklesschwert schien über den drei pensionierten Spionen eine mögliche Auslieferung an die »BRD« zu hängen: »Sollen wir ehemaligen Kundschafter nun auch noch mit RAF-Terroristen gleichgestellt werden?« »Sollte es nicht unser gemeinsames Ziel sein, sich aus der Verstrickung in die Folgen der Teilung des Landes und des Kalten Krieges zu lösen und der Verfassung des künftigen deutschen Einheitsstaates unsere Loyalität zu bezeugen?« Das Büro des Ministerpräsidenten antwortete drei Wochen später, dass wegen der gegenwärtigen kritischen Lage der DDR, die alle Kraft in Anspruch nehme, keine Zeit für ein Gespräch bleibe, zumal sich auch viele andere DDR-Bürger mit ähnlich gelagerten Fällen an de Maizière wenden würden. Im Übrigen sei der Innenminister zuständig.[52]

Immerhin hatte Guillaume anscheinend vorgesorgt, was die Immobilienfrage anging. Denn bereits im März 1990 ließ er sich gegen den Kaufpreis von knapp 200 000 Ost-Mark – für Guillaume geradezu ein Schnäppchen angesichts seines durch den 25-jährigen Westeinsatz angesparten Soldes von mehreren Hunderttausend Ost-Mark – Haus und Gründstück in Eggersdorf mithilfe eines ehemaligen MfS-Notars überschreiben. Er manövrierte damit den örtlichen Runden Tisch aus, der parallel versuchte, das bislang dem MfS gehörende Objekt in Gemeindeeigentum umwandeln zu lassen, um dort einen Kindergarten einzurichten. Doch es blieb für Guillaume bei einem Etappensieg. Im August 1992 erhielt er einen Bescheid der Treuhandanstalt, die von ihm – vom realen Marktwert der Immobilie ausgehend – eine Nachzahlung in Höhe von etwa 1,3 Millionen DM verlangte oder eine dem Wert der Hauses entsprechende Mietnachzahlung. Gegen diese Forderung kämpfte er bis zu seinem Tod im April 1995. Seit Mitte der neunziger Jahre prozessierte zudem die ursprüngliche Eigentümerin, die bereits 1952 enteignet worden war, zwecks Rückübertragung des Anwesens gegen die Treuhandanstalt.[53]

Im Frühjahr 1991 stellte die Bundesanwaltschaft die im Januar 1990 eingeleiteten Ermittlungen gegen Guillaume wegen seiner Auftritte auf Kundschafterforen ein. Er konnte glaubhaft machen, dass diese rein historischen Charakter besessen hatten, weil er schlichtweg seit seiner Verhaftung 1974 nicht mehr über Informationen zu aktuellen Vorgängen in der SPD verfügte, die er den nachfolgenden Tschekistengenerationen hätte vermitteln können. Sein Rat, so Guillaume gegenüber dem BKA, sei beim MfS nicht mehr gefragt gewesen, und er habe nicht einmal mehr einen Dienstausweis besessen.[54]

Gegen Markus Wolf hingegen erhob die Bundesanwaltschaft im September 1992 Anklage wegen Landesverrats in drei Fällen, zu denen auch jener des ehemaligen Kanzleramtsreferenten zählte. Dabei gab es starke Bedenken, ob ein solches Verfahren gegen die Führungskader der HVA verfassungsgemäß war. Diese hatten sich (anders als die im Westen operierenden IM) nie als Bundesbürger aufgefasst oder als solche ausgegeben, sondern vom Territorium der DDR aus, das ab 1972 für die westdeutsche Justiz als strafrechtliches Ausland galt, in dem Glauben operiert, eine andere Staatsbürgerschaft als die bundesdeutsche zu besitzen und folglich auch keinen Landesverrat gegen die Bundesrepublik begehen zu können. Es stand daher noch die Entscheidung des Bundesverfassungsgerichts über einen Vorlagebeschluss des Kammergerichts in Berlin vom Juni 1991 aus. Den Berliner Richtern waren bei einem ähnlich gearteten Verfahren gegen einen hohen HVA-Kader Bedenken gekommen, ob ein solches überhaupt mit dem Grundgesetz vereinbar sei.[55] Trotz des noch ausstehenden Karlsruher Urteils verhandelte das OLG Düsseldorf jedoch seit Mai 1993 gegen Wolf. Im Dezember des Jahres erhielt er eine Strafe von sechs Jahren Gefängnis. Der Wolf-Prozess bescherte Guillaume einen letzten großen öffentlichen Auftritt. Am 30. Juni 1993 sagte er für zwei Stunden als Zeuge im selben Saal aus, in dem 1975 gegen ihn und Christel Guillaume verhandelt worden war. »Aus dem stattlichen Topagenten ist ein sich fast greisenhaft bewegender Rentner geworden. Seine Haut hat die Durchlässigkeit der Blutarmut, seine Augen liegen – sichtbar immer dann, wenn er die schwere, schwarzgeränderte Brille abnimmt – in tiefen dunklen Höhlen. Guillaumes einst dichtes schwarzes Harr hat sich gelichtet und ist grau geworden, der Rücken gebeugt. Doch das trotz aller Gebrechen noch immer selbstbewußte, ja fast herausfordernde Auftreten dieses 66-jährigen pensionierten Topagenten zeigt am Mittwoch vor dem IV. Strafsenat des Düsseldorfer Oberlandesgerichts, wie schwer es diesem Mann seinerzeit gefallen sein muß, während des gesamten Prozesses gegen ihn beharrlich zu schweigen. Denn zu berichten hat er auch heute – angeschlagen und gezeichnet wie er ist – noch immer genug für die im Saal dicht gedrängt zuhörenden Journalisten.« Guillaume hielt wie der Angeklagte Wolf daran fest, dass er als Kundschafter ein »Knüppel« gegen Brandt gewesen sei, den Nollau und andere benutzt hätten, um den Kanzler zu stürzen, indem sie den Spion trotz Verdachtsmomenten elf Monate weiterhin an der Seite des Regierungschefs belassen hätten. Von Brandt, der ein Dreivierteljahr zuvor, am 8. Oktober 1992, gestorben war, sprach Guillaume immer noch respektvoll als dem »Herrn Bundeskanzler« und behauptete, dass er ihn bewundert habe. Guillaume stilisierte sich als gesamtdeutscher Patriot, der zwei Herren, Brandt und Wolf, als »Partisan des Friedens« gedient habe.[56]

Von seinen HVA-Kameraden zeigte sich Guillaume nach der Wende allerdings enttäuscht: Sie hatten ihm nach der Rückkehr in die DDR eine Karriere in der Zentrale in der Normannenstraße, die er nicht einmal mehr ohne Begleitung eines Hauptamtlichen Mitarbeiters betreten durfte, verwehrt und obendrein sogar sein Haus verwanzt. Nun aber suchten die ehemaligen hauptamtlichen Tschekisten seine Nähe, buhlten um ihn als Entlastungszeuge mit Erfahrung vor westdeutschen Gerichten. Denn die westdeutsche Justiz bereitete vor dem OLG Düsseldorf nicht nur den Prozess gegen Wolf vor, sondern auch gegen das Führungspersonal der ehemaligen Abteilung II der HVA. Betroffen waren Günter Neefe als Abteilungsleiter in den siebziger Jahren, Gailat als sein Stellvertreter und späterer Nachfolger sowie Behnke als zeitweiliger Referatsleiter. Bei diesen Verfahren führte die Staatsanwaltschaft stets den Fall Guillaume mitsamt den Hamar-Dokumenten gegen die Angeklagten ins Feld. Dass Wolf zudem 1993 im Rahmen seiner Verteidigungsstrategie gegen den Vorwurf des Landesverrats Guillaumes angebliche »Sternstunde« als Kundschafter in Hamar vor dem OLG Düsseldorf als Reinfall entlarvte, kühlte das Verhältnis zusätzlich ab. So verfügte

Günter Guillaume (links) als Zeuge im Markus-Wolf-Prozess vor dem Düsseldorfer Oberlandesgericht am 30. Juni 1993. In der Mitte sitzend Markus Wolf.

der Exkundschafter, an Nierenkrebs leidend und von einem Schlaganfall gezeichnet, kurz vor seinem Tod, dass der HVA-Chef seiner Beerdigung fernzubleiben habe.[57]

Obwohl er nach wie vor glaubte, sich als HVA-Spion nichts vorzuwerfen, sondern zum Wohle der beiden deutschen Staaten gewirkt zu haben, zog es der ehemalige Kanzleramtsreferent schließlich vor, den Namen seiner zweiten Frau anzunehmen. Am 10. April 1995 erlag er daher als Günter Bröhl in seinem Haus in Eggersdorf dem Nierenkrebs. Bei seiner Beerdigung am 19. April 1995 auf dem Parkfriedhof in Berlin-Marzahn fehlten zwar Christel und Pierre. Dafür wurde sie zum letzten, von einem starken Medienaufgebot begleiteten Gipfeltreffen der HVA-Führung inklusive Wolfs. Es galt im Angesicht des siegreichen Klassenfeindes ein letztes Mal, tschekistische Einheit und Traditionspflege zu demonstrieren. Generaloberst a. D. Großmann als letzter HVA-Chef hielt die Trauerrede auf den angeblichen Meisterspion. Politische Ränkespiele in der SPD hätten zum Sturz Brandts geführt. Guillaume hingegen habe dazu beigetragen, dass die Entspannungspolitik erfolgreich verlaufen konnte. »Ehrfurcht und Dankbarkeit« empfinde er für den Toten, der seit seiner Verpflichtung für das MfS in den fünfziger Jahren der Sache treu geblieben sei. Wolf, dem offenbar die öffentliche tschekistische Traditionspflege mehr am Herzen lag als der Wunsch des Verstorbenen, warf anschließend eine rote Rose ins offene Grab.[58]

Christel Boom als Rentnerin im vereinten Deutschland

Christel Guillaume nahm nach dem Zusammenbruch der DDR wieder ihren Mädchennamen Boom an. Im Gegensatz zu ihrem Exmann und ehemaligen Vorgesetzten äußerte sie sich gleich nach der Wende selbstkritisch in der Öffentlichkeit über ihre Tätigkeit im Dienste des MfS. Davon zeugen ihre Interviews für die von den Journalisten Anne Worst und Arnold Seul produzierte Radiosendung im Deutschlandfunk von 1990 »›Genossen, ihr werdet nicht oft besungen‹. Christel Guillaume – Portrait einer Spionin« und die vom selben Autorenteam gemeinsam mit Gunther Scholz verantwortete WDR-Fernsehdokumentation »Christel Guillaume – ein Leben mit der Lüge« von 1991. So sah die Exkundschafterin beispielsweise die sieben Jahre Gefängnis in Ossendorf rückblickend als gerechte Strafe für ihre Tätigkeit als Spionin an. Im privaten Kreis behauptete sie zudem, dass Guillaume 1950/51 lediglich deshalb und im Auftrag des MfS um sie geworben habe, weil man Erna Boom mit ihrer niederländischen Staatsangehörigkeit zur perfekten Abdeckung der Übersiedlung in den Westen nutzen wollte.[59]

Da sie mit ihrer geringen Rente von monatlich 800 DM, die ihr im vereinten Deutschland als ehemaliger MfS-Mitarbeiterin zustand, das Reihenhaus in Hohen Neuendorf nicht mehr halten konnte, zog sie Anfang der neunziger Jahre in eine kleine Wohnung in Berlin-Wilmersdorf im Westteil der Stadt. Im Herbst 1993 ging ihr Name durch die Presse, weil sie beim »Berliner Auktionshaus für Geschichte« ihre Orden und Ehrenzeichen versteigern ließ, die sie für ihre Kundschaftertätigkeit erhalten hatte. Der Karl-Marx-Orden, die Bronzespange »Verdienter Mitarbeiter der Staatssicherheit«, der »Stern der Völkerfreundschaft in Gold« und andere Auszeichnungen erbrachten insgesamt 26 350 DM, also etwa 1000 DM für jedes der insgesamt 25 Jahre »Westeinsatz«.[60] Anlässlich des Todes ihres Exmannes um einen Kommentar gebeten, äußerte sie im April 1995 gegenüber der *Mitteldeutschen Zeitung:* »Mein Leben ist verpfuscht, zwischen den Fingern zerronnen. Ich bin am Ende und habe nichts, worauf ich stolz sein könnte.« Im Jahre 2000 verklagte sie die Bundesrepublik zwecks Anrechnung ihrer sieben Jahre Haft in Ossendorf auf ihren Rentenanspruch. Ihr Anwalt argumentierte beim Prozess vor dem Berliner Landessozialgericht Anfang Februar 2001, dass seine Mandantin auch während der Haft den Status einer MfS-Mitarbeiterin behalten und ihr Arbeitgeber daher für diesen Zeitraum in die Ost-Berliner Rentenkasse eingezahlt habe. Diese Beiträge müssten bei der Berechnung der Altersversorgung im vereinten Deutschland entsprechend berücksichtigt werden. Das Gericht urteilte aber entprechend dem gängigen bundesdeutschen Recht, dass ein Gefängnisaufenthalt grundsätzlich nicht auf Rentenansprüche angerechnet werden könne. Es wies die Klage ab, ohne sich darauf einzulassen, ob die Arbeit als Westspionin des MfS als normales Arbeitsverhältnis mit Versorgungsansprüchen im Sinne des Gesetzes gewertet werden könne oder nicht.[61]

Christel Boom starb am 20. März 2004 in Berlin.

Epilog:
Der »menschliche Faktor«

»Human intelligence« des Ostblocks im Kalten Krieg

Die Nachrichtendienste bedienten sich im Kalten Krieg verschiedener Methoden, um Informationen über die Vorgänge jenseits des Eisernen Vorhanges zu erlangen. Neben der eher unspektakulären Sammlung und Auswertung von öffentlich zugänglichem Material (»open source intelligence«) versuchten sie, den Funk- und Telefonverkehr der anderen Seite abzuhören (»signals intelligence«). Ferner wurden Aufklärungsflugzeuge und ab den frühen sechziger Jahren Spionagesatelliten eingesetzt, um militärische Installationen und Truppenbewegungen auf fremdem Territorium zu erfassen und zu analysieren (»imagery intelligence«). Während »imagery intelligence« eine Domäne der Supermächte blieb, weil einzig sie über die notwendigen finanziellen Mittel und technischen Voraussetzungen verfügten, waren die beiden deutschen Staaten gleichsam Spionagegroßmächte auf einem anderen Gebiet: der »human intelligence«, also der »klassischen« Methode des Einsatzes von Spionen.

Das geteilte Deutschland mit den immer noch bestehenden engen familiären Banden, derselben Sprache, den gemeinsamen kulturellen und historischen Wurzeln, der Durchlässigkeit der deutsch-deutschen Grenze bis 1961 und dem starken Reiseaufkommen seit den frühen siebziger Jahren zunächst in west-östliche Richtung als Folge der Entspannungspolitik, seit Mitte der achtziger Jahre schließlich auch in die entgegengesetzte Richtung, bot sowohl dem MfS als auch dem BND vergleichsweise gute Bedingungen für »human intelligence« jenseits der Elbe. Weil die DDR und die Bundesrepublik die bei weitem höchste Truppenkonzentration von Warschauer Pakt und Nato in Europa aufwiesen und daher das potenzielle Hauptschlachtfeld einer militärischen Auseinandersetzung zwischen den Machtblöcken sein würden, weil zudem beide Staaten als die treuesten und wirtschaftlich stärksten Verbündeten der jeweiligen Blockvormächte UdSSR und USA galten, besaßen diese Spionageaktivitäten eine weit über das deutsch-deutsche Verhältnis hinausreichende Bedeutung.

Während der Westen wegen seines technologischen Vorsprungs bei der »signals intelligence« und der »imagery intelligence« dem Warschauer Pakt überlegen war, wird gemeinhin postuliert, dass auf dem Feld der »human intelligence« der Ostblock erfolgreicher gewesen sei.[1] Westliche Gesellschaften wiesen eine größere Durchlässigkeit auf und überwachten ihre Bürger weit weniger als die kommunistischen Staaten. Dies erleichterte das Einschleusen östlicher Agenten und ihre Arbeit im Westen, während umgekehrt westliche Dienste im Osten unter ungleich schwierigeren Bedingungen operieren mussten. Nach dem Ende der DDR schoben die HVA-Memoirenschreiber zudem für diesen angeblichen östlichen Vorsprung auf dem Feld der »human intelligence« als Erklärung nach, dass ihre Kundschafter im Gegensatz zu den westlichen Agenten nicht vornehmlich aus materiellen, sondern idealistischen Motiven »aufgeklärt« hätten: aus der Hoffnung heraus, am Aufbau einer besseren, gerechteren Gesellschaft und an der Friedenssicherung mitwirken zu können. Zudem hätten die Kundschafter gewusst oder gespürt, dass sie für einen wesentlich professionelleren Dienst arbeiteten, der ihre Sicherheitsbedürfnisse ernster nahm und sich in brenzligen Situationen besser um sie kümmern würde als etwa der BND um seine Agenten.[2] Solange die nachrichtendienstliche Erinnerungsliteratur von alten HVA-Kadern dominiert wird, die noch im Nachhinein zumindest auf diesem Feld den Kalten Krieg als für ihre Seite gewonnen glauben, solange BND-Mitarbeiter und Verfassungsschützer noch an ihre beamtenrechtliche, auch über die aktive Dienstzeit hinausreichende Schweigepflicht gebunden sind und damit als Zeitzeugen ausfallen, solange vor allem die westdeutschen nachrichtendienstlichen Akten zum weitaus größten Teil der Forschung verschlossen bleiben, wird sich an diesem Bild wohl wenig ändern.

Gleichwohl sind schon jetzt an dieser Interpretation der grundsätzlichen Überlegenheit der östlichen »human intelligence« Zweifel angebracht, wie dieses Buch gezeigt hat:

(1) Die vermeintlichen Erfolge östlicher Nachrichtendienste waren und sind zunächst ein Phänomen der öffentlichen Wahrnehmung. Diese äußerte sich in der intensiven, oft sehr spekulativen und regierungskritischen Medienberichterstattung im Westen, wenn ein Kundschafter wie etwa Guillaume aufflog. Die westlichen Dienste hingegen hüllten sich vor 1989 über ihre eigenen Erfolge im Osten in Schweigen, um den Fortgang der Operationen nicht zu gefährden. Sie nahmen, wie der Fall

Guillaume gezeigt hat, nicht öffentlich Stellung, um die Bedeutung eines gegnerischen Agenten aufgrund ihres Wissens über Mechanismen der östlichen Spionage zu relativieren. Eine solche sachkundige Einschätzung hätte dem MfS bloß Einblick in den Wissensstand und die Arbeit der westdeutschen Spionageabwehr gegeben. Zudem wurde jeder Erfolg der westlichen Spionageabwehr in der Öffentlichkeit meist nicht etwa als solcher angesehen, sondern lediglich als Ausweis für die weitgehende Unterwanderung der eigenen Gesellschaft durch den Osten. Implizit ging die westdeutsche öffentliche Berichterstattung stets davon aus, dass östliche Spionageaktivitäten per se erfolgreich und besonders gefährlich seien, westliche hingegen nicht existierten, nicht ausreichten oder unprofessionell durchgeführt würden. Dieses durch die zeitgenössische westliche öffentliche Verhandlung der Spionagefälle gleichsam historisch vorbereitete Terrain bildet den Resonanzboden für die bislang weitgehend unkritische Übernahme der Interpretationen aus den Memoiren der HVA-Veteranen nach 1989. In der DDR hingegen verschwanden enttarnte Spione ohne entsprechendes Mediengetöse, ohne öffentliche Diskussion der Effizienz der Spionageabwehr, vor allem aber ohne öffentlichen Prozess für Jahre oder Jahrzehnte im Gefängnis, so, als hätte es sie nie gegeben.

(2) Westliche Demokratien besaßen weder die Möglichkeiten der kommunistischen Regime, ihre Einwohner zu überwachen, noch die beinahe unbegrenzten Ressourcen unter Missachtung jeglicher Bürgerrechte, um einen Spion ausfindig zu machen.[3] Das MfS verfügte daher sicherlich theoretisch über einen Vorteil bei der nachrichtendienstlichen Infiltration der Bundesrepublik im Vergleich zu den in der DDR operierenden westdeutschen Diensten. Doch gerade jene Faktoren, die den östlichen Diensten das Eindringen erleichterten, stellten zugleich die Achillesferse ihrer Spionagetätigkeit im Westen dar. Die größere individuelle Freiheit in der Bundesrepublik, die höhere soziale Mobilität, vor allem aber der höhere Lebensstandard bewirkten, dass die Gefahr der »ideologischen Aufweichung« der Agenten durch die Konfrontation mit dem angenehmeren Leben im Westen bei längerem Einsatz für östliche Dienste wesentlich größer war als umgekehrt. Dies galt umso mehr, wenn es sich wie im Falle Deutschlands um Spionage in einer geteilten Nation handelte, bei der Patriotismus als Motivation für die Spionagetätigkeit wegfiel. Ein polnischer Agent beispielsweise brauchte nicht unbedingt überzeugter Kommunist zu sein, um die Bundesrepublik auszu-

spionieren. Als Motiv reichten die unterschiedlichen Nationalitäten und die historische Hypothek der deutsch-polnischen Beziehungen aus. Entsprechend musste das MfS sehr viel Sorgfalt und Aufwand bei der Vorbereitung ihrer Spione auf den Westeinsatz walten lassen und sie regelmäßig ideologisch »wiederaufrichten«. Kurzum: Das MfS mag eine wahre Armada von Spionen im Westeinsatz besessen haben, doch der Schwund unter diesen war erheblich, vor allem wenn es sich, wie bei den Guillaumes, um Übersiedlungs-IM handelte und nicht um Bundesbürger ohne jegliche DDR-Erfahrung und dadurch fehlende Vergleichsmöglichkeiten zwischen den Lebensverhältnissen in den beiden deutschen Staaten. In einer BND-Analyse, basierend auf der Auswertung der ausführlichen Befragung des HVA-Überläufers und ehemaligen Führungsoffizier von Ostagenten im Westen, Werner Stiller, hieß es entsprechend: »Nach Beurteilung des MfS ist für die Charakterisierung der vor 1961 übersiedelten Personenkreise typisch, daß die IM durch den langen Aufenthalt in der Bundesrepublik, den mittlerweile erreichten hohen Lebensstandard sowie operative Ermüdungserscheinungen teilweise ideologisch ›aufgeweicht‹ sind und häufig nur noch mit Vorbehalt den Anweisungen der Zentrale nachkommen. Die IM wissen zwar, daß sie sich nicht mehr vom MfS lösen können und liefern daher nach wie vor Informationen, offenbar aber nicht in den ihren Möglichkeiten angemessenen Mengen und Qualitäten.«[4]

(3) Viele Informationen, die im Ostblock vielleicht als geheim gegolten hätten, waren im Westen ohnehin frei zugänglich. Letztlich war die intensive Westspionage des MfS auf politischem Gebiet vor allem dem notorischen Misstrauen, der eigenen Geheimhaltungsmanie, der starken Diskrepanz zwischen politischer Rhetorik der Führung und gesellschaftlicher Realität, dem Gefühl der Unterlegenheit gegenüber dem Westen und dem Glauben an die unbedingt notwendige eigene politisch-ideologische Geschlossenheit der kommunistischen Regime geschuldet. In Übertragung der eigenen politischen Prämissen auf den Westen glaubte man in Ost-Berlin, jenseits der öffentlich verhandelten Politik in der Bundesrepublik stets nach einer geheimen Agenda suchen zu müssen, die man eben nur mit den Mitteln der Spionage aufdecken könne. Wenn sich Markus Wolf nach der Verhaftung Guillaumes darüber beklagte, dass dessen Informationen im Wesentlichen auch den westdeutschen Medien hätten entnommen werden können, so lag dies nicht zuletzt daran, dass parteipolitische Manöver und Regierungsentscheidungen

hinter verschlossenen Türen in der Bundesrepublik fast zeitgleich auch ihren Niederschlag in den Medien finden. Selbst wenn Guillaume es gewollt hätte, so hätte er vermutlich aus seinem Arbeitsbereich im Kanzleramt kaum etwas berichten können, das nicht zumindest in groben Konturen im Bonner Politkosmos mehr oder weniger öffentlich kursierte: seien es die Differenzen innerhalb der SPD-Führungstroika um Helmut Schmidt, Willy Brandt und Herbert Wehner, die Probleme der SPD, den massenhaften Eintritt radikaler junger Linken der 68er-Generation zu verdauen oder der wachsende Einfluss der FDP innerhalb der Koalition nach dem Wahlsieg von 1972. Insofern war ein Großteil der »human intelligence« des MfS im Westen zumindest auf politischem Gebiet überflüssig und eher eine Ressourcenverschwendung.

Historische Bedeutung des Falls Guillaume in nachrichtendienstlicher Hinsicht

Versuchen wir abschließend eine historische Einordnung des berühmtesten deutsch-deutschen Spionagefalls: Was wollte, was konnte Günter Guillaume als Kanzleramtsspion für seine Ost-Berliner Auftraggeber leisten? Wie ist seine Tätigkeit im Gesamtgefüge der Westarbeit der HVA zu verorten? Welche Bedeutung kommt überhaupt nachrichtendienstlicher Arbeit zu?

(1) Spione besitzen, wie alle historischen Akteure, »Eigensinn«[5]. Sie sind keine Marionetten, die blind nach den Vorgaben ihrer Dienste tanzen, sondern verfolgen bewusst oder unbewusst ihre eigene Agenda. Dies macht sie, vor allem wenn sie dauerhaft im Ausland arbeiten und damit nur einer sporadischen Kontrolle unterliegen, zu potenziell unberechenbaren Quellen. Letztlich entscheidet der Spion über Qualität und Ausmaß des Informationsflusses an den Auftraggeber. Das ist abhängig von der eigenen Risikobereitschaft, dem Grad der Identifikation mit dem offiziellen Arbeitgeber im Vergleich zum geheimen Auftraggeber, von den eigenen politischen Vorstellungen, wie Informationen beim Empfänger wirken sollen, und von den eigenen langfristigen Entwicklungsperspektiven beruflicher wie persönlicher Art. Spionagetätigkeit erfordert vom Agenten ein beständiges Jonglieren mit zwei Identitäten, mit zwei verschiedenen beruflichen Anforderungen: Nur wenn der Spion in seinem offiziell ausgeübten Beruf funktioniert und sich mit ihm voll

identifiziert, kann er für seinen geheimen Auftraggeber interessante Informationen aus seinem Arbeitsumfeld liefern. Gerade diese Anpassungs- und Identifikationsleistung im öffentlich ausgeübten Beruf birgt jedoch die Gefahr, darüber den Spionageauftrag zu verdrängen. Für Guillaume wie auch seine Frau, obwohl zu Beginn der Agententätigkeit Mitte der fünfziger Jahre sicherlich überzeugte Parteigänger der DDR, war nach mehr als zehn Jahren im Westen die Bundesrepublik ihre Heimat. Sie wollten und mussten in erster Linie daran arbeiten, dass sie dort ein gutes Auskommen und einen sicheren Lebensabend haben würden. Sie kümmerten sich um ihre SPD-Karrieren zunehmend um ihrer selbst willen und nicht, weil dadurch der HVA in Ost-Berlin tiefere Einblicke in den ideologischen Gegner ermöglicht werden könnten. Die tägliche Beschäftigung für die und in der SPD wurde schlichtweg wichtiger als die nur noch sporadischen Kontakte zur HVA. Konkret bedeutete es für das Ehepaar in erster Linie Arbeit an der Machtsicherung für die SPD, von der auch die eigene Karriere abhing, nicht an deren potenzieller Destabilisierung durch Weiterleitung sensibler Informationen in den Osten. Guillaume trat im Kanzleramt als hyperaktiver SPD-Parteisoldat auf, der den seiner Ansicht nach zu zögerlichen »Bürokraten« misstraute, die womöglich noch Loyalitäten gegenüber der CDU/CSU aus der Zeit vor 1969 hegten. Sein Verhalten entsprach damit nicht den Vorsichtsmaßregeln der HVA für ihre Kundschafter, die diesen stets zur Unauffälligkeit riet. Guillaumes Verhalten zeigte vielmehr, dass seine ursprünglich nur zweite, getarnte Identität als »rechter« SPD-Mann nahezu vollständig von ihm Besitz ergriffen hatte. Selbst als im Sommer 1973 offensichtlich wurde, dass der Verfassungsschutz sie observierte, unternahmen die Guillaumes keinen Versuch, sich in die DDR abzusetzen, sondern hofften, das Familienleben weiter im Westen führen zu können. Günter Guillaume nutzte weder den mit der HVA verabredeten Evakuierungsplan, noch folgte er ihrer Anweisung, keine Informationen mehr zu senden und alle Beweismittel zu vernichten, was aus Sicht der HVA ebenfalls einen erheblichen »Eigensinn« darstellte. Seine Frau Christel hörte spätestens Ende der sechziger Jahre auf, Informationen aus ihrem Arbeitsbereich in den Osten weiterzuleiten, denn die 1969 eingerichtete Datenbank SIRA verzeichnet keinen einzigen Bericht, kein einziges Dokument, das ihrer Registrierungsnummer zuzuschreiben ist. Ihr Mann lieferte hingegen, wie SIRA ebenfalls zeigt, bis unmittelbar vor der Verhaftung Informationen in den Osten. Er fühlte sich immerhin noch bis zu einem gewissen Grad der HVA verpflichtet, möglicherweise von ihr unter Druck gesetzt. Die begrenzt fortgeführte Agententätigkeit stellte außerdem eine Art Rache gegenüber dem Standesdünkel der höheren Beamtenschaft im Kanzleramt dar, die auf ihn als »Parteibonzen«, als »Emporkömmling« aus einfachen Verhältnissen und ohne formal höhere Bildung hinabblickte. Doch dosierte Guillaume die Informationen aus dem Kanzlerbüro so, dass sie seiner wahren politischen Heimat, der SPD, wie auch dem von ihm verehrten Willy Brandt möglichst nicht zum Schaden gereichten. Sie waren entweder weitgehend wertlos oder sollten helfen, das Misstrauen in der SED-Führung gegen die SPD zu zerstreuen.

(2) Als Guillaume und seine Frau im April 1974 verhaftet wurden, stand für die westdeutsche Öffentlichkeit fest, dass es sich um einen gegnerischen Spion von erstklassiger Qualität handeln musste. Immerhin hatte er seit mehr als vier Jahren in der Regierungszentrale gearbeitet und war mehr als 18 Monate lang sogar Referent des Kanzlers selbst gewesen. Arbeit in der Regierungszentrale und Nähe zum Kanzler wurden vereinfachend mit geradezu unbegrenztem Informationszugang für die ostdeutschen Auftraggeber gleichgesetzt. Diese Interpretation förderten die oppositionelle Union und die ihr nahestehenden Medien nach Kräften, um die regierende SPD bloßzustellen. Nach der Rückkehr Guillaumes in die DDR 1981 besaß auch das MfS ein Interesse daran, seinen Agenten als eine Art Meisterspion zu präsentieren. Nur so war es möglich, seiner mehr als siebenjährigen Haft in der Bundesrepublik nachträglich einen Sinn zu geben und seinen Einsatz als vorbildhaftes Opfer für künftige Kundschaftergenerationen zu stilisieren. Guillaume selbst konnte und wollte sich dieser Inszenierung als Meisterspion im Auftrag der DDR nicht entziehen, denn sie sicherte ihm ein für ostdeutsche Verhältnisse mehr als komfortables Leben. Sie war die einzige ihm verbliebene Identität, der einzige gangbare Ausweg nach seiner Verhaftung. Folglich begann er seine DDR- und Agentensozialisation im Verlauf seines Gefangenendaseins in der Bundesrepublik ab Frühjahr 1974 zu rekultivieren. Nach der Wende inszenierte er sich weiter als »Topagent«, wie etwa seine Aussage beim Markus-Wolf-Prozess 1993 zeigte. Nicht zuletzt ermöglichte ihm eine solche Selbstdarstellung, durch die Neuauflage seiner Memoiren, Interviews für den Fernseh-Historiker Guido Knopp oder das Magazin *Focus* seine im vereinten Deutschland nur bescheidene Rente als ehemaliger MfS-Angehöriger aufzubessern. Mein Buch hat jedoch gezeigt, dass Guillaumes Bedeutung als Kanzleramts-

spion relativiert werden muss, und zwar nicht nur wegen seiner inneren Wandlung seit 1956 und seines »Eigensinns«, sondern auch wegen seiner Position im Palais Schaumburg und der Arbeitsweise dort. Das Kanzleramt war und ist eine höchst arbeitsteilige Behörde, in der die meisten Mitarbeiter selbst auf Referentenebene nur als kleine Rädchen funktionieren und über einen entsprechend begrenzten Ausschnitt aus der Regierungstätigkeit informiert sind, der nicht unbedingt für einen ausländischen Nachrichtendienst interessant ist. Dies deutete sich im Fall Guillaume etwa dadurch an, dass die HVA das Residentenehepaar Rausch bereits im Frühjahr 1972, nach nur knapp 18 Monaten, wieder in die DDR zurückzog. Die von den Rauschs weitergeleiteten Informationen zu Gewerkschaftsthemen waren nicht wertvoll genug, um die Verhaftung des Residentenehepaars durch die angelaufene Aktion Anmeldung des Verfassungsschutzes zu riskieren. Der nur begrenzte Zugang zu sensiblen Informationen galt für Guillaume auch noch, als er vom Spätsommer 1972 bis zum April 1974 im Kanzlerbüro arbeitete. Dort war er als Parteireferent eingesetzt, das heißt, er blieb von der Außen-, Militär- und inneren Sicherheitspolitik, die seine Kollegen Reinhard Wilke und Wolf-Dietrich Schilling bearbeiteten, ausgeschlossen. Guillaume besaß weder Zugriff auf die Unterlagen zu den Kabinettssitzungen, noch konnte er an den »großen« oder »kleinen« Lagebesprechungen im Kanzleramt teilnehmen. Seine relative Isolation rührte, abgesehen von seinem vergleichsweise untergeordneten Rang in der Kanzleramtshierarchie, daher, dass Schilling, Wilke und Brandt selbst zwar Guillaumes organisatorische Fähigkeiten und seinen unermüdlichen Einsatzwillen schätzten. Sie sprachen ihm aber politisches Gespür ab und empfanden ihn im persönlichen Umgang als eher unangenehm. Guillaume sah sich folglich stärker als sein Vorgänger auf dieser Position, Peter Reuschenbach, auf organisatorische Fragen beschränkt. Einzig während seiner Reisebegleitungen Brandts als Parteichef im Inland ergab sich für Guillaume gelegentlich die Chance, Einblick in geheime Regierungsvorgänge zu nehmen, weil der Referent dann als Bindeglied zwischen Kanzler und Palais Schaumburg fungierte. Doch sensibles, für die HVA vor allem interessante Detailfragen, sei es zu Rüstungstechnologie, technisch-wissenschaftlichen Innovationen, militärischer Einsatzplanung, der Arbeit der westlichen Nachrichtendienste oder der Tätigkeit der DDR-Opposition im Westen, bearbeiteten ohnehin die untergeordneten Regierungsebenen. Ein Partei- und Regierungschef beschäftigt sich in der Regel nicht mit solchen Details.

(3) In der Öffentlichkeit wie in der Geschichtsschreibung dominiert eine stark vereinfachende Perspektive auf das Spionagegeschäft. Danach berichtet ein zentral platzierter Spion direkt seiner Regierung. Im Falle Guillaumes also expedierte der Kanzleramtsreferent angeblich Geheimunterlagen gleichsam direkt von Willy Brandts Schreibtisch zum Politbüro in Ost-Berlin. Dort wurden sie nur ein oder zwei Tage später sofort begierig gelesen, gerade weil die SED-Führung angeblich wusste, dass sie unmittelbar von »unserem Mann im Kanzleramt« stammten, der Brandt wie ein Schatten folgte. Die HVA jedoch arbeitete, wie alle modernen Nachrichtendienste, nach dem Prinzip der strikten Trennung von Informationsbeschaffung, -auswertung und -weitergabe an den Endnutzer, also die politische Führung der DDR. Aus Gründen des Quellenschutzes, aber auch um der höheren Objektivität willen wussten schon die Auswerter in der Abteilung VII der HVA nicht, wer sich hinter der Registriernummer und dem Decknamen verbarg, welche die operative, agentenführende Abteilung II Guillaume gegeben hatte. Gerade um den »menschlichen Faktor« auszuschließen, also die Eigenarten, die subjektive Wahrnehmung des Spions oder die von ihm verfolgte persönliche Agenda bei der Informationsübermittlung, wurden die eingehenden Berichte von den Analytikern der Abteilung VII mit anderen offenen oder verdeckten Quellen abgeglichen, ergänzt oder in einen größeren Zusammenhang gestellt. Abschließend anonymisierte man die Berichte noch sprachlich, bevor sie die HVA als »Ausgangsinformationen« verließen. Der Endnutzer besaß daher keinen Anhaltspunkt, wo die ursprüngliche Quelle gesessen haben könnte. Zudem landeten auf den Tischen der Politbüromitglieder in den siebziger Jahren täglich im Schnitt etwa zwei bis drei HVA-Analysen, so dass eine der seltenen Meldungen, zu denen Guillaume etwas beigetragen hatte, nichts Besonderes darstellte. Die Endnutzer haben sich wohl kaum ob der Hunderte von HVA-Informationen, die sie jedes Jahr zu Gesicht bekamen, Gedanken darüber gemacht, welcher Kundschafter sich hinter einer speziellen Ausgangsinformation verbergen mochte.[6] Insofern geht die oft gestellte Frage, ob Erich Honecker vor Guillaumes Verhaftung im April 1974 von dessen Existenz gewusst habe, vollkommen an der Praxis moderner nachrichtendienstlicher Tätigkeit, aber auch an dem von der SED-Führung zu bewältigenden, von der HVA stammenden Informationsaufkommen vorbei.

(4) Der perfekte Spion in einer hochsensiblen Position ist in seinem Tun nutzlos, wenn er nicht einen Nachrichtendienst hat, der ihn effektiv unterstützt, den Wert seiner Informationen im Abgleich mit anderen Quellen erkennt und dieses Wissen schließlich der politischen oder militärischen Führung des Landes vorlegt. Als letzter und entscheidender Schritt, der der Spionage erst eine gewisse historische Bedeutung verleiht, muss die Regierung bereit sein, die Informationen ihrer Agenten überhaupt als wertvoll anzusehen und gegebenenfalls in ihre Entscheidungsfindung einfließen zu lassen. Die HVA bemühte sich im Wesentlichen, die von ihren Kundschaftern nach Ost-Berlin geleiteten Informationen in nüchterne Analysen für die SED-Führung zu gießen, die unkommentiert und ohne ideologischen Zierrat die westlichen Positionen wiedergaben.[7] Guillaumes Informationen wurden also, wenn sie von der HVA als ausreichend interessant und glaubwürdig eingeschätzt worden waren, an die SED-Führung selbst dann weitergeleitet, wenn sie nicht dem entsprachen, was das Politbüro eigentlich hören wollte. Ob sich hingegen die SED-Führung nach den Erkenntnissen der politischen Spionage tatsächlich orientierte, selbst wenn sie den eingeübten ideologischen Denkmustern widersprachen, in diesem Falle dem tiefen, historisch tradierten Misstrauen gegenüber Brandt und der SPD, ist fraglich. Einige Intelligence-Historiker behaupten, dass sich die zweifellos in operativer Hinsicht recht effektiven östlichen Nachrichtendienste in vielen Fällen vergeblich abgearbeitet hätten: Die Staats- und Parteiführungen des Ostblocks trugen aufgrund der marxistisch-leninistischen Ideologie und des »demokratischen Zentralismus« Scheuklappen, die eine geschmeidigere Politik auf Basis der eingehenden Informationen vonseiten der nachgeordneten Nachrichtendienste unmöglich gemacht hätten.[8] In Bezug auf die DDR hat diese Argumentation sicherlich ihre Berechtigung: Die HVA beispielsweise lieferte realistische Einschätzungen der Nato-Planungen, die eher defensiv eingestellt seien. Gleichwohl galt für die Militärdoktrin des Warschauer Paktes weiterhin das Credo vom aggressiven westlichen Imperialismus. Zudem verschloss sich die SED-Führung auch zutreffenden Lageeinschätzungen anderer regime-interner Organe als der HVA. So überging das Politbüro beispielsweise Mitte der siebziger Jahre die Warnungen der Staatlichen Plankommission und anderer Expertengruppen, dass eine Fortführung der bisherigen Wirtschaftspolitik, also die Verschuldung im Ausland zwecks Subventionierung des Lebensstandards der Ostdeutschen, über kurz oder lang die DDR in den Ruin treiben werde.[9] Man muss jedoch

nicht die Rigidität des marxistisch-leninistischen Denkens in den »realsozialistischen« Staaten bis 1989 bemühen, um letztlich die Vergeblichkeit vieler nachrichtendienstlicher Aktivitäten der jüngeren Vergangenheit zu demonstrieren. Auch Politiker im Westen bedienten sich häufig nachrichtendienstlicher Erkenntnisse nur selektiv oder lediglich dann, wenn die Analysen ohnehin ihre bereits im Wesentlichen getroffenen Entscheidungen untermauerten oder ihre bestehende Weltsicht bestätigten. Differenzierte nachrichtendienstliche Vorlagen hingegen verkomplizieren aus Sicht einer politischen Führung oft eher die Entscheidungsfindung.[10] So ignorierte die Bundesregierung weitgehend die BND-Berichte aus der zweiten Hälfte der achtziger Jahre über den inneren Verfall der DDR und den unter der ostdeutschen Bevölkerung noch sehr verbreiteten Wunsch nach Wiedervereinigung. Man hatte sich in Bonn in der jahrzehntelang eingeübten, bequemen deutschen Zweistaatlichkeit eingerichtet und schenkte den rosigeren offiziellen DDR-Statistiken zur Wirtschaftslage Glauben. Die BND-Analysen hingegen legten eine Art Kontingenzplanung für den Fall eines ostdeutschen Kollapses und einer raschen Vereinigung der beiden deutschen Staaten nahe. Doch das erschien Bonn als zu heikel: Weder wollte man den innen- wie bündnispolitischen Frieden gefährden noch den möglichen ökonomischen Folgekosten eines solchen Szenarios ins Auge sehen.[11]

Der unnötige Rücktritt

Die berühmteste Spionageaffäre der deutschen Geschichte zeigt, dass nachrichtendienstliche Tätigkeit historisch nur dann relevant ist, wenn neben dem Zugang des Agenten zu sensiblen Informationen und seinem Vorsatz, diese Erkenntnisse tatsächlich an seinen geheimen Auftraggeber weiterzuleiten, aufseiten des Empfängers auch die Bereitschaft vorhanden ist, die gelieferten Informationen zur Entscheidungsfindung zu nutzen. Im Fall Guillaume bestehen starke Zweifel, ob auch nur eine der drei Bedingungen gegeben war. Der bloße Umfang des von der Bundesrepublik erlittenen Geheimnisverrats beziehungsweise des nachrichtendienstlichen Erkenntnisgewinns für die DDR durch Guillaume rechtfertigte jedenfalls nicht den Rücktritt Willy Brandts als Bundeskanzler im Mai 1974.

Anmerkungen

Einführung (S. 9–17)

1 Archiv der Sozialen Demokratie Bonn (AdsD), Nachlass Reinhard Wilke 1/RWA Mappe 47, Aufzeichnungen zum Terminkalender des Bundeskanzlers Bd. II (5.12.1973).
2 Panorama, 26.11.1973 (http://daserste.ndr.de/panorama/archiv/1973/panorama2245.html, Zugriff am 4.12.2012); Christoph Links im Gespräch mit Günter Grass über Günter Guillaume am 23.11.2012.
3 *Stuttgarter Zeitung* vom 23.9.1975.
4 Günter Guillaume, Die Aussage. Protokolliert von Günter Karau, Berlin (Ost) 1988; *Der Spiegel* vom 26.12.1988;
5 Vgl. vor allem Peter Merseburger, Willy Brandt 1913–1992. Visionär und Realist, München 2002 sowie Hermann Schreiber, Kanzlersturz. Warum Willy Brandt zurücktrat, München 2003.
6 Vgl. Wolfgang Krieger, German Intelligence History. A Field in Search of Scholars, in: L. V. Scott/P. D. Jackson (Hrsg.), Understanding Intelligence in the 21st Century. Journey in Shadows, London 2004, S. 42–53. Zum traditionellen Fokus der Nachrichtendienste weltweit auf militärische Themen vgl. die grundlegende Studie von Michael Herman, Intelligence Power in Peace and War, Cambridge 1996.
7 Christian Booß, »Arbeit in und nach dem Operationsgebiet«. Die Unterlagen zur Westarbeit des Ministeriums für Staatssicherheit in den Beständen des BStU, in: Deutschland Archiv 43 (2010) 6, S. 1076–1087.
8 Vgl. vor allem Helmut Müller-Enbergs (Hrsg.), Inoffizielle Mitarbeiter des MfS. Teil II: Anleitung für die Arbeit von Agenten, Kundschaftern und Spionen in der Bundesrepublik Deutschland, 2. Auflage, Berlin 1998; Ders., Hauptverwaltung A (HVA). Aufgaben – Strukturen – Quellen, Berlin 2011; Ders. und Georg Herbstritt (Hrsg.), Das Gesicht dem Westen zu ... DDR-Spionage gegen die Bundesrepublik Deutschland, Bremen 2003; Hubertus Knabe, Westarbeit des MfS. Das Zusammenspiel von »Aufklärung« und »Abwehr«, 2. Auflage, Berlin 1999 und Georg Herbstritt, Bundesbürger im Dienst der DDR-Spionage. Eine analytische Studie, Göttingen 2007.
9 Eine Ausnahme, die sich für die Zeit nach 1961 mangels Zugang zu den westdeutschen Akten der Unterlagen der MfS-Spionageabwehr bedient, ist das Buch von Armin Wagner und Matthias Uhl, BND contra Sowjetarmee. Westliche Militärspionage in der DDR, 3. Auflage, Berlin 2010.
10 Bericht der Kommission »Vorbeugender Geheimschutz« über die Prüfung von Sicherheitsfragen im Zusammenhang mit dem Fall Guillaume (11.11.1974), in: Deutscher Bundestag, 7. Wahlperiode (WP), Bundestagsdrucksache 7/3083; Bericht und Antrag des 2. Untersuchungsausschusses (»Guillaume-Untersuchungsausschuss«) der 7. Wahlperiode (19.2.1975), in: Deutscher Bundestag, 7. WP, Bundestagsdrucksache 7/3246.

11 Jochen Hecht, »Rosenholz« und SIRA – archivalische Quellen zur Geschichte der Hauptverwaltung Aufklärung (HVA) des MfS, in: Dagmar Unverhau (Hrsg.), Hatte »Janus« eine Chance? Das Ende der DDR und die Sicherung der Zukunft der Vergangenheit, Münster 2003, S. 99–112; Helmut Müller-Enbergs, »Rosenholz«. Eine Quellenkritik, Berlin 2007; Stefan Konopatzky, Möglichkeiten und Grenzen der SIRA-Datenbanken. Die Beispiele Günter Guillaume und Werner Stiller, in: Herbstritt/Müller-Enbergs (Hrsg.), Das Gesicht dem Westen zu …, S. 112–132.
12 Günter Förster, Die Dissertationen an der »Juristischen Hochschule« des MfS. Eine annotierte Bibliographie, 2. Auflage, Berlin 1997.
13 Pierre Boom und Gerhard Haase-Hindenberg, Der Fremde Vater. Der Sohn des Kanzlerspions Guillaume erinnert sich, Berlin 2005.
14 Hubertus Knabe, Die unterwanderte Republik. Stasi im Westen, 3. Auflage, Hamburg 2000.

Lehrjahre eines »Kundschafters« (S. 19–60)

1 Jens Gieseke, Die hauptamtlichen Mitarbeiter der Staatssicherheit. Personalstruktur und Lebenswelt, Berlin 2000, S. 106; Günter Bohnsack, Hauptverwaltung Aufklärung. Die Legende stirbt. Das Ende von Wolfs Geheimdienst, Berlin 1997, S. 10–13; vgl. IM-Richtlinie 1/59 des MfS, 17.6.1959, abgedruckt in Müller-Enbergs (Hrsg.), Inoffizielle Mitarbeiter des MfS, Teil II, S. 290–340; Hans Eltgen, Ohne Chance. Erinnerungen eines HVA-Offiziers, Berlin 1995, S. 26–36.
2 »Nationalität: deutsch – Staatsbürgerschaft: DDR – Bes. Kennzeichen: meine« (Interview mit Günter Guillaume) in: *Junge Welt* vom 14.5.1987.
3 Angaben zu Guillaumes familiärem Hintergrund und frühem Werdegang finden sich u.a. in Günter Guillaume, Die Aussage. Wie es wirklich war, München 1990, S. 57–59; Bericht der Kommission »Vorbeugender Geheimschutz« über die Prüfung von Sicherheitsfragen im Zusammenhang mit dem Fall Guillaume (11.11.1974), in: Deutscher Bundestag, 7. WP, Bundestagsdrucksache 7/3083, sowie in Bundeskanzleramt Berlin (BKanzA) 102 18 Akte 302 Bd. 4, Urteil des Oberlandesgerichts (OLG) Düsseldorf gegen Günter und Christel Guillaume, 15.12.1975.
4 Bundesarchiv Berlin (BAB) Berlin Document Center (BDC) Reichskulturkammer Film N14, S. 2794–2798.
5 Juliane Wetzel, Die NSDAP zwischen Öffnung und Mitgliedersperre, in: Wolfgang Benz (Hrsg.), Wie wurde man Parteimitglied? Die NSDAP und ihre Mitglieder, Frankfurt/M. 2009, S. 74–90.
6 BAB BDC Parteikanzlei Film D244, S. 2174–2177.
7 *Der Spiegel* vom 30.6.1975.
8 BAB BDC Ortskartei 3200 Film G0048, S. 326.
9 Armin Nolzen, Vom »Jugendgenossen« zum »Parteigenossen«. Die Aufnahme von Angehörigen der Hitlerjugend in die NSDAP, in: Benz (Hrsg.), Wie wurde man Parteimitglied?, S. 123–150; AdsD, Nachlass Reinhard Wilke 1/RWA Mappe 22, Aussage von Kriminalhauptkommissar Nikolaus Federau vom BKA beim Guillaume-Prozess (4. Verhandlungstag, 2.7.1975).
10 Günter Guillaume, Die Aussage (1988), S. 60.
11 Die unmittelbaren Nachkriegsjahre Guillaumes in Berlin sind am besten durch Teil I und II der insgesamt zehnteiligen Reportage von Manfred Geist dokumentiert. Sie erschien unter dem Titel »Der Spion, der den Kanzler stürzte« vom 27.2. bis zum 11.3.1975 in der Zeitung *Die Welt* (DW), basierend auf ausführlichen Interviews mit Hans-Dieter Sallein und anderen Bekannten Guillaumes aus jenen Jahren.

12 Guillaume, Die Aussage (1988), S. 134.
13 Helmut Schelsky, Die skeptische Generation. Eine Soziologie der deutschen Jugend, Düsseldorf 1957.
14 Vgl. etwa für die Wirkung dieser politisch engagierten Generation in den westdeutschen Medien Christina von Hodenberg, Konsens und Krise. Eine Geschichte der westdeutschen Medienöffentlichkeit 1945–1973, Göttingen 2006, S. 245–358; in Bezug auf das MfS Gieseke, Die hauptamtlichen Mitarbeiter der Staatssicherheit, S. 129.
15 Geist, »Der Spion, der den Kanzler stürzte« Teil II, in: *DW* vom 28. 2. 1975; Zur Weltbürgerbewegung und ihrer Resonanz in Deutschland vgl. Garry Davis, The World is my Country. The Autobiography of Garry Davis, New York 1961; über die Berliner Initiative der Weltbürgerbewegung: *Der Spiegel* vom 15. 1. 1949.
16 Vgl. aus Sicht der DDR-Historiografie Gerhard Keiderling, Werdet aktive Friedenskämpfer! Die Anfänge der organisierten Friedensbewegung in Berlin 1949/50, in: Berliner Geschichte. Dokumente, Beiträge, Informationen, Heft 10, Berlin (Ost) 1989, S. 4–15.
17 Vereinzelte Unterlagen über Guillaumes Rolle im Groß-Berliner Komitee befinden sich im Landesarchiv Berlin (LAB) C Rep. 831 Nr. 10, 13 und 52.
18 BAB DY 30/IV2/4-21, Schreiben der Landesparteikontrollkommission an die Zentrale Parteikontrollkommission der SED, 1. 12. 1950.
19 BAB DR 200/1062, Verlag Volk und Wissen / Verzeichnis ehemaliger Mitarbeiter 1949–1955: Personalstammblatt Günter Guillaume.
20 Heike Amos, Die Westpolitik der SED 1948/49–1961. »Arbeit nach Westdeutschland« durch die Nationale Front, das Ministerium für Auswärtige Angelegenheiten und das Ministerium für Staatssicherheit, Berlin 1999 sowie Michael Lemke, Einheit oder Sozialismus? Die Deutschlandpolitik der SED 1949–1961, Köln 2001.
21 BKanzA 07-Ko 1 NA S-Akte Guillaume 21106 (7), Karteinotierungen der Organisation Gehlen vom März 1951. In diesen wird Guillaume, dessen Name einmal als »Guiome« falsch geschrieben ist, als Sekretär der DSF bezeichnet. Gemeint war wohl eher das Deutsche Komitee bzw. der Friedensrat, denn es wird die Adresse Taubenstraße 1–2 genannt, in welcher nicht die DSF, sondern das Komitee saß.
22 Laut Aussage von Christel Guillaume, in: Christel Guillaume – ein Leben mit der Lüge, WDR-Fernsehdokumentation, Erstsendung: ARD, 17. 1. 1991.
23 Christel Guillaume im Gespräch mit Arnold Seul und Anne Worst im April 1990 (98-seitige Transkription der Tonbandaufnahme, Kopie im Besitz des Verfassers). Weitere biografische Informationen finden sich in den Auskünften Christel Guillaumes in der Radiosendung »›Genossen, ihr werdet nicht oft besungen‹. Christel Guillaume: Portrait einer DDR-Spionin« von Anne Worst, Erstsendung: Deutschlandfunk, 11. 12. 1990, sowie in: Bundesarchiv Koblenz (BAK) B141/72640 (Akte zum Gnadengesuch von Erna Boom für ihre Tochter Christel Guillaume im Jahre 1977) und BKanzA 102 18 Akte 302 Bd. 4, Urteil des OLG Düsseldorf gegen Günter und Christel Guillaume, 15. 12. 1975; Unterlagen zu Christel Guillaumes Beschäftigung im »Groß-Berliner Komitee« in: LAB C Rep. 831 Nr. 11.
24 BAB DY 30/IV2/4-21, Schreiben der Landesparteikontrollkommission an die Zentrale Parteikontrollkommission der SED, 1. 12. 1950.
25 So etwa die Überschrift von Teil IV von Geist, »Der Spion, der den Kanzler stürzte«, in: *DW* vom 3. 3. 1975 oder der Eindruck von Rut Brandt, Freundesland. Erinnerungen, 18. Auflage, Hamburg 1994, S. 265; vgl. *Frankfurter Rundschau (FR)* vom 26. 4. 1974 (Erinnerungen einer Frankfurter SPD-Genossin).
26 Christel Guillaume im Gespräch mit Arnold Seul und Anne Worst; Christel Guil-

laume, Es begann am Potsdamer Platz (autobiografische Fragmente, ca. 1985/86 – Kopie im Besitz des Verfassers).

27 BAB DR 200/1062, Verlag Volk und Wissen / Verzeichnis ehemaliger Mitarbeiter 1949–1955: Personalstammblatt Günter Guillaume.

28 Helmut Müller-Enbergs, Das Institut für Wirtschaftswissenschaftliche Forschung und die Anfänge der DDR-Spionage. Strukturelle und persönliche Weichenstellungen 1951–1956, Berlin 2010. Zur Vereinfachung wird im Folgenden für den ganzen zu behandelnden Zeitraum der Auslandsnachrichtendienst der DDR als HVA bezeichnet.

29 Markus Wolf, L'œil de Berlin. Entretiens de Maurice Najman avec le patron des services secrets est-allemands, Paris 1992, S. 191 (zur Rolle von Volk und Wissen bei der Anwerbung Guillaumes); Müller-Enbergs, Helmut: Das Institut für Wirtschaftswissenschaftliche Forschung, S. 28 f. (zur Verbindung zwischen Fellmuth und Eberlein).

30 Guillaume, Die Aussage (1990), S. 30 ff.; zum Metallarbeiterstreik vgl. Rudi Schmidt, Der Streik in der bayerischen Metallindustrie von 1954. Lehrstück eines sozialen Konfliktes, Köln 1995; zu den Westaktivitäten des FDGB vgl. Joseph Kaiser, »Der politische Gewinn steht in keinem Verhältnis zum Aufwand«. Zur Westarbeit des FDGB im Kalten Krieg, in: Jahrbuch für historische Kommunismusforschung 1996, S. 106–131.

31 BStU MfS K3006/87, Tagesbefehl von Erich Mielke zum 38. Jahrestag der Gründung der DDR.

32 BStU MfS HVA Rosenholz F16 (Günter Guillaume). Vgl. hierzu Müller-Enbergs, Rosenholz, S. 57, S. 138 und Ders., Das Institut für Wirtschaftswissenschaftliche Forschung, S. 5. Vgl. weiter BAK B206/1831, Grundlagen der Anleitung, Erziehung und Qualifizierung von Residenten (Übersiedlungs-IM), MfS-Dokument, Oktober 1974.

33 Christel Guillaume im Gespräch mit Arnold Seul und Anne Worst.

34 BStU MfS JHS 265, Unterlagen zur Verleihung der Ehrendoktorwürde an Günter Guillaume, Januar 1985.

35 IM-Richtlinie 1/59 des MfS, abgedruckt in: Müller-Enbergs (Hrsg.), Inoffizielle Mitarbeiter des MfS. Teil II, S. 290–340, hier S. 295.

36 Amos, Die Westpolitik der SED, S. 210 f.

37 BKanzA 102 18 Akte 302 Bd. 1, Fernschreiben des Generalbundesanwalts (GBA) an das Bundesministerium der Justiz (BMJ) betr. Ermittlungsverfahren gegen Guillaume, 16.5.1974; BStU MfS HVA Rosenholz F16 (Günter und Christel Guillaume).

38 Werner Großmann, Bonn im Visier. Die DDR-Aufklärung aus Sicht ihres letzten Chefs, Berlin 2001, S. 29–31; BStU MfS JHS 21883, Oberst Fritz Kobbelt/Major Helga Weser/Hauptmann Kaden, Das Erkennen der objektiven und subjektiven Bedingungen von Fehlhandlungen übersiedelter inoffizieller Mitarbeiter im Operationsgebiet als Grundlage für die Realisierung einer erfolgreichen Aufklärungsarbeit des MfS, Diss. jur. Juristische Hochschule Potsdam 1978, S. 48; Kurt Gailat im Gespräch mit Pierre Boom und Gerhard Haase-Hindenberg im Jahre 2003 (22-seitige Transkription der Tonbandaufnahme, Kopie im Besitz des Verfassers); Herbstritt, Bundesbürger im Dienst der DDR-Spionage, S. 107–111 und S. 182; Müller-Enbergs (Hrsg.), Die Inoffiziellen Mitarbeiter des MfS. Teil II, S. 145–151; Gieseke, Die hauptamtlichen Mitarbeiter der Staatssicherheit, S. 268 f.

39 Gieseke, Die hauptamtlichen Mitarbeiter der Staatssicherheit, S. 119; Peter Richter und Klaus Rösler, Wolfs West-Spione. Ein Insider-Report, Berlin 1992, S. 74 f.

40 BStU HVA/Vi 88, Vortrag Günter Guillaumes mit Erläuterungen von Wolfgang Rausch vor HVA-Kadern, ca. März 1982 (Videoaufzeichnung).

41 BKanzA 18 102 Akte 302 Bd. 4, Urteil des OLG Düsseldorf gegen Günter und Christel Guillaume, 15.12.1975.
42 C. Guillaume, Es begann am Potsdamer Platz.
43 Bericht der Kommission »Vorbeugender Geheimschutz« über die Prüfung von Sicherheitsfragen im Zusammenhang mit dem Fall Guillaume (11.11.1974). Zum UFJ siehe Frank Hagemann, Der Untersuchungsausschuss Freiheitlicher Juristen 1949 bis 1969, Frankfurt/M. 1994.
44 BKanzA 18 102 Akte 302 Bd. 4, Urteil des OLG Düsseldorf gegen Günter und Christel Guillaume, 15.12.1975; BAB DR200/1062, Verlag Volk und Wissen / Verzeichnis ehemaliger Mitarbeiter 1949–1955: Personalstammblatt Günter Guillaume.
45 So Guillaume am 6.2.1990 in einem Rentenantrag an das MfS, den er damit begründete, dass er ab 1.10.1955 HIM gewesen sei, zitiert in: Knabe, Westarbeit des MfS, S. 20.
46 »Beschluß über die Offiziere im besonderen Einsatz« des MfS, 25.2.1957, abgedruckt in: Müller-Enbergs (Hrsg.), Inoffizielle Mitarbeiter des MfS. Teil II, S. 286–289; Christel Guillaume gegenüber dem Autor Gerhard Haase-Hindenberg im Jahre 2003 (Tondokument im Besitz des Verfassers).
47 Müller-Enbergs (Hrsg.), Inoffizielle Mitarbeiter des MfS. Teil II, S. 107f.
48 Großmann, Bonn im Visier, S. 7ff. (Großmann, ab 1986 Nachfolger von Markus Wolf als Leiter der HVA, gehörte zum ersten Jahrgang, der 1952 die Schule in Belzig durchlief); Heinz Günther, Wie Spione gemacht wurden, Berlin 1992, passim (Günther war seit den sechziger Jahren Dozent in Belzig); Werner Stiller, Im Zentrum der Spionage, 4. Auflage, Mainz 1986, S. 105.
49 Dirk Dörrenberg, Erkenntnisse des Verfassungsschutzes zur Westarbeit des MfS, in: Müller-Enbergs/Herbstritt (Hrsg.), Das Gesicht dem Westen zu …, S. 72–111.
50 Der in der zweiten Hälfte der fünfziger Jahre angeworbene und ab 1960 in Paris gegen die Nato eingesetzte Hans Voelkner schrieb über die Ausbildung als IM: »Mein Führungsoffizier nahm mich unter seine Fittiche und brachte mir das Notwendigste bei: Handhabung einer Miniaturkamera zum Ablichten von Dokumenten, die Sicherung gegen eventuelle Beobachtung und Verfolgung sowie Techniken des Treffens mit Personen und der Übergabe von Materialien. Manches wurde sogar geübt. Ich bekam eine Menge über Organisation und Methoden des Gegners vermittelt. Ich erhielt keine Ausbildung im Sinne eines Schulbesuchs.« In: Hans Voelkner, Salto mortale. Vom Rampenlicht zur unsichtbaren Front, Berlin (Ost) 1989, S. 23; vgl. Markus Wolf, Spionagechef im geheimen Krieg. Erinnerungen, 3. Auflage, München 1997, S. 85 (elementarste Regeln).
51 Unterlagen zum Fall Gruber in: BAK B206/1777. Gruber war wegen seiner kurzen Ausbildungs- und Testphase bei der HVA vermutlich IM, nicht HIM. Er wurde bereits im Oktober 1957 in West-Berlin verhaftet und ein Jahr später zu zwei Jahren Gefängnis verurteilt.
52 So etwa die fälschliche Darstellung zu den Umständen, wie sich die Guillaumes kennengelernt hatten, im Urteil des OLG Düsseldorf vom 15.12.1975, in: BKanzA 18 102 Akte 302 Bd. 4. Weitere Beispiele von West-Agenten, die unter falschem Namen und mit erfundenen Lebensläufen in den fünfziger Jahren in die Bundesrepublik eingeschleust wurden, finden sich in Richard Gerken, Spione unter uns. Methoden und Praktiken der roten Geheimdienste nach amtlichen Quellen. Die Abwehrarbeit in der Bundesrepublik, Donauwörth 1965.
53 Kristie Macrakis, Die Stasi-Geheimnisse. Methoden und Technik der DDR-Spionage, München 2009, S. 247–370; BKanzA 18 102 Akte 302 Bd. 4, Urteil des OLG Düsseldorf gegen Günter und Christel Guillaume, 15.12.1975.

54 Hendrik van Bergh, Köln 4713. Geschichte und Geschichten des Bundesamtes für Verfassungsschutz, Würzburg 1981, S. 33–36.
55 Müller-Enbergs, Hauptverwaltung A, S. 20; Jens Gieseke, Der Mielke-Konzern. Geschichte der Stasi 1945–1990, München 2006, S. 204.
56 Herbstritt, Bundesbürger im Dienst der DDR-Spionage, S. 99–102. Zur westlichen Spionage vgl. Wagner/Uhl, BND contra Sowjetarmee.
57 Herbstritt, Bundesbürger im Dienst der DDR-Spionage, S. 83–85; vgl. Wagner/Uhl, BND contra Sowjetarmee.
58 Herbstritt, Bundesbürger im Dienst der DDR-Spionage, S. 250–300; Müller-Enbergs, Inoffizielle Mitarbeiter des MfS. Teil II, S. 46.
59 Richard Meier, Geheimdienst ohne Maske. Der ehemalige Präsident des Bundesverfassungsschutzes über Agenten, Spione und einen gewissen Herrn Wolf, Bergisch Gladbach 1992, S. 162–164.
60 Zahlen nach Müller-Enbergs, Hauptverwaltung A, S. 21.
61 Karl Wilhelm Fricke, Ordinäre Abwehr – elitäre Aufklärung? Zur Rolle der Hauptverwaltung A im Ministerium für Staatssicherheit, in: Aus Politik und Zeitgeschichte, (1997) 50, S. 17–26; Booß, »Arbeit im und nach dem Operationsgebiet«, S. 1076–1087; Knabe, Westarbeit des MfS, passim; Peter Siebenmorgen, »Staatssicherheit« der DDR. Der Westen im Fadenkreuz der Stasi, Bonn 1993, S. 97–106, 113–123.
62 Zur Abteilung X vgl. Günter Bohnsack und Herbert Brehmer, Auftrag Irreführung. Wie die Stasi Politik im Westen machte, Hamburg 1992.
63 Knabe, Westarbeit des MfS, S. 71–75, Roger Engelmann, Zur »Westarbeit« der Staatssicherheit in den fünfziger Jahren, in: Herbstritt/Müller-Enbergs (Hrsg.), Das Gesicht dem Westen zu …, S. 143–152; Großmann, Bonn im Visier, S. 29–32.
64 Strenggenommen arbeitete Guillaume anfangs für die Hauptabteilung I innerhalb der Hauptabteilung XV (ab 1956 HVA), als welches das ehemalige IWF von 1953 bis 1956 im MfS firmierte. 1959 wurden die Untergliederungen der ehemaligen Hauptabteilung XV (jetzt HVA) von Hauptabteilungen in Abteilungen umbenannt und neu nummeriert, so dass die Verantwortlichkeit für die Spionage gegen Parteien und Organisationen in der Bundesrepublik von der Hauptabteilung I zur Abteilung II wanderte. Das mit den Operationen betreute Personal änderte sich jedoch nicht.
65 Zur Abteilung II vgl. Müller-Enbergs, Hauptverwaltung A, S. 61–72, sowie apologetisch Kurt Gailat, Parteien in der Bundesrepublik, in: Klaus Eichner und Gotthold Schramm (Hrsg.), Hauptverwaltung A. Geschichte, Aufgaben, Einsichten. Referate und Diskussionsbeiträge der Konferenz am 17./18. November 2007 in Odense, Berlin 2008, S. 65–77.
66 BStU MfS KS 137/71 Kaderakte Paul Laufer. Vgl. auch die vom MfS geschriebene Hagiografie: Deckname Stabil. Stationen aus dem Leben und Wirken des Kommunisten und Tschekisten Paul Laufer, Leipzig 1988.
67 Ingrid Kerz-Rühling und Thomas Plänkers, Verräter oder Verführte. Eine psychoanalytische Untersuchung Inoffizieller Mitarbeiter der Stasi, Berlin 2004, S. 129 f.
68 BStU MfS JHS 21792, Kurt Gailat und Peter Kühn, Der Kampf um die Durchsetzung demokratischer Entwicklungsprozesse in Westdeutschland sowie die politisch-operativen Aufgaben zur Förderung und Formierung fortschrittlicher sozialer Kräfte und politischer Plattformen, Diss. jur. Juristische Hochschule Potsdam 1969.
69 BStU MfS KS II 235/50 Kaderakte Erich Boldt.
70 Der SWT der HVA besaß für die wissenschaftlichen und technischen Informationen eine eigene Auswertungsabteilung, die innerhalb des Gesamtgefüges die Ordnungsnummer V trug.

71 Stiller, Im Zentrum der Spionage, S. 126, 260; Siebenmorgen, »Staatssicherheit« der DDR, S. 55–57; Wolf, L'œil de Berlin, S. 141. Für den BND: Gabriele Gast, Kundschafterin des Friedens. 17 Jahre Top-Spionin beim BND, Frankfurt/M. 1999, S. 143–146, 153–158. Der ehemalige BND-Präsident Hans-Georg Wieck hierzu: »Ein Bericht des BND ist ja nicht eine einzelne Nachricht aus dem Nähkästchen des Herrn Putin oder Ulbricht oder Honecker, sondern eine Unterlage, die sich auf mehrere unabhängige voneinander bestehende Quellen und die Abstimmung mit den befreundeten Diensten abstützt«, zitiert nach Hermann Wentker, Die DDR in den Augen des BND (1985–1990). Ein Interview mit Dr. Hans-Georg Wieck, in: Vierteljahrshefte für Zeitgeschichte, 56 (2008) 2, S. 323–358.

72 Jochen Staadt, Die geheime Westpolitik der SED 1960–1970, Berlin 1993, S. 20–27; Paul Erkner, »Arbeit nach Westdeutschland«. Innenansichten des deutschlandpolitischen Apparates der SED 1959–1969, in: Roger Engelmann und Paul Erkner (Hrsg), Annäherung und Abgrenzung. Aspekte deutsch-deutscher Beziehungen 1956–1969, München 1993, S. 133–186.

73 Herbstritt, Bundesbürger im Dienst der DDR-Spionage, S. 128–133.

74 Michael Lemke, Eine neue Konzeption? Die SED im Umgang mit der SPD 1956 bis 1960, in: Jürgen Kocka (Hrsg.), Historische DDR-Forschung. Aufsätze und Studien, Berlin 1993, S. 361–777; Ders.: Zum System der Einwirkung der SED auf die SPD in den Jahren 1949 bis 1969. Grundlinien, Methoden und Feindbilder, in: Carsten Tessmer (Hrsg.), Das Willy-Brandt-Bild in Deutschland und Polen, Berlin 2000, S. 53–75; Hans-Joachim Spanger, Die SED und der Sozialdemokratismus. Ideologische Abgrenzung in der DDR, Köln 1982; Reinhard Hübsch (Hrsg.), »Hört die Signale!« Die Deutschlandpolitik von KPD/SED und SPD 1945–1970, Berlin 2002.

75 BKanzA 18 102 302 Bd. 1, Fernschreiben des GBA an das BMJ betr. Ermittlungen im Fall Guillaume, 16.5.1974, sowie 18 102 302 Bd. 4, Urteil des OLG Düsseldorf gegen Günter und Christel Guillaume, 15.12.1975.

76 BAK B206/1831, Grundlagen der Anleitung, Erziehung und Qualifizierung von Residenten (Übersiedlungs-IM), Dokument des MfS vom Oktober 1974.

77 Aussage von Christel Guillaume, in: Christel Guillaume – ein Leben mit der Lüge; C. Guillaume, Es begann am Potsdamer Platz; Christel Guillaume im Gespräch mit Arnold Seul und Anne Worst; Christel Guillaume im Gespräch mit Gerhard Haase-Hindenberg und Pierre Boom im Jahre 2003 (Tondokument im Besitz des Verfassers); BKanzA 18 102 Akte 302 Bd. 4, Urteil des OLG Düsseldorf gegen Günter und Christel Guillaume, 15.12.1975; BStU MfS JHS 265, Angaben zur Verpflichtung für das MfS und Aufnahme in die SED finden sich in der Kurzvita Christel Guillaumes des MfS anlässlich der Verleihung der Ehrendoktorwürde an Günter Guillaume durch die »Juristische Hochschule« Potsdam 1985. Christel Guillaume datierte in ihren diversen Äußerungen vor und nach 1989 die Einweihung in die Spionageaktivitäten ihres Mannes auf den Oktober 1955. Wahrscheinlicher ist aber der Herbst 1954, weil sie zu diesem Zeitpunkt erstmals durch Rosenholz erfasst worden ist und ihr Mann im Oktober 1955 bereits aus dem Verlag ausgeschieden war, um sich ganz auf die Übersiedlung in den Westen zu konzentrieren. Dies wäre wohl kaum geschehen, wenn noch die Einwilligung der Ehefrau zu einem solchen Schritt ausgestanden hätte.

78 2003 behauptete Christel Guillaume gegenüber Pierre Guillaume und Gerhard Haase-Hindenberg, dass sie sich gegen die Übersiedlung unter einem falschen Namen ausgesprochen habe. Vgl. Christel Guillaume im Gespräch mit Gerhard Haase-Hindenberg und Pierre Boom im Jahre 2003 (Tondokument).

79 Deckname Stabil, S. 83; Guillaume, Die Aussage, S. 69–71; Boom/Haase-Hinden-

berg, Der fremde Vater, S. 94 f.; Kurt Gailat im Gespräch mit Pierre Boom und Gerhard Haase-Hindenberg; *Die Zeit* vom 11.7.1975 (Bericht über den Guillaume-Prozess 1975 und dort zitierte Auszüge aus den Vernehmungsprotokollen Guillaumes); BKanzA 18 102 Akte 302, Urteil des OLG Düsseldorf gegen Günter und Christel Guillaume, 15.12.1975 (Rentenauskunft für Erna Boom); BKanzA 18 102 Akte 302 Beiheft 1, Schreiben des GBA an das BMJ betr. Ermittlungsverfahren gegen Erna Boom, 15.1.1976.

80 Zum Notaufnahmeverfahren vgl. Helge Heidemeyer, Flucht und Zuwanderung aus der SBZ-DDR 1945/49 – 1961. Die Flüchtlingspolitik der Bundesrepublik Deutschland bis zum Bau der Berliner Mauer, Düsseldorf 1994, sowie Volker Ackermann, Der »echte« Flüchtling. Deutsche Vertriebene und Flüchtlinge aus der DDR 1945 – 1961, Osnabrück 1995.

81 Wolf, Spionagechef im geheimen Krieg, S. 85. Zur Ausfallrate unter den Übersiedlungs-IM vor 1961 BAK 206/1837, Übersiedlung von MfS-Agenten in die Bundesrepublik, Januar 1979 (Aussage des HVA-Überläufers Werner Stiller).

82 BAK B443/716, Erkenntnisse aus der Spionagebekämpfung 1959 (Jahresbericht des Bundesamtes für Verfassungsschutz).

83 Reinhard Schiffers, Zwischen Bürgerfreiheit und Staatsschutz. Wiederherstellung und Neufassung des politischen Strafrechts in der Bundesrepublik Deutschland 1949 – 1951, Düsseldorf 1989, S. 298 ff.; Annette Rosskopf, Friedrich Karl Kaul. Anwalt im geteilten Deutschland (1906 – 1981), München 2002, S. 59 – 70.

84 Heidemeyer, Flucht und Zuwanderung, S. 41.

85 Günther, Wie Spione gemacht wurden, S. 93 f.

86 Guillaume, Die Aussage (1990), S. 74.

87 BStU MfS HVA/Vi 88, Vortrag Günter Guillaumes mit Erläuterungen von Wolfgang Rausch vor HVA-Kadern im Frühjahr 1982; Kurt Gailat im Gespräch mit Pierre Boom und Gerhard Haase-Hindenberg; C. Guillaume, Es begann am Potsdamer Platz; BKanzA 18 102 Akte 302 Bd. 4, Urteil des OLG Düsseldorf gegen Günter und Christel Guillaume, 15.12.1975.

88 BStU MfS JHS 21883, Kobbelt/Weser/Kaden, Das Erkennen der objektiven und subjektiven Bedingungen von Fehlhandlungen übersiedelter IM im Operationsgebiet, S. 35 – 41.

89 BStU MfS Karteikarte Erich Boldt, geb. 1919, 1928 – 33 Engagement bei den Roten Pionieren, 1948 Eintritt in die SED, 1952 Eintritt in das MfS; BStU MfS Karteikarte Kurt Gailat, geb. 1927, 1945 – 49 sowjetische Kriegsgefangenschaft und Antifa-Schüler, 1949 FDJ-Sekretär, 1951 Eintritt in das MfS; BStU MfS KII 471/80 Kaderakte Lothar Ruderich, geb. 1926, 1947 Eintritt in die SED, 1960 Eintritt in das MfS; BStU MfS Karteikarte Walter Weichert, geb. 1930, 1948 Eintritt in die SED, 1955 Eintritt in das MfS.

90 Jens Gieseke, Erst braun, dann rot? Zur Frage der Beschäftigung ehemaliger Nationalsozialisten als hauptamtliche Mitarbeiter des Ministeriums für Staatssicherheit, in: Siegfried Suckut und Walter Süß (Hrsg.), Staatspartei und Staatssicherheit. Vom Verhältnis von SED und MfS, Berlin 1997, S. 129 – 150.

91 Guillaume, Die Aussage (1990), S. 63.

92 So die Argumentation in: C. Guillaume, Es begann am Potsdamer Platz. Mantrahaft wurde vor allem das Argument der Remilitarisierung der Bundesrepublik und des dortigen Fortherrschens der NS-Eliten als Motiv für das Engagement für das MfS wiederholt. Vgl. die Aussagen von Günter und Christel Guillaume in dem 1982 über sie gedrehten MfS-internen Schulungsfilm »Auftrag erfüllt« (BStU MfS HVA/Vi 42) sowie die Begründungen bei Guillaume, Die Aussage (1990), S. 30 – 33.

93 Nach ihrer Aussage in: Christel Guillaume – ein Leben mit der Lüge.
94 Mary Fulbrook, Dissonant Lives. Generations and Violence through the German Dictatorships, Oxford 2011, S. 250 ff.; Dorothee Wierling, The Hitler Youth Generation in the GDR. Insecurities, Ambitions and Dilemmas, in: Konrad H. Jarausch (Hrsg.), Dictatorship as Experience. Towards a Social-Cultural History of the GDR, New York/Oxford 1999, S. 307–324; speziell für das MfS: Gieseke, Die hauptamtlichen Mitarbeiter der Staatssicherheit, S. 113–115.

Aufstieg in der Frankfurter SPD (S. 61–98)

1 C. Guillaume, Es begann am Potsdamer Platz; BKanzA 18 102 Akte 302 Bd. 4, Urteil des OLG Düsseldorf gegen Günter und Christel Guillaume, 15.12.1975.
2 BAK B106/78988, Liste der vom BfV entschlüsselten Funksprüche der HVA an Günter Guillaume 1956–1959; BKanzA 18 102 Akte 302, Fernschreiben des GBA an das BMJ betr. Ermittlungen gegen Günter Guillaume, 16.5.1974.
3 Werner Bendix, Die Hauptstadt des Wirtschaftswunders. Frankfurt am Main 1945–1956, Frankfurt/M. 2002.
4 BStU MfS HVA/Vi 88, Vortrag Günter Guillaumes mit Erläuterungen von Wolfgang Rausch vor HVA-Kadern.
5 Markus Wedel, Die hessische SPD 1950–1959. Eine Volkspartei im Werden, Wiesbaden 2012; Gerhard Beier, Arbeiterbewegung in Hessen. Zur Geschichte der hessischen Arbeiterbewegung durch 150 Jahre (1834–1984), Frankfurt/M. 1985; Hans Karl Rupp, Die SPD – Staatspartei und demokratische Bewegungspartei, in: Dirk Berg-Schlosser (Hrsg.), Parteien und Wahlen in Hessen 1946–1994, Marburg 1994, S. 79–108; Sozialdemokratische Partei Deutschlands/Unterbezirk Frankfurt am Main (Hrsg.), Zwischen Römer und Revolution. 100 Jahre Sozialdemokratie in Frankfurt am Main, Frankfurt/M. 1969.
6 BAB DY30/IV2/10.02/105, Informationen aus der SPD, 5.3.1956.
7 Wedel, Die hessische SPD, S. 123–129; Vorstand der Sozialdemokratischen Partei Deutschlands (Hrsg.), Jahrbuch der Sozialdemokratischen Partei Deutschlands 1956/57, Bonn 1958, S. 244; Peter von Oertzen, Der SPD-Bezirk Hessen-Süd in der Programmdiskussion der 50er Jahre, in: Helmut Schmidt und Walter Hesselbach (Hrsg.), Kämpfer ohne Pathos. Festschrift für Hans Matthöfer, Bonn 1985, S. 25–32; Beatrix W. Bouvier, Zwischen Godesberg und Großer Koalition. Der Weg der SPD in die Regierungsverantwortung. Außen-, Sicherheits- und deutschlandpolitische Umorientierung und gesellschaftliche Öffnung der SPD 1960–1966, Bonn 1990, S. 157–164; Kurt Klotzbach, Der Weg zur Staatspartei. Programmatik, praktische Politik und Organisation der deutschen Sozialdemokratie 1945–1965, Berlin 1982, S. 419 f.; Klaus Schönhoven, Wendejahre. Die Sozialdemokratie in der Zeit der großen Koalition 1966–1969, Bonn 2004, S. 487 f., S. 494.
8 Klotzbach, Der Weg zur Staatspartei, S. 470–497.
9 BStU MfS JHS 21792, Gailat/Kühn, Der Kampf um die Durchsetzung demokratischer Entwicklungsprozesse in Westdeutschland, S. 53 f., 64 (Zitat). Vgl. Lemke, Eine neue Konzeption?; Amos, Die Westpolitik der SED, S. 303; Staadt, Die geheime Westpolitik der SED, S. 73.
10 BAB DY30/IV2/10.02/105, Informationen aus der SPD, 7.9.1956. Vgl. auch Lemke, Einheit oder Sozialismus?, S. 392 f.
11 Klotzbach, Der Weg zur Staatspartei, S. 456 f.
12 Rudolf Nitsche, Diplomat im besonderen Einsatz. Eine DDR-Biographie, Schkeuditz 1994, S. 39 f. Nitschke war in der zweiten Hälfte der fünfziger Jahre in der HVA Aus-

werter für die über die SPD gesammelten Informationen; Staadt, Die geheime Westpolitik der SED, S. 20–27; Günter Benser, SED und SPD – Kontakte und Verbindungen in den fünfziger und sechziger Jahren, in: Hübsch (Hrsg.), »Hört die Signale!«, S. 107–134; Lemke, Zum System der Einwirkung der SED auf die SPD, S. 58–62; Amos, Die Westpolitik der SED, S. 226 f., 300 f.

13 BKanzA 07-Ko 1 NA S-Akte Guillaume 21106 (7) Bd. 1, Entscheid des Leiters des Notaufnahmeverfahrens in Gießen, 3.12.1956.

14 BAK B106/88988, Auflistung der vom BfV entschlüsselten Funksprüche der HVA an Günter Guillaume 1956–1959 (Funksprüche vom 23.7. und 13.8.1956).

15 Guillaume, Die Aussage (1988), S. 60 f.

16 Wolf, Spionagechef im geheimen Krieg, S. 85; Klaus Wagner, Die Sitzung ist eröffnet. Spione vor dem OLG Düsseldorf. Ein Richter erinnert sich, Manuskript Düsseldorf 1996, passim (Kopie in: BStU Bibliothek Signatur 98/113).

17 Bericht der Kommission »Vorbeugender Geheimschutz« über die Prüfung von Sicherheitsfragen im Zusammenhang mit dem Fall Guillaume (11.11.1974); Guillaume, Die Aussage (1990), S. 69–75.

18 Guillaume, Die Aussage (1990), S. 83 f., 88; C. Guillaume, Es begann am Potsdamer Platz; Kurt Gailat im Gespräch mit Pierre Boom und Gerhard Haase-Hindenberg.

19 BAK B106/78988, Liste der vom BfV entschlüsselten Funksprüche der HVA an Günter Guillaume 1956–1959 (Funksprüche 22.12.1956, 9.2.1957, 13.4.1957, 1.2.1958, 4.10.1958). Vgl. Günther Nollau, Das Amt. 50 Jahre Zeuge der Geschichte, Gütersloh 1979, S. 249.

20 BStU MfS JHS 21819, Klaus Rösler, Psychologische Bedingungen der inoffiziellen Arbeit in das und im Operationsgebiet, Diss. jur. Juristische Hochschule Potsdam 1972, S. 173 ff; Herbstritt, Bundesbürger im Dienst der DDR-Spionage, S. 270 f.; zu diesem sehr persönlichen, geradezu herzlichen Verhältnis zwischen West-IM und den HVA-Führungsoffizieren aus Sicht eines ehemaligen West-IM vgl. Gast, Kundschafterin des Friedens, passim.

21 Stiller, Im Zentrum der Spionage, S. 131.

22 BStU MfS Rosenholz F22 HVA (Günter und Christel Guillaume). Zu Ruderich vgl. BStU MfS K II/471/80 Kaderakte Lothar Ruderich; BStU MfS Karteikarte Walter Weichert.

23 Großmann, Bonn im Visier, S. 71 f.

24 C. Guillaume, Es begann am Potsdamer Platz; Guillaume, Die Aussage (1990), S. 85; Jahrbuch der SPD 1956/57, S. 240.

25 Wolf, Spionagechef im geheimen Krieg, S. 263 f.

26 Guillaume, Die Aussage (1990), S. 129.

27 BKanzA 07-Ko 1 NA S-Akte Guillaume 21106 (7) Bd. 1, Befragung von Frankfurter Bekannten der Guillaumes durch das BfV, Januar 1970.

28 Wolf, Spionagechef im geheimen Krieg, S. 207 f., 264; Herbstritt, Bundesbürger im Dienst der DDR-Spionage, S. 128; *Stuttgarter Zeitung* vom 3.7.1975 (Bericht über den Guillaume-Prozess, in dem Ausschnitte aus den Verhörprotokollen verlesen wurden).

29 Wolf, Spionagechef im geheimen Krieg, S. 208; Herbstritt, Bundesbürger im Dienst der DDR-Spionage, S. 306 f.

30 BStU MfS Abt. XII/RF/413. Weck beispielsweise war nach fünf Jahren im Konzentrationslager Buchenwald während der NS-Zeit 1948 von den sowjetischen Behörden wegen Verbindungen zur SPD zu 25 Jahren Arbeitslager verurteilt und 1955 von den DDR-Behörden begnadigt worden. Die Anträge seiner Frau auf Besuch des Häftlings wurden über mehrere Jahre vom MfS abgelehnt. Zu den Reaktionen auf Guillaumes Verhaftung: *Frankfurter Neue Presse* vom 26.4.1974.

31 Zum Frankfurter SPD-Milieu in den sechziger und siebziger Jahren vgl. Manfred Kittel, Marsch durch die Institutionen? Politik und Kultur in Frankfurt am Main nach 1968, München 2011, S. 53–100.
32 Vgl. zu diesem Generationswechsel und den daraus resultierenden Konflikten Schönhoven, Wendejahre, S. 503; Jeannette Seiffert, Marsch durch die Institutionen? Die 68er in der SPD, Bonn 2009, und speziell für Frankfurt Kittel, Marsch durch die Institutionen?, S. 53–100.
33 Wibke Bruhns, Ein Mensch, mit dem sich leben ließ, in: *Stern* vom 2.5.1974.
34 Brief Günter Guillaumes an Christel Guillaume vom 22.2.1976 (Kopie im Besitz des Verfassers); Reinhard Wilke, Meine Jahre mit Willy Brandt. Die ganz persönlichen Erinnerungen seines engsten Mitarbeiters, Stuttgart 2010, S. 89 f.
35 *Die Zeit* vom 11.7.1975 (Aussage von Ruth Weinmann im Guillaume-Prozess).
36 C. Guillaume, Es begann am Potsdamer Platz; Guillaume, Die Aussage (1990), S. 95 f.; Geist, Der Spion Teil IV, in: *DW* vom 3.3.1975.
37 Guillaume, Die Aussage (1990), S. 84.
38 Ebd.; Kurt Gailat im Gespräch mit Pierre Boom und Gerhard Haase-Hindenberg; BAK B106/88988, Liste der vom BfV entschlüsselten Funksprüche der HVA an Günter Guillaume 1956–1959; vgl. auch: BStU MfS JHS/265.
39 Wolf, Spionagechef im geheimen Krieg, S. 283 (Wissen der HVA um die Entschlüsselung ihrer alten Funksprüche); Nollau, Das Amt, S. 254 f., 260; Hans Josef Horchem, Auch Spione werden pensioniert, Herford 1993, S. 38–41 (Kontakte BfV–SPD); Guillaume, Die Aussage (1990), S. 81; *Frankfurter Allgemeine Zeitung (FAZ)* vom 12.7.1975 (Bericht über die Aussage des Spezialisten vom BfV beim Guillaume-Prozess über die Funkentschlüsselung); Dörrenberg, Erkenntnisse des Verfassungsschutzes zur Westarbeit des MfS; Christel Guillaume im Gespräch mit Arnold Seul und Anne Worst; Friedrich Wilhelm Schlomann, Operationsgebiet Bundesrepublik. Spionage, Sabotage und Subversion, 2. Auflage, München 1985, S. 276.
40 C. Guillaume, Es begann am Potsdamer Platz.
41 *Die Zeit* vom 11.7.1975 (Abneigung Erna Booms gegen Guillaume laut Aussage Guillaumes beim Verhör durch das BKA); Christel Boom im Gespräch mit Arnold Seul und Anne Worst (Vorbehalte Booms gegen den Schwiegersohn).
42 Herbstritt, Bundesbürger im Dienst der DDR-Spionage, S. 110.
43 Boom / Haase-Hindenberg, Der fremde Vater, S. 62, 262 f.; C. Guillaume, Es begann am Potsdamer Platz; Christel Guillaume – ein Leben mit der Lüge; Christel Guillaume im Gespräch mit Pierre Boom und Gerhard Haase-Hindenberg im Jahre 2003 (Tondokument).
44 BKanzA 102 18 Akte 302 Bd. 4, Urteil des OLG Düsseldorf gegen Günter und Christel Guillaume, 15.12.1975; *FAZ* vom 5.7.1975; *DW* vom 5.7.1975 (Guillaume-Prozessberichterstattung).
45 BStU MfS HVA/Vi 88, Vortrag Günter Guillaumes mit Erläuterungen von Wolfgang Rausch vor HVA-Kadern; Guillaume, Die Aussage (1990), S. 110, 123–125; C. Guillaume, Es begann am Potsdamer Platz.
46 Zur Rolle der Frauen in der damaligen SPD vgl. Schönhoven, Wendejahre, S. 516–528. Zur Beurteilung des Ehepaares durch die Frankfurter SPD vgl. *FR* vom 26.4.1974.
47 Christel Guillaume im Gespräch mit Arnold Seul und Anne Worst sowie C. Guillaume – ein Leben mit der Lüge.
48 Bericht und Antrag des 2. Untersuchungsausschusses 7. Wahlperiode (19.2.1975), in: Deutscher Bundestag, 7. WP, Bundestagsdrucksache 7/3246; Geist, »Der Spion, der den Kanzler stürzte« Teil V, in: *DW* vom 4.3.1975.

49 Urteil des OLG Düsseldorf gegen Markus Wolf vom 6.12.1993, abgedruckt in: Klaus Marxen/Petra Schäffler/Gerhard Werle (Hrsg.), Strafjustiz und DDR-Unrecht. Dokumentation. Bd. 4/1: Spionage, Berlin 2004, S. 50 f. Zum politischen Hintergrund in der Bundesrepublik vgl. Arnulf Baring, Machtwechsel. Die Ära Brandt-Scheel, Berlin 1998, S. 27 ff.
50 Spanger, SED und Sozialdemokratismus, S. 92 ff.
51 Urteil des OLG Düsseldorf gegen Markus Wolf vom 6.12.1993, in: Marxen/Schäffler/Werle (Hrsg.), Strafjustiz und DDR-Unrecht, S. 50 f.
52 Zu Leber vgl. Baring, Machtwechsel, S. 53–55 sowie Guillaume, Die Aussage (1990), S. 146–149.
53 Daniela Münkel (Bearb.), Willy Brandt. Berliner Ausgabe, Bd. 4: Auf dem Weg nach vorn. Willy Brandt und die SPD 1947–1972, Berlin 2000, S. 45–47.
54 Vgl. Georg Leber, Vom Frieden, Stuttgart 1979, S. 128–133.
55 C. Guillaume, Es begann am Potsdamer Platz.
56 Werner Abelshauser, Nach dem Wirtschaftswunder. Der Gewerkschafter, Politiker und Unternehmer Hans Matthöfer, Bonn 2009, S. 169.
57 Schönhoven, Wendejahre, S. 201–215; Münkler (Bearb.), Willy Brandt Berliner Ausgabe, Bd. 4, S. 52–55.
58 Staadt, Die geheime Westpolitik der SED, S. 77 ff., 224–227; Erkner, »Arbeit nach Westdeutschland«, S. 173–183; Heinrich Potthoff, Im Schatten der Mauer. Deutschlandpolitik 1961–1990, Berlin 1999, S. 38 f., 66 f.
59 *Der Spiegel* vom 29.4.1974.
60 Herbstritt, Bundesbürger im Dienst der DDR-Spionage, S. 375; Knabe, Westarbeit des MfS, S. 86, 174.
61 *Der Spiegel* vom 29.4.1974 (Zitat Matthöfer); vgl. C. Guillaume, Es begann am Potsdamer Platz; Gailat/Kühn, Der Kampf um die Durchsetzung demokratischer Entwicklungsprozesse in Westdeutschland, S. 53 f.; Abelshauser, Nach dem Wirtschaftswunder, passim.
62 Erinnerung von Albrecht Bechthold, in den sechziger Jahren Frankfurter Lokaljournalist, an Guillaume, abgedruckt in: *Saarbrücker Zeitung* vom 26.4.1974.
63 C. Guillaume, Es begann am Potsdamer Platz.
64 Wolf, Spionagechef im geheimen Krieg, S. 239 f., 263 f.
65 Guillaume, Die Aussage (1988), S. 140 f.; *Süddeutsche Zeitung (SZ)* vom 2.9.1975 (Aussage Lebers im Guillaume-Prozess bezüglich Guillaumes prekärer Situation in Frankfurt).
66 Kittel, Marsch durch die Institutionen?, S. 61–70.
67 Ergebnisse der 6. Bundestagswahl vom 28.9.1969 nach Wahlkreisen, http://www.bundeswahlleiter.de/de/bundestagswahlen/fruehere_bundestagswahlen/btw1969.html (Zugriff 17.12.2012).
68 AdsD Willy-Brandt-Archiv (WBA) A8 Mappe 62, Arbeitsgruppe Zentrale Wahlkampfleitung (ZWL) betr. Personalpolitik (Aufzeichnung für Willy Brandt, ca. Ende September 1969); C. Guillaume, Es begann am Potsdamer Platz.
69 BStU MfS HVA SIRA Teildatenbank (TDB) 12, Einträge zu Hansen bzw. 19141/60 vom 30.7.1969, 8/1969 und 2.3.1970.
70 Zu SIRA vgl. Herbstritt, Bundesbürger im Dienst der DDR-Spionage, S. 54–61; Hecht, »Rosenholz« und SIRA; Konopatzky, Möglichkeiten und Grenzen der SIRA-Datenbanken.
71 BStU MfS HVA Rosenholz F22 (Günter bzw. Christel Guillaume). Vgl. auch Müller-Enbergs, Rosenholz, S. 139.
72 C. Guillaume im Gespräch mit Pierre Boom und Gerhard Haase-Hindenberg.

73 BStU MfS HVA/Vi 88 (Videoaufzeichnung).
74 Wolf, Spionagechef im geheimen Krieg, S. 176 f.; Herbstritt, Bundesbürger im Dienst der DDR-Spionage, S. 67.
75 Gast, Kundschafterin des Friedens, passim.
76 Christel Guillaume im Gespräch mit Arnold Seul und Anne Worst.
77 BStU MfS HVA Rosenholz F22 (Günter bzw. Christel Guillaume); der Wechsel von Ruderich zu Weichert erfolgte im Februar 1966.
78 BStU MfS KS 137/71 Kaderakte Paul Laufer.

Im Kanzleramt (S. 99–154)

1 Details über die Einstellung Guillaumes im Kanzleramt finden sich in seiner Personal- und Sicherheitsakte in BKanzA 111-P II G38 bzw. 07-Ko 1 NA S-Akte Guillaume 21106 (7) Bd. 1. Die Vorgänge sind quellennah auch im »Bericht der Kommission ›Vorbeugender Geheimschutz‹ über die Prüfung von Sicherheitsfragen im Zusammenhang mit dem Fall Guillaume« vom 11.11.1974 (Deutscher Bundestag, 7. WP, Drucksache 7/3083) sowie im Bericht vom 19.2.1975 des 2. Untersuchungsausschusses der 7. WP (»Guillaume-Ausschuss«) des Deutschen Bundestages (Drucksache 7/3246) dokumentiert. SZ vom 2.9.1975 (Aussage Guillaumes vor dem BKA); General-Anzeiger vom 2.9.1975 (Ehrenberg-Zitat); Guillaume, Die Aussage (1988), S. 159; Horst Ehmke, Mittendrin. Von der Großen Koalition zur Deutschen Einheit, Berlin 1994, S. 232 f.; BKanzA 111-P II G38, Notiz der Personalabteilung vom 11.11.1969.
2 Wolther von Kieseritzky (Bearb.), Willy Brandt. Berliner Ausgabe, Bd. 7: Mehr Demokratie wagen – Innen- und Gesellschaftspolitik 1966–1974, Berlin 2001, S. 45–52; Bernd Faulenbach, Das sozialdemokratische Jahrzehnt. Von der Reformeuphorie zur neuen Unübersichtlichkeit. Die SPD 1969–1982, Bonn 2011, S. 181–241.
3 Ehmke, Mittendrin, S. 107 ff.; Winfried Süß, »Wer aber denkt für das Ganze?« Aufstieg und Fall der ressortübergreifenden Planung im Bundeskanzleramt, in: Matthias Frese u.a. (Hrsg.), Demokratisierung und gesellschaftlicher Aufbruch. Die sechziger Jahre als Wendezeit in der Bundesrepublik, Paderborn 2003, S. 349–377; Thomas Knoll, Das Bonner Bundeskanzleramt. Organisation und Funktion von 1949 bis 1989, Wiesbaden 2004, S. 173–221, sowie Gabriele Metzler, Konzeptionen politischen Handelns von Adenauer bis Brandt. Politische Planung in der pluralistischen Gesellschaft, Paderborn 2005, S. 362–372.
4 BKanzA 111-P II G38, Notiz der Personalabteilung vom 11.11.1969 sowie Geschäftsverteilungsplan des Bundeskanzleramtes Stand 16.2.1970.
5 Vgl. hierzu Klaus Seemann, Entzaubertes Bundeskanzleramt. Denkwürdigkeiten eines Personalratsvorsitzenden, Landshut 1975.
6 BKanzA 111-P II G38, Schreiben des Personalratsvorsitzenden Seemann an den Chef des Bundeskanzleramtes vom 10.12.1969 sowie Stellungnahme Ehrenbergs für Ehmke vom 23.12.1969 und Schreiben Ehmkes an den Personalrat vom 28.1.1970.
7 Deutscher Bundestag, 7. WP 2. Untersuchungsausschuss, Drucksache 7/3246.
8 Van Bergh, Köln 4713, S. 178–184.
9 BKanzA 07-Ko 1 NA S-Akte Guillaume 21106 (7) Bd. 1.
10 Bericht der Kommission »Vorbeugender Geheimschutz« (11.11.1974).
11 BKanzA 07-Ko 1 NA S-Akte Guillaume 21106 (7) Bd. 1, Vermerk des BND über die Quelle bei Volk und Wissen, 18.12.1969, Fernschreiben von Wessel an Ehmke, 23.12.1969, handschriftliche Notiz Bahrs für Ehmke, 30.12.1969.
12 BKanzA 07-Ko 1 NA S-Akte Guillaume 21106 (7) Bd. 1, Vermerk über die Bespre-

chung Ehmke-Guillaume, 7.1.1970, Schreiben Ehmkes an Leber, 15.1.1970 und Schreiben Lebers an Ehmke, 22.1.1970. Vgl. Ehmke, Mittendrin, S. 234 f.; Guido Knopp, Top-Spione. Verräter im Geheimen Krieg, München 1994, S. 187 (Ehmkes Eindruck von Guillaume beim Gespräch am 7.1.1970).
13 Guillaume, Die Aussage (1990), S. 166; C. Guillaume, Es begann am Potsdamer Platz.
14 BKanzA 07-Ko 1 NA S-Akte Guillaume 21106 (7) Bd. 1, »Werdegang bis 1963« und »Erläuterungen zur Mitgliedschaft im FDGB« Guillaumes vom 12.1.1970 und Bericht des BfV vom 26.1.1970 über die Befragung der Referenzpersonen in Frankfurt und Schreiben des BfV an das Kanzleramt, 26.1.1970.
15 BKanzA 111-P II G38, Arbeitsvertrag zwischen der Bundesrepublik Deutschland und Günter Guillaume, 28.1.1970; Vgl. Ehmke, Mittendrin, S. 234 f.
16 BKanzA 111-P II G38, Geschäftsverteilungsplan des Bundeskanzleramtes Stand 16.2.1970.
17 Cathrin Vorrink und Antje Walther, Willy Brandt: Visionen, in: Karl-Rudolf Korte (Hrsg.), »Das Wort hat der Herr Bundeskanzler«. Eine Analyse der großen Regierungserklärungen von Adenauer bis Schröder, Köln 2002, S. 171–192; Faulenbach, Das sozialdemokratische Jahrzehnt, S. 213–220.
18 AdsD WBA A8 Mappe 62, Arbeitsgruppe ZWL betr. Personalpolitik (Aufzeichnung für Willy Brandt Ende September 1969) sowie Mappe 61, Gespräch Walter Arendts mit den Spitzen der Gewerkschaftsverbände am 30.9.1969 in Bochum.
19 *Der Spiegel* vom 10.4.1972 (»Sozialminister Arendt: Unterwegs zum Wohlfahrtsstaat«).
20 BKanzA 111-P II G38, Dienstreiseanträge Günter Guillaumes 1970–1974; Guillaume, Die Aussage (1988), S. 192.
21 AdsD WBA A 8 Mappe 114 (Handakte Günter Guillaume).
22 Merseburger, Willy Brandt, S. 596; Guillaume, Die Aussage (1990), S. 181; Seemann, Entzaubertes Bundeskanzleramt, S. 31–33; Ehmke, Mittendrin, S. 125 f., 130; Wilke, Meine Jahre mit Willy Brandt, S. 14 f.
23 BStU HVA SIRA TDB 12 Hansen bzw. 19142/60, 2.3.1970; Guillaume, Die Aussage, S. 178–182.
24 BAK B136/6689, Vermerk Guillaumes vom 13.3.1970 (Zitat). Vgl. Jan Schönfelder und Rainer Erices, Willy Brandt in Erfurt. Das erste deutsch-deutsche Gipfeltreffen 1970, Berlin 2010, S. 120–141, 225–230. Zu den Intentionen auf östlicher Seite hinsichtlich des Treffens vgl. auch Hermann Wentker, Außenpolitik in engen Grenzen. Die DDR im internationalen System 1949–1989, München 2007, S. 325 f.
25 BKanzA 111-P II G38 Schreiben Ehmkes an Guillaume, 14.5.1970, sowie Schreiben Vetters an Guillaume, 9.10.1970.
26 *SZ* vom 10.9.1975 (Bericht über den Guillaume-Prozess).
27 BKanzA 111-P II G38, Dienstreiseanträge Günter Guillaumes 1970–1974 sowie Verfügungen über den Einsatz Guillaumes 1970–1972 und Änderung des Arbeitsvertrages vom 28.1.1970; BKanzA 07-Ko 1 NA S-Akte Guillaume 21106 (7) Bd. 1.
28 BKanzA 102 18–302, Aufzeichnung des Kanzleramtes »Welchen Zugang hatte Guillaume zu Verschlußsachen« (ca. Ende April 1974).
29 Knopp, Top-Spione, S. 201.
30 BKanzA 07-GU 1 06100 (2) Bd. 1, Notiz von Günter Baumbach betr. Kontakt zu Guillaume während der Fernmeldeeinsätze des BND bei Kanzlerreisen, 26.4.1974; Egon Bahr, Zu meiner Zeit, München 1996, S. 457; *Bild* vom 4.5.1974.
31 Seemann, Entzaubertes Bundeskanzleramt, S. 119 f. (Zitat); Wilke, Meine Jahre mit Willy Brandt, S. 48 (Unterstützung der »Baracke« für Guillaume); Gespräch des Verfassers mit Wolf-Dietrich-Schilling am 4.4.2012 in Bonn (Geschenke).

32 Christel Guillaume im Gespräch mit Arnold Seul und Anne Worst.
33 BStU HVA Rosenholz F22 (Christel Guillaume).
34 Christel Guillaume im Gespräch mit Arnold Seul und Anne Worst.
35 Boom / Haase-Hindenberg, Der fremde Vater, S. 21 (Alkoholkonsum von C. Guillaume); Christel Guillaume im Gespräch mit Arnold Seul und Anne Worst; C. Guillaume, Es begann am Potsdamer Platz; Bruhns, Ein Mensch, mit dem sich leben ließ (Alkoholkonsum von G. Guillaume); Bericht der Kommission »Vorbeugender Geheimschutz« (11.11.1974 – Verurteilung Guillaumes durch das Amtsgericht Bonn); Sonja Süß, Politisch missbraucht? Psychiatrie und Staatssicherheit in der DDR, Berlin 1998, S. 726 – 731.
36 Gailat, Parteien in der Bundesrepublik, S. 75.
37 Helbig, geb. 1911, Eintritt in die NSDAP 1930, kam über Vermittlung von Hans Globke, dem engen Mitarbeiter Adenauers, im Herbst 1949 ins Kanzleramt, weil die beiden Beamten sich aus ihrer Tätigkeit im Reichsministerium des Innern vor 1945 kannten. Helbig arbeitete im Kanzleramt auf den Sachgebieten der Wirtschafts-, Forschungs- und Verkehrspolitik. 1965 wurde er vom BGH wegen Bestechlichkeit und landesverräterischer Betätigung zu dreieinhalb Jahren Zuchthaus verurteilt. Unterlagen zu Helbigs Lebensweg finden sich in BKanzA 61-Un 1 11300 (12) Bd. 4.
38 Großmann, Bonn im Visier, S. 47 – 71; Schlomann, Operationsgebiet Bundesrepublik, S. 177; BStU MfS JHS 21842, Rudolf Genschow und Otto Wendel, Die Entwicklung operativer Prozesse zum systematischen Eindringen in bedeutende Führungsstellen am Beispiel zentraler Vorgänge untersucht, Diss. jur. Juristische Hochschule Potsdam 1974, S. 175 f., 209 f.
39 BStU MfS JHS 21842, Genschow / Wendel, Die Entwicklung operativer Prozesse zum systematischen Eindringen in bedeutende Führungsstellen, S. 65 f.
40 Jens Gieseke, East German Espionage in the Era of Détente, in: The Journal of Strategic Studies 31 (2008) 3, S. 395 – 424 (Thematik der HVA-Analysen); M. E. Sarotte, Dealing with the Devil. East Germany, Détente and Ostpolitik 1969 – 1973, Chapel Hill 2001; Siegfried Suckut, Probleme mit dem »großen Bruder«. Der DDR-Staatssicherheitsdienst und die Deutschlandpolitik der KPdSU 1969/70, in: Vierteljahrshefte für Zeitgeschichte 58 (2010) 3, S. 403 – 439.
41 Guillaume, Die Aussage (1988), S. 150 f.
42 Wolf, Spionagechef im geheimen Krieg, S. 266 f.; Meyer, Geheimdienst ohne Maske, S. 101 (Helge Berger); Großmann, Bonn im Visier, S. 62 – 66.
43 Kurt Gailat im Gespräch mit Pierre Boom und Gerhard Haase-Hindenberg.
44 BStU HVA SIRA TDB 12 Hansen bzw. 19142/60, Eintrag vom 6.11.1970.
45 BAK B206/1831, Grundfragen der Anleitung, Erziehung und Qualifizierung von Residenten (Übersiedlungs-IM), MfS-Schulungsmaterial vom Oktober 1974.
46 Das Ehepaar lebt heute in der Nähe von Berlin, war aber zu keinen Auskünften über seine Tätigkeit für die HVA bereit. Die Informationen stammen daher aus BStU MfS HA KuSch Karteikarte Wolfgang Rausch; BStU MfS HVA/Vi/85 Vortrag von Günter Guillaume mit Erläuterungen von Wolfgang Rausch vor HVA-Kadern; Guillaume, Die Aussage (1990), S. 214 – 219; *Der Spiegel* vom 24.7.1989 (Artikel über BfV-Erkenntnisse zu den falschen Identitäten und Wohnorten der »Tonderas«).
47 BStU MfS HVA/Vi/85, Vortrag von Günter Guillaume mit Erläuterungen von Wolfgang Rausch vor HVA-Kadern; MfS HVA/Vi 42, MfS-Schulungsfilm »Auftrag erfüllt«; Christel Guillaume im Gespräch mit Arnold Seul und Anne Worst; Guillaume, Die Aussage (1990), S. 215.
48 BStU HVA SIRA TDB 12 Hansen bzw. 19142/60, Einträge vom 6.11.1970, 11/1970, 27.1.1971, 25.2.1971, 26.3.1971 (zwei Einträge), 8.6.1971, 23.9.1971, 1.1.1972.

49 BAK B206/1837, Übersiedlung von MfS-Agenten in die Bundesrepublik (Aufzeichnung des BND vom Oktober 1979 anhand der Aussagen des HVA-Überläufers Werner Stiller); Schlomann, Operationsgebiet Bundesrepublik, S. 123; Großmann, Bonn im Visier, S. 80f.; Richter/Rösler, Wolfs West-Spione, S. 103f.; Stiller, Im Zentrum der Spionage, S. 266; Hansjoachim Tiedge, Der Überläufer. Eine Lebensbeichte, Berlin 1998, S. 166–172; BAK B443/720, Erkenntnisse aus der Spionagebekämpfung 1976 (Jahresbericht des BfV).

50 BKanzA 102 18 302 Bd. 5, Schreiben des Präsidenten des BfV an das BMI, 12.4.1989 (Informationen über die »Tonderas«); Schlomann, Operationsgebiet Bundesrepublik, S. 267; Der Spiegel vom 24.7.1989 (Artikel des Präsidenten des BfV Gerhard Boeden über falsche Identitäten und Wohnorte der »Tonderas«); Christel Guillaume im Gespräch mit Anne Worst und Arnold Seul.

51 BStU MfS HVA/Vi/87 Vortrag von Günter Guillaume mit Erläuterungen von Wolfgang Rausch vor HVA-Kadern; Guillaume, Die Aussage (1990), S. 206; Kurt Gailat im Gespräch mit Pierre Boom und Gerhard Haase-Hindenberg; Christel Guillaume im Gespräch mit Arnold Seul und Anne Worst.

52 BStU MfS JHS 21819, Klaus Rösler, Psychologische Bedingungen der inoffiziellen Arbeit in das und im Operationsgebiet, Diss jur. Juristische Hochschule Potsdam 1972, S. 20–26.

53 Guillaume, Die Aussage (1988), S. 223, 408.

54 *Der Spiegel* vom 29.9.1975.

55 Briefe Günter Guillaumes an Christel Guillaume April 1974 bis August 1976, hier Brief vom 25.3.1975 (Kopien im Besitz des Verfassers).

56 Bohnsack, Hauptverwaltung Aufklärung, S. 25.

57 BStU MfS JHS 265, Kurzvita Günter Guillaumes anlässlich der Verleihung der Ehrendoktorwürde durch die Juristische Hochschule des MfS in Potsdam, Januar 1985.

58 Wolf, Spionagechef im geheimen Krieg, S. 268.

59 Vgl. Suckut, Probleme mit dem »großen Bruder«.

60 Manfred Uschner, Die zweite Etage. Funktionsweise eines Machtapparates, Berlin 1993, S. 61.

61 Rainer O. M. Engberdings, SIRA und Rosenholz aus Sicht der polizeilichen Spionagebekämpfung, in: Herbstritt/Müller-Enbergs (Hrsg.), Das Gesicht dem Westen zu …, S. 133–142.

62 Bruhns, Ein Mensch, mit dem sich leben ließ.

63 Kerz-Rühling/Plänkers, Verräter oder Verführte, S. 21.

64 Merseburger, Willy Brandt, S. 689–692; Sarotte, Dealing with the Devil, S. 130–144; Suckut, Probleme mit dem »großen Bruder«, S. 421; Gailat, Parteien in der Bundesrepublik, S. 75; Wolf, Spionagechef im geheimen Krieg, S. 261.

65 SZ vom 6.9.1975 (Aussage Reuschenbachs im Guillaume-Prozess); Gespräch des Verfassers mit Wolf-Dietrich Schilling.

66 Guillaume, Die Aussage (1990), S. 207f., 226; Wilke, Meine Jahre mit Willy Brandt, S. 36. Zum Wahlkampf vgl. Merseburger, Willy Brandt, S. 651–656.

67 Guillaume, Die Aussage (1990), S. 232f.

68 Wilke, Meine Jahre mit Willy Brandt, S. 36–39; SZ vom 6.9.1975.

69 AdsD WBA A 11.3 Mappe 22, Vermerk Börners für Brandt, 23.11.1972. Wilke, Meine Jahre mit Willy Brandt, S. 36–39, 88f.; Guillaume, Die Aussage (1988), S. 177f.

70 Willy Brandt, Erinnerungen, Berlin 1989, S. 332–334 (Zitat S. 332); Lars Brandt, Andenken, München 2006, S. 102f.

71 BKanzA 111-PII G38, Hausanordnung des Chefs des Bundeskanzleramtes, 30.11.1972; Vertrag zur Änderung des Arbeitsvertrags vom 28.1.1970, 18.1.1973.

72 Klaus Harpprecht, Im Kanzleramt. Tagebuch der Jahre mit Willy Brandt Januar 1973 bis Mai 1974, Berlin 2000, S. 12. Vgl. BKanzA 111-PII G38, Geschäftsverteilungsplan des Bundeskanzleramtes Stand 1.6.1973; Wilke, Meine Jahre mit Willy Brandt, passim.
73 *SZ* vom 6.9.1975 (Aussage Reuschenbach); Gespräch des Verfassers mit Wolf-Dietrich Schilling; AdsD Nachlass Reinhard Wilke 1/RWA 00022, Aussagen von Ulrich Bauhaus und Karl Willek im Guillaume-Prozess (22. Verhandlungstag am 23.9.1975, Zitate) sowie von Reinhard Wilke (19. Verhandlungstag 16.9.1975).
74 AdsD Nachlass Reinhard Wilke 1/RWA 00022, Aussage von Horst-Jürgen Winkel. Vgl. AdsD WBA A 8 Mappe 114 und 115 (Handakten Guillaume).
75 AdsD WBA A 8 Mappe 114. Es ist nicht ersichtlich, um was für einen »Lesevorschlag« es sich handelte.
76 Guillaume, Die Aussage (1988), S. 261; Baring, Machtwechsel, S. 608–645; Merseburger, Willy Brandt, S. 658–666; Wilke, Meine Jahre mit Willy Brandt, passim.
77 Siegfried Suckut, Willy Brandt in der DDR. Oder: Die Schwierigkeiten des MfS mit der »Autoritätsperson im Weltmaßstab«, in: Jahrbuch für Historische Kommunismusforschung 2008, S. 170–182.
78 Oliver Bange, Zwischen Bedrohungsperspektiven und sozialistischem Selbstverständnis. Die DDR-Staatssicherheit und westliche Transformationsstrategien 1966–1975, sowie Hermann Wentker, Öffnung als Risiko: Bedrohungsvorstellungen der DDR-Führung infolge der Ost-West-Entspannung, beide Artikel in: Thorsten Diedrich und Walter Süß (Hrsg.), Militär und Staatssicherheit im Sicherheitskonzept der Warschauer-Pakt-Staaten, Berlin 2010, S. 253–296. bzw. S. 297–318.
79 AdsD Nachlass Reinhard Wilke 1/RWA 00022, Aussagen von Klaus Flegel und Dorothea Wernicke (Mitarbeiter im Erich-Ollenhauer-Haus) während des Guillaume-Prozesses 1975.
80 *SZ* vom 13.9.1975 (Aussage Börners im Guillaume-Prozess).
81 Alle zitierten Meldungen aus BStU MfS HVA SIRA TDB 12 Hansen bzw. 19142/60.
82 Stiller, Im Zentrum der Spionage, S. 185.
83 Konopatzky, Die Möglichkeiten und Grenzen der Nutzung von SIRA; Herbstritt, Bundesbürger im Dienst der DDR-Spionage, S. 315–320.
84 BKanzA 102 18-302, Welchen Zugang hatte Guillaume zu Verschlusssachen (Aufzeichnung des Kanzleramtes Ende April 1974); Vgl. Wilke, Meine Jahre mit Willy Brandt, S. 89 f.
85 Wilke, Meine Jahre mit Willy Brandt, S. 48, 86 f. (Zitat). Wolf, Spionagechef im geheimen Krieg, S. 265 (Weisung an Guillaume).
86 Er fuhr 1973 mit dem Kanzler u. a. drei Mal (10./11. und 30./31.3. sowie 23./24.11.) zu Klausurtagungen der SPD-Führung nach Bad Münstereifel sowie vom 8. bis zum 14. April auf den Parteitag in Hannover. BKanzA 102 18 302, Aufstellung der Abteilung I des Kanzleramtes über die Reisen Guillaumes 1973/74 mit dem Kanzler (Ende April 1974).
87 Wibke Bruhns, Nachrichtenzeiten. Meine unfertigen Erinnerungen, München 2012, S. 100 (Zitat); Unterlagen zu den Informationsreisen befinden sich in: AdsD WBA A 8 Mappe 77–79; AdsD Nachlass Wilke 1/RWA F00020, Aufstellung Wilkes über die Kontakte Guillaume–Brandt anhand des Terminkalenders des Kanzlerbüros (ca. Ende April 1974); Gespräch des Verfassers mit Wolf-Dietrich Schilling (Zugang Guillaumes zum Kanzler).
88 *SZ* vom 6.9.1975 (Aussage Reuschenbachs im Guillaume-Prozess); *FAZ* vom 19.9.1975 (Aussagen eines BND-Beamten im Guillaume-Prozess über die dem Kanzler auf seinen Reisen zugeleiteten Fernschreiben).

89 Brandt, Andenken, S. 102 (Zitat), 18. Vgl. Wilke, Meine Jahre mit Willy Brandt, S. 242; AdsD Nachlass Reinhard Wilke 1/RWA 000222, Aussagen der Personenschützer Ulrich Bauhaus und Karl Willeke im Guillaume-Prozess (22. Verhandlungstag 23. 9. 1975).
90 Bruhns, Ein Mensch, mit dem sich leben ließ.
91 Briefe Günter Guillaumes an Christel Guillaume vom 24. 11. 1974 und 2. 3. 1975 (Kopien im Besitz des Verfassers).
92 Bruhns, Ein Mensch, mit dem sich leben ließ (Zitat); Guillaume, Die Aussage (1988), S. 228 (Zitat). Vgl. Wilke, Meine Jahre mit Willy Brandt, S. 21; Merseburger, Willy Brandt, S. 718 f.
93 AdsD WBA A 1 Mappe 44 (persönlicher Terminkalender Brandts für 1973); Horst Grabert, Wehe, wenn Du anders bist! Ein politischer Lebensweg für Deutschland, Dößel 2003, S. 149 f. (Zitat); Gespräch des Verfassers mit Wolf-Dietrich Schilling.

Der Verdacht (S. 155 – 200)

1 Meier, Geheimdienst ohne Maske, S. 170–178; Wagner, Die Sitzung ist eröffnet, S. 28 f.; BStU MfS JHS 21883, Kobbelt / Weser / Kaden, Das Erkennen der objektiven und subjektiven Bedingungen von Fehlhandlungen übersiedelter IM, S. 80 – 83 (Zitat S. 80); BStU MfS JHS 21798, Oberstleutnant Horst Felber, Psychologische Grundsätze der Zusammenarbeit mit inoffiziellen Mitarbeitern, die im Auftrage des MfS außerhalb des Territoriums der DDR in direkter Konfrontation mit den feindlichen Geheimdiensten in der äußeren Spionageabwehr tätig sind, Diss jur. Juristische Hochschule Potsdam 1970, S. 33.
2 Engberdings, SIRA und Rosenholz aus Sicht der polizeilichen Spionagebekämpfung.
3 Tiedge, Der Überläufer, S. 198; Schlomann, Operationsgebiet Bundesrepublik, S. 256 f.; Günther, Wie Spione gemacht wurden, S. 112 – 117.
4 Schlomann, Operationsgebiet Bundesrepublik, S. 253; Knabe, Westarbeit des MfS, S. 98 f.
5 Die Vorgänge im BfV und dessen Empfehlungen für die Vorgehensweise im Fall Guillaume sind am besten belegt durch den Bericht der Kommission »Vorbeugender Geheimschutz« (11. 11. 1974) sowie durch Antrag und Bericht des 2. Untersuchungsausschusses (Guillaume-Ausschuss) der 7. WP des Deutschen Bundestages (17. 2. 1975), veröffentlicht als Bundestagsdrucksache 7/3083 bzw. 7/3246. Guillaume, Die Aussage (1988), S. 339 f. sowie Nollau, Das Amt bieten zusätzliche Details.
6 Zu NADIS vgl. Tiedge, Der Überläufer, S. 231 – 239.
7 *Frankfurter Neue Presse* vom 2. 5. 1974 (»Guillaume und der Fall Sieberg«).
8 Zu Gronaus Kontakten zur HVA und seiner Verhaftung vgl. Wolf, Spionagechef im geheimen Krieg, S. 269, 274, sowie die HVA-Hagiografie Kundschafter des Friedens. Bd. 1, Leipzig 1989, S. 251 – 304; BAK B443/719, Erkenntnisse aus der Spionagebekämpfung (Jahresbericht des BfV für 1972). Zur Ausrichtung der IM auf die Führungsoffiziere ohne Querverbindungen untereinander: BStU MfS JHS 21798, Felber, Psychologische Grundsätze der Zusammenarbeit mit IM, S. 91.
9 Antrag und Bericht des 2. Untersuchungsausschusses der 7. WP des Deutschen Bundestages (19. 2. 1975).
10 Ebd.; Nollau, Das Amt, S. 262 f.
11 Ebd., S. 225 f.
12 Ebd., S. 225 f., 260.
13 Schlomann, Operationsgebiet Bundesrepublik, S. 312 f.; Wagner, Die Sitzung ist eröffnet, S. 23.

14 Hans-Dietrich Genscher, Erinnerungen, Berlin 1995, S. 197 (Zitat); AdsD WBA B 25 Nr. 170, Transkript der Verhandlungen des Guillaume-Untersuchungsausschusses des Deutschen Bundestages; Das Tagebuch des Geheimdienstchefs (Auszüge aus Günther Nollaus Tagebüchern 1973/74), in: *Quick* vom 11.3.1987.
15 Genscher, Erinnerungen, S. 198 f.; AdsD WBA B 25 Nr. 170, Transkript der Verhandlungen des Guillaume-Untersuchungsausschusses des Deutschen Bundestages.
16 AdsD Nachlass Reinhard Wilke 1/RWA F00020, Aussage Wilkes vor der Kommission »Vorbeugender Geheimschutz«, 24.7.1974 (Zitate); vgl. Wilke, Meine Jahre mit Willy Brandt, S. 149 f.
17 Grabert, Wehe, wenn Du anders bist!, S. 150.
18 BKanzA 07/3 – Ve 3 15205 (4) Bd. 1, Schreiben des BMI an das Kanzleramt über die vom Verfassungsschutz gehandhabte Praxis zur vertraulichen Information der Bundestagsparteien, 1.3.1975.
19 Christoph Meyer, Herbert Wehner. Biographie, 3. Auflage, München 2006, S. 398–403.
20 Antrag und Bericht des 2. Untersuchungsausschusses der 7. WP des Deutschen Bundestages (19.2.1975); vgl. Nollau, Das Amt, S. 258–260.
21 Ebd, S. 266.
22 Abgedruckt in: Kieseritzky (Bearb), Willy Brandt, Berliner Ausgabe. Bd. 7, S. 508–537.
23 Nollau, Das Amt, S. 233.
24 AdsD Nachlass Reinhard Wilke 1/RWA 00022, Aussage von Albert Rausch im Guillaume-Prozess (21. Verhandlungstag 19.9.1975).
25 Tiedge, der Überläufer, S. 220 f.; Nollau, Das Amt, S. 240 f.; AdsD Nachlass Reinhard Wilke 1/RWA 00022, Aussage von Albert Rausch im Guillaume-Prozess (21. Verhandlungstag 19.9.1975); *Der Spiegel* vom 11.11.1974 (Details über die dilettantische Observation).
26 Nollau, Das Amt, S. 262 f. Zum Ehepaar Förster vgl. *Der Spiegel* vom 3.2.1975.
27 Brandt, Freundesland, S. 265 (Zitat); Günter Guillaume, »Über mich lief alles« (Interview), in: *Focus* vom 10.10.1994 (Zitat); C. Guillaume, Es begann am Potsdamer Platz; Bruhns, Nachrichtenzeit, S. 112 f.
28 Bruhns, Nachrichtenzeit, S. 112 f.; Wilke, Meine Jahre mit Willy Brandt, S. 252.
29 BAK B206/2004, Einsatzbericht des BND anlässlich des Urlaubs des Herrn Bundeskanzlers 29.6.–1.8.1973 in Hamar, 3.8.1973; Brandt, Freundesland, S. 266 (Fotoausrüstung).
30 Guillaume, Die Aussage (1988), S. 311; BKanzA 102 18 – 302, Vermerk der Staatsanwaltschaft betr. Verratsmöglichkeiten des beschuldigten Günter Guillaume im Bundeskanzleramt, 30.4.1974; BKanz 102 18 302 Bd. 6, Kopien von 17 Hamar-Fernschreiben.
31 Diese Dokumente sind teilweise abgedruckt in: Matthias Peter u. a. (Bearb.), Akten zur Auswärtigen Politik der Bundesrepublik Deutschland 1973. Bd. 2: 1.5. bis 30.9.1973, München 2004.
32 Pascaline Winand, Kissingers »Jahr Europas« und die Europäer, in: Andreas Wilkens (Hrsg.), »Wir sind auf dem richtigen Weg«. Willy Brandt und die europäische Einigung, Bonn 2010, S. 363–386.
33 BKanzA 102 18 302 Bd. 6, Bericht Lebers an den Bundeskanzler über seine Gespräche in den USA am 17. und 18.7.1973 (Fernschreiben Schillings an Guillaume vom 25.7.1973).
34 BKanzA 102 18-302, Urteil des OLG Düsseldorf gegen Günter und Christel Guillaume, 15.12.1975.

35 Guillaume, Die Aussage (1990), S. 334f.; Boom/Haase-Hindenberg, Der fremde Vater, S. 337.
36 Wilke, Meine Jahre mit Willy Brandt, S. 147–151; Grabert, Wehe, wenn Du anders bist!, S. 151; Antrag und Bericht des 2. Untersuchungsausschusses der 7. WP des Deutschen Bundestages (19.2.1975).
37 BStU MfS HVA/Vi 42, MfS-Schulungsfilm »Auftrag erfüllt«; C. Guillaume, Es begann am Potsdamer Platz.
38 Boom/Haase-Hindenberg, Der fremde Vater, S. 337–340 (Gully); Wolf, Spionagechef im geheimen Krieg, S. 272f. (Rhein).
39 Kobbelt/Weser/Kaden, Das Erkennen der objektiven und subjektiven Bedingungen von Fehlleistungen übersiedelter IM, S. 184f. (Anweisung zur Vernichtung belastenden Materials); Nollau, Das Amt, S. 262f.
40 Guillaume bezog sich hier auf seinen Führungsoffizer Weichert, der bereits im Mai 1989 verstorben war.
41 Boom/Haase-Hindenberg, Der fremde Vater, S. 340.
42 BKanzA 102 18 302 Bd. 6, Unterlagen zur Freigabe der Hamar-Dokumente durch das BKanzA für das Strafverfahren gegen Markus Wolf (1993).
43 Urteil des OLG Düsseldorf gegen Markus Wolf vom 6.12.1993, abgedruckt in: Marxen u.a. (Hrsg.), Strafjustiz und DDR-Unrecht, S. 129 (Zitat Guillaume), 54–65 (Würdigung der Hamar-Dokumente). Vgl. Wolf, Spionagechef im geheimen Krieg, S. 272f.; Wagner, Die Sitzung ist eröffnet, S. 204f. (Kopie in: BStU 98/113); Guillaume, Die Aussage (1988), S. 355–357.
44 Der Tagesspiegel vom 30.6.1993; BKanzA 102 18 302 Bd. 6, Schreiben des GBA an das Kanzleramt, 10.5.1993.
45 C. Guillaume, Es begann am Potsdamer Platz; Guillaume, Die Aussage (1990), S. 338–340.
46 Kurt Gailat im Gespräch mit Pierre Boom und Gerhard Haase-Hindenberg; Günther, Wie Spione gemacht wurden, S. 128f. (Observationslehre in Belzig); BStU MfS JHS 21833, Kobbelt/Weser/Kaden, Das Erkennen der objektiven und subjektiven Bedingungen von Fehlhandlungen übersiedelter IM, S. 186.
47 Kurt Gailat im Gespräch mit Pierre Boom und Gerhard Haase-Hindenberg.
48 Ebd. (Zitat); BStU MfS HVA/Vi 42, MfS-Schulungsfilm »Auftrag erfüllt« mit der Aussage Wolfgang Rauschs über die Gefährdungsanalyse durch die HVA nach der ersten wahrgenommenen Observation; Guillaume, Die Aussage (1990), S. 346f.; BStU MfS JHS 21833, Kobbelt/Weser/Kaden, Das Erkennen der objektiven und subjektiven Bedingungen von Fehlhandlungen übersiedelter IM, S. 183.
49 Kurt Gailat im Gespräch mit Pierre Boom und Gerhard Haase-Hindenberg.
50 Hans-Dieter Schütt, Markus Wolf. Letzte Gespräche, Berlin 2007, S. 73; Wolf, Spionagechef im geheimen Krieg, S. 278f.
51 Kurt Gailat im Gespräch mit Pierre Boom und Gerhard Haase-Hindenberg; Gerhard Behnke im Gespräch mit Pierre Boom und Gerhard Haase-Hindenberg im Jahre 2003 (Tondokument im Besitz des Verfassers); Norbert F. Pötzl, Erich Honecker. Eine deutsche Biographie, Stuttgart 2002, S. 172f.
52 BStU MfS HVA Nr. 105, Information über voraussichtliche personelle Veränderungen mit der Wahl des BRD-Bundespräsidenten, 7.2.1974; Gast, Kundschafter des Friedens, S. 153. Zum Duktus der Ausgangsinformationen der HVA für die Parteiführung vgl. Gieseke, East German Espionage in the Era of Détente.
53 Brandt, Erinnerungen, S. 340; Reinhold Andert und Wolfgang Herzberg, Der Sturz. Erich Honecker im Kreuzverhör, Berlin 4. Auflage 1991, S. 343f.
54 Bahr, Zu meiner Zeit, S. 260.

55 Wolf, Spionagechef im geheimen Krieg, S. 281.
56 So auch Guillaume, Die Aussage (1990), S. 358 f.
57 August H. Leugers-Scherzberg, Herbert Wehner und der Rücktritt Willy Brandts am 7. Mai 1974, in: Vierteljahrshefte für Zeitgeschichte, 50 (2002) 2, S. 303–322.
58 Harpprecht, Im Kanzleramt, S. 357–398 (Zitat S. 384); BKanzA 07-GU 1 06100 (2) Bd. 1, Notiz von Günter Baumbach betr. Kontakt zu Guillaume während der Fernmeldeeinsätze des BND bei Kanzlerreisen, 26. 4. 1974; Brandt, Erinnerungen, S. 338 f.
59 AdsD WBA A 11.1 Mappe 18 (welches Buch Guillaume dem Kanzler übersendete, geht aus der Akte nicht hervor). Vgl. C. Guillaume, Es begann am Potsdamer Platz (Empfang); Brief Günter Guillaumes an Christel Guillaume vom 22. 10. 1974 (Tonbandgerät).
60 Nollau, Das Amt, S. 264.
61 Guillaume, Die Aussage (1988), S. 363.
62 BKanzA 102 18 302 Bd. 5, Brief des Präsidenten des BfV an das BMI, 12. 4. 1989 (Identität der »Tonderas«); Kurt Gailat im Gespräch mit Pierre Boom und Gerhard Haase-Hindenberg; Der Spiegel vom 30. 7. 1989 (Erkenntnisse des BfV über Anita Rausch als »Sieglinde Tondera«).
63 Nollau, Das Amt, S. 264; Das Tagebuch des Geheimdienstchefs (Eintrag 1. 3. 1974), in: Quick vom 11. 3. 1987; Genscher, Erinnerungen, S. 199; Brandt, Erinnerungen, S. 337.
64 Bruhns, Nachrichtenzeit, S. 130. Vgl. AdsD Nachlass Reinhard Wilke 1/RWA 00047, Aufzeichnungen zum Terminkalender des Bundeskanzlers Bd. II, 19. 5. 1974; Nollau, Das Amt, S. 265; Das Tagebuch des Geheimdienstchefs (Eintrag vom 3. und 23. 4. 1974), in: Quick vom 11. 3. 1987; Kurt Gailat im Gespräch mit Pierre Boom und Gerhard Haase-Hindenberg; Guillaume, Die Aussage (1990), S. 377 f.; BKanzA 111 – P II G38, Urlaubsantrag von Günter Guillaume vom 2. 4. 1974; Schreiber, Kanzlersturz, S. 147–149; BKanzA 102 18 – 302, Referat I/2 Tatbestand zum Fall Guillaume, 25. 4. 1974.
65 Genscher, Erinnerungen, S. 199; AdsD Nachlass Reinhard Wilke 1/RWA 00047, Aufzeichnungen zum Terminkalender des Bundeskanzlers, Bd. II, 19. 5. 1974.
66 Guillaume, Die Aussage (1990), S. 377 f.; Boom / Haase-Hindenberg, Der fremde Vater, S. 48; Kurt Gailat im Gespräch mit Pierre Boom und Gerhard Haase-Hindenberg.
67 Christel Guillaume im Gespräch mit Pierre Boom und Gerhard Haase-Hindenberg.
68 BStU MfS HVA Rosenholz F22 (Günter Guillaume).
69 Vgl. Konopatzky, Die Möglichkeiten und Grenzen der Nutzung von SIRA; Herbstritt, Bundesbürger im Dienst der DDR-Spionage, S. 315–320; Helmut Müller-Enbergs, Political Intelligence: Foci and Sources 1969–1989, in: Thomas Wegner Friis u. a. (Hrsg.), East German Foreign Intelligence. Myth, Reality and Controversy, Milton Park 2010, S. 91–112; Helmut Müller-Enbergs, Das Gewerkschaftsreferat der HVA – eine Analyse seiner Spitzenquellen, in: Horch und Guck (2007) 57, S. 44–47.
70 Richter/Rösler, Wolfs West-Spione, S. 50.
71 Wolf, Spionagechef im geheimen Krieg, S. 266, 269.
72 BStU MfS JHS 21842, Genschow/Wendel, Die Entwicklung operativer Prozesse zum systematischen Eindringen in bedeutende Führungsstellen, S. 126 f.

Skandal im Westen, Verlegenheit im Osten (S. 201–255)

1 Guillaume Die Aussage (1990), S. 384 f.; BKanzA 102 18 302, Aufzeichnung des Referats I/2 betr. Guillaume, 29. 4. 1974.
2 Vgl. Wolf, Spionagechef im geheimen Krieg, S. 281.
3 Guillaume, Die Aussage (1990), S. 384 f.; Boom / Haase-Hindenberg, Der fremde Vater, S. 8–30.
4 BStU MfS JHS 21883, Kobbelt / Weser / Kaden, Das Erkennen der objektiven und subjektiven Bedingungen von Fehlhandlungen übersiedelter IM, S. 200.
5 Pierre Guillaume, Mein Vater, der Spion, in: *Stern* vom 9. 5. 1974.
6 Kurt Gailat im Gespräch mit Pierre Boom und Gerhard Haase-Hindenberg.
7 BAK B443/719, Erkenntnisse aus der Spionagebekämpfung (Jahresberichte des BfV 1969–1973).
8 Vgl. Nollau, Das Amt, S. 264.
9 AdsD Nachlass Reinhard Wilke 1/RWA F00025, Plädoyer des GBA beim Guillaume-Prozess 1975 (Zitat des Geständnisses vom 24. 4. 1974). Schreiber, Kanzlersturz, S. 150–154 (Federaus Erinnerungen); Landesarchiv NRW Düsseldorf (LA NRW) Ger. Rep. 435 Nr. 110, Antrag des Ermittlungsrichters beim BGH auf Einweisung Christel Guillaumes in Untersuchungshaft, 25. 4. 1974.
10 Briefe Günter Guillaumes an Christel Guillaume vom 5. 6. 1974 (erstes Zitat) und 14. 5. 1974 (zweites Zitat).
11 Vgl. etwa *Bonner Rundschau* vom 2. 6. 1975 (»Geier-Christel«).
12 BKanzA 102 18 E 302 Bd. 6, Anklageschrift des GBA gegen Günter und Christel Guillaume vom 27. 2. 1975 mit Aufstellung der in der Wohnung festgestellten Beweismittel. Generell zur Foto- und Filmausrüstung der HVA-Agenten Macrakis, Die Stasi-Geheimnisse, S. 260–264.
13 Boom / Haase-Hindenberg, Der fremde Vater, S. 8–30; FR vom 21. 12. 1988 (Interview mit Pierre Boom); P. Guillaume, Mein Vater, der Spion.
14 Unterlagen zur Arbeit des Unterausschusses des Parlamentarischen Vertrauensmännergremiums, der von November 1974 bis Juni 1975 insgesamt acht Mal tagte, befinden sich in: BKanzA 07-Ve 3 15205 (4), jene zur Untersuchung von Guillaumes Büro im Palais Schaumburg in: BKanzA 1/3-Gu 10208 (302) 1.
15 FAZ vom 3. 7. 1975 (Aussage Federau); Schreiber, Kanzlersturz, S. 160; BKanzA 102 18 302, Fernschreiben des GBA an das BMJ betr. Ermitttlungsverfahren gegen Guillaume u. a., 16. 5. 1974; *Stuttgarter Zeitung* vom 3. 7. 1975 (Einsatz der Teilgeständnisse im Guillaume-Prozess); *Die Zeit* vom 11. 7. 1975 (Aussage des BKA-Beamten Schernich); Guillaume, Die Aussage (1988), S. 387 (Erklärung Guillaumes).
16 Genscher. Erinnerungen, S. 200 (Zitat); Brandt, Erinnerungen, S. 316 (Zitat). Vgl. AdsD WBA A 1 Mappe 44, Persönlicher Terminkalender Brandts 1973; Brandt, Notizen zum Fall G., in: Kiseritzky (Bearb.): Willy Brandt. Berliner Ausgabe, Bd. 7, S. 508; Wilke, Meine Jahre mit Willy Brandt, S. 246; Rüdiger von Wechmar, Akteur in der Loge. Weltläufige Erinnerungen, Berlin 2000, S. 289–292.
17 Brandt, Notizen zum Fall G., S. 508–510; Wilke, Meine Jahre mit Willy Brandt, S. 246; FR vom 26. 4. 1974.
18 Gerhard Haase-Hindenberg, Dumm gelaufen, in: *DW* vom 23. 4. 2004; Großmann, Bonn im Visier, S. 68 f.
19 BKanzA 102 18 302; AdsD Nachlass Reinhard Wilke RWA F0047, Aufzeichnungen zum Terminkalender des Bundeskanzlers Bd. II.
20 Stenographische Berichte des Deutschen Bundestages, 7. WP 96. Sitzung vom 26. 4. 1974, S. 6463–6469.

21 AdsD WBA A8 Mappe 1, Brief Ahlers an Willy Brandt vom 2.5.1974; *Der Spiegel* vom 6.5.1974 (Titelgeschichte).
22 So etwa die Schlagzeile in DW vom 27.4.1974: »Lang war der Weg ins Kanzleramt: Der gründlich geplante Aufstieg des Meisterspions Guillaume«.
23 Vgl. Hans-Gert Lange, 50 Jahre BfV in der Öffentlichkeit, in: Bundesamt für Verfassungsschutz (Hrsg.), Bundesamt für Verfassungsschutz. 50 Jahre im Dienst der inneren Sicherheit, Köln 2000, S. 15–52.
24 BKanzA 102 18 (E) 302, Material des BPA zur Guillaume-Affäre.
25 Ebd. (die Umfrageergebnisse wurden am 2.5.1974 von Allensbach an das BPA übermittelt, jene vom Wickert-Institut am 1.5.).
26 Brandt, Notizen zum Fall G., S. 512–518; Ehmke, Mittendrin, S. 240f.
27 AdsD WBA B25 Mappe 172, Brief von Bauhaus an Brandt vom 10.5.1974; Auszüge aus dem Herold-Bericht druckte das Magazin *Focus* in der Titelgeschichte der Ausgabe vom 14.2.1994 ab; Brandt, Notizen zum Fall G., S. 520–522; Ders., Erinnerungen, S. 320; Merseburger, Willy Brandt, S. 733; Schreiber, Kanzlersturz, S. 202–205, Bruhns, Nachrichtenzeit, S. 100.
28 Nollau, Das Amt, S. 267f.; Das Tagebuch des Geheimdienstchefs (Eintrag vom 3.5.1974); Leugers-Scherzberg, Herbert Wehner und der Rücktritt Willy Brandts am 7. Mai 1974.
29 Schreiber, Kanzlersturz, S. 160f.; Guillaume, »Über mich lief alles«; Merseburger, Willy Brandt, S. 729 (Willy Brandts Anziehungskraft auf Frauen).
30 AdsD WBA B25 Nr. 172, Brief Brandts an Heinemann, 6.5.1974; Hartmut Soell, Helmut Schmidt 1969 bis heute. Macht und Verantwortung, Stuttgart 2008, S. 330f. Schreiber, Kanzlersturz, S. 201ff.; Merseburger, Willy Brandt, S. 735–738; Brandt, Notizen zum Fall G.; Leugers-Scherzberg, Herbert Wehner und der Rücktritt Willy Brandts am 7. Mai 1974.
31 Brandt, Erinnerungen, S. 325.
32 So schon Baring in seinem 1982 erstmals veröffentlichten Standardwerk »Machtwechsel« und jüngeren Datums Merseburger, Willy Brandt; Schreiber, Kanzlersturz, sowie Faulenbach, Das sozialdemokratische Jahrzehnt, S. 405–409.
33 Brigitte Seebacher, Willy Brandt, München 2004.
34 Merseburger, Willy Brandt, S. 725.
35 Vgl. hierzu Wagner/Uhl, BND contra Sowjetarmee.
36 Brandt, Erinnerungen, S. 315f.; Pötzl, Erich Honecker, S. 173f.; Suckut, Willy Brandt in der DDR.
37 Genscher, Erinnerungen, S. 188. So auch die Erklärung von Ehmke, Mittendrin, S. 242.
38 Nollau, Das Amt, S. 234.
39 Vgl. Daniela Münkel, Zwischen Verehrung und Diffamierung. Das Bild Willy Brandts in der bundesdeutschen Öffentlichkeit (bis 1974), in: Tessmer (Hrsg.), Das Willy-Brandt-Bild, S. 23–40; Elisabeth Noelle-Neumann (Hrsg.), Allensbacher Jahrbuch der Demoskopie. Bd. VI: 1974–1976, Wien 1977, S. 113; Merseburger, Willy Brandt, S. 738.
40 Schütt, Markus Wolf, S. 42f. (Zitat); Hindenberg, Dumm gelaufen; Kurt Gailat im Gespräch mit Pierre Boom und Gerhard Haase-Hindenberg; BKanzA 102 18 302 Bd. 5, Schreiben des Präsidenten des BfV an das BMI, 12.4.1989 (Erkenntnisse über die »Tonderas«).
41 Wolf, Spionagechef im geheimen Krieg, S. 286 und S. 497 (Zitat). Vgl. Egon Krenz, Herbst '89, Berlin 1999, S. 47; Alexander Schalck-Golodkowski, Deutsch-deutsche Erinnerungen, 2. Auflage, Hamburg 2002, S. 266.

42 Stiller, Im Zentrum der Spionage, S. 185, 266; Macrakis, Die Stasi-Geheimnisse, S. 64 f. (Fall Rudolf).
43 BStU MfS JHS 21842, Genschow / Wendel, Die Entwicklung operativer Prozesse zum systematischen Eindringen in bedeutende Führungsstellen; Großmann, Bonn im Visier, S. 67 f., 96 f.; Herbstritt, Bundesbürger im Dienst der DDR-Spionage, S. 314 – 319.
44 BKanzA 102 18 E 302, Material des BPA zum Fall Guillaume; BKanzA 113 00 12 Beiakte 4, Entwurf für Sprechzettel BK (Bundeskanzler) für Kabinettssitzung am 30. 4. 1974.
45 Hans Otto Bräutigam, Ständige Vertretung. Meine Jahre in Ost-Berlin, Hamburg 2009, S. 91 – 97; Stenographische Berichte des Deutschen Bundestages, 7. WP, S. 6597 f.; Monika Kaiser u. a. (Bearb.), Dokumente zur Deutschlandpolitik. VI. Reihe / Band 3: 1. 1. 1973 bis 31. 12. 1974, München 2005, Dokument 169 und 170, S. 600 – 603; *FAZ* vom 22. 5. 1974 (Erklärung Frankes).
46 Daniel Hofmann u. a. (Bearb.), Dokumente zur Deutschlandpolitik. VI. Reihe / Bd. 5: 1. Januar 1977 bis 31. Dezember 1978, München 2011, S. 166–167.
47 Karl Seidel, Berlin-Bonner Balance. 20 Jahre deutsch-deutsche Beziehungen. Erinnerungen und Erkenntnisse eines Beteiligten, Berlin 2002, S. 192.
48 BKanzA 102 18 E 302, Material des BPA zur Guillaume-Affäre (dpa-Meldung vom 27. 4. 1974 über DKP-Stellungnahme); DDR-Reaktionen zum Spionagefall Guillaume und zum Rücktritt Willy Brandts (Dokumentation), in: Deutschland Archiv 7 (1974) 5, S. 637 – 644.
49 Leugers-Scherzberg, Herbert Wehner und der Rücktritt Willy Brandts am 7. Mai 1974; Wolf, Spionagechef im geheimen Krieg, S. 496.
50 Wolf, Spionagechef im geheimen Krieg, S. 496.
51 Abgedruckt in: Monika Kaiser u. a. (Bearb.), Dokumente zur Deutschlandpolitik 1973/74, S. 591 – 594. Vgl. auch Potthoff, Im Schatten der Mauer, S. 129 – 131.
52 Zum Breschnew-Besuch in Bonn vgl. Merseburger, Willy Brandt, S. 675 – 677; Detlef Nakath und Gerd-Rüdiger Stephan (Hrsg.), Die Häber-Protokolle. Schlaglichter der SED-Westpolitik 1973 – 1985, Berlin 1999, S. 67 – 75 (Bericht Häbers über seinen Besuch in Moskau vom 5. bis zum 7. 3. 1974).
53 Valentin Falin, Politische Erinnerungen, München 1993, S. 265 f.; Bahr, Zu meiner Zeit, S. 459; Wjatscheslaw Keworkow, Der geheime Kanal. Moskau, der KGB und die Bonner Ostpolitik, Berlin 1995, S. 175 – 178.
54 Daniela Taschler u. a. (Bearb.), Akten zur Auswärtigen Politik der Bundesrepublik Deutschland 1974. Bd. I: 1. 1. bis 30. 6. 1974, München 2005, S. 623 f. (Zitat); BAK B443/719-720, Erkenntnisse aus der Spionagebekämpfung (Jahresberichte des BfV 1970 – 1974).
55 Wolf, Spionagechef im geheimen Krieg, S. 496 f.; BAB DY 30 J IV 2/2 Bd. 1505, Protokoll der Politbürositzung vom 7. 5. 1974.
56 Wolf, Spionagechef im geheimen Krieg, S. 496 f.
57 BStU MfS Zentrale Auswertungs- und Informationsgruppe (ZAIG) Nr. 5023, Zur Entwicklung der Krise in der Koalition und zum Verfall der Autorität Brandts, 14. 5. 1974.
58 So berichtete der bundesrepublikanische Botschafter Hans Hellmut Ruete am 8. Mai aus Warschau, der polnische Vizeaußenminister Jozef Czyrek habe »mit großem Ernst, ja fast feierlich zum Ausdruck gebracht, wie tief die polnische Regierung den Rücktritt des Bundeskanzlers bedauere, wie sehr man ihn als Menschen und Staatsmann geschätzt habe und wie hoch man den von ihm geleisteten Beitrag zu unserer Ostpolitik und zur Bereinigung des Verhältnisses mit Polen einschätzte.« Und am 28. Mai drahtete er, der polnische Außenminister Stefan Olszowski bedauere

das Verhalten der DDR im Falle Guillaume, das der Sache der Entspannung sehr geschadet habe, zitiert nach Taschler (Bearb.), Akten zur Auswärtigen Politik der Bundesrepublik 1974, Bd. 1, S. 621, 653.
59 Hans-Hermann Hertle und Konrad H. Jarausch (Hrsg.), Risse im Bruderbund. Die Gespräche Honecker – Breshnew 1974 bis 1982, Berlin 2006, S. 78, 83f. (Zitat); Vgl. BAB BY 30 J IV 2/2 Bd. 1506, Protokoll der Politbürositzung vom 14.5.1974; *Der Spiegel* vom 23.6.1997 (Sindermann-Besuch und Honecker-Brief).
60 BStU MfS HA XX Nr. 11085.
61 BStU MfS ZAIG Nr. 4088, Erste Hinweise zur Reaktion der Bevölkerung der DDR zum Rücktritt Brandts vom Amt des Bundeskanzlers (Stand 13.5.1974).
62 Schütt, Markus Wolf, S. 73f. Vgl. Suckut; Willy Brandt in der DDR; Schönfelder/Erices, Willy Brandt in Erfurt, S. 266–274.
63 Brief Günter Guillaumes an Christel Guillaume vom 3.11.1974. Zur Verbindung Frederiks zur HVA vgl. Meyer, Herbert Wehner, S. 273–277; Herbstritt, Bundesbürger im Dienst der DDR-Spionage, S. 316; Bohnsack/Brehmer, Auftrag Irreführung, S. 196–198; *Der Spiegel* vom 11.11.1974 (Klage Brandts gegen »vpa«).
64 *Neue Zürcher Zeitung* vom 6.9.1974 (»Entschiedene Äußerungen Schmidts zum Fall Guillaume«).
65 *FAZ* vom 21.6.1974.
66 Lange, 50 Jahre BfV in der Öffentlichkeit.
67 *SZ* vom 11.10.1974 (»Ein Mythos verliert sein Gesicht«); BKanzA 61-Un1 11300 (12) Bd. 11, Rundschreiben Wessels an die Mitarbeiter des BND, 19.11.1974.
68 Bericht und Antrag des 2. Untersuchungsausschusses (19.2.1975), in: Deutscher Bundestag, 7. WP, Drucksache 7/3246.
69 Theodor Eschenburg, Letzten Endes meine ich doch. Erinnerungen 1933–1999, Berlin 2000, S. 235f.
70 Bericht der Kommission »Vorbeugender Geheimschutz« über die Prüfung von Sicherheitsfragen im Zusammenhang mit dem Fall Guillaume (11.11.1974), in: Deutscher Bundestag, 7. WP, Drucksache 7/3083.

Verurteilung und »Freikämpfung« (S. 257–302)

1 BKanzA 102 18 E 302, Material des BPA zum Fall Guillaume.
2 Ebd., Allensbach-Umfrage, die am 2.5.1974 dem Kanzleramt übermittelt wurde.
3 Ebd., Material des BPA zum Fall Guillaume.
4 BKanzA 101 18 302, Aufzeichnung des Chefs des Bundeskanzleramtes betr. Akteneinsicht durch Sachverständige, 27.8.1974. Vgl. *FR* vom 3.1.1975 (Gründe für die Verzögerung bei der Fertigstellung der Anklageschrift).
5 BKanzA 102 18 302 Bd. 2, Anklageschrift des GBA gegen Günter und Christel Guillaume, 27.2.1975.
6 So der *General-Anzeiger* vom 19.6.1975.
7 Wagner, Die Sitzung ist eröffnet, S. 1.
8 *Berliner Morgenpost* vom 31.8.1974; *Westdeutsche Allgemeine Zeitung* vom 24.9.1974; *Stuttgarter Nachrichten* vom 26.9.1974.
9 *Abendzeitung* (München) vom 24.4.1975.
10 Boom/Haase-Hindenberg, Der fremde Vater, S. 45f., 66f.; Hans-Bruno Kammertöns und Volker Mauersperger: Der Aufpasser von Ossendorf, in: *Die Zeit* (Zeit-Magazin) vom 18.5.2010.
11 BStU MfS JHS 21970, Oberstleutnant Gerhard Steininger und Oberstleutnant Klaus-Jürgen Andrä, Zur rechtlichen Ausgestaltung des Vollzugs der Untersuchungs- und

Strafhaft in der BRD und den daraus resultierenden Möglichkeiten einer wirksamen Betreuung von inhaftierten bzw. strafgefangenen IM durch die Ständige Vertretung der DDR in der BRD, Diss. jur. Juristische Hochschule Potsdam 1985, S. 25 – 30.
12 Guillaume, Die Aussage (1988), S. 377. Vgl. Wolf, Spionagechef im geheimen Krieg, S. 284 f. (Anweisung an Guillaume zu schweigen); Schlomann, Operationsgebiet Bundesrepublik, S. 310 – 312; Günther, Wie Spione gemacht wurden, S. 123 – 127 (HVA-Grundsätze über das Verhalten bei der Festnahme).
13 Vgl. Eltgen, Ohne Chance, S. 128 – 143; Schlomann, Operationsgebiet Bundesrepublik, S. 310 – 312; BStU MfS JHS 21883, Kobbelt/Weser/Kaden, Das Erkennen der objektiven und subjektiven Bedingungen von Fehlleistungen übersiedelter IM, S. 218 f.; BStU MfS JHS 21970 Steininger/Andrä, Zur rechtlichen Ausgestaltung des Vollzugs der Untersuchungs- und Strafhaft in der BRD und den daraus resultierenden Möglichkeiten einer wirksamen Betreuung von inhaftierten bzw. strafgefangenen IM, S. 379 f.
14 Boom/Haase-Hindenberg, Der fremde Vater, S. 72 – 120, 170 – 200; BStU MfS Diszi Nr. 6332/92 (Disziplinarverfahren gegen Joachim Groth); Christel Guillaume im Gespräch mit Arnold Seul und Anne Worst; *Welt am Sonntag* vom 2. 11. 1975 (Brief von Pierre Guillaume). Ähnlich kontrastreich und frustrierend erlebte ein weiterer westdeutscher Gymnasiast, dessen Vater HVA-Spion gewesen und mit der Familie im Januar 1979 in die DDR evakuiert worden war, den Alltag an einer Ost-Berliner Erweiterten Oberschule. Vgl. Thomas Raufeisen, Der Tag, an dem Vater erzählte, dass er DDR-Spion sei. Eine deutsche Tragödie, Freiburg 2010, S. 46 f.
15 Kurt Gailat im Gespräch mit Pierre Boom und Gerhard Haase-Hindenberg.
16 Boom/Haase-Hindenberg, Der fremde Vater, S. 194 f.; *Neue Rhein-Zeitung* vom 24.12.1975 (erster Haftbesuch bei den Eltern).
17 *Der Spiegel* vom 29.4.1974 (»Ring und Wechsel«); Schlomann, Operationsgebiet Bundesrepublik, S. 314 – 317.
18 BAK B443/719, Erkenntnisse aus der Spionagebekämpfung (Jahresberichte des BfV 1969 – 1973).
19 BKanzA 07-GU1 06100 (2) Bd. 4, Schreiben Helmut Kohls an den Bundeskanzler vom 26.8.1974, und Antwort Helmut Schmidts vom 9.9.1974; *Neue Zürcher Zeitung* vom 6.9.1974 (»Entschiedene Äußerungen Schmidts zum Fall Guillaume«).
20 BKanzA 102 18 302 Bd. 4, Aufzeichnung der Abteilung II des BKanzA betr. Betreuung des Ehepaares Guillaume durch die Ständige Vertretung der DDR, 22.1.1976.
21 *FAZ* vom 25.6.1975.
22 Wagner, Die Sitzung ist eröffnet, S. 7.
23 *FAZ* vom 5.7.1975.
24 *SZ* vom 25.9.1975 (Zitate Brandt); *Der Spiegel* vom 29.9.1975 (Zitat über Guillaumes Reaktion auf den Auftritt Brandts); Guillaume, Die Aussage (1988), S. 188 – 190.
25 *FAZ* vom 1.10.1975.
26 *FAZ* vom 9.10.1975.
27 *FAZ* vom 22. und 26.11.1975; *Die Zeit* vom 28.11.1975; *Der Spiegel* vom 1.12.1975.
28 *SZ* vom 16.12.1975; *Der Spiegel* vom 22.12.1975.
29 BKanzA 102 18 E 302, Bd. 4 Urteil des OLG Düsseldorf gegen Günter und Christel Guillaume, 15.12.1975; BAK B443/720, Erkenntnisse aus der Spionagebekämpfung (Jahresbericht des BfV für 1975).
30 BAK B443/720, Erkenntnisse aus der Spionagebekämpfung (Jahresbericht des BfV für 1975). Vgl. Meier, Geheimdienst ohne Maske, S. 14.
31 Schlomann, Operationsgebiet Bundesrepublik, S. 313 f.
32 LA NRW Ger. Rep. 435 Nr. 108, Schreiben der StäV an die JVA Köln, 3.3.1977; BStU

MfS JHS 21970, Steininger/Andrä, Zur rechtlichen Ausgestaltung des Vollzugs der Untersuchungs- und Strafhaft in der BRD und den daraus resultierenden Möglichkeiten einer wirksamen Betreuung von inhaftierten bzw. strafgefangenen IM, S. 339 ff.

33 BKanzA 102 18 302 Bd. 4
34 *Rheinische Post* vom 14.12.1976 und *Stuttgarter Nachrichten* vom 24.12.1976 (Guillaume in Rheinbach); Aussage einer Aufseherin aus Ossendorf in: »Christel Guillaume – ein Leben mit der Lüge«, sowie BAK B141/72460, Stellungnahme des Leiters der JVA Ossendorf zu Christel Guillaume, 28.7.1977.
35 Boom/Haase-Hindenberg, Der fremde Vater, S. 213, 244 f.
36 BStU MfS HVA Vi 87, Vortrag Günter Guillaumes mit Erläuterungen von Wolfgang Rausch vor HVA-Kadern. BStU MfS JHS 21970, Steininger/Andrä, Zur rechtlichen Ausgestaltung des Vollzugs der Untersuchungs- und Strafhaft in der BRD und den daraus resultierenden Möglichkeiten einer wirksamen Betreuung von inhaftierten bzw. strafgefangenen IM, S. 379 f.
37 »Ein Spion geht in Pension«, in: *Bunte* vom 8.10.1981 (Auszüge aus dem Gefangenenwahrnehmungsbogen der JVA Rheinbach über Guillaume 1976–1980).
38 Stenographische Berichte des Deutschen Bundestages, 7. WP, 249. Sitzung (9.6.1976), S. 7696. Vgl. *DW* vom 30.7.1976; *dpa*-Meldung vom 25.10.1976.
39 Vgl. Norbert Pötzl, Basar der Spione. Die geheimen Missionen des DDR-Unterhändlers Wolfgang Vogel, 3. Auflage, Hamburg 1997; Craig R. Whitney, Advocatus Diaboli. Wolfgang Vogel – Anwalt zwischen Ost und West, Berlin 1993.
40 Pötzl, Basar der Spione, S. 232–244; Whitney, Advocatus Diaboli, S. 168–178; Großmann, Bonn im Visier, S. 72.
41 Information Vogels für Honecker über sein Gespräch mit Schmidt und Wehner in West-Berlin am 16.5.1977, in: Hofmann u.a. (Bearb): Dokumente zur Deutschlandpolitik 1977/78, S. 151–165, hier S. 164 (Dokument 45).
42 AdsD WBA A 8 Mappe 122, Vermerk Brandts betr. G., 25.3.1981.
43 BAK B141/72640, Akte betreffs Gnadengesuch für Christel Guillaume; Vgl. *Augsburger Allgemeine Zeitung* vom 21.3.1981 (Bericht anlässlich des Austausches von C. Guillaume).
44 Boom/Haase-Hindenberg, Der fremde Vater, S. 213.
45 Christel Guillaume, Es begann am Potsdamer Platz.
46 Vgl. BAK B136/18701-18706 (Gespräch Moldt – Wischnewski in: 18702).
47 Christel Guillaume, Es begann am Potsdamer Platz; BKanzA 102 18 302 Bd. 2, Beschluss des OLG Düsseldorf vom 31.7.1979; BKanzA 102 18 302 Bd. 5, Schreiben des GBA an den BMJ, 18.6.1979; Aufzeichnung des Referates 131 für den Chef des Kanzleramtes, 17.8.1979.
48 Pötzl, Basar der Spione, S. 245–254.
49 Hans-Jochen Vogel, Nachsichten. Meine Bonner und Berliner Jahre, München 1996, S. 92; Pötzl, Basar der Spione, S. 254; *Stern* vom 26.2.1981; *Der Spiegel* vom 23.3.1981.
50 Pötzl, Basar der Spione, S. 253. Zum internationalen bzw. deutsch-deutschen Kontext vgl. Potthoff, Im Schatten der Mauer, S. 168–172; AdsD WBA A8 Mappe 122, Vermerk betr. G., 25.3.1981.
51 AdsD WBA A 8 Mappe 122, Vermerk Brandts betr. G., 25.3.1981; *Augsburger Allgemeine Zeitung* vom 21.3.1981; Pötzl, Basar der Spione, S. 264–266; G. Guillaume, Die Aussage, S. 411 f.; Christel Guillaume, Es begann am Potsdamer Platz.
52 AdsD HSA 1/HSA A 008937, Vermerk des Chefs des Bundeskanzleramtes über das Gespräch Schmidt – Carstens vom 31.3.1981; Guillaume, Die Aussage (1990), S. 411 f. Vgl. auch das Interview mit Felten im gleichen Tenor in: *Quick* vom 26.3.1981.

53 Whitney, Advocatus Diaboli, S. 178.
54 Potthoff, Im Schatten der Mauer, S. 181–184; Wentker, Öffnung als Risiko.
55 Whitney, Advocatus Diaboli, S. 177; BKanzA 06 108 11 Bd. 1, Chronologie zu Entscheidungsprozess und Publizität über den Austausch Guillaumes (Aufzeichnung der Abteilung 6 des Kanzleramtes), 16.10.1981.
56 So etwa die *Bonner Rundschau* vom 29.8.1981 und die *Stuttgarter Nachrichten* vom 31.8.1981.
57 AdsD HSA 1/HSA A 006890, Brief Scheers vom 31.8.1981 und Antwort Huonkers vom 4.9.1981.
58 BKanzA 06 108 11 Bd. 1, Indiskretionen in Sachen Austausch Guillaume (Aufzeichnung des Gruppenleiters 61 für den Chef des Kanzleramtes), 16.10.1981; Chronologie zu Entscheidungsprozess und Publizität über den Austausch Guillaumes (Aufzeichnung der Abteilung 6 des Kanzleramtes), 16.10.1981.
59 BKanzA 06 108 11 Bd. 1, Chronologie zu Entscheidungsprozess und Publizität über den Austausch Guillaumes (Aufzeichnung der Abteilung 6 des Kanzleramtes), 16.10.1981; Whitney, Advocatus Diaboli, S. 180.
60 *FAZ* vom 2.10.1981; *Der Spiegel* vom 5.10.1981; Pötzl, Basar der Spione, S. 269–273; Guillaume, Die Aussage, S. 414.

Heimkehr in ein fremdes Land (S. 303–346)

1 Pötzl, Basar der Spione, S. 204f. und S. 269–272.
2 *ND* vom 20.4.1995. Zur »Arbeitsgruppe Operative Betreuung« vgl. Müller-Enbergs, Hauptverwaltung A, S. 255f.; BStU MfS HVA Kaderkarteikarte Wolfgang Rausch; Boom/Haase-Hindenberg, Der fremde Vater, S. 331f. (Rausch als Betreuer); Richter/Rösler, Wolfs West-Spione, S. 120 (Unzufriedenheit der Exagenten in der DDR); Großmann, Bonn im Visier, S. 33 (i.d.R. aus Sicherheitsgründen keine Wiedereinstellung von Rückkehrern aus dem Bundesgebiet in der HVA). Ein Beispiel für einen in die DDR zurückgekehrten Exagenten, der nicht länger in dieser bleiben wollte, ist Armin Raufeisen. Er war 1957 als IM in die Bundesrepublik übergesiedelt, aus der er im Januar 1979 aus Sicherheitsgründen von der HVA abgezogen wurde, nachdem Werner Stiller die Seiten gewechselt hatte. Trotz diverser Privilegien für ihn und seine Familie wollte er bereits nach einem Jahr über Vermittlung der westdeutschen Botschaft in Budapest wieder in die Bundesrepublik umziehen, auch wenn er dort ein Strafverfahren wegen Spionage zu gewärtigen hatte. Vgl. Raufeisen, Der Tag, an dem Vater erzählte, dass er DDR-Spion sei, S. 69 ff.
3 Angela Schmole, Die Spitzenfrauen des MfS. Bei der Staatssicherheit diente das weibliche Personal nur selten in gehobenen Stellungen, in: Zeitschrift des Forschungsverbundes SED-Staat (2005) 18, S. 107–114.
4 BStU MfS HVA Vi 42, Schulungsfilm »Auftrag erfüllt«.
5 BStU MfS KS 21005/90 Kaderakte Elke Bröhl. 1988 bekleideten von den etwa 90 000 hauptamtlichen Mitarbeitern des MfS mehr als 53 000 Offiziersränge. Vgl. Gieseke, Die hauptamtlichen Mitarbeiter der Staatssicherheit, S. 422–424; Boom/Haase-Hindenberg, Der fremde Vater, S. 294f.
6 BAB DY 30 J IV 2/2 Bd. 1913, Protokoll der Politbürositzung vom 6.10.1981.
7 Christel Guillaume im Gespräch mit Arnold Seul und Anne Worst.
8 BStU MfS HVA Vi 42, Schulungsfilm »Auftrag erfüllt«. Vgl. Boom/Haase-Hindenberg, Der fremde Vater, S. 272.
9 Guillaume, Die Aussage (1990), S. 420.

10 »Ich war der Knüppel gegen Brandt« (Interview mit Günter Guillaume), in: *Stern* vom 30.11.1989.
11 BStU MfS Abt. Finanzen Nr. 1857. Vgl. BStU MfS JHS 265, Unterlagen zur Ehrendoktorwürde von Günter Guillaume; Bohnsack, Hauptverwaltung Aufklärung, S. 25 (Vollbart-Erlaubnis).
12 Vgl. Julius Mader, Dr. Sorge funkt aus Moskau. Ein Dokumentarbericht über Kundschafter des Friedens mit ausgewählten Artikeln von Richard Sorge, Berlin (Ost) 1966. Das Werk erschien im Militärverlag der DDR bis 1976 in sechs Auflagen mit insgesamt 145 000 Exemplaren.
13 Schlomann. Operationsgebiet Bundesrepublik, S. 26 f.; Gieseke, Die hauptamtlichen Mitarbeiter der Staatssicherheit, S. 382.
14 Vgl. Kundschafter – Patrioten, 2 Bde., Leipzig 1984 sowie Kundschafter des Friedens, Bd. 1, Leipzig 1989. Der zweite Band von »Kundschafter des Friedens« ist vermutlich wegen des Zusammenbruchs der DDR nicht mehr erschienen. Bd. 1 enthält u. a. Porträts von Günter und Christel Guillaume sowie Wilhelm Gronau. Vgl. zudem Richter/Rösler, Wolfs West-Spione, S. 121 f.
15 *ND* vom 20.4.1995. Wolf, Spionagechef im geheimen Krieg, S. 286; Bernd Stöver, Zuflucht DDR. Spione und andere Überläufer, München 2009, S. 109–146 (Misstrauen gegen Einwanderer und Rückkehrer); Bohnsack, Hauptverwaltung Aufklärung, S. 25 (Verehrung Guillaumes für Brandt in der DDR); Christel Guillaume im Gespräch mit Arnold Seul und Anne Worst; Boom/Haase-Hindenberg, Der fremde Vater, S. 323 f. (Schwärmereien Guillaumes für Willy Brandt) und S. 411 (Abhörmikrofone); Hubertus Knabe, »Das sind die Dinge, wo uns die Optik versaut wird« (Dokumentation über ein vom MfS abgehörtes Gespräch Felfes), in: *Berliner Zeitung* vom 4.12.1999;
16 BStU MfS JHS 22021, Oberstleutnant Martin Hempel, Major Gerd Knauer u. a., Gegenstand und Ziel sowie Inhalte, Mittel und Methoden der Öffentlichkeit des MfS. Teil I, Diss. jur. Juristische Hochschule Potsdam 1989, S. 355 f.; BStU MfS HA I Nr. 14388. Zu Koppe vgl. Macrakis, Die Stasi-Geheimnisse, S. 98 f.
17 BStU AG XVIII Nr. 2158, Aufzeichnung über den Einsatz von Christel Guillaume auf Kundschafterforen, Anfang 1988.
18 Boom/Haase-Hindenberg, Der fremde Vater, S. 312 f.
19 BStU MfS HA XVIII Tb 181 (Tonkassette).
20 BStU MfS ZAIG Nr. 5023, Zur Entwicklung der Krise in der Koalition und zum Verfall der Autorität Brandts, 14.5.1974.
21 BStU MfS HVA/Vi 62, Vortrag Günter Guillaumes mit Erläuterungen von Wolfgang Rausch vor HVA-Kadern.
22 BStU MfS JHS 22021, Hempel/Knauer, Gegenstand und Ziel sowie Inhalte, Mittel und Methoden der Öffentlichkeit des MfS, S. 28–40.
23 Großmann, Bonn im Visier, S. 122; Herbstritt, Bundesbürger im Dienst der DDR-Spionage, S. 274–277.
24 Vgl. Heinz Felfe, Im Dienst des Gegners. 10 Jahre Moskaus Mann im BND, Hamburg 1986, bzw. Im Dienst des Gegners. Autobiographie, Berlin (Ost) 1988; Voelkner, Salto mortale.
25 Guillaume, Die Aussage (1988), S. 5–8.
26 Vgl. Josie McLellan, Anti-Fascism and Memory in East Germany. Remembering the International Brigades 1945–1989, Oxford 2004.
27 Zur Entstehung der Stiller-Memoiren vgl. Macrakis, Die Stasi-Geheimnisse, S. 106 f. Zur Betreuung der Kundschaftermemoiren in der HVA vgl. Bohnsack, Auftrag Irreführung, S. 204.

28 C. Guillaume, Vorwort zum Erinnerungsmanuskript »Es begann am Potsdamer Platz«, vermutlich 1990.
29 C. Guillaume, Es begann am Potsdamer Platz.
30 Vgl. hierzu Karl-Rudolf Korte, Die Deutschlandpolitik in Helmut Kohls Kanzlerschaft. Regierungsstil und Entscheidungen 1982–1989, Stuttgart 1998.
31 Vgl. Rolf Reißig, Dialog durch die Mauer. Die umstrittene Annäherung von SPD und SED, Frankfurt/M. 2002, S. 28–43, sowie Daniel Friedrich Sturm, Uneinig in die Einheit. Die Sozialdemokratie und die Vereinigung Deutschlands 1989/90, Bonn 2006, S. 65–105. Vgl. auch Helge Heidemeyer, NATO-Doppelbeschluss, westdeutsche Friedensbewegung und der Einfluss der DDR, in: Philipp Gassert (Hrsg.), Zweiter Kalter Krieg und Friedensbewegung. Der NATO-Doppelbeschluss in deutsch-deutscher und internationaler Perspektive, München 2011, S. 247–267.
32 So z. B. *FR* und *DW* vom 15.5.1987.
33 BStU MfS Zentraler Operativstab (ZOS) Nr. 1526.
34 Zum Bedrohungsempfinden der SED-Führung angesichts der Politik der UdSSR seit 1985 vgl. u. a. Wentker, Öffnung als Risiko.
35 *Quick* vom 2.12.1987; *FR* vom 28.11.1987; *General-Anzeiger* vom 25.11.1987.
36 Christel Guillaume im Gespräch mit Arnold Seul und Anne Worst. Vgl. *FR* vom 21.12.1988 (Interview mit Pierre Boom); Aussage Pierre Booms im Film »Schattenväter« (Kinostart: 10.11.2005) von Dagmar Metz (Ernüchterung über SED-Führung während Auslandsreise).
37 Knabe, »Das sind die Dinge, wo uns die Optik versaut wird«. Zu Felfe vgl. auch Dieter Pohl, Diener zweier Herren. Die Geheimdienstkarrieren des Heinz Felfe, in: Theresa Bauer u. a. (Hrsg.), Gesichter der Zeitgeschichte. Deutsche Lebensläufe im 20. Jahrhundert, München 2009, S. 165–178.
38 *FR* vom 21.12.1988 (Interview mit Pierre Boom).
39 Ebd.
40 BStU MfS KS II 228/83 Kaderakte Helmut Zörner; BKanzA 102 05 38 Bd. 1, Bericht des BfV über die Befragung Pierre Booms, 19.5.1988; Anne Worst und Arnold Seul, Christel Guillaume – Porträt einer Spionin, WDR-Fernsehdokumentation von 1991 (Haltung der Eltern); Boom / Haase-Hindenberg, Der fremde Vater, S. 376–398; Bohnsack, Hauptverwaltung Aufklärung, S. 24 f. (Unmut im MfS).
41 *Bonner Rundschau* vom 31.5.1988.
42 *Quick* vom 17.8.1988 (»So verlor der Spion seinen Sohn«).
43 Christel Guillaume im Gespräch mit Arnold Seul und Anne Worst.
44 Guillaume, Die Aussage (1988), S. 341; Vgl. Günther, Wie Spione gemacht wurden, S. 13, 87.
45 Christoph Links, Leseland DDR. Bedingungen, Hintergründe, Veränderungen, in: Thomas Großbölting (Hrsg.), Friedensstaat, Leseland, Sportnation? DDR-Legenden auf dem Prüfstand, Berlin 2009, S. 196–207.
46 Zur Veröffentlichungspolitik des MfS vgl. Hempel / Knauer, Gegenstand und Ziel sowie Inhalte, Mittel und Methoden der Öffentlichkeit des MfS, S. 438–442. Informationen zur Auflage und Verbreitungsart von »Die Aussage« finden sich im Vorwort der – leicht umgearbeiteten – »gesamtdeutschen« Ausgabe von 1990, die im Münchner Universitas-Verlag erschien (S. 8–12).
47 Christel Guillaume im Gespräch mit Anne Worst und Arnold Seul.
48 BKanzA 102 18 302 Bd. 5, Schreiben des Präsidenten des BfV an das BMI, 12.4.1989. Der Artikel des BfV erschien unter dem Titel »Die Tonderas halfen Guillaume. Verfassungsschutzpräsident Gerhard Boeden über die Memoiren des Kanzlerspions Günter Guillaume«, *Der Spiegel* vom 24.7.1989.

49 *SZ* vom 19.1.1990 (»Der Spion, der in Rente geht« – Interview mit Günter Guillaume); AdsD WBA A 10.1 KHR Mappe 178, Brief Bettermanns an Bahr, 13.4.1989; Krenz, Herbst '89, S. 48; General-Anzeiger vom 15.3.1989 (Aufbau Verlag).
50 »Ich war der Knüppel gegen Brandt«, in: *Stern* vom 30.11.1989.
51 *SZ* vom 19.1.1990 (»Der Spion, der in Rente geht« – Interview mit Günter Guillaume). Unterlagen zum erneuten Ermittlungsverfahren in: BKanzA 102 18 302 Bd. 5.
52 BAB DC20/18591, Schreiben an den Innenminister vom 15.5.1990 und an den Ministerpräsidenten vom 16.7.1990 sowie Antwort des Büros des Ministerpräsidenten vom 8.8.1990. Herbert Willner hatte bis zu seinem Rückzug 1985 in die DDR fast 20 Jahre für die HVA die FDP in Bonn ausspioniert.
53 *Berliner Zeitung* vom 12.9.1992; *Express* vom 12.4.1995; *Berliner Zeitung* vom 9.6.1998; *Focus* vom 29.6.1998.
54 BKanzA 102 18 302 Bd. 5, Vermerk des GBA betr. Ermittlungsverfahren gegen Günter Guillaume, 19.2.1991.
55 Vgl. Martin Nanzka, Spionage der ehemaligen DDR gegen die Bundesrepublik Deutschland. Verfassungsrechtliche Grenzen der Strafverfolgung wegen Landesverrats, Geheimdienstlicher Agententätigkeit und damit im Zusammenhang stehender Straftaten nach der Herstellung der Einheit Deutschlands, Frankfurt/M. 2000.
56 *FR* vom 1.7.1993 (Zitat); *FAZ* vom 1.7.1993, Rudolf Hirsch, Der Markus-Wolf-Prozeß. Eine Reportage, Berlin 1994, S. 51–66.
57 Boom/Haase-Hindenberg, Der fremde Vater, S. 410f.
58 *SZ* vom 20.4.1995.
59 Mündliche Auskunft von Anne Worst gegenüber dem Verfasser im Dezember 2010. Auch Wolf wusste um diese fixe Idee seiner ehemaligen Kundschafterin; Wolf, L'œil de Berlin, S. 191.
60 *Focus* vom 18.10.1993.
61 *Berliner Zeitung* vom 3.2.2001.

Epilog: Der »menschliche Faktor« (S. 347–357)

1 So etwa Raymond L. Garthoff, Foreign Intelligence and the Historiography of the Cold War, in: Journal of Cold War Studies 6 (2004) 2, S. 21–56 und Wagner/Uhl, BND contra Sowjetarmee (Vorwort von Hans Ehlert), S. VIIf.
2 Am prominentesten bei Wolf, Spionagechef im geheimen Krieg.
3 Ein Beispiel für den Aufwand, den das MfS und andere DDR-Behörden zur Auffindung einer Spionageverdächtigen im Raum Dresden in den achtziger Jahren betrieben, liefert Arnim Wagner, Die »Delikatessen-Spionin«. Motiv und Praxis einer nachrichtendienstlichen Verbindung im Kalten Krieg, in: Bernd Wegner (Hrsg.), Klaus-Jürgen Müller zum 80. Geburtstag. Ein Symposium ehemaliger Schüler und Lehrer, Hamburg 2011, S. 167–194.
4 BAK B206/1837, Übersiedlung von MfS-Agenten in die Bundesrepublik, Aufzeichnung des BND vom Januar 1979.
5 Vgl. Alf Lüdtke, Eigen-Sinn. Fabrikalltag, Arbeitererfahrungen und Politik vom Kaiserreich bis in den Faschismus, Hamburg 1993.
6 Laut SIRA wurden Informationen, die zumindest teilweise von Guillaume stammten, von 1969 bis 1974 für insgesamt 21 an die SED-Führung adressierte Ausgangsinformationen genutzt. Im Zeitraum 1969 bis 1979 erstellte die HVA jedoch mindestens 8500 Ausgangsinformationen, davon den größeren Teil in der ersten Hälfte der siebziger Jahre. Vgl. Gieseke, East German Espionage in the Era of Détente.

7 Giesecke, East German spionage in the Era of Détente.
8 Christopher Andrew, Intelligence in the Cold War, in: Melvyn P. Leffler und Odd Arne Westad (Hrsg.), The Cambridge History of the Cold War. Bd. 2: Crisis and Détente, Cambridge 2010, S. 417–437; Garthoff, Foreign Intelligence and the Historiography of the Cold War.
9 Gieseke, Der Mielke-Konzern, S. 246; André Steiner, Von Plan zu Plan. Eine Wirtschaftsgeschichte der DDR, München 2004, S. 193.
10 Robert Jervis, Why Intelligence and Policymakers Clash, in: Political Science Quarterly 125 (2010) 2, S. 185–204.
11 Wentker, Die DDR in den Augen des BND.

Abkürzungsverzeichnis

AA	Auswärtiges Amt
a. D.	außer Dienst
AdsD	Archiv der Sozialen Demokratie Bonn
BAB	Bundesarchiv Berlin
BAK	Bundesarchiv Koblenz
BAT	Bundesangestelltentarif
BDC	Berlin Document Center im Bundesarchiv
BfV	Bundesamt für Verfassungsschutz
BGH	Bundesgerichtshof
BK	Bundeskanzler
BKA	Bundeskriminalamt
BKanzA	Bundeskanzleramt
BMVg	Bundesministerium der Verteidigung
BMI	Bundesministerium des Innern
BMJ	Bundesministerium der Justiz
BND	Bundesnachrichtendienst
BPA	Presse- und Informationsamt der Bundesregierung (Bundespresseamt)
BRD	Bundesrepublik Deutschland
BStU	Der Bundesbeauftragte für die Unterlagen des Staatssicherheitsdienstes der ehemaligen Deutschen Demokratischen Republik
CDU	Christlich-Demokratische Union Deutschlands
CIA	Central Intelligence Agency (US-Nachrichtendienst)
ČSSR	Tschechoslowakische Sozialistische Republik
CSU	Christlich-Soziale Union
DDR	Deutsche Demokratische Republik
DGB	Deutscher Gewerkschaftsbund
DKP	Deutsche Kommunistische Partei
DM	Deutsche Mark
DPA	Deutsche Presse-Agentur
DSF	Gesellschaft für Deutsch-Sowjetische Freundschaft
DW	Die Welt (Zeitung)
EWG	Europäische Wirtschaftsgemeinschaft
FAZ	Frankfurter Allgemeine Zeitung
FDGB	Freier Deutscher Gewerkschaftsbund
FDJ	Freie Deutsche Jugend
FDP	Freie Demokratische Partei
FR	Frankfurter Rundschau
GBA	Generalbundesanwalt
HA	Hauptabteilung (des MfS)

HIM	Hauptamtlicher Inoffizieller Mitarbeiter des MfS
HJ	Hitler-Jugend
HSA	Helmut-Schmidt-Archiv im Archiv der Sozialen Demokratie Bonn
HVA	Hauptverwaltung A des MfS (Auslandsnachrichtendienst des MfS)
IM	Inoffizieller Mitarbeiter des MfS
IWF	Institut für Wirtschaftswissenschaftliche Forschung (Vorläufer der HVA)
JHS	Juristische Hochschule Potsdam (MfS-eigene Hochschule)
Jusos	Jungsozialisten in der SPD
JVA	Justizvollzugsanstalt
KGB	Komitet gossudarstwennoi besopassnosti / Komitee für Staatssicherheit beim Ministerrat der UdSSR (sowjetische Geheimpolizei und Nachrichtendienst)
KPD	Kommunistische Partei Deutschlands
KPdSU	Kommunistische Partei der Sowjetunion
KSZE	Konferenz über Sicherheit und Zusammenarbeit in Europa
LAB	Landesarchiv Berlin
LA NRW	Landesarchiv Nordrhein-Westfalen Düsseldorf
MAD	Militärischer Abschirmdienst
MfS	Ministerium für Staatssicherheit
NADIS	Nachrichtendienstliches Informationssystem des BfV
NAG	Notaufnahmegesetz der Bundesrepublik von 1950
Nato	North Atlantic Treaty Organization (westliches Verteidigungsbündnis)
NAV	Notaufnahmeverfahren
ND	Neues Deutschland (Zeitung)
NF	Nationale Front der DDR
NPD	Nationaldemokratische Partei Deutschland
NRW	Nordrhein-Westfalen
NSDAP	Nationalsozialistische Deutsche Arbeiterpartei
NVA	Nationale Volksarmee
ÖTV	Öffentliche Dienste, Transport und Verkehr (Gewerkschaft)
OibE	Offizier im besonderen Einsatz des MfS
OLG	Oberlandesgericht
PKW	Personenkraftwagen
RAF	Rote Armee Fraktion
SDS	Sozialistischer Deutscher Studentenbund
SED	Sozialistische Einheitspartei Deutschlands
SIRA	System der Informationsrecherche der HVA
SPD	Sozialdemokratische Partei Deutschlands
StäV	Ständige Vertretung
StGB	Strafgesetzbuch
StPO	Strafprozessordnung
SWT	Sektor Wissenschaft und Technik der HVA
SZ	Süddeutsche Zeitung
TBK	Toter Briefkasten
TDB	Teildatenbank von SIRA

Tscheka	Russische Abkürzung für die Außerordentliche Allrussische Kommission zur Bekämpfung der Konterrevolution, Spekulation und Sabotage, wie die sowjetische Geheimpolizei der Revolutionszeit hieß
UFJ	Untersuchungsausschuss Freiheitlicher Juristen
UdSSR	Union der Sozialistischen Sowjetrepubliken
USA	United States of America
vpa	Verlag Politisches Archiv Landshut
WBA	Willy-Brandt-Archiv im Archiv der Sozialen Demokratie Bonn
WDR	Westdeutscher Rundfunk
WP	Wahlperiode
ZAIG	Zentrale Auswertungs- und Informationsgruppe des MfS
ZDF	Zweites Deutsches Fernsehen
ZK	Zentralkomitee
ZOS	Zentraler Operativstab (des MfS)

Quellen- und Literaturverzeichnis

Unveröffentlichte Quellen

Im Besitz des Verfassers
Kopien von 46 persönlichen Briefen Günter Guillaumes an Christel Guillaume während der Haftzeit von April 1974 bis zum August 1976.
Christel Guillaume, Es begann am Potsdamer Platz (autobiografische, nach Kapiteln geordnete Fragmente von ca. 1985/86 mit einem Vorwort aus der Zeit nach 1989). Es handelt sich um ein etwa 400-seitiges, nicht paginiertes Schreibmaschinentyposkript.
Christel Guillaume im Gespräch mit Arnold Seul und Anne Worst in Berlin im April 1990 (98-seitige Transkription der Tonbandaufnahmen).
Kurt Gailat im Gespräch mit Pierre Boom und Gerhard Haase-Hindenberg im Jahre 2003 (22-seitige Transkription der Tonbandaufnahmen).
Mündliche Äußerungen von Christel Guillaume, Kurt Gailat sowie Gerhard Behnke gegenüber Gerhard Haase-Hindenberg und Pierre Boom im Jahre 2003 (Tondokument).
Gespräch des Verfassers mit Wolf-Dietrich Schilling am 4.4.2012 in Bonn.
Christoph Links im Gespräch mit Günter Grass über Günter Guillaume am 23.11.2012 in Behlendorf.

Bundeskanzleramt Berlin (BKanzA)
Bei den aufgeführten Akten handelt es sich um Verschlusssachen, die bis 2012 noch nicht vom Kanzleramt dem Bundesarchiv übergeben und durch einen Antrag auf Basis des Informationsfreiheitsgesetzes erstmals für dieses Buch zugänglich gemacht worden sind.

Aktenzeichen	
06108 11	Indiskretionen im Zusammenhang mit dem Austausch Guillaumes.
102 18 302	Ermittlungsverfahren gegen das Ehepaar Guillaume und Strafvollzug.
102 18 361	Ermittlungsverfahren Erna Boom.
111-P II G38	Personalakte Günter Guillaume inklusive Verfügungen über Einsatz im Kanzleramt, Urlaubs- und Dienstreiseanträge, Besoldung.
07-Ko 1 NA S-Akte Guillaume 21106 (7)	Sicherheitsakte Guillaume.
102 18 302 Bd. 6	Strafverfahren gegen Markus Wolf (Hamar-Dokumente).
102 05 38 Bd. 1	Übersiedlung von Pierre Boom/Guillaume in die Bundesrepublik.

113 00 13	Materialien zum Guillaume-Untersuchungsausschuss des Bundestages.
07-Ve 3 15205 (4)	Unterkommission des Parlamentarischen Vertrauensmännergremiums.
07-Gu 1 06100	Guillaume Dokumentation.

Der Bundesbeauftragte für die Unterlagen des Staatssicherheitsdienstes der ehemaligen Deutschen Demokratischen Republik (BStU) Berlin

MfS Abteilung Finanzen Nr. 1857 Auszahlungsanordnungen für »Dienstreisen« Guillaumes in andere Ostblockländer 1983–1988.

MfS AG XVIII Nr. 2158 Material über den Einsatz von Christel Guillaume auf Kundschafterforen 1988.

MfS K3006/87 Tagesbefehl von Erich Mielke zum 38. Jahrestag der Gründung der DDR.

MfS HA I Nr. 14388 Unterlagen des MfS über »Kundschafterforen« aus den achtziger Jahren.

MfS HA XVIII/Tb/181 Vortrag Christel Guillaumes im März 1982 vor MfS-Kadern (Tondokument).

MfS HVA/Vi 42 Schulungsfilm »Auftrag erfüllt« des MfS über Christel und Günter Guillaume, Frühjahr 1982.

MfS HVA/Vi 62/85/87/88 Vortrag Günter Guillaumes mit Erläuterungen von Wolfgang Rausch vor HVA-Kadern, ca. März 1982 (Videoaufzeichnung).

MfS HVA F16 und F22 Rosenholz-Dateien (Karteikarten) zu Christel und Günter Guillaume.

MfS HVA SIRA TDB 12 Berichte von »Hansen« bzw. Registriernummer 19142/60 (Günter Guillaume) an die HVA 1969–1974.

MfS JHS 265 Unterlagen zur Verleihung der Ehrendoktorwürde an Günter Guillaume durch die Juristische Hochschule Potsdam (1985).

MfS JHS 21792 Kurt Gailat und Peter Kühn, Der Kampf um die Durchsetzung demokratischer Entwicklungsprozesse in Westdeutschland sowie die politisch-operativen Aufgaben zur Förderung und Formierung fortschrittlicher sozialer Kräfte und politischer Plattformen, Diss. jur. Juristische Hochschule Potsdam 1969.

MfS JHS 21798, Oberstleutnant Horst Felber, Psychologische Grundsätze der Zusammenarbeit mit inoffiziellen Mitarbeitern, die im Auftrage des MfS außerhalb des Territoriums der DDR in direkter Konfrontation mit den feindlichen Geheimdiensten in der äußeren Spionageabwehr tätig sind, Diss jur. Juristische Hochschule Potsdam 1970

MfS JHS 21819 Klaus Rösler, Psychologische Bedingungen der inoffiziellen Arbeit in das und im Operationsgebiet, Diss. jur. Juristische Hochschule Potsdam 1972.

MfS JHS 21842 Rudolf Genschow und Otto Wendel, Die Entwicklung operativer Prozesse zum systematischen Eindringen in bedeutende Führungsstellen am Beispiel zentraler Vorgänge untersucht, Diss. jur. Juristische Hochschule Potsdam 1974.

MfS JHS 21883 Oberst Fritz Kobbelt/Major Helga Weser/Hauptmann Rainer Kaden, Das Erkennen der objektiven und subjektiven Bedingungen von Fehlhandlungen übersiedelter inoffizieller Mitarbeiter im Operationsgebiet als Grundlage für die Realisierung einer erfolgreichen Aufklärungsarbeit des MfS, Diss. jur. Juristische Hochschule Potsdam 1978.

MfS JHS 21970 Oberstleutnant Gerhard Steininger und Oberstleutnant Klaus-Jürgen Andrä, Zur rechtlichen Ausgestaltung des Vollzugs der Untersuchungs- und Strafhaft in der BRD und den daraus resultierenden Möglichkeiten einer wirksamen Betreuung von inhaftierten bzw. strafgefangenen IM durch die Ständige Vertretung der DDR in der BRD, Diss. jur. Juristische Hochschule Potsdam 1985.

MfS JHS 22021 Oberstleutnant Martin Hempel, Major Gerd Knauer u. a., Gegenstand und Ziel sowie Inhalte, Mittel und Methoden der Öffentlichkeit des MfS. Teil I, Diss. jur. Juristische Hochschule Potsdam 1989.

MfS ZAIG 4088 Erste Hinweise zur Reaktion der Bevölkerung der DDR zum Rücktritt Brandts als Bundeskanzler, 13. 5. 1974.

MfS ZAIG 5023 Zur Entwicklung der Krise der SPD/FDP-Koalition in der BRD und zum Verfall der Autorität Brandts, 14. 5. 1974.

MfS ZAIG Vi 523 Fernsehinterview mit Günter Guillaume durch den Fernsehsender Sat 1, November 1989.

MfS Kaderkarteikarten zu: Erich Boldt, Kurt Gailat, Wolfgang Rausch, Lothar Ruderich, Walter Weichert.

MfS KS II 235/50 Kaderakte Erich Boldt.

MfS KS II 471/80 Kaderakte Lothar Ruderich.

MfS KS II 228/83 Kaderakte Helmut Zörner.

MfS KS 137/71 Kaderakte Paul Laufer.

MfS KS 21005/90 Kaderakte Elke Bröhl.

MfS Diszi Nr. 6332/92 Disziplinarverfahren gegen Joachim Groth.

Bundesarchiv Berlin (BAB)

DR 200/1062 Verlag Volk und Wissen / Verzeichnis ehemaliger Mitarbeiter 1949 – 1955: Personalstammblatt Günter Guillaume.

DC 20/18591 Ministerrat der DDR: Eingabe von Günter Guillaume u. a., Juli 1990.

DY 30/IV2/4-21 Zentrale Parteikontrollkommission der SED.

DY 30/IV2/10.02/105 Kommmission für gesamtdeutsche Arbeit des ZK der SED: Informationen über die SPD 1956 – 1960.

DY 30/IV 2/2 1503 – 1509 und 1913 Protokolle der Politbürositzungen, April/Mai 1974 und 6. 10. 1981.

Unterlagen des ehemaligen Berlin Document Center (BDC)
zu Karl Ernst und Günter Guillaume

BDC Reichskulturkammer Film N14, S. 2794 – 2798

BDC Parteikanzlei Film D244, S. 2174 – 2177.

BDC Ortskartei 3200 Film G0048, S. 326

Bundesarchiv Koblenz (BAK)

- B106 Bundesministerium des Innern (BMI)
  Bd. 78988 Liste der vom BfV entschlüsselten Funksprüche der HVA an Günter Guillaume 1956 – 159.
- B141 Bundesministerium der Justiz (BMJ)
  Bd. 72460 Unterlagen zum Gnadengesuch für Christel Guillaume 1977.
- B136 Bundeskanzleramt (BKanzA)
  Bd. 6689 Vorbereitung des Treffens in Erfurt 1970.
  Bd. 18696 – 18710 Verhandlungen zwischen dem Bundeskanzleramt und der Ständigen Vertretung der DDR 1977 – 1981.
  Bd. 25203 Übersiedlung von Pierre Guillaume in die DDR 1975.
- B206 Bundesnachrichtendienst (BND)

Bd. 1777 Der Fall Werner Gruber.
Bd. 1831 und 1837 Übersiedlungs-IM und Einschleusungsmethoden der HVA 1979 (BND-Auswertung der durch den Überläufer Werner Stiller gewonnenen Informationen).
Bd. 2004 BND-Einsätze bei Reisen des Bundeskanzlers (Fernmeldeverbindung) 1973/74.
– B443 Bundesamt für Verfassungsschutz (BfV)
Bd. 716–720 Erkenntnisse aus der Spionagebekämpfung (Jahresberichte) 1959–1975.

Archiv der Sozialen Demokratie Bonn (AdsD)
Willy-Brandt-Archiv (WBA; Nachlass)
A 1 Persönliche Unterlagen: Mappe 33, 34 und 44 (Terminkalender Brandts 1970–1974).
A 8 Bundeskanzler und Bundesregierung 1969–1974: Mappe 1, 26–55, 62, 71, 77–79, 110, 114–115, 122–137 (Regierungsbildung 1969, Verbindungen des Kanzlerbüros zur SPD, Informationsreisen des Bundeskanzlers, Handakten Günter Guillaume, Guillaume-Affäre).
A 10.1 Deutscher Bundestag (Büroleiter Klaus-Henning Rosen) Mappe 178.
A 11.1 Persönliche Korrespondenz A–Z Mappe 18.
B 25 »Unkel« Mappen 170 und 172.

Helmut-Schmidt-Archiv (HSA; Vorlass)
1/HSA A 008937 und HSA A 009291 (Austausch des Ehepaares Guillaume 1981).
1/HSA A 006890 (Brief Scheers vom 31.8.1981 und Antwort Huonkers vom 4.9.1981).

Nachlass Reinhard Wilke
1/RWA Mappe F00020, 22 und 25 (Guillaume-Prozess).
1/RWA Mappe F00046 und F00047 (Aufzeichnungen zum Terminkalender Willy Brandts 1970–1974).

Landesarchiv Nordrhein-Westfalen Düsseldorf (LA NRW)
Ger Rep. 435 Nr. 107–111 Häftlingsakte Christel Guillaume, 1974–1981 (die Häftlingsakte zu Günter Guillaume gilt als verschollen).

Landesarchiv Berlin (LAB)
C Rep. 831 Berliner Friedensrat (Groß-Berliner Komitee der Kämpfer für den Frieden) Nr. 10, 11, 13 und 52 (u. a. Hinweise über die Tätigkeit von Günter und Christel Guillaume für das Komitee).

Darstellungen und veröffentlichte Quellen

Die für dieses Buch zurate gezogene, sehr umfangreiche Presseberichterstattung seit 1974 zum Themenkreis Guillaume ist vor allem der Pressedokumentation des Deutschen Bundestages in Berlin entnommen worden. Hilfreich war zudem die »Sammlung Personalia« des Parteivorstandes der SPD im Archiv der Sozialen Demokratie in Bonn. In die folgende Bibliografie ist nur eine kleine Auswahl besonders wichtiger, zumeist namentlich gekennzeichneter Presseartikel aufgenommen worden, die sich nicht in der bloßen Wiedergabe von Agenturmeldungen erschöpfen. Vielmehr basieren sie auf fundierten Hintergrundrecherchen, Interviews mit den Protagonisten oder liefern dichte atmosphärische Beschreibungen.

Abelshauser, Werner, Nach dem Wirtschaftswunder. Der Gewerkschafter, Politiker und Unternehmer Hans Matthöfer, Bonn 2009.

Ackermann, Volker, Der »echte« Flüchtling. Deutsche Vertriebene und Flüchtlinge aus der DDR 1945–1961, Osnabrück 1995.

Aldrich, Richard J., »Grow your own«. Intelligence and History Supermarkets, in: Intelligence and National Security (2002) 17, S. 135–152.

Amos, Heike, Die Westpolitik der SED 1948/49–1961. »Arbeit nach Westdeutschland« durch die Nationale Front, das Ministerium für Auswärtige Angelegenheiten und das Ministerium für Staatssicherheit, Berlin 1999.

Andert, Reinhold und Wolfgang Herzberg, Der Sturz. Erich Honecker im Kreuzverhör, Berlin 4. Auflage 1991.

Andrew, Christopher, Intelligence in the Cold War, in: Leffler, Melvyn P. / Westad, Odd Arne (Hrsg.), The Cambridge History of the Cold War. Bd. 2: Crisis and Détente, Cambridge 2010, S. 417–437.

Anonymus, Guillaume, der Spion, Landshut 1974.

Bahr, Egon, Zu meiner Zeit, München 1996.

Bange, Oliver, Zwischen Bedrohungsperspektiven und sozialistischem Selbstverständnis. Die DDR-Staatssicherheit und westliche Transformationsstrategien 1966–1975, in: Diedrich, Thorsten / Süß, Walter (Hrsg.), Militär und Staatssicherheit im Sicherheitskonzept der Warschauer-Pakt-Staaten, Berlin 2010, S. 253–296.

Baring, Arnulf, Machtwechsel. Die Ära Brandt–Scheel, Berlin 1998.

Beier, Gerhard, Arbeiterbewegung in Hessen. Zur Geschichte der hessischen Arbeiterbewegung durch 150 Jahre (1834–1984), Frankfurt/M. 1985.

Ders., SPD Hessen. Chronik 1945–1988, Bonn 1989.

Bendix, Werner, Die Hauptstadt des Wirtschaftswunders. Frankfurt am Main 1945–1956, Frankfurt/M. 2002.

Benser, Günter, SED und SPD – Kontakte und Verbindungen in den fünfziger und sechziger Jahren, in: Hübsch, Reinhard (Hrsg.), »Hört die Signale«. Die Deutschlandpolitik von KPD/SED und SPD 1945–1970, Berlin 2002, S. 107–134.

Bergh, Hendrik van, Bonner Krankheiten, Seeheim 1975.

Ders., Köln 4713. Geschichte und Geschichten des Bundesamtes für Verfassungsschutz, Würzburg 1981.

Bericht der Kommission »Vorbeugender Geheimschutz« über die Prüfung von Sicherheitsfragen im Zusammenhang mit dem Fall Guillaume (11.11.1974), in: Deutscher Bundestag, 7. Wahlperiode, Bundestagsdrucksache 7/3083.

Bericht und Antrag des 2. Untersuchungsausschusses (»Guillaume-Untersuchungsausschuss«) der 7. Wahlperiode (19. 2. 1975), in: Deutscher Bundestag, 7. Wahlperiode, Bundestagsdrucksache 7/3246.

Berliner, Kurt, Der Resident. Ein Diplomat im Dienst der Hauptverwaltung Aufklärung erinnert sich, Berlin 2001.

Ders./Brehmer, Herbert, Auftrag Irreführung. Wie die Stasi Politik im Westen machte, Hamburg 1992.

Bohnsack, Günter, Hauptverwaltung Aufklärung. Die Legende stirbt. Das Ende von Wolfs Geheimdienst, Berlin 1997.

Bols, Manfred, Ende der Schweigepflicht. Aus dem Leben eines Geheimdienstlers, Berlin 2002.

Boom, Pierre, Günter Guillaume – sein Sohn packt aus (Interview), in: *Quick* vom 3., 10. und 17. 8. 1988.

Ders., Als Sohn eines geehrten Spions im »Verein der Zufriedenen« (Interview), in: *Frankfurter Rundschau* vom 21. 12. 1988.

Ders./Girmond, Henrike, »Mach Dir keine Sorgen, es ist alles ein Irrtum«. Der Sohn von Günter Guillaume erinnert sich, in: Haus der Geschichte der Bundesrepublik Deutschland/Zeitgeschichtliches Forum Leipzig (Hrsg.), Duell im Dunkel. Spionage im geteilten Deutschland, Köln 2002, S. 87 – 97.

Ders./Haase-Hindenberg, Gerhard, Der fremde Vater. Der Sohn des Kanzlerspions Guillaume erinnert sich, Berlin 2005.

Booß, Christian, »Arbeit in und nach dem Operationsgebiet«. Die Unterlagen zur Westarbeit des Ministeriums für Staatssicherheit in den Beständen des BStU, in: Deutschland Archiv 43 (2010) 6, S. 1076 – 1087.

Bouvier, Beatrix W., Zwischen Godesberg und Großer Koalition. Der Weg der SPD in die Regierungsverantwortung. Außen-, Sicherheits-, und deutschlandpolitische Umorientierung und gesellschaftliche Öffnung der SPD 1960 – 1966, Bonn 1990.

Boysen, Jacqueline, Das »weiße Haus« in Ost-Berlin. Die Ständige Vertretung der Bundesrepublik bei der DDR, Berlin 2010.

Bräutigam, Otto, Ständige Vertretung. Meine Jahre in Ost-Berlin, Hamburg 2009.

Brandt, Lars, Andenken, München 2006.

Brandt, Rut, Freundesland. Erinnerungen, 18. Auflage, Hamburg 1994.

Brandt, Willy, Erinnerungen, Frankfurt/M. 1989.

Ders., Notizen zum Fall G., in: Kieseritzky, Wolther von (Bearb.), Willy Brandt. Berliner Ausgabe, Bd. 7: Mehr Demokratie wagen – Innen- und Gesellschaftspolitik 1966 – 1974, Berlin 2001, S. 508 – 538.

Bruhns, Wibke, Ein Mensch, mit dem sich leben ließ (Porträt von Günter Guillaume), in: *Stern* vom 2. 5. 1974.

Dies., Nachrichtenzeiten. Meine unfertigen Erinnerungen, München 2012.

Bubke, Hermann, Der Einsatz des Stasi- und KGB-Spions Otto Freitag im München der Nachkriegszeit, Hamburg 2004.

Buschfort, Wolfgang, Geheime Hüter der Verfassung. Von der Düsseldorfer Informationsstelle zum ersten Verfassungsschutz der Bundesrepublik 1947 – 1961, Paderborn 2004.

Das Tagebuch des Geheimdienstchefs (Auszüge aus Günther Nollaus Tagebücher 1973/74), in: *Quick* vom 11. und 18. 3. 1987.

Davis, Garry, The World is my Country. The Autobiography of Garry Davis, New York 1961.

DDR-Reaktionen zum Spionagefall Guillaume und zum Rücktritt Willy Brandts (Dokumentation), in: Deutschland Archiv 7 (1974) 5, S. 637 – 644.

Deckname Stabil. Stationen aus dem Leben und Wirken des Kommunisten und Tschekisten Paul Laufer, Leipzig 1988.

Die Tonderas halfen Guillaume. Verfassungsschutzpräsident Gerhard Boeden über die Memoiren des Kanzlerspions Günter Guillaume, in: *Der Spiegel* vom 24.7.1989.

Dörrenberg, Dirk, Erkenntnisse des Verfassungsschutzes zur Westarbeit des MfS, in: Herbstritt, Georg / Müller-Enbergs, Helmut (Hrsg.), Das Gesicht dem Westen zu ... DDR-Spionage gegen die Bundesrepublik Deutschland, Bremen 2003, S. 72–111.

Dowe, Dieter (Hrsg.), Die Ost- und Deutschlandpolitik der SPD in der Opposition 1982–1989, Bonn 1993.

Dreßler, Luise Maria, Willi Birkelbach. Fazit. Gelebt – bewegt, Marburg 2000.

Ehmke, Horst, Mittendrin. Von der Großen Koalition zur Deutschen Einheit, Berlin 1994.

Ein Spion geht in Pension (Interview mit Günter Guillaume), in: *Bunte* vom 8.10.1981.

Eltgen, Hans, Ohne Chance. Erinnerungen eines HVA-Offiziers, Berlin 1995.

Engelmann, Roger, Zur »Westarbeit« der Staatssicherheit in den fünfziger Jahren, in: Herbstritt, Georg / Müller-Enbergs, Helmut (Hrsg.), Das Gesicht dem Westen zu ... DDR-Spionage gegen die Bundesrepublik Deutschland, Bremen 2003, S. 143–152.

Erkner, Paul, »Arbeit nach Westdeutschland«. Innenansichten des deutschlandpolitischen Apparates der SED 1959–1969, in: Ders. / Engelmann, Roger (Hrsg.), Annäherung und Abgrenzung. Aspekte deutsch-deutscher Beziehungen 1956–1969, München 1993, S. 133–186.

Eschenburg, Theodor, Letzten Endes meine ich doch. Erinnerungen 1933–1999, Berlin 2000.

Falin, Valentin, Politische Erinnerungen, München 1993.

Fall Guillaume. »Leider vorzügliche Arbeit« (Titelgeschichte), in: *Der Spiegel* vom 29.4.1974.

Faulenbach, Bernd, Das sozialdemokratische Jahrzehnt. Von der Reformeuphorie zur neuen Unübersichtlichkeit. Die SPD 1969–1982, Bonn 2011.

Felfe, Heinz, Im Dienst des Gegners. 10 Jahre Moskaus Mann im BND, Hamburg 1986.

Fischer, Frank (Bearb.), Willy Brandt. Berliner Ausgabe, Bd. 6: Außen- und Deutschlandpolitik 1966–1974, Bonn 2005.

Flemming, Thomas / Bernd Ulrich, Vor Gericht. Deutsche Prozesse in Ost und West nach 1945, Berlin 2005.

Förster, Günter, Die Dissertationen an der »Juristischen Hochschule« des MfS. Eine annotierte Bibliographie, 2. Auflage, Berlin 1997.

Franke, Lothar, Frankfurt reagiert schockiert (Reaktionen auf die Verhaftung Guillaumes), in: *Frankfurter Neue Presse* vom 26.4.1974.

Frayn, Michael, Demokratie. Stück in zwei Akten, Göttingen 2004.

Fricke, Karl Wilhelm, Ordinäre Abwehr – elitäre Aufklärung? Zur Rolle der Hauptverwaltung A im Ministerium für Staatssicherheit, in: Aus Politik und Zeitgeschichte (1997) 50, S. 17–26.

Fulbrook, Mary, Dissonant Lives. Generations and Violence through the German Dictatorships, Oxford 2011.

Gailat, Kurt, Parteien in der Bundesrepublik, in: Eichner, Klaus / Schramm, Gotthold (Hrsg.), Hauptverwaltung A. Geschichte, Aufgaben, Einsichten. Referate und Diskussionsbeiträge der Konferenz am 17./18. November 2007 in Odense, Berlin 2008, S. 65–77.

Garthoff, Raymond L., Foreign Intelligence and the Historiography of the Cold War, in: Journal of Cold War Studies 6 (2004) 2, S. 21–56.

Gast, Gabriele, Kundschafterin des Friedens. 17 Jahre Top-Spionin beim BND, Frankfurt/M. 1999.
Geheimakte Brandt (BKA-Ermittlungen über das Privatleben von Willy Brandt 1974), in: *Focus* vom 14. 2. 1994.
Geist, Manfred, Der Spion, der den Kanzler stürzte (Teil I bis X), in: *Die Welt* vom 27. 2. bis 11. 3. 1975.
Genscher, Hans-Dietrich, Erinnerungen, Berlin 1995.
Gerken, Richard, Spione unter uns. Methoden und Praktiken der roten Geheimdienste nach amtlichen Quellen. Die Abwehrarbeit in der Bundesrepublik, Donauwörth 1965.
Geyer, Heinz, Zeitzeichen. 40 Jahre in Spionageabwehr und Aufklärung, o. O. 2007.
Gieseke, Jens, Erst braun, dann rot? Zur Frage der Beschäftigung ehemaliger Nationalsozialisten als hauptamtliche Mitarbeiter des Ministeriums für Staatssicherheit, in: Suckut, Siegfried/Süß, Walter (Hrsg.), Staatspartei und Staatssicherheit. Vom Verhältnis von SED und MfS, Berlin 1997, S. 129–150.
Ders., Die hauptamtlichen Mitarbeiter der Staatssicherheit. Personalstruktur und Lebenswelt, Berlin 2000.
Ders., Der Mielke-Konzern. Die Geschichte der Stasi 1945–1990, München 2006.
Ders., East German Espionage in the Era of Détente, in: Journal of Strategic Studies 31 (2008) 3, 395–424.
Glocke, Nicole/Stirna, Edina, Verratene Kinder. Zwei Lebensgeschichten aus dem geteilten Deutschland, Berlin 2003.
Grabert, Horst, Wehe, wenn Du anders bist! Ein politischer Lebensweg für Deutschland, Dößel 2003.
Grass, Günter, Mein Jahrhundert, Göttingen 1999.
Großmann, Werner, Bonn im Visier. Die DDR-Aufklärung aus Sicht ihres letzten Chefs, Berlin 2001.
Guillaume. Wer war der Schurke? (Titelgeschichte über die Guillaume-Memoiren), in: *Der Spiegel* vom 26. 12. 1988.
Guillaume, Christel, Auskünfte einer Kundschafterin (Interview), in: *Armeerundschau*, (1987) 11, S. 5–11, 28.
Dies., Tod des Kanzler-Spions schockiert Ex-Frau (Interview), in: *Express* vom 13. 4. 1995.
Guillaume, Günter, Nationalität: deutsch – Staatsbürgerschaft: DDR – Bes. Kennzeichen: meine (Interview mit Günter Guillaume), in: *Junge Welt* vom 14. 5. 1987, S. 3 f.
Ders., Die Aussage. Protokolliert von Günter Karau, Berlin (Ost) 1988.
Ders., »Ich war der Knüppel gegen Brandt« (Interview), in: *Stern* vom 30. 11. 1989.
Ders., »Der Spion, der in Rente geht« (Interview), in: *Süddeutsche Zeitung* vom 19. 1. 1990.
Ders., Die Aussage. Wie es wirklich war, München 1990.
Ders., »Über mich lief alles« (Interview), in: *Focus* vom 10. 10. 1994.
Ders., Im Dachstübchen des Olymp, in: Eichner, Klaus/Schramm, Gotthold (Hrsg.), Kundschafter im Westen. Spitzenquellen der DDR-Aufklärung erinnern sich, Berlin 2003, S. 334–340.
Guillaume, Pierre, Mein Vater, der Spion, in: *Stern* vom 9. 5. 1974.
Günther, Heinz, Wie Spione gemacht wurden, Berlin 1992.
Hagemann, Frank, Der Untersuchungsausschuss Freiheitlicher Juristen 1949 bis 1969, Frankfurt/M. 1994.
Hammer, Elke-Ursel (Bearb.), Dokumente zur Deutschlandpolitik. »Besondere Bemühungen« der Bundesregierung: Häftlingsfreikauf. Familienzusammenführung. Agentenaustausch. Bd. 1: 1962 bis 1969, München 2012.
Harpprecht, Klaus, Im Kanzleramt. Tagebuch der Jahre mit Willy Brandt Januar 1973 – Mai 1974, Berlin 2000.

Hecht, Jochen, »Rosenholz« und SIRA – archivalische Quellen zur Geschichte der Hauptverwaltung Aufklärung (HVA) des MfS, in: Unverhau, Dagmar (Hrsg.), Hatte »Janus« eine Chance? Das Ende der DDR und die Sicherung der Zukunft der Vergangenheit, Münster 2003, S. 99–112.

Heidemeyer, Helge, Flucht und Zuwanderung aus der SBZ-DDR 1945/49–1961. Die Flüchtlingspolitik der Bundesrepublik Deutschland bis zum Bau der Berliner Mauer, Düsseldorf 1994.

Ders., NATO-Doppelbeschluss, westdeutsche Friedensbewegung und der Einfluss der DDR, in: Gassert, Philipp (Hrsg.), Zweiter Kalter Krieg und Friedensbewegung. Der NATO-Doppelbeschluss in deutsch-deutscher und internationaler Perspektive, München 2011, S. 247–267.

Henkel, Rüdiger, Was treibt den Spion? Spektakuläre Fälle von der »Schönen Sphinx« bis zum »Bonner Dreigestirn«, Berlin 2001.

Herbstritt, Georg, Bundesbürger im Dienst der DDR-Spionage. Eine analytische Studie, Göttingen 2007.

Ders./Müller-Enbergs, Helmut (Hrsg.), Das Gesicht dem Westen zu … DDR-Spionage gegen die Bundesrepublik Deutschland, Bremen 2003.

Herman, Michael, Intelligence Power in Peace and War, Cambridge 1996.

Hertle, Hans-Hermann/Jarausch, Konrad H. (Hrsg.), Risse im Bruderbund. Die Gespräche Honecker – Breshnew 1974 bis 1982, Berlin 2006.

Hirsch, Rudolf, Der Markus-Wolf-Prozess. Eine Reportage, Berlin 1994.

Hochscherf, Tobias u.a.(Hrsg.), Divided but not Disconnected. German Experiences of the Cold War, New York 2010.

Hodenberg, Christina von, Konsens und Krise. Eine Geschichte der westdeutschen Medienöffentlichkeit 1945–1973, Göttingen 2006.

Hoffmann, Ruth, Stasi-Kinder. Aufwachsen im Überwachungsstaat, Berlin 2012.

Hofmann, Daniel u.a. (Bearb.), Dokumente zur Deutschlandpolitik. VI. Reihe/Bd. 5: 1.1.1977 bis 31.12.1978, München 2011.

Horchem, Hans Josef, Auch Spione werden pensioniert, Herford 1993.

Horster, Maximilian, The Trade in Political Prisoners between the Two German States 1962–1989, in: Journal of Contemporary History 39 (2004) 3, S. 403–424.

Hübsch, Reinhard (Hrsg.), »Hört die Signale!« Die Deutschlandpolitik von KPD/SED und SPD 1945–1970, Berlin 2002.

Initiativgruppe Kundschafter des Friedens fordern Recht (Hrsg.), Wir alle werden unseren Auftrag erfüllen! Motivation, Situation, soziale Abstrafung und Forderungen der Kundschafter des Friedens, Bonn 1998.

Jervis, Robert, Why Intelligence and Policymakers Clash, in: Political Science Quarterly 125 (2010) 2, S. 185–204.

Kaiser, Joseph, »Der politische Gewinn steht in keinem Verhältnis zum Aufwand«. Zur Westarbeit des FDGB im Kalten Krieg, in: Jahrbuch für Historische Kommunismusforschung 1996, S. 106–131.

Kaiser, Monika u.a. (Bearb.), Dokumente zur Deutschlandpolitik. VI. Reihe/Bd. 3: 1.1.1973 bis 31.12.1974, München 2005.

Karsten, Rudolf (Bearb.), Willy Brandt. Berliner Ausgabe, Bd. 5: Die Partei der Freiheit – Willy Brandt und die SPD 1972–1992, Bonn 2002.

Keiderling, Gerhard, Werdet aktive Friedenskämpfer! Die Anfänge der organisierten Friedensbewegung in Berlin 1949/50, in: Berliner Geschichte. Dokumente, Beiträge, Informationen, Berlin (Ost) 1989, Heft 10, S. 4–15.

Kellerhoff, Sven-Felix, Die Stasi und der Westen. Der Kurras-Komplex, Hamburg 2010.

Kempter, Klaus, Gefolgschaft, Kooperation und Dissens. Die Gewerkschaften in der sozialliberalen Ära 1969–1982, in: Mengersen, Oliver von (Hrsg.), Personen, Soziale Bewegungen, Parteien. Festschrift für H. Soell, Heidelberg 2004, S. 281–298.

Kerz-Rühling, Ingrid / Plänkers, Thomas, Verräter oder Verführte. Eine psychoanalytische Untersuchung Inoffizieller Mitarbeiter der Stasi, Berlin 2004.

Keworkow, Wjatscheslaw, Der geheime Kanal. Moskau, der KGB und die Bonner Ostpolitik, Berlin 1995.

Kieseritzky, Wolther von (Bearb.), Willy Brandt. Berliner Ausgabe, Bd. 7: Mehr Demokratie wagen – Innen- und Gesellschaftspolitik 1966–1974, Berlin 2001.

Kittel, Manfred, Marsch durch die Institutionen? Politik und Kultur in Frankfurt am Main nach 1968, München 2011.

Kleinliches Gewese. Moskau war 1974 gar nicht glücklich über den größten Coup der DDR-Spionage, in: *Der Spiegel* vom 23.6.1997.

Klotzbach, Kurt, Der Weg zur Staatspartei. Programmatik, praktische Politik und Organisation der deutschen Sozialdemokratie 1945–1965, Berlin (West) 1982.

Knabe, Hubertus, Westarbeit des MfS. Das Zusammenspiel von »Aufklärung« und »Abwehr«, 2. Auflage, Berlin 1999.

Ders., »Das sind die Dinge, wo uns die Optik versaut wird« (Dokumentation über ein vom MfS abgehörtes Gespräch von Heinz Felfe), in: *Berliner Zeitung* vom 4.12.1999.

Ders., Die unterwanderte Republik. Stasi im Westen, 3. Auflage, Berlin 2000.

Ders., Der Kanzleramtsspion, in: Krieger, Wolfgang (Hrsg.), Geheimdienste in der Weltgeschichte. Spionage und verdeckte Aktionen von der Antike bis zur Gegenwart, München 2003, S. 216–229.

Knoll, Thomas, Das Bonner Bundeskanzleramt. Organisation und Funktion von 1949 bis 1989, Wiesbaden 2004.

Knopp, Guido, Top-Spione. Verräter im Geheimen Krieg, München 1994.

Konopatzky, Stephan, Möglichkeiten und Grenzen der SIRA-Datenbanken. Die Beispiele Günter Guillaume und Werner Stiller, in: Herbstritt, Georg / Müller-Enbergs, Helmut (Hrsg.), Das Gesicht dem Westen zu … DDR-Spionage gegen die Bundesrepublik Deutschland, Bremen 2003, S. 112–132.

Korte, Karl-Rudolf, Die Deutschlandpolitik in Helmut Kohls Kanzlerschaft. Regierungsstil und Entscheidungen 1982–1989, Stuttgart 1998.

Krenz, Egon, Herbst '89, Berlin 1999.

Krieger, Wolfgang / Weber, Jürgen (Hrsg.), Spionage für den Frieden? Nachrichtendienste in Deutschland während des Kalten Krieges, München 1997.

Krieger, Wolfgang (Hrsg.), Geheimdienste in der Weltgeschichte. Spionage und verdeckte Aktionen von der Antike bis zur Gegenwart, München 2003.

Ders., German Intelligence History. A Field in Search of Scholars, in: Scott, L. V. / Jackson, P. D. (Hrsg.), Understanding Intelligence in the 21st Century. Journey in Shadows, London 2004, S. 42–53.

Ders., Geschichte der Geheimdienste. Von den Pharaonen bis zur CIA, München 2009.

Ders, German-American Intelligence Relations 1945–1956. New Evidence on the Origins of the BND, in: Diplomacy & Statecraft 22 (2011) 1, S. 28–43.

Krüger, Dieter / Wagner, Armin (Hrsg.), Konspiration als Beruf. Deutsche Geheimdienstchefs im Kalten Krieg, Berlin 2003.

Kundschafter des Friedens, Bd. 1, Leipzig 1989.

Kundschafter – Patrioten, 2 Bde., Leipzig 1984.

Lange, Hans-Gert, 50 Jahre BfV in der Öffentlichkeit, in: Bundesamt für Verfassungsschutz (Hrsg.), Bundesamt für Verfassungsschutz. 50 Jahre im Dienst der inneren Sicherheit, Köln 2000, S. 15–52.

Leber, Georg, Vom Frieden, Stuttgart 1979.
Lemke, Michael, Eine neue Konzeption? Die SED im Umgang mit der SPD 1956 bis 1960, in: Kocka, Jürgen (Hrsg.), Historische DDR-Forschung. Aufsätze und Studien, Berlin 1993, S. 361–377.
Ders., Zum System der Einwirkung der SED auf die SPD in den Jahren 1949 bis 1969. Grundlinien, Methoden und Feindbilder, in: Tessmer, Carsten (Hrsg.), Das Willy-Brandt-Bild in Deutschland und Polen, Berlin 2000, S. 53–75.
Ders., Einheit oder Sozialismus? Die Deutschlandpolitik der SED 1949–1961, Köln 2001.
Ders., Vor der Mauer. Berlin in der Ost-West-Konkurrenz 1948–1961, Köln 2011.
Lerchbacher, Hans u. a., Abends in Hausschuhen im Kanzlerzug. Ein Biedermann und eine unnahbare Frau sorgen für großen Spionageskandal, in: *Frankfurter Rundschau* vom 26.4.1974.
Leugers-Scherzberg, August H., Herbert Wehner und der Rücktritt Willy Brandts am 7. Mai 1974, in: Vierteljahrshefte für Zeitgeschichte 50 (2002) 2, S. 303–322.
»Lieber aufgeben als entdeckt werden« (Details über die Observation der Guillaumes durch den Verfassungsschutz), in: Der Spiegel vom 11.11.1974.
Links, Christoph, Leseland DDR. Bedingungen, Hintergründe, Veränderungen, in: Großbölting, Thomas (Hrsg.), Friedensstaat, Leseland, Sportnation? DDR-Legenden auf dem Prüfstand, Berlin 2009, S. 196–207.
Lüdtke, Alf, Eigensinn. Fabrikalltag, Arbeitererfahrungen und Politik vom Kaiserreich bis in den Faschismus, Hamburg 1993.
Macrakis, Kristie, Does Effective Espionage Lead to Success in Science and Technology? Lessons from the East German Ministry for State Security, in: Intelligence and National Security 19 (2004) 1, S. 52–77.
Dies., Die Stasi-Geheimnisse. Methoden und Technik der DDR-Spionage, München 2009.
Mader, Julius, Dr. Sorge funkt aus Moskau. Ein Dokumentarbereicht über Kundschafter des Friedens mit ausgewählten Artikeln von Richard Sorge, Berlin (Ost) 1966.
Malycha, Andreas / Winters, Peter Joachim, Die SED. Geschichte einer deutschen Partei, München 2009.
Marxen, Klaus u. a. (Hrsg.), Strafjustiz und DDR-Unrecht. Dokumentation. Bd. 4/1: Spionage, Berlin 2004.
McLellan, Josie, Anti-Fascism and Memory in East Germany. Remembering the International Brigades 1945–1989, Oxford 2004.
Meier, Richard, Geheimdienst ohne Maske. Der ehemalige Präsident des Bundesverfassungsschutzes über Agenten, Spione und einen gewissen Herrn Wolf, Bergisch Gladbach 1992.
Merseburger, Peter, Willy Brandt 1913–1992. Visionär und Realist, 3. Auflage, München 2002.
Merz, Doris, Schattenväter, 2005 (Dokumentarfilm über Matthias Brandt und Pierre Boom).
Metzler, Gabriele, Konzeptionen politischen Handelns von Adenauer bis Brandt. Politische Planung in der pluralistischen Gesellschaft, Paderborn 2005.
Meyer, Christoph, Herbert Wehner. Biographie, 3. Auflage, München 2006.
Müller-Enbergs, Helmut, Inoffizielle Mitarbeiter des Ministeriums für Staatssicherheit. Teil II: Anleitung für die Arbeit von Agenten, Kundschaftern und Spionen in der Bundesrepublik Deutschland, 2. Auflage, Berlin 1998.
Ders., Was wissen wir über die DDR-Spionage?, in: Ders./Herbstritt, Georg (Hrsg.), Das Gesicht dem Westen zu … DDR-Spionage gegen die Bundesrepublik Deutschland, Bremen 2003, S. 34–71.

Ders., Fleißiger SPD-Mann. IM »Sense« Hans Kohlberger (Berlin) spionierte auch Willy Brandt aus, in: Gerbergasse 18, 10 (2005) 4, S. 21–22.
Ders., »Rosenholz«. Eine Quellenkritik, Berlin 2007.
Ders., Das Gewerkschaftsreferat der HVA – eine Analyse seiner Spitzenquellen, in: Horch und Guck (2007) 57, S. 44–48.
Ders., Inoffizielle Mitarbeiter des Ministeriums für Staatssicherheit. Teil III: Statistiken, Berlin 2008.
Ders., Political Intelligence: Foci and Sources 1969–1989, in: Wegner Friis, Thomas u. a. (Hrsg.), East German Foreign Intelligence. Myth, Reality and Controversy, Milton Park 2010, S. 91–112.
Ders., Das Institut für Wirtschaftswissenschaftliche Forschung und die Anfänge der DDR-Spionage. Strukturelle und persönliche Weichenstellungen 1951–1956, Berlin 2010.
Ders. u. a. (Hrsg.), Das MfS-Lexikon. Begriffe, Personen und Strukturen der Staatssicherheit der DDR, Berlin 2011.
Ders., Hauptverwaltung A (HVA). Aufgaben, Strukturen, Quellen. Berlin 2011.
Münkel, Daniela (Bearb.), Willy Brandt. Berliner Ausgabe, Bd. 4: Auf dem Weg nach vorn. Willy Brandt und die SPD 1947–1972, Berlin 2000.
Dies., Zwischen Verehrung und Diffamierung. Das Bild Willy Brandts in der bundesdeutschen Öffentlichkeit (bis 1974), in: Tessmer, Carsten (Hrsg.), Das Willy-Brandt-Bild in Deutschland und Polen, Berlin 2000, S. 23–40.
Nakath, Detlef / Stephan, Gerd-Rüdiger (Hrsg.), Die Häber-Protokolle. Schlaglichter der SED-Westpolitik 1973–1985, Berlin 1999.
Nanzka, Martin, Spionage der ehemaligen DDR gegen die Bundesrepublik Deutschland. Verfassungsrechtliche Grenzen der Strafverfolgung wegen Landesverrats, Geheimdienstlicher Agententätigkeit und damit im Zusammenhang stehender Straftaten nach der Herstellung der Einheit Deutschlands, Frankfurt/M. 2000.
Nielsen, Harald, The German Analysis and Assessment System, in: Intelligence & National Security (1995) 10, 54–71.
Nitsche, Rudolf, Diplomat im besonderen Einsatz. Eine DDR-Biographie, Schkeuditz 1994.
Noelle-Neumann, Elisabeth (Hrsg.), Allensbacher Jahrbuch der Demoskopie. Bd. VI: 1974–1976, Wien 1977.
Nollau, Günther, Das Amt. 50 Jahre Zeuge der Geschichte, Gütersloh 1979.
Nolzen, Armin, Vom »Jugendgenossen« zum »Parteigenossen«. Die Aufnahme von Angehörigen der Hitlerjugend in die NSDAP, in: Benz, Wolfgang (Hrsg.), Wie wurde man Parteimitglied? Die NSDAP und ihre Mitglieder, Frankfurt/M. 2009, S. 123–150.
Oertzen, Peter von, Der SPD-Bezirk Hessen-Süd in der Programmdiskussion der 50er Jahre, in: Schmidt, Helmut / Hesselbach, Walter (Hrsg.), Kämpfer ohne Pathos. Festschrift für Hans Matthöfer, Bonn 1985, S. 25–32.
Peter, Matthias u. a. (Bearb), Akten zur Auswärtigen Politik der Bundesrepublik Deutschland 1973. Bd. 2: 1. 5. bis 30. 9. 1973, München 2004.
Philipp, Michael, »Persönlich habe ich mir nichts vorzuwerfen«. Politikerrücktritte in Deutschland 1950 bis heute, München 2007.
Pötzl, Norbert, Basar der Spione. Die geheimen Missionen des DDR-Unterhändlers Wolfgang Vogel, 3. Auflage, Hamburg 1997.
Ders., Erich Honecker. Eine deutsche Biographie, Stuttgart 2002.
Pohl, Dieter, Diener zweier Herren. Die Geheimdienstkarrieren des Heinz Felfe, in: Bauer, Theresa u. a. (Hrsg.), Gesichter der Zeitgeschichte. Deutsche Lebensläufe im 20. Jahrhundert, München 2009, S. 165–178.

Potthoff, Heinrich, Bonn und Ost-Berlin 1969–1982. Dialog auf höchster Ebene und vertrauliche Kanäle. Darstellung und Dokumente, Bonn 1997.

Ders., Im Schatten der Mauer. Deutschlandpolitik 1961–1990, Berlin 1999.

Presseabteilung des Ministeriums für Staatssicherheit (Hrsg.), Kundschafter im Dienst des Friedens, Berlin (Ost) 1987.

Raufeisen, Thomas, Der Tag, an dem Vater erzählte, dass er DDR-Spion sei. Eine deutsche Tragödie, Freiburg 2010.

Reißig, Rolf, Dialog durch die Mauer. Die umstrittene Annäherung von SPD und SED, Frankfurt/M. 2002.

Richelson, Jeffrey T., A Century of Spies. Intelligence in the 20th Century, Oxford 1995.

Richter, Peter / Rösler, Klaus, Wolfs West-Spione. Ein Insider-Report, Berlin 1992.

Rosskopf, Annette, Friedrich Karl Kaul. Anwalt im geteilten Deutschland (1906–1981), München 2002.

Runge, Thomas, Die großen Polit-Skandale. Eine andere Geschichte der Bundesrepublik, Frankfurt/M. 2003.

Rupp, Hans Karl, Die SPD – Staatspartei und demokratische Bewegungspartei, in: Berg-Schlosser, Dirk (Hrsg.), Parteien und Wahlen in Hessen 1946–1994, Marburg 1994, S. 79–108.

Sarbin, Theodore (Hrsg.), Citizen Espionage. Studies in Trust and Betrayal, Westport 1994.

Sarotte, M. E., Dealing with the Devil. East Germany, Détente and Ostpolitik 1969–1973, Chapel Hill 2001.

Dies., Seeing the Cold war from the Other Side. The Stasi and the Evolution of West Germany's Ostpolitik 1969–1974, in: Jackson, Peter / Siegel, Jennifer (Hrsg.), Intelligence and Statecraft. The Use and Limits of Intelligence in International Society, Westport 2005, S. 207–220.

Schalck-Golodkowski, Alexander, Deutsch-deutsche Erinnerungen, 2. Auflage, Hamburg 2002.

Schelsky, Helmut, Die skeptische Generation. Eine Soziologie der deutschen Jugend, Düsseldorf 1957.

Schiffers, Reinhard, Zwischen Bürgerfreiheit und Staatsschutz. Wiederherstellung und Neufassung des politischen Strafrechts in der Bundesrepublik Deutschland 1949–1951, Düsseldorf 1989.

Schlomann, Friedrich Wilhelm, Operationsgebiet Bundesrepublik. Spionage, Sabotage und Subversion, 2. Auflage, München 1985.

Schmidt, Rudi, Der Streik in der bayerischen Metallindustrie von 1954. Lehrstück eines sozialen Konfliktes, Köln 1995.

Schmole, Angela, Die Spitzenfrauen des MfS. Bei der Staatssicherheit diente das weibliche Personal nur selten in gehobenen Stellungen, in: Zeitschrift des Forschungsverbundes SED-Staat (2005) 18, S. 107–114.

Schönfelder, Jan / Erices, Rainer, Willy Brandt in Erfurt. Das erste deutsch-deutsche Gipfeltreffen 1970, Berlin 2010.

Schönhoven, Klaus, Wendejahre. Die Sozialdemokratie in der Zeit der Großen Koalition 1966–1969, Bonn 2004.

Schreiber, Hermann, Der Fehler, »Fachleuten« zu folgen (über den Guillaume-Prozess), in: *Der Spiegel* vom 29.9.1975.

Schreiber, Hermann, Kanzlersturz. Warum Willy Brandt zurücktrat, München 2003.

Schütt, Hans-Dieter, Markus Wolf. Letzte Gespräche, Berlin 2007.

Seebacher, Brigitte, Willy Brandt, München 2004.

Seemann, Klaus, Entzaubertes Bundeskanzleramt. Denkwürdigkeiten eines Personalratsvorsitzenden, Landshut 1975.
Seidel, Karl, Berlin-Bonner Balance. 20 Jahre deutsch-deutsche Beziehungen. Erinnerungen und Erkenntnisse eines Beteiligten, Berlin 2002.
Seiffert, Jeannette, Marsch durch die Institutionen? Die 68er in der SPD, Bonn 2009.
Senat für Inneres (Hrsg.), Denkschrift östliche Untergrundarbeit gegen West-Berlin. Stand: 15.4.1959, Berlin (West) 1959.
Siebenmorgen, Peter, »Staatssicherheit« der DDR. Der Westen im Fadenkreuz der Stasi, Bonn 1993.
Soell, Hartmut, Helmut Schmidt 1969 bis heute. Macht und Verantwortung, Stuttgart 2008.
Sozialdemokratische Partei Deutschlands / Unterbezirk Frankfurt am Main (Hrsg.), Zwischen Römer und Revolution. 100 Jahre Sozialdemokratie in Frankfurt am Main, Frankfurt/M. 1969.
Spanger, Hans-Joachim, Die SED und der Sozialdemokratismus. Ideologische Abgrenzung in der DDR, Köln 1982.
Staadt, Jochen, Die geheime Westpolitik der SED 1960–1970, Berlin 1993.
Steiner, André, Von Plan zu Plan. Eine Wirtschaftsgeschichte der DDR, München 2004.
Steury, Donald P., On the Front Lines of Cold War Berlin. Documents on the Intelligence War in Berlin 1946–1961, Washington 1999.
Stiller, Werner, Im Zentrum der Spionage, 4. Auflage, Mainz 1986.
Stöver, Bernd, Zuflucht DDR. Spione und andere Übersiedler, München 2009.
Sturm, Daniel Friedrich, Uneinig in die Einheit. Die Sozialdemokratie und die Vereinigung Deutschlands 1989/90, Bonn 2006.
Suckut, Siegfried, Willy Brandt in der DDR. Oder: Die Schwierigkeiten des MfS mit der »Autoritätsperson im Weltmaßstab«, in: Jahrbuch für Historische Kommunismusforschung 2008, S. 170–182.
Ders., Probleme mit dem »großen Bruder«. Der DDR-Staatssicherheitsdienst und die Deutschlandpolitik der KPdSU 1969/70, in: Vierteljahrshefte für Zeitgeschichte 58 (2010) 3, S. 403–439.
Süß, Sonja, Politisch missbraucht? Psychiatrie und Staatssicherheit in der DDR, Berlin 1998.
Süß, Winfried, »Wer aber denkt für das Ganze?« Aufstieg und Fall der ressortübergreifenden Planung im Bundeskanzleramt, in: Frese, Matthias u. a. (Hrsg.), Demokratisierung und gesellschaftlicher Aufbruch. Die sechziger Jahre als Wendezeit in der Bundesrepublik, Paderborn 2003, S. 349–377.
Taschler, Daniela u. a. (Bearb.), Akten zur Auswärtigen Politik der Bundesrepublik Deutschland 1974. Bd. 1: 1.1. bis 30.6.1974, München 2005.
Taylor, Stan A./Snow, Daniel (Hrsg.), Cold War Spies. Why They Spied and How They Got Caught, in: Intelligence and National Security 12 (1997) 2, S. 101–125.
Tiedge, Hansjoachim, Der Überläufer. Eine Lebensbeichte, Berlin 1998.
Uschner, Manfred, Die zweite Etage. Funktionsweise eines Machtapparates, Berlin 1993.
Vielain, Heinz / Schell, Manfred, Verrat in Bonn, Berlin (West) 1978.
Voelkner, Hans, Salto mortale. Vom Rampenlicht zur unsichtbaren Front, Berlin (Ost) 1989.
Vogel, Hans-Jochen, Nachsichten. Meine Bonner und Berliner Jahre, München 1996.
Vorrink, Cathrin / Walther, Antje, Willy Brandt – Visionen, in: Korte, Karl-Rudolf (Hrsg.), »Das Wort hat der Herr Bundeskanzler«. Eine Analyse der großen Regierungserklärungen von Adenauer bis Schröder, Köln 2002, S. 171–192.

Vorstand der Sozialdemokratischen Partei Deutschlands (Hrsg.), Jahrbuch der Sozialdemokratischen Partei Deutschlands 1946–1974, Bonn 1946 ff.

Wagner, Armin / Uhl, Matthias, BND contra Sowjetarmee. Westdeutsche Militärspionage in der DDR, 3. Auflage, Berlin 2010.

Wagner, Armin, Die »Delikatessen-Spionin«. Motiv und Praxis einer nachrichtendienstlichen Verbindung im Kalten Krieg, in: Wegner, Bernd (Hrsg.), Klaus-Jürgen Müller zum 80. Geburtstag. Ein Symposium ehemaliger Schüler und Lehrer, Hamburg 2011, S. 167–194.

Wagner, Helmut, Schöne Grüße aus Pullach. Operationen des BND gegen die DDR, Berlin 2011.

Wagner, Klaus, Die Sitzung ist eröffnet. Spione vor dem OLG Düsseldorf. Ein Richter erinnert sich, Manuskript Düsseldorf 1996 (Kopie in der BStU Bibliothek, Signatur 98/113).

Wechmar, Rüdiger von, Akteur in der Loge. Weltläufige Erinnerungen, Berlin 2000.

Wedel, Markus, Die hessische SPD 1950–1959. Eine Volkspartei im Werden, Wiesbaden 2012.

Wentker, Hermann, Außenpolitik in engen Grenzen. Die DDR im internationalen System 1949–1989, München 2007.

Ders., Die DDR in den Augen des BND (1985–1990). Ein Interview mit Dr. Hans-Georg Wieck, in: Vierteljahrshefte für Zeitgeschichte 56 (2008) 2, S. 323–358.

Ders., Öffnung als Risiko. Bedrohungsvorstellungen der DDR-Führung infolge der Ost-West-Entspannung, in: Diedrich, Thorsten / Süß, Walter (Hrsg.), Militär und Staatssicherheit im Sicherheitskonzept der Warschauer-Pakt-Staaten, Berlin 2010, S. 297–318.

Wetzel, Juliane, Die NSDAP zwischen Öffnung und Mitgliedersperre, in: Benz, Wolfgang (Hrsg.), Wie wurde man Parteimitglied? Die NSDAP und ihre Mitglieder, Frankfurt/M. 2009, S. 74–90.

Whitney, Craig R., Advocatus Diaboli. Wolfgang Vogel – Anwalt zwischen Ost und West, Berlin 1993.

Wierling, Dorothee, The Hitler Youth Generation in the GDR. Insecurities, Ambitions and Dilemmas, in: Jarausch, Konrad H. (Hrsg.), Dictatorship as Experience. Towards a Social-Cultural History of the GDR, New York/Oxford 1999, S. 307–324.

Wilke, Reinhard, Meine Jahre mit Willy Brandt. Die ganz persönlichen Erinnerungen seines engsten Mitarbeiters, Stuttgart 2010.

Winand, Pascaline, Kissingers »Jahr Europas« und die Europäer, in: Wilkens, Andreas (Hrsg.), »Wir sind auf dem richtigen Weg«. Willy Brandt und die europäische Einigung, Bonn 2010, S. 363–386.

Wirsching, Andreas, Abschied vom Provisorium. Geschichte der Bundesrepublik Deutschland 1982–1990, Stuttgart 2008.

Wolf, Markus, L'œil de Berlin. Entretiens de Maurice Najman avec le patron des services secrets est-allemands, Paris 1991.

Ders., Spionagechef im geheimen Krieg. Erinnerungen, München 1997.

Worst, Anne, »Genossen, ihr werdet nicht oft besungen«. Christel Guillaume: Portrait einer DDR-Spionin, Radiosendung, Erstsendung: Deutschlandfunk, 11.12.1990.

Dies./Seul, Arnold/Scholz, Gunther, Christel Guillaume – ein Leben mit der Lüge, WDR-Fernsehdokumentation, Erstsendung: ARD, 17.1.1991.

Zwerenz, Gerhard, Die Quadriga des Mischa Wolf, Frankfurt/M. 1975.

Abbildungsnachweis

Archiv der sozialen Demokratie: S. 143, 191, 212 f., 223
Archiv Friedhelm Drautzburg: S. 135
Bild-, Presse- und Informationsamt der Bundesregierung: S. 101 (B 145 Bild 00075693 / Ludwig Wegmann)
Bundesarchiv: S. 117 (B 145 Bild F048646-0008 / Ludwig Wegmann), 141 (B 145 Bild F038347-0030 / Lothar Schaack), 168 (B 145 Bild F042001-0033 / Ludwig Wegmann), 315 (Bild Y3 T1270)
Der Bundesbeauftragte für die Unterlagen des Staatssicherheitsdienstes der ehemaligen DDR: S. 62 (MfS ZAIG/Fo/0544 Bild 16), 70 (MfS ZAIG/Fo/0544 Bild 23), 285 (MfS ZAIG/Fo/0544 Bild 1), 313 (MfS HA XXII Nr. 745/4), 331 (MfS ZAIG/Fo/0544 Bild 77)
Eckard Michels: S. 107, 139, 174, 260, 264 f., 309
Landesarchiv Nordrhein-Westfalen: S. 206 f., 273, 290
Militärverlag der Deutschen Demokratischen Republik: S. 22, 71, 283, 321
picture-alliance/dpa: S. 344
ullstein bild: Cover

Danksagung

Die Inspiration zu einer Biografie Günter Guillaumes erhielt ich von Elisabeth Witteler. Der erste Dank gilt also ihr. Dass ich mehr und mehr Interesse am Thema entwickelte und dieses sich schließlich in einem Buch niedergeschlagen hat, lag nicht zuletzt an der vielfältigen Unterstützung, die ich in den letzten dreieinhalb Jahren von verschiedenen Seiten erhielt. Gedankt sei daher auch den folgenden Personen und Institutionen:
 Anne Worst und Arnold Seul überließen mir Unterlagen zu ihrer Fernsehdokumentation und Radiosendung über Christel Guillaume: ein Exemplar der unveröffentlichten Memoiren von Christel Guillaume (»Es begann am Potsdamer Platz«) und die 98-seitige Transkription ihrer Gespräche mit der Ex-Kundschafterin im April 1990. Gerhard Haase-Hindenberg, Koautor des Buches »Der fremde Vater« von Guillaume-Sohn Pierre, stellte mir ebenfalls wertvolles Material aus den Recherchen des Jahres 2003 zur Verfügung: die 22-seitige Transkription eines Gespräches mit dem ehemaligen HVA-Offizier Kurt Gailat, Tonaufnahmen mit Aussagen von Gailat, Gerhard Behnke, ebenfalls HVA-Offizier a. D., und Christel Guillaume sowie Kopien von 46 Gefängnisbriefen Günter Guillaumes an seine Frau. Angelika Weiss im BStU bearbeitete meine wiederholten Anfragen hinsichtlich des MfS-Materials. Lars Amelung und Claudia Zenker-Oertel betreuten mich im Bundesarchiv Koblenz. Sven Haarmann und Gertrud Lenz wiesen mir den Weg durch die Papiere von Willy Brandt, Helmut Schmidt und Reinhard Wilke im Archiv der Sozialen Demokratie in Bonn. Ute Devinast und Robert Vietz zeichneten für die Bearbeitung meines Antrages zum Zugang zu den Verschlussakten des Bundeskanzleramtes auf Basis des Informationsfreiheitsgesetzes verantwortlich. Weitere Rechercheehinweise, inhaltliche Präzisierungen und sonstige Hilfestellung steuerten Jens Gieseke, Axel und Judith Koppetsch, Jochen Laufer, Christoph Links, Helmut Müller-Enbergs, Ulrich Pfeil und Wolf-Dietrich Schilling bei. Das kritische Lektorat von Jochen Hayungs, Egbert Klautke, Burkard Miltenberger, Bernhard Rieger, Armin Wagner und Norbert Zaschel verlieh dem Manuskript den letzten Schliff. Ein Forschungsaufenthalt am Zentrum für Zeithistorische Forschung in Potsdam im Sommer 2012 ermöglichte es schließlich, das Buch in angenehmer und inspirierender Atmosphäre zum Ende zu bringen.

London, am 3. Oktober 2012

Eckard Michels

Personenregister

Die Namen von Willy Brandt sowie Günter und Christel Guillaume wurden aufgrund der Häufigkeit ihres Vorkommens nicht in das Register aufgenommen. Kursiv gesetzte Seitenzahlen verweisen auf Bildunterschriften.

Abel, Rudolf Iwanowitsch 308
Adenauer, Konrad 26, 49, 234, 243
Adorno, Theodor W. 75
Ahlers, Conrad 142, 215
Andres, Stefan 263
Arendt, Walter 109
Arndt, Rudi 87, 262
Auschill, Horst 74
Axen, Hermann 239, 337 f.

Baader, Andreas 257
Bahr, Egon 9, 86, *101*, 106, *107*, 110, 116 f., 123, 133, *141*, 144 f., 166, 185, 187, 210, 216, 220, 238, 241 f., 276, 278 f., 333, 337
Bardenhewer, Hans 161
Bardot, Brigitte 189
Barzel, Rainer 131 f.
Bauhaus, Ulrich 139 f., 219
Baum, Gerhart 299
Baum, Vicki 263
Bebel, August 49
Becker, Helmuth 248
Behnke, Gerhard 185, 211, 343
Behrendt, Heinz 288
Beitz, Berthold 288
Bennecke, Jürgen 258, 276, 279
Berger, Helge 120, 122
Bergmann, Heinrich 159 f., 251
Bettermann, Erik 337
Birckholtz, Johannes 253
Birkelbach, Willi 67, 76, 80–82, 89, 95 f., 118, 275, 333

Blau, Hagen 120
Boeden, Gerhard 337
Bölling, Klaus 287
Börner, Holger 117 f., *117*, 136, 146 f., 149, 197, 210, 221 f., 224, 276, 333
Bohnsack, Günter 129
Boldt, Erich 47, 57, 72, 78
Boom, Erna 27, 51–53, 55 f., 61, 68–71, 70, 118, 205, 269, 289, 345
Boom, Pierre 15, 71, *71*, 76, 88, 119, 130, 159, 171 f., 177, 184, 192, 201 f., 205, 260, 268 f., 285 f., 289, 291 f., 315, 327 f., 330, 344
Boom, Tobias 27 f., 52
Brandt, Lars 136, 151
Brandt, Matthias 11, 171 f.
Brandt, Rut 164, 171 f.
Breitscheid, Rudolf 113
Breschnew, Leonid Iljitsch 132, 187, 216, 237 f., 242 f.
Bruhns, Wibke 76, 131, 150, 152, 172, 194
Brundert, Willi 74
Buback, Siegfried 257 f., 274, 277 f.
Bucher, Ewald 84

Carstens, Karl 210 f., 295 f., 298–300

Davis, Garry 24 f.
Diestel, Peter-Michael 341
Drautzburg, Friedhelm *135*
Dregger, Alfred 262

Eberlein, Siegfried 29
Ehmke, Horst 22, 99–104, *101*, 106–109, 112–116, 134 f., 141 f., *141*, 142, 144, 148, 183, 196 f., 214, 218, 220, 227, 249–251, 253 f., 274, 333
Ehrenberg, Herbert 99, 101–103, 106, 109, 251, 274, 276, 333
Eltgen, Hans 267, 270

411

Ensslin, Gudrun 257
Erhard, Ludwig 85 f., 100
Erler, Fritz 50, 65, 78, 86, 337
Ertl, Josef 92, 142
Eschenburg, Theodor 253

Falin, Valentin Michailowitsch 237
Federau, Nikolaus 203, 208, 275
Felfe, Heinz 282 f., 301, 303, 312, 317, 327
Felten, Peter 296
Fischer, Oskar 288
Focke, Katharina 144
Förster, Horst und Ehefrau 170, 190, 193, 195
Forsyth, Frederick 263
Franke, Egon 232, 295 f., 299
Frayn, Michael 11
Frederik, Hans 246
Frenzel, Alfred 282 f., 301
Freyh, Brigitte 86
Friderichs, Hans 142
Fruck, Hans 180, 215

Gäbler, Siegfried 340 f.
Gailat, Kurt 46 f., 51, 56 f., 59, 66, 72, 80, 120, 123, 182–185, 202, 228, 269, 300, 306, 319, 343
Gallimard, Claude 188
Gast, Gabriele 96, 282
Gaus, Günter 117, 144, 166, 216, 220, 226, 231–233
Gehlen, Reinhard 252
Genscher, Hans-Dietrich 22, 92, 142, 157, 162–164, 167–169, 168, 171, 177, 192 f., 195, 199, 203, 209 f., 214, 218, 220, 226 f., 241, 250–253, 255, 272, 274, 295, 297, 299, 335
Genschow, Rudolf 200
Gersdorf (Fotograf) 157, 159 f., 162
Gerster, Johannes 248
Göring, Hermann 134, 219
Gorbatschow, Michail Sergejewitsch 326
Grabert, Horst 142, 144, 153, 165, 167–169, 168, 177, 193, 195, 210, 218, 220, 222, 224, 251, 253
Grass, Günter 9 f., 135
Greene, Graham 263
Gronau, Wilhelm 158–160, 162, 198, 270, 304, 313

Großmann, Werner 44, 120, 230, 304, 312, 317, 344
Grotewohl, Otto 262
Gruber, Werner 35 f.
Guillaume, Iris 328 f.
Guillaume, Karl Ernst 20–23, 46, 57 f., 246
Guillaume, Olga Pauline 20, 23, 58, 268

Haase-Hindenberg, Gerhard 184
Habe, Hans 263
Habermas, Jürgen 75
Häber, Herbert 237
Hagelstange, Rudolf 263
Harpprecht, Klaus 138
Heinemann, Gustav 90, 199, 222 f., 231, 233
Heinrich, Willi 263
Helbig, Erich 120, 137
Herbstritt, Georg 40, 55, 197
Herdegen, Hansjörg 267, 279
Herold, Horst 157, 220
Heß, Rudolf 259
Hildebrandt, Dieter 22
Hirsch, Burkhard 248
Hirt, Edgar 296, 300
Hitler, Adolf 20 f., 24, 234
Hoffmann, Heinrich 246
Hoffmann, Heinz 294
Honecker, Erich 121, 132, 166, 184 f., 187, 225 f., 228–230, 233, 235–239, 242 f., 245, 286, 288, 294, 297, 306, 306, 322 f., 337 f., 355
Horkheimer, Max 75
Hoßbach-Paul, Karin 230
Huonker, Gunter 298 f.

Irving, Clifford 263

Jahn, Gerhard 220
John, Otto 38, 246

Kahlig-Scheffler, Dagmar 230, 233, 289
Kaltmann, Fred 24
Karau, Günter 318
Kerz-Rühling, Ingrid 46
Kiesinger, Kurt Georg 85 f., 92, 112, 210
Kinkel, Klaus 163, 169, 220, 250, 297
Kissinger, Henry 175, 216, 282
Knopp, Guido 353

Kohl, Helmut 232, 243, 270, 299, 320, 322 f.
Kohl, Michael 133, 216, 232 f., 235
Konopatzky, Stefan 197
Koppe, Johannes 312
Kossygin, Alexej Nikolajewitsch 242
Kowa, Viktor de 25
Krenz, Egon 185, *315*, 338
Krolikowski, Werner 297
Kühn, Heinz 224
Kuhnert, Klaus 158

Lafontaine, Oskar 322, 338
Lamberz, Werner 239
Laufer, Paul 45 – 47, 51, 59, 69, 80, 83 f., 96 f., 152, 202 f., 319, 331
Leber, Georg 84 f., 88 – 91, 93, 96, 99 f., 107, *117*, 118, 135 f., 173, 176, 182, 197, 251, 274, 276, 333
Lenz, Siegfried 263
Liebknecht, Wilhelm 49
Lübke, Heinrich 84 f.
Lüdtke, Alf 16
Lutze, Renate 297, 300, 304

Maassen, Hermann 254
MacLean, Alistair 263
Maerker, Rudolf 148, 198
Maihofer, Werner 199
Maizière, Lothar de 340
Marx, Karl 308
Mathiopoulos, Margarita 323
Matthöfer, Hans 85 f., 88
Meier, Richard 127, 155
Meinhof, Ulrike 257
Mercker, Reinhold 253
Merseburger, Peter 226
Mielke, Erich 30, 44, 87, 95, 121, 130 f., 184, 198, 228 f., 242 f., 245, 288, 294, 297, 305, *306*, 307 f., 316, 329 f.
Mies, Herbert 234
Mischnick, Wolfgang 233
Moldt, Ewald 291
Müller, Hermann-Josef 274, 277
Müller, Marie-Luise 116 f.
Müller-Enbergs, Helmut 197

Nau, Alfred 222
Neefe, Günter 343
Nier, Kurt 232 f.

Nixon, Richard 172 f., 175 f., 216, 228, 248
Nollau, Günther 127, 160 – 164, 166 – 169, 171, 178, 192 – 194, 203, 220 – 222, 226 f., 250 – 253, 335, 340, 343

Ollenhauer, Erich 50, 65, 78

Pieck, Wilhelm 262
Plänker, Thomas 46
Pötschke, Horst-Dieter 267 f., 279, 283 f., *283*, 286
Pötzl, Norbert 184

Raspe, Jan-Carl 204, 261
Rau, Johannes 322
Rausch, Albrecht 160 f., 170
Rausch, Anita 123 – 128, 146, 178 – 182, 184, 190, 192, 196, 228, 337, 354
Rausch, Wolfgang 123 – 128, 146, 184, 190, 196, 228, 286, 315, *331*, 337, 354
Raussendorff, Klaus Kurt von 120
Ravens, Karl 144, 222
Reagan, Ronald 297
Rebmann, Kurt 299
Reuschenbach, Peter 133 – 139, 171, 208, 276 f., 354
Richter, Peter 199
Rödiger, Helga 230
Rösler, Klaus 199
Rother, Karl-Heinz 267, *283*, 284
Ruderich, Lothar 57, 72, 97
Rudolf, Wolfgang 229 f.
Rupp, Rainer 282

Sallein, Hans-Dieter 23 – 25
Scharping, Rudolf 339
Scheel, Walter 9, 92, *141*, 142, 172 – 176, 199, 222, 224, 226 f., 253, 289
Scheer, Hermann 298
Schiller, Karl 142
Schilling, Wolf-Dietrich 137 f., 148 – 150, 153, 165, 171, 188, 193, 195, 211, 276 f., 354
Schmidt, Helmut 88, 92, 136, 142, 152, 188, 218, 220, 222, 224, 227, 231 – 233, 235 – 238, 241, 245, 248, 254 f., 271 f., 287, 293 – 299, 301, 322, 335, 351
Schmude, Jürgen 298 f.

Scholz, Gunther 345
Schoregge, Heinrich 157, 159, 251
Schreiber, Hermann 129, 221, 277
Schröder, Gerhard 338
Schrübbers, Hubert 250 f.
Schüler, Manfred 227, 255
Schumacher, Kurt 50
Seebacher-Brandt, Brigitte 225
Seefeld, Horst 90, 99
Seemann, Klaus 103
Seul, Arnold 14, 345
Sieberg, Harri 158–160, 162
Sieberg, Ingeborg 158–160, 162
Simmel, Johannes Mario 263
Sindermann, Horst 242
Sorge, Richard 310
Spranger, Carl-Dieter 248
Spuhler, Alfred 282
Spuhler, Ludwig 282
Stalin, Josef Wissarionowitsch 31, 49
Stefan, Verena 263
Steiner, Julius 132
Steuben, Friedrich Wilhelm von 189
Stiller, Werner 148, 229 f., 318, 350
Stoph, Willi 112, 145, 294, 297
Storz, Oliver 11
Stumm, Johannes 33, 69, 105 f., 108
Stumhöfer, Elke 305

Thierfelder, Rufolf 258, 276, 279
Tiedge, Hansjoachim 169
Tito, Josip Broz 45, 216
Träger, Ernst 219, 274, 278

Ulbricht, Walter 121, 132, 229, 310
Uris, Leon 263

Vetter, Heinz Oskar 115
Voelkner, Hans 318

Vogel, Hans-Jochen 271, 289, 293 f.
Vogel, Wolfgang 166, 187, 233, 235, 237, 287 f., 297, 300 f., 329
Voigt, Karsten 90

Wagner, Klaus 274
Wallmann, Walter 248
Walser, Martin 22
Watschounek, Hans 160 f.
Wechmar, Rüdiger von 142, 231
Weck, Gerhard 74, 81, 89, 91, 333
Wehner, Herbert 50, 65, 79 f., 84, 86, 92, 142, 148, 166, 169, 186 f., 210, 220–222, 224 f., 235 f., 241, 246, 251, 287 f., 333, 335, 351
Weichert, Walter 57, 72, 95, 97, 118, 182, 196, 228, 311, 314 f.
Weinmann, Ruth 76
Wendel, Otto 200
Wernicke, Dorothea 147
Wessel, Gerhard 106, 249, 251 f.
Wienand, Karl 132, 148
Wilke, Reinhard 9, 15, 76, 137–140, 148–150, 164 f., 167, 169, 171, 177 f., 193, 195, 197, 214, 276 f., 335, 354
Willner, Herbert 340 f.
Wischnewski, Hans-Jürgen 136, 291
Wolf, Dieter 240
Wolf, Friedrich 42, 89
Wolf, Markus 29, 42, 47, 83 f., 120–122, 130, 149, *174*, 179–184, 186, 198–200, 228–230, 235, 239 f., 245, 300, 306 f., 331, *331*, 342–344, *344*, 353
Wollweber, Ernst 43 f.
Worst, Anne 14, 345

Zaisser, Wilhelm 43
Zinn, Georg August 63, 81, 89
Zörner, Helmut 329
Zwerenz, Gerhard 11, 260, 263

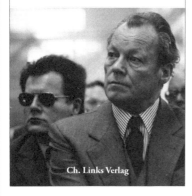

Guillaume, der Spion
Eine deutsch-deutsche Karriere

E-Book gratis

Eckard Michels
Guillaume, der Spion
Eine deutsch-deutsche Karriere

416 Seiten, 32 Fotos
Festeinband mit Schutzumschlag
ISBN 978-3-86153-708-3
24,90 € (D); 25,60 € (A)

Als Käufer dieses Buches können Sie sich für die persönliche Nutzung auch kostenlos eine Epub- oder PDF-Version herunterladen.

So nutzen Sie Ihren Vorteil:
Scannen Sie den nebenstehenden QR-Code mit Ihrem Smartphone oder Tablet PC oder rufen Sie folgenden Link auf:
www.christoph-links-verlag.de/download-ebook

Registrieren Sie sich anschließend auf unserer Internetseite und geben Sie den untenstehenden Zugangscode ein. Nun können Sie sich einmalig eine Datei herunterladen.

Ihr persönlicher Zugangscode:
708-emualliug-2013

www.christoph-links-verlag.de

Jürgen Bevers
Der Mann hinter Adenauer
Hans Globkes Aufstieg vom
NS-Juristen zur Grauen Eminenz
der Bonner Republik

240 Seiten, 2 Fotos,
Festeinband mit Schutzumschlag
ISBN 978-3-86153-518-8
19,90 € (D); 20,50 € (A)

»Das Bild vom ehemaligen NS-Juristen und späteren Staatssekretär im Bundeskanzleramt ist längst verblasst, doch nach der Lektüre gewinnt Adenauers Adlatus wieder Konturen.«

Das Parlament

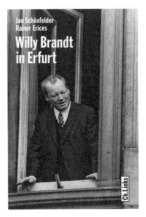

Jan Schönfelder, Rainer Erices
Willy Brandt in Erfurt
Das erste deutsch-deutsche
Gipfeltreffen 1970

336 Seiten, 32 Fotos,
Festeinband mit Schutzumschlag
ISBN 978-3-86153-568-3
Neuer Preis: 9,90 € (D); 10,20 € (A)

»Auf Basis exzellenter Recherche erhellen Jan Schönfelder und Rainer Erices Ablauf und Folgen des Treffens von Willy Brandt und Willi Stoph, die verborgenen Hintergründe der Begegnung im Hotel ›Erfurter Hof‹, ihre skurrilen und tragischen Seiten.«

Deutschlandradio Kultur

www.christoph-links-verlag.de

Ch.Links